학현 변형윤 교수 근영

학현 변형윤 전집 4

한국 경제발전의 역사

학현 변형윤 전집 간행위원회 엮음

지식산업사

학현 변형윤 전집 간행위원회

고　　　문 : 박우희 안병직 김세원 이경의 정기준 김수행
간행위원장 : 강철규
편 집 위 원 : 정일용(위원장) 김태동 이근식 장세진 이정우
　　　　　　　박순일 신상기 윤진호 장지상 김용복 원승연
후 원 위 원 : 홍용찬(위원장) 이종태 성기학 이종기

학현 변형윤 전집 **4**

한국 경제발전의 역사

초판 1쇄 인쇄　2012. 10. 10.
초판 1쇄 발행　2012. 10. 15.

지은이　변 형 윤
펴낸이　김 경 희
펴낸곳　㈜지식산업사
　　　　본사 • 경기도 파주시 교하읍 문발리 520-12
　　　　　전화 (031)955-4226~7 팩스 (031)955-4228
　　　　서울사무소 • 서울시 종로구 통의동 35-18
　　　　　전화 (02)734-1978　팩스 (02)720-7900
　　　　한글문패　지식산업사
　　　　영문문패　www.jisik.co.kr
　　　　전자우편　jsp@jisik.co.kr
　　　　등록번호　1-363
　　　　등록날짜　1969. 5. 8.
책값은 뒤표지에 있습니다.

ISBN　978-89-423-3097-3 (94320)
ISBN　978-89-423-0066-2 (전9권)

이 책을 읽고 지은이에게 문의하고자 하는 이는
지식산업사 전자우편으로 연락 바랍니다.

발간사

　이 전집은 우리나라 경제학계의 큰 별인 학현 변형윤 선생이 1955년 9월 서울대학교 상과대학 교수로 부임한 뒤 지금까지 경제학자로서, 교육자로서, 실천적 지성으로서 활동하면서 쓴 글과 선생의 사회 활동에 관한 기록을 모두 모은 것이다. 이 전집은 선생께서 50여 년 동안 학문 활동 및 사회 활동을 하면서 발표한 학술 논문, 다양한 매체에 기고한 에세이, 칼럼, 서평, 좌담 및 대담, 강연문, 기념사 등을 주제별로 나누어 모두 아홉 권으로 정리하였다. 이와 함께 대담 형식의 학현 선생 대화록을 출간하였다. 전집과 대화록을 통해 학현 선생의 깊은 학문세계와 치열했던 사회 활동의 전모를 처음으로 한 자리에서 살필 수 있도록 하였다.

　학현 선생에게는 여러 가지 별칭이 붙어 다닌다. '학현학파의 창시자'라는 말 이외에도 '서울 상대의 산 증인', '한국경제학계의 거목', '진보경제학계의 대부', '대쪽 선비', '만년 야당', '이 시대의 마지막 의인' 등이 그것이다. 모두 학현 선생의 삶과 학문의 한 면모를 드러내는 말이라고 할 수 있다.

　교육자, 학자, 실천적 지식인으로서 선생의 일생은 그대로 굴곡진

6

우리 현대사의 굽이굽이를 반영하는 것이기도 했다. 선생은 지금은 북한 땅이 된 황해도 황주에서 유교 가문의 장손으로 태어나 경기중학교를 거쳐 1945년 서울대학교 상과대학의 전신인 경성경제전문학교에 입학하였다. 그 뒤 지금까지 60여 년의 세월 동안 학생으로서, 교수로서, 학장으로서, 명예교수로서 서울상대와 떼려야 뗄 수 없는 관계를 가져온 '영원한 상대인(人)'이다. 선생은 1955년 서울상대 교수로 부임하여 1992년 정년퇴임하기까지 37년 동안 제자들 교육에 진력하였다. 선생은 무엇보다도 4·19 학생혁명 뒤 걷잡을 수 없는 소용돌이에 휩싸여 있던 서울상대를 손수 재건하였고 교무과장으로서, 또 학장으로서 서울상대를 한국 최고의 인재의 산실로 발전시킨 주역이었다. 학현 선생은 제자 교육에는 무서울 정도의 엄격함과 열정으로 임하셨지만 또 한편으로는 끝없는 자상함과 배려로 제자와 후학을 돌보아 주기도 했다. 1970년대 선생께서 서울상대 학장직에 있을 때, 민주화 운동 과정에서 제적될 위기에 처한 제자들을 보호하기 위해 학장직을 내던지면서까지 애썼고, 경찰에 연행되거나 구속된 제자들을 위해 몸소 경찰서와 법원을 드나들었던 일은 지금도 많은 졸업생들의 기억에 뚜렷이 남아 있는 일화이다.

학현 선생은 경제학자로서도 경제학의 여러 분야에서 선구적인 업적을 남겼다. 선생은 1950년대 후반기에 당시로서는 아직 생소했던 경제수학, 통계학, 수리경제학, 그리고 계량경제학을 한국경제학계에 도입하여 새로운 학문을 일으켰다. 1960년대에는 누구보다 앞서 경제발전론과 경제변동론의 최신 동향을 한국경제학계에 소개하였다. 무엇보다도 선생은 일생에 걸쳐 앨프리드 마셜(Alfred Marshall, 영국의 경제학자)의 학문을 연구하고 소개하는 일에 헌신했을 정도로 '마셜학파'의 대가이기도 했다. "냉철한 머리, 따뜻한 가슴"이라는 마셜의 경구는 지금까지도 학현 선생의 좌우명이 되고 있을 정도로 선생은 마셜을 사표로 삼고 있다. 그러나 역시 학현 선생의 최대의 학문적 업적은 '한국경제학' 또는 '학현경제학'의 체계를 제시한 데 있다. 학현 선생은 일찍이 "한국경제의 현실과 밀착된 한국적 경제학의 정립"을 자신의 경제학 연구의 목표라고 밝힌 바 있다. 선생은 늘 경제학을 추상적인 이론의 틀에 가두어 두지 않고, 우리 현실에 바탕을 둔 연구이자, 곧 인간에 관한 연구로 승화시키고자 노력하였다. 이를 위해 현실분석의 수단으로서 통계학, 계량경제학 등 방법론 과목에 대한 학습이, 경제개발에 필요한 이론적 뒷받침을 위해서는 경제변동론, 경제성장론, 경제발전론에 대한 연구가, 그리고 경제발전의 가치와 방향 정립을 위해서는 경제학사, 경제철학 및 경제사상사에 대한 공부가 필요함을 역설하고 있다. 이 가운데서도 선생은 인간을 모든 가치의 중심에 놓은 '인간중심의 가치'에 기초해서 한국경제의 발전 방향을 제시하고 한국경제를 분석하였다. 그러한 점에서 선생은 경제학을 실증과학의 범주에서 도덕과학의 범주로 끌어올리고 있다고 할 수 있다.

선생의 대표작에 속한다고 할 수 있는 《한국경제의 진단과 반성》(1980), 《한국경제연구》(1986), 《한국경제론》(1989) 등의 저서에 명시적으로 또는 묵시적으로 전제되어 있는 경제발전의 가치는 첫째, 평등과 분배의 정의, 둘째, 균형적 경제발전, 셋째, 자립경제 등이다. 또한 이 세 가지 가치가 실현되는 과정을 경제 민주화로 파악하고 있다. 학현 선생을 분배주의자, 평등주의자, 구조주의자, 그리고 민족주의자, 민주주의자로 규정하는 것은 선생의 이러한 가치지향성에 말미암는다 하겠다. 이로써 학현 선생의 '한국경제학'은 한국적 현실에서 진보적 경제학의 새 지평을 열었다고 할 수 있다.

학현 선생은 이러한 학문적 업적을 토대로 하여 이를 널리 전파하고 계승하는 일에도 진력하였다. 선생이 1980년의 민주화 운동으로 말미암아 서울대 교수에서 강제로 밀려나 해직교수 생활을 하던 시절 창립한 '학현연구실'은 이후 서울사회경제연구소로 확대, 개편되면서 우리 사회의 진보·개혁적 경제학자들이 모여드는 중심 구실을 하여 왔다. 그뿐만 아니라 선생은 한국의 대표적인 진보적 경제학자들의 모임인 '한국사회경제학회'와 주류경제학에 비판적인 개혁적 경제학자들의 모임인 '한국경제발전학회'를 직접 창립하였고, 회장 및 이사장으로서 후배, 제자들의 든든한 보호막 구실을 하고 있다. 이렇게 하여 선생의 뜻을 따르는 진보적, 개혁적 경제학자들이 선생의 큰 그늘 아래 모여드니 언론에서는 이를 '학현학파'라고 부르고 있다. 학현학파는 '인간 존중'을 핵심적 가치로 삼으면서, 경제정의와 균형발전의 실현을 도모하는 경제학파라 하겠다. 오늘날 학현학파는 우리 사회의 여러 곳에서 활동하면서 민주화와 경제정의 실현을 위해 연구하고 실천하는 학자들의 집단으로 성장하였다.

학현 선생은 결코 상아탑에 안주하는 학자는 아니다. 지성인으로서 사회적 실천을 매우 중시하였다. 옳지 않은 일에는 끝없이 분노하고 저항하였다. 1960년 4·19 학생혁명 당시 자유당 독재체제에 저항하던 다수의 학생과 시민이 경찰의 발포로 희생되자 선생은 분연히 궐기하여 4·25 교수데모에 참여함으로써 4·19 혁명이 성공하는 데 결정적 계기를 만들었다. 선생은 또한 1980년 이른바 '서울의 봄' 시절에는 서울대 교수협의회 회장으로서 민주화를 촉구하는 시국선언에 앞장섰다가 군부정권에 의해 중앙정보부 남산분실로 끌려가 고초를 당하였고 드디어 4년간 해직교수 생활을 해야만 했다. 서울대 교수직에 복직한 뒤에도 학현 선생의 민주화를 위한 활동은 더 넓어지고 더 깊어졌다. 선생은 1987년의 민주화 운동 이후 창립된, 우리나라 시민운동의 효시라 할 수 있는 '경제정의실천시민연합'의 초대 공동대표로서 경제정의와 경제민주화를 위해 노력하였다. 선생은 또 이 시대의 스승으로서 경제민주화, 사회민주화, 언론민주화, 학원민주화 그리고 민족 통일을 위한 다양한 활동을 이끌었다. 선생은 그야말로 언행일치의 삶, 학문과 생활이 일치하는 삶을 사셨다고 할 수 있다. 독자들은 그 구체적 내용을 이 전집과 선생의 대화록을 통해서 확인할 수 있을 것이다.

학현 선생의 가르침을 따르는 제자들은 선생의 회갑 기념으로 《한국경제론》(1987), 서울대학교 교수정년퇴임 기념으로 《경제민주화의 길》(1992), 그리고 고희 기념으로 《한국경제의 구조개혁 과제》(1997)를 출간한 바 있다. 7년 전 선생의 팔순을 앞두고 서울사회경제연구소의 제자들을 중심으로 기념논문집 발간 문제를 논의하였으나 선생께서 극구 말리는 바람에 그냥 넘긴 일이 있다.

이 전집을 본격적으로 준비하게 된 계기는 한국사회경제학회, 한국경제발전학회 그리고 서울사회경제연구소 공동 주최로 2009년 8월 대구에서 열린 공동학술대회였다. 세계 경제위기가 확산되고, 한국 사회의 양극화가 심화되어 가고 있으며, 민생과 민주주의가 후퇴하고 있는 정치·경제의 현실을 극복하기 위해서는 새로운 가치, 새로운 접근방법이 필요하다는 데 학술대회 참가자들은 인식을 같이하였다. 그리고 그러한 새로운 가치, 새로운 접근방법을 실천하기 위한 첫 걸음으로 경제정의, 균형발전, 그리고 자립적 국민경제의 실현이라는 과제를 끌어안고 평생 연구하고 실천하신 학현 선생의 삶과 학문을 되돌아보는 것이 필요하다는 데도 의견이 모아졌다. 이리하여 선생의 전집 발간을 위한 간행위원회가 꾸려져 작업에 착수하게 되었다. 이후 3년간에 걸친 노력 끝에 마침내 학현 선생의 학문과 삶의 전모를 모은 전집 발간에 이르게 되었다.

이 전집은 9권으로 구성되어 있다. 대화록을 합하면 모두 10권이 되는 셈이다. 제1권은 경제사상과 경제철학에 관한 선생의 연구를 모았다. 아담 스미스, 앨프리드 마셜, 존 메이너드 케인스, 조지프 슘페터, 그리고 군나르 뮈르달 등의 경제학자에 대한 선생의 연구를 이 책에 모았다. 독자들은 이를 통해 한국 경제발전의 가치 형성에 이들의 이론적, 철학적 논의가 어떤 영향을 미쳤는지 알게 될 것이다.

제2권은 경제학 각 분야, 특히 경제변동론, 경제성장론, 경제발전론, 경제체제론, 그리고 수리경제학, 계량경제학에 대한 선생의 이론적 연구를 수록하였다. 이를 통해 독자들은 선생의 경제학 연구가 얼마나 광범하고 또 선구적인 것인지를 확인할 수 있을 것이다.

한국경제에 관한 선생의 글은 제3권에서 제7권까지 다섯 권으로 나누어 정리하였다. 제3권에는 경제개발계획과 개발전략에 관한 글을, 제4권에는 한국 경제성장의 역사적 과정과 성장의 모순에 관한 글을, 제5권에는 산업구조와 인구구조의 분석에 관한 글을, 제6권에는 세계경제와 한국의 무역구조, 그리고 대외경제정책에 관한 글을, 그리고 제7권에는 경제민주화와 한국경제의 과제에 관한 글을 수록하였다. 통일, 경제윤리, 환경문제에 관한 글도 제7권에 포함시켰다.

제8권에는 학현 선생이 일상 생활에서 느낀 감상을 서술한 가벼운 에세이를 모았다. 주제가 일정하지 않은 짧은 글들이지만 오히려 세상사에 관한 선생의 높은 식견과 인품의 향기를 읽을 수 있을 것이다.

제9권에는 학현 선생의 '삶의 발자취'라는 제목으로 선생의 다양한 사회활동 가운데 쓴 강연, 기념사, 축사, 치사뿐만 아니라 대중매체에 보도된 선생에 대한 평, 그리고 각종 화보를 포함한 활동 보도 내용도 함께 실었다.

요즘처럼 사회가 어지럽고 나아갈 방향이 잘 보이지 않을수록 큰 가르침을 주고 올바른 방향을 알려줄 수 있는 큰 스승의 존재를 우러르게 되는 법이다. 따라서 학현 선생의 학문과 인품을 직접 보고 배울 수 있는 기회를 가졌던 우리 제자들은 이를 참으로 행운이라 여기고 자랑으로 삼지 않을 수 없다. 선생께서는 여든을 훌쩍 넘긴 연세에도 불구하고 요즈음도 매일 서울사회경제연구소에 나와서 글을 읽고, 사색하며, 집필 활동도 하고 있다. 우리 모두 선생의 건강과 장수를 기원해 마지않는다.

이 전집을 발간하는 과정에서 수많은 사람들의 열성과 노력이 있었다. 전집 발간을 위해 애써준 전집간행위원회 위원 여러분, 전집 발간을 재정적으로 후원해주신 분들, 그리고 기꺼이 출판을 맡아 수고해주신 지식산업사 김경희 사장과 직원 여러분에게 깊은 감사를 드린다.

2012년 9월
학현 변형윤 전집 간행위원회 위원장
강 철 규

차 례

제2편 인플레이션: 고도성장의 모순

제3편 경제위기와 불황

학현 변형윤 전집 차례

제1편
한국 경제발전의 역사적 조망

성숙단계로의 이행의 제문제

경제기획원이 발표한 〈80년대를 향한 새 전략〉(1979. 1. 29)에 따르면 우리나라는 종합평가할 때 현재 소득수준 면에서는 중소득국에 속해 있고 산업화단계 면에서는 대만, 멕시코 등의 12개국과 함께 신흥공업국(NICs)의 대열에 서 있으며, 따라서 1980년대 말에는 고소득국 고도산업사회로 들어선다고 한다.

그리고 고도산업사회의 실현을 위해서는 우선 안정기반 위의 고도성장(물가안정, 고도성장)과 국제수지 개선을 동시에 이룩하는 상업적 공업화단계로 진입시키고, 다음으로 1980년대에는 적어도 ① 개방체제에 의한 경쟁촉진을 전제로 한 중화학공업의 선택, 농업구조의 개선, 저생산부문 즉 중소기업과 서비스업의 구조 개선, ② 경제사회의 균형화(소득분배의 균형화, 사회개발의 촉진)와 사회의 안정화, 즉 도시근로자의 생활안정을 내용으로 하는 사회개발의 확대, ③ 재정운용의 개선, 금융시장의 개선 및 물가통제의 최소화를 내용으로 하는 경제운용의 능률화, 즉 시장기능의 활성화의 세 가지를 기본전략으로 삼을 필요가 있는 것으로 되어 있다.

로스토(W. W. Rostow)는 도약단계 이후의 단계인 성숙단계를 다음과 같이 기술하고 있다.

(1) 도약단계에 들어서서 60년 뒤(즉 도약단계가 끝나서 대체로 40년 후)에 도달하는 단계

(2) 다음과 같은 사실에 의해서 특징지어지는 단계

① 지속적 혹은 규칙적인 경제성장

② 리딩 섹터(선도부문 내지 주도부문)의 교대적인 출현

③ 근대기술의 적용

④ 10퍼센트 이상의 투자율 유지

⑤ 소비에 의거하지 않는 가치의 존중

⑥ 인간성의 중시

⑦ 도시인구의 큰 비중

⑧ 반숙련 및 화이트칼러의 비중 증가

⑨ 거친 개인주의 퇴색

⑩ 사회적 및 경제적 보장의 요구, 즉 소득분배 및 복지에 대한 요구

그리고 그는 성숙단계의 다음 단계인 고도소비대중시대에 대해서도 다음과 같이 기술하고 있다.

(1) 자동차에 의해서 대표되는 내구소비재와 서비스의 대중소비가 한 나라 경제(혹은 사회) 생활의 중심적인 동력이 되는 단계

(2) 인간에 의한 환경 정복으로 규정지어지는 단계

(3) 다음과 같은 사실에 의해서 특징지어지는 단계

① 교외로의 이동

② 소비의 레저(여가)에 의한 대체

③ 출생률의 증가

④ 기아는 책에서나 읽는 것; 빈곤은 하나의 추억물이 되는 것

고소득국 고도산업사회라는 용어를 쓰고 있기 때문에 분명하지는 않지만 때로는 선진산업사회라는 용어도 쓰고 있는 것을 보면, 우리나라는 1980년대 말에 현재의 선진국의 단계로 진입한다는 것을 뜻하는 것이 아닌가 생각된다. 그렇다면 로스토가 말하는 이른바 성숙단계로 진입한다고 볼 수 있을 것이다. 이것은 계획대로 또 원하는 대로 우리나라가 상승적 공업화의 단계로 진입하고, 역시 계획대로 이 과정이 진행된다는 것을 전제로 하고 있음은 말할 나위도 없다.

우리나라는 현재에도 이미 부분적으로는 로스토의 성숙단계의 특징이 나타나고 있고, 또 그의 고도대중소비시대의 특징도 나타나고 있지만 어쨌든 경제기획원에 따르면 1980년대 말부터는 성숙단계의 특징이 지배적인 현상이 되는 셈이다. 아니 어떻게 보면 1990년대에는 고도소비대중시대의 특징도 상당히 두드러지게 나타나게 되어 성숙단계와 고도소비대중시대의 특징의 병존이 지배적인 현상으로 될는지도 모른다.

그러나 로스토의 성숙단계의 특징 중에서 지속적 혹은 규칙적 경제성장과 근대기술의 적용에 특히 주목할 필요가 있을 것이다. 즉 한 나라 경제가 성숙단계에 있느냐 없느냐를 규정하는 데 그가 가장 주시하고 있다고 볼 수 있는 것은, 경제성장의 지속성과 자기보강성이라는 것과 한 사회가 그 자원의 대부분에 대해서 당시의 근대적 기술을 효과적으로 응용하는 것이라는 것을 알 필요가 있을 것이다.

그렇다면 농업이 경제발전에서 제구실을 다하지 못해도, 농공 간의 연관도뿐 아니라 공업 간의 연관도, 중화학공업 간의 연관도 등이 낮아도, 투자재원의 거의 전부가 국내원천에 의한 조달 없이도 즉 자본의 자력조달 없이도, 다국적기업의 문제가 발생하고 있으면서도, 수출이 무역수지 개선에 별로 기여를 못해도, 국내시장의 육성 없이도 과연 진정한 의미에서 경제성장의 지속성과 자기보강성이 존재한다고 할 수 있을지, 또 국내의 독자적인 연구개발 없이도 농업기술의 세련화(우리나라 농업은 노동집약적인 근대적 농업기계의 이용을 거의 불가능케 하고 있음을 감안할 때 이의 추구가 바람직하다고 할 수 있다) 없이도 외국으로부터 차용한 근대적 기술을 효과적으로 이용하기만 하면 진정한 의미에서 근대기술의 적용이라고 할 수 있을지에 대한 문제가 여기에서 제기되지 않을 수 없다.

따라서 우선 제기된 이런 문제들에 대한 검토를 하고서 우리나라가 1980년대 말에 고도산업사회로 진입하게 된다는 전망을 내렸는지 그리고 1980년대의 기본전략을 마련했는지를 묻지 않을 수 없다.

그리고 다음에 우리나라가 지향하는 선진국은 어떤 것인지를 묻지 않을 수 없다. 일본이냐, 서독이냐, 캐나다냐, 벨기에 혹은 덴마크냐를 분명히 할 필요가 있을 것이다.

끝으로 시장의 기능에 맡겨서는 만족하게 해결할 수 없는 곤란한 경제의 제 문제, 즉 환경문제, 과밀과 공해의 억제, 적절한 토지의 분배, 자원의 절약 등에 직면하고 있고 또 사회개발 내지 복지의 확대를 지향하고 있음을 감안할 때 시장기능의 활성화에는 어떤 한계가 있다고 할 수 있지 않을까. 이들 문제는 장기적인 공공계획을 불가결의 것으로 만든다고 할 수 있다. 어떻든 해외자본 의존적·해외가공원자재 의존적·해외기술 의존적이면서도, 국내시장의 육성 없이도, 농업기술의 세련화의 추구 없이도, 중공의 수출시장에의 등장에 대한 대비 없이도, 다국적기업에 대한 배려 없이도 어떤 몇 가지 중요 경제지표의 충족만으로 우리나라가 1980년대 말에 고도산업사회 혹은 성숙단계에 진입했다고 할 때 과연 그것이 진정한 의의가 있다고 할 수 있을지, 더욱이 우리나라가 지향하는 것이 일본형이나 서독형이라고 한다면 더욱이 그렇다고 말할 수 있을 것이다.

이렇게 보면 앞으로 우리가 할 일은 여기에서 제기된 이런 문제들을 해결하기 위해서 노력하는 것이라고 할 수 있다. 다시 말하면 이런 문제들을 해결하는 것이 앞으로 우리의 과제라고 할 수 있다. 그러나 여기서는 그중에서 특히 강조되어야 할 네 가지에 대해서만 말하기로 한다.

첫째는 내자동원의 극대화의 지속적인 추진이다. 내자동원의 극대화를 위해서는 정부의 갖가지 유인책과 물가안정정책이 있어야 함은 말할 것도 없으며 또 검소하고 절약하는 분위기 내지 환경의 조성을 위한 사회지도층 인사의 지속적인 노력 내지 솔선수범이 강력히 요청된다고 할 수 있다.

그리고 우리 각자는 생활양식의 급격한 서구화 과정 내지 소비패턴의 급격한 서구형으로의 변화 과정에서도 저축은 미덕이라는 확고한 신념 아래 소비수준을 급격하게 높이지 않도록 노력하는 한편, 사는 집 외에 따로 집을 사두거나 토지, 값나가는 물건, 귀금속, 서화, 골동품 등을 사두는 것, 계에 들거나 사채놀이 하는 것, 심지어는 암시장에서 달러나 엔화 같은 외국화폐를 사두는 것 등을 저축으로 착각하는 일이 없도록 하고 기업의 생산활동에 직결되는 금융기관에 예금을 하거나, 우편저금에 들거나 주식 혹은 수익채권을 사두거나 보험에 들거나 투자신탁에 들거나 하는 것이다.

다시 말하면 저축을 증대시키도록 해야 할 것이다. 또 기업가는 경제학에서 고전학파가 그리는 기업가, 즉 이윤을 생산적으로 투자에만 돌리려고 하는 사람이 되도록 노력해야 할 것이다.

둘째는 농업의 적극적인 육성, 중화학공업의 기초 및 중간재 생산부문에 중점을 둔 중화학공업화의 추진 및 생활 관련 사회간접자본의 확충이다. 농업은 투자에 중점을 두고, 농업기술의 세련화 등을 통해 경제발전에 대한 역할을 제대로 할 수 있도록 육성되어야 한다. 이렇게 볼 때 과연 비교우위 원리에 따라서 농업정책을 추진해 가면서 농업이 본연의 역할을 할 수 있게 된다고 할 수 있을지 매우 의심스럽다. 농업의 적극적인 육성이 국내시장의 육성이 되기도 한다는 것은 재론의 여지가 없다.

천연자원의 해외의존의 경우와 마찬가지로 기초 및 중간재의 해외의존은 생산단계의 가장 기간이 되는 부분의 결락을 통해서 한 나라의 공업구조, 나아가서 산업구조에 구멍이 뚫리게 만들어 산업연관도를 낮출 뿐 아니라, 그들이 생산단계의 가장 기초에 놓여 있는 재화라는 점에서, 공급받는 나라는 공급해주는 나라에 좌우되며 또 공급해주는 나라의 경제적 변동의 영향을 크게 받게 된다.

따라서 기초 및 중간재의 생산부문에 중점을 둔, 혹은 그것을 항상 염두에 둔 중화학공업화가 우리나라에서 절실히 요구된다고 할 수 있다. 그리고 생활의 질의 향상이나 복지문제의 해결을 위해서 생활 관련 사회간접자본의 확충은 절실히 필요하다고 할 수 있다. 비록 석유 및 기타 천연자원의 제약이 예상되기는 하지만 이것들의 확충을 위해서 적극적으로 노력할 필요가 있을 것이다.

셋째는 연구개발 투자의 계속적인 증대이다. 국내에서의 이런 투자의 증대 없이는 독자적인 기술개발이 어려우며 결국은 해외기술에 계속해서 의존하지 않을 수 없을 것이다. 그리고 농업기술의 세련화가 추구되어야 할 것이다. 우리나라의 농업이 자본집약적인 근대적 농업기계의 이용을 거의 불가능하게 하고 있음을 감안할 때 근대기술의 적용의 한 예는 바로 이런 데서 찾아야 할 것이다.

넷째는 시장기능의 활용과 공공계획의 조화이다. 복지문제의 해결을 위해서는 말할 것도 없고 이른바 외부성, 특히 공해나 환경문제로 대표되는 외부 비경제의 해결을 위해 시장기능의 활용보다는 공공계획이 필요하게 될 것이다. 따라서 시장기능의 활용이라고 해도 그것에는 한계가 있음을 감안하여 양자 간의 조화를 모색해 가야 할 것이다. 다시 말하면 시장기능의 활용에는 한계가 있음을 간과해서는 안 된다는 것이다.

〈연세대 동아문화연구원 주최 세미나 발표 요지〉(1979. 3)

한국의 경제발전과 독점자본

선진국에서뿐만 아니라 저개발국에서도 독점자본의 문제는 오래전부터 주요한 경제문제로 되어 왔다. 선진국에서는 일찍부터 독점을 금지하는 정책들이 취해져 왔고, 우리나라에서도 이미 공정거래를 주요 목적으로 하는 독점규제 조치가 취해진 바 있다.

그러나 우리나라에서 경제력의 집중도는 오히려 증대하고 있고, 독점의 폐해는 그 심각성이 여전히 줄어들지 않고 있는 것이 지금의 실정이다. 이것은 우리나라의 독점문제가 단순히 시장조작이나 경쟁제한이란 측면에 한정되어 있는 것이 아니라는 점을 시사해 주고 있다. 실제로 우리나라를 비롯한 저개발국에서 독점자본의 문제는, 선진국에서와는 달리, 국민경제의 재생산 구조 자체의 문제와 관련된 더 근원적인 문제이다.

이 글에서는 이러한 인식에 기초를 두고 우리나라의 독점자본의 형성과 발전과정을 살펴보고 그것의 성격과 경제적 귀결을 검토하고자 한다. 이를 위한 준비로서 우선 저개발국 일반에 있어서 경제발전과 관련된 독점자본의 성격을 이해하는 일이 필요할 것이다.

1. 저개발국의 경제발전과 독점자본

1) 국제분업과 저개발국의 경제발전

선진 자본주의경제의 성립과 발전과정에서 생산력의 발전이 그 기축적 역할을 해 왔다. 산업 자본주의의 확립을 가져온 산업혁명이나 19세기 말 독점자본주의 단계로의 이행에서나 모두 생산력의 비약적 증대가 밑받침되어 있었던 것이다. 그런데 선진 자본주의경제에서 특징적인 사실은 이러한 생산력의 발전기반이 대내적인 데 있다는 점이다. 즉 그것은 국내적 분업관계를 기반으로 이루어진 것으로 항상 내부시장의 확대와 관련을 갖는 것이었다.

다른 한편 자본주의는 항상 체제 외부로 팽창하려는 속성도 아울러 지니고 있다. 선진 자본주의 성립기에 성행한 식민지 약탈무역이나 독점자본주의 단계에서 이루어진 자본수출 등은 그 전형적인 예라고 볼 수 있다. 그러나 이러한 대외팽창은 자본주의의 본래적인 속성이긴 하지만 그것이 선진 자본주의의 성립과 발전과정에서 수행한 역할을 과대평가해서는 안 될 것이다. 그것은 어디까지나 보조적인 역할에 지나지 않는다.[1] 선진 자본주의는 기본적으로 국내적 분업관계에 토대를 둔 재생산구조를 내부의 힘에 의해 성립시켰고, 그것의 발전과정에서 드러나는 내적 모순 또한 자체 내에서 해소해 오고 있는 것이다.

이와 같이 자본주의의 대외팽창은 선진 자본주의에 대해서는 한정

---

1) 선진 자본주의의 성립에서 식민지와 원격지 교역에 의한 경제잉여 획득의 역할이나 선진 자본주의 발전 과정상의 모순의 해결장치로서 식민지로의 자본수출의 역할은 충분히 고려될 가치가 있다. 그러나 그것들의 의의를 지나치게 강조하는 것은 비현실적이며 경직된 인식태도이다. 예컨대 잉여이전은 선진자본주의 성립에서 여러 계기 가운데 하나에 불과하며, 자본수출 또한 축적 과정상의 모순을 해결하는 유일한 장치라고 할 수는 없는 것이다.

된 의의만을 지니고 있는 것이지만, 그것이 저개발국에 미친 영향은 실로 결정적인 것이었다. 저개발국은 선진 자본주의의 침투에 의해서 비로소 타율적으로 자본주의가 성립하였고, 그 뒤에도 선진 자본주의와의 관계 속에서 자본주의적 발전과정을 겪어온 것이다.

저개발국에서 선진 자본주의의 필요에 따라 상품화폐경제의 성립·발전이 이루어졌고 공업화도 부분적으로나마 시작되었다. 이 경우 저개발국의 자본주의 발전은 내부 생산력의 일정한 발전수준을 전제로 한 것이 아니라는 점에서 특징이 있다. 그러나 더 중요한 특징은 그것이 국내분업 관계가 아니라 선진 자본주의의 요구를 반영하는 국제분업관계를 전제로 이루어진다는 점이다. 이 결과 자본주의가 발전하고 특정 부분에 생산력의 증대가 이루어진다 하더라도 국내분업관계의 결여로 말미암아 그것은 본래적으로 국민경제 전체의 생산력 증대와는 무관한 것이 되고, 심지어 그것을 억제할 수도 있는 것이 된다.

그러므로 저개발국에서 자본주의 발전의 성격을 규정하는 것은, 관련된 선진 자본주의 국가와의 구체적인 국제분업의 성격이라고 볼 수 있다.

일본의 한 논자[2])에 따르면 일반적으로 국제분업은 선진 자본주의 산업부문의 중심이동에 따라 (1) 경공업(소비재)-농업의 분업 단계, (2) 중공업(생산재)-경공업 분업 단계, (3) 기술 및 지식 집약적 산업 -기타 여러 가지 산업의 분업 단계로 이동해 왔다고 보고 있다.[3)] 결국 선진 자본주의는 내부의 생산력의 발전에 따라 새로운 형태의 국

---

2) 梶村秀樹, 〈舊稙民地社會構成體論〉(장시원 편, 《식민지반봉건사회론》에 수록).
3) 더 나아가 기술 및 지식 집약적 산업 내부의 분업단계까지 고려할 수 있다. 예컨대 컴퓨터 산업 내부에서 소프트웨어와 하드웨어의 국제분업이 그것이다. 따라서 무엇을 특화하고 있는가 하는 국제분업의 형태가 문제가 아니고 더 중요한 것은 국제분업 그 자체의 성격이라 할 수 있다.

제분업을 창출하고 그것은 국제분업 체계에 편입된 저개발국에 강요되는 형태로 나타난다.

이 과정에 순응함으로써 저개발국에서도 새로운 생산력의 발전(선진자본주의와는 일정한 격차를 항상 갖는 것이지만)이 일어나고 자본주의가 발전되는 것이지만, 그것의 국내적 연관효과는 앞서 말한 대로 극히 제한되어 있는 것이다. 이와 같이 저개발국 내부적 분업 관계와 독립적인 생산력의 발전은 저개발 경제의 이른바 종속적 발전 과정이다.

그리고 국제분업의 형태가 단계적으로 변화됨으로써 이전의 국제분업 관련산업은, 선진 자본주의에서와는 달리 저개발국에서는, 불가피하게 사양화될 수밖에 없다. 왜냐하면 저개발국 내부에는 그 산업에 대한 시장이 원초적으로 존재하고 있지 않으며, 따라서 강제적으로 국내 구매력을 창출하는 데도 일정한 한계가 있는 것이기 때문이다. 이전의 주축산업의 사양화와 새로운 주축산업으로의 반복적인 교체는 불평등한 국제분업에 편입된 불가피한 대가이고, 이것은 또한 종속적 발전과정의 불안정성, 취약성을 단적으로 드러내는 것이기도 하다.

2) 저개발국 독점자본의 성격

선진 자본주의는 1870년대에 이르러 불황을 계기로 급속한 자본집중을 실현하고 19세기 말에는 자본주의 발전의 한 단계로서 독점자본주의를 성립시켰다. 그것은 물론 경쟁을 외적인 강제법칙으로 하는 자본축적 과정의 필연적인 산물이지만 이 시기의 독점자본의 성립은 기본적으로 생산력의 급속한 변화를 그 배경으로 하는 것이었다. 즉 기존의 석탄, 증기와 더불어 석유, 전기가 새로운 동력원으로 등장하여 내연기관과 전기모터를 중심으로 한 기술혁명이 일어나고 그에 따라 철강공업, 화학공업, 자동차공업 등이 이전의 석탄공업과 면공업을 대신하여 주도적 공업으로 등장한 것이다. 이러한 기술혁명[4]으로 말미암아 첫째, 시장에서 구기술이 급속하게 구축되고, 둘째, 최소 적정설비의 규모가 거대한 것으로 되고, 셋째, 신기술 자체가 집중을 조장하는 것으로 되어, 이를테면 전력을 통한 공장작업의 동시화, 컨베이어벨트의 도입 등이 가능해짐으로써 소자본의 쇠퇴와 자본집중이 급속히 진행되었다. 그 결과 이들 공업이 급속히 발전할 수 있었던 독일, 미국 등 후발 선진 자본주의 국가들 중심으로 급속한 자본집중이 이루어지게 되었다.

그러나 이러한 자본집중은 자본가들로 하여금 기업규모의 거대화에 따른 위험의 증대, 고정자본의 거대화에 따른 위험의 증대, 고정자본의 거대화에 따른 감가상각에 대한 규제의 필요성을 인식시켜 그들 사이에 경쟁을 지양하는 독점적 조직을 추구하도록 하였다. 그러한 독점적 협정 또는 독점적 조직은 신사협정, 가격규제, 풀(pool), 카르텔 등 가격이나 공급량의 단순한 규제행위로부터 트러스트(trust), 지주회사(holding company), 합병(Merger) 등 기업 간 결합도가 강한 형태에 이르기까지 다양하게 전개되었는데 이들을 지배하는 자본이 바로 독점자본인 것이다.

한편 자본동원이라는 면에서 자본집중과 독점자본의 발전을 실제로 가능하게 한 것은 주식회사 제도의 보급이었다. 그것에 의해 비로소 자본의 사회적 동원과 자본에 의한 기업지배가 효율적으로 되었다. 이와 달리 기업의 발기, 인수와 관련하여 은행업무가 확대되고 산업에서

---

4) 만델(E. Mandel)은 이 시기를 전후한 기술혁명을 1840년대 이래 증기모터를 핵으로 하는 1차 기술혁명, 1890년대 전기의 내연기관을 핵으로 하는 2차 기술혁명으로 구분하고 있는데, 독점자본의 성립과 관련된 이 시기의 산업기술상의 변화를 특히 제2차 산업혁명으로 부르고 있다(E. Mandel, *Late Capitalism*, 4장 등 참조).

자본집중에 대응하여 은행자본 또한 집중됨으로써 산업자본과 은행자본의 결합 즉 금융자본이 성립·발전하게 되었다. 이들 금융자본은 제품, 원료, 노동력, 금융 등을 수평·수직적으로 결합하여 전(全) 자본주의경제를 지배하게 되었다.

선진 자본주의에서 이러한 독점자본의 형성과 그 발전은 가격규제와 생산제한이라는 이른바 독과점 현상을 가져오고 기술진보에의 유인을 약화시키며,5) 더 높은 가격 그리고 실업의 위협 등을 통해 광범한 대중의 희생을 강요하는 부정적인 성격을 지니는 것이었다.

그러나 이러한 독점자본의 발전은 그 자체가 국민경제 내부의 분업체계에 기초를 둔 생산력 발전의 표현이기 때문에 그것은 다음 단계로의 이행에서 하나의 물적 토대를 이룰 수 있는 것이었다. 그리고 이 점은 1930년대의 대공황에 따른 국가독점 자본주의로의 이행에 의해 현실화된 것이다.

저개발국에서도 자본주의의 발전과 더불어 독점자본의 발전은 일반적인 현상으로 인식되고 있다. 저개발국에서 특히 독점자본은 지금까지 경제발전을 실질적으로 담당해 온 주체였다. 그러므로 저개발국의 독점자본의 성격을 파악하는 문제는 곧 저개발국의 자본주의 발전과정의 성격을 규정하는 것과 밀접한 관련을 맺고 있다. 때문에 이 문제를 둘러싸고 여러 가지 상이한 이론들이 서로 간의 차이를 해소하지 못한 채 대립하고 있는 실정이다.

그러나 저개발국의 경제발전과정이 앞서 본 바와 같이 선진 자본주

---

5) 배런(P. Baran)과 스위지(P. Sweezy)는 독점자본 아래서 기술혁신 유인의 감소를 특히 상품가치의 실현곤란과 관련하여 가장 중요한 요인으로 설명하고 있다(P. Baran and P. Sweezy, *Monopoly Capital*). 그러나 독점자본 하에서도 그들 상호 간의 경쟁과 기술혁신은 결코 배제되지 않는다. 문제는 이러한 기술혁신 자체가 점차 자본주의적 생산관계 아래서 이윤생산과 모순된다는 점에 있다.

의의 그것과는 상이하기 때문에 저개발국의 독점자본의 성격을 고찰하는 경우, 무엇보다도 그것이 몇 가지 중요한 측면에서 선진 자본주의의 독점자본과는 상이한 특성을 지니고 있다는 점에 유의하지 않으면 안 될 것이다.

첫째는 독점자본의 생산력 기반에 관한 것이다. 저개발국의 독점자본은 선진 자본주의와는 달리 국제분업 체계에 편입되어 그 속에서만 기능을 함으로써 생산력의 기반이 대외 종속적이다. 저개발국 국민경제 내부에는 선진 독점자본과 관련을 갖는 이러한 독점자본과 국내시장을 토대로 한 중소 규모의 자본이 상호 분업 관계를 결여한 채 병존하고 있는데, 이러한 조건 아래서 독점자본은 상대적으로 높은 생산력 수준을 실현하고 있다. 그러나 그것은 저개발국의 종속적 발전과 관련하여 선진 자본주의 경제의 생산력이 간접적으로 표현된 것에 지나지 않고 저개발국 국민경제의 생산력을 그대로 반영하는 것이라 할 수 없다.

이러한 대외종속성으로 말미암아 저개발국의 독점자본은 생산력의 기반은 극히 취약하고 불안정하다. 국제분업관계의 형태변화 가능성, 선진 독점자본과의 경쟁회피 및 동맹강화의 불가피성, 원료나 해외시장 지배력의 취약성 등으로 말미암아 저개발국의 독점자본은 일정한 한계 내에서 종속적 발전만을 이룰 수 있게 된다.

둘째는 자본축적의 형태에 관한 것이다. 저개발국에서 내부적인 생산력 발전 수준이 낮기 때문에 자본주의 부문은 정책적, 제도적으로밖에는 창출될 수 없다. 이 때문에 저개발국의 독점자본의 성립과 발전과정에서 국가 의존적 성격이 현저하게 나타나게 된다.

본래 독점자본의 축적기반은 독점적 초과이윤에 있다. 독점자본의 초과이윤은 물론 시장지배력에 기인하지만(즉 독점부문과 비독점부문 간의 상이한 평균이윤율이 초과이윤의 근거이지만), 그 시장지배력은 결국 독점자본의 월등한 생산력 우위를 기초로 한다. 즉 특정한 산업자본이 생산력의 우위를 기반으로 해서 경쟁을 배제하고 독점적 시장을 구축하고 그러한 시장지배를 통해 초과이윤을 실현하는 것이다.

선진 자본주의에서 이러한 독점자본은 산업 자본주의적 축적과정의 귀결로서 등장한 것이었다. 그러나 저개발국에서는 애당초 생산력의 발전수준이 낮기 때문에 국가의 공업화 정책에 의해 의도적으로 산업자본이 육성되지 않을 수 없다. 이 과정에서 특정한 자본이 비대화되는데 그것이 다름 아닌 독점자본인 것이다. 즉 저개발국의 독점자본의 성립·발전은 국가와의 유착, 국가지원에의 의존이 그 기반이 될 수밖에 없다. 이 결과 저개발국의 독점자본은 기본적으로는 산업자본의 범주에 속하고 생산력의 우위를 그 축적의 주요 기반으로 하고 있으면서도, 전기성(前期性) 내지 경제외적 속성 또한 강하게 지니고 있어 그것이 또 하나의 중요한 축적기반이 되고 있는 것이다.

이러한 두 특성으로 말미암아 저개발국의 독점자본을 분석하는 데 있어 그것을 선진 자본주의에서와 같이 단순히 이른바 독과점 현상으로 다룰 수 없고, 국민경제의 재생산이라는 시각에서 검토하지 않을 수 없게 된다. 저개발국에서 독점자본의 발전이, 선진 자본주의에서와는 달리, 국민경제에 대한 긍정적 기능은 거의 없이 부정적 효과만이 증폭되어 나타나는 것은 실로 이러한 특성에서 기인하고 있다.

이하에서는 한국 독점자본의 형성과 지금까지의 발전과정에 관련된 측면들을 구체적으로 살펴보려고 한다. 이러한 논의의 과정에서 저개발국 일반에 대한 이제까지의 고찰이 한국경제라는 구체적인 맥락 속에 어떻게 관철되는지를 확인하게 될 것이다.

2. 한국 독점자본의 본원적 형성

1) 물적 기초로서의 귀속재산

해방 후 1960년까지의 시기는 대체로 한국에서 독점자본이 형성되는 시기라 할 수 있다. 그런데 그것의 물적 기초가 되는 것이 바로 귀속재산이었다. 즉 일본의 식민지 지배 아래서 조선경제는 일본경제에 종속된 부문으로서 식민지 반봉건적 상황에 있었으나, 1930년 이후 세계적 불황과 군사적 필요에 따라 식민지적 공업화(특히 1930년대의 중화학공업화)를 이루게 되었다. 그러나 공업화 과정의 식민지적 성격 때문에 기본적으로 토착자본의 축적은 극히 제약을 받았고, 그 규모는 미미한 정도에 지나지 않았다. 1941년 말 당시 공업부문에서 조선인 소유 회사의 비율은 불입 자본금에서 9.1퍼센트, 회사 수에서 41.4퍼센트를 차지하고 있어 규모의 영세성과 더불어 토착자본의 절대적 위축을 볼 수 있다.[6] 실제로 이 시기의 토착자본은 경성방직(김연수), 화신산업(박흥식) 등 손꼽을 수 있을 정도였고 그나마 산업자본은 극히 드문 상태였다. 따라서 해방 후 귀속재산의 불하는 자본축적의 원초적 기반이 되지 않을 수 없었다.[7] 또한 6·25동란 후 전쟁 복구사업이 기존설비의 소유권과 관련하여 진행되었다는 점에서 그것은 1950년대 원조기 자본축적의 전제이기도 하였다.

1945년 미군정에 의해 〈패전국 소속 재산의 동결 및 이전 제한의 건〉이 공포됨으로써 시작된 귀속재산의 접수 및 그 처분은 한국 정부

---

6) 조선은행, 《조선경제연보》, 1947, pp. 1~318.
7) 해방 후 자본축적의 원초적 기반으로서 토지개혁을 또한 들 수 있다. 토지개혁은 소작제도의 유상폐지를 통해 토지자본과 귀속기업체를 결합한다는 이른바 토지자본의 산업자본화를 꾀했지만 그것은 토지개혁의 실패와 함께 실패로 끝났다.

<표 1> 귀속재산 사정가격 및 불하가격

(단위: 백만 환)

귀속업체명	정부사정가격	불하가격	비율(%)
조 선 방 직 대 구 공 장	700	360	51
조 선 방 직 부 산 공 장	3,500	2,200	63
동 양 제 사 밀 양 공 장	23	9	38
동 양 방 직 공 사	2,500	1,720	69
달 성 제 사 공 장	135	70	52
용 산 공 작 소 제 지 공 장	40	22	55
남 북 면 업 여 수 공 장	8.5	7	82
조 선 유 지 인 천 화 학 공 장	75	39	52
북 삼 화 학 공 장	550	360	65
삼 척 시 멘 트 공 장	700	450	64
장 균 화 학 공 장	550	360	65
계	9,031.5	5,674	62

자료: 김성두,《재벌과 빈곤》, p. 24.

의 수립 이후에도 계속 진행되어 1953년 당시 귀속재산 처분의 총건수는 29만 1,909건, 그 가운데 기업체는 2,203건이었다. 이들 귀속기업체는 매각처분 되든가 아니면 정부가 지명하는 관리인에게 그 운영이 위임되었는데, 대부분 1950년대(특히 6·25동란 종전 이전)에 처분되었고, 1964년에 종결되었다.

귀속재산의 처분은 원칙적으로 자금 및 경영능력을 가진 연고자에게 행해지도록 되어 있었지만, 정부의 사정가격이 실제가격보다 훨씬 낮았고 불하가격은 사정가격보다도 낮고 지불조건이 유리한 상태였기 때문에 연고권 자체가 하나의 특혜일 수밖에 없었다. <표 1>은 주요 귀속기업체의 불하가격이 그 사정가격의 평균 62퍼센트에 불과하였음을 보여준다.

더욱이 귀속재산은 도매물가가 1950년에 비해 1960년에 67배나 급등한 인플레이션 아래서, 그것도 동산의 매각 이외에는 최고 15년까지의 분납이 인정되는 조건(2년 이내 50퍼센트 이상, 4년 이내 70퍼센트 이상 납부한 경우 그 소유권이 인정되었다)하에서 불하된 것이었다. 한 논자는 방직공장을 예로 들어 이러한 조건 아래서의 불하가 실로 무상에 가까운 것임을 계산한 바 있다.[8] 따라서 연고권을 둘러싸고 관권과의 결탁은 필연적인 것이 되지 않을 수 없었고 관권에 의한 특권적 불하, 특혜적 융자 등이 이 시기 귀속재산 불하와 관련된 자본축적의 경제외적 성격을 단적으로 표현하는 것이었다.

일본의 한 논자는 이러한 특권적 불하에 대하여 "예컨대 동아백화점과 조선방직을 불하받은 강일매, 태창방직을 불하받은 백낙승 등과 자유당 전성기에 행해진 이병철, 정재호, 이한원 등에 대한 은행주 불하에서 이들과 이승만 대통령과의 개인적 관계가 이를 전형적으로 나타낸다. 강일매의 경우 불하 대상기업의 전(前) 관리인이 보유하고 있던 연고권을 무시하고 수의계약을 감행하였으며, 백낙승은 5백만 달러의 정부보유 달러와 막대한 융자를 받아 태창방직을 수의계약으로 불하받았다. 또 은행주의 불하를 보면 윤석준이 최고가격으로 입찰한 제일은행주는 어떤 연유에서인지 뜻밖에도 정재호에게 낙착되었다. 이처럼 귀속재산의 불하특혜에 의해 중요 기간산업의 대부분이 거의 무상에 가깝거나 극히 부당한 염가로 특정 자본가 및 투기업자에게 불하되었다. 이것은 한국의 재벌형성에 최초의 중요한 물질적 토대를 이룬 것이었다"[9]라고 지적한 바 있다.

물론 귀속기업체의 불하가 전적으로 무에서 유를 창조한 과정이라 할 수는 없고, 여기에는 위에서 인용한 것과 같이 당시의 특혜적 융자 외에도 해방 후 물자부족 시기에 상업이나 무역 등 유통부문에서 축적된 자본, 나아가 식민지 조선에서 축적된 토착자본 등 화폐자본의

---

8) 김성두, 《재벌과 빈곤》, pp. 23~4.
9) 中川信夫, 〈韓國の財閥についての一考察〉, 《アシア經濟》, 1965. 10.

축적이 어느 정도 전제되어 있는 것이었다. 그러나 귀속재산의 불하와 관련된 특권적·특혜적 성격에서 볼 때, 선행한 화폐자본의 축적의 의의를 그다지 큰 것으로 평가할 수가 없을 것이다.

2) 원조와 독점자본의 형성

귀속기업체의 불하가 이 시기 독점자본 형성의 물적 기초였다면, 그것이 형성된 실질적인 계기는 1950년대 원조물자의 독점적 배정에 있었다. 원조물자의 배정은 물론 귀속공장의 설비를 그 기초로 한 것이지만 전후 부흥과정에서 삼성물산(이병철), 삼호방직(정재호), 개풍상사(이정림), 대한전선(설경동), 락희화학(구인회), 동양시멘트(이양구) 등 이른바 10대 재벌이라는 독점적 대자본이 형성되었다.

먼저 원조와 관련하여 독점자본의 형성을 보면, 미국의 대한원조는 해방 후 정부 수립 초에 이르기까지 긴급구호원조의 성격을 띤 GARIOA 원조, 그리고 전쟁 및 그 후 1950년대 부흥원조로서 CRIK, UNKRA, FOA, ICA, PL480 등이 주축을 이루어 1945~60년간 그 액수는 30억 달러를 초과하였다. 그러나 그 내역을 보면 〈표 2〉에서 보는 바와 같이 UNKRA 원조를 제외하면 대개가 소비재(원자재 포함) 중심으로 되어 있고, 특히 전후 부흥과 관련하여 중요성을 갖는 ICA 원조는 72퍼센트, PL480은 100퍼센트가 소비재로 되어 있어 그것이 한국의 경제건설을 목적으로 하지 않았음이 분명하다.

이 시기의 원조가 이처럼 소비재를 중심으로 행해진 것은 실로 잉여농산물의 처분이라는 미국의 직접적 이해가 깔려 있음을 반영하는 것이다. 더욱이 미국은 원조물자의 판매대금인 대충자금의 적립을 통해 한국경제의 재정 및 금융을 장악·관리하여 한국경제의 부흥 방향을 규제하고자 하였던 만큼, 미국원조는 단순한 경제협력의 차원을 넘

어 미국자본(비록 국가자본의 형태를 띠었지만)의 이해가 관철되고 있음을 주목할 필요가 있다.[10]

<표 2> 원조도입내역

(단위: 백만 달러)

자금별	시설재	소비재	합 계
G A R I O A	31(7%)	397(93%)	410
E　　C　　A	6(3%)	170(97%)	176
S　　E　　C	0.2(0%)	26(100%)	26
C　R　I　K	-(0%)	457(100%)	457
U　N　K　R　A	86(70%)	36(30%)	122
I　　C　　A	458(28%)	1,260(72%)	1,745
P L　4　8　0	-(0%)	203(100%)	203
합 계	608(19%)	2,531(81%)	3,199

자료: 中川信夫, 〈韓國の經濟構造と産業發展〉, 山田三郎 編, 《韓國工業化の課題》, p. 312 에서 재인용.

그러나 한국경제는 이러한 미국원조에 힘입어 잉여농산물의 단순가공을 목적으로 하는 제분, 제당, 면공업 등 이른바 삼백산업(三白産業)의 급속한 발달을 보게 되었는데 이들 산업이 이 시기의 독점자본 형성의 주력산업이었다. 이들 산업에서는 귀속기업체를 불하받은 기존 기업들이 일부 시설재 원조에 의해 공장설비를 복구·건설하는 한편, 그 설비능력을 기초로 해서 대한방직협회, 한국소모방협회, 한국제분공업협회, 한국제당공업협회 등 독점적 실수요자 조직을 구성하여 주로 원조자금에 의해 원면, 원모, 원당, 소맥 등 수입원료의 공급을 독점함으로써 시장에서 독점적 지위를 확보하였다. 1962년 당시 이들 산

---

10) 즉 그것은 전후 변화된 세계질서하에서 군사블록의 구축이라는 당면과제를 위해 진행된 것이고, 나아가 차관과 직접투자로 이어지는 사적자본의 진출 토대를 마련하기 위한 전후 선진 자본운동의 변형된 양식 바로 그것이다. 이 점에 관해서는 박찬일, 〈미국경제원조의 성격과 그 경제적 귀결〉, 《한국경제의 전개과정》 참조.

<표 3> 삼백산업의 생산집중도

(단위: 개, %)

	기업체 수		출하액(백만 원)	
	총 수	200인 이상	총 액	200인 이상
제 분	58	2	2,337	233(9.9)
제 당 · 정 당	44	2	3,480	3,173(91.1)
방 직	174	33	11,089	9,834(88.6)

자료: 중소기업은행, 《광업·제조업 사업체 보고서》, 1962.

업의 생산집중도를 보면 <표 3>에서와 같이 제분업의 집중도는 다소 낮은 편(9.9%)이지만 제당, 방적 등에서는 그 집중도가 90퍼센트를 오르내리고 있다.

한편 이 시기의 독점자본의 형성을 자금 면에서 뒷받침한 것은 수로 은행의 특혜적 융자였던 것 같다. 당시 민간에 대한 융자는 1954년 식산은행에서 탈바꿈한 산업은행을 중심으로 행해졌는데, 이 은행은 인플레이션적 재원인 정부대하금, 산업부흥국채와 대충자금을 그 주요 자금원천으로 해서(대충자금의 비중은 1958년 이후 50%를 상회, 1960년에는 62%를 차지하고 있다) 1960년 당시 제도금융 총대출의 39.5퍼센트, 특히 설비자금 대출에서는 67.3퍼센트를 차지하고 있다. 대출은 주로 제조업을 중심으로 이루어졌는데, 제조업부문별 신규대출 구성을 보면 섬유, 식품, 화학 등이 큰 비중을 차지하고 있어 그 대출이 이 시기 삼백산업의 성장을 뒷받침하였음을 알 수 있다(<표 4> 참조).

이 시기 독점자본의 형성과 관련하여 또 다른 계기가 되는 것은 정부소유 은행주의 불하와 그에 따른 독점자본의 금융업 진출이다. 1954년부터 시작된 은행의 민영화는 1956년 3월에 불하가 종결되었다.

그 결과 흥업은행(현 한일은행)은 이병철, 저축은행(현 제일은행)은 정재호, 조흥은행은 이병철, 상업은행은 이향원, 이병철을 대주주로 하여 인수됨으로써 독점자본의 은행지배가 확립되었다.

<표 4> 산업은행의 제조업부문별 신규대출

(단위: 백만 원)

연 도	합 계	식 품	섬 유	화 학	기 타
1956	1,371	1(%)	33(%)	18(%)	48(%)
1957	1,400	8 (″)	21 (″)	15 (″)	56 (″)
1958	3,244	10 (″)	10 (″)	49˙(″)	31 (″)
1959	2,569	12 (″)	18 (″)	19 (″)	51 (″)
1960	1,559	7 (″)	22 (″)	27 (″)	44 (″)

* 1958년 화학공업에 대한 대출의 이례적 증가는 충주비료공장의 착공과 관련된다.
자료: 한국산업은행.

　이렇게 1950년대 말에 이르면 기존의 삼백산업을 바탕으로 금융·무역에까지 진출한 독점적 기업군의 형성을 볼 수 있는데 이들 독점자본의 성격은 어떻게 파악될 수 있는가? 이 문제에 답하기 위해 먼저 그것의 축적양식을 살펴볼 필요가 있다.

　이들 독점자본은 당시 전반적인 소비물자가 부족한 가운데서 인플레이션의 급속한 진전, 독점적 시장지배, 저임금 등을 축적의 한 기반으로 하였지만 축적의 주요 원천이 된 것은 오히려 물적 기초로서의 귀속재산, 원조물자의 특권적 배정, 은행의 특혜적 융자 자체였던 것으로 생각된다. 즉 당시의 원조물자의 배정은 그 자체로서도 독점적 수익의 원천이었을뿐더러, 그것은 현재 시가를 공정환율로 계산하여 매각처분하였기 때문에 실제 환율과의 차이에서 기인하는 환차 또한 직접적으로 수령하는 것은 아니었지만 독점적 수익의 무시 못할 원천이었다. 그리고 산업은행의 특혜적 융자는 그것이 주로 장기·저리의 개발자금이었다(이 은행의 대부이윤은 대체로 시설자금 8~12%, 운전자금 8~15%였다)는 점, 그 융자조건 또한 대충자금의 경우 자기자금 조달 비율이 단지 융자액의 15(1953)~25퍼센트(1958)일 것을 요구하는 등 극히 유리한 것이었다는 점, 당시의 인플레이션율은 엄청나게 높았다는 점 등을 고려할 때, 그 대출조건은 원리 20퍼센트 이상이었던 단기사채와 비교하는 것조차 의미가 없을 정도로 엄청난 특혜였던 것이다. 나아가 이런 기반 위에서 독점적인 유통 마진을 획득하기에 이른 것이 아닌가 생각된다.

이렇게 볼 때 이 시기의 독점자본은 그 판매시장에서 독점적 지위, 원료공급 독점, 자금의 지배 등 실로 독점자본으로 불러야 되지만, 그럼에도 이들 자본은 오히려 귀속재산 및 원조물자의 특권적 배분, 금리차, 환차 등의 수령, 유통마진의 추구 등에서 보는 바와 같이 전기적 내지 상인자본적 성격을 그 특징으로 하고 있다. 이러한 상인자본적 성격은 그 기업경영에서도 드러나는데 귀금속, 외국저금, 부동산 구입 등 투기적인 재산보전의 경향이라든가, 고정자산의 과소평가를 통한 개인자산의 형성(여기에는 물론 법인세의 탈세가 그 일익을 담당한다)과 이것의 재산보전적 투기재원화 등이 바로 그것이다.11) 이러한 의미에서 이 시기에 형성된 독점자본은 일부 주력기업이 소비재 가공이라는 산업자본의 성격을 띠었음에도 불구하고 근대적 독점자본의 범주에 포함되기보다는 근대 중상주의 시기의 특권적 독점, 즉 전기적 독점에 대응시키는 것이 더 타당할 정도로 경제외적이다.12)

이러한 기본적인 성격과 아울러 이 시기의 독점자본의 또 다른 성격은 그 대외종속성에 있다. 즉 이들 독점자본의 주력산업인 삼백산업은 기본적으로 단순가공 또는 저차가공의 소비재 산업이라는 점, 또 그것은 농업 및 기타 공업부문과 분업적 관련을 갖지 못하고 그 설비

---

11) 山田三郎 編, 《韓國工業化の課題》, pp. 249~54.
12) 이러한 규정은 정윤형, 〈경제성장과 독점자본〉, 《한국경제의 전개과정》에서 제시된 바 있다. 이와 약간 다른 견해이기는 하나 한국 자본주의에서 자본의 성격을 경제외적 성격과 매판성을 두 개의 속성으로 하는 관료자본으로 규정 지으려는 노력이 박현채, 〈한국자본주의론〉, 《역사와 인간》에 제기되어 있다. 한편 谷浦孝雄나 그 밖의 여러 일본 학자들은 이 시기의 독점자본을 상인자본의 범주로 규정하고 있다.

와 원료를 주로 미국에 의존함으로써 그 생산력 기반이 대외종속적이었고, 따라서 취약성을 면치 못하였다. 이 결과 미국의 세계전략의 변화에 의해 1958년과 1959년에 미국원조(특히 잉여농산물)의 대폭적인 감소에 따라 방직, 제분공업 등에서 시설과잉이 현재화되고 한국경제는 정체국면으로 치닫지 않을 수 없게 되었다. 이것은 이후 외자도입의 필연적 계기를 마련하는 것으로서, 결국 원조에 의한 공업화나 그에 따른 독점자본의 형성은 한국경제를 국제분업 체계에 더 확고히 편입시키는 하나의 과정 바로 그것이었다.

3. 한국의 경제개발계획과 독점자본의 발전

1) 외자와 경제개발

1950년대 특권적 독점자본의 형성은 필연적으로 그 이면에서 농촌의 피폐와 중소기업의 몰락, 만성적인 인플레이션 등을 통해 일반대중의 정치적, 경제적 불만을 만연시켰고 특히 그 후반기의 불황과 함께 이러한 불만은 4·19학생혁명에 의한 자유당 정권의 전복으로 이어졌다. 그 뒤 일련의 정치적 운동은 기본적으로 민주주의에 기초한 일반대중의 정당한 요구였고, 또한 그것은 새로운 경제질서를 구축할 중요한 계기였음에도 불구하고 주체세력인 학생세력의 사상적·조직적 능력의 한계, 학생세력과 일반대중과의 연대의식의 결여 등으로 그 실현을 보지 못하고 이에 대항하여 일어난 5·16군사혁명에 의해 단절되고 말았다. 군사정권은 소박한 민족주의와 경제개발의 슬로건을 내세워 공업화체제로 재편하고자 하였는데, 이러한 정치적 변혁기에서 일어난 부정축재자 처리와 그 일환으로 행해진 독점자본 소유의 시중은행 주식의 정부환수는 이 시기 독점자본의 재편을 강요한 특기할 만한 사건이었다. 그러나 1962년 내자동원의 일환으로 행해진 화폐개혁의 실패, 차관도입계획의 차질이라는 조건 아래서 제기된 공업화의 급박한 요구는 이들 부정축재자를 공업화의 주체적 담당자로 받아들이게 함으로써 자유당 정권에 밀착한 일부 독점자본의 몰락(동립산업의 함창희, 태창방직의 백남일 등)이 있었지만, 1950년대에 형성된 특권적 독점자본은 대체로 경제개발 과정에서 근대적 독점자본으로 전환·발전의 새 계기를 발견하게 된다.[13]

1960년대는 정유, 화학비료, 화학섬유, 시멘트 등 화학공업이 초기에는 수입대체산업으로서 그러나 점차 수출산업으로서 성장하여 이 시기의 공업화를 주도하였다. 제조업 생산 중에서 이들 화학공업이 차지하는 비중은 1960년 15.7퍼센트에서 1968년 22.8퍼센트로 증대한 반면, 1950년대 성장산업인 식료품 및 섬유제조업 등은 같은 기간 중 46.2퍼센트에서 30.8퍼센트로 급격히 하락하여 그 상대적인 정체를 볼 수 있다(〈표 5〉 참조). 이들 화학공업은 대체로 외자 및 정부의 재정·금융적 지원 아래 성장을 이룩하였는바, 그것은 또한 이 시기의 자본

---

13) 1962년 6월에 공포된 〈부정축재처리법〉에 따르면, 그 대상은 1953. 9~1961. 5 사이에 ① 국공유재산 및 귀속재산의 불하에 의해 1억 환 이상의 이득을 취한 자, ② 10만 달러 이상의 부정외화 매수 및 대부를 받은 자, ③ 융자를 받은 후 1억 환 이상의 정치자금을 제공한 자, ④ 부정공사 물품계약으로 2억 환 이상의 이득을 취한 자, ⑤ 부정외자 배정으로 2억 환 이상 취득한 자, ⑥ 2억 환 이상 국세포탈자로 되어 있어, 여기에는 대한방직협회 등 4개 경제단체와 이병철, 정재호, 이정림, 설경동, 백남일, 남궁연, 이양구, 김성곤, 박흥식 등 부흥기에 삼백산업을 중심으로 자본을 축적한 대부분의 독점자본가들이 망라되어 있다. 그러나 부정축재 처리는 3차의 최종 통고에서 그 환수액이 83억 환으로부터 42억 환으로 반감되고 환수조건 또한 개발계획에의 참여조건으로 주식납부 등을 허용하여 크게 완화되기에 이른다(김성두, 《재벌과 빈곤》). 이와 달리 독점자본 소유의 은행주의 정부환수는 독점자본의 금융지배를 종식시키고 그 후 정부주도의 경제개발계획 수행에 자금적 기반을 제공한 것이지만, 뒤에서 보듯이 그것이 이 시기의 독점자본의 축적과 결코 배반되는 것은 아니었다.

〈표 5〉 제조업 업종별 추이

(단위: 백만 원)

	1960년		1968년	
	금 액	구성비	금 액	구성비
제 조 업 총 계	59,753	100.0	769,077	100.0
식　　　료　　　품	7,913	13.2	62,231	8.1
음　　　료　　　품	4,859	8.1	46,850	6.1
섬　　　　　　　유	14,854	24.9	127,650	16.6
고　무　제　품	3,458	5.8	18,717	2.4
화　학　제　품	3,615	6.1	81,117	10.5
석유 및 석탄제품	2,229	3.7	55,626	7.2
토석 및 유리제품	3,552	5.9	39,265	5.1
1　차　금　속	1,830	3.1	41,353	5.4
기　　　　　계	1,342	2.2	14,696	1.9
전　기　기　계	794	1.3	29,675	3.9
수　송　용　기　계	1,304	2.1	46,118	6.0
기　　　　　타	13,985	23.5	205,779	26.8

주: 생산액 기준임.
자료: 경제기획원, 한국산업은행, 《광공업 센서스 보고서》(1960년 및 1968년).

축적의 주요기반이었다.

이들 업종별로 보면, 먼저 화학공업에서는 이미 1955년에 ICA 무상 원조와 산업은행 차입금으로 착공된 충주비료가 1961년 준공을 보았고 이어 개발산업으로 1962년 호남비료, 1967년 영남화학, 진해화학, 한국비료 등이 속속 준공되었다. 이들 공장은 대체로 정부를 투자주체로 하였고(충주, 호남, 진해), 필요설비는 차관 또는 합작투자의 형식을 취하였다(영남, 진해, 한국).

정유공업에서는 1964년 대한석유공사와 걸프가 합작투자 형식으로 울산정유공장을 건설하였고, 그 후 1969년 호남정유(럭키), 1971년에는 경인에너지(한국화약)가 각각 칼텍스, 유니언오일과 합작으로 정유공장을 건설하였다.

한편, 화학섬유공업에서는 1959년 AID 자금에 의한 비닐론공장의 건설 이래 1963년, 1964년에 각각 코오롱과 동양나일론에 의해 나일론

생산공장이 건설되었고 1967년에는 비스코스 인견사(흥한화학), 아크릴 섬유(한일합섬), 그리고 1968년에는 폴리에스테르(대한화섬), 아세테이트 섬유(선경화섬) 등이 생산설비를 갖추었다. 이들 역시 차관 또는 합작투자의 형식으로 이루어졌다.

시멘트 공업에서는 쌍용(금성), 한일, 현대 등이 모두 차관에 의해 시멘트 공장을 건설하였다.

이렇게 화학공업의 성장에서 보는 바와 같이 이 시기의 공업화(1970년대에도 기본적으로 동일하지만)에 있어서는 1950년대와 달리 몇 가지 중요한 특징이 눈에 띈다. 첫째는 정부 주도하 개발계획의 성격상 당연한 것이지만 국가자본주의적 영역, 즉 재정투자의 확대이다. 재정부융자는 〈표 6〉에서와 같이 그 자금원천을 점차 대충자금으로부터 일반회계로 전환되었는데, 그것은 온 국민의 조세부담으로 재정투융자를 한다는 것을 의미한다.

국민의 담세율은 1962년 10.6퍼센트에서 1964년에는 7.1퍼센트로 하락하였지만, 1965년 이후 계속 증가하여 1970년에는 14.9퍼센트에 이르러(경제기획원,《주요경제지표》) 그간의 공업화 과정에서 일반대중의 부담을 증대시켜 왔음을 알 수 있다. 더욱이 재정적자는 종종 인플레이션적 재원인 국채발행에 의해 보전됨으로써 인플레이션의 만연을 초래하고 국민의 희생을 강요하였다. 그럼에도 국가자본의 확대는 독점자본에 대해서는 반드시 대립적인 것은 아니며 오히려 독점자본의 가치증식과 밀접하게 관련되어 있어(그 가치증식은 곧 국가자본의 가치상실과 대응한다), 이 시기 독점자본은 국가자본의 확대와 함께 그 발전의 한 계기를 갖게 되었다.

둘째는 1950년대의 원조를 대신하여 차관 또는 합작투자로서 외국자본의 도입이 이 시기의 공업화를 실제로 뒷받침하였으며, 그것은 이

<표 6> 재정투융자와 그 원천

(단위: 백만 원, %)

연 도	합 계	내 역		재 원		
		투 자	융 자	일반회계	대충자금	기 타
1961	18,951	–	–	42	33	25
1962	2,393	–	100	19	–	81
1963	20,867	71	29	38	49	13
1964	17,482	67	33	29	58	13
1965	22,919	75	25	46	42	12
1966	44,278	65	35	60	12	28
1967	55,488	62	38	62	6	32

자료: 경제기획원, 《한국통계연감》.

시기 독점자본 축적의 주요 기반이었다. 1962~70년까지 외국자본의 도입(도착기준)은 공공차관 6억 달러, 상업차관 12억 1천만 달러, 직접투자 8천만 달러 등 모두 18억 9천만 달러에 이르렀는데 그 업종별 구성을 보면 제조업에서는 화학섬유, 비료, 시멘트 등이 높은 비중을 차지하고 있어 이들 공업의 외자의존 성향을 뒷받침하고 있다. 이 시기 외자는 단순한 화폐의 이전이 아니라 실물 이전의 화폐적 표현형태(예컨대 공여자의 입장에서 볼 때 연불수출의 한 형태 등)의 성격이 강하기 때문에 그것이 갖는 산업기술상의 독점적 성격은 그 자체의 유리한 융자조건상의 수익을 오히려 압도할 정도였다. 따라서 외자의 배정 여하, 즉 외자에 기초한 화학공업에의 진출 여하는 실로 이 시기 독점자본의 성쇠에 크게 영향을 미친 것이었다. 부정축재 처리의 소용돌이 속에서도 한국비료(삼성), 흥한화학(화신), 쌍용시멘트(금성)의 설립에 의한 구독점자본의 새로운 도약은 있었으며 시멘트(한일, 현대), 화학섬유(한일합섬, 코오롱) 등에서 새로운 독점자본의 부각이 있었고 이들 공업에 진출하지 못한 삼양, 삼호 등 구독점자본의 상대적 후퇴 등이 있었다.

2) 수출경제의 전환

경제개발을 외자에 의존하는 경우 외자의 논리만이 아니라 그 상환을 위해서는 국민경제의 특정 부문이 수출부문으로서 중요성을 띠지 않을 수 없게 된다. 사실 외자에 의한 수입대체산업 자체가 기술조건이나 경제성 때문에 곧 수출산업으로의 발전 경향을 나타내었다. 즉, 그것은 첫째, 경제발전의 초기단계에서 국내시장의 협소, 둘째, 그에 따른 도입기술과 경제성과의 상호모순, 셋째, 내자동원의 극대화를 위한 국내시장의 가파른 협소화 때문에 곧 수출시장에 눈을 돌릴 수밖에 없게 되었다.[14] 이 과정에서 점차 독점자본 계열의 수출산업으로 전환이 현저해졌다. 물론 이 시기에는 구독점자본과 별개로 처음부터 합판, 편물제품, 봉제품, 잡화 등 수출산업에 진출한 자본 또한 있었음은 주목할 만하다.

이렇게 외자의존경제는 바로 수출주도경제의 이면으로서, 외자와 수출에 의한 급속한 공업화가 이 시기를 특징짓는다. 그리고 수출경제로의 점차적인 전환은 산업연관 분석에서 그 일면을 볼 수 있다. 한국은행에 따르면, 생산에 대한 최종수요의 유발효과 중 소비의 유발효과는 1960년 84.1퍼센트에서 1970년 65.5퍼센트, 1975년에는 56.7퍼센트로 계속 하락한 반면, 수출수요의 유발효과는 동 기간 중 4.2, 12.7, 24.8퍼센트로 대폭 증가하여 1975년에는 투자의 유발효과를 능가하기에 이르러 이 시기 한국경제는 가히 수출경제로의 전환하게 되었다고 할 수 있다(〈표 7〉 참조).

이러한 공업화정책에서 외자에 의해 공장을 건설하고 그 수출을 통해 이를 상환함으로써 국민경제의 대외균형을 실현시킨다는 논리가

---

14) 隅谷三喜男, 《韓國の經濟》, pp. 179~80.

〈표 7〉 최종수요별 생산유발구성 추이

(단위: %)

	1960	1966	1970	1975
소 비*	84.1	72.8	65.5	56.7
투 자	11.7	16.6	21.8	18.5
지 출	4.2	10.6	12.7	24.8

* 소비는 민간소비+정부소비임.
자료: 한국은행, 《산업연관표 작성보고》.

〈표 8〉 국제수지 추이

(단위: 백만 달러)

	1964	1965	1966	1967	1968	1969	1970
경 상 수 지 *	−26.1	9.1	−103.4	−191.9	−440.3	−548.6	−622.5
무 역 수 지	−244.9	−240.3	−429.5	−574.2	−835.7	−991.7	−922.0
수 출	120.0	175.6	250.4	334.7	486.3	658.3	882.2
수 입	364.9	415.9	679.9	908.9	1,322.0	1,650.0	1,804.2
무역 외 수지	23.9	46.1	106.5	157.1	169.3	197.3	119.3

* 이전거래는 약하였음.
자료: 경제기획원, 《주요경제지표》, 1972.

전제되고 있었으나 그 타당성은 극히 의심스러운 것이었다. 1960년대 국제수지의 적자는 누적적으로 확대되어 만성적인 구조를 나타내 보이고 있고(〈표 8〉 참조), 그 수출구조 또한 공업의 진전에 따라 고도화되기는 하였지만 기본적으로 노동집약적인 경공업 제품 등이 중심인 것과 달리 수입구조에서는 자본재와 중간재가 압도적인 부분을 차지해 그 가공수출적인 구조를 여실히 보여주고 있다(〈표 9〉 참조).

이것은 차관에 의해 들여오는 설비 및 기술의 국내축적이 불가능함으로써 계속적인 생산증대에는 유사한 설비 및 기술의 도입이 불가피한 데 그 원인이 있는데, 이러한 관계가 고착됨에 따라 외자 또는 외화 할당을 통해 자본재 및 중간재를 수입·가공수출하는 수출산업과 국내시장을 바탕으로 형성되는 내수산업 사이에는 상호분업적 관련을 상실하고 종종 국내시장에서 경쟁조차 하게 된다. 물론 내수산업에서

〈표 9〉 재화형태별 수입(1970)

	총액(백만 달러)	구성비(%)
총 액	1,984.0	100.0
자 본 재	589.5	29.7
수 출 용 원 자 재	386.3	19.5
내수용원자재, 기타	875.0	44.1
석 유 류	133.2	6.7

자료: 경제기획원, 《주요경제지표》, 1972.

외자를 도입하는 경우도 있지만 그때에도 국내의 여타 산업부문과의 분업적 관련은 대체로 단절되어 있다. 수입설비 및 기술의 국내 파급 효과를 기대하기 어려운 것은 첫째, 기술 자체가 사회적 분업의 한 표 현이라는 점, 둘째, 현대에 이전되는 기술은 고도의 사회적 분업을 반 영하여 과학자-기술자-조업자의 결합노동의 산물이며, 그 핵심부문은 연구실에서 생산되기 때문에 단순한 조업과정에서는 이해하기 어렵다 는 점, 셋째, 따라서 기술수출국에 상응하는 고도의 사회적 분업이 이 루어지지 않은 경우 기술수입국의 기술축적은 거의 기대할 수 없다는 점이다. 따라서 현대기술의 도입과 함께 오히려 국내분업 체계가 해체 된 후진국들의 경우, 수입기술은 선진국 과학자-선진국 기술자-후진 국 조업자라는 국제적인 노동결합에 의해 적용될 뿐이며, 이 과정의 반복은 현대기술의 성격상 필연적이다.

이처럼 독점자본 계열기업의 수출산업으로의 전환, 국민경제의 수 출경제로의 전환은 국민경제의 파행적 종속구조를 더욱 심화시키는 것을 의미하지만 그것은 다름 아닌 선진 독점자본에 의한 국제분업 체제의 재현이다. 이러한 종속적 수출경제의 순환구조를 도식적으로 표시한 것이 〈그림 1〉인데 여기서 수출산업과 내수산업은 독자적인 원리에 따라 재생산을 유지하고 있음을 볼 수 있다.[15]

그런데 이러한 구조가 바로 독점자본의 이윤의 원천임을 잊어서는

<그림 1> 한국경제의 순환구조

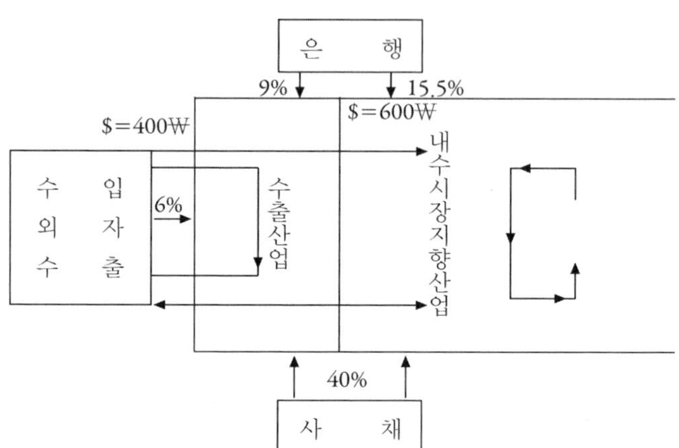

주: 이 그림에 나타난 수치는 1974년 현재로 되어 있다.
자료: 隅谷三喜男, 《韓國の經濟》.

안 된다. 이 시기 독점자본은 그 일부가 여전히 내수산업을 지배하기도 하지만 대체로 수출산업으로 전환해 가고 있는데, 우선 이들 독점자본은 그림에 나와 있는 것과 같이 평균 연 6퍼센트라는 저리의 외국차관, 9~15퍼센트의 은행융자(이를 당시 월 40%에 이르던 사채이자와 비교해 보라), 그 밖의 각종 수출지원체제에서 그 이윤의 원천을 구하고 있음을 알 수 있다. 이것은 이 시기 독점자본이 아직도 1950년대와 유사하게 상인자본적 축적을 행하는 일면을 보여주는 것이지만, 독점이윤의 더 중요한 원천은 이러한 순환구조를 뒷받침하고 있는 방대한 저임 노동력에 있다. 한국 독점자본은 세계시장에서 기술적 열위, 수출증대의 압박 등으로 해서 종종 생산원가 이하로의 덤핑수출도 감행하고 있는 것이 현실이며, 이러한 사정에 비추어 볼 때 수출을 통한

---

15) 수출산업과 내수산업의 구분은 예컨대 생산액의 50퍼센트 이상을 해외시장에 의존하면 수출산업, 그 이하이면 내수산업으로 하는 편의상의 개념이다. 그럼에도 불구하고 이들 개념을 질적으로 유형화하여 도식화한 앞의 그림은 한국경제의 당시 구조를 파악하는 데 있어 매우 유용하다.

이윤획득은 극히 낮은 수준이라고 볼 수밖에 없다. 물론 그러한 낮은 이윤은 국내시장과 해외시장의 차별가격과 수출입 연계에 의해 국내 소비자 및 중소 생산자를 수탈함으로써 일부 보상을 받고 있지만, 이러한 구조 자체를 지탱하는 것은 방대한 산업예비군에 기초한 저임노동력이었다. 이러한 점이야말로 1950년대와 달리 이 시기 독점자본의 근대적 성격을 보여주는 것이지만 동시에 그 대외종속성, 저차성을 반영하는 것이기도 하다. 즉 이 시기 독점자본은 그 대외종속성에 기인하는 자본력의 열위를 국내 생산자 및 소비자의 수탈을 통해 보상함으로써 그동안 수출확대를 중심으로 하는 고도의 공업성장률에도 불구하고 생산된 경제잉여는 끊임없이 선진 독점자본으로 이전되었으며, 그 결과 이들 독점자본은 생산력기반이 여전히 취약하고 일반대중의 경제적 복지는 아직도 기대하기 어렵게 된 것이다.

3) 수출경제의 정체와 독점자본의 강화

1970년대 초에 이르면 외자-수출경제는 그동안의 공업화 과정에서 누적된 제반모순을 심화·노출하게 된다. 1972년의 8·3조치, 1973년의 오일쇼크에 뒤이은 1974년, 1975년의 국제수지 악화와 외환위기, 외채 상환의 누증, 1974년 도매물가상승률 42퍼센트를 절정으로 하는 인플레의 급속한 진전 등은 그 단적인 표현이다. 더욱이 1974년의 세계공황을 계기로 세계경제가 전반적으로 불황국면에 빠져들자 1976년의 이례적인 수출증가를 제외하면 1974년 이래 수출정체가 현저화되면서 한국경제는 대체로 정체기조를 띠게 되었다.

이러한 정체기조와 위기적 상황의 밑바탕에는 기본적으로 국제수지의 급속한 악화와 이에 따른 외채상환의 압박이 깔려 있다. 무역수지는 1971년 이미 10억 달러의 적자를 나타냈고 1972년, 1973년, 1976

년, 1977년의 일시적인 호전에도 불구하고 1974년에는 19억 달러, 1975년 17억 달러, 1978년 18억 달러, 그리고 1979년에는 44억 달러로 대폭 증대하였다. 무역외수지 또한 중동건설수출에 따른 수입증대에도 원리금 상환 등의 지급증대(투자수익의 수입·지급차는 특히 1970년대 후반 급증하고 있음을 주목할 필요가 있다)에 의해서 1974년 이후 대체로 적자로 반전하여 경상수지를 더욱 악화시키고 있다. 경상수지 적자는 자본도입에 의해 충원되어 이 시기 외자도입규모는 더욱 커지게 되고, 외채잔고는 급속도로 누증되어 1973년 35억 6천만 달러, 1976년 74억 8천만 달러, 1979년에는 139억 4천만 달러에 이르렀다(뱅크론, IMF 자금 등을 제외한 공공차관, 상업차관의 잔고임).

이와 함께 그동안의 경제개발을 밑받침한 인플레이션적 재원 때문에 만성화된 이른바 개발 인플레이션은 수출경제로의 전환과 더불어 해외에서 주어지는 경제적 파급에 국민경제를 개방하게 함으로써 오일쇼크를 계기로 한 국제원자재 가격의 폭등을 반영, 1972년 13.8퍼센트, 1974년 42.1퍼센트, 1975년 26.5퍼센트, 1976년 12.2퍼센트 등 고수준의 상승률을 나타냄으로써 이 시기 정체기조로 된 국민경제의 불안정을 가중시켰다.

이 시기 한국경제의 정체를 설명하는 더 규정적인 요인으로서(즉 수출경쟁력 약화요인, 인플레이션의 요인 등) 종종 임금상승을 들고 있는데 전술한 것처럼 수출경제를 뒷받침하고 있는 것이 다름 아닌 저임금구조이므로 이 문제는 여기서 검토해야 할 중요한 문제라 할 수 있다. 그러나 1975년 현재 제조업 월평균 급여액은 3만 8천여 원밖에 되지 않음에도 불구하고 이미 도시근로자 5인 가족의 최저생계비는 7만 8천 원에 이르고 있음(한국노총 사업보고)을 생각할 때, 그동안의 임금상승의 문제보다 오히려 한국경제의 생산력기반이 극히 취약하다는 점,

따라서 그 축적의 원천이 노동력의 초과수탈에 있었다는 점을 드러냈을 뿐이었다. 노동생산성 자체가 자본투하 여하에 의해서 결정되는 만큼 이 기간 동안 노동생산성의 상대적 낙후는 기본적으로 자본 측에 문제가 있다.

이러한 국면에서도 독점자본은 독점력의 강화에 의해서 국내적 수탈을 강화하고 기존의 대외관계를 확대하였는데, 그것은 기본적으로 대외적 종속을 강화·재편하는 방향이었다. 이 시기의 독점자본의 강화 방향은 대체로 다음과 같은 것이었다.

첫째, 삼성, 대우, 쌍용, 국제상사, 한일합섬, 효성, 반도상사, 선경, 삼화, 금호실업, 현대 등 종합상사를 정점으로 하는 동일자본 계열의 연계강화이다. 종합상사는 일본의 총합상사를 모델로 하여 형성된 독점자본의 관제 시스템으로서 독점자본은 이를 통해서 생산과 무역을 유기적으로 결합, 그 독점적 지배를 고도화하였다. 더욱이 이 시기는 72년의 8·3조치와 기업공개화정책16) 그리고 종합상사의 지정과 관련하여 기업의 흡수, 합병, 인수 및 계열화가 대대적으로 진행되었는데 1978년 말 당시 독점자본의 산하기업은 럭키 47, 대우 41, 삼성 38, 현대 33, 쌍용 20, 국제상사 24, 선경 27, 금호 19, 삼화 30, 한일합섬 8 등 모두 312개 업체에 달했다. 그럼에도 세계시장에서 이들 종합상사의 경쟁력은 극히 미약하고 원료·기술·판매 등을 일본 종합상사 등 선진 독점자본에 크게 의존하고 있어 종합상사를 정점으로 하는 계열화의 추진은 오히려 국민경제를 체계적으로 선진 독점자본에 예속시키는 과정 바로 그것이었다고 할 수 있다.

둘째, 1973년 정부의 중화학공업화의 선언에 따른 독점자본의 중공

---

16) 1972년의 8·3조치와 그것에 뒤이은 기업공개화 정책이 독점의 강화로 귀결된 점은 박현채, 〈한국경제와 민중생활의 변화〉, 《민중과 경제》 참조.

업 진출 또한 독점자본의 새로운 강화 계기가 되었다. 독점자본은 중공업화 자체가 가져오는 막대한 투자수요 창출과 그에 따른 재정·금융지원 아래서 독점적 지위를 더욱 공고히 하였으나 그 방향은 기본적으로 국민경제의 자립과 거리가 먼 것이었다. 원래 중공업이란 국민경제의 각 산업부문에 기초소재와 중간재, 그리고 기계설비를 제공함으로써 자립적인 순환구조의 구축을 기할 수 있는 것이지만 이 시기 한국의 중공업화는 수출경제구조에 제약되어 노동집약적인 가공조립산업으로서 추진되었다. 이 시기 중공업화를 주로 한 부문은 철강공업과 함께 자동차·조선 등 수송용 기재, 전자·전기공업 등으로서 기초소재 부문인 철강을 제외하면 대개가 내구소비재 성향이 강한 최종재가 중심인 것과 달리 산업기계, 공장기계 등 중공업의 핵심이라 할 기계공업은 극히 낙후되어 있다. 이것은 그동안의 중공업화가 기계설비와 중간재를 해외에 의존하는 가공·조립적 성격이 강했음을 알 수 있게 한다. 이것은 중공업화가 수출상품의 고도화라는 방향에서 추진되었을 뿐, 그 기술적 기반은 1950년대와 1960년대의 경공업 및 화학공업의 그것과 별 다를 바가 없음을 의미한다. 이러한 수출지향적 중공업 설비는 세계경제가 곧 불황으로 빠져 들어감에 따라 그 중복투자와 함께 독점자본의 커다란 부담으로 반전해 버린 데서 그 성격이 단적으로 드러났다.

셋째, 노동조합의 무력화와 임금억제는 이 시기 독점이윤의 확보와 관련하여 끊임없이 논쟁점이 된 것으로서 세계경제의 불황과 한국경제의 정체기조 아래서 더욱 부각되었다. 그러나 이 문제는 노동과 자본이라는 양대 세력의 갈등을 말하는 것이고, 나아가 불황하의 일시적 호황기에는 기능노동력의 부족 등으로 임금이 상승하기조차 하는 등 여의치 않다가 1970년대 말에 이르러 정치적 변화와 함께 그 해결의 계기를 발견하였다.

그 밖의 독점자본의 강화와 관련하여 건설수출의 증진 또한 주목할 만하다. 건설수출액은 1974년 2억 6천만 달러에서 1976년 25억 달러, 1977년 35억 2천만 달러, 1978년 81억 5천만 달러 등으로 급속히 증대하였는데 그 95퍼센트 이상이 중동지역을 대상으로 하였다. 건설수출은 상품수출과 비교하여 가득률이 높을 뿐 아니라 이윤 또한 크기 때문에 이 시기 건설수출은 독점자본축적의 주요한 기반이었으며, 외환부족하의 한국경제에 대해서도 커다란 기여를 했음을 부인할 수 없다. 이에 따라 독점자본에 의한 건설업체의 신설, 합병, 인수가 급속히 진행되었지만 그 결과 국민경제의 여타 부문과 비교해서 건설업은 기형적으로(더욱이 대외의존적으로) 비대해졌던 것이다.

4) 독점자본의 성격과 그 귀결

이상에서 우리는 1960년대 이후 독점자본의 재현과 발전과정을 그 축적양식이란 점에 초점을 맞추면서 살펴보았다. 앞에서도 말한 것처럼 이들 독점자본은 다음과 같이 그 성격을 규정할 수 있다.

첫째, 이 시기 독점자본은 외자에 의해서 건설된 근대적 공장제도 아래서 저임금을 기초로 한 산업이윤의 확보를 일차적 축적조건으로 하고 있다는 점에서 그것은 특권과 특혜에 기초하여 유통 마진을 획득하는 1950년대 독점자본의 전기적 성격을 기본적으로 청산하고 근대적 독점자본으로 전환하였다.

둘째, 그럼에도 불구하고 1966년의 3분파동(三粉波動), 특혜금융과 편중대출, 부실 차관업체의 양산, 위장사채의 상존, 부동산 등에 대한 투기적 재산보전 등 그 전기적 성격은 아직도 이 시기 독점자본의 저변에 깔려 있어 그것이 자본축적의 상당한 원천이 되고 있다. 요컨대 그 상인자본적 속성은 근절되지 않은 것이다.

셋째, 이 시기 독점자본은 이미 중화학공업을 주력산업으로 하고 있지만 그 주요설비 및 기술, 원료는 여전히 해외에 의존하고 있고 국내의 여타 산업부문이나 중소기업 등과 분업관련을 맺고 있지 않아 그 생산력기반은 극히 취약할 뿐 아니라 또한 대외종속적이다. 이 시기 독점자본의 이러한 대외종속적 성격을 매판성으로 규정할 수 있는가 하는 문제는 극히 논쟁적인 것이지만 이러한 성격이 한국의 독점자본을 유형화하는 중요한 특징이며 한국경제를 인식하는 기본적인 관건임은 명백하다.

이 시기 독점자본의 발전이 국민경제에 끼친 부정적인 효과는 기본적으로 이와 같은 독점자본의 성격규정에서 유래하는 것으로서 이것을 약술하면 다음과 같다.

첫째, 국민경제의 대외종속성의 심화·고착이다. 이것은 이 시기 공업화를 주로 담당한 독점자본의 대외종속적 성격상 당연한 귀결이라 할 수 있다.

둘째, 외채의 누적적 증대이다. 외채규모는 특히 1970년대 중반 이후 급증하기 시작하여 그 원리금 상환을 1971년 2억 1천만 달러에서 1976년 7억 5천만 달러, 1979년 19억 달러에 이르고 있고, 1979년 이자부담만도 7억 9천만 달러나 되고 있다. 사실 외채 자체는 대외종속적 수출경제의 재생산을 유지하는 필연적인 고리라고 할 수 있는데, 전후 선진독점 자본의 운동논리상 이것은 점차 직접투자로 전환될 전망이다. 즉 직접투자는 수입국의 처지에서 보면 차관과는 달리 원리금 상환의 부담이 없고 수출국의 처지에서는 생산자본의 수출이라는 더 고도한 형태의 자본수출이기 때문이다. 그러나 그 전환이 종속국에 대한 새로운 형태의 자본지배임은 물론이다.

셋째, 소득격차의 확대이다. 독점자본과 중소자본 간의 보완성 결여와 그 경쟁적 관계로 말미암아 중소자본의 몰락, 그 하청계열화가 부단히 진전되었고 독점적 시장지배, 저임금 기반의 존속, 인플레이션의 심화 등이 이에 덧붙여져 요소 소득별·계층별 소득격차를 확대시켰다.

넷째, 인플레이션의 만연이다. 한국의 인플레이션은 기본적으로 개발계획을 지원하기 위한 재정 인플레이션, 이른바 개발 인플레이션적 성격이 강하였는데 국민경제가 점차 대외종속적으로 전환됨에 따른 해외부문의 영향(특히 자원파동의 영향), 수출지향적 중화학설비의 유휴화 등에 의해서 가중된 데다가 1970년대 후반 투기성 자금의 운동에 의해서 극히 악화된 형편에 놓여 있다.

다섯째, 소비력의 이상(異常)적 팽창이다. 전술한 바처럼 국민경제의 생산력기반은 극히 취약하면서도 그동안 중공업조차 소비재 성격이 강한 최종재를 중심으로 이루어졌고, 그것의 수출부진으로 말미암아 국내시장을 강제 창출함으로써 일반대중의 소비력은 이상(異常)적으로 비대해졌다. 이에는 국제적 전시효과 또한 무시할 수 없는 영향을 끼쳤다고 생각되는데 이러한 생산력과 소비력의 격차는 결국 외채에 의해서 보전될 수밖에 없다.

여섯째, 전기적 내지 상인자본적 속성이 여전히 온존됨으로써 합리적 자본가 정신이 결여되어 있고 사회전반에 투기 등 비합리적 이윤동기가 만연해 있다. 필자는 일찍이 이러한 문제를 재벌의 윤리와 관련해서 논한 바 있지만,[17] 그것이 한국 독점자본의 발전과정에서 고착·온존된 것임은 물론이다.

---

17) 변형윤, 〈재벌의 윤리와 경제발전〉, 《한국경제의 진단과 반성》, 1980.

4. 맺음말

우리는 이상에서 한국 독점자본의 형성과 그 발전을 살펴보면서 독점자본의 축적 메커니즘을 해명하고자 하였다. 이를 다시 요약하면 한국 독점자본은 1960년대 이후 공업화를 거치면서 근대적 독점자본으로 전화·발전하면서도 그 전기적 내지 상인자본적 속성을 그대로 유지하고 있고 또한 그 대외종속적 성격을 확대, 재현함으로써 이제 독점자본의 문제는 단순한 독점적 시장조직의 폐해라는 문제를 넘어서 국민경제의 재생산기반과 관련된 기본적인 문제가 되었다. 이러한 독점자본의 발전마저 일반대중의 희생과 부담 위에서 이루어진 만큼 그동안의 공업화과정에서 이들의 경제적 복지는 극히 제약적일 수밖에 없었다. 요컨대 그 대외종속성, 전기성(부차적이긴 하지만), 저차성 등이 한국 독점자본을 특징짓는 기본적 성격이라 할 수 있다.

한국에서 경공업화에서 비롯하여 중화학공업화로 전개된 그동안의 경제발전과 그 담당자로서 독점자본의 성장은 선진 자본주의의 요구에 의한 국제분업 체계에의 급속한 편입과정 바로 그것이었고, 원조에서 비롯하여 차관, 합작투자로 전개되는 선진 독점자본의 운동과정의 단순한 반영에 지나지 않는 것이었다. 따라서 독점자본이 실현해 온 고도의 생산력은 오히려 국민경제 전체의 생산력의 발전을 억제하는 요인으로 작용하지 않을 수 없었고, 이것은 실제로 중소기업과 농업의 생산력 정체로 나타난 것이다.

독점자본의 발전이 국민경제의 발전과 병행하기 위해서는 적어도 독점자본의 발전이 그 고유의 생산력 우위에 기반을 두어야 함은 물론이다. 한국의 경우 그것은 독점자본의 기술개발·기술축적 등을 통해서 대외종속적 성격을 청산하고 대내적으로 산업부문 간의 분업관련을 더 긴밀히 함으로써 통합적인 국민경제 체계를 구축하는 방향에서 이루어져야 할 것이다. 그러나 그것이 대단히 어려운 과제임은 다시 말할 것도 없다. 우선 자본의 가치증식 자체가 기본적으로 범세계적인 개념규정이며, 자본의 국민적 성격은 세계시장에서 가치증식이 서로 제약받는 한에서 제기될 뿐이다. 따라서 선진 독점자본과의 연계 아래 그 축적의 기반을 두고 있는 한국의 독점자본이 스스로의 축적기반을 방기하고 새로운 축적원천을 찾는다는 것은 자본의 가치증식성 자체와 모순되는 것이다. 더욱이 그것이 가능하다 해도 자립적인 기술체계를 구축하는 과제는 현대기술의 성격상 기초과학에서부터 응용과학, 공학기술에 이르기까지 광범위한 기술지식을 요구하는바 그것은 결코 단기간에 실현될 수 없는 고통스런 과제이다. 더욱이 이러한 과제가 현재의 수출중심의 재생산구조에 제약되면서 이루어져야 한다는 점이 그 고통과 어려움을 가중시키는 요인이라 아니할 수 없다.

경제의 흐름 자체는 스스로의 운동 메커니즘을 가지고 있고 한국경제 또한 그 재생산의 확대·유지의 메커니즘을 갖는다. 따라서 전술한 자립적 재생산체계의 확립이란 과제는 실로 말할 수 없는 난제임에 틀림없다. 그러나 우리는 그것이 반드시 이루어져야 할 민족적 과제라고 생각한다.

끝으로 기존 재생산과정의 하나의 발전경향을 경계함으로써 이 글을 끝내고자 한다.

1970년대 들어 급속히 누적되기 시작한 외채는 기존의 산업 및 무역구조를 전제하는 한 1980년대에 더욱 심화될 전망인데, 이에 따라 원리금 상환의 압박은 크게 증대될 것으로 보인다. 이러한 외채상환의 압박에 직면하여 직접투자로 자본도입방식 전환은 오래전부터 추진되어 온 것이지만 앞으로 그 중요성은 더욱 증대될 것 같다. 이른바 자본 자유화에 기초한 개방체제의 확대가 바로 그것이다. 이러한 개방경제의 확대와 함께 신규의 직접투자의 도입뿐 아니라 기존의 차관자본(대부자본)의 생산자본, 즉 주식자본으로의 전환 또한 우려할 만하다. 이러한 자본은 곧 선진 독점자본에 의한 생산의 직접지배를 의미하는데, 이에 따라 국내 독점자본과 대립·유착을 통해 그 자본재편이 또다시 이루어질 것이다. 물론 직접투자의 도입과 대부자본의 생산자본으로 전환은 그 전제로서 유리한 투자환경의 조성이 절대적으로 필요한 것이지만, 그것이 국내의 노동력 지배를 더욱 강화하고 사회적 갈등을 키울 것은 자명한 논리라고 생각한다.

《한국사회의 재인식》(1985)

한국경제의 성장과 변천

1945년 8월 해방 이후의 한국경제를 시기 구분하는 데에는 여러 가지 방법이 있을 수 있다. 예컨대 휴전과 경제개발계획 실시의 해를 기준으로 하여 1945년 8월~1953년(혼란기), 1954년 8월~1961년(재건기), 1962년 이후(계획기)로 구분하는 방법, 차관을 도입하기 시작한 해를 기준으로 하여 1945년 8월~1958년(원조기)과 1959년 이후(차관기)로 구분하는 방법 등이 있다. 그러나 이하에서는 앞의 시기구분 방법을 총괄하여, 즉 경제개발계획의 실시와 외국자본 도입의 형태변화의 시기를 기준으로 하여 1945년 8월~1961년과 1962년 이후(계획기)로 구분하는 방법을 채택하기로 한다.

1961년의 5·16 군사쿠데타를 계기로 하여 한국경제는 경제개발계획이 실시되고, 외국으로부터 도입되는 자본도 그것의 형태가 변화할 뿐만 아니라 한국경제에 결정적 역할을 하는 시기에 들어섰다. 즉, 1962년부터 제1차 경제개발 5개년계획이 실시되었으며, 비록 1959년부터 시작되기는 하였지만 점감하는 미국원조를 대신할 외국자본의 도입이 본격적으로 또 적극적으로 추진되었던 것이다. 말하자면 일본자본의 예속하에 있던 한국인의 민족자본과 일본인이 한국에 남겨둔

적산(敵産)이 역할을 한 시기(1945. 8~1950), 미국의 원조자금, 나아가서 미국자본이 역할을 한 시기(1953~1961)는 지나가고, 미국자본을 비롯한 외국자본이 한국경제에 결정적인 역할을 하는 시기가 1962년부터 시작된 셈이다.

1. 1961년 이전(1945. 8~1961)

1) 분단의 의의

1945년 8월의 해방은 한국경제를 형식적으로는 일본에 대한 종속경제로부터 자주적인 독립경제로 전환시켰으며, 실질적으로도 그 가능성을 부여하는 것이었다. 그러나 해방과 더불어 이루어진 남북분단(세계체제상 해방은 전후냉전체제 성립의 기초를 이루는 세계의 정치적 분업구조의 산물이라는 점에서 남북분단은 당연한 귀결일 수도 있다)으로 말미암아, 일제의 식민주의 경제정책에 따라 파행적으로 성장한 한국(남한)의 산업체제는 오히려 그 파행성이 가중되지 않을 수 없었다. 원래 제반 경제여건에 비추어 남농(南農)·북공(北工)적 특성을 강하게 지니고 있던 한국의 산업체제에서 타율적인 국토분단은 단일 국민경제로서의 기능을 완전히 상실케 하여 자주적인 발전을 불가능하게 하고 말았다.

우선 생산액을 기준으로 해방 전 광공업부문의 남북한 구성비율을 살펴보면 다음과 같다. 1940년 현재 공업에 있어서 화학·금속·요업 등은 약 80퍼센트가 북한에 소재한 반면, 방직·인쇄·제본·식료품 등은 남한에 소재한 비율이 압도적으로 높았다. 더욱이 금속공업의 남북한 소재비율이 약 10퍼센트 대 90퍼센트였음에 반하여 기계공업의 그것은 오히려 72퍼센트 대 28퍼센트를 나타내어 양 부문 간 생산연관관계는 완전히 단절되고 만 형편이었다. 광업에서도 1936년 현재 철광·

석탄 등 주요 광물은 물론 기타 비금속광물류도 북한에 소재한 비율이 대단히 높았을 뿐만 아니라 전력도 92퍼센트가 북한에서 생산되고 있었다.

이와 같이 북한의 공업은 몇 개의 중화학공업 공장을 제외하고는 식품, 섬유, 고무 등을 비롯한 경공업 공장이 그 시설의 보수 및 확대를 위한 생산재의 공급기반을 상실한 채 기형적으로 존재하였다. 1945년 8월 해방 당시 남한에 잔존한 주요 공업시설을 보면, 중화학공업으로는 북삼화학공사, 조선화학비료, 과석공장 등의 비료공장, 삼척시멘트공장, 그리고 삼성광업 장항제련소, 삼화제철 등의 제강 및 제련공장, 대한중공업주식회사, 조선기계제작소 등의 기계공장이 있었다. 또 경공업으로도 면방직공장 7개, 모방직공장 6개 등이 비교적 대규모 공장이었다. 그러나 이와 같은 공장마저도 일본공업에 대한 공급을 목적으로 한 기초자재의 생산을 위주로 하고 있었으므로 해방을 기점으로 제품의 판매시장을 상실한 데다가 투하자본의 90퍼센트 이상, 공업기술자의 80퍼센트 이상을 차지하던 일본 자본과 일본인 기술자들이 퇴거함에 따라서 유휴상태로 방치되어 시설의 효율적인 가동은 거의 불가능한 실정이었다. 이 시기에 생산의 위축상황을 구체적으로 살펴보면(〈표 1〉 참조) 식료품이 약 83퍼센트, 화학이 약 76퍼센트의 감소율을 보였으며, 그 밖에 방직기계 및 제재를 포함한 주요 제조업의 생산 감소율이 평균 71퍼센트에 이르렀다. 또한 1948년을 기준으로 하여 1941년과 비교해 보면 공장수는 40.3퍼센트, 종업원수는 29퍼센트가 감소되었으며, 공산품 생산액은 83퍼센트나 격감되었다(한국산업은행, 《조사월보》, 1957. 6).

이처럼 해방과 더불어 이루어진 남북분단은 공업시설과 지하자원을 분할하고, 나아가 남농·북공적인 국내분업체계의 발전가능성을 박탈

〈표 1〉 주요 공업부문별 생산액 위축상황

(단위: 천 원)

	1939 (A)	1946 (B)	감소율 (A−B)/A(%)
방 직	170,985	1,645,453(67,855)	60.3
기 계 · 기 구	38,405	2,156,173(15,154)	60.5
화 학	91,171	3,089,697(21,714)	76.2
재재 및 목재품	13,746	1,566,825(11,012)	19.9
식 료 품	213,628	5,186,549(36,457)	82.9
합 계	527,935	13,634,698(152,192)	71.2

주: 1) ( ) 속의 수치는 1939~46년 기간 중 평균물가지수(742.28)에 의한 수정치임.
　 2) 1939년의 생산액은 남한 9개 도의 집계치임.
출처: 조선은행, 《조선경제연보》, 1948.

함으로써, 특히 남한의 산업구조를 기형적으로 위축시켜 자생적인 산업발전을 매우 곤란하게 만들었다. 이러한 취약한 산업구조는 분단의 직접적인 한 귀결로 파악될 수 있는 6·25 사변을 거치면서 결정적인 타격을 입게 됨으로써 산업구조의 자주적인 재편성은 사실상 불가능하게 되었다.

2) 미국원조의 전개

　남북분단과 그 구체적 표현인 6·25 사변으로 말미암아 한국(남한)의 생산구조는 기형화된 채 극도로 위축되었는데, 이러한 상황에서 미국의 한국에 대한 원조는 1950년대에 한국의 산업생산활동뿐만 아니라 국민경제생활을 전반적으로 규정짓는 가장 중요한 요인이 되었다. 따라서 미국원조의 규모와 내용을 검토해 보는 것이 이 시기의 한국경제를 파악하는 관건이 된다고 할 수 있다.

　이 시기에는 원조계획을 둘러싸고 미국과 한국정부 사이에 의견이 대립되고 있었다. 그러나 원조의 내용에 관한 의견대립에도 불구하고 1953~1961년간에 총 22.8억 달러의 막대한 원조가 이루어졌는데

<표 2> 외국원조 및 ICA원조 내역

(단위: 백만 달러, %)

	원조 총액	ICA원조		
		총액$\left(\dfrac{ICA원조}{원조총액}\right)$	시설재(계획원조)[1]	원자재(비계획원조)[2]
1954	153.9	82.4(53.6)	10.2(12.3)	72.3(87.7)
1955	236.7	205.8(87.0)	97.5(47.4)	108.4(52.6)
1956	326.7	271.0(83.0)	85.4(31.5)	185.7(68.5)
1957	382.9	323.3(84.4)	92.7(28.7)	230.5(71.3)
1958	321.3	265.6(82.7)	63.9(24.1)	201.7(75.9)
1959	222.2	208.3(93.7)	43.6(20.9)	164.7(79.1)
1960	245.4	225.2(91.8)	50.5(22.4)	174.7(77.9)
1961	199.2	154.3(77.5)	36.1(23.4)	118.2(76.6)
1954~1961	2088.3	1736.1(83.1)	479.9(27.6)	1256.2(72.4)

주: 1) 기술원조 포함.
　　2) 시설재와 원자재의 비율은 ICA 원조를 100.0으로 하는 경우임.
출처: 한국은행, 《경제통계연보》, 1966.

(1945~1961년간의 원조액 31.3억 달러의 72.9%), 그 내용이나 규모는 전적으로 미국 측에 의해서 결정되었다. 그런데 1953~1961년간에 총투자율은 연평균 12.4퍼센트였는데 그중 국민저축률은 연평균 4.1퍼센트에 지나지 않았고 해외저축률이 연평균 8.0퍼센트나 되었다. 대부분의 투자는 미국의 원조에 의해서 이루어졌는데 이것은 연평균 총투자율의 64퍼센트에 해당한다. 따라서 원조의 내용 및 규모가 곧 한국산업 구조의 변화 내용을 결정하는 것이었다고 할 수 있다.

미국원조 중에서 가장 큰 비중을 차지한 것은 방위지원적 성격과 산업건설을 동시에 도모하기 위한 ICA원조와 PL480호에 의한 잉여농산물 원조였다. 우선 1954~1961년간에 이루어진 ICA원조의 내용을 보면 <표 2>와 같다. ICA원조는 크게 시설재(계획원조)와 원자재(비계획원조)로 구분되는데, 산업시설의 복구와 건설에 직접투입되는 시설재의 도입비율은 27.6퍼센트에 불과하고 원자재 도입이 그 대부분이었다. 더구나 시설재도입 가운데 대부분은 대개 철도차량을 중심으로 한

교통부문에서의 도입과 기타 교육·후생부문에서의 도입이었으며, 광공업에 대한 공급액은 1.3억 달러로서 27.1퍼센트에 불과했을 뿐 아니라 광공업에서의 도입시설재의 내용도 발전시설의 복구 및 건설을 위한 것이 전체의 약 40퍼센트를 차지함으로써 제조업에서 시설재 도입 비중은 매우 작았다.

한편 PL480호에 의해 도입된 잉여농산물은 소맥을 중심으로 한 양곡 외에 원면, 유지 등도 포함되고 있었으나 양곡이 60퍼센트 이상을 차지했고, 특히 1958년과 1960년에는 이것이 90퍼센트를 웃돌았다.

3) 주요 경제지표

미국원조를 주된 동인으로 한 산업구조 재편성의 결과는 다음과 같은 지표를 분석함으로써 알 수 있다.

우선 각 산업의 성장률을 보면(1960년 불변가격으로 표시), 1954~1961년간 연평균으로 1차산업은 3.95퍼센트, 2차산업은 10.7퍼센트(1975년 불변가격 표시로 광공업은 11.1%, 제조업은 10.8%), 3차산업은 3.5퍼센트 성장하였다.

또 국민총생산에서 산업별 비중을 보면(1960년 불변가격 표시), 1948년에는 1차산업 44.1퍼센트, 2차산업 14.1퍼센트(광공업 10.0%, 제조업 9.5%), 3차산업 41.5퍼센트, 1953년에는 각각 42.6퍼센트, 12.4퍼센트(광공업 9.6%, 제조업 8.4%), 45.0퍼센트이던 것이 1961년에는 각각 36.9퍼센트, 18.5퍼센트(광공업 13.5%, 제조업 11.7%), 44.6퍼센트가 되었다.

여기서 1차산업의 비중은 크게 감소한 반면 2차산업(광공업, 제조업)의 그것은 크게 증가했음을 알 수 있다. 이를 1975년 불변가격으로 표시해도 마찬가지이다. 즉 그것은 1975년 불변가격 표시로 1953년의 1차산업, 2차산업(광공업, 제조업), 3차산업의 비중은 각각 46.7퍼센트,

〈표 3〉 산업구조의 변화 및 성장률

(단위: %)

	경제 성장률		1차산업		2차산업		3차산업	
	(1)	(2)	(1)	(2)	(1)	(2)	(1)	(2)
1948			44.1		14.1		41.5	
1953	25.7		42.6 (29.5)	46.7	12.4 (60.3)	12.6	45.0 (15.4)	40.7
1954	6.0	5.1	36.3 (7.5)	39.4 (8.0)	14.9 (16.7)	15.7 (14.0)	48.8 (2.3)	44.9 (0.4)
1955	6.3	4.5	40.3 (2.5)	43.9 (1.5)	15.5 (17.9)	15.0 (15.2)	44.2 (6.2)	40.1 (6.0)
1956	1.3	−1.4	42.1 (−5.8)	46.5 (−6.9)	15.7 (9.9)	15.8 (9.9)	42.2 (4.1)	37.7 (2.6)
1957	7.2	7.6	39.7 (8.2)	44.8 (9.4)	16.8 (16.0)	16.8 (12.3)	43.5 (3.6)	38.4 (4.5)
1958	6.1	5.5	36.9 (7.9)	40.4 (7.3)	17.6 (6.6)	18.4 (8.4)	45.5 (4.6)	41.2 (2.8)
1959	4.6	3.8	31.3 (−0.5)	33.6 (−0.3)	19.0 (10.6)	20.1 (12.3)	49.7 (6.2)	46.3 (6.3)
1960	1.8	1.1	32.9 (0.1)	36.5 (−2.1)	19.4 (6.3)	19.9 (8.6)	47.7 (1.3)	43.6 (2.4)
1961	4.8	5.6	36.9 (12.7)	38.7 (12.2)	18.5 (2.9)	19.8 (5.3)	44.6 (0.2)	41.5 (−1.1)
1954~61	4.7	3.9	(3.9)	(3.5)	(10.7)	(10.7)	(3.5)	(3.0)

주: 1) 1차산업은 농림어업, 2차산업은 광업, 제조업, 건설업, 전기·가스·수도 사업, 3차산업은 나머지를 포함함.
　　2) (1)은 1960년 불변가격 표시임; (2)는 1975년 불변가격 표시임.
　　3) (　) 안은 성장률
출처: 한국은행, 《한국의 국민소득》, 1953~1963, p. 10과 부표 79; pp. 12~13.
　　한국은행, 《국민소득계정》, 1984, pp. 86~87; pp. 90~91.

12.6퍼센트(10.0%, 8.9%), 40.7퍼센트였는데 1961년에는 각각 38.7퍼센트, 19.8퍼센트(15.4%, 13.5%), 41.5퍼센트로 변화하였다(〈표 3〉 참조).

다음으로 국세조사(현재는 인구센서스로 불린다)의 결과에 따르면, 총 취업인구에서 산업별 비중은 1949년에 1차산업 79.9퍼센트, 2차산업 3.7퍼센트, 3차산업 16.4퍼센트이던 것이 1960년에는 65.7퍼센트, 9.5퍼센트, 24.0퍼센트가 되었다. 역시 1차산업의 비중은 크게 감소하고 2차산업은 물론 3차산업의 그것도 크게 증가했음을 알 수 있다.

한편 1953~1961년간의 제조업 부문별 부가가치 비중을 보면 1953년에 78.9퍼센트였던 경공업의 비중이 1961년에는 73.7퍼센트로 약간 감소하였으나 아직도 압도적인 비중을 차지하고 있음을 알 수 있다. 그리고 1953년에 음식료품의 비중은 21.3퍼센트, 섬유·의복의 비중은

26.5퍼센트, 담배의 비중은 11.3퍼센트이던 것이 1961년에는 각각 23.6퍼센트, 11.2퍼센트가 되었다. 섬유·의복의 비중은 감소된 반면 음식료품의 비중은 증가되었는데 이 양자의 비중은 1953년에 47.8퍼센트였다가 1961년에는 45.3퍼센트로 감소되었다. 그러나 전체적인 비중으로 볼 때 1961년에도 여전히 미국원조로 도입되는 원자재를 사용하는 그들이 경공업을 주도하고 있었음을 알 수 있다. 이는 원조액이 가장 많았던 1957년(3.83억 달러)은 말할 것도 없고 그 다음으로 많았던 1956년(3.27억 달러)이나 세 번째로 많았던 1958년(3.21억 달러)에 그 비중이 각각 52.9퍼센트, 52.1퍼센트, 52.8퍼센트로 매우 컸다는 사실과 또한 그 비중의 순위와 원조도입액의 순위가 일치하고 있다는 사실만으로도 충분히 알 수 있다.

그리하여 비록 단순가공형의 성격을 띠긴 하지만, 수출도 종래의 농산물·수산물·광산물, 즉 1차산품 수출에서 경공업 제품을 주로 하는 공산품 수출로 옮겨갔다. 사실 1946년에 수산물의 비중은 85.8퍼센트, 농산물은 5.2퍼센트, 광산물은 0.0퍼센트, 1949년에는 각각 66.7퍼센트, 41.6퍼센트, 8.8퍼센트, 1953년에는 각각 12.1퍼센트, 8.6퍼센트, 78.8퍼센트이던 것이, 즉 공산품 수출은 거의 없다시피 하던 것이 1961년에는 공산품인 식료품과 원료별 제품의 비중이 각각 21.9퍼센트, 9.8퍼센트나 되었다.

〈표 4〉에서 볼 수 있듯이, 총수출액은 1946년에 0.035억 달러, 1949년에 0.138억 달러, 1953년에 0.39억 달러, 1961년에 0.386억 달러였던 반면, 총수입액은 1946년에 0.607억 달러, 1949년에 1.328억 달러 1953년에는 3.454억 달러, 1961년에는 3.160억 달러였으므로 따라서 무역수지는 각각 −0.572억 달러, −1.19억 달러, −3.058억 달러, −2.774억 달러였다.

<표 4> 수출입[1]과 무역수지

(단위: 백만 달러)

		1946	1949	1953	1955	1956
수	출	3.5	13.8	39.6	18.0	24.6
수	입[2]	60.7	132.8	345.4	341.4	386.1
무 역 수 지		−57.2	−119.0	−305.8	−323.4	−361.5
		1957	1958	1959	1960	1961
수	출	18.0	16.5	19.8	32.8	38.6
수	입[2]	442.2	378.2	303.8	343.5	316.0
무 역 수 지		−424.2	−361.7	−248.0	−310.7	−277.4

주: 1) 총수출입임.
　　2) 1953년의 수입은 외국원조 포함.
　출처: 전국경제인연합회, 《한국경제정책 40년사》, 1986.
　　　　한국은행, 《경제통계연부》, 1967

　1945년 8월~1953년 동안에 물가는 폭등하였다. 대체로 도매물가는 1953년 말에는 해방 직후의 약 390배가 된 것으로 알려져 있다. 그 폭등은 해방과 남북분단 및 6·25에 따른 생산위축, 계속된 통화팽창 등에 주로 말미암은 것이라고 한다. 그런데 산업재건, 제조업의 급속한 성장 등에 기인하는 국내생산능력의 증대에 따라, 또 1956년부터 통화량의 증가세가 둔화되기 시작함에 따라, 1954년 무렵부터 물가상승세는 진정되기 시작했다.

　<표 5>에 나타나 있는 것처럼, 1946년의 경우 전년 말에 비해서 도매물가는 530.6퍼센트, 소매물가는 332.1퍼센트 상승했고, 또 1950년에는 각각 186.7퍼센트, 221.0퍼센트, 1951년에는 각각 212.8퍼센트, 221.4퍼센트, 1952년에는 각각 102.3퍼센트, 108.8퍼센트로 상승했지만 1956년에는 도매물가는 37.8퍼센트, 소비자물가(소매물가)는 40.4퍼센트 상승한 데 그쳤을 뿐 아니라, 1957년에는 도매물가는 0.6퍼센트, 소비자물가는 2.2퍼센트 하락했고, 1958년에는 도매물가는 2.5퍼센트 하락하고 소비자물가는 2.4퍼센트 상승한 데 그쳤으며, 1959~1961년 동

<표 5> 물가 및 통화량 증감률

(단위: %)

연 도	물가상승률[1]		통화량(M_1)	연 도	물가상승률[1]		통화량(M_1)
	도매	소매	증가율		도매	소매	증가율
1946	530.6	332.1	127.3	1954	51.3	48.0	91.6
1947	91.4	104.2	100.0	1955	43.0	26.9	61.0
1948	29.9	18.6	540.0	1956	37.8	40.4	29.3
1949	56.7	54.6	72.9	1957	−0.6	−2.2	36.6
1950	186.7	221.0	133.9	1958	−2.5	3.4	32.4
1951	212.8	221.4	158.0	1959	10.3	8.0	21.1
1952	102.3	108.8	96.3	1960	6.7	5.3	5.3
1953	26.2	64.1	111.6	1961	14.0	3.7	40.4
1946~53[2]	120.7	121.1	101.9	1954~61[2]	18.5	15.4	37.7

주: 1) 연말 기준임.
　　2) 연평균 증가율.
출처: 한국은행, 《물가총람》, 1982, p. 2, p. 6.

안에는 도매물가, 소비자물가 모두가 그런대로 안정세를 유지했다.

그리고 물가가 크게 상승한 기간에는 통화량도 크게 증가했고, 물가가 크게 안정된 기간에는 통화량의 증가세가 크게 둔화된 것은 사실이다. 통화량은 1946년에는 127.3퍼센트, 1950년에는 133.9퍼센트, 1951년에는 158.0퍼센트, 1952년에는 96.1퍼센트 증가하는 등 크게 증가했지만, 1956년에는 29.3퍼센트, 1957년에는 36.6퍼센트, 1958년에는 32.4퍼센트 증가하는 데 그쳤다.

국내경제활동의 총괄적인 지표인 국민총생산의 증가율, 즉 경제성장률(1960년 불변가격 표시)은 연평균으로 1949~1953년에는 3.5퍼센트, 1954~1961년에는 4.7퍼센트였다. 물론 이것은 주로 제조업에 주도된 2차산업의 성장에 기인하였다. 2차산업은 1949~1953년에는 12.5퍼센트 1954~1961년에는 10.7퍼센트 성장했다(<표 3> 참조). 그리하여 1인당 국민총생산은 1953년에는 67달러, 1961년에는 82달러가 되었다.

2. 1962년 이후(1962~1986)

1) 경제개발전략의 내용

한국은 1962년부터 경제개발 5개년계획을 실시해 오고 있는데 1986년은 마침 제5차 계획기간의 최종년도에 해당한다.

그동안 채택된 경제개발전략은 무엇이라고 할 수 있을까. 각 계획의 기조, 목표 등과 그동안의 실적을 나타내는 주요 경제지표에 비추어 볼 때, 1981년을 최종년도로 하는 제4차 계획까지의 그것은 일단 한마디로 수출확대→공업생산 증대→고도성장, 바꾸어 말하면 급속한 수출증대로 하여금 공업성장을 주도하게 하고 이를 통해 고도성장을 달성한다는 것, 즉 수출을 그 원동력으로 삼은 공업화 혹은 '수출주도적' 공업화를 통한 고도성장의 실현이라고 할 수 있다.

그리고 공업화에서의 전략은 제2차 계획까지는 경공업 중심이었고, 제3차 계획부터는 중화학공업 중심이었다. 즉 제3차 계획부터는 중화학공업 중심의 수출주도적 공업화를 통해 고도성장을 실현한다는 경제개발전략이 추진되어 왔다. 이러한 전략은 주요 경제지표를 통하여 쉽게 알 수 있다.

먼저 〈표 6〉에서 볼 수 있는 바처럼, 경제성장률은 1차 계획기간(1962~66)에는 7.8퍼센트, 2차 계획기간(1967~71)에는 9.6퍼센트, 3차 계획기간(1972~76)에는 9.7퍼센트, 4차 계획기간(1977~81)에는 6.1퍼센트이었다. 그리고 농림어업의 그것은 각각 5.9퍼센트, 1.5퍼센트, 6.2퍼센트, 0.2퍼센트, 광공업의 그것은 각각 14.3퍼센트, 19.8퍼센트, 18.1퍼센트, 10.3퍼센트, 제조업의 그것은 각각 15.0퍼센트, 21.8퍼센트, 19.2퍼센트, 10.8퍼센트, 제조업의 그것은 각각 15.0퍼센트, 21.8퍼센트, 19.2퍼센트, 10.8퍼센트, SOC·기타의 그것은 각각 8.2퍼센트, 4.2

〈표 6〉 산업별 성장률

(단위: %)

계획기간	경제성장률	농림어업	광공업	제조업[1]		SOC·기타
				경공업	중화학공업	
1963~66[2]	9.3 (7.8)	8.9 (5.9)	14.6 (14.3)	12.2	24.3	8.1 (8.2)
1967~71	9.6	1.5	19.8	16.1	26.4	12.4
1972~76	9.7	6.2	18.1	16.3	22.4	8.3
1977~81	6.1	0.2	10.3	8.4	13.6	4.2
1982~85	7.7	3.2	8.6	−	−	8.4

주: 1) 제조업은 생산액 기준, 나머지는 부가가치 기준
  2) ( ) 안은 1962년을 포함한 수치임.
출처: 한국은행, 《주요경제지표》, 1986. 12. 1.
    한국은행, 《국민소득계정》, 1984.
    경제기획원, 《한국경제지표》, 1986.

퍼센트였다.

부가가치 기준이 아니라 생산액 기준으로 보아도 제조업의 연평균 증가율은 1차 계획기간에 속하는 1963~66년에 16.3퍼센트, 2차 계획기간에 22.3퍼센트, 3차 계획기간에 19.5퍼센트, 4차 계획기간에 10.9 퍼센트이었다. 그리고 경공업의 그것은 각각 12.2퍼센트, 16.1퍼센트, 16.3퍼센트, 8.4퍼센트였고, 중화학공업의 그것은 24.3퍼센트, 26.4퍼센트, 22.4퍼센트, 13.6퍼센트였다.

한편 총수출의 연평균 증가율은 〈표 7〉에서 보는 바와 같이 1차 계획기간에는 43.8퍼센트, 2차 계획기간에는 33.8퍼센트, 3차 계획기간에는 51.0퍼센트, 4차 계획기간엔, 22.6퍼센트였다. 그리고 공산품의 그것은 1차 계획기간에는 55.4퍼센트, 2차 계획기간에는 40.9퍼센트, 3차 계획기간에는 52.2퍼센트, 4차 계획기간에는 23.3퍼센트였고, 공산품을 다시 경공업제품과 중화학공업제품으로 나누어서 보면, 경공업제품의 그것은 각각 75.3퍼센트, 40.6퍼센트, 45.0퍼센트, 17.5퍼센트였고, 중화학공업제품의 그것은 각각 19.6퍼센트, 46.6퍼센트, 79.4퍼센트, 32.3퍼센트였다.

<표 7> 수출증가율

(단위: %)

	수출증가율	공산품	경공업제품	중화학공업제품
1964~66	46.3[1]	55.4	75.3	19.6
1967~71	33.8	40.9	40.6	46.6
1972~76	51.0	52.2	45.0	79.4
1977~1981	22.6	23.3	17.5	32.3

주: 1) 1963~1966년의 수치임.
출처: <표 6>과 동일.

결국 성장이냐 안정이냐, 혹은 성장이냐 분배냐에 있어서는 성장, 그것도 고도성장이, 농업개발이냐 공업화냐에 있어서는 공업화가, 수출(혹은 외향적)이냐 내수(혹은 내포적)냐에 있어서는 수출이, 경공업이냐 중화학공업이냐에 있어서는 제2차 계획까지는 경공업이, 제3차 계획부터는 중화학공업이 우선적으로 채택된 셈이다.

그런데 이러한 경제개발전략에 깔린 기본적인 생각으로는 대체로 다음을 들 수 있다.

(1) 경제발전과 경제성장은 동일하다. 다시 말하면, 국민총생산 혹은 1인당 국민총생산의 양적 증대(경제성장)야말로 모든 국민이 잘 살 수 있는(경제발전) 유일한 길이며, 따라서 경제성장은 다른 정책목표를 희생하고서라도 달성하지 않으면 안 되는 최우선의 목표이다.

(2) 높은 수준의 고용을 위해서는 고도성장이 불가피하며, 고도성장을 위해서는 인플레이션을 감수해야 한다.

(3) 여러 가지 여건상 공업화를 통해서 경제성장을 실현시키는 것이 바람직스럽다.

(4) 여러 가지 여건상 판로(시장)를 수출(해외시장)에서 찾는 것이 불가피하다.

(5) 경제개발에 필요한 투자재원은 인플레이션을 통한 강제저축과 해외저축(외채)에서 주로 찾을 수밖에 없다.

(6) 수출을 위한 국제경쟁력의 기반은 값싼 노동력의 존재에 있으며, 따라서 저임금정책은 지속되지 않을 수 없다. 그리고 국제경쟁력의 또 다른 기반은 양산체제(대규모 생산)에 의한 비용저하에 있으므로 공장의 규모를 대규모화하지 않을 수 없다.

(7) 수출을 위해서는 중화학공업이 육성되어야 한다. 물론 이것은 다른 저개발공업국과의 수출경쟁에서 우위를 확보하려는 데 그 의의가 있다.

(8) 수출을 위해서는 경제활동에 대한 정부의 개입과 지원이 있어야 한다.

2) 경제개발전략의 귀결(1)—긍정적인 측면

앞에서 밝힌 경제개발전략을 추진한 결과 한국경제는 국민총생산, 1인당 국민총생산, 수출 등의 급속한 규모확대, 산업구조·수출상품구조 등의 현저한 구조적 변화, 고용구조 등의 근대화, 투자재원의 국내 조달율의 제고 등 많은 양적·질적 성과를 거두었다.

먼저 〈표 8〉에서 국민총생산 및 1인당 국민총생산, 그리고 실업률을 보면, 국민총생산은 1962년에 23억 달러였다가 1981년에는 662억 달러로 급증하였고, 따라서 1인당 국민총생산도 87달러였다가 1,719달러로 급증하였다. 수출도 0.55억 달러였다가 212.54억 달러로 증가하였는데, 실업률은 1963년에 8.2퍼센트였다가 1981년에는 4.5퍼센트로 감소하였다.

그리고 산업구조의 고도화는 국민총생산 내지 국내총생산 혹은 총취업인구에서 제조업 비중의 증대의 뜻으로 받아들여지는 것이 일반

〈표 8〉 국민총생산 · 1인당 국민총생산 · 실업률

(단위: 10억 달러, 달러, %)

	국민총생산(경상)	1인당 국민총생산	실업률
1962	2.3	87	8.2[1]
1966	3.7	125	7.1
1971	9.4	285	4.5
1976	28.7	800	3.9
1981	66.2	1,719	4.5
1984	82.4	2,044	3.8
1985	83.1	2,032	4.0

주: 1) 1963년 수치임.
출처: 경제기획원, 《한국경제지표》, 1986. 6.

적이고, 공업구조의 고도화는 제조업의 부가가치 내지 생산액에서 중화학공업 비중의 증대로, 수출상품구조의 고도화는 총수출에서의 공산품 수출비중과 공산품 수출에서의 중화학공업제품 수출비중의 증대로, 고용구조의 근대화는 총취업인구에서의 피고용자(상고용, 임시고, 일고) 비중의 증대, 피고용자에서의 상고용 비중의 증대의 뜻으로 받아들여지는 것이 일반적인 바, 다음에서 알 수 있듯이 분명히 그들의 비중이 크게 높아진 것은 사실이다.

국민총생산에서 제조업 비중은 1963년에 14.5퍼센트였다가 1981년에는 28.6퍼센트, 국내총생산에서 제조업 비중은 14.4퍼센트였다가 29.2퍼센트, 총취업인구에서 제조업 비중은 8.0퍼센트였다가 20.4퍼센트로 크게 높아졌다. 또 제조업 부가가치에서 중화학공업의 비중은 1962년에 28.6퍼센트였다가 1981년에는 50.7퍼센트, 제조업 생산액에서 중화학공업의 비중은 26.8퍼센트였다가 52.6퍼센트로 역시 크게 제고되었다(〈표 9〉, 〈표 10〉 참조). 그런가 하면 또 총수출에서의 공산품 수출비중은 1964년에 55.2퍼센트였다가 1981년에는 90.3퍼센트, 공산품 수출에서 중화학공업제품 수출비중은 21.2퍼센트였다가 47.3퍼센트

〈표 9〉 산업구조의 변화 및 중화학공업화율[1]

(단위: %)

	국민총생산	농림어업	광공업 (제조업)	중화학공업화율[2]		SOC· 기타
				생산액 기준	부가가치 기준	
1962	100.0	36.6	16.3(14.3)	26.8	28.6	47.1
1966	100.0	34.2	20.0(18.4)	32.5	34.1	45.4
1971	100.0	26.8	22.2(20.9)	38.2	37.5	51.0
1979	100.0	18.5	28.6(27.5)	54.5	52.3	52.9
1981	100.0	16.2	30.2(28.6)	52.6	50.7	53.6

주: 1) 경상가격 표시
   2) 제조업에서 중화학공업의 비중
출처: 한국은행, 《국민소득계정》, 1984.
    경제기획원, 《한국경제지표》, 1981, p. 106.

〈표 10〉 산업구조(노동력 기준)

(단위: %)

	농림어업	광공업	제조업	SOC·기타	기 타	
					(1)	(2)
1963	63.1	8.7	8.0	28.2	25.6	
1967	55.2	12.8	11.7	32.0	29.0	
1974	48.2	17.8	17.4	34.0	30.1	
1979	35.8	23.7	22.6	40.5	34.4	
1980	34.0	22.6	21.7	43.4	37.3	32.5
1981	34.2	21.3	20.4	44.5	38.2	33.6
1982	32.1	21.9	21.1	46.1	40.2	35.8
1984	27.1	24.2	23.2	48.7	42.1	37.5
1985	24.9	24.5	23.4	50.6	44.3	39.6

주: 기타 (1)은 건설·전기 제외, 기타 (2)는 건설·전기·운수 제외.
출처: 경제기획원 조사통계국, 《경제활동인구연보》.
    국민은행, 《조사월보》, 1986. 10, p. 4.

로 역시 크게 제고되었다.

한편 총취업인구에서 피고용자 비중은 1964년에 30.6퍼센트였다가 1981년에는 47.2퍼센트, 피고용자에서 상고용 비중은 38.6퍼센트였다가 66.6퍼센트로 크게 제고되었다.

〈표 11〉 투자율 · 저축률(경상가격 표시)

(단위: %)

	투자율	국민저축률	해외저축률
1962	12.8	3.3	10.7
1963	18.1	8.7	10.4
1966	21.6	11.8	8.5
1962~66	16.3	8.0	8.6
1967	21.9	11.4	8.8
1971	25.1	14.6	10.5
1967~71	25.4	15.1	10.0
1972	22.2	16.5	5.1
1976	25.6	23.9	2.3
1972~76	27.0	20.4	6.7
1977	27.7	27.5	0.6
1978	31.2	28.5	3.1
1979	35.6	28.1	7.1
1980	32.1	20.3	11.5
1981	30.0	20.5	9.8
1977~1981	31.4	25.0	6.4

출처: 경제기획원, 《한국경제지표》, 1986. 6, pp. 13~14.

또 〈표 11〉에서 보는 바와 같이 저축에서 국민저축률 비중은 1962
년에 3.3퍼센트였다가 1981년에는 30.0퍼센트로 역시 크게 제고되었다
(1967년에는 56.4%, 가장 컸던 1977년에는 97.9%).

3) 경제개발전략 기조(基調)의 수정—제5차 계획

1982년부터 시작된 제5차 계획부터는 제4차 계획까지의 경제개발전
략이 수정을 받아, 원계획이나 1984년부터 시작된 수정계획이나 다 같
이 계획의 이념, 기본정신 내지 기조를 '안정', '능률', '균형'으로 삼게
되었다. 다시 말하면, 물가안정을 경제정책의 최우선 과제로 삼게 된
셈이다. 이것은 제3차 계획의 '성장', '능률', '균형', 제4차 계획의 '성
장', '능률', '형평'과 좋은 대조를 이루고 있는 것이 사실이다.

물론 석유 및 기타 자원의 국제가격의 하락 내지 보합(保合) 때문이 기도 하지만 이와 같이 물가안정 우선으로 경제개발전략이 수정된 결과, 1982~1985년간의 연평균 물가상승률은 도매물가의 경우 1.6퍼센트, 소비자물가의 경우 3.9퍼센트에 지나지 않았다. 연평균 물가상승률은 제1차 계획기간에는 도매물가와 소비자물가가 각각 18.3퍼센트와 16.5퍼센트, 제2차 계획기간에는 7.9퍼센트와 12.6퍼센트, 제3차 계획기간에는 20.3퍼센트와 15.9퍼센트, 제4차 계획기간에는 19.7퍼센트와 18.6퍼센트이었다. 그리고 제5차 계획기간의 연평균 경제성장률은 7.7퍼센트로서 제4차 계획기간(6.1%)보다는 크지만 제2차와 제3차 계획기간(9.6%, 9.7%)보다는 작다.

1985년의 주요경제지표를 보면(〈표 12〉 참조) 국민총생산은 831억 달러, 1인당 국민총생산은 2,032달러이며, 실업률은 4.0퍼센트이다. 한편 국민총생산에서 제조업 비중은 29.1퍼센트, 국내총생산에서 제조업 비중은 28.1퍼센트, 총취업인구에서 제조업 비중은 23.4퍼센트이며, 제

〈표 12〉 1985년 주요 경제지표

경 제 성 장 률 (%)	5.1	수 출(억 달러)	302.83
국 민 총 생 산 (억 달러)	831	수 입(억 달러)	311.36
1인당 국민총생산(달러)	2,032	경 상 수 지(억 달러)	−8.82
실 업 률(%)	4.0	무 역 수 지(억 달러)	−0.3
피고용자/총취업인구(%)	54.2	무 역 외 수 지(억 달러)	−8.52
상 고 용 / 피 고 용 자 (%)	62.8	제조업 / 국민총생산 (%)	29.1
물 가 상 승 률 (%)		제조업 / 국내총생산 (%)	28.1
도 매	1.0	제조업 / 총취업인구 (%)	23.4
소 비 자	3.2	중 화 학 공 업 비 율(%)	
투 자 율(%)	31.2	생산액 기준	55.4
국민저축률	28.4	부가가치 기준	54.4
해외저축률	3.1		

출처: 전국경제인연합회, 《전경련》, 1986. 9, p. 11.
      경제기획원, 《한국경제지표》, 1986. 6, pp. 13~14.
      경제기획원, 《한국통계연보》, 1986. 1.

조업 부가가치에서 중화학공업의 비중은 54.4퍼센트, 제조업 생산액에서 중화학공업 비중은 55.4퍼센트이다. 또 총수출에서 공산품 수출비중은 91.3퍼센트, 공산품수출에서 중화학공업제품 비중은 59.6퍼센트이다.

그런가 하면 총취업인구에서 피고용자 비중은 54.2퍼센트, 피고용자에서의 상고용 비중은 62.8퍼센트이다. 또 저축에서 국민저축률 비중은 90.2퍼센트이다.

4) 경제개발전략의 귀결—부정적인 측면

앞서서는 경제개발전략 추진의 긍정적인 측면을 다루었다. 그러나 그것이 다른 한편에 있어서 부정적인 결과를 초래한 것 또한 사실이다. 즉 한국경제에 극심한 구조적 인플레이션, 소득계층 간·도농 간·규모 간·지역 간의 소득격차의 확대, 즉 소득분배의 악화, 외채누증, 인플레이션과 특정 산업에 대한 편중지원 및 보호에 따른 구조적 비능률 등의 이른바 각종 부작용을 초래하였다. 제5차 계획에서 경제개발전략의 수정은 바로 이러한 부작용의 현저한 노정(露呈)에 기인했다고 할 수 있다.

어떻든 경제개발전략의 추진은 한국경제에 해외의존성, 외채누증, 농업·중소기업의 상대적 위축, 경제력 집중, 소득분배의 악화 등을 초래했으며 서비스산업의 이상 비대화를 초래하기도 했다. 이러한 현상들이 나타나게 된 원인들을 살펴보면, 첫째, 고도성장의 추진은 높은 투자율을 필요로 하였는데, 국내저축의 동원에 의한 투자자원의 충족이 어려운 상황에서 고도성장전략이란 곧 해외저축률의 제고를 의미하는 것이었다. 이 해외저축의 형태가 차관인 한 그것은 외채누증과 직결되는 것이다.

둘째, 급속한 공업화의 추진에만 집중한 나머지 농공(農工) 간의 연계성 강화 내지 산업연관도의 제고를 제대로 실현할 수 없었다. 이 결과 식량자급률의 저하, 중간재 내지 소재·부품의 수입의존도 증대 등의 현상이 발생하였으며, 이는 다시 수입유발적인 수출구조를 가져왔다. 그 결과 수출증대를 통해서도 무역수지, 나아가서 경상수지의 개선, 즉 국제수지의 개선은 이루어지지 않았다. 그런가 하면 수출증대의 추진은 양산체제의 확립을 통해서 경제력 집중 내지 독과점화, 바꾸어 말하면 중소기업의 상대적 위축을 촉진했을 뿐 아니라 중소기업이 국내기술의 지원을 제대로 받지 못하게 함으로써 해외기술의존도를 높이기도 했다. 식량, 중간재 내지 소재 및 부품, 기술의 해외의존도의 심화는 곧 수입증대를 통해서 무역수지·경상수지(국제수지) 적자폭의 확대→외채누증, 수입의존적 물가구조 등이 초래된다는 것을 의미하며, 농업·중소기업의 상대적 위축이 농공 간, 규모 간, 소득계층 간의 소득격차의 확대를 의미함은 말할 나위도 없다.

셋째, 경제개발전략의 추진에 따른 급격한 농촌인구의 유출, 정부기능의 확대 등은 과잉인구의 압력 등과 더불어 서비스산업의 이상비대화를 초래했다. 유출되는 농촌인구는 일반적으로 광공업, 사회간접자본(건설업, 전기·가스·수도사업, 운수·창고·통신업), 서비스산업으로 흡수되는데, 공업화에 따른 농촌인구의 흡수를 크게 넘어서 급격한 농촌인구의 유출과 정부기능 확대 등으로 서비스산업으로의 유입은 크게 증대된 것이 사실이다. 그러나 사실은 경제개발계획의 실시 이전에 이미 과잉인구의 압력으로 서비스산업은 비대화되어 있었다고 할 수 있다.

여기서는 서비스산업이 농림어업, 광공업, 사회간접자본 이외의 것으로 정의되지만, 그것에 운수·창고·통신업을 합친 것으로 정의되는 것이 일반적이다.

제1차 계획기간부터 제5차 계획기간까지에 걸쳐 나타난 한국경제의 주요 문제점들을 요약해 보면 다음과 같다.

(1) 해외의존성

사실 제4차 계획(1977~1981)은 국제수지균형, 투자재원의 완전한 국내조달 등을 그 목표의 하나로 계획했고, 구체적으로 그 기간의 최종년도인 1981년에는 해외저축률 -0.1퍼센트, 무역수지 13.7억 달러의 흑자, 경상수지 11.72억 달러의 흑자, 외채잔액 136.48억 달러로 되는 것으로 계획했다.

그러나 비록 1979년 이후에 제2차 오일쇼크가 있었다고는 해도 실적치는 계획치와 큰 거리가 있는, 해외저축률 9.8퍼센트, 무역수지 36.28억 달러의 적자, 경상수지 46.46억 달러의 적자, 외채잔액 324억 달러로 나타났다.

제5차 계획의 수정계획(1984~1986)에 따르면, 최종년도인 1986년에는 해외저축률 0.2퍼센트, 무역수지 6.0억 달러의 흑자, 경상수지 4억 달러의 흑자, 외채잔액 474억 달러를 목표로 했는데, 실제 1985년의 경우 해외저축률은 3.1퍼센트, 무역수지는 0.19억 달러의 적자, 경상수지는 8.87억 달러의 적자, 외채잔액은 467억 달러이었다.

수입의존도는 1972년에 26.2퍼센트이던 것이 1985년에는 41.0퍼센트이다. 이것은 절대적으로 높은 수치인데, 대만에 견주어서는 낮지만 필리핀이나 태국 등에 견주어서는 높다. 상품수입의존도만 보아도 1985년에는 31.8퍼센트나 된다.

그런가 하면 식량자급률은 1965년에 73.0퍼센트였다가 1985년에는 49.9퍼센트로 낮아졌다(1981년에는 43.2%), 그리하여 양곡도입액은 1985년에는 11.83억 달러나 된다(1981년에는 21.76억 달러).

자급자족도가 특히 낮은 부분은 중화학공업의 기초 및 중간재 생산
부문이다. 1981년에는 기초재 생산부문에서 5.2퍼센트, 중간재 생산부
문에서는 41.9퍼센트의 자급자족도를 보이고 있다. 그 결과, 원자재 중
광물성연료를 제외한 원자재의 수입은 1985년에는 100.58억 달러로서
총수입의 32.3퍼센트를, 그리고 일반기계 및 동 부품과 전기·전자기기
그리고 동 부품의 수입은 1985년에는 66.15억 달러로서 총수입의 21.2
퍼센트를 차지하고 있다.

선진국의 기술을 도입·활용하는 데 더 힘을 쓰고 있는 편이기 때문
에 1985년까지 기술도입의 건수는 3,538건에 달했으며, 그 결과 로열
티, 즉 대가지급액도 25.25억 달러나 되었다. 거기다가 1982년부터는
1년에 1억 달러, 1984년부터는 1년에 2억 달러가 넘는 규모에 이르렀
다(1982년 1.157억 달러, 1984년 2.13억 달러).

그리고 물가상승률은 수입물가 상승률이 마이너스로 된 1982년부터
급격히 낮아졌다. 즉 물가는 급격히 안정되었다. 수입물가 상승률은
1979년에 26.7퍼센트, 1980년에 27.6퍼센트 1981년에 41.0퍼센트였다
가, 1982년 −5.1퍼센트, 1983년 −4.4퍼센트, 1984년 0.0퍼센트, 1985년
−3.9퍼센트가 되었다. 도매물가 상승률은 1979년 18.8퍼센트, 1980년
38.9퍼센트, 1981년 20.4퍼센트였다가, 1982년 4.7퍼센트, 1983년 0.2퍼
센트, 1984년 0.7퍼센트, 1985년 0.9퍼센트로 낮아졌다.

(2) 농업의 상대적 위축

명목기준으로 볼 때에는 농가소득은 1970년에 도시근로자 가계소득
의 67.1퍼센트였다가 1983년에는 102.8퍼센트가 되었다. 그러나 농가
구입가격지수와 전도시소비자 물가지수로 나눈 실질농가소득과 비교
해 보면 1970년에 114.4퍼센트였다가 1983년에는 90.1퍼센트가 되어

농가소득은 도리어 도시근로자 가계소득을 밑돌고 있다.

그런가 하면 농가소득에 대한 농가부채의 비중은 증대되고 있다. 이는 1982년에 18.6퍼센트였다가 1984년에는 32.1퍼센트가 되었다는 것에서 알 수 있다.

그리고 패리티율(농가판매가격지수/농가구입가격지수×100)도 그동안 개선된 때도 있기는 했지만 1984년에는 92.7퍼센트, 1985년에는 94.4퍼센트로 전반적으로 악화되고 있다(1983년에는 89.8%). 또 이미 앞에서 본 것처럼 식량자급률도 50퍼센트 이하로 낮아졌다.

(3) 수입유발적인 수출구조

수출의 수입유발계수는 1970년에 0.26이던 것이 1983년에는 0.36이 되었다. 이 수준은 앞으로 당분간 유지될 것으로 전망된다. 이것은 일본의 수치(1975년에 0.17)에 비추어 볼 때 매우 높다. 산업별로는 제조업의 수입유발계수가 가장 큰데, 이것은 중화학공업의 그것이 특히 큰 데 기인한다.

(4) 중소기업의 상대적 위축과 독과점화 내지 경제력 집중

〈표 13〉에서 보는 바와 같이, 중소기업을 제조업에 있어서 종업원 수 199인 이하의 기업으로 정의할 경우, 1973년에 사업체 수에서 98.7퍼센트, 종업원 수에서 66.4퍼센트, 부가가치에서 52.8퍼센트, 생산액에서 58.5퍼센트였다가 1976년에는 각각 94.1퍼센트, 37.6퍼센트, 23.7퍼센트, 22.5퍼센트로, 1979년에는 94.2퍼센트, 39.8퍼센트, 28.1퍼센트, 25.3퍼센트로 크게 낮아졌다. 그리고 중소기업을 종업원 수 299인 이하로 규정할 경우에는, 1976년에 사업체 수에서 96.1퍼센트, 종업원 수에서 44.1퍼센트, 부가가치에서 30.0퍼센트, 생산액에서 29.5퍼센트

〈표 13〉 중소기업(제조업)의 비중

(단위: %)

	사업체 수	종업원 수	부가가치	생산액
1960	(99.1)	(78.1)	(66.4)	(65.2)
1963	(98.7)	(66.4)	(52.8)	(58.5)
1966	(98.3)	(60.3)	(42.5)	(45.6)
1976	96.1	44.1	30.0	29.5
	(94.1)	(37.6)	(23.7)	(22.5)
1979	96.5	47.8	35.2	32.1
	(94.2)	(39.8)	(28.1)	(25.3)

주: ( ) 안은 종업원수 5~199인의 사업체로 했을 경우의 수치이고, ( )가 없는 것
　　은 종업원수 299인 이하의 사업체로 했을 경우의 수치이다.
출처: 중소기업은행, 《중소기업은행 20년사》, 1981.

였다가 1979년에는 각각 96.5퍼센트, 47.8퍼센트, 35.2퍼센트, 32.1퍼센트, 1984년에는 97.5퍼센트, 47.9퍼센트, 41.4퍼센트, 38.5퍼센트가 되었다. 이에서 알 수 있듯이 그 비중이 1976년 무렵까지 크게 낮아지다가 그 이후 점차 증가하고 있는 것은 사실이지만, 1960년대 초에 비하면 그 비중은 아직도 크게 낮은 편이다. 이것은 곧 대기업의 비중이 그만큼 높아졌음을 의미한다. 사실 종업원 수 5백 명 이상의 대기업의 비중은 현저히 증가하고 있다. 1983년에 사업체수에서는 1.5퍼센트라는 미미한 비중을 차지하고 있지만, 부가가치에서는 54.1퍼센트, 생산액에서는 56.4퍼센트를 차지하고 있다. 이로부터 그동안 경제력이 얼마만큼 집중되었는지를 짐작할 수 있을 것이다.

　이러한 경제력 집중으로 대기업의 시장지배력은 강화되었으며, 그리하여 시장의 독과점구조가 형성되었다. 국내 30대 기업군 내지 재벌 기업그룹의 시장점유율은 출하액에서는 1977년에 32.0퍼센트였다가 1983년에는 40.4퍼센트가 되었고, 자산액에서는 1983년에 37.6퍼센트, 부가가치에서는 32.1퍼센트를 차지하였다.

(5) 소득분배의 악화

도농 간 내지 농공 간의 소득격차의 파악을 위한 방법의 하나가 앞에서 나온 농가소득과 도시근로자 가계소득의 비교이다. 명목기준으로 볼 때에는 농가가 소득분배에서 유리한 것 같지만, 실질기준으로 따지거나 몇 가지 점을 고려할 때에는 그 반대임을 보았다.

그러나 일반적으로는 소득계층별로 소득분배를 파악하는 것이 상례이다. 물론 이때에도 여러 가지 계수가 이용되지만, 보통은 지니집중계수가 이용되거나 소득계층의 하위 20~40퍼센트에 대한 상위 20퍼센트의 비율이 이용된다. 이 지니집중계수는 그 성격상 소득분배가 균등할수록 작아지게 되어 있다. 그리고 후자의 경우도 마찬가지이다.

그런데 1970년 이후 이 두 가지는 다 같이 커졌다. 1970년에 각각 0.33, 2.12였다가 1980년에는 0.39, 2.83, 1982년에는 0.36, 2.29로 되었다. 따라서 그동안 소득분배는 악화되었다고 할 수 있다. 국제적으로 비교하면, 인도네시아나 멕시코 등지보다는 균등한 편이지만 대만보다는 소득분배가 불균등함을 알 수 있다.

(6) 서비스산업의 이상비대화

총취업인구에서 비중을 산업별로 보면, 1963년에 농림어업은 63.1퍼센트, 광공업은 8.7퍼센트, 제조업은 8.0퍼센트, 서비스산업(보통의 정의)은 25.6퍼센트, 1979년에는 각각 35.8퍼센트, 23.7퍼센트, 22.9퍼센트, 34.4퍼센트, 1980년에는 각각 34.0퍼센트, 22.6퍼센트, 21.7퍼센트, 37.3퍼센트, 1985년에는 각각 24.9퍼센트, 24.5퍼센트, 23.4퍼센트, 44.3퍼센트이다.

따라서 서비스산업의 비중은 1979년까지는 농림어업 다음의 크기였으나 1980년부터 가장 큰 비중을 차지하여, 산업별 비중의 순위가 농림어업-서비스산업-광공업에서 서비스산업-농림어업-광공업으로 바뀌게 되었다.

이로부터 알 수 있듯이, 우선 현재 서비스산업은 취업인구에서 가장 큰 비중을 차지하고 있다. 그 비중은 1960년대 초에는 농림어업 다음의 크기이었다고는 하지만 애초부터 큰 편이었다. 이를 반영하여 국민생산에서 서비스산업의 비중도 1965년부터 가장 큰 비중을 차지하고 있던 농림어업보다 커졌으며, 그리하여 생산별 비중의 순위는 서비스산업-농림어업-광공업으로 되었다.

5) 석유파동 시기와 1986년의 경제

제5차 계획의 최종년도이기도 한 1986년에는 고도성장, 큰 폭의 국제수지 흑자, 저물가가 실현되었다. 더욱이 만성적인 무역수지 적자에서 흑자로 전환된 것은 의미 있는 일이라고 할 수 있다. 구체적인 수치는 경제성장률(실질) 12.2퍼센트, 경상수지 48억 달러의 흑자, 무역수지 44억 달러의 흑자, 도매물가상승률 −2.2퍼센트(연평균 기준), 소비자물가상승률 2.3퍼센트(연평균 기준)로 나타났다.

그리하여 1인당 국민총생산은 2,274달러가 되었으며, 외채잔액도 23억 달러가 줄어든 445억 달러(대국민총생산비율 48.0%, 1985년 56.2%)가 되었다. 거기다가 국내저축률은 32.5퍼센트로서 투자율 29.5퍼센트를 3퍼센트나 웃돌고 있다. 즉 투자재원이 국내재원으로 완전히 조달되었다.

그러나 이러한 좋은 실적은 이른바 저(低)유가, 저국제금리, 엔고 내지 저달러의 3대 현상에 주로 말미암는다는 것은 잘 알려져 있는 사실이다. 사실 유가 하락 및 천연자원의 국제시세 하락 내지 보합은 수입감소를 통해서 무역수지·경상수지의 흑자를, 그리고 수입물가 하락을 통해서 물가 하락 내지 낮은 물가 상승을 초래했으며, 국제금리 하락은, 현재 외채잔액에서 차지하는 변동금리부가채의 비중이 약 65퍼센트인 탓으로, 상환금리의 하락을 통해서 경상수지의 호전을 가져왔다. 또한 엔고 내지 저달러는 수출경쟁력 강화를 통해서 수출증대, 나아가서 무역수지와 경상수지의 흑자를 가져왔다고 할 수 있다.

사실은 1986년의 고도성장, 국제수지 흑자, 저물가는 지난 두 차례의 석유파동 때의 저성장, 큰 폭의 국제수지 적자, 고물가와 마찬가지로, 주로 그동안의 경제개발전략에 기인하는 해외의존성의 심화 내지 경제자립도의 저하를 그대로 반영하는 것이라고 할 수 있다.

1차 석유파농 때인 1974년, 1975년에는 경제성장률은 각각 7.7퍼센트와 6.9퍼센트, 경상수지는 −20.2억 달러와 −18.9억 달러, 무역수지는 −19.4억 달러와 −16.7억 달러, 도매물가상승률은 42.1퍼센트와 26.5퍼센트, 소비자물가상승률은 24.5퍼센트와 25.2퍼센트였고, 2차 석유파동 때인 1979년과 1980년 및 1981년에는 경제성장률은 각각 6.5퍼센트, −5.2퍼센트, 6.6퍼센트, 경상수지는 −41.5억 달러, −52.2억 달러, −46.5억 달러, 무역수지는 −44.0억 달러, −43.8억 달러, −36.3억 달러 도매물가상승률은 18.8퍼센트, 38.9퍼센트, 20.4퍼센트, 소비자물가상승률은 18.3퍼센트, 28.7퍼센트, 21.3퍼센트였다. 그리고 외채잔액은 203.0억 달러 272.0억 달러 324.0억 달러였고, 그것의 대국민총생산 비율은 32.5퍼센트, 45.1퍼센트, 48.9퍼센트였다(〈표 14〉 참조).

물론 3저현상이 모든 나라에 적용된 것은 사실이다. 따라서 다른 나라에 견주어 더 좋은 실적을 올린 것만큼은 자랑할 수 있을 것이다. 그러나 따지고 보면 그것은 바로 한국이 다른 나라에 견주어 해외의존성이 더 심화되어 있다는 것 또는 경제자립도가 더 낮다는 것을 말해 주는 데 불과하다고 할 수 있다.

〈표 14〉 주요 경제지표

(단위: %, 억 달러)

| | 1차 석유파동 | | 2차 석유파동 | | | 1986[1] |
	1974	1975	1979	1980	1981	
경 제 성 장 률	7.7	6.9	6.5	−5.3	6.6	12.2
실 업 률	4.1	4.1	3.8	5.2	4.5	3.5
물 가 상 승 률						
도 매 물 가	42.1	26.5	18.8	38.9	20.4	−3.5
소 비 자 물 가	24.5	25.2	18.3	28.7	21.3	1.5
경 상 수 지	−20.23	−18.87	−41.51	−53.21	−46.46	45.0
무 역 수 지	−19.37	−16.71	−43.96	−43.84	−36.28	43.0
투자율(경상가격표시)	31.7	30.0	35.6	32.1	30.3	29.5
저축률(경상가격표시)						
국 민	19.9	19.1	28.1	20.3	20.5	32.5
해 외	12.1	10.1	7.1	11.5	9.8	
외 채 잔 액	60.0	85.0	203.0	272.0	324.0	445.0
대 국민총생산 비율	32.4	40.7	32.5	45.1	48.9	48.0[2]

주: 1) 실적 내지 추정을 표시함. 2) 국민총생산 831.0억 달러에서 경제성장률 12.2%를
　　이용하여 계산된 수치임.
출처: 한국은행,《주요경제지표》, 1986. 12. 15; 경제기획원,《한국경제지표》, 1986. 6;
　　경제기획원,《외채백서》, 1985 등.

　한국은 그동안 자본·식량·소재·부품·기술·석유·기타 천연자원 등
을 해외에 크게 의존해 왔다. 이것은 현재 외채잔액이 445억 달러나
된다는 것, 식량자급률이 50퍼센트 미만에 불과하다는 것, 큰 폭의 대
일무역수지 적자가 주로 소재·부품의 대일의존에 기인한다는 것, 중화
학공업의 석유다소비형·기타 천연자원 다소비형이라는 것 등에 의해
서 충분히 확인할 수 있을 것이다.

《한국경제의 이해》(1989)

한국경제발전의 전개과정[*]

1. 머리말

1945년 8월 이후는 여러 가지로 시기구분할 수 있다. 그러나 일단 1962년부터 5개년계획이 실시되기 시작한 점에 착안하여 1961년까지와 1962년 이후로 시기구분하기로 한다. 그리고 대상시기를 1962년 이후로 한정하기로 한다.

1962년부터 5개년계획이 실시된 뒤 그동안 1차 계획[1]기간(1962~66년)에는 보완계획(1964~66년)이 작성된 일이 있고, 5차 계획기간(1982~86년)과 6차 계획기간(1987~91년)에도 각각 수정계획이 작성된 바 있다.[2] 그리고 3차 계획기간(1972~76년)에는 1차 석유파동을 겪었으며, 4차 계획기간(1977~81년)에는 2차 석유파동과 함께 중화학공업

---

[*] 이 글은 1990년 3월 22일 서울대학교 경제연구소가 주최한 〈동북아시아의 경제발전과 협력〉에 관한 심포지엄에서 발표된 것임.

1) 정식명칭은 제1차 경제개발 5개년계획이다. 제5차부터는 '경제개발' 대신에 '경제사회발전'이 사용되기 시작했다. 따라서 현재의 6차 계획의 정식명칭은 '제6차 경제사회발전 5개년계획'이다.

2) 1차 계획의 보완계획은 1964년 2월에 그리고 5차 계획과 6차 계획의 수정계획은 1983년 12월과 1988년 10월에 확정·발표되었다.

투자조정이 있었다.[3]

그러나 이러한 시련을 겪으면서도 계획은 중단된 적이 없이 매년 운용계획의 작성을 통해서 수정이 이루어지면서 실시되어 왔다.

따라서 자연히 한국의 경제발전 내지 경제성장을 다루는 데 이 계획을 의식하지 않을 수 없다. 이 글이 그동안의 계획이 채택한 경제개발전략을 다루는 것으로부터 시작하는 까닭은 바로 여기에 있다.

2. 경제개발전략의 내용

동 계획에서 채택된 경제개발전략이 일관되게 수출주도적 공업화였다는 점에 대해서는 이론의 여지가 없는 것 같다. 그리고 3차 계획부터 중화학공업 중심의 계획이라는 것도 마찬가지이다. 1982년을 최초년도로 한 5차 계획의 이전과 이후를 비교해 볼 때, 다만 그 목표를 7.0~8.0퍼센트의 경제성장으로 하느냐 그 이상의 경제성장으로 하느냐의 차이가 있을 따름이다.

지금 일단 8.0퍼센트 이상의 경제성장을 고성장이라고 한다면 대체로 4차 계획까지는 고성장을 목표로 했다고 할 수 있다. 특히 3, 4차 계획의 경우는 〈표 1〉에서 보듯이 계획기간의 연평균 경제성장률을 각각 8.6퍼센트, 9.2퍼센트로 계획했던 것으로 보아 더욱 그러하다고 할 수 있다. 그리고 5차 계획부터는 7.0~8.0퍼센트의 경제성장을 목표로 하고 있다. 사실 1, 2차 계획의 경우도 기간 연평균 경제성장률이 각각 7.1퍼센트, 7.0퍼센트이기는 하지만 1차 계획의 경우는, 1959년, 1960년, 1961년의 그것이 3.8퍼센트, 1.1퍼센트, 5.6퍼센트이었음을 감

---

3) 1979년과 1980년에 행해졌다. 그리고 1982년에도 행해진 바 있다.

〈표 1〉 1차~5차 계획의 계획치와 실적치

(단위: %)

| | 1차 계획 | | 2차 계획 | | 3차 계획 | | 4차 계획 | | 5차 계획 | | |
| | 1962~66 | | 1967~71 | | 1972~76 | | 1977~81 | | 1982~83 | 1984~86 | |
	계획	실적	계획	실적	계획	실적	계획	실적	실적	계획	실적[1]
경 제 성 장 률	7.1	7.8	7.0	9.6	8.6	9.7	9.2	7.5	7.5	7.5	8.7
산업별성장률											
농 림 어 업	5.7	5.6	5.0	1.5	4.5	6.1	4.0	-0.6	5.5	3.5	3.0
광 공 업	15.0	14.3	10.7	19.9	13.0	17.9	14.0	10.0	7.0	4.7	11.7
제 조 업	15.0	15.0	-	21.8	13.3	19.0	14.3	10.5	7.3	10.0	12.0
SOC 및 기타	5.4	8.4	6.6	12.6	8.5	8.2	7.6	6.1	8.4	7.4	7.4[2]
수 출 증 가 율	28.0	38.6	17.1	33.8	22.7	32.7	16.0	11.1	9.3	10.2	12.6

주: 1) 구 계열에서 계산한 것.
　　2) SOC, 서비스업, 정부 및 비영리서비스생산자의 산술평균.
자료: 대한민국정부, 《제5차 경제사회발전 5개년계획 수정계획 1984~86》, 1983; 동, 《제6
　　차 경제사회발전 5개년계획 수정계획 1988~91》, 1988 등.

안할 때, 그 당시로서는 매우 높은 것이라고 할 수 있으며, 2차 계획의 경우는 그 실적이 9.6퍼센트나 되었다. 그러나 5차 계획 이후부터는 하향 수정하여 7.0~8.0퍼센트의 경제성장을 목표로 하고 있다.

　이제 그동안의 경제개발전략의 내용이 상술한 바와 같음을 뒷받침해 주는 것으로 볼 수 있는 간단한 근거를 제시하면, 우선 어느 계획의 경우를 막론하고 제조업의 성장률은 계획치에서나 실적치에서나 타 산업의 그것에 비하여 월등히 크다(〈표 1〉 및 〈표 2〉)는 것을 들 수 있다. 다음에 수출증가율을 보면, 4차 계획을 제외하고서는 이미 그 자체가 큰 수치인 계획치를 웃도는 실적치를 보여주고 있다. 그리고 4차 계획의 경우에도 중점시책의 하나로서 꼽히는 국제수지의 균형이 내용상으로는 수출증대를 주축으로 하는 것인 데다가 5차 계획에서도 여전히 수출주도전략의 지속적 추구(대한민국정부, 《제5차 경제사회발전 5개년계획 1982~86》, 1981)를 내걸고 있음을 간과해서는 안 된다.

　한편 고정자본형성을 기준으로 한 산업별 투자배분의 실적을 보면

〈표 2〉 6차 계획의 계획치와 실적치

(단위: %)

	원계획	수정계획	실 적	
	1987~91	1988~91	1988	1989(추정)
경 제 성 장 률	7.3	8.2	12.2	6.5
산 업 별 성 장 률				
농 림 어 업	2.5	3.8	9.0	−1.9
광 공 업	9.3	9.6	12.7	−
제 조 업	9.5	9.8	13.0	3.6
S O C	7.2	7.8	8.4	
기 타 서 비 스	6.4	7.2	−	−
서 비 스 업	−	−	12.6	−
정부 및 민간비영리 서비스생산자	−	−	5.9	−
수 출 증 가 율	−	13.9	28.4	2.6

자료: 대한민국정부, 《제6차 경제사회발전 5개년계획 수정계획(1988~1991)》, 1988; 한국은행, 《1988년 국민계정(잠정)》, 1989; 경제기획원, 《1990년도 경제운용계획》, 1989.

〈표 3〉 산업별 투자배분실적(고정자본형성 기준)

(단위: %)

	1972~76	1972~79		1972~76	1972~79
농 림 어 업	10.1	−	철 강 · 금 속 공 업	−	4.5
농 업	7.9	−	기 계 공 업[1]	−	5.6
광 공 업	25.5	−	SOC 및 기타서비스업	64.4	66.7
제 조 업	24.4	23.2	전 력	7.5	6.0
경 공 업	9.4	8.7	통 신 · 수 송	20.5	24.5
중 화 학 공 업	15.0	14.5	주 택	15.3	15.8
기 타 화 학 공 업	−	4.5			
			합 계	100.0	100.0

주: 1) 전자, 수송용기기를 포함.
자료: 대한민국정부, 《제4차 경제개발 5개년계획 1977~81》, 1976; 동, 《제5차 경제사회발전 5개년계획 1982~86》, 1981.

〈표 3〉에서 알 수 있듯이 중화학공업투자는 중화학공업의 건설을 기본목표의 하나로 하고 있는 3차 계획(1972~76년)기간 중 총투자액의 15.0퍼센트(제조업투자의 60.2%)로서 통신·수송의 20.5퍼센트, 주택의

15.3퍼센트 다음을 차지하여 농업의 7.9퍼센트나 농림어업의 10.1퍼센트보다 훨씬 컸다. 또 1972~79년에 그것은 14.5퍼센트가 됨으로써 역시 통신·수송의 24.5퍼센트, 주택의 15.8퍼센트 다음의 규모이며, 농림어업 및 광업의 10.0퍼센트보다도 컸다.

3. 경제개발전략의 귀결(1)

이러한 경제개발전략을 추진한 결과 우선 GNP, 1인당 GNP, 수출 등이 크게 증대되었다.[4] GNP는 1962년 23.2억 달러에서 1971년 94.6억 달러, 1981년 668.0억 달러, 1988년 1,692.0억 달러가 되었으며,[5] 1989년에는 2,040.0억 달러로 추정된다. 그리하여 1인당 GNP도 1962년 87달러에서 각각 288달러, 1,734달러, 4,040달러가 되었고 1989년에는 4,830달러로 추정된다. 한편 수출은 1962년 0.55억 달러에서 1971년 10.7억 달러, 1981년 212.5억 달러, 1988년 606.9억 달러, 1989년 623.8억 달러로 증가되었다.

다음으로 실업률이 크게 낮아졌는데, 그것은 1963년 8.2퍼센트였다가 1989년에는 2.6퍼센트로 되었다(단 1980년 5.2%).

셋째로 국내저축의 비중, 즉 투자재원의 국내조달률이 크게 높아져서 1986년 이후에는 100퍼센트를 웃돌게 되었다. 국내저축의 비중은 1962년 25.0퍼센트에서 1971년 57.8퍼센트, 1981년 75.9퍼센트, 1988년 126.1퍼센트, 그리고 1989년에는 107.2퍼센트로 되었다(1985년 97.3%, 1986년 112.9%). 물론 1차 석유파동기와 2차 석유파동기에는 국

---

4) 이하의 수치는 〈부표〉를 참조하기 바란다.
5) 1962년은 1차 계획의 최초년도이고 1971년은 2차 계획의 최종년도, 1981년은 4차 계획의 최종년도, 1988년 및 1989년은 6차 계획의 2차년도와 3차년도이다.

내저축의 비중이 낮아진 것이 사실이다.

넷째로 고용구조가 근대화되었다. 이것은 총취업자인구에서 피고용자 비중의 증대, 전문·기술·행정·관리직 종사자의 비중과 생산종사자·운수장비운전자·단순노무자의 비중 등의 증대를 말한다. 실제로 총취업자인구에서 피고용자의 비중은 1963년 31.5퍼센트에서 1971년 39.4퍼센트, 1981년 47.1퍼센트, 1988년 57.0퍼센트, 1989년에는 59.1퍼센트가 되었다(1983년 49.4%, 1984년 52.9%). 특히 1989년에는 피고용자 중 일고용자를 제외한 비중만도 49.3퍼센트나 된다. 전문·기술·행정·관리직 종사자의 비중과 생산종사자·운수장비운전자·단순노무자의 비중은 1963년 3.3과 15.0퍼센트에서 1971년 4.9와 19.5퍼센트, 1981년 5.6과 28.2퍼센트, 1988년 7.8과 34.2퍼센트, 그리고 1989년에는 8.3과 34.5퍼센트가 되었다(1983년 6.1과 28.4%, 1984년 6.8과 30.3%).

다섯째로 산업구조의 고도화, 공업구조의 고도화가 실현되었다. 산업구조의 고도화는 주로 국민생산(부가가치)과 총취업자인구에서 제조업 비중의 증대를 말하는데, 국민생산 기준으로 그 비중은 1962년 14.4퍼센트에서 1971년 21.3퍼센트, 1981년 30.1퍼센트, 1988년에는 31.6퍼센트로 되었으며 1989년에는 29.9퍼센트로 추정된다. 그리고 취업자인구 기준으로 그것은 1963년 7.9퍼센트에서 1971년 13.4퍼센트, 1981년 20.4퍼센트, 1988년 27.7퍼센트가 되었고 1989년에는 27.6퍼센트로 추정된다. 한편 공업구조의 고도화는 주로 제조업생산액이나 부가가치에서 중화학공업의 비중, 즉 중화학공업화율의 증대를 말한다.6) 생산액 기준으로 그 비중은 1962년 26.8퍼센트에서 1971년 31.5퍼센트, 1981년 52.6퍼센트, 1987년에는 57.9퍼센트로 되었다(1979년

---

6) 물론 총취업자인구에서의 비중 증대도 의미한다. 그 비중도 1988년에는 제조업취업자의 50.4%나 된다.

49.5%, 1980년 50.6%). 그리고 부가가치 기준으로 그것은 1962년 28.6퍼센트에서 1971년 37.3퍼센트, 1981년 52.4퍼센트, 1988년에는 58.8퍼센트로 되었다(1978년 49.9%, 1979년 52.1%, 1980년 51.5%).

여섯째로 수출구조가 고도화되었다. 이것은 상품수출에서 공산품수출의 비중 및 공산품수출에서 중화학공업제품수출 비중의 증대를 말한다. 그런데 공산품수출의 비중은 1964년 51.6퍼센트에서 1971년 86.0퍼센트, 1981년 92.9퍼센트, 1988년 93.4퍼센트로 되었다. 그리고 중화학공업제품수출의 비중은 1964년 17.1퍼센트에서 1971년에는 16.4퍼센트가 되었다가 그 이후 계속 증대되어 1981년에는 47.3퍼센트, 1988년 53.9퍼센트, 그리고 1989년에는 53.6퍼센트로 되었다(1980년 46.2%, 1982년 52.3%).

이상에서 상술한 경제개발전략을 추진한 결과 GNP 규모, 수출규모 등이 현저하게 증대되고, 실업규모가 크게 축소되고, 투자재원의 국내 조달 정도가 크게 상승하였고 고용구조가 근대화되었고 산업구조, 공업구조, 수출구조 등이 고도화되었음을 알 수 있으며, 그리고 만약 자본주의의 진전도 내지 자본주의화의 정도를 총생산에서 상품생산의 비중, 총취업자인구에서 임금노동자의 비중, 실물부문에 대한 화폐금융부문의 비율7) 등으로 평가한다고 한다면, 자본주의화가 크게 진전되었음을 알 수 있을 것이다.

4. 경제개발전략의 귀결(2)

그러나 다른 한편 그러한 경제개발전략의 추진은 우선 1981년까지

---

7) 금융연관비율은 1963년 0.81에서 1971년에는 2.13, 1981년에는 2.59, 1987년에는 3.77로 되었다.

를 볼 때, 첫째로 한국경제의 해외의존성을 심화시켰다. 다시 말하면, 한국경제를 해외경제 여건에 크게 좌우되는 체질의 것으로 만들었다. 이는 주로 조립가공형·외국기술의존형 수출, 저산업연관형 공업화, 외자의존형 투자재원조달 등에 기인한다고 볼 수 있다. 그리고 이것은 1, 2차 석유파동, 특히 2차 석유파동에 의해서 여실히 입증되었다.

1, 2차 석유파동기의 경제지표를 보면, 경제성장률은 1974년 8.5퍼센트, 1975년 6.8퍼센트, 1980년 −4.8퍼센트, 1981년 6.6퍼센트, 도매물가·소비자물가의 상승률은 각각 1974년 42.1과 24.3퍼센트, 1975년 26.5와 25.3퍼센트, 1980년 38.9와 28.7퍼센트, 1981년 20.4와 21.3퍼센트, 경상수지는 적자가 1974년 20.23억 달러, 1975년 18.87억 달러, 1980년 53.21억 달러, 1981년 46.46억 달러나 된다. 3차 계획기간과 4차 계획기간의 각각의 평균이 경제성장률은 9.7과 7.5퍼센트, 도매물가·소비자물가의 상승률은 20.3과 19.6퍼센트·15.9와 18.6퍼센트였고, 경상수지 적자는 1972년 3.71억 달러, 1973년 3.09억 달러, 1978년 10.85억 달러였음을 감안할 때 석유파동은 한국경제에 성장둔화, 물가폭등, 대규모의 국제수지 적자 등을 초래하였음을 알 수 있다. 대규모의 국제수지 적자가 외채잔액 규모를 크게 확대시켰다는 것은 말할 것도 없다. 외채잔액은 1973년 42.6억 달러에서 1974년 59.4억 달러, 1975년 84.6억 달러, 그리고 1978년 148.7억 달러에서 1979년 203.0억 달러, 1980년 272.0억 달러, 1981년에는 324.0억 달러가 되었다.

물론 1, 2차 석유파동은 다른 나라의 경제에도 마찬가지로 많은 어려움을 준 것이 사실이다. 그러나 〈표 4〉에서 보듯이 대만·싱가포르와 비교할 때 한국이 겪은 어려움이 더 심했음을 알 수 있다. 이것은 바로 한국경제의 해외의존성이 더욱 크다는 것을 말해 준다고 할 수 있다. 고(高)수입의존도, 수입유발적 수출, 외채누증, 기술도입의 증대

<표 4> 한국 · 대만 · 싱가포르의 주요 경제지표

(단위: %, 억 달러)

	1973	1974	1975	1979	1980	1981
경 제 성 장 률						
한　　　　　국	14.0	8.5	6.8	7.0	−4.8	6.6
대　　　　　만	12.8	1.1	4.3	8.5	7.1	5.7
싱 가 포 르	11.5	6.4	4.1	9.4	1.3	9.9
해 외 저 축 률						
한　　　　　국	3.7	11.9	10.3	8.9	11.5	9.8
대　　　　　만	−5.3	7.7	3.8	−0.5	1.6	−1.3
싱 가 포 르	16.0	21.5	11.5	10.7	14.4	13.6
도 매 물 가 상 승 률						
한　　　　　국	6.9	42.1	26.5	18.8	38.9	20.4
대　　　　　만	22.7	40.7	−5.1	13.5	21.4	7.6
싱 가 포 르	−	−	−1.4	14.4	19.6	3.9
소 비 자 물 가 상 승 률						
한　　　　　국	3.1	24.3	25.3	18.3	28.7	21.3
대　　　　　만	8.0	47.7	5.2	9.7	19.1	16.3
싱 가 포 르	19.4	22.4	2.7	3.9	8.5	8.3
무역수지(통관 기준)						
한　　　　　국	−10.15	−23.92	−21.63	−52.84	−47.87	−48.77
대　　　　　만	6.90	−13.27	−6.43	13.29	0.78	14.11
싱 가 포 르[1]	−36.06	−62.50	−65.12	−73.94	−98.93	−139.57
경 상 수 지						
한　　　　　국	−3.09	−20.23	−18.87	−41.51	−53.21	−46.46
대　　　　　만	5.65	−11.15	−5.89	2.41	−9.13	5.19
싱 가 포 르	−5.19	−10.21	−5.84	−7.36	−15.07	−13.78

주: 1) 억 싱가포르달러 표시. 싱가포르달러의 대미달러 환율은 1986년 2.177, 1987년 2.106, 1988년 2.102.
자료: 경제기획원, 《한국경제지표》, 1987, pp. 120~2; 한국은행 조사 제1부, 《주요국의 경제지표》, 1990, pp. 1~2, 9~10.

등도 해외의존성의 심화를 나타내 주는 지표라 할 수 있다. 수입의존도는 1962년 16.6퍼센트, 1971년 26.5퍼센트였다가 1981년에는 47.6퍼센트나 된다(한국은행, 《국민계정》, 1987). 한국은행의 자료에 따르면 수출의 수입유발계수는 1970년에 0.26이던 것이 1980년에는 0.38로 되었다. 이것은 일본의 수치(1985년 0.12)에 견주어 볼 때 매우 높다. 산업별로는 1980년에 제조업의 수입유발계수가 0.38로서 가장 크며 이것은 중화학공업의 수입유발계수가 큰 데 기인한다. 실제로 경공업이 0.29인 데 비해서 중화학공업은 0.50이며, 특히 화학공업의 수입유발계수는 0.58이나 된다. 외채잔액은 앞에서 보았듯이 1962년에 0.89억 달러였다가 1981년에는 324.0억 달러가 되었다. 기술도입의 건수는 1962~66년에 33건, 1967~72년에 338건이던 것이 1981년에는 247건이나 되어 누계가 1,977건이나 되었으며, 대가지급액도 1962~66년에 8백만 달러, 1967~72년에 26.5백만 달러였다가 1981년에는 107.1백만 달러나 되어 그 누계가 564.9백만 달러나 되었다(과학기술처,《과학기술연감》).

둘째로 고(高)물가를 지속시켰다. 1, 2차 석유파동시기의 물가폭등에 대해서는 이미 본 바이지만 계획기간별로 볼 때 도매물가의 경우 연평균상승률은 1차 계획기간에는 16.5퍼센트, 2차 계획기간에는 7.7퍼센트, 3차 계획기간에는 20.3퍼센트, 4차 계획기간에는 19.6퍼센트이며, 소비자물가의 경우 연평균상승률은 1차 계획기간에는 16.4퍼센트, 2차 계획기간에는 12.6퍼센트, 3차 계획기간에는 15.9퍼센트, 4차 계획기간에는 18.6퍼센트이다. 2차 계획기간의 도매물가의 경우를 제외하고서는 고물가임을 알 수 있다.

1976년 4월부터 〈물가안정 및 공정거래에 관한 법률〉[8]이 실시되기 시작한 것도, 또 1979년 4월 17일의 〈경제안정화 종합시책〉이 중화학공업 투자조정을 중요한 내용의 하나로 담고 있는 것도 고물가가 지속되었음을 반영해 주는 것으로 볼 수 있다.

셋째로 특히 중화학공업부문에 투자의 과잉·중복을 초래하여 중화

---

8) 이 법률이 국회를 통과한 것은 1975년 12월의 일이다.

〈표 5〉 농공 간 소득 비교

(단위: 천 원)

	1970	1976	1981	1982	1983	1986	1987	1988
농 가 소 득(A)	256	1,156	3,688	4,465	5,128	5,995	6,535	8,130
도시가계소득(B)	381	1,152	3,817	4,327	4,991	6,732	7,796	9,663
A / B (%)	67.2	100.3	96.6	103.2	102.7	89.1	83.9	84.1

자료: 농림수산부.

학공업 투자조정을 필요하게 했다. 최초의 투자조정은 경제기획원이 주관이 되어 1979년 5월 25일에 단행되었다. 이것은 신규투자의 보류와 발전설비 제작, 중장비(중기계) 생산 등에 관한 투자조정을 내용으로 한다. 그러나 여러 차례에 걸친 노력에도 불구하고 좀처럼 결말을 내지 못하고 있었다.

그리하여 마침내 1980년 8월 20일과 10월 7일에 시행된 중화학공업 투자조정을 겪게 되었다. 이것은 발전설비 제작, 자동차 생산에 관한 투자조정(8월 20일)과 발전기기 생산, 선박용 디젤엔진 생산, 동제련·전자교환기 생산에 관한 투자조정(10월 7일)을 내용으로 한다.[9]

넷째로 농업을 침체시켰다. 이는 저산업연관형 공업화, 저임금[10] 의존형 수출 등에 주로 기인한다고 할 수 있다. 〈표 5〉에 따르면, 농가소득은 1970년에 도시근로자 가계소득의 67.2퍼센트였다가 1981년에는 96.6퍼센트가 되었다.

그러나 각각 농가구입가격지수와 전도시소비자 물가지수로 나눈 실질농가소득과 실질도시근로자 가계소득을 비교할 때에는 1970년 108.8퍼센트, 1981년 91.2퍼센트가 된다(〈표 6〉). 더욱이 농가소득은

---

9) 중화학공업 투자조정은 이후에도 계속되었다. 이에 관해서는 경제기획원, 《개발년대의 경제정책》, 1982; 동, 《80년대 경제시책해설》, 1986을 참조.
10) 이것은 저곡가를 필요로 한다.

〈표 6〉 실질농가소득과 실질도시근로자 가계소득

(단위: 천 원)

	1970	1976	1981	1982	1983
농 가 소 득	255.8	1,156.3	3,687.9	4,465.2	5,128.2
농 가 구 입 가 격 지 수	16.4	46.3	128.5	144.3	156.2
실 질 농 가 소 득(A′)	1,559.8	2,497.4	2,870.0	3,094.4	3,283.1
도 시 근 로 자 가 계 소 득	318.2	1,151.8	3,817.2	4,326.9	4,900.6
전 도 시 소 비 자 물 가 지 수	22.2	52.1	121.3	130.1	134.5
실질도시근로자가계소득(B′)	1,433.3	2,210.7	3,146.9	3,325.8	3,643.6
A′ / B′ (%)	108.8	113.0	91.2	93.0	90.1

자료: 농림수산부

재고농산물을 낮게 평가하여 실제보다 많은 것으로 계상된 것과 달리 도시근로자 가계소득은 일정 수준 이상의 고소득가구를 제외한 것이어서 그 격차는 더욱 크다고 할 수 있다.

또 농가부채가 증가하고 있다. 농가소득에 대한 그 비율은 1970년 6.2퍼센트에서 1981년 11.8퍼센트가 되었고 부채액 자체는 3배 이상이 되었다(〈표 13〉).

패리티율도 그동안 개선된 일이 있지만 1970년 94.2퍼센트, 1971년 100.0퍼센트이던 것이 1981년에 99.8퍼센트에 그치고 있다. 식량자급률도 1965년 93.5퍼센트이던 것이 1970년에는 80.5퍼센트, 1971년에는 71.2퍼센트로 크게 낮아졌는데 1980년에는 56.0퍼센트로, 1981년에는 43.2퍼센트로 더욱 크게 낮아졌다.

그런가 하면 농업종사자의 총취업자인구에서 비중이 크게 감소하고 있는 데다가 노동력의 여성화·고령화 현상이 현재화되었다. 농업종사자의 비중은 1963년에 64.4퍼센트이던 것이 계속 감소하여 1981년에는 36.7퍼센트가 되었다. 그리고 여성의 비중은 농가의 경우에는 1963년 36.5퍼센트에서 1971년에는 41.3퍼센트, 1981년에는 43.4퍼센트가

〈표 7〉 농가 연령별·성별 인구구성 및 농가전체 중 여성의 비중

(단위: %)

	15~19세			55세 이상			여성의 비중
	농가 총수 중	농가 남자 중	농가 여자 중	농가 총수 중	농가 남자 중	농가 여자 중	
1963	12.82	12.63	13.15	10.48	11.37	8.93	36.51
1971	12.81	12.24	13.63	13.70	14.37	12.74	41.29
1981	5.33	5.69	4.87	20.06	21.26	19.08	43.41
1982	4.60	5.33	3.67	20.97	22.15	19.48	44.16
1983	3.58	3.91	3.15	21.58	22.48	20.02	43.68
1984	3.09	3.56	2.46	23.47	23.73	23.10	42.90
1985	2.81	3.14	2.36	24.30	24.67	23.81	43.08
1986	2.54	2.73	2.23	25.86	25.47	26.28	44.28
1987	2.55	2.84	2.19	28.32	28.18	28.52	45.19
1988	1.91	1.83	2.07	30.11	30.43	29.72	44.94

자료: 경제기획원, 《경제활동인구통계연보》.

되었다(총취업자 인구에서의 여성의 비중은 34.8%, 36.6%, 38.1%이다). 한편 농가의 남자의 경우에는 55세 이상은 1963년 11.4퍼센트에서 1971년에는 14.4퍼센트, 1981년에는 21.3퍼센트로, 여성의 경우에는 8.9퍼센트에서 12.7퍼센트, 19.1퍼센트로 증가하였다. 이와 달리 19세 이하의 비중은 남자의 경우에는 1963년 12.6퍼센트에서 1971년에는 12.2퍼센트, 1981년에는 5.7퍼센트로 그리고 여성의 경우에는 13.2퍼센트에서 13.6퍼센트, 4.9퍼센트로 크게 낮아졌다(〈표 7〉).

다섯째는 경제력집중화와 중소기업의 부진을 초래했다. 이것은 양산체제의존형 수출, 금융세제상의 수출산업 지원 등에 주로 기인한다고 볼 수 있다.

〈표 8〉에서 경제력집중은 계속 진행되고 있음을 알 수 있다. 30대 복합기업의 출하액이 광공업 전체의 출하액에서 차지하는 비중은 1977년에 32.0퍼센트였는데 1981년에는 39.7퍼센트나 된다. 그리고 종

〈표 8〉 기업집단의 경제적 지위(Ⅰ)

(단위: %)

	출하액					종업원 수				
	1977	1978	1979	1980	1981	1977	1978	1979	1980	1981
상위 5사	14.8	15.9	16.2	16.5	21.5	8.5	9.5	10.5	9.9	8.4
상위 10사	5.6	6.1	6.4	4.0	6.9	3.7	4.4	3.4	4.8	3.7
상위 15사	4.0	4.2	4.3	3.0	4.2	2.1	2.1	3.5	3.1	2.7
상위 30사	7.6	8.3	8.1	11.2	7.1	6.2	6.1	7.0	5.9	5.0
합 계	32.0	39.5	35.0	34.7	39.7	20.5	22.2	24.4	23.7	19.8

주: 1) 출하액 기준 30대 복합기업을 말함.
　　2) 광공업 전체에서 차지하는 기업집단의 점유율.
자료: 경제기획원, 《공정거래백서》, 1984, p. 102.

〈표 9〉 중소기업(제조업)의 비중

(단위: %)

	사업체 수	종업원 수	생산액	부가가치
1963	(98.7)	(66.4)	(58.5)	(52.8)
1966	(98.3)	(60.3)	(45.6)	(42.5)
1969	(97.4)	(51.8)	(31.7)	(29.7)
1972	(96.5)	(45.3)	(28.5)	(27.9)
1975	96.2(94.1)	45.7(37.6)	30.7(24.1)	31.7(25.3)
1976	96.1(94.1)	44.1(37.6)	29.5(22.5)	30.0(23.7)
1977	95.9(93.5)	46.0(37.6)	30.6(23.6)	32.4(25.4)
1978	96.2(93.6)	47.0(38.1)	32.4(24.8)	34.9(26.5)
1979	96.5(94.2)	47.8(39.5)	32.1(25.3)	35.2(28.1)
1980	96.6	49.6	31.9	35.2
1981	96.9	51.1	32.3	34.8
1982	97.3	53.8	34.4	36.2
1983	97.4	54.8	34.7	37.1
1984	97.5	54.9	34.6	36.3
1985	97.5	56.1	35.4	37.6
1986	97.6	57.6	37.8	39.0
1987	97.6	57.2	37.8	39.4

주: ( )안은 종업원 수 5~199인 사업체로 했을 경우의 비중.
자료: 중소기업은행, 《중소기업은행 20년사》, 1981; 동, 《주요국의 중소기업관련통계》,
　　1988.

업원 수의 비중도 1981년에는 19.8퍼센트지만 1979년에는 24.4퍼센트이었다.

이러한 경제력집중화가 곧 중소기업의 상대적 부진을 의미함은 물론이다. 중소기업의 비중은 종업원 수를 5~199인의 사업체로 했을 때 사업체 수에서는 1963년 98.7퍼센트에서 1979년 94.2퍼센트로, 종업원 수에서는 66.4퍼센트에서 39.5퍼센트로, 생산액에서는 58.5퍼센트에서 25.3퍼센트로, 부가가치에서는 52.8퍼센트에서 28.1퍼센트로 낮아졌다(〈표 9〉).

1976년 4월부터 시행된 〈물가안정 및 공정거래에 관한 법률〉, 1981년 4월부터 시행된 〈독과점 및 공정거래에 관한 법률〉의 제정 등은 바로 이 경제력집중화와 중소기업의 부진을 반영한 것으로 볼 수 있을 것이다.

여섯째로 이것은 소득분배를 악화시켰다. 이 소득분배의 악화는 농업의 침체, 경제력집중과 중소기업의 부진 등에 기인한다고 할 수 있다. 일반적인 방식으로 지니집중계수와 소득계층의 하위 20~40퍼센트에 대한 상위 20퍼센트의 배수를 이용하면 〈표 10〉에서 보는 바와 같이 1965년 이후 이 두 가지가 모두 커졌음을 알 수 있다. 즉 하위 40퍼센트에 대한 상위 20퍼센트의 배수는 1965년에 2.16이었다가 1980년에는 2.82가 되었고, 지니계수는 1970년 0.332에서 1976년 0.391, 1978년 0.400, 1980년 0.389가 되었다.

일곱째로 이것은 기업재무구조의 악화, 저(低)국내기술 등을 초래했다. 이 기간 중 제조업기업의 경우 부채비율은 계속 높아졌고 자기자본비율은 대체로 20퍼센트 정도로 유지되었다(〈표 11〉). 즉 부채비율은 1967년 151.2퍼센트, 1971년 394.2퍼센트, 1981년 451.5퍼센트였고, 자기자본비율은 1967년 21.9퍼센트, 1971년 20.2퍼센트, 1979년 21.0퍼

<표 10> 소득계층별 소득점유율

(단위: %)

	상위 20% 소득점유율	하위 20% 소득점유율	하위 40% 소득점유율	지니계수
1965	41.80	–	19.30	–
1970	41.82	7.34	19.63	0.332
1976	45.34	5.70	16.85	0.391
1978	46.70	5.18	–	0.400
1980	45.39	5.09	16.06	0.389
1982	43.00	–	18.80	0.360
1985[1]	43.71	6.08	17.71	0.363
1985[2]	42.72	6.96	18.91	0.3449[3]
1988	42.24	7.39	19.68	0.3355
일본(1979)	37.5	–	17.20	–
대만(1979)	37.5	–	22.30	–
멕시코(1979)	57.7	–	9.9	–

주: 1) 1987년 자료(p. 80)의 수치임.
  2) 1989년 자료(p. 82)의 수치임.
  3) 0.3449는 1988년과의 비교를 위해서 단독가구를 빼서 계산한 것.
자료: 경제기획원, 《한국의 사회지표》, 1987; 동, 1989.

센트였으나 1980년과 1981년에는 20퍼센트를 밑돌아 17.0퍼센트, 18.1 퍼센트였다(중소기업진흥공단, 《중소기업경제지표》, 1984를 참조). 이것은 타인자본의존형(외국자본의존형) 수출주도적 공업화에 주로 기인함은 물론이다. 그동안 있었던 부실기업정리는 바로 기업 재무구조의 악화를 반영하는 것으로 볼 수 있다.

한편 국내기술개발의 수준을 나타내는 지표의 하나로 볼 수 있는 기술개발력지수에 의하면 1982년에 미국을 100으로 했을 때 3.2에 불과했다. 그리고 기술수출액은 1980년에 30만 달러에 불과하며, R&D 투자의 대GNP 비중도 1980년에 0.58퍼센트에 불과했다.[11] 물론 이것

---

11) 한국은행 조사제 1부, 《주요국의 기술개발과 경제발전》, 1980. R&D 투자의 대 GNP 비중은 1970년 0.38퍼센트, 1975년 0.42퍼센트, 1980년 0.58퍼센트, 1985년 1.59퍼센트, 1987년 1.93퍼센트이다.

〈표 11〉 제조업기업의 주요 경영비율

(단위: %)

	자기자본비율			부채비율		
	종 합	대기업	중소기업	종 합	대기업	중소기업
1967	21.9	22.1	20.7	151.2	148.1	173.4
1971	20.2	19.9	38.3	394.2	402.1	161.4
1979	21.0	20.9	21.1	377.1	377.5	374.3
1981	18.1	18.1	18.0	451.5	451.1	453.2

자료: 중소기업진흥공단, 《중소기업경제지표》, 1984.

은 외국기술의존형 수출주도적 공업화에 기인한다.

이상에서 그동안의 경제개발전략의 추진은 해외의존성의 심화를 비롯하여 고물가의 지속, 농업의 침체, 경제력집중화, 중소기업의 부신, 소득분배의 악화, 기업재무구조의 악화, 저국내기술개발 등을 야기시켰음을 알 수 있다. 석유파동시기의 물가폭등, 대폭의 국제수지 적자, 외채누증 등은 바로 한국경제의 해외의존성의 심화를 반영해주는 것임은 말할 나위도 없다.

5. 1980년대의 한국경제

이러한 부정적인 귀결로 해서 5차 계획부터는 '안정·능률·균형'[12]을 계획의 이념으로 삼으면서 7.0~8.0퍼센트의 경제성장을 뜻하는 적정성장[13]을 목표로 내걸게 된 것이다. 1982~85년을 보면 실제로 물가가 안정되고 국제수지도 크게 개선되었다. 그러나 그럼에도 불구하고 다음에서 알 수 있는 바와 같이 기술도입의 증대, 외채잔액의 증대,

---

12) 3차 계획은 '성장·안정·균형'을, 4차 계획은 '성장·능률·형평'을 그 이념으로 삼고 있다.
13) 안정성장이라고도 한다.

농가부채의 확대, 농업노동력의 고령화의 진행, 경제력집중화 등의 문제가 지속 또는 새로이 발생한 것도 사실이다.

분명히 물가상승률은 도매의 경우 1982년 4.6퍼센트로 낮아진 뒤 1983년에는 0.2퍼센트, 1984년에는 0.7퍼센트, 1985년에는 0.9퍼센트였고, 소비자의 경우도 1982년 7.1퍼센트로 낮아진 뒤 1983년 3.4퍼센트, 1984년 2.3퍼센트, 1985년 2.8퍼센트였다. 국제수지의 경우도 적자폭이 계속 축소되었다. 무역수지 적자는 1982년 23.98억 달러, 1983년 17.47억 달러, 1984년 13.86억 달러, 1985년 8.53억 달러가 되었고 경상수지 적자도 1982년 26.50억 달러, 1983년 16.06억 달러, 1984년 13.73억 달러, 1985년 8.87억 달러가 되었다.

그러나 우선 기술도입이 크게 증가했고 따라서 대가지급액도 크게 증가했다. 1982~85년의 기술도입 건수는 1,561건이었고 대가지급액은 773.9백만 달러에 달했다. 이 액수는 1981년까지의 그것보다 무려 209.0백만 달러나 크다(〈표 12〉).

다음에 외채잔액은 계속 증가했다. 1982년에는 371.0억 달러로 증가했고 1983년에는 404.0억 달러, 1984년엔 431.0억 달러, 1985년에는 467.0억 달러가 되었다(〈부표〉). 특히 1985년은 외채잔액이 가장 큰 해로 잘 알려져 있다.

셋째로 농가부채는 계속 증가했다. 농가소득에 대한 농가부채의 비율은 1982년 18.6퍼센트, 1985년 35.3퍼센트였다(〈표 13〉). 그리고 농업노동력의 고령화도 계속 진행되었다. 55세 이상의 비중은 남자의 경우에는 1982년 22.2퍼센트, 1985년 24.7퍼센트 여성의 경우에는 1982년 19.5퍼센트, 1985년 23.8퍼센트가 되었다. 이와 달리 19세 이하의 비중은 감소하여 남자의 경우에는 5.3퍼센트, 3.1퍼센트로, 여성의 경우에는 3.7퍼센트, 2.4퍼센트가 되었다(〈표 7〉).

〈표 12〉 기술도입건수 및 대가지급액(1963~89)

(단위: 건, 백만 달러)

	기술도입 건수(A)	대가지급액(B)	1건당 지급액(B/A)
1963~66	33	0.8	0.02
1967~72	338	26.5	0.08
1973~76	381	86.2	0.23
1977~81	1,225	451.4	0.37
소 계	1,977	564.9	0.29
1982~89	3,785	3,115.2	0.82
1982	308	115.7	0.38
1983	362	149.5	0.41
1984	437	213.2	0.49
1985	454	295.5	0.65
1986	517	411.0	0.79
1987	637	523.7	0.82
1988	618	676.3	1.09
1989	452	930.3	2.06
계	5,762	3,600.2	0.62

자료: 과학기술처, 《과학기술연감》, 각년도; 《한국경제신문》 1990. 3. 13.

〈표 13〉 농가부채

(단위: 천 원, %)

	1970	1975	1980	1981	1982	1983	1984	1985	1986	1987	1988
농가소득(A)	1,640	2,353	2,693	3,688	4,465	5,128	5,549	5,736	5,995	6,535	8,130
농가부채(B)	102	90	339	437	830	1,285	1,784	2,024	2,192	2,390	3,131
B / A	6.21	3.82	12.58	11.84	18.58	25.05	32.14	35.28	36.56	36.57	38.51

자료: 농림수산부.

넷째로 경제력집중은 여전히 진행되었다. 30대 복합기업의 비중은 종업원 수에서는 1962년 18.6퍼센트에서 1985년 17.6퍼센트로 약간 줄었고 출하액에서는 거의 변화가 없었다고 할 수 있지만(1982년 40.7%, 1985년 40.2%) 부가가치와 유형고정자산에서는 증가했다. 부가가치에서의 비중은 1982년에 33.1퍼센트나 되는데 1985년에는 39.6퍼센트가 되었다(〈표 14〉).

<표 14> 기업집단의 경제적 지위(Ⅱ)

(단위: %, 개)

		5대기업	10대기업	15대기업	20대기업	25대기업	30대기업
출 하 액	1982	22.6	30.2	33.9	36.6	38.8	40.7
	1985	23.0	30.2	33.9	36.4	38.5	40.2
	1987	22.0	28.2	31.6	33.9	35.8	37.3
종 업 원 수	1982	8.4	12.2	14.5	16.0	17.1	18.6
	1985	9.7	11.7	14.4	15.5	16.6	17.6
	1987	9.9	11.9	14.0	15.1	16.3	18.1
부 가 가 치	1982	17.4	23.1	26.6	29.4	31.2	33.2
	1985	18.7	24.2	27.3	29.5	31.4	33.1
	1987	20.1	25.3	28.8	30.7	32.3	34.3
유 형 고 정 자 산	1982	16.3	23.8	27.8	31.5	34.4	37.2
	1985	20.4	27.9	31.6	34.4	36.8	39.6
	1987	20.2	27.6	30.6	32.9	34.6	36.6
계열기업수	1982	89	153	187	223	241	271
	1985	94	147	190	218	246	270
	1987[1]	97	147	203	228	270	282

주: 1) 제조업에 관한 것임.
자료: 경제기획원.

3저의 호재를 맞은 해인 1986년 이후를 보면 국제수지가 큰 폭의 흑자를 보였고 그것에 기인하는 외채잔액의 감소, 경제력집중 등을 제외하고서는 바로 앞에서 언급된 문제 중에서 바뀐 것은 없었다고 해도 과언이 아니다. 도리어 또다시 나타난 문제, 새로이 등장한 문제, 여전히 해결을 요구하는 문제 등이 존재한다고 할 수 있다.

사실 국제수지는 1986년에 드디어 흑자로 바뀌었고 흑자폭은 46.17억 달러나 되었다. 그리고 1987년, 1988년에는 98.54억 달러, 141.61억 달러가 되었다. 1989년에는 크게 감소되었지만 여전히 51.03억 달러나 된다. 한편 외채잔액은 1986년에는 445.0억 달러, 1987년에는 356.0억 달러, 1988년에는 312.0억 달러로 계속 감소했다.

그러나 기술도입은 크게 증가하고 있다. 1986~89년 사이에 계획 전

기간의 38.6퍼센트나 되는 2,224건의 기술도입이 행해졌다. 그리고 대가지급액은 70.6퍼센트인 25.4억 달러나 된다. 건수도, 대가지급액도 급속하게 증가하고 있음을 알 수 있다(〈표 12〉).

다음에 농가부채도 계속 증가하고 있다. 농가소득에 대한 농가부채의 비중은 1986년에는 36.6퍼센트, 1987년에는 36.6퍼센트, 1988년에는 38.5퍼센트나 된다(〈표 13〉). 그리고 식량자급률은 다시 감소하고 있다. 그것은 1986년에 44.5퍼센트였다가 1987년에는 41.0퍼센트, 1988년에는 39.3퍼센트이다. 농가소득의 도시가계소득에 대한 비율도 다시 감소하여 100퍼센트를 크게 밑돌고 있다. 그것은 1986년에는 89.1퍼센트, 1988년에는 84.1퍼센트이다. 그리고 농업노동력의 고령화도 계속 진행되고 있다. 55세 이상의 비중은 남자의 경우에는 1986년 25.5퍼센트, 1987년 28.2퍼센트, 1988년 30.4퍼센트, 여성의 경우에는 1986년 26.3퍼센트, 1987년 28.5퍼센트, 1988년 29.7퍼센트이다. 이와 달리 19세 이하의 비중은 계속 감소하여 남자의 경우에는 1986년 2.7퍼센트, 1988년 1.8퍼센트, 여자의 경우에는 2.2퍼센트, 2.1퍼센트이다.

그러나 외채잔액은 감소하는 데 반하여 외국인 직접투자는 급격히 증가하고 있다는 사실에 특별히 유의할 필요가 있다. 외국인 직접투자는 1986년에는 4.77억 달러, 1987년 6.26억 달러, 1988년 8.94억 달러, 1989년 8.12억 달러나 된다. 그런데 1989년의 8.12억 달러의 액수는 1982~85년의 6.80억 달러보다도 1.32억 달러나 더 많은 것이다.

그리고 수출은 여전히 수입유발적이고 또 국내기술은 여전히 낮은 편이라는 데에도 유의해야 한다. 한국은행의 자료에 따르면 수출의 수입유발계수는 1985년보다 작아졌다고 해도 1986년에는 0.34, 1987년에는 0.35나 된다(1985년 0.37).

한편 국내기술 수준은 상공부 자료에 따르면 1987년 현재 선진국의

40~60퍼센트에 지나지 않는다고 한다. 기술개발력 종합지수는 1987년 현재 미국을 100으로 했을 때 아직도 4.1에 불과하다.

그리고 1982~85년에 안정적이었던 물가가 다시 빠르게 상승하고 있다는 사실도 이상에서 열거한 문제점들과 아울러 중요하게 다루어져야 할 것이다. 예컨대 소비자물가지수의 경우 1985년 2.8퍼센트였다가 1988년에는 7.1퍼센트로 상승하였다.

마지막으로 서비스산업의 비중 증대에도 유의할 필요가 있다. SOC 및 기타 서비스업 가운데 기타 서비스업을 의미하는 서비스산업의 비중은 취업자인구 기준으로 1982년부터 40.0퍼센트를 웃돌아 40.3퍼센트가 된 뒤 계속 증가하여 1989년에는 45.8퍼센트나 된다.

6. 맺음말

이상에서 우리는 경제개발전략의 추진과정에서 여러 문제가 제기되었음을 알 수 있다. 그런데 그것들은 대체로 해외의존성, 농업침체, 소득분배의 악화, 경제력집중, 중소기업의 상대적 부진, 서비스산업의 비대, 수입유발적 수출, 저(低)국내기술, 고(高)물가 등의 문제로 묶어 볼 수 있을 것이다. 따라서 앞으로의 과제는 이들 제반 문제를 해결하는 일이라고 할 수 있다.

물론 해외의존성의 문제, 소득분배의 문제, 경제력집중의 문제, 중소기업의 문제에 관한 이해 및 그 해결방식에 대해서는 이견이 있을 수 있다. 그러나 이들 문제가 서로 엉켜 있으면서 향후 한국의 경제발전을 저해할 수도 있다는 의미에서 그 해결은 필수적이라 할 수 있다. 대체로 중장기적 해결과제로 설정할 수 있을 것이다.

한편 한국경제의 높은 해외의존성과 직결된 문제로서 우리는 농업

<표 15> 기술개발투자의 증가율(연평균증가율)

(단위: %)

	1983~85	1986~89		1983~85	1986~89
제 조 업	82.5	24.0	(일반기계)	-19.2	39.7
(전기전자)	149.8	20.6	(섬유)	121.3	6.9
(운송장비)	168.7	27.9			

주: 경상가격 기준, 1983~88년은 실적치, 1989년은 계획치.
자료: 전철환(1990, p. 80).

침체의 문제, 수입유발적 수출의 문제, 저국내기술의 문제 등을 고려할 수 있다. 농업침체와도 불가분의 관계를 갖는 소득분배는 지니계수 등으로 볼 때 개선된 것처럼 보이지만 최근의 한 조사에 따르면 5년 전과 비교하여 현재의 소득분배의 불평등도가 '개선되었다'고 생각하는 사람이 전 조사 대상자 가운데 18.4퍼센트, '변화 없다'가 22.1퍼센트, 소득분배가 '악화되었다'가 59.5퍼센트로 나와 대다수가 소득분배가 악화되었다는 것으로 평가하고 있으며, 5년 뒤의 소득분배도 악화되리라고 생각하는 사람이 56.2퍼센트나 된다고 한다〔김선웅(1989)〕. 이것은 금융저축자산소유의 불평등도, 토지보유의 불평등도가 소득불평등도보다 매우 큰 데〔강봉균(1989)〕 기인한다고 할 수 있다. 그런가 하면 경제력집중의 문제도 이와 맥을 같이 하는 것으로 볼 수 있다. 또 중소기업은 기술개발, 소재부품생산 등과 관련해서 앞으로 꾸준히 육성해 가야 한다. 이렇게 보면 이들 문제들은 반드시 해결해야 할 과제인 것이다.

더욱이 신기술개발의 문제를 보면 기술수준은 1982년 이후 크게 개선된 점이 없고, 기술수준의 개선을 위한 R&D 투자의 대 GNP 비중이 1987년 이후 2퍼센트 이상으로 증대하고 있지만, R&D 투자의 성격상 중요한 투자의 절대액이 매우 미미한 형편이고, 3저 호재기의 기술개발투자가 오히려 1983~85년보다 떨어지고 있음(〈표 15〉)을 보면 기술개발투자가 아직 낮다. 더욱이 선진국의 보호무역주의(지적소유권 문제)는 신기술개발을 매우 어렵게 만들고 있다.

결국 앞으로 한국경제가 발전하기 위해 해결해야 할 과제의 하나는 기술개발투자의 확대를 통해 기술수준을 향상시킴과 아울러 새로운 기술을 개발하는 것이라 할 수 있다.

〈부표〉 주요 경제지표

	1962	1971	1972	1973	1974	1975	1977	1978	1979
1. G N P(억 달러)	23.15	94.56	106.32	134.46	187.01	207.95	366.29	513.41	613.61
2. 1인당 G N P (달러)	87	288	318	395	540	590	1,008	1,392	1,640
3. 실 업 률 (%)	8.2	4.5	4.5	4.0	4.1	4.1	3.8	3.2	3.8
4. 피 고 용 자 의 비 중 [1]	31.5[5]	39.4	38.6	37.9	38.9	40.6	44.6	46.5	47.6
	(18.8)	(28.9)	(27.5)	(27.3)	(29.3)	(31.0)	(23.5)	(35.7)	(37.2)
5. 국내저축의 비중[2] (%)	25.0	57.8	75.1	86.6	60.7	61.1	91.7	85.6	79.1
6. 수 출 (억 달러)	0.55	10.7	16.2	32.2	44.6	50.8	100.5	127.1	150.6
7. 무역수지(통관기준, 억 달러)	−3.67	−13.26	−8.98	−10.15	−23.92	−21.93	−7.64	−22.61	−52.83
8. 경 상 수 지 (억 달러)	−0.56	−8.48	−3.71	−3.09	−20.23	−18.87	−0.12	−10.85	−41.51
9. 제 조 업 의 비 중 (%)									
국 민 생 산 기 준[4]	14.4	21.3	22.4	25.1	26.0	26.2	27.5	28.0	28.7
취 업 인 구 기 준	7.9[5]	13.4	13.6	15.8	17.3	18.6	21.6	22.3	22.8
10. 서비스산업의 비중[3] (%)									
국 민 생 산 기 준[4]	42.1	44.8	44.6	43.5	43.1	41.9	42.0	41.4	41.2
취 업 인 구 기 준	25.3[5]	39.1	31.7	30.6	30.4	30.9	31.1	32.4	34.6
11. 중 화 학 공 업 의 비 중(%)									
생 산 액 기 준[4]	26.8	31.5	31.4	35.2	43.0	42.6	45.6	47.0	49.5
부 가 가 치 기 준[4]	28.6	37.3	35.6	39.4	48.1	45.3	48.7	49.9	52.1
12. 공 산 품 수 출 비 중 (%)	51.6[6]	86.0	87.7	88.2	90.2	88.3	87.5	89.8	90.1
13. 중화학공업제품 수출의 비중(%)	17.1[6]	16.4	24.2	27.3	37.5	30.4	38.4	39.6	43.4
14. 금 융 연 관 비 율	0.81	2.13	2.26	2.33	2.22	2.19	2.13	2.15	2.16
15. 물 가 상 승 률 (%)									
도 매	9.1	9.0	13.9	7.2	42.0	26.3	9.0	11.8	18.6
소 매	6.6[7]	14.0	11.7	3.0	24.3	25.4	10.0	14.5	18.2
16. 외 채 잔 액 (억 달러)	0.89	29.2	35.9	42.6	59.4	84.6	126.5	148.7	203.0

주: 1) 상시고, 임시고, 일고의 합계의 총취업인구에서의 비중,
　　그리고 ( )안은 상시고, 임시고의 비중.
　2) 총투자율에 대한 비율.
　3) SOC 및 기타 서비스업의 기타 서비스업을 말함.
　4) 경상가격 표시임.
　5) 1963년의 수치.
　6) 1964년의 수치.
　7) 서울 소비자물가(1980=100).

<부표> 주요 경제지표(계속)

	1980	1981	1982	1983	1984	1985	1986	1987	1988	1989
1. G N P(억 달러)	605.00	668.00	713.00	795.00	870.00	897.00	1,027.00	1,284.00	1,692.0[P]	2,040.0[7]
2. 1인당 GNP(달러)	1,592	1,734	1,824	2,002	2,185	2,194	2,503	3,098	4,040[P]	4,830[7]
3. 실 업 률 (%)	5.2	4.5	4.4	4.1	3.8	4.0	3.8	3.1	2.5	2.7
4. 피 고 용 자 의 비 중[1]	47.2	47.1	47.6	49.4	52.5	54.1	54.4	56.2	57.0	59.1
	(37.7)	(38.3)	(38.8)	(41.4)	(43.9)	(44.8)	(45.0)	(46.9)	(48.1)	(39.3)
5. 국내저축의 비중[2] (%)	72.2	75.9	83.7	94.5	97.0	97.3	112.9	123.5	126.1	107.2[7]
6. 수 출 (억 달러)	175.0	212.5	218.5	244.4	292.4	302.8	347.1	427.8	606.9	623.8
7. 무역수지(통관기준, 억 달러)	-47.87	-48.77	-23.98	-17.47	-13.86	-8.53	31.31	61.61	88.85	9.12
8. 경 상 수 지 (억 달러)	-53.21	-46.46	-26.50	-16.06	-13.73	-8.87	46.17	98.54	141.61	51.03
9. 제 조 업 의 비 중 (%)										
국 민 생 산 기 준[4]	29.9	30.1	29.4	30.1	31.0	30.5	31.7	32.2	31.6[P]	29.9[7]
취 업 인 구 기 준	21.6	20.4	21.1	22.5	23.2	23.4	24.7	27.0	27.7	27.6
10. 서비스산업의 비중[3] (%)										
국 민 생 산 기 준[4]	43.7	43.7	45.0	44.8	44.6	45.4	45.6	46.0	45.9[P]	-
취 업 인 구 기 준	37.3	38.2	40.3	41.4	42.4	44.5	44.8	44.3	44.8	45.8
11. 중 화 학 공 업 의 비 중(%)										
생 산 액 기 준[4]	50.9	52.6	52.8	53.5	55.0	55.1	55.9	57.9[P]	-	-
부 가 가 치 기 준[4]	51.5	52.4	53.0	55.3	56.3	56.9	57.1	57.1	58.8[P]	-
12. 공 산 품 수 출 비 중 (%)	92.3	92.9	93.7	94.4	95.0	95.4	94.6	94.8	93.4	93.4[5]
13. 중화학공업제품 수출의 비중(%)	46.2	47.3	52.3	56.8	58.3	59.6	54.6	54.9	53.9	53.6[5]
14. 금 융 연 관 비 율	2.40	2.59	2.99	3.08	3.26	3.51	3.59	3.77	-	-
15. 물 가 상 승 률 (%)										
도　　　　　　　매	39.0	20.4	4.6	0.2	0.7	0.9	-1.5	0.5	2.7	1.5
소　　　　　　　매	28.7	21.6	7.1	3.4	2.3	2.5	2.8	3.0	7.1	5.1
16. 외 채 잔 액 (억 달러)	272.0	324.0	371.0	404.0	431.0	467.0	445.0	356.0	312.0	294.0

주: 1) 상시고, 임시고, 일고의 합계의 총취업인구에서의 비중,
　　　그리고 (　)안은 상시고, 임시고의 비중.
　　2) 총투자율에 대한 비율.
　　3) SOC 및 기타 서비스업의 기타 서비스업을 말함.
　　4) 경상가격 표시임.
　　5) 1963년의 수치.
　　6) 1964년의 수치.
　　7) 서울 소비자물가(1980=100).

참고문헌

경제기획원,《개발연대의 경제정책》, 1982.
__________,《공정거래백서》, 1984.
__________,《80년대의 경제시책해설》, 1986.
__________,《한국의 경제지표》, 1987.
__________,《한국의 사회지표》, 1987.
__________,《한국의 사회지표》, 1989.
__________,《1990년도 경제운용계획》, 1989.
__________,《경제활동인구통계연보》, 각 년도.
과학기술처,《과학기술연감》, 각 년도.
대한민국정부,《제4차 경제개발 5개년계획 1977~81》, 1976.
__________,《제5차 경제사회발전 5개년계획 1982~86》, 1981.
__________,《제5차 경제사회발전 5개년 수정계획 1982~86》, 1983.
__________,《제6차 경제사회발전 5개년 수정계획 1984~91》, 1988.
__________,《중소기업은행 20년사》, 1981.
중소기업진흥공단,《중소기업경제지표》, 1988.
__________,《주요국의 중소기업관련통계》, 1984.
한국은행,《국민계정》, 1987.
__________,《1988년 국민계정(잠정)》, 1989.
한국은행 조사 제1부,《주요국의 기술개발과 경제발전》, 1990.
__________,《주요국의 경제지표》, 1990.
기타 경제기획원자료, 농림수산부자료, 한국경제신문.
강봉균,《한국의 경제개발전략과 소득분배》, 1989.
김선웅,〈소득 및 부의 공정분배에 대한 사회적 인식의 성향〉, 1989.
전철환,〈우리나라의 經濟動向, 그 性格과 課題〉, 1990년도 한국경제학회 정기
　　학술대회 전체회의 논문, 1990.

《경제논집》(서울대, 1990. 6)

An Overview of Korean Industrialization[*]
: Lessons in Adaptive Innovation Paradigm

Developing countries have traditionally been exporters of primary commodities. It is generally accepted that the worsening trade imbalance of most developing countries are largely associated with unfavorable terms of trade involving the exports of these primary commodities. Even their industrial products(e. g., textiles) have fared badly, and there has been underutilization of their industrial capacity, owing to stagnating demand for such goods. The problem developing countries face is not only to implement industrialization but to select industries suitable to their input potentials as well as their export potentials. The widening trade gap between industrial countries and developing countries accentuated by a growing per capita income in the former and massive problems in the latter has caused a cumulative movement away from, instead of toward, equality in income between rich and poor countries. This represents one

---

[*] 이 글은 김연석(Youn-Suk Kim)과 함께 쓴 글이다.

of the most serious challenges of our time.

Developing countries searching the strategies for solving the critical problems of industrialization and export should adapt their trade policy to the framework of dynamic world trade patterns which result from changing income levels among nations and changing product structures of trading countries. Thus, developing countries should recognize and continuously alter their export products in accordance with the changing world economy, despite the differing and even conflicting principles of comparative cost advantage and factor endowments. Shifting their emphasis from one to another group of exports as export market patterns change, developing countries should expand growth industries characterized by export potentials in the markets of industrial countries.

To facilitate this policy, developing countries must push far beyond the traditional trading bargains and practices. Since improved access to the markets of industrial countries is unlikely by itself to be available for exports of industrial products from developing countries, they should look into specific cases of country's examples so as to use a model.

The most promising possibilities for long-term expansion by developing countries lie in the realm of manufactured products, since world demand grows most rapidly in industrial products. There is a horizon of industrial products suitable to the capabilities of many developing countries today. The key approach is to select the appropriate industrial products that respond to changing world trade patterns, and, in particular, can be integrated into the markets of industrial countries.

Developing countries face a condition of rapid change in world trade and economy. Thus it would be desirable, if developing countries are to make the most of their opportunities, that they redirect their own exports in accordance with changing world trade patterns. This goal is not easily reached because it may mean repressing that part of the economy—export agriculture, perhaps—which has been responsible for most of foreign exchange earnings and encouraging a new and struggling export products. Small—and medium—size producers will have to be organized, through government action or trade associations, and directed into new export fields. Not all developing countries are in a position where intricate trade strategy can be applied. For some, it would be premature.

Export-led industrialization, the two-way flows of trade and productive factors, can serve developing countries to enhance their economic well-being, if properly implemented industrialization as seen cases of newly industrialized countries. This study focuses mainly on how South Korea has achieved its industrialization; a success that was costly and effortful. Today's developing countries face a condition of rapid change in world economy, to which they have not fully responded in part because they have failed to undertake industrialization. If they are to make the most of their opportunities, it would be desirable that they redirect their economic resources so as to realize the development of sustained industrialization. In this context the lessons of Korean industrialization may be viewed as logistic dimension of economic policy for developing countries.

1. Trade and Industrialization of Newly Industrialized Country

Korea's ability to industrialize the economy has depended primarily on outward-growth policies, as the formation of a production-export linkage has been a strategy for economic development. But a production-export linkage is not enough. Production planning and export strategies must accompany it. Using these strategies, Korea has clearly demonstrated their effectiveness in realizing export-led development.

Korea has been one of the major borrowers in the world. Its external debt has been successfully managed in comparison with those of Brazil, Mexico, Argentina, Venezuela, Chile, and the Philippines. Korea's policy has been based on foreign capital filling the gap between the investment required for the target level of its growth and domestic savings. By setting priorities of investment funds, the Korean government has exercised considerable control in allocation, thereby restraining freedom of inflow and outflow. Of major importance is the behavior of savings, which has substantially increased with economic growth.

· How has Korean economic development affected structural change of the economy in terms of increasing industrialization including both capital deepening and sophistication?

· What are the key policies that have enabled Korean industries to perform well?

· What are lessons for developing countries from the Korean experience?

In respect to economic development, the rationale of the infant industry argument is that it is necessary to protect the late-come industry in the short run from the large, efficient, established industries in other countries. Therefore, the infant industry argument may be used for designing strategies at the start of the process of restructuring the economy. It should be especially noted that Korean industrialization has first occurred at the margin, in selected industries, and did not involve a substantial shift in the structure of production.

Yet while undertaking its industrialization, Korea has continuously adapted to shifting patterns of the world demand.

Developing countries that have export industries offer industrial products for which there have been already established markets; therefore, it seems unlikely that they can sell at prices above those of similar products from industrial countries and even newly industrialized countries. Hence they are merely price takers.

At any rate, the export drive associated with the industrialization of Korea has resulted in an economic growth and trade surplus which continues today. Korea has opened its markets as its currency has appreciated; this move has given export opportunities to developing countries in Korea's domestic market as well as Korea's export markets in the areas of light industrial products. The appreciation of the won and rising labor cost foretell the operation of the international product life cycle in regard to standardized products in light manufacturing. In turn, industrially-oriented developing countries are increasing exports to both Korea and the export markets of Korea.

Table 1. Korean Development: 1953~1987
(U.S. Dollar in Millions, Except Per Capita Income)

Year	GNP	GNP Per Capita	Exports		Imports	
			Total	GNP(%)	Total	GNP(%)
1953	1,353	$ 67	39.6	2.9	345.4	25.5
1955	1,395	$ 65	18.0	1.3	34.6	24.5
1960	1,948	$ 79	32.8	1.7	343.5	17.6
1965	3,006	$ 105	175.1	5.8	463.4	15.4
1970	8,105	$ 252	835.2	10.3	1,984.0	24.5
1975	20,795	$ 590	5,081.0	24.4	7,274.4	35.0
1980	60,327	$1,589	17,504.9	29.0	22,291.7	37.0
1985	83,684	$2,047	30,283.1	36.2	31.135.7	37.2
1986	95,112	$2,296	34,714.5	40.0	31,583.9	33.2
1987	120,800	$2,870	47,280.0	38.7	41,019.8	34.0

Note: GNP per capita is U.S. dollars.

Source: The Bank of Korea, *Economic Statistics Yearbook* (various editions), *Monthly Economic Statistics* (various editions), *National Accounts*, 1970~1986; The Korea Economic Institute, *Korea's Economy* (various editions); The Korean Traders Association (New York), *Annual Reports*.

This study focuses on Korea's industrial policies by analyzing production-export linkage (see Table 1). Korea's experience has much to offer those potentially industrial developing countries in regard to expanding the export horizon of their industrialization.

2. Historical Background of Korea

A brief historical sketch of Korea reflects the similar background of many of today's developing countries. Korea experienced 4,000 years of history largely under the cultural influence of China, followed by 36 years as a colony of Japan.

It has ended up a divided country: North Korea and South Korea. Japanese colonization of Korea lasted from 1910 to 1945. In this period Korea was exposed to the modern world as a pheriphery region of the aggressive Japanese economy. As part of the Greater Asian Prosperity Hemisphere, Korea was compelled to participate in the drive toward establishing the Japanese empire. During this period, Korea in fact became a part of the Japanese economy in which segmentation was prominent.

Korea, at the time of liberation from Japan, was sharply differentiated: the southern part being primarily agricultural with only light industry; the northern part rich in resources and industries. In terms of commerce and financial systems, Korea lagged significantly behind Japan and China.

The main influence of Korean culture was largely derived from Confucianism which emphasizes the virtue of obedience and an acceptance of established hierarchies, along with self-discipline and social harmony. These traditional values of Korean society have probably contributed to the formation of the industrial work ethics since the 1960s.

Nevertheless, to begin with Korea was a very poor country by every measure of the economic yardstick: basically a backward and traditional agrarian economy that employed more than two-thirds of the labor force during the 1940s and the 1950s. In addition, its industrial base was small. But even before the economy could establish any foundation for economic independence, the Korean War broke out, wiping out whatever industrial base had survived liberation from Japan. The war left horrendous psychological scars on the two Koreas; their animosity toward each other remains intense ever since the armistice was signed. The Korean War devastated the economy and brought a huge influx of refugees from the North. Korea presented a panorama of miserable economy, which can easily be compared with the stark conditions of today's developing countries not only in social and economic problems but also in political and institutional difficulties.

Foreign aid played a key role in sustaining the Korean economy. The United States, in particular, aided Korea as it recovered from the war damage and began to undertake industrialization. The policy of Syngman Rhee's government emphasized anticommunism and anti-Japan as priorities, resulting in a stagnant economy throughout Rhee's tenure.

Until 1961, the Korean economy could be called an "aid injection" economy, that is, foreign aid kept the country going. However, Korea instituted drastic economic measures after 1961, which established a new track of industrial and trade policy that drove the country toward the status of a newly industrialized country.

3. Production-Export Linkage Policy

Development and industrialization are so inextricably linked that they are treated as synonymous. Production here largely implies products of manufacturing and includes the production of all goods (not services) that require some value-added transformation from a primary material or semifinished product.

Arguments favoring industrial investment as a development priority are based on more than the observation that industrial growth accompanies development. Production-export linkage policy contends that manufacturing is a leading sector because it stimulates investments in other sectors selected for export. The pattern of manufacturing development signifies that production-export linkage is important to the development of a small country, especially where the economies of scale are constrained.

Emphasizing the linkage of push-pull relationship among industries, the unbalanced growth theory has evolved, portraying industrialization as a serial chain progression of disequilibria. Every country may be considered as having achieved a different degree of industrialization, and thus the production-export linkage would be a more effective strategy in generating economic development.

Production-export linkage policy should go through clearly defined stages with respect to a given industry. Infant industry protection should be given only after the threshold is reached as a new industry has been established. It is essential to have entrepreneurship executing production-export linkage, by the introduction of new products or new methods of production for new export opportunities.

Thus, product-export linkage should start with industries for the export market so as to realize the economies of scale. These should give the clearest signals for subsequent investment in the next stage of industrialization resulting in maximum induced growth.

Production-export linkage would play a key role in reducing external dependence. A country must develop an integrated industrial structure. If it wants to reduce foreign political and cultural influence, it must learn to operate its manufacturing plants with less foreign help.[1]

The task for a development economist is to point out how much alternative policies could accomplish, and measure the cost of industrialization in terms of other goals which remain to be achieved. Korea's industrialization may serve as one option among several potential alternative policies.

Specifically, in selling large quantities of industrial products to the United States and other industrial countries, Korea experienced a new challenge. Many questioned the long-run effectiveness of such production -export linkage of Korea because of the import barriers imposed by the industrial countries. But the vast amount of industrial products flowing from Korea and other newly industrialized countries to the market of industrial countries is an evidence that the market is there, and that import barriers do not, at least as yet, prevent the flow from continuing, even rapidly increasing. This, therefore, offers hope to developing countries which are undertaking industrialization centered on exports.

Production-export linkage policy has to be attuned to the pattern of world markets. A country's sustained industrialization depends upon whether its products are demanded in foreign markets over time. The developing countries should strive through design and style changes to satisfy the changing taste of high income markets in their production-export linkage policy. Korea may serve as an appropriate paradigm here, for it demonstrates comparative advantages of its improvement engineering and development of market oriented products.[2]

4. Export-Oriented Industrialization

Korea's development strategy focused on export-led industrialization, export operating as an "engine of economic development." However, the real situation is far more complex and intricate.

Korea successfully implemented its industrialization through export promotion. As a matter of fact, Korean strategy involved exploiting its comparative advantages and importing goods that would be costly to produce domestically. Korea specialized in production of goods mostly labor intensive as dictated by its comparative advantages. Industrialization is a natural outcome of development rather than a goal to be pursued at the expense of the economy's efficiency.

Korea's open economy underscored the availability of industrialized countries' markets as a vital element to its industrialization. Korea has been able to overcome various stringent measures of trade barriers on the part of the countries that limit access to their markets. Nevertheless, it is believed that a number of industrialized countries effectively restrict access to important markets for Korea's manufacturing exports.

In order to overcome these trade barriers, Korea has departed from the prescription of conventional trade techniques. Korea has aggressively adapted its production techniques to deliver goods meeting the changing patterns of world market. For example, as world demand for specific industrial products grew during the 1960s and 1970s, Korea undertook production of these items, progressively restructuring its industries. Korea adopted the export product structures of more advanced countries, such as the United States and Japan in particular, as efficiently as it could. True, Korea had extremely serious economic and trade problems.

5. Industrialization Strategy

Light manufacturing products had not only been the major component of Korea's export but also played a major role in contributing to its export expansion during the 1960s. The three industries that best served as stepping stones to industrialization for Korea during its take-off stage were textiles, apparel, and footwear—all low skilled and labor intensive.

Korea's open economic strategy has been adopted in the wake of an inefficient import substitution policy (1954 to 1959), which involved extensive use of trade barriers to protect domestic industries from foreign competition. The policy was aimed at replacing imports with domestically produced goods. By artificially encouraging industrialization in areas of Korea's comparative disadvantage, import substitution policy increased its dependence on imported inputs and capital goods required to keep production going in the protected industries. Because of the inefficient nature of many of the manufacturing processes, the value of these imports often exceeded that of the manufactured goods exported prior to the institution of an import substitution policy. Economic developing was threatened.

The Korean government decided to adopt an open economy. The open economy promoted higher growth rates in manufacturing exports than did a policy that attempted industrialization through import substitution.[3] Growth through export promotion can serve to increase the total income available.

Along with the restructuring and selection of targeted industries, new industries built from imported machinery and technologies should strive to engineer for improving products by redesigning, restyling and adding extra amenities, to satisfy the changing taste patterns of export markets. Industrialization through imported technologies is a strategic route which is discussed extensively in the later part of this paper. Improvement in engineering has proven itself effective in Korea's export market in light manufacturing products. The critical feature of Korean imported technology is its modification and adaptation; the country has developed its own way of using imported technology and capital goods for indigenous production engineering. Developing countries would be wise to draw upon this export enhancing device given their respective resource endowment and comparative advantages.

6. Industrialization Process

Table 2 demonstrates how Korea undertook structural change in production in terms of gross output and employment in the period, 1970~1980. As soon as Korea completed its economic takeoff in 1961~1973, it progressively undertook production restructuring in order to reflect the need of the changing international economy. This paved the way for its continuous and growing production-export expansion. In other words, production restructuring has caused Korea's production-export expansion in the sense that process of continuous change in the structure of products exported matching changes in product-demand in foreign markets had enabled Korea to sustain increases of its exports.

Table 2. Structural Change in Production
(Percentage Shares)

	Gross Output				Employment			
	1970	1975	1980	1983	1970	1975	1980	1983
Agriculture	17.0	12.8	8.3	8.2	50.2	41.4	32.0	29.3
Mining	1.1	0.9	0.8	0.7	1.1	1.1	1.1	1.1
Manufacturing	40.3	50.4	51.0	50.0	12.4	19.2	21.7	22.2
Construction	8.6	6.2	8.0	8.2	3.7	4.0	5.3	5.6
Social Overhead	6.7	6.7	8.1	8.7	3.8	4.3	4.5	4.9
Service	26.3	23.0	23.8	23.9	28.7	30.0	35.3	37.0

Source: Bank of Korea (1985).

Korea finds itself in a constantly changing spectrum of industries in various stages of development—initial entry, early development, rapid growth, export, maturity, import, and decline. Because this is an ongoing process, it is illogical to expect a particular country to dominate production in a given manufactured product for a long period. Korean industrialization integrated international product cycles into its national production-export policy so as to realize dynamic competitive advantage by mixing endogenous inputs with imported capital goods.

The implication for developing countries is that the sequence of diverse and multiple product cycles provides an opportunity for developing countries to engage in manufacturing industries. While industrial and newly industrialized countries tend to move to more sophisticated production coupled with vertical industrial growth, they can hardly exhaust the process; they leave certain industries to the developing countries which are competitively undertaking production restructuring toward specific manufacturing industries. Further implications stress not only the importance of industrialization associated with the product cycle but also the importance of export expansion as production-export linkage policy.

7. Four Stages of Korean Industrialization

A. Pre-takeoff Stage: Import Substitution (1954~1960)

Korea's industrial efforts in this period were adopted within the framework of import substitution which fostered domestic industrial production by protecting domestic markets. The rationale of infant industry policy served to set up trade barriers in order to nurture Korea's young industries.

Due to the turbulence of postwar economic conditions, the government was primarily interested in a stable economy in the context of import substitution, industrialization, and monetary stabilization. This policy was pursued by promoting industries in nondurable consumer goods and intermediate materials through high tariffs and nontariff barriers. Industrial production had increased at an annual rate of about

20 percent in the period 1953~1956 because of the import substitution policy. Yet in subsequent years the growth rate was cut in half due to the limits of the domestic market, resulting in a state of economy plagued with unused capacity and high unit cost of production. Economic stagnation and business failures might have contributed to political unrest and social discontent which resulted in student uprisings, followed by the military coup d'etat.

In other words, because of the limitation of the internal market, economies of scale were not available to Korean industry, and there were severe shortages of foreign exchange to maintain the operation of industries while its traditional export industries were unable to compete abroad due to high cost of production. Moreover, for Korea at this stage, capital requirements for going beyond the production of consumer goods and into the production of capital goods substitutes were not available. Market distortion and inefficient allocation of resources became manifest through the working of an overvalued currency. At the same time exports shrunk to about 1 percent of the gross national product (GNP).

Foreign aid-U.S. aid especially-played a major role in building the industrial infrastructure, although the growth rate of GNP in this period was only 3.7 percent (0.7% per capita). A major achievement in this period of struggle was the formation of Korean human capital, along with some success in controlling inflation. Korea was able to promote education to such a degree that between 1945~1975 enrollment in higher education institutions increased by a factor of 35 (see Table 3).

The Land Reform Act of 1949 was of historical significance because

Table 3. Increase in School Enrollments, 1945~1975
(In Thousands)

Type of School	1945	1952	1955	1966	1965	1970	1975
Elementary Schools	1,366 (100)	2,370 (173)	2,947 (216)	3,623 (265)	4,941 (362)	5,749 (421)	5,599 (410)
Middle Schools	n.a.	292 (100)	475 (163)	529 (181)	751 (258)	1,319 (452)	2,067 (709)
Academic High Schools	50 (100)	59 (118)	142 (281)	165 (327)	254 (505)	315 (626)	648 (1,287)
Vocational High Schools	33 (100)	75 (224)	119 (358)	99 (299)	172 (520)	275 (829)	478 (1,432)
Higher Education Institutions	8 (100)	34 (436)	80 (1,028)	101 (1,292)	142 (1,811)	194 (2,476)	297 (3,794)

Note: Index (1945=100) are in parentheses.
Source: Korea Ministry of Education, Statistical Yearbooks of Education.

the agricultural sector was viewed as a key component of demand management, supporting Korea's industrialization program of transforming the country from a low-income agrarian society to a high-income industrial one, Land reform created a large base of consumption (or aggregate demand) which served to facilitate flexible industrial expansion. Furthermore, it contributed stability to counter communist activity which contributed to dis-economies.

The percent of tenant farmers in the rural sector, for example, fell dramatically as a result of the reform: from 42 percent in 1947 to only 5 percent in 1964. And the percent of full owners rose from 16.5 percent in 1947 to about 72 percent in 1964, evidence of the structural change of the Korean economy during this period.

B. Takeoff Stage: Outward-Oriented Development (1961~1972)

Having realized the critical limitation of import substitution policy, Korea adopted a new policy of export-oriented industrialization. In this, it differed from many developing countries such as most Latin American nations in the 1950s and 1960s; the latter only accentuated import-substitution industrialization.

The export-led industrialization policy of 1964~1965 provided for expanded preferences to exporters in granting import licenses, duty-free imports for export industries, and large wastage allowances. Domestic savings were promoted through higher interest rates on deposits. All these eventually resulted in lowering inflation rates and the real rate of interest on bank deposits.

Export-led strategy, based on comparative advantage, helped exploit Korea's abundant factor endowment of cheap labor. Korea's comparative advantage in labor-intensive manufacturing for export which employed its abundant supply of cheap labor was the essence of the export-led development strategy. To facilitate an open economy Korea drastically reduced its protectionist policy by encouraging the existing industries to compete at home and abroad. Export subsidies and other incentive measures were applied in accordance with the need of young industries only for the early period of production operation.

In addition, the government undertook 100 percent devaluation in 1964, making export industries price competitive, coupled with readjusting market disequilibrium and establishing a unified floating exchange rate. In 1965, the government initiated policy measures that corrected marketing distortions of the interest rate: the government raised the interest rate from 15 percent to 30 percent, resulting in a spectacular increase of domestic saving rate from 3.2 percent in 1962 to 27.3 percent in 1983~1985 to 30.2 percent in 1986 (see Table 4).

Table 4. Korean Investment, National Savings, and Foreign Savings, Selected Years, 1960~1986
(Percentage of GDP)

Year	Investment	National Savings	Foreign Savings
1960~69	18.2	8.9	9.1
1970~79	27.8	20.6	6.8
1980~82	30.3	20.7	9.4
1983~85	31.0	27.3	3.9
1986	30.2	32.8	−2.8

Source: Bank of Korea (1987).

The government established a wide range of policies affecting export: short-term export financing; tariff rebates on inputs imported for export production; direct export subsidies; tax exemptions; reduced rates on public utilities for exporters; and accelerated depreciation allowances for export firms. The government fostered export companies (or trading companies) through eased financial regulation, offshore procurement loans, import-export credits, and foreign exchange loans.

Effectiveness of these incentive export policies was phenomenal: average GNP growth for the period 1962~1971 was 9.5 percent (6.5% per capita); the primary sector's share of GNP decreased from 37 percent to 27 percent, reflecting the structural change taking place in the economy;

and exports grew at an annual average rate of 40 percent, as they expanded from \$55 million in 1962 to \$1,070 million by 1971. The share of manufactured products in exports increased from 27 percent in 1962 to 86 percent in 1971. Foreign savings as a percentage of GNP ranged from 8 percent to over 10 percent in the 1960s and 1970s.

The export-led industrialization was rooted into a successful production-export strategy, as Korea fully cultivated its comparative advantage in realizing industrialization based on an abundant supply of cheap labor. Since Korea was endowed with a well-educated labor force, it was also able to take advantage of world commerce favorable to its exports during an inflation-free environment of the 1960s and the early 1970s, while most developing countries, including many Latin American countries, were engaged in deepening their import substitution policy of industrialization.

C. Post-Takeoff Stage: Heavy and Chemical Industrialization (1973~1979)

Because of the political implications and economic confidence built through its successful progression of industrialization, Korea undertook major policy change toward heavy and chemical industrialization. This policy was designed to augment future competitive advantage. In order to expedite growth of heavy and chemical industries (HCI), the government stressed reallocation of resources toward HCI at the expense of labor-intensive manufacturing export industries.

The initiation of the new industrialization policy was caused by the announcement of U.S. troop reduction, which was perceived as the need for a greater industrial base for military purposes. And Korea saw in Japan's pattern of industrialization the model Korea's export industries should pursue.

The government considered conglomerates (chaebol) to be suitable to implement heavy and chemical industrialization: ship building, steel, nonferrous metals, machinery, petrochemicals, and automobiles. The building of HCI became top priority of the government plan. Tolerance of monopoly in HCI drive, availability of funds at lower interest rates, high trade barriers, and incentives for research and development expenditures were all parts of new HCI drive. Korea promoted an expansionary policy under a growing deficit in the current account balance which was being financed by external borrowing.

At any rate, the policy eventually resulted in an overheated economy. Inflation rates grew to over 20 percent in the mid 1970s and 23 percent appreciation in the real exchange rates during the period 1973~1979. There was excessive government intervention in the financial sector and negative interest rates during this period.

By the mid-1970s the Korean economy felt the adverse effects of the HCI drive at various points. Its traditional exports lost their competitive edge of price advantage in the world market because HCI dominated logistic resources, causing increased production costs. But the HCIs were too immature to compete fully in world commerce, though they tended to foster domestic inflation so that the currency was in effect appreciated. Maladjustments of the economy included the threat of inflation, overvalued exchange rates, low real interest rates, and speculative activities (e.g., in real estate). External borrowing to finance the current account deficit increased; external debt grew from $4,300 million in 1973 to $20,000 million in 1979.[4]

Korea in the mid-1970s stood at crossroads. Would it be able to sustain its growth path or would it fail? Korea tried to control growth through aggregate demand management and heavy foreign borrowings. It realized how vulnerable its economy was to external shock such as the oil crisis, and how rapidly it was losing its competitiveness. Furthermore, it became clear that the government stabilization policy was rather ineffective in countering external shocks or domestic inflation.

D. Pre-Advanced Country Stage: Stabilization and Liberalization Since 1980

The assassination of President Park in October 1979, together with the second oil shock, the world recession, and the domestic crop failure, provoked the first decline of the GDP (−5.2%) in two decades and a tremendous leap in inflation: the consumer price index rose 34 percent from December 1979 to December 1980. Korea adopted a strong stabilization program, postponing large investments in HCIs, imposing monetary restrictions, eradicating subsidies, and tightening fiscal policy. In 1980 a large devaluation was undertaken to improve the real exchange rate. All these measures were geared to establish stabilization. As a result of streneous efforts, stabilization policy reaped some success in wage levels, inflation rates, and interest rates.

Table 5. Export Shares of Korea's Ten Largest Export Categories
in 1970, 1981, and 1986(Percentage)

Category	1970	1981	1986
Textile	40.8	29.5	25.2
Electronics	3.5	10.6	19.1
Steel products	1.6	10.5	7.2
Footwear	2.1	5.0	6.1
Ships	0.0	6.7	5.2
Automobiles and parts	0.0	2.6	4.8
Machinery	1.1	2.7	3.0
Synthetic resins	1.3	2.9	2.7
Toys and dolls	0.1	1.6	2.1
Metal products	1.5	2.7	1.8
Subtotal	52.0	74.8	77.2
All exports	100.0	100.0	100.0

Source: Korea Traders' Association, Export Statistics (various issues).

The liberalization policy reflects the fact that the Korean economy has become so complex and sophisticated that traditional discretionary fiscal and monetary policies are no longer as effective as before. Market forces drive the economy. The new program eliminated subsidies, denationalized major commercial banks, and established a floating exchange rate. Furthermore, it reduced tariffs and nontariff barriers to promote market competition, efficient managerial operation, and an open economy.

The strong recovery of the U.S. economy from 1983 onward, the fall of oil prices, and lower interest rates improved Korea's international economic position. Particularly, the dollar depreciation from 1985 on helped Korea's export expansion since its currency was closely tied to the dollar. The trend toward lower interest rates emphasized Korea's favorable position. Table 5 describes the restructuring of export products, derived from economic policy at home and by strong demand abroad.

8. Technological Policy

Korea's industrial policy targeted accelerated economic development and growth. It focused on technological policy and external market expansion.

Korea's way of acquiring technologies was to maximize its own uniqueness (idiosyncrasy) by encouraging the development of "native" technology at the same time when it acquired imported technology. In this way it was able to secure favorable terms from industrial countries crucial to Korea's bid for pieces of technology at low prices. This was in marked contrast to the policy of many other developing countries such as those of Latin American countries which purchased at higher cost "turnkey" operations.

The major feature of Korean technological policy was the fostering of indigenous technology through research centers established in both private and public sectors. Most conspicuous in its technological policy is the emphasis on a factor mix in which labor is the dominant element. Korea's technological policy may well foreshadow an important contribution to developing countries: Korea may be moving into the role of a catalyst for technology transfer to developing countries.

As Korean firms move up in their technical competence, they are losing their competitive advantage in many labor intensive industries such as garments, artificial jewelry, electric and electronic goods, bags, and so on. Wages in Korea have been steadily increasing over the past decade, making labor intensive products less competitive in world markets. Moreover, many industrial countries have raised trade barriers against textile and electronic products. Firms in these industries are encouraged by the Korean government to locate parts of their manufacturing operations in such countries as the Philippines, Sri Lanka, Thailand, Indonesia, El Salvador, and Honduras, which have abundant labor supplies and lower wage rates. Because the quota for textile products from these countries was undersubscribed, Korean firms found leeway for continual access to the market of industrial countries.

The critical feature of Korean imported technology is its modification and adaptation; the country has developed its own way of using imported technology and capital goods, that is, indigenous production engineering. Machinery and technological application are handled in simpler ways than originally designed since workers at home are, comparatively speaking, poorly equipped with skills. As long as a simpler way of doing something results in the desired production, not only have output goals been reached, but Korean management and workers have gained confidence and have also undertaken further improvement and adaptation of imported technology. Korea has encouraged the development of indigenous technology and acquired technology that have not yet been developed at home. A second major advantage is that Korea can bargain more effectively with industrial countries, thus acquiring their technology at lower prices.

By modifying and adapting imported technology, Korean industries have husbanded their supplies of capital, concurrently utilizing abundant labor supplies. Relatively out-dated machinery has been purchased for producing goods for the home market, and for training workers in export-oriented industries. The important point here is that the 1960s was a true take-off period. Korean industrialization pushed both workers and management along a learning curve, resulting in economies of scale of capital goods and increased levels of human capital. On this foundation Korea has now re-structured its industries to face international competition.

As mentioned earlier, Korea has moved to high value-added industries, leaving in the process low value-added, labor intensive industries to other developing countries. Korean direct investments in developing countries compete successfully against local firms and multinational enterprises of industrial countries. This will probably continue as long as industrial countries funnel their technologies to Korea and other newly industrialized countries. The cost of production of Korean firms is usually low because of their use of appropriate technologies, and they are able to provide goods and services at prices below those of other multinationals or locally owned firms. Korean direct investments with their associated technology are utilizing not only the abundant labor supplies of developing countries but also their supplies of lumber, limestone, and other raw materials.

Since Korean direct investments in developing countries take the form of a less sophisticated technology and less complicated machinery, it is particularly appropriate to the workers of many developing countries.

Technology tends to stress multipurpose operations that can produce profitably at lower volumes. The Korean experience of absorption of imported technology can be applied to workers in developing countries, with relative ease, helping them adjust to industrial working conditions, and providing on-the-job training. Indigenous management also may benefit from Korea's industrial experience.[5] It is important that host countries do not fear Korean economic domination, since Korea is considered one of the developing countries. In other words, Korea is providing developing countries with technologies particularly suitable to their factor endowments and their workers' skill level. A widespread criticism of technology imported from industrial countries centers on the problem of nonabsorption. Most developing countries are unprepared to adapt to the modern technology of industrial countries, thus emphasizing the separateness of enclave industries from their host countries. The effects of enclave industries are often marginal, and have resulted in much misunderstanding and resentment. In contrast, Korea stands as a timely catalyst to bridge the gap by facilitating technological transfer from industrial countries to developing countries.

9. Conclusion

It is clear that developing countries face a condition of rapid change in world trade and economy. Thus, if they are to make the most of their opportunities, it would be desirable that they redirect their economic policy in accordance with changing world trade and economic patterns so as to capitalize on the product cycle as well as on international technological transfer.

Since the future policy of developing countries must acquire suitable technologies for their workers if they are to escape the present crippling patterns of world trade, this paper recommends Korea, which may be considered typical of other newly industrialized countries, for technology transfer.

APPENDIX. SOURCES OF GROWTH
(Percent of GNP Growth)

Source	1955~60	1960~65	1965~70	1970~75	1975~80
Consumption	97.6	69.9	63.4	60.5	56.9
Government Consumption	5.4	4.0	9.8	8.7	10.2
Investment	−5.6	22.7	53.4	30.1	40.5
Export Growth	9.6	12.8	13.9	26.2	34.9
Import Substitution	1.9	1.4	−18.2	−1.6	−11.8

Note: This table is based on World Bank estimates.
Source: The World Bank (1988, Vol. 1, p. 37).

It must nevertheless be acknowledged that the Korean economy has achieved the industrialization as a result of strong government intervention which may not easily be achieved in other countries. Neither can it be assumed that a strong government will always allocate resources efficiently. On the other hand, a high degree of competition may not be conducive to rapid economic growth within a developing country. Another difficulty with the Korean experience is that industrial concentration has resulted in maldistribution of income whereby labor and farm families in the agricultural sector are particularly affected.

Finally, as a country whose GNP depends to the extent of about 80 percent on foreign trade, Korea stands exposed to any major shocks from the international economy.

NOTES

1) Korea's economy is and should be, see Byun(1984).
2) For detailed discussion of improvement-engineering, see Kim(1978).
3) The efficiency gains from trade is an important source of economic growth, see Krueger(1985).
4) For detailed discussion of Korea's external debt, see Kim(1987).
5) Korea's technological transfer with improvement engineering which developing countries face today, see Kim(1987, 1989).

REFERENCES

Balassa, Bela et al. *Development Strategies in Semi-Industrial Economies*. Baltimore, MD: The Johns Hopkins University Press, 1982.

The Bank of Korea. *Quarterly Economic Review*, Various Issues.

__________. *Economic Statistics Yearbook*. 1986.

__________. *Economic Statistics Yearbook*. 1987.

__________. *Economic Statistics Yearbook*, 1988.

Byun, Hyung Yoon. *Korean Economy: Analysis and Reconsideration* (in Korean). Seoul: Jeesik Sanupsa, 1980.

__________. *Distribution Economics* (in Korean). Seoul: Hangilsa, 1984.

Chenery, H. B. "Interactions Between Industrialization and Exports."*American Economic Review* (May 1980).

Cho, Soon. "Economic Development and Social Development." *In Theory and Reality of the Korean Economy* (in Korean), edited by Soon Cho et al., 1~26. 1987.

Frank, C. R. et al. *Foreign Trade Regimes and Economic Development: South Korea*. New York: National Bureau of Economic Research, 1975.

Hofheinz, Roy, and Kent E. Calder. *The East Asia Edge*. New York: Basic Books, 1982.

Hong, Wontack. "Export-led Growth and Opening-up." *In Theory and Reality of the Korean Economy* (in Korean), edited by Soon Cho et al., 207~234. Seoul:

Seoul National University Press, 1987.

Kim, K. S., and M. Roemer. *Growth and Structural Transformation*. Cambridge, MA: Harvard University Press, 1979.

Kim, Youn-Suk. "Improvement Engineering-Export Model" *Journal of New York State Economic Association* (September 1978): 66~84.

___________. "Korean Technology for Developing Countries." *In Theory and Practice of Economic Development*, edited by Byung Jik Ahn et al., 351~367. Seoul: Bee Bong Co., 1987a.

___________. "External Debt and Economic Development: The Case of Korea." *In Asia-Pacific Economies: Promises and Challenges*, edited by M. Dutta, 151~162. Greenwich, CT: JAI Press, 1987b.

___________. "Managing Technological Transfer with Korea as a Catalyst." *Human System Management* (1989).

Krueger, A. O. *Export-Oriented Development Strategies: The Success of Five Newly Industrializing Countries*, Boulder CO: Westview Press, 1985.

Mason, Edward et al. *The Economic and Social Modernization of the Republic of Korea*. Cambridge, MA: Harvard University Press, 1980.

Rhee, Yung Whee et al. *Korea's Competitive Edge*. Baltimore, MD: The Johns Hopkins University Press, 1984.

Song, Daehee, and Byungsoo Ryu. "Structural Adjustment in Korea Agriculture Policy." Working Paper 8611. Seoul: Korea Development Institute, 1986.

Westphal, Larry E. and K.S. Kim. "Industrial Policy and Development in Korea." World Bank Staff Working Paper No. 263. Washington, DC: The World Bank, 1977.

The World Bank. *Korea: Development in Global Context*. Washington, DC: The World Bank, 1984.

___________. Korea: *Managing Industrial Transition*. 2 vols. Washington, DC: The World Bank, 1988.

계획시대(1962~79)의 교훈

1. 머리말

박정희 시대는 엄밀하게 말하면 1961년 5월 16일부터 1979년 10월 26일까지이다. 그러나 이 글에서는 일단 1962년부터 1979년까지의 18년으로 한다. 1962년은 1차 계획의 제1차 연도이고 1979년은 4차 계획의 제3차 연도이다.[1] 따라서 박정희 시대는 계획시대라고 불러도 무방하다.[2]

1차 계획기간에는 보완계획(1964~66)[3]이 작성된 일이 있고 3차 계획기간에는 1차 석유파동을 겪었다. 그러나 계획은 중단된 일 없이 매년 운용계획의 작성을 통해서 확대·수정되면서 실시되어 왔다.

따라서 박정희 시대를 평가하는 데 자연히 이 계획을 의식하지 않을 수 없다. 이 글이 계획의 목표·전략을 다루는 것으로부터 시작하는

---

1) 1~4차 계획의 정식명칭은 '제1~4차 경제개발 5개년계획'이다.
2) 그러나 7차 계획(1992~96)의 최초 연도인 1992년까지도 계획시대로 볼 수 있음은 말할 나위도 없다.
3) 각 계획치의 하향수정을 내용으로 하는 이 보완계획은 1964년 2월에 확정 발표되었다.

까닭은 바로 여기에 있다. 이하에서는 1~4차 계획의 목표와 전략이 먼저 다루어지고, 이어서 계획의 성과, 계획의 부작용, 각 지원논리의 평가, 정치상황과 경제성장이 차례로 다루어진다.

2. 1~4차 계획의 목표 및 전략 · 계획의 성과[4]

1) 1~4차 계획의 목표 및 전략

계획이 고성장을 목표로 하고 있고 이 목표를 수출주도적 공업화를 통해서 실현시키는 것[5]을 전략으로 삼고 있었다는 점에 대해서는 이론의 여지가 없다고 할 수 있다. 그리고 3차 계획부터는 중화학공업 중심의 전략이었다는 것도 마찬가지이다.

지금 일단 8.0퍼센트 이상의 경제성장을 고성장이라고 한다면 대체로 고성장을 목표로 했다고 할 수 있다. 특히 3, 4차 계획의 경우는 계획기간의 연평균경제성장률을 각각 8.6퍼센트, 9.2퍼센트로 계획했던 것으로 보아 더욱더 그러하다고 할 수 있다. 사실 1, 2차 계획의 경우도 연평균경제성장률이 각각 7.1퍼센트, 7.0퍼센트기는 하지만 1차 계획의 경우는 1959년, 1960년, 1961년의 그것이 3.8퍼센트, 1.1퍼센트, 5.6퍼센트이었음을 감안할 때 그 당시로서는 매우 높은 것이라고 할 수 있으며, 2차 계획의 경우는 그 실적이 9.6퍼센트나 되었다.

이제 1~4차 계획의 목표와 전략이 상술한 바와 같음을 뒷받침해 주는 것으로 볼 수 있는 간단한 근거를 제시하면, 우선 어느 계획의 경우를 막론하고 제조업의 성장률은 계획치에서나 실적치에서나 타

---

4) 본고에서 나오는 수치는 본문에 든 〈표〉 외에 〈부표〉를 참조하기 바란다.
5) 공산품수출의 대폭증가→수출의 대폭증가→고(高)경제성장 내지 고공산품수출증가율→고수출증가율→고경제성장률로 해석하면 된다.

산업의 그것에 견주어 월등히 크다는 것을 들 수 있다. 그리고 수출증가율을 보면 계획치를 훨씬 웃도는 실적치를 보여주고 있다.

한편 고정자본형성을 기준으로 한 산업별 투자배분의 실적을 보면 중화학공업 투자는 1972~79년에 14.5퍼센트로서 통신·수송의 24.5퍼센트, 주택의 15.8퍼센트 다음의 규모이며, 농림어업 및 광업의 10.0퍼센트보다도 컸다.

<표 1> 1~4차 계획의 계획치와 실적치

(단위: %)

계발계획		1차		2차		3차		4차	
연 도		1962~1966		1967~1971		1972~1976		1977~1979	
주요 수치		계획	실적	계획	실적	계획	실적	계획	실적
경제성장률		7.1	7.8	7.0	9.6	8.6	9.7	9.2	6.6
산업별성장률	농 림 어 업	5.7	5.6	5.0	1.5	4.5	6.1	4.0	0.0
	광 공 업	15.0	14.3	10.7	19.9	13.0	17.9	14.0	15.1
	제 조 업	15.0	15.0	–	21.8	13.3	19.0	14.3	15.9
	SCO/기타	5.4	8.4	6.6	12.6	8.5	8.2	7.6	11.0
수출증가율		28.0	38.6	17.1	33.8	22.7	32.7	16.0	25.0

2) 1~4차 계획의 성과

이런 내용의 계획의 추진은 많은 성과를 거두었다. 그 가운데 중요한 것만을 들면 다음과 같다.

(1) GNP·1인당 GNP의 대폭 증가

GNP는 1962년 23.2억 달러에서 1979년에는 613.6억 달러, 1인당 GNP는 87달러에서 1,640달러가 되었다.

(2) 실업률의 대폭 저하·고용구조의 근대화

실업률은 1963년 8.2퍼센트에서 1979년에는 3.8퍼센트가 되었다. 고용구조의 근대화는 총취업자인구에서 피고용자 비중의 증대, 전문·기술·행정·관리직 종사자의 비중과 생산종사자·운수장비운전자·단순노무자의 비중의 증대 등을 말하는데 총취업자 중에서 피고용자의 비중은 1963년 31.5퍼센트에서 1979년에는 47.6퍼센트로, 전문·기술·행정·관리직종사자의 비중과 생산종사자·운수장비운전자·단순노무자의 비중은 1963년 3.3퍼센트와 15.0퍼센트에서 1979년에는 5.1퍼센트, 30.0퍼센트가 되었다.

(3) 수출의 대폭 증가·수출구조의 고도화

수출은 1962년 0.55억 달러에서 1979년에는 150.6억 달러가 되었다. 수출구조의 고도화는 상품수출에서의 공산품 수출비중 및 공산품수출에서 중화학공업제품 수출비중의 증대를 말하는데 공산품 수출비중은 1964년 51.6퍼센트에서 1979년에는 90.1퍼센트로, 중화학공업제품의 수출비중은 1964년 17.1퍼센트에서 1979년에는 43.4퍼센트가 되었다.

(4) 산업구조·공업구조의 고도화

산업구조의 고도화는 주로 국민생산(부가가치)과 총취업자인구에서 제조업 비중의 증대를 그리고 공업구조의 고도화는 주로 제조업생산액이나 부가가치에서 중화학공업의 비중, 즉 중화학공업 비율의 증대를 말한다. 제조업의 비중은 국민생산 기준으로 1962년 14.4퍼센트에서 1979년에는 28.7퍼센트, 취업자 기준으로 1963년 7.9퍼센트에서 1979년에는 22.8퍼센트가 되었고, 중화학공업의 비중은 생산액 기준으로 1962년 26.8퍼센트에서 1979년에는 49.5퍼센트로, 그리고 부가가치 기준으로 1962년 28.6퍼센트에서 1979년에는 52.1퍼센트가 되었다.

(5) 투자재원의 국내조달율의 대폭 증가

투자재원의 국내조달율은 1962년 25.0퍼센트에서 1979년에는 79.1
퍼센트가 되었다. 물론 1차 석유파동기에는 이 국내조달율이 낮아진
것이 사실이다.

이 밖에 만약 자본주의의 진전도 내지 자본주의화의 정도를 총생산
에서의 상품생산의 비중, 총취업자인구에서 피고용자의 비중, 실물부
문에 대한 화폐금융부문의 비율[6] 등으로 평가한다고 하면 자본주의화
가 크게 진전했다고 할 수 있다.

3. 1~4차 계획의 부작용

그러나 이러한 성과와 더불어 여러 가지 부작용도 발생했다. 우선
계획의 추진에 있어서 투자는 인플레이션과 외자에 의존했다. 물론 기
업은 금융기관 차입금에도 의존했다.

다음에 공업화는 농업과의 보완관계, 경공업과 중화학공업의 보완
관계, 중화학공업 각 부문 간의 보완관계를 소홀히 했다. 다시 말하면
공업화는 저산업연관형이었다.

셋째로 수출은 조립가공형으로 그리고 수출산업에 대한 조세 감면,
정책금융지원, 수입규제에 의한 국내판매 가격보조, 기타 행정지원 등
의 각종 혜택과 저임금[7], 양산 체제, 외국기술 도입 등을 주축으로 해

---

6) 실물부문에 대한 화폐금융부문의 비율은 금융연관비율이라고 하는데 이 비율
   은 1963년 0.81에서 1979년에는 2.16으로 되었다.
7) 저임금 유지를 위해서 1971년에는 노동운동의 제한을 포함하는 〈국가보위를
   위한 특별조치〉(12. 17)가 취해졌다.

서 이루어졌다. 그리고 3차 계획의 제1차 연도인 1972년부터 적극적인 중화학공업화를 통해서 수출증가가 추구되기도 했다.[8]

끝으로 경제성장률, 수출 등의 계획치 내지 목표치는 무리를 해서라도 꼭 달성하거나 초과달성하는 것[9]이 당연시되었다.

그리하여 계획의 추진은 다른 한편에서는 많은 부작용 또는 해결해야 할 과제를 야기시켰다. 그 가운데 주된 것은 다음과 같다.

(1) 인플레이션의 지속

이것은 주로 투자재원의 인플레이션 의존형에 기인한다고 볼 수 있다. 1972년의 8·3조치, 1976년의 〈물가안정 및 공정거래에 관한 법률〉 실시, 1978년의 〈부동산투기 억제를 위한 조치〉(8·8조치), 1979년 4월 17일의 〈경제안정화 종합시책〉의 실시 등이 취해졌지만 인플레이션은 지속되었다.

계획기간별로 볼 때 도매물가의 경우 연평균상승률은 1962~66년에는 16.5퍼센트, 1967~71년에는 7.7퍼센트, 1972~76년에는 20.3퍼센트, 1977~79년에는 13.6퍼센트이며, 소비자 물가의 경우 각각 16.4퍼센트, 12.6퍼센트, 15.9퍼센트, 14.2퍼센트였다.

8·3조치는 인플레이션의 악순환, 고리사채의 성행 등을 해결하기 위해서 기업의 모든 사채를 동결시키고 채권 및 채무연계를 조정하는 한편 금리의 인하, 장기저리자금의 공급 등을 주내용으로 하고 있다. 〈물가안정과 공정거래에 관한 법률〉은 물가안정과 공정하며 자유로운 경쟁질서의 확립을 목표로 한 것이다. 8·8조치는 양도세율의 인상

---

8) 중화학공업화는 자주국방 건설을 위해서도 강조되었다.
9) 전형적인 예는 수출에서 찾아볼 수 있다. 그리고 1972년의 8·3조치에서 내건 1973년 소비자물가 3.0%는 특이한 예라고 할 수 있다.

(30%에서 50%로), 전매시의 100퍼센트 중과, 등기제도의 강화 등을 주된 내용으로 하고 있다. 〈경제안정화 종합시책〉은 중화학공업 투자조정을 주요한 내용의 하나로 담고 있다.

(2) 농업부진

공업화는 농업과의 연관이 이루어지지 않은 채 진행되었다. 그리고 수출은 저임금에 기초하여 추진되었기 때문에 저임금 유지를 위해 저곡가정책이 계속 지속되었다. 결국 농업부진은 주로 저산업연관형 공업화, 저임금의존형 수출 등에 말미암는다고 할 수 있다. 농가소득은 1974~77년을 제외하고는 도시근로자 가구소득을 밑돌았다. 더욱이 1960년대 후반에는 그 정도가 심했다. 농가소득은 1965년에 도시근로자 가구소득의 99.7퍼센트에서 1978년, 79년에는 각각 98.3퍼센트, 84.7퍼센트로 되었다. 그런데 농가소득은 재고농산물을 낮게 평가해서 실제보다 많은 것으로 계상된 반면 도시근로자 가구소득은 일정수준 이상의 고소득가구를 제외한 것이어서 그 격차는 더욱 크다고 할 수 있다.

패리티율(농가교역조건)도 1973~75년을 제외하고서는 100.0을 밑돌았다. 역시 1960년대 후반에 그 정도가 심했다. 패리티율은 1963년에 100.7에서 1979년에 96.7퍼센트에 그치고 있다. 식량자급률도 계속 낮아졌다. 식량자급률은 1965년 93.9퍼센트에서 1975년에는 73.1퍼센트로 크게 낮아졌는데 1977년에는 65.1퍼센트로 더욱더 떨어졌다.[10] 그런가 하면 총취업자인구에서 농업종사자의 비중이 크게 감소한 데다가 취업인구의 여성화·고령화 현상이 현저하게 나타났다. 농업종사자

---

10) 1980년의 식량자급률은 56.0%이다.

의 비중은 1963년에 64.4퍼센트에서 1979년에는 39.2퍼센트가 되었다. 그리고 여성의 비중은 농가의 경우 1963년 36.5퍼센트에서 1979년에는 43.8퍼센트가 되었다. 한편 남성 가운데 55세 이상의 비중은 1963년 11.4퍼센트에서 1979년에는 20.4퍼센트로, 여성의 경우는 8.9퍼센트에서 17.4퍼센트가 되었다.

(3) 수입유발형 수출구조·외채누증

수입유발형 수출구조는, 수출이 조립가공형인데다 저산업연관적 공업화, 즉 농공 간 및 중화학공업 각 부문 간의 보완관계를 경시한 공업화가 진행된 데 주로 기인한다고 할 수 있다. 이처럼 수출이 조립가공형이고 농산물원료, 중간재 내지 소재·부품 등의 공급을 국내에서 충분히 못하거나 할 수 없으니 자연히 이들의 수입에 의존하지 않을 수 없었다.

그 결과 수출증대는 농산물원료, 소재·부품 등의 수입증대를 유발하는 수출구조가 형성되게 되었다. 수출의 수입유발계수는 1970년에 0.26이던 것이 1980년에는 0.38로 더 커졌다. 이것은 일본의 수치(1985년 0.12)에 비해서 매우 높은 수준이다. 산업별로는 제조업의 수입유발계수가 가장 큰데 이것은 중화학공업의 그것이 크기 때문이다.[11]

이러한 수입유발적 수출구조는 결국 수출증대 → 수입증대 → 만성적인 무역수지 적자·경상수지 적자 → 외채증가를 초래하게 되었다. 사실 무역수지 적자는 예외 없이 지속되었고 경상수지 적자도 0.12억 달러의 흑자를 낸 1977년을 제외하고는 계속 지속되었다.

외채누증은 인플레이션 의존형 투자재원 조달, 경상수지적자 지속

---

11) 1980년의 제조업과 중화학공업의 수입유발계수는 각각 0.50, 0.58이다.

등에 주로 기인한다고 할 수 있다. 외채는 계속 증가해서 1962년 0.89억 달러에서 1979년에는 203.0억 달러가 되었다.

(4) 경제력집중·소득분배 약화

경제력집중은 양산체제의존형 수출, 수출산업에 대한 각종 특혜 등에 주로 기인한다고 할 수 있다. 물론 이 밖에도 중화학공업 투자재원의 조달을 위해서 1974년부터 국민투자기금법에 의거한 국민투자기금을 설치하기도 했다. 이러한 중화학공업 육성정책은 경제력집중의 중요한 계기가 되었다.

경제력집중은 계속 진행되었음을 알 수 있다. 30대 복합기업의 출하액이 광공업 전체의 출하액에서 차지하는 비중은 1977년에 32.0퍼센트에서 1979년에는 35.0퍼센트가 되었다. 그리고 종업원 수의 비중도 1977년 20.5퍼센트에서 1979년에는 24.4퍼센트가 되었다.

이런 경제력집중은 곧 중소기업의 상대적 부진을 의미한다고 할 수 있다. 종업원 수 5~199인의 사업체로 했을 때 중소기업의 비중은 사업체 수에서는 1963년 98.7퍼센트에서 1979년 94.2퍼센트로, 종업원 수에서는 66.4퍼센트에서 39.5퍼센트로, 생산액에서는 58.5퍼센트에서 25.3퍼센트로, 부가가치에서는 52.8퍼센트에서 28.1퍼센트로 낮아졌다.

1976년 4월부터 시행된 〈물가안정 및 공정거래에 관한 법률〉은 비록 물가안정에 중점이 두어졌다고 해도 경제력집중과 중소기업의 상대적 부진을 반영한 것으로 볼 수 있을 것이다.[12]

소득분배 악화는 농업부진, 경제력집중과 중소기업의 상대적 부진, 저임금의존형 수출 등에 주로 기인한다고 할 수 있다. 일반적인 방식

---

12) 이 말은 1981년부터 시행된 〈독과점 및 공정거래에 관한 법률〉부터 분명히 적용할 수 있다.

에 따라 소득계층 하위 20~40퍼센트에 대한 상위 20퍼센트의 배수와 지니집중계수를 보면 1965년 이후 두 가지가 모두 커졌음을 알 수 있다. 이것이 커진 것은 소득분배의 악화를 의미한다.

하위 40퍼센트에 대한 상위 20퍼센트의 배수는 1965년에 2.16였다가 1980년에는 2.83이 되었고, 지니집중계수는 1970년 0.332에서 1978년에는 0.400이 되었다.[13]

(5) 저(低)자기자본비율 지속·기술도입 증가

저자기자본비율 지속은 주로 타인자본의존형 투자재원 조달에 말미암는다고 할 수 있다. 제조업 기업의 경우 자기자본비율은 대체로 20퍼센트 정도로 유지되었다. 즉 자기자본비율은 1967년 21.9퍼센트, 1971년 20.2퍼센트, 1979년 21.0퍼센트였다. 그동안 있었던 부실기업 정리는 바로 기업재무구조의 악화를 반영한 것으로 볼 수 있다.

기술도입 증가는 외국기술의존형 수출 등에 주로 말미암는다고 할 수 있다. 기술도입 증가는 기술도입 대가지급에 잘 반영되어 있다고 볼 수 있는데 이 대가지급은 1967~71년 0.163억 달러에서 1972~76년에는 0.965억 달러, 1977~79년에는 2.371억 달러로 되었으며 1979년에는 1972~76년의 그것과 거의 같은 0.939억 달러나 되었다.[14]

이러한 외국기술도입 증가가 곧 국내기술개발의 부진, 저국내기술수준을 의미함은 말할 나위도 없다.[15]

---

13) 1980년의 지니집중계수는 0.389이다.
14) 1979년부터 외국기술도입과 관련하여 네거티브 리스트제가 채택되었다.
15) 이들 외에 부작용으로서는 해외의존성 심화를 들 수 있을 것이다. 물론 이것은 주로 외자의존형 투자재원 조달, 수입유발형·외국기술의존형 수출, 농업부진, 고수입 의존도 등에 기인한다고 볼 수 있다.

4. 각 지원논리의 평가 · 정치상황과 경제성장

1) 각 지원논리의 평가

계획의 추진과정에서 많은 지원논리가 동원되었다. 그 가운데 주된 것을 들면 다음과 같다.

공업화는 곧 경제발전이다(공업화 만능 논리). 고고용을 위해서는 고성장이 필요하다(고성장 고고용 논리). 고성장을 위해서는 고물가는 불가피하다(고성장 고물가 논리). 수출만이 나라를 살리는 길이다(수출입국 논리). 분배에 앞서 국민소득을 우선 증가시켜야 한다(선성장 후분배 논리). 고성장을 위해서는 정치안정이 필요하다(정치안정 고성장 논리). 선진국에서는 노동력(총취업자)인구에서 농업의 비중이 가장 작고 서비스산업의 비중이 가장 크다(클라크 법칙 맹신 논리).

이들 가운데 고성장 고물가 논리는 인플레이션은 불가피하다는 인플레이션 불가피 논리 또는 인플레이션 감수 논리라고도 할 수 있다. 이것은 필립스(Phillips)곡선에 의해서 뒷받침되는 논리이다. 수출입국 논리는 고수출 고성장 논리를 포함하는 것으로 볼 수 있다. 선성장 후분배 논리는 나누어 먹기에 앞서 파이(pie)부터 키워야 한다는 파이 논리와 맥을 같이하는 것이다. 정치안정 고성장 논리는 독재정치 옹호 논리라고 할 수 있다.

그러나 공업화 만능 논리는 경제발전이 목적이고 공업화는 경제개발의 수단인데, 공업화를 목적으로 착각하고 있는 데 문제가 있다. 그리고 오늘날 농·공 동시성장 논리 내지 농·공 병진 논리가 타당하다는 것이 밝혀졌다. 고성장 고고용 논리, 고성장 고물가 논리, 고수출 고성장 논리는 통계자료에 의해서 입증되지 않음을 알 수 있다. 경제성장률과 고용증가율, 경제성장률과 소비자물가상승률, 경제성장률과

〈표 2〉 경제성장률 · 정치상황

연 도	1975년 가격표시	1980년 가격표시	1985년 가격표시	1990년 가격표시	비 고
1962	2.2				
1963	9.1				대통령선거
1964	9.6				
1965	5.8				
1966	12.7				1차 계획 최종년도
1967	6.6				대통령선거
1968	11.3				
1969	13.8				3선 개헌
1970	7.6				
1971	8.8	9.1	8.6	8.0	대통령선거, 2차 계획 최종년도
1972	5.7	5.3	5.1	4.6	대통령선거
1973	14.1	14.0	13.2	12.6	유신체제 출범
1974	7.7	8.5	8.1	8.0	
1975	6.9	6.8	6.4	6.1	
1976	14.1	13.4	13.1	11.9	3차 계획 최종년도
1977	12.7	10.7	9.8	10.1	
1978	9.7	11.0	9.8	9.4	대통령선거
1979	6.5	7.0	7.2	6.8	

수출증가율에서 계산된 스피어만(Spearman) 순위상관계수는 각각 0.069, −0.133, 0.303이다.

선성장 후분배 논리에 대해서는, 성장이 분배의 개선을 반드시 가져오는 것은 아니라는 점에 주목해야 한다. 그리고 그 논리가 타당치 않다는 것은 보수정권하의 미국에서 잘 입증되었다. 1980년대 미국의 소득분배는 악화되었다. 정치안정 고성장 논리는 〈표 2〉에서 알 수 있는 바와 같이 고성장의 해는 정치적으로 불안한 해였다는 데서 타당하지 않음을 알 수 있다.

클라크 법칙 맹신 논리는 농업의 비중이 급격히 낮아지면서 서비스 산업이 비대화하는 것까지도 진정한 산업구조 고도화, 선진화의 진전인양 착각하고 있는 데 문제가 있다.

2) 정치상황과 경제성장

1975년 가격표시의 경제성장률은 그 뒤의 개편에서도 그대로이다. 즉 1990년 가격표시의 경우에도 변함이 없다. 그 대신 1971년 이후의 수치는 개편 때마다 바뀌었다. 따라서 비교를 위해서는 1975년 가격표시의 수치를 이용하는 것이 좋을 것이다. 그러나 비록 수치에는 차이가 있어도 1975년 가격표시로 수치가 큰 해에는 개편 뒤에도 그대로 큰 것만은 틀림없다. 따라서 1971년 이후는 1990년 가격표시의 수치를 이용하기로 한다. 그럴 때에는 10.0퍼센트를 웃도는 해는 1966년, 1968년, 1969년, 1973년, 1976년, 1977년임을 알 수 있다.

그런데 1966년은 1차 계획의 최종연도이면서 대통령선거를 앞둔 해이다. 대통령선거는 1967년 5월 3일에 있었고 박정희는 대통령으로 재선되었다. 1968년은 1969년의 3선 개헌을 앞둔 해이다. 개헌안은 1969년 10월 17일에 국민투표에 부쳐져 가결되었다. 1971년은 대통령선거의 해이다. 박정희는 1971년 4월 27일에 대통령으로 당선되었다. 1973년은 유신체제 출범의 해이다. 유신헌법 개정안은 1972년 11월 21일에 국민투표에 부쳐져 가결되었으며 박정희는 동년 12월 23일에 통일주체국민회의 대의원에 의해서 대통령으로 선출되었다. 1976년은 3차 계획의 최종연도이고 1977년은 대통령선거의 해인 1978년의 바로 앞해이다. 박정희는 1978년 7월 6일에 대통령으로 선출되었다.[16)]

---

16) 1967년에는 6월 8일에, 1971년에는 5월 25일에 국회의원 선거가, 1972년에는 12월 15일에, 1978년에는 5월 11일에 통일주체국민회의 대의원선거가 그리고

여기서 고성장은 대통령선거와 개헌의 해나 그 전 또는 후의 해, 계획종료의 해 등에 실현되었음을 알 수 있다. 결국 개헌과 대통령 당선이 박정희의 장기집권욕의 발로라 할 때 고성장은 이 장기집권욕의 산물 내지 반영물이라고 할 수 있다. 그리고 다른 한편 1차 계획이 5·16 쿠데타의 합리화 수단의 하나였다면 2~4차 계획은 박정희의 장기집권욕의 합리화 수단이었다고 말할 수 있다.

5. 맺음말

1997년에는 유난히 박정희에 대한 향수가 짙은 것 같은 인상이 든다. 이것은 주로 앞에서 든 1~4차 계획의 성과에 대한 높은 평가와 최근에 특별히 어려움을 겪고 있는 한국경제에 대한 정부의 대처능력에 대한 불신에 말미암는다고 볼 수 있다. 그러나 앞에서 본 1~4차 계획의 부작용은 인플레이션의 지속을 제외하고서는 대부분이 현재에도 그대로 부작용으로써 언급될 수 있다고 해도 과언이 아니다. 도리어 그것은 확대, 심화되었다고 할 수 있다. 결국 이렇게 보면 현재의 한국경제의 어려움은 박정희 시대에 싹텄다고 해도 무리는 아닐 것이다. 결코 박정희에 대해서 향수를 느낄 필요는 없다고 생각된다. 게다가 앞에서 보았듯이 고성장은 박정희의 장기집권욕의 산물인 것이다. 그리고 1차 계획은 5·16 쿠데타의 합리화 수단의 하나로, 그 뒤 계획은 박정희의 장기집권욕의 합리화 수단이라고 말할 수 있다.

앞에서 본 바와 같이 계획의 부작용은 투자재원 조달방식, 공업화방식, 수출진흥방식, 계획집행방식에 말미암는다. 그런데 2~4차 계획에

12월 12일에 국회의원 선거가 있었다.

서 경제체제를 현재 선진국의 경제체제인 자본주의적 시장경제로 삼고 있음[17])에도, 계획추진과정에서의 경제체제는 전전(戰前)의 일본이나 독일, 이탈리아의 통제경제를 방불케 하는 것으로 되어 버렸다. 다시 말하면 경제체제는 정부가 강하게 간섭하는 자본주의적 계획경제가 된 셈이다. 1970년 후반에 재계를 중심으로 민간주도형경제가 제창된 것은 저간의 사정을 잘 말해 준다고 할 수 있다. 이 민간주도형경제가 각 경제주체의 활동을 가능한 한 정부가 간섭하지 않고 시장기구의 조정기능에 맡기는 자본주의적 시장경제임은 말할 나위도 없다.

그런가 하면 계획은 확대, 수정되면서 중단 없이 실시되었다. 경우에 따라서는 1, 2년 내지 2, 3년의 조정기간을 설정해서 갖가지 정지작업을 끝낸 후 그 위에 서서 새로이 시작해도 되는데, 1차 석유파동 등의 불황을 겪으면서도 그런 일 없이 그것도 군대식 돌진을 계속한 것이 사실이다. 불황은 기업체질, 경제체질을 강화시킨다는 장점을 가지고 있다. 그런데 이런 때때로의 정지작업 없이 그리고 이런 불황을 제대로 활용하지 못한 채 계획을 추진하다 보니 기업도 경제도 덩치만 커진 셈이다. 현재의 타인자본 내지 차입의존형 대기업은 이렇게 해서 존립하게 된 것이다.

계획의 지원논리에 여러 가지가 있음을 앞에서 보았다. 그러나 하나하나를 검토해보면 한국에서는 그대로 적용될 수 없거나 실증되지 않는 것임을 알 수 있다. 결국 그것은 계획 미화논리로서의 구실을 했다고 볼 수 있다. 그것이 타당하다고 생각한다면 그 이유를 분명히 하거나 실증할 수 있는 것은 실증을 통해서 한국에서도 그것이 타당하다는 것을 밝혀야 할 것이다. 이런 일이 그 지원논리를 신봉하는 경제학

---

17) 1차 계획에서는 혼합경제체제가 채택되었다.

자들의 책무가 아닐까 생각된다.

고성장은 계획의 목표였다. 그러나 고성장을 옳게 이해할 필요가 있다. 고성장은 국민소득의 대폭 증가를 말한다. 국민소득은 보통 GNP로 대표되므로 달리 표현하면 고성장은 GNP의 대폭 증가이다.[18] 그러나 GNP의 허구성을 제대로 이해한다면 이런 허구적인 GNP의 대폭 증가를 뜻하는 고성장은 결코 누릴 만한 것이 못 됨을 알 수 있다.

따라서 현재의 한국경제의 어려움을 계기로 박정희 시대에 향수를 느낄 것이 아니라 도리어 그 시대의 한국경제에 철저한 메스를 들이대서 어떤 교훈을 얻어내려고 하는 것이 우리 경제학자의 진정한 과업의 하나라고 할 수 있다. 더욱이 현재의 한국경제의 어려움이 계획시대가 낳은 부작용이 확대, 심화된 데서 비롯되었다는 점을 상기해 볼 때, 고성장 시대에 대한 향수는 그 어려움의 근본 원인을 그대로 덮어둔 채 덩치만 부풀리는 잘못을 반복하도록 부추길 가능성이 크다.

---

18) 고성장률은 고국민소득증가율 즉 고GNP증가율이다.

<부표 1> 2. 산업별 투자배분 실적(고정자본형성 기준)

(단위: %)

	1972~1976	1972~1979
농 림 어 업	10.1	−
농 업	7.9	−
광 공 업	25.5	−
제 조 업	24.4	23.2
경 공 업	9.4	8.7
중 화 학 공 업	15.0	14.5
기 타 화 학 공 업	−	4.5
철 강 · 금 속 공 업	−	4.5
기 계 공 업[1]	−	5.6
S O C 및 기 타 서 비 스	64.4	66.7
전 력	7.5	6.0
통 신 · 수 송	20.5	24.5
주 택	15.3	15.8
합 계	100.0	100.0

주: 1) 전자, 수송용기기를 포함.
출처: 대한민국정부, 《제4차 경제개발 5개년 계획 1977~81》, 1976.
_____________, 《제5차 경제사회발전 5개년 계획 1982~86》, 1981.

3-1. 농공 간 소득격차

(단위: 만 원)

연도	농가소득		도시근로자 소득		A/B(%)	A′/B′(%)
	경상(A)	불변(A′)	경상(B)	불변(B′)		
1965	112.201	−	112.560	−	99.7	−
1967	149.470	493.30	248.640	733.45	60.1	67.3
1970	255.805	580.05	381.240	776.46	67.1	74.7
1975	872.933	872.93	859.320	859.32	101.6	101.6
1977	1156.254	980.03	1405.080	1106.36	102.0	88.6
1978	1884.194	991.16	1916.280	1318.84	98.3	75.1
1979	2227.483	1030.29	2629.280	1529.54	84.7	67.4

출처: 경제기획원, 《주요경제지표》, 1984, p. 73 등.

3-2. 패리티율

(단위: %)

1963	1965	1970	1973	1975	1976	1979
100.7	78.5	89.6	101.0	100.0	99.3	96.7

출처: 경제기획원, 《주요업무지표》, 1980, p. 225.

3-3. 식량자급률

(단위: %)

	1963	1965	1970	1975	1979	(1980)
전 체	–	93.9	80.5	73.1	–	(56.0)
쌀	96.1	100.7	93.1	94.6	86.0	(95.1)
보 리 쌀	64.0	106.3	106.0	92.0	117.0	(57.6)

출처: 경제기획원, 《주요업무지표》, 1980, p. 241; 농림부, 《농림업주요통계》, 1997, pp. 260~261.

3-4. 농가 연령별·성별 인구구성과 농가 전체 중 여성의 비중

(단위: %)

	15~19세			55세 이상			여성의 비중
	농가 총수 중	농가 남자 중	농가 여자 중	농가 총수 중	농가 남자 중	농가 여자 중	
1963	12.82	12.63	13.15	10.48	11.37	8.93	36.51
1971	12.81	12.24	13.63	13.70	14.37	12.74	41.28
1979	7.00	7.01	6.93	19.11	20.43	17.42	43.82

출처: 경제기획원 조사통계국, 《경제활동인구통계연보》.

3-5. 기업집단[1]의 비중[2]

(단위: %)

		출하액			종업원 수		
		1977	1978	1979	1977	1978	1979
상위	5사	14.8	15.9	16.2	8.5	9.5	10.5
상위	10사	5.6	6.1	6.4	3.7	4.4	3.4
상위	15사	4.0	4.2	4.3	2.1	2.1	3.5
상위	30사	7.6	8.3	8.1	6.2	6.1	7.0
합	계	32.0	34.5	35.0	20.5	22.2	24.4

주: 1) 출하액 기준 30대 복합기업을 말한다.
　　2) 광공업 전체에서 차지하는 기업집단의 점유율을 말한다.
출처: 경제기획원, 《공정거래백서》, 1984, p. 102.

3-6. 제조업 중소기업의 비중

(단위: %)

	사업체 수	종업원 수	생산액	부가가치
1963	(98.7)	(66.4)	(58.5)	(52.8)
1972	(96.5)	(45.3)	(28.5)	(27.9)
1975	96.2 (94.1)	45.7 (37.6)	30.7 (24.1)	31.7 (25.3)
1977	95.9 (93.5)	46.0 (37.6)	30.6 (23.6)	32.4 (25.4)
1978	96.2 (93.6)	47.0 (38.1)	32.4 (24.8)	34.9 (26.5)
1979	96.5 (94.2)	47.8 (39.5)	32.1 (25.3)	35.2 (28.1)

주: ( ) 안은 종업원 수 5~199인 사업체로 했을 때의 비중.
출처: 중소기업은행, 《중소기업은행 20년사》, 1981.

3-7. 소득계층별 소득점유율

(단위: %)

	상위 20%	하위 20%	하위 40%	지니계수
1965	41.80	–	19.30	–
1970	41.52	7.34	19.63	0.332
1976	45.34	5.70	16.85	0.391
1978	46.70	5.18	–	0.400
(1980)	(45.39)	(5.09)	(16.06)	(0.389)

출처: 경제기획원, 《한국의 사회지표》, 1987.

3-8. 제조업 기업의 자기자본비율

(단위: %)

	자기자본비율			부채비율		
	종 합	대기업	중소기업	종 합	대기업	중소기업
1967	21.9	22.1	20.7	151.2	148.1	173.4
1971	20.2	19.9	38.3	394.2	402.1	161.4
1979	21.0	20.9	21.1	377.1	377.5	374.3

출처: 중소기업진흥공단,《중소기업경제지표》, 1984, p. 312, p. 316.

3-9. (1) 기술도입 건수와 대가지급액 (1963~81)

(단위: 건, 백만 달러)

	기술도입 건수(A)	대가지급액(B)	1건당지급액(B/A)
1963~66	33	0.8	0.02
1967~72	338	26.5	0.08
1973~76	381	86.2	0.23
1977~81	1,225	451.4	0.37
합 계	1,977	564.9	0.29

출처: 과학기술처.

3-9. (2) 기술도입 대가지급액

(단위: 만 달러)

연 도	대가지급액
1967~71	16.26 (4.6)
1972~76	96.51 (27.6)
1977	58.06 (16.6)
1978	85.06 (24.3)
1979	93.93 (26.9)
합 계	349.82 (100.0)

출처: 중소기업진흥재단,《중소기업경제지표》, 1987, p. 155.

4-1. GNP · 고용 · 수출증가율과 물가상승률

(단위: %)

	경제성장률	고용증가율 (제조업)	수출증가율	소비자물가 상승률
1962	2.2	–	34.1	6.6
1963	9.1	–	58.2	20.6
1964	9.6	4.8	36.8	29.6
1965	5.8	21.3	47.1	13.5
1966	12.7	7.2	42.9	11.8
1967	6.6	22.2	28.0	10.5
1968	11.3	15.2	42.2	10.7
1969	13.8	5.7	36.9	11.8
1970	7.6	4.0	34.0	16.3
1971	8.0	5.0	27.9	13.2
1972	4.6	6.2	52.1	11.7
1973	12.3	22.4	98.6	3.3
1974	8.0	14.1	38.3	24.7
1975	6.1	10.0	13.9	24.9
1976	11.9	21.6	51.8	15.4
1977	10.1	4.5	30.2	10.2
1978	9.4	8.0	26.5	14.4
1979	6.8	3.8	18.4	18.2

4-2. 스피어만(Spearman) 순위상관계수

	소비자물가상승률	고용증가율 (제조업)	수출증가율
경 제 성 장 률	−0.133	0.069	0.303

<부표 2> 주요 경제지표

	1962	1971	1972	1973	1974	1975	1977	1978	1979
. GNP(억 달러)	23.15	94.56	106.32	134.46	187.01	207.95	366.29	513.41	613.61
. 1인당GNP(달러)	87	288	318	395	540	590	1,008	1,392	1,640
. 실업률(%)	8.2[5]	4.5	4.5	4.0	4.1	4.1	3.8	3.2	3.8
. 피고용자의 비중[1]	31.5[5]	39.4	38.6	37.9	38.9	40.6	44.6	46.5	47.6
	(18.8)	(28.9)	(27.5)	(27.3)	(29.3)	(31.0)	(23.5)	(35.7)	(37.2)
. 국내저축의 비중(%)[2]	25.0	57.8	75.1	86.6	60.7	61.1	91.7	85.6	79.1
. 수출(억 달러)	0.55	10.7	16.2	32.2	44.6	50.8	100.5	127.1	150.6
. 무역수지(통관기준, 억 달러)	−3.67	−13.26	−8.98	−10.15	−23.92	−21.93	−7.64	−22.61	−52.83
. 경상수지(억 달러)	−0.56	−8.48	−3.71	−3.09	−20.23	−18.87	0.12	−10.85	−41.51
. 제조업의 비중(%)									
국민생산 기준	14.4	21.3	22.4	25.1	26.0	26.2	27.5	28.0	28.7
취업인구 기준	7.9[5]	13.4	13.6	15.8	17.3	18.6	21.6	22.3	22.8
0. 서비스산업의 비중[3](%)									
국민생산 기준	42.1	44.8	44.6	43.5	43.1	41.9	42.0	41.4	41.2
취업인구 기준	25.3	39.1	31.7	30.6	30.4	30.9	31.1	32.4	34.6
1. 중화학공업의 비중(%)									
생산액 기준[4]	26.8	31.5	31.4	35.2	43.0	42.6	45.6	47.0	49.5
부가가치 기준[4]	28.6	37.3	35.6	39.4	48.1	45.3	48.7	49.9	52.1
2. 공산품수출 비중(%)	51.6[6]	86.0	87.7	88.2	90.2	88.3	87.5	89.8	90.1
3. 중화학공업제품									
수출의 비중(%)	17.1[6]	16.4	24.2	27.3	37.5	30.4	38.4	39.6	43.4
4. 금융연관 비율	0.81	2.13	2.26	2.33	2.22	2.19	2.13	2.15	2.16
5. 물가상승률(%)									
도매	9.1	9.0	13.9	7.2	42.0	26.3	9.0	11.8	18.6
소매	6.6[7]	14.0	11.7	3.0	24.3	25.4	10.0	14.5	18.2
6. 외채잔액(억 달러)	0.89	29.2	35.9	42.6	59.4	84.6	126.5	148.7	203.0

주: 1) 상시고, 임시고, 일고의 합계의 총취업인구에서의 비중, 그리고 (　) 안은 상시고, 임시고의 비중.
　2) 총투자율에 대한 비율.
　3) SOC 및 기타 서비스업의 기타 서비스업을 말함
　4) 경상가격 표시임.
　5) 1963년의 수치.
　6) 1964년의 수치.
　7) 서울 소비자물가(1980＝100).

《경제발전연구》(1997)

한국 경제발전 모델의 평가와 교훈

1. 머리말

한국은 제1차 경제개발 5개년계획을 시작한 1962년부터 1996년까지 35년 동안 다른 발전도상국에 견주어 괄목할 만한 경제성장을 이룩했다. 하지만 1997년부터 한국경제는 심각한 위기에 직면했으며 마침내는 1997년 12월 3일부터 IMF 관리 아래 놓이게 되었다. 따라서 이 글에서는 이 사실을 강하게 의식하여 최근 경제위기의 원인이 무엇이냐에 초점을 맞추기로 한다.

최근에 한국을 비롯한 동아시아국의 경제위기의 원인을 제시하려는 글이 많이 나왔다. 그 원인으로서 어떤 글은 경제에 대한 과도한 정부개입을 드는가 하면 다른 글은 1980년대 이후 대외개방과 자율화정책을, 또 다른 글은 동아시아의 문화적 요인들을 들고 있다. 그러나 이 글에서는 지난 35년 동안의 한국 경제발전 과정에서 그 원인을 찾을 수 있다는 점을 강조하고자 한다.

필자는 아직도 한국 경제발전 모델이라는 용어 사용에 대해서 어떤 확실한 결론을 내리는 것을 유보하는 입장을 취하고 있다. 따라서 이 글에서는 한국 경제발전 모델 대신에 한국 경제발전 과정이라는 용어를 사용하기로 한 것이다.

다음 2절에서는 한국 경제발전 과정의 주요 특징이 다루어진다. 그 주요 특징으로는 고성장, 수출중심, 인플레이션 유발, 외자의존, 금융의 성장수단화 등이 들어진다. 그리고 3절에서는 바로 이 주요 특징에 의해서 야기된 최근 경제위기의 직·간접적인 원인이라고 할 수 있는 경상수지 적자와 외채누증, 재벌경영의 비효율, 금융산업의 낙후, 기업 재무구조의 취약성 등이 다루어진다. 끝으로 4절에서는 한국 경제 발전과정에서 이끌어낼 수 있다고 생각되는 잠정적인 교훈이 제시된다.

2. 한국 경제발전 과정의 주요 특징

1) 고성장

한국 경제발전 과정의 가장 큰 특징은 비교적 짧은 기간 동안 고성장을 달성한 것이다. 〈표 1〉에서 보는 바와 같이 경제개발계획의 실시를 계기로 경제성장이 본격화된 1962년부터 1996년까지 35년간 한국은 연평균 8.3퍼센트의 경제성장을 달성했다. 이러한 고성장의 특징은 국제 비교에서 더욱 분명히 확인되는데, 세계은행(World Bank, 1991)의 계산에 따르면 1965~80년 동안 세계 전체 GDP는 연평균 4.1퍼센트 증가하였고, 그 가운데 발전도상국과 선진국의 GDP는 각각 연평균 5.8퍼센트와 3.8퍼센트 증가하였다. 반면 한국은 같은 기간 동안 연평균 9.9퍼센트의 성장을 하였다. 위 기간 동안 한국은 세계 전체 성장률을 크게 앞질렀을 뿐만 아니라, 한국보다 높은 성장률을 달성한 나라는 몇몇 산유국을 제외하면 싱가포르와 대만 정도에 지나지 않는다.

한국은 1962년 이후 경제개발계획을 추진하는 과정에서 계획기간

동안의 성장목표치를 정해 놓고 그것을 달성하는 데 진력하였다. 7차
례의 경제개발계획 과정에서 세부적인 분야에서는 정책의 무게중심이
이동하였지만 고성장이라는 목표는 변화되지 않았다. 그리고 경제성
장을 하는 과정에서 정부(혹은 국가)가 매우 적극적 역할을 하였는데,
특히 1970년대 말까지의 경제발전은 국가 주도적 경제성장(state-led
growth)이었다고 할 수 있다.

2) 수출 중심

정부가 고성장 정책을 추진하면서 '성장의 엔진'으로 채택한 것은
수출이었다. 즉 수출의 획기적 증가를 통해 경제 전체의 고성장을 달
성하려고 했던 것이다. 이러한 사실은 〈표 1〉을 통해서 확인할 수 있
는데 1962~96년까지 줄곧 연평균 수출증가율은 연평균 경제성장률을

〈표 1〉 수출과 경제성장 (1954~96)

(단위: %)

기 간[1]	연평균 경제성장률[2]	연평균 수출증가율[3]	GNP 중 총수출의 비중[4]
1954~61(계획 이전)	2.7	5.9	6.3
1962~66(제1차 계획)	7.9	44.0	11.9
1967~71(제2차 계획)	9.5	33.8	16.1
1972~76(제3차 계획)	8.6	51.2	31.2
1977~81(제4차 계획)	5.6	22.4	37.5
1982~86(제5차 계획)	9.3	10.8	39.0
1987~91(제6차 계획)	10.0	16.4	28.8
1992~96(제7차·신계획)	6.9	13.0	32.7
1997	4.9	5.0	38.6

주: 1) 경제개발계획을 기준으로 하여 기간을 구분하였다.
　　2) 매년 불변가격GNP증가율(1970년 이전은 1975년 기준이며, 그 후는 1990년 기
　　　준)의 산술평균이다.
　　3) 통관기준 상품수출액의 매년 증가율의 산술평균이다.
　　4) 당해 기간 마지막 연도의 GNP 중 재화와 용역 수출의 비중을 나타낸다.
자료: 한국은행, 《국민계정》, 각 호.

상회하였다. 특히 제1~3차 경제개발계획 기간의 수출증가율은 경제성장률의 3~6배에 이르렀다. 그리고 제4차 경제개발계획 기간에는 연평균 5.6퍼센트라는 비교적 낮은 경제성장률에도 불구하고 수출증가율은 연평균 22.4퍼센트를 기록하였다. 1982년에 시작된 제5차 경제사회발전 5개년계획 이후에는 이러한 수출 중심의 경제성장이라는 특징이 다소 퇴색되었지만 여전히 수출증가율은 경제성장률을 웃돌았다. 수출 중심의 경제성장은 GNP 가운데 수출 비중의 증가로 귀결되었는데, 그 비중은 1961년 6.3퍼센트에서 1987년까지 꾸준히 증가하여 41.1퍼센트에 이르렀다. 그 후 이 비중은 완만한 감소추세를 보이고 있다.

수출촉진을 위해 정부는 적극적인 정책적 노력을 하였다. 우선 수출을 증진시킬 수 있는 유인체계를 마련하였는데 환율제도 정비[1]와 수출지원제도[2] 같은 것이 그 대표적 예이다. 그리고 정부는 수출촉진을 위해 행정수단을 이용하기도 하였는데, 정부에 의한 수출목표 책정, 대한무역진흥공사를 통한 해외시장 개척, 관료와 재계 관계자가 참석하는 수출진흥확대회의 등이 그것에 속한다. 결국 수출 중심의 경제성장과 그것을 위한 정부의 적극적인 경제개입이 한국 경제발전 과정의 주요 특징 가운데 하나였다고 할 수 있다.

3) 인플레이션 유발

한국의 고성장은 높은 수준의 인플레이션을 동반하였다. 특히 1970

---

1) 1964~65년간의 환율제도 개혁을 통해서 원화를 크게 평가절하하고 이중환율제도를 폐지하고 단일변동환율제도를 채택하였다.
2) 1965년부터 실시된 수출지원제도에는 수출우대금융, 수출품 생산용 중간재 수입에 대한 관세 감면, 수출소득에 대한 직접세 감면, 주요 수출산업의 고정자산에 대한 가속상각제의 허용 등이 포함되어 있었다. 이러한 지원제도는 1965년 이후 경제 여건의 변화에 따라 일부 변화하기는 했으나 대체적으로 1980년대 초까지는 그 기본골격이 유지되었다.

년대 말까지의 인플레이션율은 다른 나라에 비해서 매우 높은 수준이었다. 〈표 2〉에서 알 수 있는 바와 같이 1965~80년 동안 세계 전체 인플레이션율은 9.1퍼센트이었던 것과 달리 한국은 그 두 배를 넘은 18.4퍼센트를 기록했다. 이것은 발전도상국 전체 인플레이션율 16.7퍼센트보다도 높은 수준이며 같은 시기에 고도성장을 한 대만, 싱가포르, 홍콩 등의 인플레이션율의 약 2~3배에 이르는 수준이다.

〈표 2〉 인플레이션율의 국제 비교(1965~1980)

(단위: %)

국 가	세 계	발전 도상국	한 국	일 본	대 만	싱가 포르	홍콩
연평균 인플레이션율[1]	9.1	16.7	18.4	7.6	7.0	5.1	8.1

주: 1) GDP 디플레이터, 단 대만은 도매물가상승률.
자료: World Bank(1991), pp. 204~5, 단 대만은 Kuo-Ting Li(1995), Appendix에서 계산.

〈그림 1〉에서 보듯이 한국은 해방 직후의 경제적 혼란과 통화남발, 전쟁으로 인한 물자의 부족으로 1950년대 중반까지 극심한 인플레이션에 시달렸다. 정부는 1957년 후반기부터 미원조 당국과 합의하여 물가안정을 위한 재정안정계획을 실시하였고 2년간의 풍작으로 일시적인 물가안정을 달성하였다. 그러나 1960년대 초에는 정치적 혼란과 본격적 경제개발의 추진으로 인플레이션이 재연되었고 그 이후에는 만성화되었다.

농산물의 작황과 석유를 비롯한 수입 원자재의 국제가격변동이 물가수준에 큰 영향을 미쳤지만, 인플레이션은 기본적으로 통화증발에 의해서 유발되었다. 1965~79년에는 통화량 증가율이 연평균 33퍼센트에 이르렀다. 고성장을 달성하기 위한 투자확대를 위해서 팽창적인 통화금융 정책을 포기할 수 없었던 것이다. 이로 인해 한국은 1960년

〈그림 1〉 인플레이션율과 통화증가율 (1953~94)

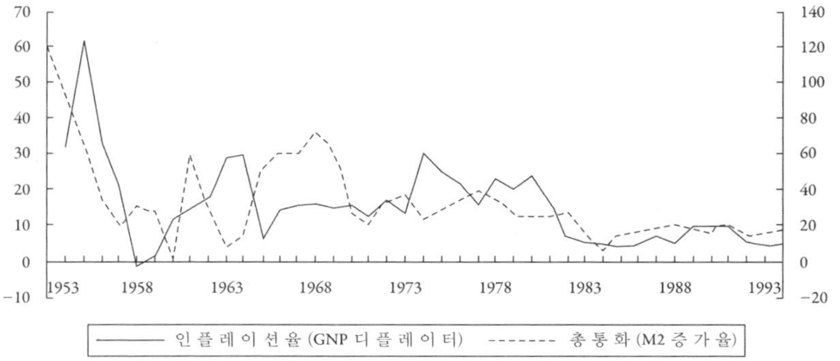

자료: 한국은행, 《경제통계연보》, 각 호.

대 중반부터 1970년대 말까지 계속해서 만성석인 인플레이션을 경험했으며, 이는 경제안정보다는 경제성장이 항상 우선시되었음을 의미하는 것이다.

1980년대 초부터 정부는 강력한 물가안정화 정책을 실시하였다. GNP대비 통합재정적자 규모를 축소하고 총통화증가율도 15~20퍼센트 수준에서 억제하였다. 그 결과 1982~88년 동안 인플레이션율은 연평균 5.6퍼센트 수준으로 크게 낮아졌다. 1989~91년에는 경상수지 흑자로 대외적 통화팽창 요인이 발생하여 인플레이션율은 다시 10퍼센트를 웃돌았다. 1980년대 이후 한국의 인플레이션율은 그 이전에 비해 크게 낮아졌지만 여전히 선진국에 비해 높은 수준이며, 경기가 조금만 침체해도 통화팽창을 통해 손쉽게 경기를 부양하려는 관행이 여전히 남아 있다.

4) 외자의존

발전도상국이 경제발전 과정의 초기에 겪는 가장 큰 곤란은 자본의 부족이다. 넉시(R. Nurkse)가 지적한 바와 같이 저성장-저저축-저투자

<그림 2> 한국의 외자도입(1953~94)

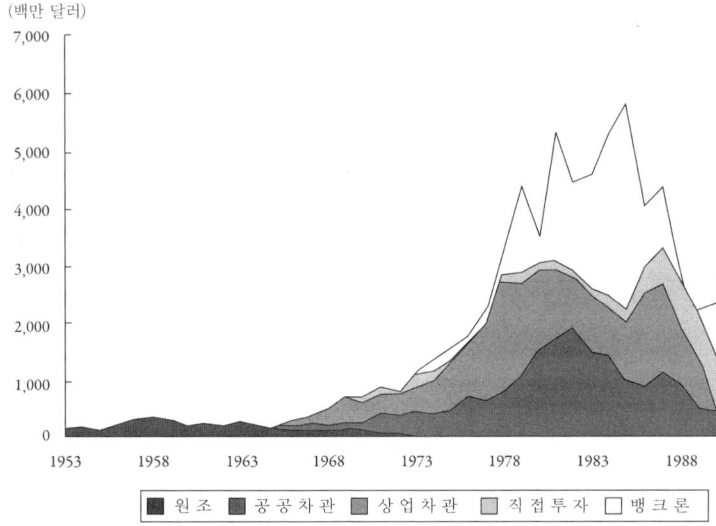

자료: 재무부·한국산업은행(1993).

-저생산성-저성장의 이른바 '빈곤의 악순환'이 계속되기 때문이다. 한국 역시 경제발전 초기에 투자재원이 부족하여 외국자본에 의존할 수밖에 없었다. 하지만 <그림 2>에서 보는 바와 같이 한국에서는 외자도입이 경제발전 초기에 그친 것이 아니라 경제발전 과정에서 그 규모가 계속 확대되는 추세를 나타내고 있다. 재무부·한국산업은행(1993)이 집계한 통계에 따르면 1962~92년의 31년 동안 한국이 도입한 총외자는 약 8백억 달러에 이른다. 이를 유형별로 보면 상업차관이 약 210억 달러(외자도입총액의 26.2%)로 가장 큰 비중을 차지하고 있으며, 공공차관은 약 194억 달러(24.2%)였다. 다음으로 은행차관과 금융기관의 외화채권발행이 각각 약 174억 달러(21.7%)와 약 92억 달러(11.5%)에 이른다. 그 외에 외국인투자는 약 8억 달러(9.7%), 기업의 외화채권발행은 약 5억 달러(6.7%)에 이른다.

유상외자도입은 제2차 경제개발계획이 시작된 1966년부터 본격적으로 증가하기 시작하였다. 1966~72년에는 외자도입의 양적 확대와 더불어 외자의 선별적 도입을 위한 노력이 병행되었다. 그런데 1973년부터는 중화학공업화가 강력히 추진됨에 따라 이에 필요한 투자재원의 조달과 대규모의 경상수지 적자를 보전하기 위한 외자도입이 가속화되었다. 1986~89년의 이른바 3저(저달러, 저국제금리, 저유가) 호황기에 경상수지의 흑자로 외자도입은 일시적으로 감소하였으나 그 이후 다시 급격히 증가하였다.

지난 40여 년 동안 외자조달 방식도 변화하였는데, 1960년대 중반까지는 원조가 대부분을 차지하였으며 그 이후부터 1970년대 말까지는 공공차관과 상업차관이 전체 외자도입의 80퍼센트 이상을 차지하였다. 1970년대 말에 금융기관들이 국제금융시장에 유입된 오일달러를 도입해 온 것을 계기로 하여 그 후 금융기관의 해외차입이 외자도입의 큰 비중을 차지하게 되었다.

1980년대 말 이후 국내 금융시장의 개방은 이러한 추세를 더욱 가속화시켰다. 짧은 시간에 고성장을 달성하기 위해 국내투자의 빠른 증가가 필요하였고, 국내저축 능력을 넘어서는 필요 투자재원을 외자로 보전함으로써 한국경제는 외자 의존적으로 되었다.

5) 금융의 성장수단화

최근까지 한국의 금융부문은 하나의 자율적 경제부문이라기보다는 실물부분의 고성장을 뒷받침하기 위한 수단에 가까웠다. 본격적인 경제발전이 시작되면서 금융부문에 대한 정부 정책의 목표는 크게 두 가지였는데, 하나는 금융자원의 동원을 극대화하여 경제개발계획상의 중점 산업에 신용을 배분하는 것이고, 다른 하나는 제도권 금융 전체를 정부의 통제 아래 둠으로써 정부의 목표를 추구하는 데에 대한 장애요인을 해소하려는 것이었다. 경제발전 과정에서 경제 각 분야에 정부 주도적 요소가 있었지만, 금융부문에는 정부 주도를 넘어 정부 통제적 성격이 강했다.

정부는 금융기관의 대출금리를 최대한 낮추도록 규제하였고, 금융기관은 그 결과 발생하는 대출의 초과수요에 대해서는 정부지시에 따라 신용을 특정 산업이나 기업에 할당하는 방식으로 대응했다. 구체적으로 정부는 은행이 저리의 정책금융을 취급하도록 하고 정책금융의 혜택을 받는 대상은 정부가 직접 지정하였다. 〈표 3〉에서 보는 바와 같이 예금은행 전체 대출금 중 정책금융의 비중은 1970~90년대에 40~50퍼센트 수준에 이를 만큼 높았다.[3]

그리고 고성장을 목표로 하고 있던 정부는 투자를 촉진하기 위해 시장금리보다도 훨씬 낮은 수준에서 금리를 규제하였다. 특히 정책금융에는 일반대출금리보다 낮은 우대금리가 적용되어 기업의 평균 실질차입금리는 〈표 3〉에서 보는 바와 같이 1980년대 초까지도 마이너스에 머물렀다.

결국 한국의 금융기관들은 지난 수십 년간의 경제성장 기간 동안 수익성이나 재무건전성과 같은 기준에 따라 자율적으로 경영을 한 것이 아니라, 경제성장의 수단으로 이용된 측면이 많았다. 1980년대 초반부터 금융자율화가 추진되어 왔지만 금융기관의 민영화와 금리규제

---

3) 이러한 정책금융에는 외화대출, 무역금융, 개발기관에 대한 대출, 특별설비금융, 중소기업 특별자금, 농수산자금, 주택자금 등이 포함되었다. 예금은행 외에 산업은행이나 수출입은행 등과 같은 개발금융기관의 대출액은 거의 대부분 정책금융의 성격을 띠었다. 1980년대 초반에 정책금융의 정리와 부분적 폐지가 이루어져 1985년경에는 일시적으로 정책금융의 비중이 크게 줄었으나 1990년대에 주택금융이나 설비자금지원이 크게 늘어 다시 증가하였다.

<표 3> 정책금융의 비중과 차입금리(1970~1995)

(단위: %)

연도	예금은행의 정책금융비중	제조업 평균차입금리	
		명목금리	실질금리[2]
1970	46.1[1]	14.7	-0.9
1975	40.9	11.3	-14.4
1980	49.1	18.7	-5.6
1985	39.3	13.4	8.7
1990	47.5	12.7	2.5

주: 1) 1971년의 수치이다.
　　2) 명목금리-GNP디플레이터 상승률.
자료: 차동세·김광석 편(1995), p. 133.

의 부분적 완화 정도만 이루어졌을 뿐, 최근까지도 금융기관의 자율경영의 핵심인 인사권은 실제로는 정부에 있고 신용배분에서 정책적 배려가 여전히 우선적으로 고려되고 있는 등 과거의 금융관행은 크게 변화하지 않았다.

3. 한국 경제발전 과정의 부정적 귀결

한국 경제발전 과정의 부정적 귀결이 곧 최근 한국 경제위기의 주원인이었음을 다음에서 알 수 있다.

1) 경상수지 적자와 외채누증

한국이 외환위기를 겪게 된 것은 무엇보다도 한국이 외채를 정상적으로 상환할 수 없었기 때문이다. 따라서 경상수지 적자로 인한 외채누적은 외환위기의 가장 직접적인 원인이라고 할 수 있다.

<표 4>에서 보는 바와 같이 경제개발계획이 시작되기 이전인 1961년까지는 원조 덕분에 경상수지는 대체적으로 흑자상태였다. 1962년

<표 4> 경상수지와 외채

(단위: 백만 달러)

기간	무역수지합계	경상수지합계	기간말 외채총액
1954~61(계획 이전)	-2,349	3	n.a.
1962~66(제1차 계획)	-1,660	-319	392
1967~71(제2차 계획)	-4,370	-2,652	2,922
1972~76(제3차 계획)	-5,339	-4,904	10,533
1977~81(제4차 계획)	-14,666	-15,191	32,433
1982~86(제5차 계획)	-1,207	-1,898	44,510
1987~91(제6차 계획)	14,717	18,163	39,135
1992~96(제7차 계획)	-23,106	-41,339	104,695
1997	-3,179	-8,167	120,800

자료: 한국은행, 《경제통계연보》, 각 호.

에 경제개발계획이 시작되면서 경상수지는 만성적인 적자상태로 전환되어 그 적자 규모는 제4차 경제개발계획 기간까지 큰 폭으로 증가하였다. 1980년대에는 적자규모가 감소하면서 1986~89년에는 흑자로 반전되기도 하였다. 그러나 이때의 흑자는 한국경제의 구조변화의 결과 나타난 것이라기보다는 이른바 3저라는 국제환경의 호전에 따른 결과였다. 그 후 국제환경이 반전되자 경상수지도 다시 적자로 되고 그 규모도 급격히 증가하였는데, 1992~96년에는 적자 누적액이 413억 달러에 이른다.

경상수지 적자는 외채누적의 중요한 원인이었는데, 외채는 경상수지가 흑자를 기록한 1986년 전까지 꾸준히 증가하였다. 그 후 경상수지 흑자기 동안 그 규모가 잠시 감소하였지만 경상수지의 적자로의 반전과 금융기관의 외화차입 자유화조치 등으로 말미암아 1994년부터 외채의 규모는 급격히 증가하여 1997년에 총외채규모는 1,208억 달러에 이르렀다.

그러면 한국의 만성적인 경상수지 적자의 원인은 무엇인가? 한국의 경상수지 적자의 대부분은 무역수지 적자에서 기인하였다. 무역수지

〈표 5〉 수입유발계수

연 도	수출의 수입유발계수[1]	
		금속제품 및 기계 수입유발계수[2]
1970	0.2654	−
1973	0.3471	−
1975	0.3584	−
1978	0.3562	−
1980	0.3820	0.0461
1983	0.3639	0.0539
1985	0.3717	0.0634
1986	0.3375	0.0718
1987	0.3466	0.0790
1988	0.3320	0.0786
1990	0.3288	0.0705
1993	0.3005	0.0754
1995	0.3118	0.0934

주: 1) 수출의 수입유발계수 = 수출의 수입유발액 / 수출총액
　　2) 통합대분류 산업 중 '금속제품 및 기계'류는 1990년부터 금속제품, 일반기계, 전
　　　기·전자기기, 정밀기기, 수송장비로 세분화되었다.
자료: 한국은행(1998), 《산업연관표(1970~1995)》, CD를 이용하여 계산하였다.

는 한 나라의 산업구조를 반영한다고 할 수 있다. 여기서 한국 산업구조의 특징을 다 논할 수는 없지만, 무역수지 적자와 관련하여 특히 지적하고자 하는 것은 무역수지가 나쁠 수밖에 없는 수출입구조를 한국이 갖고 있다는 점이다. 이것은 수출의 수입유발계수를 통해서 확인할 수 있다.

〈표 5〉에서 알 수 있듯이 이 계수는 1980년까지는 상승하는 추세를 보이다가, 1980년 중반 이후 감소 추세에 들어서 1995년에는 0.3118로 되었다. 하지만 한국의 이 계수는 비슷한 부존자원을 가진 일본의 10년 전 수치(1985년 0.12)와 비교해도 매우 높은 수준임을 알 수 있다. 이처럼 높은 수입유발계수는 무엇보다도 한국에서 부품·소재산업 및 중간재 산업이 제대로 육성되지 못한 데 기인한다고 할 수 있다. 수출

에 의해 유발되는 수입품을 금속제품과 기계로 국한하여 수입유발계
수를 살펴보면 전체 계수와는 달리 1980년대 후반에도 계속 증가하였
으며, 1995년에는 그 전에 비해 크게 높아져 0.093에 이르렀다. 이것은
금속제품, 기계류, 전기전자, 수송장비와 같은 생산재 부문에 대한 해
외의존이 꾸준히 심화되고 있음을 의미하는 것이다.

다른 측면에서 보면 외채는 국내투자에 필요한 재원 중 국내저축으
로 충당되지 않는 부분을 외국에서 조달한 결과 발생한 것이다. 따라
서 외채누적은 국내저축률이 국내투자율에 미치지 못함으로써 생긴
것이라고 할 수 있다. 한국에서 그러한 결과를 낳게 한 중요한 원인
가운데 하나가 바로 인플레이션이었다. 〈그림 3〉에서 볼 수 있는 바와
같이 인플레이션율과 저축과부족률(貯蓄過不足率)은 대체적으로 음의
상관관계를 나타내고 있는 것을 알 수 있다. 인플레이션율이 높으면
실질이자율이 낮아져 저축이 감소하고 투자는 증가하는 경향이 있어
이런 결과를 낳았다고 할 수 있다. 결국 인플레이션 유발적 성장이 한
편으로는 외환위기의 직접적인 원인인 외채를 증가시키는 데 기여했
다고 할 수 있다.

2) 재벌 경영의 비효율

한국에는 1인 또는 그의 직접적 통제범위 내에 있는 소수인이 여러
개의 기업을 실질적으로 소유·경영하는 독특한 기업집단인 재벌이 존
재한다. 재벌은 경제발전 과정에서 성장했으며 한편으로 경제발전 과
정에 기여했다고 할 수 있다. 하지만 재벌은 시장조직의 독점화, 비효
율적 자원배분, 정경유착, 소유-경영의 미분리, 무리한 비관련 다각화
등을 통해 한국의 경제발전에 장애가 된 측면도 크다. 특히 상호지급
보증과 상호출자를 매개로 한 문어발식 경영 관행은 재벌 자신의 부

〈그림 3〉 인플레이션율과 저축과부족률 (1962~1994)

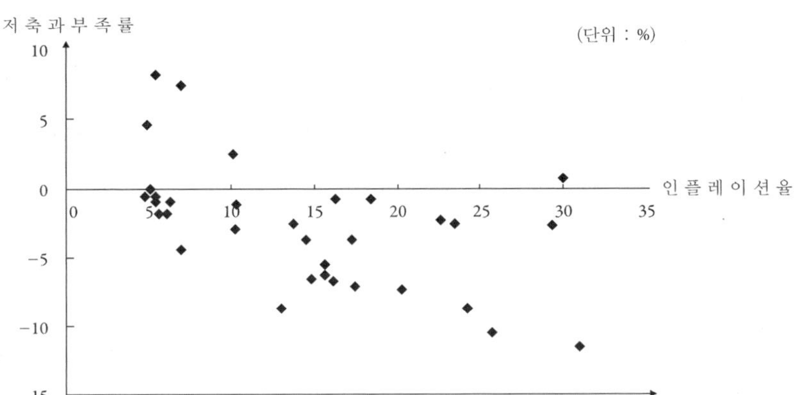

실화뿐만 아니라 최근의 경제위기를 초래한 원인의 하나인 은행의 부실화를 불러왔다. 즉 재벌형 기업지배구조로 인해 많은 비효율적 재벌계열회사들이 시장에서 퇴출되지 않고 있었던 것이다. 예를 들어 현대그룹과 삼성그룹의 경우 1992~95년에 적자를 기록한 계열회사의 수는 각각 평균 8개 업체로 전체 계열회사 수의 20~23퍼센트에 달했다.4) 이 두 그룹이 재벌 중 상대적으로 양호한 경영성과를 보였다는 점을 감안하면, 재벌 전체의 상황은 적어도 이와 비슷하거나 더 나쁠 것으로 추측할 수 있다. 그리고 재벌계열회사 중 생산성이 상대적으로 높은 주력기업이 내부거래를 통해 생산성이 낮은 비주력기업을 지원하여 수익성을 보전해 주고 있다는 점을 고려하면, 실제로 이윤을 낼 수 없는 비효율적인 재벌계열회사의 수는 이보다 훨씬 많을 것이다.5)

---

4) 구석모(1997), p. 141.
5) 우영수(1996)는 30대 기업집단의 주력기업군과 비주력기업군 사이의 업종별 생산성과 수익성간의 상관관계 계수가 낮음을 밝히고, 이것이 부당내부거래의 결과임을 확인하였다. 참고로 우영수(1996)의 추정에 따르면 30대 대기업집단의 자본생산성, 총자본경상이익률 및 총자본당기순이익률은 중소기업의 그것

<표 6> 재벌의 경제적 비중

	출하액							고 용						
	1977	1982	1983	1985	1989	1992	1995	1977	1982	1983	1985	1989	1992	1995
5 대	15.7	16.9	22.3	23.0	21.4	23.8	25.9	9.1	9.1	8.5	9.7	9.9	10.8	11.4
1 0 대	21.2	23.8	29.6	30.2	27.3	31.7	33.6	12.5	12.8	11.9	11.7	12.1	13.1	14.1
2 0 대	29.3	31.4	36.0	36.4	32.3	36.7	38.1	17.4	17.9	15.3	15.5	14.9	15.6	16.7
3 0 대	34.1	36.0	39.9	40.2	35.4	39.7	40.7	20.5	22.4	17.9	17.6	16.9	17.5	18.0

자료: 변형윤 편저(1994), p. 583; 공정거래위원회 자료.

우선 한국 경제에서 차지하는 재벌의 비중을 보면 〈표 6〉에서 알 수 있는 바와 같이 1995년 현재 상위 30대 재벌이 제조업 출하액의 40.7퍼센트, 고용의 18.0퍼센트를 차지하고 있고, 그 가운데 특히 상위 5대 재벌이 30대 재벌 전체 출하액의 63.6퍼센트, 고용의 63.3퍼센트를 차지하고 있다.

소수 재벌에게 경제력이 집중되어 있다는 것도 문제지만, 더욱 중요한 것은 재벌기업의 경영 효율성에 큰 영향을 미치는 소유·지배구조가 문제이다. 〈표 7〉에서 보듯이 1996년 4월 현재 총수와 그 특수관계인이 10.32퍼센트의 지분을 그리고 다른 계열기업이 33.82퍼센트의 지분을 가지고 있다. 다른 계열기업이 소유하고 있는 지분이 총수와 그 특수관계인의 영향권에 들어 있음을 감안하면, 총수는 계열기업에 대해 평균 44.14퍼센트의 의결권을 실질적으로 확보하고 있다고 할 수 있다. 더욱이 총수 및 그 특수관계인의 실질지분율(모든 계열회사를 합병하여 단일기업으로 만들었을 경우의 지분율)은 15.59퍼센트밖에 되지 않음에도 불구하고 계열기업간 상호출자를 통해서 대주주는 자신의 실제출자액에 비례하는 것 이상의 의결권을 행사하고 있다.

보다 낮은 수준이었다.

〈표 7〉 재벌의 소유 구조(1996. 4. 1. 현재)

(단위: %)

	평균 계열 회사수	평균 영위 업종수	소유구조			
			동일인 및 특수관계인 (A)	계열회사 및 자사주 (B)	A+B	실질지분율 〔A/(1−B)/ 100〕
1~5대	41.2	29.6	8.20	39.65	47.85	13.58
6~10대	24.4	24.6	9.53	21.63	36.16	12.16
11~20대	19.0	16.8	9.81	29.83	49.64	13.98
21~30대	15.1	12.4	10.17	32.69	42.86	15.10
30대 전체	22.3	18.8	10.32	33.82	44.14	15.59

자료: 공정거래위원회(1997), 《공정거래백서》.

이러한 소유구조 아래서 재벌 총수는 계열기업에 대한 전반적인 경영권을 확보하고 나아가 그 특수관계인들에게 경영권을 이양한다.[6] 이 경우 소유주이지만 비전문가인 최고경영자가 등장할 가능성이 매우 높아지기 때문에 경영의 효율성 또한 좋지 않을 가능성이 크다. 실제로 1992년 이후 30대 그룹 가운데 평균 10개 그룹이 적자를 나타내고 있고 1996년에는 상위 6~10위의 5개 그룹 중 4개의 그룹이 적자를 기록하고 있다.[7]

단기간에 고성장을 달성하고자 했던 정부는 경제개발계획 초기단계부터 외국자본과 기술의 도입을 촉진하였다. 국내의 기술수준이 낮고 국내시장이 협소한 상태에서 선진국의 생산설비와 기술이 도입되었으

---

6) 1996년 현재 30대 재벌의 최고경영권 계승 유형을 보면 계승이 완료된 25개 그룹의 경우 1개 그룹만 최고경영권이 창업자에서 전문경영자로 넘어갔고 나머지 24개 그룹에서는 최고경영권이 모두 특수관계인에게 계승되었다. 김기원 (1998), p. 134.
7) 1992~96년에는 30대 그룹 중 적자그룹의 수는 각각 10, 9, 8, 8, 11개이다. 한국경제연구원(1995, 1996, 1997), 《한국의 30대 기업집단》. 재벌의 경영성과가 나쁜 이유 중의 하나로, 선단식 경영을 하는 재벌의 총수는 주주의 이익을 위한 이윤 극대화보다는 총수 개인의 이익을 위한 규모확장을 추구하는 경향이 강하기 때문이라는 견해도 있다. 구석모(1997).

므로 그것을 도입한 국내기업은 국내시장에서 독과점을 형성하고 초과이윤을 획득할 수 있었다.[8] 이러한 정책으로 독과점을 형성한 주역들은 저리의 국내자금까지 배분받게 되었으며 동시에 조세감면 혜택과 기타 경쟁배제적인 관세보호, 인허가 장벽으로 보호를 받았다. 그리고 수출산업육성정책에 따라 수출기업에 많은 특혜가 주어졌는데 이런 과정들을 통해 재벌의 토대가 형성되었다.

이와 같이 제1~2차 경제개발 계획기간 동안 토대를 마련한 재벌은 제3차 경제개발계획이 시작된 1972년부터 본격적인 확대과정에 들어갔다. 정부가 중화학공업육성 정책을 추진하면서 재벌들은 정부가 제시한 중화학공업 부문 중 자신에게 적합하다고 생각되는 부문으로 진출하고 나아가 중간재의 안정적인 조달을 위해 계열기업을 확보함으로써 계열기업 수를 급속히 증가시키게 되었다. 1980년대에 들어오면서 중화학 투자조정, 산업합리화, 부실기업 정리 등을 통해 재벌들은 계열기업 중 일부는 정리하고 나머지 기업은 시장에서 독점적인 지위와 정부의 지원을 바탕으로 더욱 규모를 확대시키는 방식으로 성장하였다. 또 1980년대에 재벌들은 금융산업에 대거 진출하였다. 이것은 재벌들이 자체 내의 금융기관을 기반으로 자금조달 측면에서도 자율성을 확보함으로써 그들의 영향력을 크게 확장하였음을 의미한다.

결국 재벌은 외자도입과 수출산업 육성을 통해 고성장을 달성하려는 과정에서 정부가 특정한 기업에게 다양한 종류의 특혜와 지원, 보호를 하는 과정에서 성장했다고 할 수 있다.

---

8) 강철규·장석인(1987)은 이를 '조기독과점'이라고 부르고 있다.

3) 금융산업의 낙후

한국의 금융산업은 고성장 과정에서 가장 낙후된 부문의 하나라고 할 수 있다. 금융산업의 낙후는 나쁜 수익성과 유동성, 그리고 불건전한 재무구조와 낮은 수준의 금융노하우로 나타나고, 이것은 결국 금융기관의 대외신인도 하락, 위기에 대한 대응능력의 부족으로 귀결된다. 그런 점에서 금융산업의 낙후는 최근 경제위기의 중요한 원인 가운데 하나라고 할 수 있다.

지난 40여 년 동안 은행의 소유권과 인사권은 정부가 장악하였고, 은행의 역할은 정부의 산업정책 기준에 따라 여신 배분을 수동적으로 집행하는 실무 창구 역할을 수행하는 데 지나지 않았다. 금융기관은 정부가 정한 타율적 제약 속에서 신용배분을 결정함으로써 대출의 수익성이나 안전성을 무시할 수밖에 없게 되었고 그로 말미암아 금융기관 자체가 부실하게 되었다.

<표 8> 국내은행의 총여신 중 부실여신의 비중

(단위: %)

연 도	1990	1991	1992	1993	1994	1995	1996	1997[1]
부 실 여 신[2]	2.0	1.6	1.6	1.7	0.9	0.9	0.8	1.6
고 정 분 류 여 신	8.0	7.1	7.1	7.4	5.8	5.2	4.1	5.5

주: 1) 7월 말 기준.
    2) 회수 의문+추정손실.
자료: 은행감독원, 《은행경영통계》, 각 호.

은행이 정책금융 과정에서 안전성을 무시하여 부실채권을 많이 보유하게 되었다는 것은 잘 알려진 사실이다. <표 8>을 보면 국내은행의 총여신 중 부실여신의 비중은 1990년 이후 줄어들다가 1997년에 1.6퍼센트로 크게 증가하였다. 그런데 미국의 부실여신 기준에 따라 '고정'과 '요주의' 여신을 부실여신에 포함시키면 국내은행이 총여신 중

부실여신의 비중은 1997년 9월 말 현재 15~17퍼센트에 이르는 것으로 추정되었다. 이는 미국의 2~3퍼센트 수준과 비교할 때 매우 높은 수준이다.[9] 부실여신이 많으면, 은행의 경영성과도 나쁠 수밖에 없는데, 1997년에는 26개 시중은행과 지방은행 가운데 18개 은행이 적자를 기록했다.[10]

다른 한편 금융기관에 대한 정부의 규제와 지시는 금융기관 스스로 대출심사를 할 수 있는 능력을 함양하는 데 장애가 되었다. 그리고 부실채권이 발생해도 그 처리를 위해 정부로부터 지원을 받을 수 있을 것으로 기대하면서 대출의 안정성을 경시하는 경향이 있었다. 금융기관은 부실화되었을 경우 한국은행으로부터 구제금융지원을 받는다고 해도 제한적이므로 자금의 완전한 회수를 보장하는 대출기준을 스스로 고려하지 않을 수가 없다. 금융기관은 부실대출로 인한 자금회수의 어려움을 원칙적으로 제거하기 위해 자금이용자에게 차입액을 훨씬 넘는 담보나 차입액의 2~3배 정도의 타인의 보증을 전제로 하여 대출을 하였다.

그리고 투자의 촉진을 위해 정부가 최고대출금리를 시장금리보다 낮게 책정하고, 그에 따라 최고예금금리 자체도 시장금리보다 낮게 책정하여 금융기관은 자금동원에만 주력하면 신용배분에서는 지시와 관행에만 의존하여도 경영상의 큰 어려움을 겪지 않았다. 한편으로 규제금리와 시장금리의 만성적인 격차는 신용할당을 강화시킨 반면, 금리의 자금배분기능을 약화시키고 자금의 흐름을 왜곡시킬 뿐 아니라 경우에 따라서는 당초 목적과는 반대로 기업의 자금조달 비용을 높이기

---

9) '고정'은 6개월 이상 원리금 상환이 연체된 것 중 담보가 있는 여신, '요주의'는 3개월 이상 원리금 상환이 연체된 여신을 가리킨다.

10) IMF 기준에 따르면 2개 은행만 흑자를 냈고 24개 은행이 적자를 기록했다. 조선일보(1998. 1. 23).

도 하였다.

한국의 경제발전 과정에서 금융산업은 독립적인 산업부문으로 인식되지 못하고 경제성장의 수단 정도로 인식되었다. 그 결과 대출심사기능과 같은 경영 노하우는 발전되지 못했고, 은행의 수익성, 안정성, 그리고 건전성과 같은 기준은 종종 무시되었다.

4) 기업재무구조의 취약성

최근 경제위기의 원인을 좀더 깊이 고찰해보면, 한국 기업의 재무구조의 취약성이 큰 문제였음을 알 수 있다. 즉 기업 재무구조의 취약성이 재벌계열회사를 비롯한 기업의 연쇄부도를 낳았고, 그 결과 은행의 부실채권이 증가하고 대외신인도가 악화되었기 때문이다.

〈표 9〉를 보면 한국 기업(제조업)의 재무구조가 적어도 1993~97년 동안은 악화되는 추세에 있으며, 미국, 일본 및 대만 등에 비해서 매우 취약하다는 것을 알 수 있다. 한국 기업의 자기자본비율은 1993년 25.3퍼센트에서 1997년 20.2퍼센트로 낮아졌으며, 미국(1996년)의 39.4퍼센트, 일본(1996년)의 34.1퍼센트, 대만(1995년)의 53.9퍼센트와 큰 격차를 보이고 있다. 그리고 부채비율은 같은 기간 동안 294.9퍼센트에서 396.3퍼센트로 높아졌으며, 미국의 153.5퍼센트, 일본의 193.2퍼센트, 대만의 85.7퍼센트보다 월등히 높다. 고정비율 및 차입금의존도는 이들 국가에 비해 높은 수준에 있으며 단기지급능력을 나타내는 유동비율은 가장 낮다.

그리고 한국 기업의 수익성도 최근 몇 년간 악화되는 추세에 있었으며 다른 나라에 비해서도 나쁜 편이다. 1990년대 초까지만 해도 한국 기업의 매출액영업이익률은 7.0퍼센트 내외로 미국, 일본, 대만의 기업에 비해서 크게 낮은 편은 아니었으나, 그 후 그 비율이 점차 낮

〈표 9〉 기업의 재무구조 및 수익성의 국제 비교

(단위: %)

국 가	한 국					미국	일본	대만
연 도	1973	1982	1993	1996	1997	1996	1996	1995
자기자본비율	26.8	20.6	25.3	24.0	20.2	39.4	34.1	53.9
부 채 비 율	272	385.8	294.9	317.1	396.3	153.5	193.2	85.7
차입금의존도	–	45.9	46.8	47.7	54.2	25.6	33.1	26.2
유 동 비 율	134.2	96.6	94.1	91.9	91.8	137.9	130.0	129.4
고 정 비 율	169.8	242.9	218.5	237.0	261.1	165.4	134.8	102.2
매출액영업이익률	7.5	7.4	7.0	5.1	4.7	7.4	3.6	7.3
매출액경상이익률	–	0.9	1.7	0.7	-0.1	8.3	3.4	5.1

자료: 한국은행,《기업경영분석》, 각 호.

아져 1997년에는 4.7퍼센트에 그쳐 미국의 7.4퍼센트, 대만의 7.3퍼센트보다는 크게 낮으며 일본의 3.4퍼센트보다는 높은 수준이다. 더욱이 한국 기업의 부채비율이 비교국가 중에서 가장 높기 때문에 지급이자가 높아서 경상이익률은 가장 낮은 수준일 뿐만 아니라, 1997년에는 0.1퍼센트의 손실을 기록했다.

그런데 이 기업재무구조의 취약성은 인플레이션 유발, 금융의 성장 수단화, 외자의존에 주로 기인한다고 할 수 있다. 높은 인플레이션율과 각종 특혜금융제도는 실질차입금리를 낮추는 효과를 가져와 기업의 무분별한 차입과 과잉투자를 초래했다. 그리고 금융기관이 기업에 대한 채권자로서 기업의 재무상태를 감시하거나 개선을 권고하는 기능이 약한 것도 한 원인이었다.

게다가 고성장의 추진은 기업의 투자규모가 이윤 중의 사내유보분을 항상 상회하도록 만들었다. 자본시장이 성숙되지 않아 주식발행과 같은 직접금융방식으로 투자자금을 조달할 수 없는 상태에서는 기업은 투자자금 부족분을 금융기관으로부터의 차입으로 조달할 수밖에 없었다. 물론 외자로 부족분을 부분적으로 메우기도 했다.

4. 한국 경제발전 과정의 교훈

한국 경제발전 과정에 대한 평가는 이미 내려진 셈이다. 3절에서 알 수 있듯이 최근 경제위기는 한국 경제발전 과정의 주요 특징이 야기한, 경상수지 적자와 외채누증, 재벌경영의 비효율, 금융산업의 낙후, 기업재무구조의 취약성 등에 직·간접적으로 연유한다고 할 수 있기 때문이다.

지금은 심각하게 한국 경제발전 과정을 되돌아보면서 어떤 교훈을 얻어낼 때다. 그리고 그것을 귀중한 거울로 삼으면서 앞으로의 경제발전을 추진해가야 한다.

그러면 한국 경제발전 과정이 주는 교훈은 무엇이라고 할 수 있는가. 일단 잠정적인 것이기는 하지만 다음을 들 수 있을 것이다.

우선 GNP가 국민의 경제적 수준을 나타내는 데 문제가 많다는 점을 인식한다면, GNP의 대폭증가를 의미하는 고성장에 집착하는 것은 국민 삶의 질의 실질적 향상의 측면에서 바람직하지 않다.

다음에 불황이나 경기침체가 기업체질과 경제체질을 강화시키는 역할을 하는데, 한국은 불황의 이런 효과를 제대로 활용하지 못한 채 고성장만 고집하다 보니 경제의 덩치만 커진 점이 많다. 따라서 경제체질의 강화를 위해서도 고성장에 집착하는 것은 바람직하지 않다.

셋째로 경제의 어느 한 부분을 집중적으로 육성하여 빠른 성장을 달성하려는 불균형성장전략을 재고해야 한다. 대기업 중심의 성장 정책은 재벌의 성장과 중소기업의 부진 문제를 낳았고, 공업우선 정책은 농업의 부진과 도농 간의 격차를 낳았다.

넷째로 정부가 직접 투자재원 배분에 개입하는 것은 금융기관의 부실화, 금융산업의 낙후, 정경유착 나아가서는 투자재원의 비효율적 배분 등을 초래하므로 바람직하지 않다.

다섯째로 부채비율과 차입의존도가 높은 기업은 종국에는 부실화되고 외자의존적 성장을 한 국가는 외채위기나 외환위기를 맞이할 가능성이 크다. 따라서 기업은 재무구조를 건실히 하고 국가는 경상수지 적자의 누적을 막아야 한다.

끝으로 동아시아 국가에서와 같은 권위주의 내지 독재적 정치체제가 경제발전(고성장)을 위해서는 불가피하다는 주장은 받아들일 수 없다. 경제발전과 민주주의적 정치체제는 양립 가능하다.

참고문헌

Kuo-Ting Li(1995), *The Evolution of Policy behind Taiwan's Development Sucess*, 2nd ed., World Scientific.

World Bank(1991), *World Development Report 1991: The Challenge of Development*, Oxford University Press.

__________(1993), *The East Asian Miracle: Economic Growth and Public Policy*, Oxford University Press.

강철규·장석인(1987), 〈가공무역과 산업조직〉, 산업연구원, 연구보고서 제 111호.

공정거래위원회(1997), 《공정거래백서》.

구석모(1997), 〈기업효율성 제고를 위한 재벌조직 개혁〉, 《경제발전연구》, 제3권, 한국경제발전학회.

김기원(1998), 〈한국 재벌체제의 지양에 관한 일고찰〉, 《위기의 한국경제—어떻게 극복할 것인가?》, 서울사회경제연구소 심포지엄 자료집 Ⅴ.

변형윤(1990), 〈한국경제발전의 전개과정〉, 《경제논집》, 제29권 제2호, 서울대학교 경제연구소.

______ 편저(1994), 《한국경제론》, 유풍출판사.

______(1997), "계획시대(1962~1979)의 교훈", 《경제발전연구》, 제3권, 한국경제발전학회.

우영수(1996), 《한국대기업집단의 내부거래행위와 경쟁정책》, 대외경제정책연구원 정책연구 96-02.
은행감독원, 《은행경영통계》, 각 연도.
재무부·한국산업은행(1993), 《한국외자도입 30년사》
차동세·김광석 편(1995), 《한국경제 반세기—역사적 평가와 21세기 비전》, 한
　　국개발연구원.
한국경제연구원, 《한국의 30대기업집단》, 각 연도.
한국은행, 《경제통계연보》, 각 연도.
　　　　, 《국민계정》, 각 연도.
　　　　, 《기업경영분석》, 각 연도.
　　　　(1998), 《산업연관표(1970~1995)》, CD.

〈한국 경제발전의 새 방향 모색〉(학술원, 1998. 10. 21)

중화학공업화와 한국경제[*]

1. 서 론

1970년대 초부터 본격적으로 추진된 중화학공업화 정책에 힘입어 중화학공업의 생산과 수출이 급격히 증대되어 산업구조 및 수출구조의 고도화가 이루어졌다. 그렇지만 다른 한편으로는 정부의 중화학공업화 추진 과정에서 특혜적 편중지원에 따른 과잉·중복투자로 말미암아 자원배분의 왜곡은 심화되었으며, 중화학공업부문에 진출하여 성장한 재벌에게로 경제력이 집중된 결과, 경제 전체의 효율성이 저하되고 불평등이 확대되는 등 여러 가지 부작용도 나타났다.

더욱이 중화학공업화정책이 추진되는 과정에서 재벌의 차입에 의존한 과잉투자와 비효율적 경영으로 말미암아 여러 기업들의 부실이 초래되었으며, 이는 결국 금융기관의 부실을 낳았다. 지난 30년 동안 계속된 기업의 부실화와 이에 따른 금융기관의 부실화는 중화학공업화정책의 추진과정에서 정부가 직접 투자재원의 배분에 개입한 데서 비

---

[*] 이 글은 임원택과 함께 쓴 글이다.

롯된 것이었고, 결국 1997년 말의 경제위기를 촉발시킨 주요 계기 가운데 하나가 되었다.

본 연구에서는 한국 중화학공업화 정책의 추진 과정과 그것의 경제적 귀결을 살펴봄으로써, 한국 공업화 과정의 특성을 규명하고 한국의 공업화 과정을 둘러싼 기존 논의를 더욱 풍부하게 하고, 나아가 현재 한국경제가 당면하고 있는 여러 가지 문제가 발생하게 된 역사적 계기를 밝히고자 한다.

이를 위해 2절에서는 1970년대 초 이후 추진된 중화학공업화 정책 수립의 배경과 그 특성을 규명한다. 특히 대내적으로는 불균형성장 전략 그리고 대외적으로는 수출산업화 전략이라는 한국 중화학공업화 정책의 특징에 초점을 맞춘다.

다음으로 3절에서는 1980년대에 계속된 일련의 투자조정 및 부실기업 정리 과정을 고찰하고 그 특징을 알아본다.

4절에서는 중화학공업화 정책과 투자조정 그리고 부실기업 정리를 거쳐 형성된 현재의 중화학공업 중심·재벌 위주의 경제구조를 밝힌다.

마지막으로 5절에서는 앞에서 논의된 내용을 정리하고, 몇몇 시사점을 제시한다.

2. 중화학공업화 정책의 전개와 그 특징

1) 중화학공업화 정책의 개시

경제기획원은 1973년 8월 〈우리경제의 장기전망〉(1972~81)을 발표하였다. 〈우리경제의 장기전망〉에 열거된 정책들은 1971년 2월에 확정·발표된 〈제3차 경제개발 5개년계획〉(1972~76)에서 제시된 것과는 근본적으로 다른 것이었으며, 중화학공업화 정책의 본격적인 시작을 알리는 것이었다. 이는 1973년 1월의 중화학공업화 선언을 구체화하는 데 필요한 수단을 제시하는 것이었다.

〈제3차 경제개발 5개년계획〉은 성장·안정·균형을 계획 이념으로 하고 있으며, 그 중점목표를 농어촌경제의 혁신적 개발, 수출의 획기적 증대, 중화학공업의 건설이라는 세 가지로 잡고 있다. 즉 이 계획은 농촌과 도시 사이의 격차를 줄이고, 국제수지의 불균형을 개선하며, 나아가 경공업에 편중되어 있는 산업구조를 개선함으로써 국민경제의 균형발전을 추구한다는 특색을 갖고 있다.

한편 〈우리경제의 장기전망〉은 기존의 안정·균형노선을 탈피한 것이었으며 성장에 역점을 둔 것이었다. 〈우리경제의 장기전망〉에서는 다음의 세 가지가 기본목표로 설정되어 있다.

① 1백억 달러의 수출목표를 달성하여 국제수지의 균형을 이룬다.
② 중화학공업의 건설을 통해 자립적 경제구조를 구축한다.
③ 농어촌 경제를 혁신적으로 개발함으로써 지역 간의 격차 없는 균형된 경제발전을 이룩한다.

이상의 세 가지 기본목표만 본다면, 〈우리경제의 장기전망〉과 〈제3차 경제개발 5개년계획〉 사이에는 별다른 차이가 없는 것처럼 보인다. 그렇지만 이 둘을 구체적으로 살펴보면, 많은 차이점이 발견된다.

우선 거시경제 지표의 목표치에 차이가 있다. 〈우리경제의 장기전망〉에서는 1976년의 수출목표를 〈제3차 경제개발 5개년계획〉에서 책정한 35억 달러보다 높은 44억 7백만 달러로 책정했으며, 1981년의 수출목표는 109억 7천만 달러로 정했다. 1976년의 1인당 GNP도 〈제3차 경제개발 5개년계획〉보다 1백달러나 높은 488달러로 정했다. 이에 따라 GNP성장률도 〈제3차 경제개발 5개년계획〉보다 높아졌다.

뿐만 아니라, 〈우리경제의 장기전망〉에서는 제조업 부가가치에서 중화학공업이 차지하는 비중이나 공산품수출 중에서 중화학공업제품이 차지하는 비중도 〈제3차 경제개발 5개년계획〉에서보다 높게 책정되었다(〈표 1〉). 즉 〈우리경제의 장기전망〉에서는 중화학공업제품의 수출촉진을 통한 산업구조의 고도화에 더 역점을 두고 있었던 것이다.

중화학제품의 수출촉진 문제를 더 구체적으로 살펴보면 다음과 같다. 《중화학공업육성계획》에서는 중화학제품의 가격경쟁력을 결정하는 가장 중요한 요인으로 기술혁신과 설비규모의 두 가지를 들고 있지만, 구체적인 중화학공업화 전략으로 제시한 것은 규모의 대형화였다(중화학공업추진위원회기획단, 《중화학공업육성계획》, 1973. 6. 참조). 그런데 규모를 대형화하여 제품의 가격경쟁력을 확보하는 데 있어서 협소한 국내시장은 단기에는 판로 면에서 애로가 될 수밖에 없었다. 따라서 정부는 판로 면에서의 어려움을 타개하기 위해, 중화학공업을 수출산업으로 육성하는 전략을 선택하였던 것이다.

나아가 안정과 균형을 실현하는 데 역점을 두고 있는 〈제3차 경제개발 5개년계획〉과 달리, 〈우리경제의 장기전망〉은 물동(物動)계획적 색채가 강했다. 즉, 〈제3차 경제개발 5개년계획〉이 지금까지의 공업화 실적과 산업별 수요예측에 입각하여 공업화가 진행됨에 따라 점증하리라고 예상되는 중화학공업제품을 수입대체하는 것에 주안점을 둔 것이었음에 견주어, 〈우리경제의 장기전망〉은 기존의 공업화 실적 등과는 관련 없이 철강, 비철금속, 조선, 기계, 전자, 화학의 6개 산업을 중점 육성산업으로 선정한 다음, 이들 산업의 품목별 생산목표를 설정하는 것을 그 주요 내용으로 하고 있었던 것이다.

이와 함께 중화학제품의 수출목표액도 전체 수출목표에 맞추어 책정되었다. 즉 1980년에 1백억 달러의 수출을 달성한다는 목표 아래, 1980년에 경공업제품 및 기타 농·수·광업제품의 수출을 각각 37.7억 달러 및 7억 달러씩 달성하고 중화학제품의 수출은 56.3억 달러를 달성한다는 계획이 수립되었다. 이와 함께 중화학제품의 업종별 수출목표액도 정해졌다. 〈표 2〉에서 알 수 있는 것처럼, 1980년이 되면 중화학제품 전체 수출 56.3억 달러 가운데 전기기계 약 24억 달러, 금속제품 약 9.3억 달러, 화학제품 약 4.5억 달러 등의 업종별 수출목표가 마련되었던 것이다.

2) 중화학공업 육성정책

1981년까지 연평균 GNP 성장률을 10퍼센트로 하며, 경제성장은 제조업의 증가에 의해 주도되고 제조업의 증가는 중화학공업화에 의해 선도되게 함으로써 산업구조의 고도화를 이룩한다는 구상은, 제1차 석유파동과 뒤이은 불황으로 한때 일부 계획이 축소·연기되기도 하였지만, 호황국면에 접어든 1976년부터 더 강력하게 추진되었다. 철강, 비철금속, 조선, 기계, 전자, 화학 등 6개 산업에 대한 육성계획을 실현하기 위해 당시 정부는 1973~81년에 총투자액의 22.1퍼센트, 제조업 부문 투자액의 63.9퍼센트에 이르는 총 2조 9천 8백억 원(1970년 불변가격)의 투자를 계획하였다.

중화학공업 육성을 위해 정부는 먼저 정부기구 및 조직을 개편하였으며, 다음으로 중화학공업 부문에 대한 재정·금융·조세상의 지원을 확대하였으며, 재정투자를 통해 사회간접자본을 확충하였다.

(1) 정부기구 및 조직의 개편

우선 1973년 2월에 중화학공업 추진위원회를 설치하여, 중화학공업에 대한 종합계획과 부문별 추진계획 및 지원계획의 수립을 담당하도록 하였다. 중화학공업 추진위원회는 국무총리를 위원장으로 하고 관계기관 및 각계 전문가로 구성하였으며, 그 산하에 실무작업을 담당하는 상설기구로서 중화학공업 추진위원회 기획단을 설치하였다.

중화학공업 추진위원회 기획단은, 형식상으로는 국무총리 직속기관이었지만 청와대·경제기획원·상공부·건설부의 핵심간부들이 참여하는 실질적으로는 대통령 직속의 강력한 기관이었으며, 1980년 해체 때까지 중화학공업화의 모든 실무를 담당하였다.

한편 중화학공업 추진위원회에서는 중화학공업의 종합계획, 입지계획, 부문별 추진계획, 지원계획 추진현황 등을 검토하였으며, 모든 중화학공업화 정책은 이 추진위원회에서 최종 결정되었다.

중화학공업화 정책의 초기에는 추진위원회 회의의 대부분을 대통령이 주관하였고, 중화학공업화 정책이 본 궤도에 오름에 따라 추진위원회는 점차 차관보급 및 국장급 실무회의로 대체되었다.

(2) 재정·금융 지원정책

1973년부터 1979년까지 중화학공업 부문에 실제로 투자된 금액은 4조 1,357억 원에 달했다. 〈표 3〉에서 알 수 있듯이, 내자 2조 5,233억 원 그리고 외자 33억 달러가 투입되었으며, 투자금액의 약 86퍼센트가 시설투자에 쓰였다. 또 부문별 투자금액에서도 차이를 보이는데, 전체 중화학공업 투자액 중에서 가장 많은 비중을 차지하고 있는 업종이 철강공업과 화학공업이었다. 이러한 사실은 두 부문이 기본소재공업인 동시에 거대장치산업이라는 특성에 따른 것이기도 하지만, 당시 정부가 철강공업과 화학공업에 높은 투자 우선순위를 두고 있었음을 반영하는 것이기도 하다.

이처럼 막대한 규모의 투자를 유도하기 위해 정부는 재정·금융상의 지원을 확대하였다.

재정 면에서의 지원정책은 중화학공업에 대한 재정융자의 확대로 나타났다. 특히 국민투자기금법에 의해 조성된 국민투자기금은 중화학공업에 집중적으로 지원되었다. 즉 1974년 이후 1980년에 이르기까지 재정융자기금에서 국민투자기금이 차지하는 비중은 80~90퍼센트에 이르렀으며, 이 중에서 중화학공업에 대한 지원금이 차지하는 비중은 〈표 4〉에서 보듯이 67.1퍼센트에 이르렀다.

또 조세 면에서의 지원도 중화학공업에 집중되었다. 조세감면규제법과 관세법에서는 철강·비철금속·석유화학·조선 등 12개 중화학공업을 비롯한 이른바 14개 중요산업에 대해서는 ① 3년간 100퍼센트, 2년간 50퍼센트의 직접감면, ② 8퍼센트에서 10퍼센트의 투자액 공제, ③ 100퍼센트의 특별상각 중에서 택일할 수 있게 해주었으며, 여기에 70~100퍼센트의 관세감면혜택을 추가하였다. 업종별 조세지원기준은 〈표 5〉와 같다.

이와는 별도로 철강공업 육성법·전자공업 진흥법·석유화학공업 육성법·비철금속제련 사업법 등 일련의 중화학공업 육성법을 제정하여, 각종 시설재 수입 시 관세감면, 설비투자 시 법인세 감면 등을 통해 중화학공업부문에 투자를 유도하였다.

재정 면에서의 지원정책에 더하여 중화학공업에 대한 금융지원도 이루어졌다. 1973~80년 동안 이루어진 중화학공업에 대한 산업은행의 대출금은 1조 2,302억 원에 이르렀는데, 이것은 제조업 전체 대출금의 80퍼센트에 해당하는 금액이었다.

(3) 사회간접자본의 확충

사회간접자본의 확충을 통한 중화학공업에 대한 지원은 거의 전부가 재정투자로 이루어졌다. 1972~76년에 사회간접자본에 대한 재정투자액은 1조 6천억 원으로 총재정투자의 67.4퍼센트를 차지하였는데, 1962~66년의 비중 54.9퍼센트와 비교하면 매우 높은 수치였음을 알 수 있다. 사회간접자본에 대한 투자금액은 1977~80년에 더욱 증가하여 5조 원에 달하였으며, 총재정투자액에서 사회간접자본에 대한 투자금액이 차지하는 비중도 80.5퍼센트로 대폭 증가하였다.

또 정부는 중화학공업화 계획에 입각하여, 업종별로 산업입지를 정하여 공단을 조성하고 필요한 도로, 항만, 용수 등의 부대시설을 제공함으로써 산업기지를 건설하였다. 나아가 산업기지에 입주하는 기업들에게는 금융 및 조세 면에서 혜택이 주어졌다.

3) 재벌의 거대화와 부실화

정부의 중화학공업화 정책에 편승하여 중화학공업 투자에 참여한 기업들은 정부의 재정·금융 지원정책에 힘입어 급속히 성장하였다. 〈표 6〉에서 알 수 있듯이, 오늘날의 대표적인 재벌인 삼성, 현대, 대우, LG, 쌍용 등은 중전기, 수송기기, 전자, 그리고 화학 등 중화학공업부문에 대한 투자자로 선정됨에 따라 새로운 중화학공업부문으로 진출할 수 있는 기회를 얻게 되었을 뿐만 아니라 정부의 각종 지원에 힘입어 외형의 급속한 증대를 이룩하였다.

우선 이들 기업들은 정부에 의해 해외시장의 경쟁압력으로부터 보호를 받았다. 또 국내적으로는 일반대출금리보다 금리 면에서 크게 유리한 정책금융도 제공받았다. 정책금융의 상대적으로 낮은 금리는 기업들로 하여금 자금조달의 원천을 차입에 점점 더 의존하게끔 이끄는 유인으로 작용하였다.

그 결과 〈표 7〉에서 보듯이, 기업자금의 원천에서 사내유보와 신주발행이 차지하는 비중은 1972년에 각각 29.0퍼센트, 16.0퍼센트이었으나, 1979년에는 각각 21.1퍼센트, 9.0퍼센트로 하락하였다. 반면 기업자금의 원천에서 부채가 차지하는 비중은 같은 기간 동안 55.0퍼센트에서 69.9퍼센트로 상승하였다.

또 외자도입을 통한 자금조달 규모도 증가하였다. 1972~79년 동안 기업의 총자금 조달액 중에서 외자가 차지하는 비중은 14.6퍼센트에 이르렀다. 기업들이 자금조달액 가운데 상당 부분을 외자로 조달한 이유는 우선 막대한 규모의 중화학공업투자를 위해서 국내의 자본만으로는 부족하였기 때문이기도 했지만, 도입외자의 금리가 상대적으로 매우 낮았기 때문이기도 했다. 이 기간 동안 국내의 금리가 약 15퍼센트 정도였음에 견주어, 상업차관의 금리는 10퍼센트에 지나지 않았다. 더욱이 이 기간 동안 국내의 인플레이션율은 13.4~29.5퍼센트나 되었으므로, 상업차관도입에 따르는 기업들의 실질적인 부담은 마이너스였다. 외자도입을 위해서는 외자도입심의위원회의 인가를 받아야 했으므로, 정부는 외자를 도입한 기업에 대해 특혜를 제공한 셈이다.

뿐만 아니라, 이들 재벌들은 부실기업을 인수함으로써 몸집을 키우는 노력도 기울였다. 〈표 8〉에서 알 수 있듯이, 현대는 인천제철·대한알미늄을, LG는 삼양해운을, 삼성은 한국엔지니어링을, 대우는 한국기계·신진자동차·옥포조선·원림상사·풍한을, 효성은 한양중공업·진일공업·대성목재를 그리고 국제는 연합철강을 인수·합병하였다. 이들 재벌의 부실기업 인수과정에서 조세감면과 금융상의 혜택이 주어졌음은 물론이다.

이러한 중화학공업화 정책으로 다음과 같은 부작용이 초래되었다.

첫째, 중화학공업 부문의 대기업에 과도한 자금과 인력이 집중됨에 따라 경공업 부문의 기업과 중소기업은 자금·인력 면에서 어려움을 겪었다.

둘째, 중화학공업 부문에 자원이 집중됨에 따라 이 부문에 투자한 대기업들로 경제력 집중이 가속화되었다.

셋째, 중화학공업화에 필요한 자본과 기술의 대부분을 선진국에 의존할 수밖에 없었으므로 국제수지의 악화가 초래되었다. 〈표 9〉에서 알 수 있듯이 이 시기 한국의 중화학공업은 매우 수입유발적이었다. 중화학공업화가 진전되는 가운데 중화학공업의 수입유발계수는 0.36에서 0.50으로 더욱 증가하였다. 이러한 사실은 한국의 중화학공업화가 국내분업연관이 극히 미약한 상태로 진전되었음을 보여주는 것이다. 자본재 및 원료를 점점 더 해외에 의존하는 방식으로 중화학공업화가 진전되었으므로, 중화학공업은 해외 자본재 및 원료 시장의 가격변동에 따라 많은 영향을 받게 되었다.

넷째, 중화학공업 부문의 일부 업종에서 중장기 수급전망을 무시한 투자가 이루어져, 많은 기업들이 부실화되었으며, 이와 관련된 금융기관들의 부실화를 불러왔다.

3. 중화학공업부문의 투자조정

2절에서 살펴본 정부의 각종 육성정책에 힘입어 1970년대 중반 이후 중화학공업은 급속히 성장했다. 1976~79년 기간 동안 경공업의 연평균 성장률이 12.0퍼센트인 데 비해, 중화학공업의 연평균 성장률은 21.9퍼센트를 기록하였다. 그렇지만 1970년대 말 세계적 불황을 계기로 1980년 중화학공업은 −3.8퍼센트의 성장률을 기록하게 된다. 그동안 무리하게 확장을 거듭했던 중화학공업부문 투자에 대한 대대적인 조정이 불가피하였다.

1) 중화학공업부문 투자조정의 배경

정부의 중화학공업부문에 대한 편중지원과 대기업들의 참여경쟁으로 인해 중화학공업부문에서는 막대한 과잉중복투자가 초래되었다. 과잉중복투자와 세계적인 불황으로 인해 가동률은 하락하였다. 1980년 8월 현재 중화학공업 각 부문의 가동률을 살펴보면, 석유화학부문만이 86퍼센트였을 뿐, 철강부문 70.6퍼센트, 비철금속부문 47.8퍼센트, 전기기계 및 수송기기 부문 51.2퍼센트, 그리고 일반기계부문은 34.8퍼센트에 지나지 않았다.

또 정부의 중점육성대상 사업일수록 중복투자 현상은 더욱 심하였다. 과잉중복투자가 극심하여 투자조정의 대상이 되었던 발전설비·자동차·전자교환기·중전기는 모두 정부의 중점육성대상으로 선정됐던 부문들이다.

〈표 10〉에서 알 수 있는 것처럼, 1979년 현재 건설 중이거나 가동단계에 있던 중화학공업 대기업과 한국전력 등 41개 업체의 자금수요액은 2조 9,930억 원에 달했다. 그러나 과잉중복투자 및 이에 따른 가동률 저하로 인해, 그중에서 자체 조달한 금액은 전체의 30퍼센트인 897억 원에 지나지 않았다. 그리하여 외자 및 내자차입을 통해 필요자금을 기업 외부로부터 조달한다고 해도 부족한 금액은 532억 원에 이르고 있었다.

또 시설투자의 경우에는 과도한 차입의존으로 인해 재무구조가 극도로 악화되어 있었다. 〈표 11〉은 이들 40개 중화학공업부문 대기업과 한국전력의 시설투자의 차입의존도를 보여주고 있다. 이 표에서 확인할 수 있듯이, 1979년 현재 이들 41개 업체의 경우, 시설투자의 차입의존도는 96.4퍼센트에 이르고 있다. 더욱이 1980년에는 시설투자의 차입의존도는 104.3퍼센트로 증가하는데, 그 이유는 무모한 설비확장으로 공장건설 완료 및 가동 이전에 차입금 상환 기일이 도래하여 기존 투자사업의 원리금 상환까지도 외부차입에 의존해야 할 실정에 놓여 있었기 때문이다.

2) 중화학공업부문 투자조정의 전개

1980년 8월 '국가보위비상대책위원회'의 주관으로 이루어진 제1차 투자조정은 발전설비와 자동차 분야의 통합을 위한 것이었다. 구체적으로, ① 현대양행 군포공장을 비롯하여 발전설비 분야의 대우중공업, 현대중공업, 현대양행 3사를 통합하여 대우그룹에 일원화하고, ② 현대자동차와 새한자동차(대우)를 통합하여 현대그룹이 책임경영하며 현대는 승용차생산을 독점하고 기아산업은 5톤 이하 트럭을 전문화한다는 것이었다. 그러나 각 재벌 그룹과 합작하고 있는 외국기업의 압력으로 자동차 분야의 조정은 백지화되었고, 발전설비 분야도 그 후에 대우중공업을 한전이 인수하여 한국중공업으로 공기업화하는 것으로 귀결되었다.

한편 중전기, 디젤엔진, 전자교환기, 동제련 등 4개 부문 17개 업체에 대해서는 1980년 9월 투자조정방침을 확정하여 이에 따라 자율조정토록 하였지만 실패하였고, 이에 1980년 10월 각 품목별 독점화를 골자로 하는 직권조정이 단행되었다. 중화학공업 투자조정의 분야별 내역은 〈표 12〉에 제시되어 있다.

중화학공업부문에 대한 투자조정 과정 중에는 물론 그 이후에도 정부의 지원은 계속되었다. 정부는 투자조정과 병행하여 채무상환을 연기해주고 구제금융 형식으로 추가지원을 제공하였다. 1981년 11월의 원리금상환유예조처로 유보된 채무상환액은 1,681억 원에 이르렀으며, 정부는 그 이후 세 차례에 걸쳐 금리를 인하함으로써 해당 기업들의 금융 부담을 덜어 주었다.

또 중화학공업부문에 대한 투자조정은 경쟁이 치열했던 부문에 업종별로 독점적 지위를 부여해 주는 결과를 초래하였다. 정부는 투자조정 이후에도 각 분야별 육성계획을 수립하여 신규 기업의 참여를 억제하는 등 그 독점적 지위를 계속 유지·강화시켜 주었고, 기존의 기업은 과점적 경쟁조차 배제된 상태에서 지속적 확장을 보장받게 되었다.

4. 중화학공업 중심·재벌위주 경제구조의 형성

1) 중화학공업 중심의 경제구조

정부에 의해 주도된 중화학공업화 정책에 힘입어, 제조업은 급격한 구조변화를 경험했다. 제조업 내에서 경공업이 차지하는 비중이 현저히 감소하는 대신, 중화학공업의 비중이 급속히 증가하였다. 〈표 13〉에서 알 수 있듯이, 총산출액에서 경공업이 차지하는 비중은 1970년에는 70.5퍼센트였지만 1980년에는 48.4퍼센트로 줄었으며 1990년에는 38.9퍼센트, 1995년에는 30.2퍼센트로 계속 감소하였다. 이와 달리 중화학공업이 차지하는 비중은 1970년에는 29.5퍼센트에 불과하였지만 1980년에는 51.6퍼센트로 증가하였으며 1990년에는 61.1퍼센트, 1995년에는 69.8퍼센트로 계속 증가하였다. 제조업의 구조가 경공업 중심에서 중화학공업 중심으로 변화된 것이다.

중화학공업화 정책이 추진되는 기간 동안 중화학공업이 급성장했다는 사실은 〈표 14〉에서도 알 수 있다. 먼저 부가가치 증가율을 살펴보면, 중화학공업부문의 증가율은 1960년대에 23퍼센트였지만, 1970년대에는 30퍼센트로 증가하고, 그 이후에는 다시 10.3퍼센트로 감소하였다. 반면 경공업부문은 1970년대에 증가율이 오히려 15.9퍼센트로 감소하였으며 그 이후에는 6퍼센트 수준으로 더욱 감소하였다. 다음으로 자본축적률에서는 중화학공업부문의 증가가 더욱 현저함을 알 수 있다. 1960년대에 11퍼센트에 불과하였던 중화학공업부문의 자본축적률은 1970년대에는 24.9퍼센트에 달해, 11.8퍼센트 수준에서 15.4퍼센트로 증가한 데 그친 경공업부문과 대조를 이루고 있다.

게다가 중화학공업화가 진전됨에 따라 1980년대 중반 이후 제조업 제품의 대외의존도도 줄었다. 〈표 15〉에서 알 수 있듯이 제조업 제품 전체의 국산화율(경상가격 기준)은 1985년 51.7퍼센트에 지나지 않았으나, 1995년에는 56퍼센트로 증가하였다. 중화학제품인 기초소재제품의 경우, 국산화율은 1985년에 38.0퍼센트에 지나지 않았으나 1990년에는 48.2퍼센트, 1995년에는 50.5퍼센트로 증가하였다. 또 조립가공제품의 경우에도 국산화율은 1985년에는 45.5퍼센트에 불과하였으나 1990년에는 54.2퍼센트, 1995년에는 54.3퍼센트로 증가하였다.

그렇지만 중화학공업 제품의 국산화율은 1990년을 고비로 그 이후에는 그리 눈에 띄게 개선되는 기미를 보이지 않고 있음을 알 수 있다. 이는 그동안 진전된 중화학공업화가 국민경제 내부의 분업연관을 현저히 그리고 지속적으로 높이는 데에는 한계가 있었고, 그 결과 중화학공업화의 진전이 국산화율을 높이는 효과 또한 제한적일 수밖에 없었음을 말해주고 있다.

이상과 같은 사실은 〈표 16〉에서도 다시 확인할 수 있다. 중화학공업업종 중 기초소재업종의 경우, 경상가격을 기준으로 계산된 수입유발계수는 1985년에는 0.483이었으나, 1990년에는 0.386, 1995년에는

0.349로 감소하였다. 또 조립가공업종의 경우에도 그것은 1985년에는 0.388이었으나, 1990년에는 0.323, 1995년에는 0.309로 감소하였다. 이로부터 중화학공업부문의 수입유발계수는 1985년 이후 지속적으로 감소하였음을 알 수 있다. 중화학공업화 정책 초기의 수입유발적 산업구조가 중화학공업화의 진전과 더불어 조금은 개선되었다고 볼 수 있다.

그렇지만 비록 한국의 수입유발적 산업구조가 개선되었다고 할지라도, 현재의 산업구조는 선진국의 그것에 비해 매우 취약한 것이다. 〈표 17〉에서 알 수 있듯이, 일본 중화학공업의 업종별 수입유발계수(1988)는 그 대부분을 수입원료에 의존하고 있는 석유 및 석탄제품을 예외로 한다면, 화학제품은 0.107, 제1차금속은 0.204, 일반기계는 0.073, 전기 및 전자기기는 0.083, 수송기계는 0.074에 불과하다.

이는 그동안의 중화학공업화 정책이 건실한 중화학공업부문의 중소기업들이 광범위하게 성장하는 토대 위에서 추진되지 않고, 일부 재벌 대기업에 대한 편중·특혜 지원에 입각하여 추진되는 등 국내적 분업 연관 없이 이루어진 결과라 할 수 있다.

2) 재벌 위주의 경제구조

2절에서 재벌들이 정부의 중화학공업화 정책에 편승하여 정부로부터 재정·금융 지원을 받아 급속히 성장하였을 뿐만 아니라, 이들 재벌이 부실기업의 인수를 통해서도 외형을 확대해 왔음을 알 수 있었다. 이하에서는 이렇게 형성된 중화학공업 중심·재벌 위주 경제구조의 특성을 살펴보기로 한다.

(1) 재벌체제의 공고화

오늘날의 재벌들은 1970년대 정부에 의해 추진된 중화학공업화 정책을 통해 구조화·공고화되었다. 즉 이 시기에 정부의 중화학공업화 정책에 편승한 기업들은 다음 시기에 한국의 주요한 재벌로 성장하였고, 이들의 지위는 그 과정에서 안정화되었다.

〈표 18〉은 1960년의 10대 재벌 중 삼성, 대한전선, LG, 극동해운만이 1972년의 10대 재벌에 포함되었으며, 1972년의 10대 재벌 중에서는 삼성, LG, 한진, 쌍용, 현대, 한국화약만이 1979년의 10대 재벌에 포함되었다는 사실을 보여주고 있다. 즉, 1960~70년대에는 경제의 양적인 팽창 속에서 재벌들의 부침이 심하였음을 알 수 있을 것이다. 1960년 이후 20년 동안 계속해서 재벌의 형태를 유지한 것은 삼성과 LG뿐이다.

그렇지만 1979년의 10대 재벌은 국제를 제외한 모든 재벌이 1987년에도 10대 재벌에 포함되어 있다. 즉 1960년과 1972년의 10대 재벌 가운데 각각 4개와 6개만이 1972년과 1979년의 10대 재벌로 남은 것과 달리, 1979년의 10대 재벌 중에서는 9개가 1987년의 10대 재벌로 존속하고 있다. 1970~1980년대에 성장한 재벌들은 중화학공업부문에 참여하고 부실기업을 인수하는 등 정부가 추진한 중화학공업화 정책에 편승함으로써 자신의 재벌체제를 더욱 공고화·안정화하였으며, 이들의 지위는 1990년대에도 계속 유지되었다.

(2) 경제력집중의 심화

중화학공업화 정책을 통해 국민경제 내에서 재벌이 차지하는 비중은 급속히 증가하였다. 〈표 19〉에서 알 수 있듯이, 광업 및 제조업의 전체 출하액, 부가가치, 자산, 그리고 고용에서 30대 재벌이 차지하는 비중은 1970년대 동안 계속 증가하여 1980년대 초반에는 그 비중이 정점에 이르렀으며, 1980년대 중반 이후에도 매우 높은 수준을 유지하고 있다.

나아가 이들 재벌은 중화학공업 제품시장에서 높은 시장지배력을 행사하고 있다. 〈표 20〉에서 알 수 있는 것처럼, 매출액 기준 30대 재벌은 1987년에 화학물·석유 및 조립금속·기계장비 제품 시장에서 50퍼센트에 가까운 압도적 비중을 차지하고 있다. 또 비금속광물 및 제1차 금속 제품 시장에서도 각각 29퍼센트 및 40퍼센트에 가까운 비중을 차지하고 있다. 이들 제품이 바로 그동안 정부가 온갖 수단을 동원하여 중점적으로 육성해 온 중화학공업 부문의 제품임은 두말할 나위도 없다.

이를 더 구체적으로 살펴보면 다음과 같다. 〈표 21〉에서 1989년 현재 10대 재벌의 제조업 매출액의 규모는 매우 크다는 사실을 확인할 수 있다. 삼성의 매출액은 8조 6천억 원 그리고 현대의 매출액은 7조 4천억 원을 웃돌고 있다. 1988년의 정부예산이 18조 원이었음을 감안할 때, 그 규모가 얼마나 큰 것인지는 짐작할 수 있을 것이다. 더욱이 10대 재벌의 제조업 매출액은 조립금속·기계장비 그리고 화학물·석유 업종 등 중화학공업 업종에 편중되어 있다. 바로 이것은 중화학공업화 정책을 통해 재벌들이 중화학공업 부문에서 급속히 확장할 수 있었음을 말해 준다.

(3) 재무구조의 취약성

정부의 중화학공업화 정책에 편승하여 재벌들은 중화학공업 부문에 광범위하게 투자하였다. 중화학공업 투자에 소요되는 자금은 주식시장을 통해서라기보다는 주로 은행차입이나 차관도입을 통해 조달되었다. 자신의 소유권을 타인과 나누거나 회사의 재정상태를 노출시키는 것을 꺼려했던 재벌들은, 인플레이션율을 감안한 실질이자율이 마이너스인 상황 아래에서, 사내유보나 신주발행보다는 외부차입을 통한 자금조달을 더 선호하였다. 더욱이 재벌들은 은행차입이나 정부보증의 차관도입을 통해 대규모 투자에 수반되는 위험의 일부를 정부에 떠넘길 수 있었으므로, 이러한 자금조달 방식은 상대적으로 더 많은 규모의 외부차입을 유인하는 효과를 나타내었다. 그 결과 한국 재벌은 경영행태에서 부채의존·외형확장지향이라는 특성을 갖게 되었다.

〈표 22〉에서 보듯이, 우선 5대 재벌 제조업체의 부채비율(1997)은 현대 578.5퍼센트, LG 507.8퍼센트, 대우 474.7퍼센트, SK 457.7퍼센트, 그리고 삼성 371.6퍼센트이다. 이 수치는 일본 제조업체 평균치인 186.4퍼센트보다 2배 이상, 대만의 85.7퍼센트보다 4배 이상 크다. 일반적으로 부채 비율이 큰 기업의 경우, 수익성이 감소하면 해당 기업의 안정성이 급격히 저하되어 부실화가 초래될 뿐만 아니라 금융비용이 증가되기 때문에 기업의 경쟁력은 타격을 받게 된다. 결국 한국의 재벌 제조업체들은 일본이나 대만의 제조업체들보다 국제경제적 조건 변화에 따른 영향을 상대적으로 더 받게 되어 있다. 부채비율이 큰 관계로, 5대 재벌 제조업체의 경우 금융비용부담률도 큰 편이다. 대우의 경우 그것은 가장 커서 6퍼센트나 된다. 이 수치는 일본 제조업체 평균치의 6배나 된다. 앞에서 살펴본 것처럼, 지나친 부채의존적 경영행태로 말미암아 재벌 제조업체의 금융비용부담율은 매우 높아지게 되었으며, 이는 이들의 국제경쟁력을 저해하는 중요한 원인 가운데 하나가 되고 있다.

다음에 5대 재벌 제조업체의 유동비율은 일본 제조업체나 대만 제조업체의 그것보다 작음을 알 수 있다. 유동비율은 유동자산과 유동부채의 상대적 비율로서 기업의 단기적 채무지급능력을 나타내 주는 지표이다. 일반적으로 단기부채의 만기가 도래하면 이를 상환하거나 새로운 조건으로 연장해야 한다. 만약 연장이 어려운 상황 아래에서 상환에 사용할 수 있는 적절한 규모의 유동자산을 보유하고 있지 않다면, 기업은 유동성 위험에 직면하게 된다. 이 표에서 알 수 있는 것처럼, 일본 제조업체나 대만 제조업체는 평균적으로 유동부채액의 130퍼센트 수준에 이르는 규모의 유동자산을 보유하고 있는 반면, 한국의 5대 재벌 제조업체는 유동부채의 구모에 못 미치는 유동자산만 보유하고 있다. 따라서 한국의 5대 재벌 제조업체는 유동성 위험에 직면할 가능성이 높다.

결국 정부가 추진한 중화학공업화 정책과 이에 편승한 재벌들의 외부 차입에 주로 의존한 투자로 말미암아, 재벌기업 내부에는 부채의존·외형확장지향적 경영행태가 뿌리내리게 되었다. 나아가 부채의존적 경영행태에 기인하는 취약한 재무구조는 1990년대 말까지 지속되었다. 이러한 재벌기업의 과잉투자·과당경쟁 그리고 그 결과로서의 취약한 재무구조는 1997년 말 경제위기를 초래한 중요한 원인 가운데 하나였던 것이다.

5. 결 론

1973년 정부의 중화학공업화 선언을 기점으로 본격적으로 개시된 중화학공업화 정책은 대내적으로는 대기업 중심의 불균형성장을, 대외적으로는 중화학공업의 수출산업화를 지향하면서 추진되었다.

그 결과 중화학공업부문에 대한 대기업들의 경쟁적 진입과 동시에 막대한 규모의 설비투자가 이루어짐으로써 많은 부문에서 중복·과잉투자가 초래되었다. 1970년대의 중화학공업화 전략에 대한 근본적인 반성 없이 이루어진 1980년대 초의 중화학공업 투자조정은 1980년대 중반 이후 또 다른 산업부문에서 기업부실을 낳고 은행의 부실을 심화시켰다.

　사실 중화학공업화 정책은 1970년대 이후 시행된 가장 중요한 경제정책들 가운데 하나였을 뿐만 아니라, 그 이후 한국경제의 발전방향을 규정한 중요한 정책이었다. 당면한 주요 경제적 과제인 경제력집중 및 정부규제의 완화, 기업 및 은행의 부실 해소, 그리고 국제경쟁력 확보와 관련된 문제 모두가 중화학공업화 정책에 연유하고 있는 것이다.

　나아가 중화학공업화 과정에서 나타난 재벌들의 부채의존적 경영형태는 그 이후에도 계속 온존되었으며, 결국 재벌들의 취약한 재무구조로 귀결되었다. 재벌의 과잉투자·과당경쟁과 그로 인한 취약한 재무구조는 1997년 말 경제위기에 하나의 중요한 원인을 제공하였던 것이다.

〈표 1〉 〈제3차 경제개발 5개년계획〉과 〈우리경제의 장기전망〉의 비교

특　　　　징	제3차 경제개발 5개년계획		우리경제의 장기전망	
	안정과 균형에 역점		물동계획적	
G N P 성 장 률	1972~76년	8.6%	1972~76년 1977~81년	9.0% 11.0%
1 인 당　G N P	1976년	389달러	1976년 1981년	488달러 983달러
수　　　　출	1976년	35억 달러	1976년 1981년	44억 7백만 달러 109억 7천만 달러
중화학공업 / 제조업부가가치	1970년 1976년	35.9% 40.5%	1972년 1976년 1981년	35.2% 41.8% 51.0%
중화학공업제품/ 공 산 품 수 출	1972년 1976년	23.3% 33.3%	1972년 1976년 1981년	27.0% 44.0% 65.0%
산　업　정　책	산업별 수요예측과 생산목표·투자계획을 제시. 전략산업을 지정하지 않음.		6개 산업(철강, 비철금속, 조선, 기계, 전자, 화학)을 전략산업으로 지정.	

자료: 대한민국정부, 〈제3차 경제개발 5개년계획〉, 1971.
　　　경제기획원, 〈우리경제의 장기전망(1972~81)〉, 1973.

〈표 2〉 연도별 공산품 수출계획(상공부)

(단위: 백만 달러, %)

연도 구분	1973 금액	비중	1975 금액	비중	1977 금액	비중	1979 금액	비중	1980 금액	비중
공 산 품	2,080	100.0	3,370	100.0	5,100	100.0	7,620	100.0	9,300	100.0
1. 중화학제품	650	31.3	1,330	39.5	2,460	48.2	4,300	56.4	5,630	60.5
가. 화학제품	85		160		251		365		445	
나. 금속제품	150		250		435		725		930	
다. 일반기계	22		40		124		305		450	
라. 전기기계	323		660		1,100		1,900		2,400	
마. 운반기계	70		220		550		1,005		1,405	
2. 경공업제품	1,430	68.7	2,040	60.5	2,640	51.8	3,320	43.7	3,670	39.5
가. 섬유류	860		1,230		1,640		2,050		2,280	
나. 기 타	570		810		1,000		1,270		1,390	

자료: 대통령비서실, 《공업구조개편론》, 1973.

〈표 3〉 중화학공업 부문별 · 재원별 투자 실적(1973~79)

	내자(백만 원)	외자(천 달러)	내·외자 계 (백만 원)
1 . 시 설 투 자	2,006,648	3,158,672	3,552,804
가. 철 강 공 업	601,319	1,374,939	1,268,164
나. 비 철 강 공 업	112,634	177,866	199,447
다. 조 선 공 업	150,067	120,698	208,605
라. 화 학 공 업	492,750	1,211,995	1,095,357
마. 기 계 공 업	452,394	258,120	577,521
바. 전 자 공 업	196,484	15,054	203,710
2 . 지 원 시 설	200,737	−	200,737
3 . 기 지 조 성	154,882	−	154,882
4 . 인 력 개 발	71,214	56,395	98,565
5 . 연 구 개 발	89,785	79,823	128,807
합 계	2,523,266	3,294,890	4,135,795

자료: 중화학공업추진위원회기획단, 《중화학공업추진현황》, 1908. 7.

〈표 4〉 국민투자기금 중 중화학공업 지원 규모 (1974~80)

(단위: 억 원, %)

구분 연도	국민투자기금액(A)	중화학공업지원액(B)	B/A
1974	626	343	54.8
1975	1,066	477	44.7
1976	1,607	938	58.4
1977	2,013	1,485	73.8
1978	3,626	2,523	69.6
1979	4,397	3,152	71.7
1980	4,384	2,967	67.7
합계	17,719	11,885	67.1

자료: 재무부, 《재정투융자백서》, 1982.

〈표 5〉 중화학공업부문에 대한 조세지원기준

	내국세	관 세
철 강	제철·제강 일관제철 (연 10만 톤 이상)	제철·제강·압연 일관제철 (연 20만 톤 이상)
화 학	나프타분해공업, 석유화학유틸리티사업	7개 업종
비 철	동광(연 3만 톤)	모든 제련 및 정련업
금 속	연광(연 1만 톤)	
기 계	22개 품목	일반기계 14개 품목
조 선	3천 톤급 이상의 도크 조선대	1천 톤 이상의 철동선 등
전 자	11개 품목 30개 부품	20개 품목 14개 재료

자료: 경제기획원, 《경제백서》, 1981.

〈표 6〉 중화학공업 투자에 참여한 기업(1978)

업 종		참여기업명
중 전 기	전　　　기*	현대·대우·효성·조선공사
	비　전　기*	현대·대우·삼성
수 송 기 기	자　동　차	현대·대우·기아
	자 동 차 엔 진*	현대·대우·쌍용
	기　관　차	대우·조선공사
	조　　　선	현대·대우·삼성·조선공사
전	자	LG·삼성·대한
화	학*	삼성·LG·SK·한화

주: *는 각 산업 내의 참여자가 한 상품 또는 상품그룹에 독점적 지위를 보장받음.

〈표 7〉 기업자금의 원천(1972~79)

(단위: %)

	사내유보	신 주	부 채			
				금융기관	차 관	기 타
1972	29.0	16.0	55.0	34.8	13.0	7.2
1973	32.0	12.9	55.1	33.5	13.9	7.7
1974	26.5	8.5	65.0	39.0	11.9	14.1
1975	23.7	10.8	65.5	26.8	28.4	10.3
1976	28.8	14.2	57.0	28.9	19.2	8.9
1977	30.1	13.7	56.2	30.3	13.2	12.7
1978	23.5	15.8	60.7	41.4	5.4	13.9
1979	21.1	9.0	69.9	40.1	11.4	18.4

자료: 한국은행, 《자금순환계정》.

〈표 8〉 주요 재벌의 부실기업 인수 현황(1973~79)

재 벌	인수기업명
현 대	인천제철·대한알미늄
삼 성	한국엔지니어링
L G	삼양해운
대 우	한국기계·신진자동차·옥포조선·원림상사·풍한
효 성	한양중공업·진일공업·대성목재
국 제	연합철강

〈표 9〉 산업별 수입유발계수 및 최종수요별 수입유발계수

(1970 및 1980)

		1970	1980
산업별 수입유발계수	중 화 학 공 업	0.36	0.50
	경 공 업	0.28	0.29
	전 산 업	0.16	0.28
최종수요별 수입유발계수	소 비	0.13	0.23
	투 자	0.39	0.42
	수 출	0.26	0.38

자료: 한국은행, 《1980년 산업연관표 작성보고》, 1983.

〈표 10〉 중화학공업부문 40개 대기업 및
한국전력의 자금 소요액 및 조달내역(1970~80)

(단위: 10억 원)

	1979년			1980년		
	중화학	한국전력	합 계	중화학	한국전력	합 계
자금소요액	1,907	1,086	2,993	1,698	1,448	3,146
자체조달액	562	335	897	551	408	959
외자조달액	554	505	1,059	395	681	1,076
내자차입액	791	246	1,037	753	359	1,112
부 족 액	483	50	532	363	119	482

주: 중화학공업부문 40대 대기업 중 주요 기업은 다음과 같았다(괄호안은 업종).
　　(금속)포항제철, 종합특수강, 대한중기, 고려아연, 온산동제련, (기계) 현대양행, 삼성
　　중공업, 현대에지, 쌍용중기, 강원산업, (자동차) 현대, 기아, 새한, (조선) 옥포, 삼성,
　　(전자) 금성사, 삼성전자, 삼성전관, 삼성코닝, 오리온전기, (화학) 호남에칠렌, 호남
　　석유, 삼성석유, 전해공장, 동해펄프, 남해화학, 고려합섬, 옥타놀, 현대카프로락탐,
　　(시멘트) 쌍용, 삼신, 한라, 현대, (정유) 유공, 호유, 한이, 경인.
자료: 경제기획원, 〈중화학공업추진의 당면과제와 대책〉, 1979. 8.
　　　한국개발연구원, 《경제안정화시책자료집》, 1981.

〈표 11〉 중화학공업부문 40개 대기업
및 한국전력의 시설투자액 중 차입금의 비중(1979~80)

(단위: %)

연 도	구 분	차입금 비중
	중화학공업 40개 대기업	99.0
1979년	한국전력	91.9
	계	96.4
	중화학공업 40개 대기업	108.9
1980년	한국전력	99.7
	계	104.3

자료: 경제기획원, 〈중화학공업추진의 당면과제와 대책〉, 1979. 8.; 한국개발연구원,
　　　《경제안정화시책자료집》, 1981.

〈표 12〉 중화학공업 투자조정의 내용

분 야	업 체	조정내용
발전설비 및 건설중장비	- 현대양행	-대우에 흡수통합
	- 대우중공업	- 발전설비·건설중장비 생산업체로 육성
	- 현대중공업	- 대우에 발전설비 흡수통합
	- 삼성중공업	- 보일러전문업체화

자동차	– 새한자동차	– 현대에 통합
	– 기아산업	– 중차량생산 전문업체화
	– 현대자동차	– 승용차 독점생산
	– 아세아자동차	– 기존 생산체제 유지
	– 동아자동차	– 기존 생산체제 유지
중전기기	– 효성중공업	– 초고압 변압기·차단기
	– 쌍용전기	– 효성에 흡수통합
	– 코오롱종합전기	– 효성에 흡수통합
	– 현대중전기	– 수출용 선박용 등 자체수요
	– 금성계전	– 소형전문
	– 신한전기	– 소형전문
	– 대명중전기	– 소형전문
	– 이천전기	– 효성에 통합 또는 소형전문
전자교환기	– 한국전자통신	– 제1기종(미국 ITT/BTM 제휴)
	– 동양정밀	– 농어촌 전자교환기
	– 금성반도체	– 제2기종(미국 W.E. 제휴)
	– 대한통신	– 기계식 사설 교환기
디젤엔진	– 현대엔진	– 기존 생산체제 유지
	– 쌍용중기	– 6천 마력 이하
	– 대우중공업	– 차량용 전문
동제련	– 한국광업제련	– 금성·대한 지분 각 29%, 풍산 13%
	– 온산동제련	– 한국광업제련에 통합

자료: 산업은행, 《산업금융제도 재정립에 관한 특별연구》, 1980.

〈표 13〉 총산출액 중 중공업 및 중화학공업의 비중

(단위: %)

연도 \ 구분	경공업	중화학공업	합 계
1970	70.5	29.5	100.0
1975	58.5	41.5	100.0
1980	48.4	51.6	100.0
1985	43.5	56.5	100.0
1990	38.9	61.1	100.0
1995	30.2	69.8	100.0

자료: 한국은행, 《산업연관표》

〈표 14〉 제조업 부문별 부가가치증가율 및 자본형성률(1966~85)

(단위: %)

		제조업 전체	중화학공업	경공업
연평균 부가가치 증가율	1966~70	21.0	23.2	17.8
	1970~78	18.5	30.0	15.9
	1978~85	7.4	10.3	6.1
연평균 자본형성률	1966~70	11.6	11.0	11.8
	1970~78	18.3	24.9	15.4
	1978~85	9.5	11.0	8.3

자료: Stern, Joseph J. et al. *Industrialization and the State: The Korean Heavy and Chemical Industry Drive*, Harvard Institute for International Development, 1995, pp. 68~70.

〈표 15〉 제조업 제품별 국산화율

(단위: %)

		제조업 제품	기초소재제품	조립가공제품	소비재제품
1985	경 상	51.7	38.0	45.5	63.0
	불 변	60.9	49.0	50.7	70.7
1990	경 상	57.3	48.2	54.2	65.0
	불 변	58.7	51.1	55.1	65.8
1995	경 상	56.0	50.5	54.3	62.9

주: 1) 국산화율=
　　　1-(수입중간투입액+국산 중간투입에 의해 유발된 수입액)/총중간투입액.
　　2) 기초소재제품: 석유·석탄, 화학, 비금속·광물, 제1차 금속, 금속
　　　조립가공제품: 일반기계, 전기·전자기기, 정밀기기, 수송장비
　　　소비재제품: 음식료품, 섬유·가죽제품, 목재·종이제품, 인쇄·출판 및 복제
자료: 한국은행 조사부, 〈'85-'90-'95년 접속불변산업연관표 개요〉, 1998. 12.

〈표 16〉 제조업 업종별 수입유발계수

		제조업 제품	기초소재제품	조립가공제품	소비재제품
1985	경 상	0.364	0.483	0.388	0.279
	불 변	0.296	0.379	0.376	0.224
1990	경 상	0.312	0.386	0.323	0.261
	불 변	0.310	0.360	0.343	0.259
1995	경 상	0.304	0.349	0.309	0.257

주: 1) 수입유발계수
　　　=(최종수요 항목별 수입유발액+수입액)/항목별 최종 수요액(국산+수입)
　　2) 기초소재제품, 조립가공제품, 소비재제품은 〈표 15〉와 동일
자료: 〈표 15〉와 동일

〈표 17〉 일본 중화학공업의 업종별 수입유발계수(1988)

	수입유발계수
화학제품	0.107
석유·석탄제품	0.378
제1차 금속	0.204
금속제품	0.093
일반기계	0.073
전기·전자기기	0.083
정밀기계	0.082
수송기계	0.074

자료: 한국은행, 《1990년 산업연관표작성보고서》, 1993.

〈표 18〉 시기별 10대 재벌

1960	1972	1979	1987
삼성	삼성	현대	현대
삼호	LG	LG	삼성
개풍	한진	삼성	LG
대한전선	신진	대우	대우
LG	쌍용	효성	SK
동양시멘트	현대	국제	쌍용
극동해운	대한전선	한진	한화
한국유리	한화	쌍용	한진
동립산업	극동해운	한화	효성
태창방직	대농	SK	롯데

자료: 학현 변형윤박사정년퇴임기념논문집간행위원회, 《경제민주화의 길》, 1992, p. 67.

〈표 19〉 광업 및 제조업의 출하액 · 부가가치 · 자산 · 고용에서 30대 재벌이 차지하는 비중

(단위: %)

	출하액	부가가치	자 산	고 용
1978	34.1	−	−	−
1980	36.0	−	−	−
1982	40.7	33.2	37.2	18.6
1984	40.3	33.5	40.3	18.1
1986	37.7	32.4	39.1	17.2
1988	35.7	30.4	37.3	16.9
1990	35.0	30.0	32.2	16.0

자료: KDI, *The Korean Economy 1945~1995; Performance and Vision for the 21st Century*, 1997, p. 459.

〈표 20〉 제조업 업종별 5대 및 30대 재벌의 매출액 비중(1987)

(단위: %)

	5대	30대
음식료품업	9.9	26.2
섬유·의복	6.3	20.4
목재	2.8	6.2
종이·인쇄·출판	5.6	17.2
화학물·석유	27.4	49.0
비금속광물	6.3	28.9
제1차금속	9.9	39.2
조립금속·기계장비	40.9	49.2
기타제조업	1.4	1.5

자료: 한국개발연구원, 《기업집단과 경제력 집중》, 1990.

〈표 21〉 10대 재벌의 제조업 업종별 매출액(1989)

(단위: 백억 원)

	삼성	현대	LG	대우	선경	쌍용	기아	한진	롯데	효성	합계
음식료품업	80	0	0	0	0	0	0	0	86	0	166
섬유·의복	73	0	0	0	0	0	0	0	0	75	148
목재·종이	23	20	0	0	0	12	0	0	2	0	57
화학물 석유	29	0	360	0	330	64	0	0	30	13	826
비금속광물	22	0	0	0	0	61	0	0	0	0	83
제1차금속	0	85	58	0	0	0	0	0	8	0	152
조립금속 기계장비	639	643	495	418	0	48	294	0	16	27	2,580
합계	866	748	913	418	330	185	294	0	142	115	4,011

자료: 경영능률연구소, 《한국50대기업 그룹 재무분석자료집》, 1990, p. 52.

〈표 22〉 5대 재벌 제조업체의 주요 재무비율

(단위: %)

	부채비율	금융비용부담율	유동비율
현대	578.5	4.49	89.8
삼성	371.6	3.51	88.6
대우	474.7	6.05	101.0
LG	507.8	3.66	92.5
SK	457.7	4.35	85.6
일본	186.4	0.9	129.8
대만	85.7	2.2	129.4

주: 한국과 일본은 1997년 기준, 대만은 1995년 기준임.
자료: 한국은행, 《기업경영분석》

참고문헌

경제기획원, 〈우리경제의 장기전망(1972~81)〉, 1973.

__________, 《경제백서》, 1981.

공정거래위원회, 《공정거래백서》, 각년도판.

국무총리기획조정실, 《중화학공업의 오늘과 내일》, 1973.

__________________, 《중화학공업건설에 관한 연구》, 1975.

대통령비서실, 《공업구조개편론》, 1973.

대한민국정부, 〈제3차 경제개발 5개년계획〉, 1971.

산업은행, 《산업금융제도 재정립에 관한 특별연구》, 1980.

상공부, 《중화학투자조정의 내용 및 운용방안》, 1985.

은행감독원, 《은행경영통계》, 각연도판.

재무부, 《재정투융자백서》, 1982.

중화학공업추진위원회기획단, 《중화학공업육성정책》, 1973.

__________________________, 《한국공업화발전에 관한 조사연구(Ⅰ)》, 1979.

__________________________, 《한국공업화발전에 관한 조사연구(Ⅱ)》, 1979.

__________________________, 《한국공업화발전에 관한 조사연구(Ⅲ)》, 1979.

__________________________, 《중화학공업추진현황》, 1980.

한국개발연구원, 《경제안정화시책자료집》, 1981.

____________, 《국가예산과 정책목표》, 1981.

____________, 《기업집단과 경제력집중》, 1990.

한국산업개발연구소, 《한국공업화발전에 관한 조사연구(Ⅰ)》, 1978.

__________________, 《한국공업화발전에 관한 조사연구(Ⅱ)》, 1978.

한국은행, 《자금순환계정》, 각연도판.

______, 《산업연관표》, 각연도판.

______, 《기업경영분석》, 각연도판.

______, 《1980년 산업연관표 작성보고》, 1983.

______, 《1990년 산업연관표 작성보고》, 1993.

______조사부, 〈'85~'90~'95년 접속불변산업연관표개요〉, 1998. 12.

변형윤, 〈한국경제발전의 전개과정〉, 《경제논집》 제29권 제2호, 1990.

______ 편, 《한국경제론》, 유풍출판사, 1995.

학현 변형윤박사정년퇴임기념논문집간행위원회, 《경제민주화의 길》, 비봉출판사, 1992.

KDI, *The Korean Economy 1945~1995; Performance and Vision for the 21st Century*, 1997.

Stern, Joseph J. et al. *Industrialization and the State: The Korean Heavy and Chemical Industry Drive*, Harvard Institute for International Development, 1995.

《학술원논문집》(제39집, 2000)

《한국경제의 전개과정》[*]
: 경제현실의 역사적 · 구조적 분석

1

최근 몇 년간에 걸쳐 한국경제는 그동안 쌓여온 여러 심각한 문제들이 급격하게 현재화됨으로써 매우 어려운 국면에서 헤어나지 못하고 있다.

지난 20년간에 걸쳐 시행되어온 경제성장에 편중한 개발정책은 물가의 안정, 소득의 평등분배, 경제의 자립성 등 더 중요한 개발목표를 거의 고려하지 않은 가운데 추구되어옴으로써 오늘날과 같은 고도의 인플레이션, 빈부의 격차, 경제의 대외종속성이라는 지극히 부정적인 여러 현상을 야기시켜왔다. 개발과정에서 누적·심화된 이러한 현상들은 결과적으로 경제성장이라고 하는 지금까지의 개발목표 그 자체의 추구마저도 불투명하게 하는 제약요인으로 등장하게 되었다. 이 결과 최근 몇 년간 한국경제는 침체의 늪에서 헤어나지 못하게 되었고 심

---

[*] 김병태 외 저,《한국경제의 전개과정》, 돌베개, 1981.

지어 마이너스로까지 성장률이 떨어지고 만 것이다.

이러한 상황이 전개됨에 따라 일반 국민의 경제생활에도 어느 때보다도 깊은 그림자가 깔리게 되었고, 그만큼 경제정책이나 경제학에 부여된 사명 또한 커지게 되었다. 그러나 한국경제를 이러한 방식으로 주도해온 경제정책 관료들뿐만 아니라 그 방식에 끊임없는 의문과 비판을 제기해온 여러 경제학자들 또한 이러한 상황을 타개할 수 있는 분명한 비전이나 시원스런 해결책을 제시하기가 무척이나 어려운 일로 되고 있는 것 같다.

그럼에도 그와 같은 비전이나 해결책을 제시하는 것은 한국의 경제학자들에게는 피할 수 없는 하나의 책임이 될 것이다. 그런데 그와 같은 일은 작금의 경제현실 그 자체의 현상분석을 통해서는 가능하지 않을 것이고, 시야를 더 확대하여 지금까지 한국경제를 규정 지워온 역사적 요인들을 살펴보고, 거기에 기초하여 지금의 한국경제를 구조적으로 해석하는 역사적·구조적 분석을 통해서라야 더 정확하게 이루어질 수 있을 것이다. 왜냐하면 지금 우리가 겪고 있는 경제적인 어려움은 지난 20년간의 경제개발 과정, 나아가 해방, 혹은 그 이전에까지 거슬러 올라가는 기간 동안에 파생되어온 여러 모순이 구조적으로 고착된 것의 현상·형태 이외의 다른 것이 아니기 때문이다. 문제 해결이 다급한 이런 때일수록 더 차분하고 깊이 있게 문제를 성찰해가는 슬기가 필요하고, 이렇게 함으로써만이 더 정확한 해결책이 제시될 수 있는 것이다.

이런 의미에서 이번에 《한국경제의 전개과정》이 나온 것은 여러 가지로 뜻있는 일이라고 할 수 있다. 이 책은 제목이 시사하는 바대로, 해방 이후 오늘날에 이르기까지 한국경제의 흐름을 각 분야에 걸쳐 역사적·구조적 안목에서 해명한 여러 경제학자들의 글을 하나의 체계속에 수록해 놓은 것이다. 더구나 각각의 논문이 씌어진 시기가 1980년으로 통일되어 있어서 동시대성이 부각되어 있고, 이 시대의 경제적 한계를 극복하고 앞으로 전개될 80년대 한국경제의 미래를 가늠해 볼 더없는 척도가 될 수 있을 것이다.

2

이 책은 여러 경제학자들에 의해 집필되긴 했지만, 문제를 보는 시각 즉 관점이 대체로 통일되어 있는데, 그것은 앞서 밝힌 대로 경제현실에 대한 역사적·구조적 분석시각이다. 그리고 그 시각이 일정한 경제이론에 기반을 둔 심화된 분석으로 연결되고 있다는 점이 이 책에서 돋보이고 있는 특징의 하나이다. 곧 이 책에 수록된 논문들은 대체로 봐서 기존의 현실분석에서 흔히 보이던 이론적인 취약성을 벗어나 현실분석과 경제이론이 적절히 연결되어 있다.

이 책의 체계는 크게 3부로 나뉘어져 있다. 그리고 제1부에서는 지금의 경제상황을 규정하고 있는 배경으로서의 역사적 요인들이 분석되고 있다. 즉 식민지, 미군정, 제1공화국의 경제에 대한 분석인 것이다. 제2부에서는 지금의 경제현실이 분야별로 다루어지면서 그것의 문제점들이 지적되고 있다. 독점자본의 문제, 수출·외자주도의 개발정책의 문제, 중소기업문제, 농업문제 등이 그것이다. 마지막 제3부에서는 제1부와 제2부에서 밝혀진 문제점들을 기초로 한국경제의 미래에 대한 비전이 모색되어 있다. 즉 성장이익의 균점, 자립경제의 실현 등이 그것이다.

이 책의 내용을 논문별로 보면 다음과 같다.

〈제1부〉. 먼저 〈일제의 조선지배와 수탈구조〉와 〈식민지 경제의 성격과 분단의 경제적 의의〉의 두 논문은 일제의 경제 수탈구조와 식민지 반봉건사회로서 일제하 한국 경제구조에 대한 분석이다. 〈농지개혁의 평가와 반성〉은 농지개혁법과 농지개혁사업에 대한 평가를 통해서 그것이 갖는 사회경제적 의의를 고찰하고 있다. 〈미국의 경제원조의 성격과 그 경제적 귀결〉은 원조를 선진국의 국가독점자본의 한 운동양태로 파악하고 미국원조가 한국경제에 끼친 영향을 분석하고 있다.

마지막의 〈한국자본주의 형성의 특수성〉은 귀속재산의 분배·관리·불하·원조 등을 농업과 공업에 대한 것으로 나누어 그것이 얼마나 이율배반적으로 실행되었는가를 입증하고 있다.

〈제2부〉. 먼저 〈경제성장과 독점자본〉에서는 1950년대에 귀속재산 불하와 원조물자를 기초로 성립된 전기적 독점자본이 1960년대 이후 경제개발에 따르는 재정 투융자와 차관 등과 결부되어 재편성된 역사적 과정이 한국자본주의의 구조적 특질과 관련하여 분석되고 있다.

〈수출·외자주도개발의 발전론적 평가〉는 이른바 주류경제학의 수출·외자성장론을 비판적으로 고찰하고 수출·외자주도의 개발정책을 종속이론의 시각에서 평가하고 있다. 〈독점자본과 중소기업〉에서는 본질론적 또는 발생사론적 방법을 기초로 하여 독점자본 일반의 논리와 중소기업, 후진자본주의에서의 중소기업, 자립경제 확립과 중소기업 등의 문제가 차례로 분석되고 있다. 마지막의 〈외향적 경제발전과 농업정책〉은 국민경제의 안정적 발전이란 시각과 관련하여 한국농업의 주요한 구조적 문제들이 검토되고, 우리가 가진 구체적인 조건 속에서 농업과 경제발전의 관계가 어떻게 정립되어가야 할 것인가라는 문제를 다루고 있다.

〈제3부〉. 먼저 〈한국 노동운동의 역사적 과제와 방향〉에서는 한국 노동운동이 일제하에서부터 오늘날에 이르기까지 전개되어온 역사적 과정을 고찰하고 복지사회 건설을 지향하는 노동운동의 방향을 설정하고 있다. 〈국민소득의 분배와 귀결〉은 자본주의의 본질과 소득분배의 관련성을 고찰하고 자본주의의 변질과정에서 분배문제가 어떻게 되었는가를 고찰함으로써, 수정된 자본주의체제로서의 한국경제에서 분배문제 해결의 바람직한 방향을 모색하고 있다. 마지막의 〈자립경제의 실현을 위한 모색〉은 이 책의 결론에 해당하는 것으로서, 자립경제의 실현을 불가능하게 한 여러 요인들이 역사적으로 분석되고, 자립경제의 개념과 내용, 그리고 그것의 실현을 위한 전제조건들이 제시되고 있다.

3

지금까지 이 책의 시각 체계 그리고 내용을 살펴보았지만, 무엇보다도 이 책에서는 한국경제의 기본과제를 대외적인 종속과 대내적인 불평등의 해소에 두고 있고, 그 과제의 해결을 위한 필자들의 진지한 노력이 함축되어 있다는 점이 지적되어야 할 것이다.

그러나 이 책에서는 자립, 분배의 문제와 더불어 한국경제가 안고 있는 기본문제 가운데 하나인 물가안정의 문제가 소홀히 취급되어 있다. 그리고 이 책에 수록된 논문들이 대체로 장기적인 비전은 선명하게 제시하고 있으나, 단기적인 해결책을 모색하는 데는 다소 미흡한 점이 엿보이고 있다. 이와 같이 안정의 문제가 소홀히 취급되고 실현 가능한 단기대책의 제시가 미흡한 것은 이 책을 집필한 필자들의 한계라기보다는 역사적·구조적 분석 그 자체의 한계라 할 것이다.

그리고 사소한 것이긴 하지만, 농업문제를 보는 시각이 이 책의 필자들 사이에 일치되지 않고 있다는 점도 지적될 수 있다.

이 책을 통해서 우리는 지나온 한국경제의 흐름을 총체적으로 재인식할 수 있을 뿐만 아니라, 구조적인 방향전환을 모색하는 장기적인 비전을 검토해볼 기회를 갖게 된다.

이 책에서 제시된 비전에 대한 여러 사람들의 진지한 검토가 이루어지고 그것이 하나의 방향으로 집중될 때 비로소 한국경제에 대한 단기적인 해결책이 올바르게 설정될 수 있을 것이다. 이런 의미에서 이 책은 충분히 검토·논의될 가치를 지닌다.

《신동아》(1981. 7)

《경제현실의 인식과 실천》[*]
: 우리 경제의 은폐된 문제점 파헤쳐

　사회적 실천에서 경제현실에 대한 정확한 인식을 갖는다는 것은 중요한 전제이다. 그리고 이런 것들은 그동안 관변의 경제학이 인간 사이의 사회적 관계와 사회적 실천을 사상한 채 경제계량만을 강조하고, 그렇게 함으로써 한국경제가 갖는 문제점을 은폐하여 내일에 대한 장밋빛 환상을 심으려고 했다는 데서 더욱 그러하다.

　《민족경제론》,《민중과 경제》,《한국자본주의 민족운동》등을 낸 바 있는 저자의 새 평론집인 이 책은 오늘날 우리에게 요구되는 사회적 실천과의 관련에서 한국경제의 현실을 더 정확히 인식하려는 노력의 산물이라고 할 수 있다.

　본서는 논문 수는 34개이고 제1부 근대화와 한국자본주의의 부침, 제2부 한국경제의 구조와 현실, 제3부 한국경제의 성장과 분배, 제4부 한국농업의 실상과 허상, 제5부 일본제국주의의 부활과 한국경제, 제6부 경제체제와 경제사상으로 구성되어 있는데, 저자는 이 책에서 오늘

---

[*] 박현채 저, 《경제현실의 인식과 실천》, 학민사, 1984.

날 한국경제에서 제기되고 있는 문제들에 대해 저자 나름의 분석과 평가를 제시하고 있다.

저자도 말하고 있는 것처럼 의도적인 저작이 아니라는 데서 논리적인 체계나 일관성에서 문제가 있고 평론집인 데서 오는 한계가 있는 것은 부인할 수 없으나, 한국경제가 안고 있는 문제들에 대한 독자적인 시각이 뚜렷이 제시되고 있다는 데서 경제현실의 인식에 크게 도움이 되리라고 본다.

《동아일보》(1985. 2. 11)

'70년대 국내경제정세의 전망

지난해는 두말할 것 없이 물가등귀, 국제수지 악화, 경기불황과 대결한 해라고 해도 지나친 말이 아니다. 사실 정부는 지난 해 초에 물가안정, 국제수지개선, 경기회복을 위한 종합경제정책을 발표한 바 있고 또 그 뒤 몇 차례 그것을 보완한 바 있다. 그러나 그동안의 고도성장은 물가안정, 국제수지개선, 경기회복을 마(魔)의 3제로 만들고 말았다. 즉 그것은 우리나라 경제의 경기회복을 소홀히 할 수 없으면서도, 확대정책을 재현함으로써 물가안정, 경기회복의 목표를 희생시킬 수도 없는 딱한 처지로 몰아넣고 말았다. 따라서 종합경제정책도 별로 효과를 거두지 못했다.

이에 마침내는 지난해 8월 3일을 기하여 8·3긴급경제조치가 취해지게 되었다. 이 조치는 사채동결, 금리인하, 단기고리대출의 장기저리대환, 산업합리화자금의 과감한 방출, 금융기관을 통한 과감한 자금방출, 물가상승률의 3퍼센트 안팎으로의 억제, 환율의 달러당 400원 선 유지, 기업경영 및 산업합리화의 강력한 촉구 등을 주 내용으로 하고 있다. 따라서 이 조치는 기업의 생산활동의 자극, 유효수요의 창출, 물가안정, 국제경쟁력의 강화에 의한 수출확대를 도모함으로써 마의 3제를 일거에 해결해 보려고 한 조치라고 할 수 있다. 이 조치로 인해 확대 정책으로의 방향전환이 명시된 것은 사실이다.

그런데 확대정책의 추구는 1981년 1인당 GNP 1천 달러, 1980년 수출 1백억 달러의 장기계획목표의 제시를 통해서 더욱더 뚜렷해졌다. 그리고 지난해에는 새마을 사업의 거국적인 추진이 있었고 또 지난해 후반기에는 주로 해외시장의 사정에 의해서 수출이 호조를 나타내었다. 그리하여 후반기에 물가안정, 경기회복의 기미가 나타나기 시작했다. 이에 더해서 지난해에는 수출이 호조를 나타낸 데다가 정부의 노력에도 기인하지만 주로 경기불황에 기인해서 수출이 별로 크게 증가하지 않음으로써 국제수지가 그리 크게 악화되지 않았다.

올해 즉 1973년은 3차 계획의 제2차 년도이면서 1981년 1인당 GNP 1천 달러, 1980년 수출 1백억 달러를 목표로 하는 장기계획의 제1차년도, 즉 장기목표를 위한 기반조성의 해이며 새마을사업 4개년계획의 제1차년도이기도 하다(〈부표〉 참조). 따라서 올해의 GNP성장률은 원계획의 8.5퍼센트에서 9.5퍼센트로 늘었고 수출도 원계획의 21.19억 달러에서 23.5억 달러로 늘었다. 그리고 수출목표액을 달성하기 위한 산업구조 개편에 약 10억 달러의 설비투자가 이루어지고 새마을사업의 추진을 위해서 3,686억 원을 투자하게 되었다. 그리하여 총투자는 지난해의 0.5퍼센트의 감소에 비해서 24.5퍼센트의 증가를 나타내는 9,977억 원에 이르고 있다. 그리고 지난해에 비해서 대폭 증가된 약 10억 달러의 외자도입이 행이루어지게 되어 있다. 거기에다가 지난해의 8.3조치로 1,525억 원이나 통화량이 증가되었고 건축붐 조성을 위한 노력에 더해, 적극적인 외자도입, 현금차관, 부동산투기 억제완화, 물가안정을 위한 지원, 수입확대 등이 추구되고 있다.

따라서 이러한 점에서 볼 때 수출만 계속 호조를 보인다면 올해엔 비교적 뚜렷한 경기회복이 있을 것으로 전망된다고 할 수 있다. 그러나 올해부터 장기경제안정계획이 실시되며 또 올해에는 다음과 같은 안정정책이 강력히 시행된다. 즉 올해에는 ① 건전재정의 계속과 예산의 효율적인 운용 ② 소비의 건전화를 통한 저축증대 ③ 통화량의 탄력적인 운용을 통한 통화가치안정 ④ 환율의 달러당 4백 원 선 유지 ⑤ 농산물가격의 적정선 유지 ⑥ 공공요금 인상불허 ⑦ 기업의 생산성 증대 ⑧ 유통구조 개선과 비축제 확대를 주 내용으로 하는 안정기반의 공고화정책,

① 소비절약 ② 기업의 공개 및 자본시장 육성 ③ 금리조정 ④ 농촌의 신용조합운동 촉진 ⑤ 우편저축 보급 ⑥ 국민저축조합의 적극적 확대 ⑦ 보험인구의 저변 확대 및 신종보험의 창안 보급 등을 주 내용으로 하는 저축증대 정책,

① 국내여신 24퍼센트, 총통화 24.7퍼센트 증가 ② 금융기관의 설비자금 공급 적극 확대 ③ 기준율 인상 조정 및 공개시장 조작 ④ 외화예치제 실시 ⑤ 양곡기금 운용방식 합리화 ⑥ 자금공급의 계절적 평준화 등을 주 내용으로 하는 안정적 통화신용정책 등이 추구되게 되어 있다.

사실 금년의 예산규모는 지난해의 본예산보다 7.8퍼센트 증가한 데 불과하며, 물가상승률의 3퍼센트 내외로의 억제는 꼭 이룩하여야 할 과제로 되어 있으며, 국내저축의 획기적인 증대 또한 절실히 요청되고 있는 과제로 되어 있다.

만약 이와 같은 안정정책이 크게 효과를 거두는 가운데서 경기회복이 이룩된다면 그것은 자칫하면 확대정책이 초래하기 쉬운 경기회복 즉 물가등귀와 국제수지악화를 수반하는 경기회복이 아니고 물가안정과 국제수지 개선을 수반하는 경기회복이 될 것이다. 따라서 안정정책

이 얼마큼 효과를 거두는가에 따라서 예상되는 올해의 경기회복 내용이 달라진다고 할 수 있다.

그뿐 아니다. 예상되는 올해의 경기회복은 수출에 좌우되기도 한다고 할 수 있다. 이것은 수출의 호조가 지난해 후반기부터 경기회복의 징조를 나타나게 한 주된 요인의 하나라는 데서 명백한 것이다. 만약 수출에 차질이 생기게 된다면 예상되는 금년의 경기회복 정도는 그만큼 감쇄될 뿐 아니라 물가등귀와 국제수지악화를 수반하는 경기회복이나 물가안정, 국제수지 악화를 수반하는 경기회복이 될 것이다.

그러나 물가등귀·국제수지 악화·경기회복의 상태나 물가안정·국제수지악화·경기회복의 상태는 바람직한 것이 못 된다. 바람직한 것은 물가안정·국제수지 개선·경기회복의 상태인 것이다. 따라서 비록 여러 가지 어려움이 있더라도, 그 바람직한 상태를 이룩하게 해주는 상술한 안정정책과 수출이, 전자의 경우에는 진정으로 실효를 거두며 후자의 경우에는 내실을 기한 가운데에, 설정된 목표를 달성하도록 최선의 노력을 다할 필요가 있다. 그러는 데 반드시 필요한 과제는 무엇인가?

그것은 국내저축의 획기적인 증대와 기업에 의한 경영합리화 노력 및 그것에 대한 정부의 호응 또는 지원이라고 할 수 있다. 국내저축의 증대는 해외저축 즉 도입외자에의 의존도를 저하시킨다. 그러기에 금년에 국내저축의 획기적인 증대를 위해서 상술한 여러 가지 정책이 추구되게 되어 있다. 그러나 우리나라에는 선진국으로부터 소비수준을 높이는 역할을 하는 국제적 전시효과가 세차게 불어오고 있다. 즉 높은 소득수준의 선진국 사람들의 소비생활을 모방하도록 하는 유혹이 강하게 작용하고 있다. 따라서 국내저축의 증대를 위해서는 상술한 정책에 더해서 이 효과를 근본적으로 방지하는 정책이 필요할 것이다.

그런 의미에서 볼 때 국내에서 이 효과를 파급시키는 '매개'인 상품의 수입을 금지하는 한편 수입대체산업의 육성에서도 이 효과를 파급시키는 상품을 만드는 기업은 설립하지 않도록 하며, 또한 이 효과를 파급시키는 역할을 하는 서비스산업에 대한 규제는 강화하도록 하는 슬기로운 정책이 추구되어야 할 것이다. 그리고 부동산투기억제를 완화하면 금융기관이나 자본시장을 통한 국내저축에 차질을 가져올 가능성이 있다. 따라서 부동산투기억제 완화는 삼가야 할 것이다.

다음에 기업에 의한 경영합리화 노력은 다음의 효과를 갖는다.

① 연구개발을 위한 적극적인 투자 등 → 생산성향상을 통해서 품질향상·원가절하를 초래함으로써 한편으로는 가격하락과 국내시장의 확대를 가능케 하고 다른 한편으로는 국제경쟁력의 강화 → 수출확대(해외시장의 확대)를 가능케 할 수 있다.

② 금융비용·영업외비용의 절감을 통해서 한편으로는 원가절하를 초래함으로써 가격하락과 국내시장의 확대를 가능케 하고 다른 한편으로는 자금압박의 완화(또는 해소)를 초래함으로써 타인자본 의존도 저하(재무구조의 개선)를 가능케 할 수 있다.

③ 기업공개를 통한 자금조달(직접금융)을 통해 자금압박의 완화(또는 해소)를 초래함으로써 타인자본 의존도 저하를 가능케 할 수 있다.

④ 채무에 대한 강한 책임부담·원리금상환에 대한 철저한 대비 등을 통해서 자금압박의 완화(또는 해소)를 초래함으로써 한편으로는 타인자본에의 의존도 저하를 가능케 하고 다른 한편으로는 원리금상환 부담의 경감(또는 해소)을 가능케 할 수 있다.

⑤ 적극적인 마케팅 활동을 통해서 한편으로는 국내시장을 확대하고 다른 한편으로는 해외시장의 개척 → 수출확대를 초래함으로써 국내시장의 협소에 따른 판매부진의 해소를 가능케 할 수 있다. '마케팅'

〈표〉 주요 경제지표

(단위: %)

	1967	1968	1969	1970
경 제 성 장 률(1965년 가격)	8.9	13.3	15.9	9.7
투 자 증 가 율(경상)	22.0	54.8	45.9	8.6
소 비 증 가 율(경상)	20.8	23.6	24.1	28.2
통 화 량 증 가 율	42.6	24.8	45.5	40.6
전 국 도 매 물 가 변 동 률	6.4	8.1	6.8	9.1
서 울 소 비 물 가 변 동 률	10.8	11.1	10.1	12.7
G N P 디 플 레 이 터 변 동 률	10.5	12.0	12.1	14.0
상 품 수 출(백만 달러)	320.2	455.4	622.5	835.2
상 품 수 입(백만 달러)	996.2	1,462.9	1,823.6	1,984.0
수 출 입 차(무역수지, 백만 달러)	−676.0	−1,007.5	−1,201.1	−1,148.8

출처: 경제기획원,《한국경제의 개관》, 1971, p. 60.
　　　한국은행,《통계월보》, 1972. 12, p. 7.

활동은 품질 및 가격과 함께 국제경쟁력을 구성한다.

⑥ 경영자에 대한 교육의 강화를 통해서 경영자의 안목을 넓히며 경영능력을 강화함으로써 새로이 직면하게 되는 문제 혹은 경영상의 여러 가지 어려움이나 문제들의 타개와 해소를 가능케 할 수 있다.

따라서 기업에 의한 경영합리화 노력은 현재 우리나라 기업이 직면하고 있는 문제점, 즉 국내시장의 협소, 높은 타인자본 의존도, 심한 자금압박, 생산성의 저위, 시설의 과잉 등을 해결할 수 있게 해줄 뿐 아니라 수출확대, 수입의 상대적 감소를 통해서 국제수지의 개선을 가능케 해준다고 할 수 있다. 그리고 이것은 현재 기업에게 주어진 최대의 과제이기도 하다. 그러므로 기업은 상술한 내용의 경영합리화를 위해서 전력을 경주하여야 할 것이다.

상술한 바와 같이 확대정책이 추구되고, 새마을사업이 대대적으로 추진되고, 수출 또한 계속 호조를 보인다면 올해 경기는 비교적 뚜렷한 회복이 있을 것이다. 그러나 국내저축의 획기적인 증대와 기업에 의한 경영합리화 노력에 뒷받침된 또는 그것을 중추로 삼는 안정정책이 추구되고, 그것이 실효를 거두는 한 그 경기회복은 적어도 1968년, 1969년, 1970년의 상태로의 접근을 의미하는 것은 결코 아닐 것이다 (〈표〉 참조).

그러나 설정된 1981년 1인당 GNP 1천 달러, 1980년 수출 1백억 달러라는 장기계획의 목표의 달성을 위해서는 상술한 두 가지 과제 외에도 앞으로 역점을 두고 반드시 실천해 나가야 할 과제로서 최소한 다음의 두 가지를 더 필요로 할 것이다.

먼저 우리나라는 자연자원이 빈약하다. 그러한 가운데서도 수출확대는 계속 추구되어야 한다. 그러나 우리나라의 경우에는 화학, 석유·석탄제품, 요업, 철강, 비철금속의 원료 또는 중간재생산부문이 제대로 발달되어 있지 않다. 따라서 우리나라의 경우에는 중간재의 해외의존도가 매우 높다. 이와 같은 높은 중간재의 해외의존은 우리나라 국내산업의 상호연관효과를 작게 할 뿐 아니라 국제가격의 변화, 환율의 변화에 크게 영향을 받게 함으로써 국내가격의 등귀, 수출가격의 등귀를 초래하기도 한다.

따라서 앞으로는 이 원료나 중간재생산부문의 육성을 주로 한 중화학공업화의 추진을 더욱더 서둘러야 할 것이다. 그러면 그것에 의존하는 중화학공업의 최종재 생산부문도 따라서 발달하게 되어 있다.

다음에 농공 간의 소득격차, 지역 간의 소득격차, 기타의 소득격차 등을 해소하기 위해서는 물론 현재 진행 중인 새마을사업의 적극적인 추진이 필요할 것이다. 그러나 장기적으로 볼 때에는 역시 생산물가격 또는 노동대가를 통한 보상이 절대로 필요하다고 아니 할 수 없다. 즉 농산물, 임산물, 수산물 등의 가격을 높은 수준으로 계속 유지하는 것이 장기적인 소득격차의 해소책이 되는 것이다. 더욱이 복지사상이 일반화하고 있음을 생각할 때 장기적인 소득격차의 해소책은 지속되어야 할 것이다. 고미가, 임금인상 등에 기인하는 원가상승은 기업의 철저한 경영합리화 노력에 의해서 상쇄시킬 수 있다.

그리고 물론 새마을사업에서도 그 사업을 위한 첫 투자가 이른바 '마중물'(誘水)로서 역할을 다할 수 있도록, 다시 말하면 확대재생산이 이루어질 수 있도록 사업 선정을 하는 등 여러 가지 세심한 주의가 필요하다.

1. 부 록

해러드모델: $GC = s \rightarrow G = \dfrac{s}{C}$

$\quad G$: 경제성장률

$\quad C$: 자본계수

$\quad s$: 저축률(혹은 투자율)

$$\text{자본계수} = \frac{\text{자본}}{\text{국민소득}} \quad \text{혹은} = \frac{\text{투자}}{\text{국민소득의 증가}}$$

$$\text{저축} = \text{국내저축} + \text{해외저축}$$

$$= \text{민간저축} + \text{정부저축} + \text{해외저축}$$

$$\text{국민소득} \begin{cases} \text{국민총생산}(GNP) \\ \text{국민순생산}(NNP) \\ \text{국민소득}(NI) \end{cases}$$

$$\text{경제개발의 전략} \begin{cases} \text{경상생산의 극대화} \rightarrow \text{경공업우선형} \\ \text{생산잠재력의 창조} \rightarrow \text{중공업우선형} \end{cases}$$

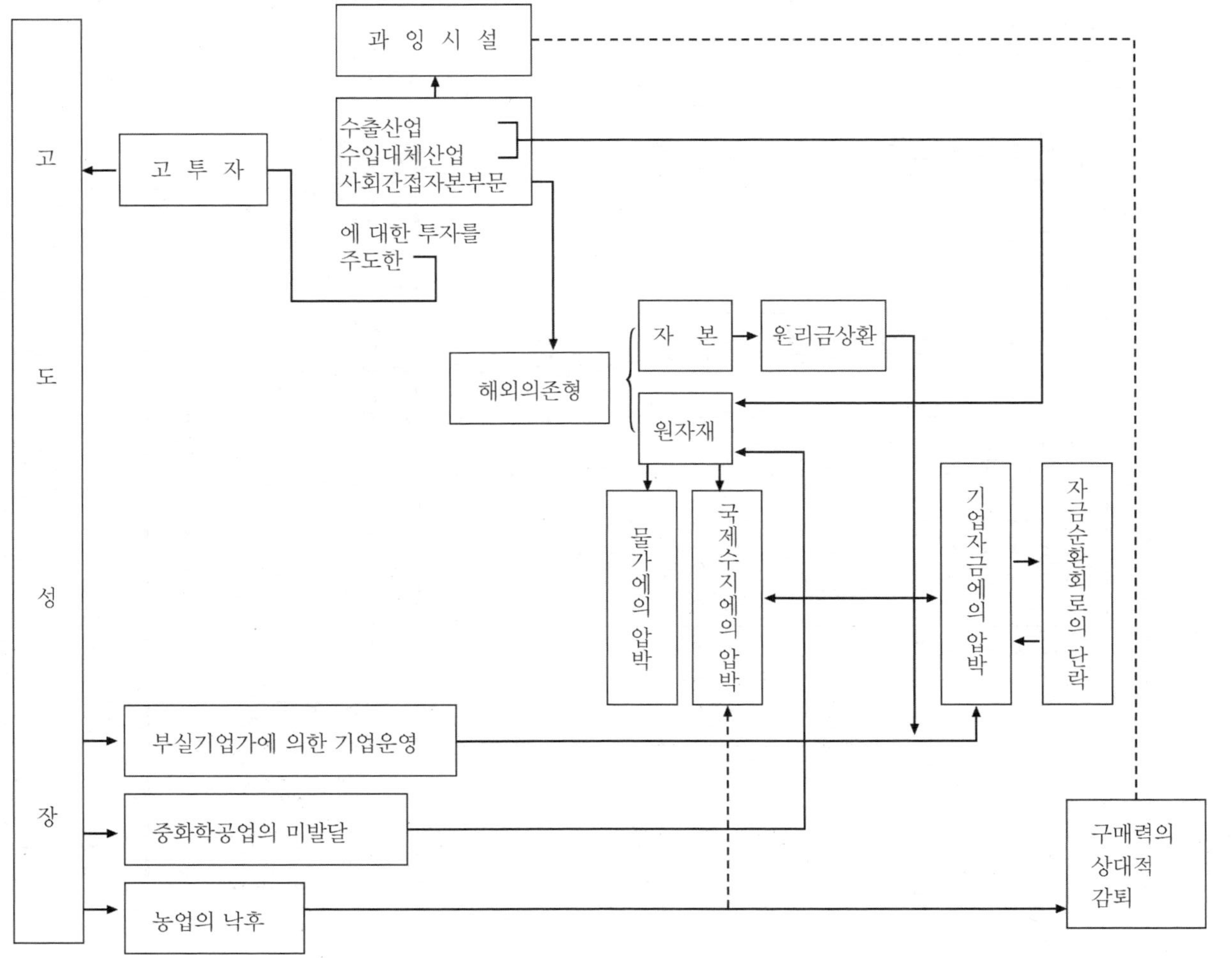
과 잉 시 설
수출산업
수입대체산업
사회간접자본부문
에 대한 투자를
주도한
고 투 자
고 도 성 장
해외의존형
자 본
원리금상환
원자재
물가에의 압박
국제수지에의 압박
기업자금에의 압박
자금순환회로의 단락
부실기업가에 의한 기업운영
중화학공업의 미발달
농업의 낙후
구매력의 상대적 감퇴

2. 부 표

〈부표 1〉 2차 계획(1965년 불변가격)

	단 위	1971			계획기간중합계		
		원계획	수정계획	실 적	원계획	수정계획	실 적
G N P	10억 원	1,169.67	1,508.41	1,561.89	5,131.60	6,235.21	6,412.89
성 장 률	%	7.0	90.0	9.8	7.0	10.5	11.4
소 비 율	%	85.6	81.7	85.7	88.4	84.0	85.6
투 자 율	%	19.9	25.7	31.5	19.0	25.8	30.9
국 내 저 축 률	%	14.4	18.3	14.2	11.6	16.0	15.6
해 외 저 축 률	%	5.5	7.4	17.3	7.4	9.8	15.3
상 품 수 출	백만 달러	550.0	1,000.0	1,132.2	2,110.0	3,308.6	3,493.6
상 품 수 입(f.o.b)	백만 달러	803.5	1,634.9	2,178.2	3,664.1	6,558.7	7,863.3
1 인 당 G N P	천 원	36.1	46.5	49.0			
산업별성장률							
농 림, 수 산 업	%	7.0		3.1	5.0	4.3	2.0
광 공 업	%	5.0		17.2	10.7	20.2	20.9
사회간접 기타서비스	%	10.7		9.1	6.6	10.2	13.2
산업구조							
농 림, 수 산 업	%	34.0	38.1	24.2			
광 공 업	%	26.8	30.2	29.9			
사회간접 기타서비스	%	39.2	41.7	45.9			

출처: 기획조정실, 《평가보고서》, 1972.

〈부표 2〉 1, 2차 및 3차 계획

	1차 계획 (1962~1966)	2차 계획 (1967~1971)	3차 계획 (1972~1976)
원 계 획	7.1	7.0	8.6
수 정 계 획	4.4	10.5	8.7
실 적	8.3	11.4	

출처: 기획조정실, 《평가보고서》, 1972.

〈부표 3〉 공업구조

(단위: %)

	1965	1971
중 화 학 공 업	32.4	33.5
경 공 업	67.6	66.5
전 공 업	100.0	100.0

출처: 기획조정실, 《평가보고서》, 1972.

〈부표 4-1〉 장기전망 ①

	단 위	3차 계획				
		1972			1973	
		원계획	ORB	실적	원계획	수정 계획 (=ORB계획)
GNP(1970년 가격)	10억 원	3,071.8	3,057.3	3,026.54	3,332.9	3,314.06
〃 (경상가격)	〃		3,733.6	3,840.60		4,414.33
〃	백만 달러	8,830		9,773	9,795	11,036
인구	천인	32,359	32,359	32,359	32,844	32,844
1인당 GNP(1970년 가격)	원	94,929	94,481		101,477	
〃 (경상가격)	〃		115,362	118,687		134,403
〃	달러	273		302	298	336
투자(1970년 가격)	10억 원	775,5			827.4	
(투자율)	(%)	(25.3)	(26.7)	(22.0)	(24.8)	(23.9)
국민저축(1970년 가격)	10억 원	543.6			616.8	
해외저축(〃)	〃	232.9			210.6	
(해외저축률)	(%)	(7.6)			(6.3)	
투자(경상가격)	10억 원		925.9	801.6		997.68
국내저축(경상가격)	〃		558.4	561.4		687.68
해외저축(〃)	〃		367.5	247.0		310.00
〃	백만 달러			628.5		775.0

	단 위	3차 계획		4차 계획	
		1976		1977	1980	1981
		원계획	수정 계획			
GNP(1970년 가격)	10억 원	4,257.1	4,291.80	4,763.90	6,515.25	7,231.93
〃 (경상가격)	〃		6,617.96	7,717.52	12,216.09	14,239.67
〃	백만 달러	13,353	16,545	19,294	30,540	35,599
인구	천인	34,345	34,345	34,826	36,283	36,709
1인당 GNP(1970년 가격)	원					
〃 (경상가격)	〃	123,951	192,691	221,602	337,107	387,907
〃	달러	389	482	554	843	970
투자(1970년 가격)	10억 원	970.0				
(투자율)	(%)	(24.7)	(25.8)	(27.8)	(29.0)	(29.0)
국민저축(1970년 가격)	10억 원	800.1				
해외저축(〃)	〃	169.9				
(해외저축률)	(%)	(4.3)				
투자(경상가격)	10억 원		1,552.73	1,916.72	3,036.68	3,489.52
국내저축(경상가격)	〃		1,316.73	1,660.72	3,031.08	3,619.12
해외저축(〃)	〃		236.00	256.00	5.60	−129.60
〃	백만 달러		590.0	640.0	14	−324.0

〈부표 4-2〉 장기전망 ②—수출입계획—

(단위: 백만 달러 %)

		수 출								수 입			
		원계획				수정계획				원계획		수정계획	
		경제기획원		상공부		경제기획원		상공부		경제기획원		경제기획원	
		금액	증가율	금액	증가율	금액	증가율	금액	증가율	금액	증가율	금액	증가율
3차 계획	1972	1,584	33.0	1,682	24.4	1,645		1,800	33.1	2,222	11.6	2,309	
	1973	2,027	28.0	2,119	26.0	2,148	30.6	2,350	30.6	2,537	14.2	2,766	19.8
	1974	3,510	18.0	3,588	16.7	4,186	22.6	4,600	22.7	3,654	12.6	4,418	17.6
4차 계획	1977			4,091	14.0	5,096	21.6	5,600	21.7			5,305	20.1
	1980			5,356	7.0	9,100	21.2	10,000	21.2			8,466	17.5
	1981					10,920	20.2					9,827	16.1

주: 원계획은 국제수지 총괄에 나타나는 수치를,
　　수정계획은 국민총생산에 대한 지출에 나타나는 수치를 각각 표시함.

〈부표 4-3〉 장기전망 ③

	단위	3차 계획 (1970년 가격)							4차 계획 (1970년 가격)		
		1972			1973		1976		1977	1980	1981
		원계획	ORB	실적	원계획	수정계획 (=ORB)	원계획	수정계획			
경제성장률	%	9.0	9.0	7.1	8.5	9.5	8.5	9.0	11.0	11.0	11.0
농림, 수산업	%	4.5	4.5	2.9	4.5	5.5	4.5	4.5	4.7	4.7	4.7
광공업	%	14.5	15.5	15.4	13.0	17.0	12.3	15.7	17.7	16.3	16.3
사회간접, 기타서비스	%	8.9	8.3	5.2	8.4	7.5	8.3	6.5	9.0	8.8	8.3
산 업 구 조											
농림, 수산업	%	26.1	25.0	25.5	25.1	24.5	22.4	21.6	20.4	17.1	16.1
광공업	%	24.0	25.3	26.3	25.0	28.1	27.9	33.7	35.7	41.4	43.4
사회간접, 기타서비스	%	49.9	49.7	48.2	49.9	47.4	49.7	44.7	43.9	41.5	40.5
공 업 구 조											
중화학공업	%	36.8	36.2		37.0	37.2	40.5	40.5	41.4	44.6	45.8
경공업	%	63.3	63.8		63.0	62.8	59.5	59.5	58.6	55.4	54.2

《경영실무》(서울대 상과대학, 1973. 4)

불황에의 대응
: 경기동향의 실상과 대응

제품생산을 위해서는 과잉투자가 선행되기도

우리나라는 1971년 불황의 시련을 당하여 그 여건 속에서 참고 견뎠던 경험을 가지고 있다.

우리나라는 1962년부터 경제개발 5개년계획을 실시하였는데 그 당시는 많은 난관이 있었음에도 65년 이후부터는 고도성장이라는 단어가 귀에 익을 정도로 급속한 발전을 거듭하여 온 것은 주지의 사실이다. 우리 기업인들은 이러한 발전 속에서 GNP 10퍼센트의 성장이 고도성장을 뜻하는 것으로 믿어 왔으며 어느 사이엔가 성장률이 10퍼센트 이하가 되면 불황인 것으로 믿게 되었다.

이와 같이 발전되어 온 경제가 1971년 경기둔화현상을 보이면서 불황이라는 용어가 오르내리게 되었다. 그런데 여기서 말하고자 하는 한국경제의 고도성장이란 어떤 요인에 의하여 이루어졌는가.

오늘과 같은 고도성장이 이룩된 데에는 높은 투자에 원인이 있다. 주로 수출산업, 수입대체산업, 이 두 가지에 집중투자를 했는데 수출산업이나 수입대체산업의 효과를 원만히 올리기 위하여 사회간접부문에도 투자가 이루어졌다. 따라서 이 세 가지 분야의 집중투자로 말미암아 고도성장을 이룩할 수가 있었다.

수출산업이나 수출대체산업은 해외시장을 향한 수출이 주종을 이루는 만큼 해외의존형이며 해외수출을 위해서 필수적으로 수반되는 국제경쟁력 강화를 위해 저렴한 가격의 제품생산에 과잉투자가 진행되었던 것이다. 수출산업이나 수입대체산업은 해외의존과 과잉시설 투자라는 양면의 위험 부담을 안고 출발하였던 것이다. 과잉시설은 해외수출의 신장이 둔화된다거나 국내의 구매력 감퇴현상이 오면 과잉시설은 더 커지는 것이다.

1970년 말부터 71년 사이에 수출의 급격한 둔화 등으로 유휴시설이 늘어남에 따라 많은 부작용을 잉태하였는데 이때 기업들은 불황이라는 단어를 쓰기 시작했다.

물가상승과 국제수지의 압박현상을 초래

수출산업이나 수입대체산업이 해외의존형이라고 이름지을 수 있는 것은 이 두 가지 산업이 자본이나 원자재 모두 해외에 의존하고 있음을 뜻한다.

알다시피 우리나라는 농업부문이 경공업의존상태인 데다가 중화학공업의 미발달로 경공업에 쓰이는 원자재, 즉 기계류나 부속품은 해외 중화학공업에서 생산된 원자재에 의존하고 있었다. 선도산업인 수출산업, 수입대체산업, 사회간접자본부문이 발달되면 발달될수록 자본의 해외의존, 원자재 수입이 늘어 해외의존 현상은 비례하여 커지는 것이다.

자본의 해외의존이 확대됨에 따라서 원리금상환 문제는 더욱 가중

〈그림〉

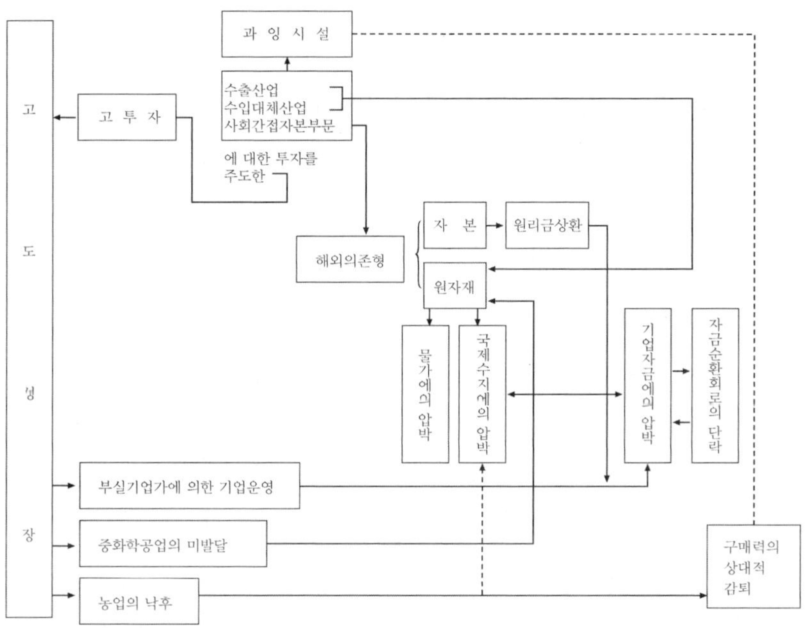

되고 원리금상환의 부담은 기업자금과 국제수지에의 압박현상을 초래하게 되었다.

기업자금에 대한 압박은 자금 순환회로의 단락현상으로 나타나 자금의 회전은 더욱 적어졌고 중화학공업의 미발달로 원자재의 해외의존도가 확대되면서 수지압박현상이 빚어지면서 물가상승을 초래하였다. 더구나 공업의 성장속도에 비하여 농업의 상대적 낙후현상은 해외에서 곡물을 수입하게 되었고 농업인구의 비중이 큼에도 불구하고 저미가, 저맥가정책은 농업의 낙후현상을 심화시키는 반면 농촌소비자의 구매력 감퇴현상을 빚어 과잉시설은 유휴시설이라는 불합리 현상까지 몰고 갔다.

이러한 현상이 1970년 말부터 71년까지 경기침체를 불러왔다. 이것은 선진국이 겪었던 경기 변동과는 차이가 크다. 이러한 한국적 불황을 어떻게 극복할 것인가.

업계 측에서는 자금의 압박을 해결하기 위하여 오버론 정책을 주장하고 있다. 외국자본 도입을 확대한다면 하나는 수출확대를 통하여 과잉시설을 해제할 수 있으며, 하나는 국내시장의 구매력을 촉진하는 방향으로 나갈 수 있다. 그 결과로 제품 판매는 순조로울 것이며 따라서 재고 누증현상은 해결될 것이라고 주장하는 것이다. 즉 적극적인 자금의 방출, 금리인상, 수입 원자재의 관세폭 인하, 감면폭의 확대를 요구하는 것이 업계의 의향이다.

만약 이러한 업계의 주장을 실현한다면 정부로서는 두 가지의 난관에 직면하게 된다. 그 하나는 해외의존의 확대, 국제수지의 압박증가, 물가상승의 압박이 올 것이며 다른 하나는 수입원자재의 확대라는 요인을 낳게 된다는 것이다.

뿐만 아니라 업계의 요청인 대대적인 외자도입, 금리인하, 조세감면, 자금방출의 요구로는 단기간의 경기회복은 될지 모르나 장기적 침체현상을 초래하는 결과가 된다는 것이다.

확대정책에 비례하여 인플레 가중현상이 빚어지기도

8·3조치가 있을 당시 필자는 8·3조치가 업계의 주장을 반영하는 확대의 신호등으로 간주하였다. 곧 외자도입 확대, 금리인하 등을 실현하는 결과가 되었다.

확대정책이 실시되면 인플레 상승이 오고 긴축을 하게 되고 따라서 또 불황이 온다고 믿고 있었다. 우리나라는 무역의존도가 70퍼센트 이상이므로 과잉 해외의존형이라 할 수 있는데 그것도 미·일 의존상태에 머물고 있는 것이다.

작년도 미국과 일본은 그 나라의 국내 사정으로 경기둔화현상을 빚은 데다가 오일쇼크가 닥쳐서 그 나라의 경기는 물론 국내경제까지 진통을 겪게 된 것이다.

국제수지 악화가 불황 초래

해외의존형의 산업구조를 지니고 있는 우리나라는 그 여건을 조절할 수 있는 여유도 없이 그 여파가 파문처럼 밀려왔다. 그로 인하여 국제수지 악화, 인플레의 심화 속의 불황을 만나게 된 것이다. 우리나라 경제가 이와 같이 동시적인 국제적 영향을 벗어나기 위해서는 되도록 짧은 기간 내에 해외의존형에서 벗어나는 길밖에는 없는 것이다. 앞에서도 말했듯이 대대적인 외자도입이나 금리인하, 조세감면, 적극적 자금방출이라는 확대정책을 삼가야 되겠다는 것이다. 확대정책에서 얻어지는 단시간의 경기회복보다는 당장은 숨통이 막힌다 하더라도 장기적인 미래를 위해서 확대정책은 바람직한 것이 못 된다는 말이 되겠다.

부실운영은 기업자금의 악순환과 비례

정부의 확대정책을 삼간다 하더라도 국내시장의 확대는 농업부문의 개발로서 가능하다고 본다.

농업부문을 발달시켜 국내산업을 확대한다는 것은 우리나라에서 농업부문이 차지하는 비중이 크다는 것을 의미한다.

농업부문을 발전시켜 농촌으로 하여금 구매력을 신장시키기 위해서는 쌀값, 보리쌀 가격을 높여야 한다는 것이다. 그동안 분식 장려를 실시해 왔으나 아이러니컬하게도 밀가루는 거의 수입에 의존하고 있다. 우리나라의 농촌에서는 쌀, 보리쌀이 생산되므로 미가, 맥가를 높여서 농촌의 구매력을 키워 준다면 과잉시설도 어느 정도 해결될 수 있다는 말이다.

그리고 원자재를 공급해주는 중화학공업이 발달된다면 해외의존성을 많이 줄일 수 있지 않을까 싶다.

자원이라 하면 세 가지로 분류할 수 있겠는데 하나는 에너지 자원이다. 또 하나는 농업, 수산업 등 1차산업에서 생산되는 것, 그리고 광업 등 2차산업에서 생산되는 것이다.

그러나 오늘날에는 중화학공업에서 많은 원자재를 공급받고 있다. 즉 제조업에 의한 생산물을 뜻한다. 우리나라는 인력자원은 풍부하나 부존자원은 부족하다. 이 부족한 부존자원은 외국에서 수입할 수밖에는 없다. 가능하면 외국에서 싼 원자재를 수입해서 우리 노동력과 기술을 투입해서 필요한 원자재를 공급하자는 것이다.

다시 말해서 석유관련제품의 원자재의 경우, 국내 중화학공업을 발전시키면 원유만을 수입하여 석유관련제품의 원자재를 생산할 수 있지 않을까 하는 것이다.

정부는 이에 부응하여 3차 계획부터 중화학공업의 발달에 역점을 두고 있으나 좀 늦은 감이 있다고 하겠다.

불황에선 실업자 낳고

기업자금의 압박 문제를 돌이켜 볼 때 기업가적 역량이 부족한 기업인이 갑자기 기업을 확장했기 때문에 기업의 부실을 초래한 것이 아닌가 하고 반문해 본다. 물론 여러 가지의 주변 요인도 있겠으나 기업의 부실운영은 기업자금의 압박을 불러온 것 같다.

그러므로 기업도 기업합리화에 총력을 기울인다면 기업자금 압박이나 국제수지 개선, 물가상승 요인을 어느 정도 줄일 수 있지 않을까 싶다.

해외의존 면에서 벗어나는 길은 여러 가지가 있겠으나 무엇보다도 국내 내자동원의 극대화에 있다고 생각된다. 우리나라가 지금까지 원조, 차관의 형식으로 해외자본에 의존했던 형태를 벗어난다면 해외의존의 비중은 점차 줄어들 것이고 국제수지의 압박도 줄어들 것 같다.

불황 시대에 나타나고 있는 것은 실업자의 문제다. 단기적으로 실업자를 줄이는 방법은 무엇일까. 이른바 케인스적인 실업대책을 살펴보자. 공공사업이나 중소기업의 확장으로 어느 정도 해결될 수 있지 않겠는가 생각된다.

결론적으로 한국경제가 이 경제난국을 타개하기 위해서는 몇 가지의 방법을 강구해야 한다. 세계적 국제수지 압박에 의하여 경제가 어려워졌으므로 외자도입도 엄선해서 실시해야 할 것이다. 곧 실질적으로 엄선된 외자도입을 단행해야 한다. 긴축기조의 견지와 선별금융에 바탕을 둔 자금 방출을 해야 한다. 또한 금리인하, 조세감면, 환율에 대해 신중한 조치를 취해야 한다.

고용감소 등의 경영합리화는 될수록 피해야

그 밖에 인플레 대책에 중점을 두어야 할 것 같다.

그리고 수출확대도 물론 필요하고 당연한 타개책이긴 하나 중화학공업이 미발달된 속에서 수출의 확대는 곧 원자재 수입확대로 나타나서 국제수지 악화현상을 초래하는 만큼 직접적 수입억제도 필요하다. 수입억제라는 것은 직접적인 국제수지의 개선을 꾀하는 것이며 이와 관련하여 가득률 중심, 시장다변화 중심의 수출확대에 총력을 집중해야 할 것이다.

상기한 바와 같이 특히 주의할 것은 환율의 문제이다.

환율의 인상으로 수출을 확대하고 수입을 억제한다는 것은 매우 단기적인 효과이다. 환율을 인상하면 얼마 후 재인상해야 하는 결과가 도래하는 것이다. 인상이 필요할 때는 인상하더라도 직접적인 국제수지의 개선노력이 더욱 중요하다. 이러한 점은 해외의존의 비중이 큰 한국적인 불황에서는 중시되어야 할 문제인 것이다.

기업은 부실기업을 정리하고 경영합리화 노력의 극대화에 중점을 두어야 한다. 이에 부응하여 정부도 경영합리화의 극대화에 역행하지 않는 방향에서 기업을 지원해야 한다는 것이다.

경영합리화 노력의 극대화라는 것은 매우 넓은 의미를 내포하고 있으나 한국의 경우에는 고용감소 등을 통한 경영합리화는 피해야 할 것이다. 그 밖에도 중화학공업 육성을 들 수 있다. 한국의 중화학공업은 유류절약형, 자원절약형으로 육성해야 한다.

또한 한국의 경우에는 경제체질을 강화하는 소재생산부문의 육성이 시급하다.

국내자원의 최대개발을 전제로 해야

소재생산부문의 중화학공업이 발달하면 원자재 수입은 감소될 것이고, 따라서 해외의존성의 비중은 자동적으로 적어질 것이다. 중화학공업을 잘못 발전시킨다면 원리금상환이나 국제수지압박을 초래한다.

곧 중화학공업 육성도 제대로 한다는 전제조건에서 필요한 것이다.

셋째, 국내자원개발의 극대화를 전제로 한 것이어야 한다. 국내자원이 부족하긴 하나 그 속에서도 최대한도로 국내자원을 개발하고 부족부문을 수입한다는 조건을 전제로 한다면 중화학공업의 발달은 많은 문제점을 해결할 것 같다.

농업부문으로서는 고미가(高米價), 고대맥가(高大麥價) 정책을 통한 식량증산 등 농업개발을 추진해야 한다. 농업이 경제에 기여할 수 있는 것이 네 가지 부문이라고 본다.

첫째, 비농업부문에서 필요로 하는 노동력의 공급, 둘째, 식량 공급, 셋째, 시장으로서의 역할, 넷째는 공업원료를 공급하는 역할을 한다. 지금까지 한국의 농업은 그 네 가지 가운데 노동력 공급의 역할만 했다고 생각한다. 이것이 오늘날 한국 농업이 처해 있는, 해결되어야 할 문제인 것이다.

국내시장의 역할을 다하려면 농산물의 가격을 높여서 소득을 늘리고 구매력을 늘려야 한다.

《기업경영》(한국생산성본부, 1974)

한국경제의 당면과제

제4차 경제계획 기간 중의 과제

제4차 경제개발 5개년계획서는 "지난 15년간 …… 대외지향적인 공업정책으로 수출을 크게 증진시켜 국제수지를 개선하고 고용기회를 확대하여 자력성장의 기반을 조성하였다"는 점, "자원파동 이래 세계적 경제정세의 변화에 따른 난관을 극복하는 과정에서 국제수지의 균형, 투자재원의 자력조달, 산업구조의 고도화를 통한 자력성장구조의 실현이 우리 경제의 당면과제로 부각되었다"는 점, 목표년도인 1981년에는 "우리 경제는 개방체제를 활용하여 국제수지의 확대균형을 달성하고 투자재원을 완전 자력조달함으로써 자력성장구조를 실현할 것이다"는 점, 계획은 "성장, 능률, 균형"의 이념 아래 자력성장구조를 확립하고 사회개발을 통해서 균형을 증진시키며 기술을 혁신하고 능률을 향상하는 것을 목표로 한다는 점을 밝히고 있다.

이어서 먼저 그동안 수출주도형 경제정책이 추구되어 왔고 앞으로도 그럴 것임을 알 수 있다.

다음에 내자동원의 극대화, 수입자유화·자본자유화의 추진, 중화학공업화의 추진, 개발성과의 균점화, 생활환경의 개선, 기술개발·경제 운용체제의 간소화와 합리화 등이 제4차 계획기간 중의 주된 과제가 되었음을 알 수 있다.

제4차 계획의 제2차년도인 금년에 들어와서 수출 논의, 국내시장중시 논의, '성장 대 안정' 논의 등이 재연된 감이 있다. 물론 현재로서는 수출 논의와 국내시장중시 논의는 일단 주춤해졌다고 할 수 있다. 그러나 수출 논의는 국내시장중시 논의와 표리 관계에 있는 것이 사실이지만 또한 성장 대 안정 논의와도 무관하지 않음은 말할 나위도 없다. 왜냐하면 성장 대 안정 논의를 일단 경제성장 우선이냐 물가안정 우선이냐의 논의로 정의한다면, 수출은 우리나라의 경우에는 경제성장의 견인차 역할을 하고 있으며 수출의 경제성장에 대한 기여도는 1975년에는 48.9퍼센트, 1976년에는 33.5퍼센트, 1977년에는 38.8퍼센트나 된다. 또 수출에 역점을 두다 보면 과다한 수출이나 수출을 하지 않을 수 없는 까닭에 공급부족이 일어나 품목에 따라서는 그 국내가격이 상승하기 때문이다.

그러나 이번 성장 대 안정 논의는 금년 들어서부터 줄어든 물가상승에 주로 기인함은 두말할 나위도 없다. 사실 금년 들어서 도매물가와 소비자물가는 작년 말에 견주어 2월 말 현재로 4.1퍼센트, 5.0퍼센트, 5월말 현재로 5.8퍼센트, 7.3퍼센트, 7월 말 현재로 7.8퍼센트, 11.2퍼센트나 상승함으로써 이미 소비자물가의 경우에는 7월말 현재로 금년 상승률 억제선인 10퍼센트를 1.2퍼센트포인트나 웃돌고 있으며 또 10월 말 현재로 11.2퍼센트, 15.3퍼센트나 상승함으로써 8월에 수정한 상승률 억제선인 12퍼센트, 14퍼센트도 실현 불가능한 것이 되었다. 물가당국에 따르면 소비자물가의 경우에는 그 상승률이 금년 말까지는 대체로 17퍼센트나 되리라고 한다.

경제성장과 안정

앞에서 '성장 대 안정' 논의를 경제성장 우선이냐 물가안정 우선이냐의 논의로 정의하였다. 그러나 안정 즉, 경제안정은 물가안정 외에 완만한 경기변동, 무역수지 또는 국제수지 균형 등도 내포하고 있음을 잊어서는 안 된다. 그리고 경제안정은 결코 경제성장을 배제하는 것이 아니라는 것을 잊어서는 안 될 것이다. 경제안정은 어디까지나 물가안정, 완만한 경기변동, 무역수지 또는 국제수지 균형 등과 양립되는 극대경제성장을 의미한다고 할 수 있다. 따라서 물가안정으로 한정한다면 경제안정은 물가안정과 양립되는 극대경제안정이라고 정의할 수 있을 것이다.

그렇다면 성장 대 안정 논의는 물가안정과 양립되지 않는 고율의 경제성장이냐 그것과 양립되는 고율의 극대경제성장이냐의 논의라고 할 수 있을 것이다. 다시 말하면 그것은 높은(혹은 큰) 경제성장률과 높은 물가상승률이냐 높은 극대경제성장률과 낮은(혹은 작은) 물가상승률이냐의 논의를 의미한다고 할 수 있을 것이다. 즉 경제성장 우선은 높은 경제성장률의 실현을 위하여는 높은 물가상승률은 불가피하다거나 그것을 감수하여야 한다는 것을, 물가안정 우선은 낮은 물가상승률과 그것이 허용하는 높은 경제안정률을 추구하여야 한다는 것을 의미한다고 할 수 있을 것이다. 여기서 극대경제성장률이나, 낮은 물가상승률이 허용하는 경제성장률이 반드시 작은 것을 의미하는 것이 아님은 물론이다. 경우에 따라서는 그것은 매우 큰 것일수도 있다. 우리는 높은 경제성장률과 낮은 물가상승률의 양립을 1950년대 후반의 서독, 1960년대 후반의 일본, 1970년대 초 혹은 1970년대 후반의 대만 등에서 찾아볼 수 있다.

경제성장률과 물가상승률 간의 관계를 ① 높은 경제성장률과 높은 물가상승률 ② 높은 경제성장률과 낮은 물가상승률 ③ 낮은 경제성장률과 높은 물가상승률의 셋으로 나눈다면, 우리나라에서는 대체로 ①이 성립되고 있다고 할 수 있다.

그러나 경제성장은 목적이 아니고 수단이라고 한다면, 그리고 물가안정은 국민생활의 안정을 유지하기 위해서 우선하여야 할 목표라고 할 수 있고 또 고율의 경제성장을 위한 필요불가결한 전제조건이라고 한다면, ①은 바람직스러운 것이 못 된다고 할 수 있다. ②의 성립이 바로 바람직스러운 것이다. 서독, 일본, 대만 등은 이미 이 ②를 성립시킨 일이 있거나 시키고 있다고 할 수 있다.

이 바람직스러운 ②의 성립을 실현하기 위해서 현 시점에서는 낮은 물가상승률과 그것이 허용하는 높은 경제성장률을 추구하여야 할 필요가 있다는 것이 안정론자의 주장인 것이다. 안정론자는 안정적성장 내지 안정성장을 이런 의미로 받아들이지 결코 그와 반대인 높은 경제성장률과 그것이 허용하는 낮은 물가상승률의 추구의 의미로는 받아들이지 않는다. 그리고 진정으로 안정기조가 정착될 때까지는 필요에 따라서는 일시적 혹은 일정 기간 동안 경제성장률의 계획치의 하향조정도 주저할 필요가 없다는 입장을 취하고 있기도 하다. 적극적으로 고용흡수정책만 편다면 하향조정해도 무방할 것이다.

금년 들어서 심한 물가상승은 기본적으로는 경제성장에 따른 수요의 급속한 증대에 말미암는다고 할 수 있다.

그것은 경제성장에 따른 부분적인 노동부족과 농수축산물 등에서 일부 품목의 수요구조의 변화에 따른 공급의 적응불능에, 또 유통부문의 낙후 등에 말미암는 것도 사실이다.

그것은 또 작년에 있었던 통화팽창, 부가가치세의 실시, 주로 금년

초부터 나타나기 시작했다고 할 수 있는 왕성한 건축활동과 부동산붐,
물가상승현상·환물심리의 작용, 통화팽창 현상 등에 기인하기도 한다.
  그러나 수요의 급속한 증대나 수요구조의 변화는 경제성장만에 기
인하는 것이 아니라는 점을 간과해서는 안 될 것이다. 그동안 우리나
라의 소득수준보다 높은 선진국의 국민들의 소비생활을 모방하도록
하는 유혹, 즉 국제적 전시효과를 우리가 부단히 받아오고 있는 것이
사실이라고 한다면, 수요의 급속한 증대나 수요구조의 변화는 다른 한
편에서 국제적 전시효과의 결과이기도 하다. 이 효과는 이렇게 소비의
조장을 통해서 물가상승을 자극할 뿐 아니라 저축증대를 제약하기도
한다는 사실에 특별히 주의할 필요가 있을 것이다. 따라서 이 효과의
방지는 물가안정 즉 인플레이션의 지속과 함께 현 시점에서 강조되어
야 할 과제의 하나라고 해도 무방할 것이다.

'79년도 경제운용계획

정부가 밝힌 1979년 경제운용계획의 주 내용을 보면 다음과 같다.
  ① 경제성장률 9퍼센트 내외로 조정
  ② 물가상승률 10퍼센트 이내로의 억제
  ③ 통화증가율의 25퍼센트 유지
  ④ 재정지수의 균형화
  ⑤ 수입자유화의 추진 및 경상수지적자 확대 감수
  ⑥ 소득정책의 채택 등
  여기에서 새해에는 물가안정에 주력할 것임을 알 수 있을 것이다.
그러나 경제성장률의 경우를 제외하고서는 계획의 실현은 역시 어려
울 것 같다. 더욱이 물가상승률 10퍼센트 이내로의 억제는 거의 불가

능하다고 할 수 있다.

억제 달성이 어려운 이유로서는 여러 가지를 들 수 있다. 그러나 중요한 것만 든다고 하면 금년 말까지 예상되는 각종 통화

78 · 79년도의 대외거래 규모

단위: 억 달러

	1978	1979
경 상 수 지	△4.45	△13.0~△16.0
무 역 수 지	△14.0	△23.0~△26.0
수 출	125.0	150.0~156.0
수 입	139.0	173.3~176.0

증발요인, 예산의 규모와 내용, 중동 붐의 지속, 유가인상, 공공요금 등의 서비스 요금 인상 예상, 선진국 수입제한구조의 강화, 중동과의 경쟁 등에서 알 수 있는 수출환경의 악화, 수출경쟁력의 약화 등이라고 할 수 있다. 다만 수출과 관련해서 생각할 때 수출에 온갖 노력을 하기로 되어 있으므로 경제성장률은 10퍼센트를 약간 상회하게 될지도 모르겠다.

새해에도 물가안정은 최대 과제라고 할 수 있을 것이다. 그러나 국제적 전시효과의 방지를 통한 건전한 소비풍토의 조성도 역시 커다란 과제가 아닌가 생각된다. 앞에서 본 것처럼 그것은 소비억제·수요억제를 통해서 물가상승의 억제를 가능케 할 뿐 아니라 저축여력을 확대시킴으로써, 적극적인 저축유인의 제공과 저축유치 노력만 있으면 저축의 제고도 가능케 하기 때문이다.

우선 물가안정을 위해서는 다음이 특별히 강조되어야 할 것이다.

① 경제성장률의 하향 조정

② 노동력부족의 해소, 농수축산물 등의 일부 품목의 공급 확대

③ 원천적인 조칙에 의한 해외부문의 철저한 통화관리, 여기서 원천적인 조치란 외화의 필요한 원자재 수입에 활용, 외화사용의 산업에 연관, 차관도입의 억제 등을 말한다.

④ 소비억제·수요억제

⑤ 경상합리화

⑥ 신중한 수입활용, 철저한 수급점검을 전제로 한 수입활용

⑦ 유통마진의 감소·유통기구의 개선 등

그러나 이 밖에 ⑧ 인플레이션에 대한 관용적인 풍조의 불식을 위한 지속적인 노력이 필요할 것이다. 말하자면 물가상승은 고율의 경제성장의 필연적인 수반물이다, 높은 경제성장 아래서는 어느 정도의 물가상승은 감수하여야 한다는 등 이른바 인플레이션 불가피론, 인플레이션 감수론에서 탈피하기 위한 노력이 필요하다.

다음으로 국제적 전시효과를 방지하려면 다음을 강조해야 한다.

① 조세정책의 활용

② 각 개인의 개성발휘의 장려

③ 사회지도층 인사의 건전한 소비생활에서의 솔선수범

④ 외자도입정책, 수입정책, 수입대체산업 육성정책, 매스컴정책, 출판정책, 문교정책 등에서 전시효과 방지를 위한 특별배려 등

앞으로는 미래의 제4차 계획의 목표를 달성하기 위한 과제를 해결해가는 한편, 물가안정과 국제적 전시효과의 방지를 위해서 특별히 진력해가야 할 것이다. 그러나 물가안정이 무엇보다도 우선하는 과제임은 두말할 필요가 없다.

우리의 바람은 바로 이 물가안정과 양립하는 고율의 경제성장이기 때문이다. 물론 그것은 급격한 무역수지 또는 국제수지 적자확대를 초래하지 않는 것이어야 하지만, 이 물가안정과 관련해서는 필요할 때에는 언제나 일시적 혹은 일정 기간 경제성장률은 조정할 수 있다는 것과 인플레이션에 대한 실용적인 풍조의 불식을 위한 노력의 지속은 중시되어야 한다는 것을 강조할 필요가 있을 것이다.

《전경련》(1978)

한국경제의 전망

1. 다음 해인 1982년은 제5차 5개년 경제발전계획(1982~1986)의 제 1차년도이다. 동 계획서에 따르면 1982년에는 경제성장률은 7.0~8.0 퍼센트, 실업률은 4.8퍼센트를 약간 밑돌고, 도매물가상승률은 13.0퍼센트, 수출은 253억 달러, 수입은 293억 달러, 무역수지는 40억 달러의 적자, 경상수지는 49억 달러의 적자로 내다보고 있다(〈표 1〉).

그리고 경제성장률 7.0~8.0퍼센트의 실현을 위해서는 31.2퍼센트를 약간 웃도는 투자율을 필요로 하는데, 이 투자율은 22.3퍼센트를 약간 웃도는 국내저축률과 8.9퍼센트 정도의 해외저축률의 합계와 같은 것으로 되어 있다. 다시 말하면 GNP의 31.2퍼센트를 약간 웃도는 투자 재원은 그 22.3퍼센트를 약간 웃도는 국내저축과 그 8.9퍼센트 정도의 외자로 충당하기로 되어 있다. 1982년에는 이러한 해외저축률 등을 감안한 소요외자는 81억 달러이다. 이 81억 달러는 경상수지 적자보전 49억 달러, 원금상환 21억 달러, 연불수출(순) 6억 달러, 외환보유액 증가 5억 달러의 합계인데 이것은 차관 56억 달러, 외자채권 2억 달러, 기타 23억 달러로 조달하게 되어 있다.

또 도매물가상승률을 13.0퍼센트로 억제하기 위해서는 통화증가율은 20.0퍼센트로 억제할 필요가 있으며, 환율은 동 계획서에는 명시되어 있지 않지만 KDI의 전망에서 3.0퍼센트 상승으로 억제할 필요가 있음을 밝히고 있는 데서 알 수 있듯이 대체로 3.0~5.0퍼센트의 상승으로 억제할 필요가 있으며, 산유국의 원유가격은 10.0퍼센트의 상승에 그치며 임금상승률, 공공요금인상률, 곡류수매가격인상률 등은 각각 소정의 수준으로 억제할 필요가 있음이 명시적으로 또는 암묵적으로 전제되고 있음은 말할 나위가 없다.

2. 올해로 끝나는 제4차 5개년 경제개발계획(1977~1981)이 대체로 계획대로 진척되었다면 1982년의 경제전망은 이와는 전혀 다른 것이 되었을 것이다. 동 계획서에 따르면 같은 계획기간의 최종년도인 1981년 즉 올해에는 경제성장률 9.0퍼센트, 실업률 3.8퍼센트, 도매물가상승률은 8.0~9.0퍼센트, 무역수지는 13.7억 달러의 흑자, 경상수지는 11.72억 달러의 흑자(이들은 이미 1979년에 흑자로 전환된다), 투자율(불변가격표시)은 26.0퍼센트, 국내저축률은 26.1퍼센트, 해외저축률은 −0.1퍼센트(즉 국내저축에 의한 투자재원의 완전조달) 등으로 되어 있기 때문이다.

말하자면 올해에도 고성장, 저물가, 무역수지 및 경상수지균형 또는 흑자, 고고용, 투자재원 완전국내조달이라는 이른바 '바람직스러운 경제상태'가 실현되는 것으로 되어 있다.

그러나 1978년 후반 특히 1979년부터 경제상태는 악화되기 시작하여 제4차 계획에서 그렸던 바람직스러운 것과는 거리가 먼 것이 되어버렸다. 즉 올해에는 제5차 계획에 따르면 경제성장률은 6.2퍼센트, 실업률은 4.8퍼센트, 도매물가상승률은 20.0퍼센트, 무역수지는 42억 달러의 적자, 경상수지는 54억 달러의 적자, 해외저축률은 8.9퍼센트로 되어 있다. 그리고 참고적으로 1979년과 1980년의 주요경제지표를 들면 1979년에는 경제성장률은 6.4퍼센트, 실업률은 3.8퍼센트, 도매물가상승률은 23.8퍼센트, 무역수지는 52.83억 달러의 적자, 경상수지는 41.51억 달러의 적자, 해외저축률은 7.6퍼센트이고, 1980년에는 경제성장률은 −5.7퍼센트(즉 GNP는 5.7% 감소), 실업률은 5.2퍼센트, 도매물가상승률은 44.2퍼센트, 무역수지는 47.87억 달러의 적자, 경상수지는 53.21억 달러의 적자, 해외저축률은 9.8퍼센트였다(1979년과 1980년의 계획치와 실적치의 차이는 〈표 2〉에서 알 수 있다).

우리 경제는 현재 저성장, 고물가, 매우 큰 폭의 무역수지 및 경상수지 적자, 저고용, 비교적 큰 투자재원의 해외의존이라는 상태를 보이고 있다. 그런데 맨 앞에서 든 전망은 1982년에도 약간의 개선은 있지만 올해와 별다름없는 경제상태가 되리라는 것을 말해 주고 있다.

3. 이 전망은 그러함에도 이미 앞에서 밝힌 바와 같이 소정의 통화증가율, 환율인상률, 산유국의 원유가격인상률, 임금인상률, 공공요금인상률, 곡류수매가격인상률 등을 상정하고 있다. 그러나 이에 더해서 이 전망은 1982년과 1986년 사이에 세계경제성장률과 세계무역증가율이 연평균으로 각각 3.5퍼센트와 5.0퍼센트가 될 것을 전제로 하고 있음을 간과해서는 안 될 것이다.

원래가 전망이라는 것은 안 맞는 것이 속성이라고는 하지만, 이런 전제들이 충족되지 않거나 혹은 예기치 않은 사태가 발생할 때에는 앞에서 든 1982년의 경제전망은 안 맞게 될 것은 불 보듯 뻔한 일이라고 할 수 있다. 물론 좀더 바람직스런 상태에 가까운 쪽으로 안 맞을 수도 있지만 더 악화된 상태로 안 맞을 수도 있다는 말이다.

그러나 81억 달러의 소요외자를 계획한 대로 차질 없이 조달할 수

있을 것인지도 전망을 좌우하는 매우 중요한 요인이 된다는 점에 유
의할 필요가 있을 것이다.

4. 그러나 더 나아가서 중화학공업투자를 더욱더 강력하게 추진하
지 않고서도 다음 해의 전망은 실현된다고 할 수 있을지, 또 환율인상
률을 3.0~5.0퍼센트로 억제하고 기업의 자체 노력에만 의존해도 계획
된 수출은 달성된다고 할 수 있을지 등도 제기될 수 있는 의문이다.
인플레도, 정부의 지나친 간섭도, 왜곡된 자원배분도, 산업의 국제경쟁
력 약화로 지나친 에너지 및 자원의 해외의존도, 지나친 과잉투자도,
급격한 외채누증도, 다시 말하면 제5차 계획서에서 지적되고 있는 우
리 경제가 현재 직면하고 있는 도전들이 지나친 과거의 중화학공업투
자에 기인하는 바가 크다는 점을 감안할 때, 중화학공업 투자조정의
계속되는 강력한 추진 없이는 이들 도전을 해결할 수 없지 않을까.
　이제까지는 수출은 기업의 자체 노력에도 기인하지만, 정부의 갖가
지 특혜조치에 힘입은 바가 크다는 것은 공지의 사실이다. 또 환율인
상에 힘입은 바도 크다. 그런데 과연 환율인상률을 3.0~5.0퍼센트로
묶고 기업의 생산성향상을 위한 경영합리화 노력만으로 수출목표를
달성할 수 있다는 말인가. 생산성향상은 1, 2년에 해결될 수 있는 문제
가 아닐 뿐 아니라 만약 수출의 전망이 어두울 때에는 환율을 3.0~5.0
퍼센트 이상으로 인상할 것은 뻔한 일이 아니겠는가.

5. 목표로 한 도매물가상승률의 실현은 누구나 다 바라는 바다. 소
비자물가상승률은 명시되어 있지 않지만 이것도 역시 13.0퍼센트가 아
닌가 생각되는데 이것의 실현 또한 바라고 있다.
　제5차 계획이 그 기조의 첫째로서 이제까지와는 달리 '안정'을 내걸

고 있고, 그 기본목표의 첫째를 '경제안정기반의 정착'(10% 수준의 물가 안정)에 두고 있고 그에 맞추어서 1985년부터는 물가상승률을 9.0퍼센트로 하고 있는 데 비추어서도 그렇게 말할 수 있다.

그러나 당분간은 총지수에 반영되는 일반물가의 상승률보다는 부분지수에 반영되는 특수물가의 상승률에 더 관심을 쏟을 필요가 있지 않나 생각된다. 좀더 구체적으로 말하면, 서민층이 말하는 필수생필품의 가격, 즉 의식주에서 필요불가결한 기본품목 및 서비스의 가격과 버스요금, 지하철요금 같은 기본적 대중교통요금으로 구성되는 지수에 반영되는 물가의 상승률이 더 중요한 의미를 갖는다고 할 수 있다. 물가 전반을 한꺼번에 안정시킨다는 것은 바람직스럽지만 우리나라의 실정에서 볼 때에는 이제까지의 경험에 비추어 보아 무리가 따르거나 단시일 내에 실현되기란 불가능하다고 해도 과언이 아니다.

그렇다면 결국은 점진적, 단계적으로 접근할 수밖에 없는데 물가상승의 피해를 가장 많이 받는 층은 다름 아닌 근로자를 포함하는 서민층이라고 할 수 있으므로, 1차적으로는 이들에게 필요불가결한 기본품목 및 서비스의 가격안정과 기본적 대중교통요금에 중점을 둘 수밖에 없기 때문이다. 만약 이들 물가의 안정이 실제로 실현되기만 한다면 임금상승률 10퍼센트도 일단 긍정적으로 받아들여질 수 있는 여지가 많다고 할 수 있는 것이다.

6. 실업문제가 심각하고 중요한 것임은 틀림없다. 1978년 무렵까지 10퍼센트 또는 그 이상의 경제성장률을 뜻하는 고도성장을 소리 높여 외친 것도, 그것만이 실업의 흡수책인 것처럼 착각한 데에 기인함은 잘 알려진 사실이다. 그러나 농업 및 중소기업과 같은 고용흡수적인 산업에 대한 투자를 크게 늘려가도 고용증가가 크게 기대됨은 두말할

필요도 없다. 그런 의미에서 고용흡수적인 산업의 적극적인 개발이 실업문제와 관련해서 강조되는 것이다.

그러나 그렇다 하더라도 단기적으로는 단기적인 실업대책이 요청되게 된다. 그 실업대책은 다름 아닌 본래의 케인스의 실업대책이다. 다시 말하면 적극적인 취로사업의 추진인 것이다. 그렇다면 과연 다음해의 예산에 이런 성격의 지출을 반영하고 있는지, 있다면 그 규모는 얼마나 되는지 등이 궁금하지 않을 수 없다. 우리 경제가 평상상태로 돌아올 때까지는 적어도 이런 실업대책은 적극적으로 추진되어야 한다. 실업자에게 생존할 수 있는 길을 마련하는 것은 정부가 꼭 해야 할 일이라고 할 수 있기 때문이다.

7. 위와 같이 다음해의 경제전망에는 많은 변수가 숨어 있으며 또 문제가 있음을 알 수 있다. 이들 변수의 움직임에 따라서 전망은 얼마든지 달라질 수 있는 것이다.

그러나 경제지표 또는 통계치보다는 경제현실을 더 중시하는 입장에서 보면 전망이 그대로 맞고 안 맞고는 문제가 안 된다고 할 수 있다. 다음해에 우리 경제의 체질, 우리 기업의 체질, 우리 가계의 체질이 약간이나마 실질적으로 강화되기만 하면 족한 것이다.

이렇게 볼 때, 무엇보다도 필요한 일은 정부는 정부대로, 기업은 기업대로, 가계는 가계대로 다 같이 1979년부터 겪어온 심한 불황의 긍정적인 면을 살리는 일, 다시 말하면 각기 일제히 재고조사를 해보는 일이라고 할 수 있을 것이다.

그런 의미에서 정부, 기업, 가계 할 것 없이 낭비는 없는지 들떠 있지는 않은지 등을 곰곰이 따져보고, 낭비가 있다면 그것을 제거하고 들떠 있다면 차분히 가라앉히는 일을 실천해 가기만 하면 충분할 것으로 보인다.

제5차 계획서를 보면, 계획기간의 첫 2, 3년 동안을 조정기간으로 설정하고 있는 것 같다. 그렇다면 더욱이 이런 일은 강조되어야 한다고 할 수 있다. 그것에 정부가 솔선수범해야 함은 두말할 필요가 없다. 그러나 과연 예산편성에서 이런 점을 충분히 살렸는지, 예산은 기준을 웃돌 만큼 늘리면서 물가상승률 13.0퍼센트를 위해서 10퍼센트의 임금상승률, 10퍼센트의 추곡가격인상률 등을 내세운다면 얼마만큼의 설득력을 가진다고 생각하고 있는지 등을 묻지 않을 수 없다.

이러한 이른바 군살빼기를 정부, 기업, 가계가 다 같이 우선해서 행하면서 정부는 중화학공업 투자조정을 계속해서 강력히 추진하며, 취로사업을 확대하며, 근로자층을 포함하는 서민층에 초점을 둔 물가안정에 주력하며, 수입원유가격의 안정을 기하며, 기업의 경영합리화라는 자체노력을 통한 수출확대를 유도하며, 양질의 그리고 유리한 조건의 외자로 소요외자를 조달해가야 할 것이다.

이 밖에도 물론 정부는 제5차 계획에서 내건 기조의 두 번째와 세 번째인 '능률'과 '균형'의 실현을 위해서도 애써야 할 것이다. 이 두 가지 다 장기적인 과제이지만 다음해는 제5차 계획기간의 제1차년도이기 때문이다.

이때 능률의 경우는 몰라도 균형은 그 성질상 어느 한두 가지의 특정한 정책으로 실현되는 성질의 것이 결코 아니고 산업정책 전반에서 특별한 배려를 전제로 하는 성질의 것임을 잊어서는 안 될 것이다. 즉 균형의 실현은 모든 산업정책에서 사전배려가 따르지 않고서는 소기의 성과를 거둘 수 없다.

8. 끝으로 경제성장률 7.0~8.0퍼센트에 집착할 필요는 없는 줄 안

다. 경제성장률은 목표치 또는 계획치이면서 결과치인 것이다. 이제까지 이 두 가지 성격 또는 면 중에서 목표치라는 데에만, 그것도 10.0퍼센트 내지 그 이상에만 집착하다 보니 현재 우리가 겪고 있는 어려움을 초래했다고 할 수 있다. 다시 말하면 제5차 계획에서 안정, 능률, 균형을 그 기조로서 내걸지 않을 수 없게 만든 것이다.

그렇다면 앞으로는 결과치라는 면도 똑같이 중시할 필요가 있을 것이다. 이렇게 결과치라는 면을 중시한다면 국민소득의 증가를 뜻하는 경제성장(경제성장률은 국민소득의 증가율이다) 하나만을 내세우지 않고 물가, 무역수지 및 경상수지, 실업, 투자재원의 조달, 자원배분, 소득분배, 산업개편, 경영합리화 등도 같은 비중으로 고려하면서 국민경제를 운용할 수 있게 될 것이다.

사실은 경제의 체질, 기업의 체질, 가계의 체질을 강화시키는 방향으로 국민소득을 제외한 다른 분야를 건전하게 운용하는 가운데서 얻어지는 결과치로서의 경제성장률이 목표치 내지 전망치를 실현하는 것이 진정으로 의미 있는 일이라고 할 수 있다. 어떻든 다음해에는 이미 앞에서 밝힌 바람직스러운 경제상태에 접근하는 출발점의 해가 되었으면 한다.

<표 1> 주요 경제지표(1982)

경제성장률(%)	7.0~8.0	투자율(%, 경상가격)	31.2>
실업률(%)	<4.8	국내저축률(″, ″)	22.3>
도매물가상승률(%)	13.0	해외저축률(″, ″)	8.9≒
경상수지(억 달러)	−49.0	소요외자(억 달러)	81.0
무역수지(억 달러)	−40.0	통화증가율(%)	20.0
무역수출(억 달러)	253.0		
무역수입(억 달러)	293.0		

주: <: '작다'는 표시, >: '크다'는 표시, ≒: '근사하다'는 표시.
출처: 《제5차 5개년 경제사회발전계획》(1982~1986), 1981. 8.

⟨표 2⟩ 주요 경제지표의 계획치와 실적대비(1979~1981)

	1979		1980		1981	
	원계획	실 적	원계획	실 적	원계획	전 망*
경제성장률(%)	9.0	6.4	9.0	−5.7	9.0	6.2
실업률(″)	4.2	3.8	4.1	5.2	3.8	4.8
도매물가상승률(″)	8.0~9.0	23.8	8.0~9.0	44.2	8.0~9.0	20.0
경상수지(억 달러, 경상가격)	2.35	−41.51	6.79	−53.21	11.72	−54.0
무역수지(″, ″)	4.76	−52.83	9.47	−47.87	13.7	−42.0
무역수출(″, ″)	145.19	150.56	172.92	175.05	202.42	210.0
무역수입(″, ″)	140.43	203.39	163.45	222.92	188.72	252.0
투자율(%, 불변가격)	25.9		25.9		26.0	
(″, 경상가격)		35.4		31.0		31.2
국내저축률(″, 불변가격)	24.0		25.1		26.1	
(″, 경상가격)		26.6		21.2		22.3
해외저축률(″, 불변가격)	1.9		0.8		−0.1	
(″, 경상가격)		7.6		9.8		8.9
통화증가율(%)	19.6	20.7	9.6	16.3	19.6	23.0

주: *은 ⟪제5차 5개년 경제사회발전계획(1982~86)⟫의 전망을 표시함.
출처: ⟪제4차 5개년 경제개발계획(1977~1981)⟫, ⟪제5차 5개년 경제사회발전계획(1982~1986)⟫
　　　및 경제기획원, ⟪주요경제지표⟫, 1981.

⟪기독교사상⟫(1982. 1)

1972~81년의 교훈

올해(1986년)가 제5차 계획의 최종 년도다. 따라서 자연히 내년부터 시작되는 제6차 계획안을 확정짓는 일을 서두르지 않을 수 없을 것이다. 어떻든 최근에 부문별 계획이 발표되어 왔고, 또 가장 최근에는 총량계획안이 발표되었다.

그러나 웬일인지 나에게는 씁쓰레한 느낌이 드는 것이 사실이다. 그것은 아마 제4차 계획(1977~1981)과 올해로 끝나는 제5차 계획을 작성할 때 느낀 일, 제4차 계획의 최종 년도인 1981년의 계획치와 실적치 사이에 엄청난 차이가 있었던 점 등이 떠오른 데다가 3저(低) 운운하지만 여전히 올해 전망이 불투명한 것 같아서다. 1981년의 계획치는 경제성장률 9.0퍼센트, 실업률 3.8퍼센트, 물가상승률 8.0~9.0퍼센트, 경상수지 11억 7천 2백만 달러 흑자, 무역수지 13억 7천만 달러 흑자, 해외저축률 −0.1퍼센트, 외채 잔액 136억 4천8백만 달러(대GNP 비율 23.3%)였는데 실적치는 각각 6.2퍼센트, 4.5퍼센트, 20퍼센트를 약간 상회, 46억 4천6백만 달러 적자, 48억 7천8백만 달러 적자, 7.7퍼센트, 325억 달러(51.3%)로 엄청난 차이를 보였다. 또 어떻게 보면 똑같은 수법으로 계획이 작성되어 보도되고 하는 데에 대한 싫증 같은 것이 작용했을는지도 모른다.

그뿐 아니다. 아직도 해외건설업계·해운업계·조선업계는 심한 불황의 늪에서 헤어나지 못하고 있으며, 부실기업의 정리도 힘겹기 짝이 없는 일임에 틀림없다.

그러기에 나는 계획치에 반영되지 않은 이들 난제의 해결을 위한 시간적 여유를 갖기 위해서, 또다시 계획 조정기의 설정을 제창하고자 한다. 그러면서 나는 앞으로의 참고를 위해서 제3차 계획이 시작된 1972년에서 제4차 계획이 끝난 1981년까지의 10년 동안에 우리 경제에 어떤 일이 일어났으며, 그 기간은 우리 경제에 어떤 과제를 남겼고 어떤 질문을 제기했으며, 어떤 교훈을 주고 있는가를 다시 한 번 생각해 보기로 한다.

그 10년 동안에는 두 번, 즉 1974~1975년과 1979~1981년에 오일쇼크에 직면했고, 따라서 두 번의 심한 스태그플레이션 또는 심한 인플레적 경기후퇴, 경상수지 적자·무역수지 적자 등을 겪었다.

사실 1980년에는 경제개발계획이 실시된 이후 처음으로 경제성장률이 −5.2퍼센트나 되었다. 그런가 하면 농공 간의 불균형, 소득격차의 확대 등 매우 어렵고 심각한 문제를 안게 된 것도 사실이다.

그리고 그 기간에 우리 경제는 1972년의 8·3조치, 1976~1977년의 중동 붐, 1977~1978년의 과열된 부동산투기 붐 등을 겪기도 했다. 또 그 기간에는 '전환기' 또는 '전환점'이라는 말이 유행하기도 했고, 수출드라이브 정책, 중화학공업화가 외쳐지기도 했으며, 고도성장이 구가되거나 슬로건으로 내걸리기도 했다.

경제성장률은 1976년에는 14.1퍼센트, 1977년에는 12.7퍼센트, 1978년에는 9.7퍼센트나 되었고, 1인당 GNP는 1978년에 1천 달러를 웃돌게 되었으며, 1977년에는 수출이 1백억 달러를 넘어서며 중화학공업의 비중이 경공업의 그것을 앞지르게 되었으며, 경상수지가 1천만 달러의 흑자를 보였을 뿐 아니라 노동력 부족현상이 일어난 것 같은 착각을 준 일이 있었다. 또 그 기간에는 대재벌이 형성되기도 했다.

이렇게 볼 때 1972~1981년의 기간은 우리 경제에 명암이 엇갈린 10년이라고 해도 과언이 아니라고 생각된다. 그러면서 한편에서는 경제성장, 1인당 GNP, 공업화 등에 대한 회의, 경제성장과 공업화의 속도에 대한 회의, 수출 드라이브 정책 및 중화학공업화의 추구에 대한 회의, 진정으로 긴축의 경험을 가진 일이 있었는지에 대한 회의, 실업이냐 안정이냐의 선택에서 진정으로 안정을 선택할 일이 있었는지에 대한 회의, 농업혁명을 제대로 추진했는지에 대한 회의, 산업 간의 연관도 제고를 제대로 추구했는지에 대한 회의, 1년 내지 단기의 수치 또는 지표로 희비를 나타내는 일에 대한 회의, 고도성장정책의 추구를 촉구했다고 볼 수 있는 선성장·후분배의 주장이나, 성장 초기에는 소득분배의 불평등은 불가피하다는 주장, 고도성장은 고고용이라는 주장 등에 대한 회의 등 많은 의문을 제기했다고 할 수 있다.

그리고 다른 한편에서는 경제성장은 어디까지나 수단이지 목적이 아닐 뿐 아니라 결과라는 것, 경제성장은 서두를 것이 못 된다는 것, GNP는 구성을 은폐하는 것이기 때문에 1인당 GNP는 반드시 각 개인에게 실감나는 것이 못 된다는 것, 공업화도 역시 수단이며 서두를 것이 못 될 뿐 아니라 시간을 요한다는 것, 수출 드라이브 정책과 중화학공업화는 강행할 것이 못 된다는 것, 1960년대 이후 처음 겪는 경제성장률 −5.2퍼센트라는 심한 불황에 처했어도(1980년) 얼마든지 기업과 가계가 버텨낼 수 있으며, 도리어 불황이 기업, 가계, 나아가서 경제의 체질을 강화시킨다는 것, 진정으로 긴축의 경험을 가질 필요가 있다는 것, 실업이냐 안정이냐의 선택에서는 안정을 선택해야 한다는 것, 농업의 역할을 새삼 중시하는 일과 진정한 농업혁명이 필요하다는 것, 진정한 산업 간의 연관도의 제고가 필요하다는 것, 중소기업의 역할을 중시하는 일이 필요하다는 것, 1년 내지 단기의 수치 혹은 지표로 희비를 나타내는 일은 금물이라는 것 등 많은 교훈을 주었다고 할 수 있다.

이와 아울러 고도성장정책의 추구를 촉구했다고 볼 수 있는 갖가지 주장이나 고도성장하에서의 인플레이션은 불가피하다는 주장 등이 시대착오적인 것이거나 잘못된 것이라는 교훈을 남겨주었다고 할 수 있음은 말할 나위도 없다. 즉 선성장·후분배의 주장은 복지사상이 팽배한 시대에는 시대착오적인 것이라고 할 수 있으며, 성장과 더불어 그 과정에서 분배문제도 적극적으로 배려하지 않는 한 성장이 실현되었다고 해서 소득분배가 평등화하는 것은 결코 아니며, 적극적인 고용흡수정책을 펴나가기만 하면 고도성장이 아니라도 고고용은 실현될 수 있으며, 고도성장은 저물가 아래서도 가능하다는 교훈을 남겨주었다고 할 수 있다.

따라서 1972~1981년의 10년 동안이 준 이러한 교훈을 거울로 삼아서 앞으로는 안정 내지 긴축이 절실히 요청될 때 성장만 하면 만사가 해결된다는 성장만능론이나 고도성장 아래서는 인플레이션이 불가피하다는 인플레이션 감수론은 말할 것도 없고, 고도성장은 곧 고고용이라는 주장 등으로 해서 실업이냐 안정이냐의 선택에서 실업을 물가보다도 우선함으로써 확대정책으로 기우는 일, 즉 불황을 지나치게 두려워하거나 과장하는 일 등은 결코 있어서는 안 된다고 할 수 있다.

불황은 기업과 가계, 나아가서 경제의 체질강화라는 긍정적인 면을 갖고 있는 것이다. 그리고 적극적인 고용흡수정책을 펴나가기만 하면 저성장 아래서도 고고용은 실현될 수 있다. 어떻든 현재로서는, 아니 앞으로 상당 기간 심한 불황의 늪에 빠져 있는 해외건설업체·해운업계·조선업계의 짐을 더는 일과 부실기업의 정리가 더욱 시급한 문제라는 것을 간과해서는 안 될 것이다.

《경제를 되새기며》(1986. 6)

'87 경제를 돌아본다[*]

작년보다는 못하나 고성장, 무역흑자 이룩

박봉용 지난 1년간은 전국에 민주화의 열기가 가득했던 한 해였습니다. 정치적 민주화는 물론 사회·경제·노동현장에서 민주화를 요구하는 소리가 분출했고 특히 6·29선언 이후의 노사분규가 우리 경제에 충격을 주지 않을까 우려되기도 했습니다.

그러나 지난 1년간 우리 경제분야는 순조로운 성장을 했다고 볼 수 있습니다. 3저의 호재가 계속 우리 경제의 안정과 성장에 유리하게 작용해서 물가가 비교적 안정을 유지했고 성장률도 작년에 비해서는 떨어졌으나 10퍼센트 이상에 달할 것으로 예상되고 있습니다. 3저현상이 원유가 상승, 국제금리의 상승추세 등 조정국면에 있고 특히 하반기 이후 물가에 대한 불안요인이 나타나기 시작하는 등 문제점이 나타났지만 전반적으로는 잘 되어 가고 있다고 볼 수 있지 않을까요?

변형윤 올해의 경제가 안정기조를 유지했던 것은 사실이나 86년에

---

* 이 글은 주간지 《재정》의 박봉용(鳳鳳用) 주필과 학현 선생의 대담 내용으로 임승연 기자가 정리한 것이다.

비해서는 여러 가지 면에서 좋지 않았습니다. 86년은 3저의 호황에 힘입어 한국경제가 고도성장을 했던 해였습니다. 그러나 석유값이란 늘 상승요인을 안고 있는 것이고 엔고에 따른 문제라고도 볼 수 있는 원화절상의 압력이나 국제금리의 상승 경향 등을 감안해서도 작년 말이나 올해 초의 예상은 작년에 비해 올해의 경기가 좋지 않을 것으로 모두 예상했었습니다.

그때는 6·29선언에 의한 정치민주화의 조짐을 전혀 예상치 못했었지요. 6·29 이후의 노사분규사태 등에 따라 임금인상요인이 생기고 물가에 영향을 주고 수출에도 지장을 크게 받을 것으로 심각하게 우려했으나 일단 노사분규가 가라앉자 수출도 잘 되고 성장을 유지하게 되었다고 보입니다.

수입물가 상승으로 물가는 불안

그러다 보니 올해 경상수지흑자가 작년 수준을 웃돌게 되었지만 물가는 계속 불안한 상태를 유지하고 있는 형편입니다. 작년에는 물가가 매우 안정됐었지요.

작년의 경우 도매물가는 연중평균대비로 볼 때 2.2퍼센트 떨어졌고 소비자물가는 2.3퍼센트 올랐는데, 이는 60년 이후 도매물가 상승률로는 최저를 기록하는 것이며 소비자물가도 60년 이후로는 가장 낮은 수준이고 해방 이후로 볼 때도 58년의 −3퍼센트에 이어 낮은 수준입니다.

그러나 올해에 들어와서는 물가가 많이 올라 정부에서도 연말대비 도매물가는 1.5퍼센트, 소비자물가는 4.5퍼센트 상승할 것으로 예상했는데 소비자물가는 이미 10월 현재 4.6퍼센트로 예상을 넘어섰지요.

물가사정이 나빠진 것은 물론 임금인상 때문만은 아닙니다. 60년대 후반부터 보자면 물가가 통화량에 의해서는 별로 영향을 받지 않고 주로 수입물가에 큰 영향을 받아왔습니다. 그런데 작년에는 석유값이 떨어지고 원자재 값도 낮은 수준에서 안정되었으며 이것이 호황의 한 원인이기도 했습니다. 그러나 금년에 석유나 원자재 값이 오르다 보니 수입물가가 자연히 오르게 되고 이것이 물가에 악영향을 끼치고 있는 것입니다.

9월 말 현재 13.3퍼센트의 수입물가 상승률을 보이고 있는데 이를 주목할 필요가 있습니다. 역시 9월 말 현재로 도매물가는 1.8퍼센트 상승, 소비자물가는 4.4퍼센트 상승한 것으로 나타났는데 물가상승요인이 임금인상에만 기인하는 것이 아니라 수입물가에 의해 크게 영향을 받고 있는 사실을 중요시해야 합니다.

또한 통화량이란 요인을 보면 60년 후반부터는 물가에 직접적인 영향을 미치지는 않게 되었지만 물가가 오를 때 더 오르게 한다거나 반대로 떨어질 때 더 떨어지도록 만드는 촉매작용을 합니다. 그런데 올해는 벌써 돈이 많이 나갔고 대통령선거나 내년의 국회의원선거 등 통화량 증가요인이 많아서 물가의 경우 불안상태를 지속할 수밖에 없고 내년에는 더욱 심각해질 것으로 우려됩니다.

이렇게 보면 작년 말에 예상한 대로 되었다고 하겠지만 물가의 경우만은 경제외적인 요인에 의해서도 영향을 받아 당분간은 불안상태를 유지할 것으로 보입니다.

한편 55~70억 달러로 예상했던 국제수지의 경우는 수출이 정상적으로 진행되고 있어 통화량 증가를 가져오긴 했지만 막대한 외채를 갚게 하여 외채규모가 감소하고 있습니다.

또 국민저축이 늘어나 투자재원조달이 완전자립화 되는 등 작년보다는 못해도 예상했던 대로 경제 전반이 호조를 보였던 해라고 평가할 수 있습니다.

원절상, 시장개방 압력가중

박봉용 특히 올해는 원화절상, 시장개방 등이 큰 이슈가 됐었지요.

변형윤 현재 한국경제가 안고 있는 문제가 여러 가지 있는데 그 가운데 하나가 점점 무거워지고 있는 미국으로부터의 원화절상 압력과 수입개방 문제입니다.

금년 미국의회에서 통과된 법안들을 보면 상당히 보호무역적인 성향이 짙어지고 있으며 특히 한국·대만 등을 의식하고 불리하게 하는 법안들임을 알 수 있습니다. 더욱이 상품뿐 아니라 서비스분야까지 개방을 촉구하고 있으며 그렇지 않을 때는 미국에서 수입을 억제하겠다고 하는데 그렇다면 자연스레 우리는 수출에 지장을 받게 되는 것 아닙니까?

물론 지금 미국경제는 매우 어려운 상태인 것이 사실입니다. 재정적자가 2천억 달러에 육박하고 무역적자 역시 늘어나고 있어 산업이 위축되고 실업의 증가가 점차 압력의 요인으로 등장하고 있는 형편입니다. 작년에 비해 성장률이 높아졌다고는 해도 재정적자나 무역적자를 줄여야 하는 미국의 입장에서는 보호무역의 장벽을 높일 수밖에 없고 개방압력에 힘을 가할 수밖에 없습니다.

원화절상 문제에서도 800원대가 이미 무너졌고 각 분야에서 압력이 가중될 것이 예상되기 때문에 나름대로 대처방안을 모색하는 것이 중요합니다.

우리 수출시장에서 미국이 차지하는 비율이 약 40퍼센트에 이르는

데 미국시장에 수출이 어려워진다면 눈을 다른 곳으로 돌려야 하지 않겠느냐고 생각합니다. EC나 다른 나라 등으로 수출시장을 다변화해야 할 것으로 생각되는데 여기에도 한계가 있기 때문에 해결방안을 찾기 위해서는 끊임없이 노력해야 합니다.

대일적자개선 낙관해선 안 돼

박봉용 얼마 전 신문에도 나왔지만 금년도 대미흑자가 1백억 달러 정도이며 전체 경상수지흑자를 90억 달러 정도로 보고 있습니다. 중요한 것은 대미흑자를 줄이고 동시에 대일적자를 줄여야 할 필요가 있다고 보는데 교수님께서는 어떻게 생각하시는지요.

변형윤 최근 신문 등의 보도를 보면 대일적자가 아주 조금씩이나마 줄어드는 듯한 인상을 주고 있는데 몇 개월간의 수치를 놓고 낙관적이라고 속단할 수는 없다고 봅니다. 그 이유는 우리의 산업구조를 보면 중화학공업에서 소재, 부품분야가 상대적으로 낙후되어 있습니다.

결과적으로는 이것을 대부분 일본에서 수입해서 미국으로 수출하는 품목에 쓰고 있습니다.

그러니까 대미수출이 는다는 것은 일본에서의 수입이 는다는 말이 되는 것으로 수입유발효과가 촉진된다는 것입니다.

또한 일본의 산업구조 자체가 선진형이면서도 그렇지 못한 우리나라와 농업구조 면에서 유사성을 지니고 있기 때문에 우리의 경우 농산물들은 수출할 수가 없으면서 소재, 부품, 기계 등은 계속 일본에 의존해야 하는 공업구조의 모순성을 안고 있어, 대일적자의 해소는 단시일 안에 기대할 수 있는 부분이 아니라고 생각합니다.

다만 몇 개월간의 수치라고 해도 우리가 꾸준히 이런 방향으로 노력을 해야 한다는 방향성을 제시한 것으로 받아들이고 장기간에 걸쳐 서라도 대일적자를 줄여 나가기 위한 노력이 계속되어야 할 것은 두 말할 나위도 없습니다.

노사분규 충격 크지 않아

박봉용 6·29선언이 계기가 되었다고 할 수 있지만 노사분규의 근본 적인 배경과 거기에서 얻을 수 있는 교훈이라면 어떤 것이 있다고 생 각하십니까?

변형윤 늘 해오던 얘기가 되겠지만 금년 1학기가 시작되면 학생들 이나 노동조합 등의 움직임이 심상치 않으리라는 예상은 했었습니다. 그 이유는 유신 이후 그 부분은 늘 억눌려 왔고 특히 노동자계층에서 는 노조의 어용성 등 때문에 노동자들의 권익옹호는 물론 제대로 인 간대접을 받을 수조차 없었기 때문입니다.

그 중에서도 커다란 요인들을 들자면 임금문제, 노조의 민주화, 최 소한의 인간 대우 등을 들 수 있는데 이것들이 그동안 억눌려만 왔기 때문에 폭발할 가능성을 충분히 내포하고 있다가 일단 6·29선언에 의 해 표출할 수 있는 계기가 마련된 것입니다.

그러나 억눌려있던 상태에서 폭발했었다면 강도 면에서 훨씬 강했 겠으나 차라리 약화된 편이 아니었나 이렇게 생각합니다. 때문에 지나 치게 걱정스러운 시각으로 볼 필요는 없다고 봅니다.

어차피 정치민주화의 과정 또는 새로운 정부가 들어선다 하더라도 한번은 치러야 할 홍역이라고 생각하고 조금 일찍 치렀다고만 생각하 면 되는 것입니다.

또한 노사분규가 경제 전반에 걸친 충격이 그리 크지도 않았습니다.

방법상의 문제라고 보는데, 문제는 노동자들 자신으로 하여금 문제점을 제기하고 회사사정을 납득할 수 있도록 이해시킨다거나 하면 임금문제까지는 어렵겠으나 인간적인 대우나 노조의 민주화 등은 하기에 따라 얼마든지 실현가능한 문제들입니다.

그리고 임금문제도 조금 다른 각도에서 생각해 볼 수 있어요. 기업가에게는 비용인 임금은 바로 노동자에게는 소득의 원천입니다. 그러므로 임금을 높여주면 심리적으로 일을 더 하고자 하는 의욕을 보이게 됩니다.

한 시간의 노동을 놓고 볼 때도 하기 싫은 마음으로 일을 하기보다 의욕을 가지고 일을 한다면 그만큼 노동생산성이 향상되는 결과를 가져오게 되므로 임금인상문제를 기업가 측에서 무조건 백안시 할 필요는 없는 거지요.

임금이 소득의 원천인 노동자의 경우 소득을 올리고자 하는 욕구는 바로 임금인상으로 직결되는 것인데 정부도 임금이 인상되면 제조원가가 올라가고 판매가격도 오르고 그러다 보면 물가가 흔들린다는 기업가의 논리에만 매달리지 말고 기업가와 노동자 측의 양쪽을 균형 있게 조정해주고 기업가에게 노동생산성 향상의 중요성을 인식시켜주는 역할을 해야 할 것입니다.

물론 한 번은 몰라도 이윤이 마이너스가 될 때까지 임금을 올려줄 수는 없는 것이고, 사용자와 노동자가 함께 생활터전인 회사의 사업내용을 이해하는 풍토가 마련된다면 무리한 인상요구도 없어질 것입니다.

문제는 기업가들이 임금문제를 고려할 때 자신들이 필요한 부분은 우선적으로 쓰고 그 다음에 임금문제를 생각하게 되는 경향이 있는데 그렇더라도 쓰고 난 이후에 낭비하는 부분만 제거한다면 충분히 인상

요인을 해결할 수 있으리라고 봅니다.

예를 들어 준조세 문제만 하더라도 정부 측에 대해 꼭 필요한 것 외에는 임금인상을 위해 쓰겠다고 한다든가 하는 방법으로 어느 정도 해결하고자 하는 노력을 할 수도 있는데, 임금인상은 곧 원가상승이라는 고정관념을 버리지 못하는 것은 잘못이라고 생각합니다.

이번 노사분규를 겪으면서 노동자들의 임금인상 등의 욕구를 들어주는 것이 궁극적으로는 좋은 결과를 가져오는 것이라고 생각해야 하며 임금이 직접적인 소득의 원천인 노동자들의 생산성 제고를 위해서도 필요하다는 인식을 가져야 한다고 느꼈습니다.

다시 말하면 기업가가 직접 노동현장에 뛰어들어 노동자들의 얘기를 들어주고 경영내용을 함께 협의하고 상호이해를 통해서 문제를 해결해 나간다면 노사문제를 단세포적으로 위험시할 필요도 없고 건전한 노사관계가 유지될 것이라고 생각합니다.

부실기업정리 미온적이었다

박봉용 부실기업이 정리되었다고는 하지만 은행이 떠맡은 부실채권은 결과적으로 금융부실화의 요인이 되고 있는데 앞으로의 금융자율화 추세와 더불어 커다란 문제점으로 부각될 것 같습니다. 이 점에 대해서는 어떻게 생각하십니까?

변형윤 부실기업정리는 업체 측에서 볼 때는 해결이 되었다고 하지만 그 자체가 아직 문제점을 안고 있는 것으로 보입니다. 그 하나가 금융기관의 부채가 늘고 있는 현상이며 더 나가서는 금융기관을 뒷받침해 주고 있는 중앙은행 즉 한국은행의 적자가 누증하고 있다는 것입니다.

중앙은행이 적자라는 사실은 수치스러운 일입니다. 브라질, 멕시코 등 외채가 많은 중남미의 중앙은행이나 적자상태이지, 이런 일은 경상수지흑자국가에서는 없는 일이지요.

부실기업을 안은 업체는 금융지원을 해주지 않으면 또 부실기업이 되는 것은 당연한 이치인데 그러면서 부실기업을 정리했다는 것은 말이 안 됩니다.

이제는 정리할 부분은 진정한 의미에서 깨끗이 정리해야 할 때입니다. 종업원문제는 업종전환 등을 통해서 해결하는 방안을 찾아야 하는 것이지, 실업문제 때문에 부실기업을 다른 업체로 떠넘긴다는 것은 건전한 기업까지 부실화하는 결과를 초래할 수밖에 없는 것입니다. 그렇게 해서 부실화한 기업의 예는 많이 보고 있지 않습니까?

아무리 손을 써도 회생할 수 없다고 판단될 때는 문을 닫게 하는 결단이 진정 필요합니다. 그렇게 해야 경영자의 입장에서도 부실화하지 않도록 최선을 다하는 책임의식을 갖게 되는 것입니다.

부실기업에 속하는 업체들은 대부분 해외건설업, 조선, 해운 등입니다. 해외건설업은 중동 붐이 사라지면서 생긴 것이고 조선이나 해운업은 한번 침체의 늪에 빠지면 15~20년 내에는 회생하기 어려운 업종들입니다.

때문에 이런 부문들이 활성화될 수 있는 방안을 함께 모색하면서 한편으로는 비전이 없는 부실기업은 단호하게 정리하는 것이 필요합니다. 물론 매우 어려운 일이지만 그렇지 않으면 경제 자체가 큰 부담을 지게 되는 것이므로 철저하게 해결해 나가야 합니다.

박봉용 해외건설이나 조선, 해운보다도 더 큰 문제는 금융부실화 문제인 것 같습니다.

변형윤 그렇습니다. 그것이 바로 부실기업 정리를 잘못한 결과입니다. 부실기업을 인수시키면서 특혜를 주고 그 내용도 공표하지 않음으로써 국민들에게 불신감을 조장하게 된 것입니다. 여하튼 부실기업 정리문제는 건전한 경제발전을 위해 썩은 가지를 잘라내듯 확실하게 할수록 좋은 것이라고 생각합니다.

증시호황 비정상 요인 많아

박봉용 금년도 우리나라 경제의 특징 중 하나가 증권시장의 호황이라고 할 수 있는데, 지금 외국 증시에서는 30년대 공황이 재래하는 것이 아니냐 할 정도로 불안감을 갖고 있습니다.

아직까지 우리나라에는 큰 영향이 없습니다만 우리나라도 증권이 너무 비정상적으로 확대되는 것이 아니냐는 우려가 나오고 있습니다. 물론 추세적으로 증권이 대중화되고 주식인구가 늘고 있는 것은 좋은 현상이지만 과연 정상적으로 발전되고 있는가에 대해서는 깊이 반성해 볼 필요가 있다고 생각하는데 어떻게 보십니까?

변형윤 정상적인 발전이라는 측면에서는 비판적인 시각이 많습니다. 왜냐하면 통화증가율을 일정한 선에서 유지하는 것만이 중요하다고 생각하는데 그것은 잘못된 생각입니다. 문제는 돈이 고르게 돌지를 못하고 한쪽에 편재되어 있는 상황에 있습니다. 그리고 그 돈은 대부분 지하경제 관련자들과 수출대기업들에게 편중돼 있습니다.

또 하나 중요한 것은 해외교포들의 송금입니다. 수출을 많이 해서 생기는 무역수지 외에 해외교포들이 송금한다는 의미는 미국에 투자하는 것보다는 한국 증권시장에 투자해서 나중에 달러로 바꾸어 간다는 것입니다. 이런 요인들이 모두 증권의 호황에 한몫 하는 요인들로 작용하는데 과연 이런 현상이 건전한 것이냐 생각해 볼 때 그렇지 않다는 결론밖에 나올 수 없습니다.

아까 말씀하셨지만 얼마 전 미국의 주가가 폭락하는 등 세계의 증시가 혼란상태를 맞자 사람들은 1929년의 대공황이 다시 시작되는 것 아니냐 하여 여러 가지 논의들을 전개하며 부정적인 견해들을 발표하고 있는 것이 사실입니다. 하지만 직접적인 요인은 미국경제의 어려움에 기인한다고 할 수 있어 나는 거기에 약간의 이의를 제기합니다.

요즘은 선진 7개국 정상회담이 매년 개최되면서 세계경제를 이끄는 7개국의 재상회담 등을 통해 세계적으로 일어나고 있는 큰 문제들을 자기 나라의 이해관계와 결부시켜 해결해 나가려는 노력들을 하고 있습니다.

그런 의미에서 긍정적인 평가를 할 수도 있지만 심리적 불안으로 위축되어 증권을 한꺼번에 팔게 된다든지 하면 선의의 제3자가 피해를 보게 되는 경우가 발생할 수도 있습니다. 돈이 많은 사람이야 별 문제가 없지만 증시에 투자한 서민들은 그럴 때 큰 피해를 입게 되는 것입니다. 그러니 정부에서는 이런 선의의 피해자가 생기지 않게 증시의 호황이나, 불황일 때 더욱 적절한 대비를 할 수 있도록 건전한 방향으로 육성해야 할 필요가 있습니다.

또 하나 증시의 호황은 부동산 투기의 억제에서 기인한다고 볼 수 있습니다. 돈이 갈 곳이 없으니까요. 그렇다고 다시 부동산 쪽을 풀어준다는 것은 말도 안 되며 부동산투기는 계속 억제하면서 증권부문에 대해서는 선의의 피해자가 생기지 않도록 하며 주식시장으로서의 올바른 역할을 할 수 있게 해주는 것이 정부가 할 일이라고 생각합니다.

선거공략 등이 부동산투기 부추겨

박봉용 그런데 지금 부동산 쪽에서도 투기조짐이 보인다든가 활성화될 기미가 보이고 있는 듯합니다. 정책으로 입안되었는지는 확실치 않지만 민정당에서 그린벨트를 해제하느니 용도제한을 완화한다느니 하는 말이 나오고 있고 특히 연말과 내년의 선거 붐을 타고 부동산투기가 재현될 움직임이 보입니다.

변형윤 전에는 부동산과 증권시장 양쪽으로 자금이 나뉘어 있었지만 부동산투기를 억제하게 되니까 자연 증시로 몰리게 되었습니다. 지금은 증시에 돈이 머물러 있다고 해도 여유자금 등이 서서히 부동산 쪽으로 옮겨가고 있는 모양이고, 또한 선거공약 등이 부동산투기를 부추기는 인상을 주고 있는데 이는 철저히 막아야 할 부분입니다.

1977년부터 78년에 걸쳐서 부동산투기가 어떠한 악습과 피해를 주었는가 하는 것은 새삼 말할 필요도 없는 일입니다.

당시 복부인이란 특수계층을 지칭하는 단어가 생길 정도로 부동산투기는 우리 경제 전반뿐 아니라 국민생활태도에까지 악영향을 미치는 요인이었습니다.

더구나 1978년 8·8조치 이후의 상태를 보면 집이 있는 사람과 없는 사람 사이의 격차가 마치 하늘과 땅에 비유될 정도였는데 집이 있는 사람은 부자이고 집이 없는 사람은 몇 년이 걸려도 집을 마련 할 수 없을 정도로 집값이 비싸졌기 때문에 사회정의 면에서 본다면 분배개선을 위해서도 부동산투기는 타파돼야 합니다.

통화관리 잘 해 물가상승 촉매구실 막아야

박봉용 내년에 있을 국회의원선거나 지방의회선거, 올림픽까지 연결시켜 본다면 선거 이후의 심리적인 요인에 의한 물가상승이 걱정되고 있습니다. 재정 면에서도 내년의 예산은 팽창예산이라 할 수 있습니다. 재정팽창에 대해서는 어떻게 생각하고 계십니까?

변형윤 통화량이 늘 것이라는 사실을 반영해 주는 것이 재정규모가 대규모로 늘었다는 것 아닙니까? 내년에 선거가 있고 올림픽이 있다는 사실이 예산에 반영됐으니까 재정규모가 늘었다고 봐야겠죠. 사실 바람직스러운 일은 아닙니다. 통화량이 대체로 1967년 이후 주된 물가상승 요인은 아니라 하더라도 물가의 상승·하락에 촉매구실을 합니다. 수입물가가 실제적으로 오르고 있고 심리적으로도 물가가 오를 것이라는 불안요인이 잠재하고 있는 이 시점에서 통화관리는 신중하게 해가야 하며 통화편재현상을 어떻게 시정하느냐 하는 문제 역시 중요합니다.

박봉용 아까도 잠깐 증권시장 호황의 요인 중 큰 부분이 비정상적인 지하경제의 확대에도 있다고 지적하셨는데 통화편재 문제도 그런 각도에서 볼 수 있지 않나 생각됩니다.

소득이 증가한다고 하는데 근로자들의 소득의 원천은 임금밖에 없지 않습니까? 물론 이번에 얼마간 임금이 인상되었다고는 하지만 비경제적인 부분에서 비리나 부정이 척결되어야 하는 것이 선결과제라고 생각됩니다.

변형윤 그래서 정치민주화라는 것이 결실을 맺어야 하는 것입니다. 상의하달식이 아니라 하의상달식, 즉 실제로 우리가 바라는 것이 무엇인가를 알아서 고칠 것은 고치고 북돋아 줄 것은 북돋아 주는 방향에서 정치적 민주화가 이루어져야 경제민주화 역시 이룩될 수 있습니다. 민주정부의 수립은 절대적인 과제입니다.

박봉용 앞으로 새 정부가 들어선다면 경제에 대한 정부의 간섭은 줄여야겠지만, 한편 더욱 강화되어야 할 측면이 많이 있다고 하겠는데, 예를 들어 비리를 제거한다거나 하는 곳에 역점을 두어야 할 것으로 생각됩니다.

변형윤 비리를 제거하는 데 정부가 앞장서지 않는다면 정부라는 것은 아무 필요가 없는 것이죠. 민주정부가 선 뒤에는 정부가 꼭 해야 할 일과 하지 않아도 될 일에 대해 태도를 뚜렷이 할 필요가 있습니다. 꼭 해야 할 일에 대해 미온적인 태도를 취해 약한 정부라는 소리를 들으면 안 되지요. 예를 들어 해야 할 일이라면 부정부패나 경제비리를 척결하는 일 외에 없는 사람 즉 서민층의 생활안정을 위한 사회보장제도, 사회간접자본 확충, 공해방지, 환경개선, 교육제도 개혁 그리고 물론 정부가 하는 일이 국방과 사법임은 당연한 얘기고 다음은 공정거래법을 강력 추진한다든지 경제력집중을 방지하는 등의 경제민주화 정책을 펴나가면서 민간주도경제 또는 시장경제에 충실하도록 하는 것이 바람직한 일이며, 지나치거나 무조건적인 간섭을 해서는 안 될 것입니다.

정책금융 줄어야 금융자율화 가능

박봉용 금융의 자율화 문제는 오래전부터 거론되었던 문제지만 논의만 활발했지 진전을 보지 못했습니다. 한은총재도 한국은행 독립성에 대해 공식적인 입장을 밝힌 바가 있는데 앞으로 한국은행법을 개정해서 중립성을 지키겠다는 입장에 대해서는 어떻게 생각하십니까?

변형윤 금융자율화 문제는 경제민주화의 중요한 부분입니다. 말씀하신 대로 이 문제는 올해 들어서 갑작스레 부각된 문제도 아니고 이미 오래전부터 제기되어 왔습니다. 금융자율화의 필요성은 관치금융에서 벗어나자는 말로도 대변된다고 할 수 있습니다.

경제민주화의 주 내용을 이루고 있는 이 금융자율화의 요건은 두 가지 정도로 보겠는데 하나는 금융정책을 관장하는 한국은행이 정부의 간섭으로부터 독립적인 입장일 수 있어야 하는 것입니다. 한국은행의 독립성, 중립성이 전제되어야 한다는 얘기입니다. 그런 의미에서 한국은행의 독립성 확보가 절실하다고 이해해야 합니다.

또 하나는 각 은행에 정책금융의 빚이 큰 부분을 차지하고 있기 때문에 이 비중을 낮추어야 한다는 문제입니다. 여기에 은행 자체의 부채가 많은 것 또한 어려움을 가중시키고 있는데 이 부분은 은행 나름의 경영으로 해결이 가능하다고 볼 수 있습니다.

중요한 것은 정책금융의 부채는 정부에서 떠넘긴 것이므로 탕감을 시켜준다든지 하는 식의 해결방법으로 부담을 덜어 주어야 합니다.

예를 들어 정책금융은 산업은행, 중소기업은행, 수출입은행, 국민은행, 장기신용은행 등 특수은행을 활용하고 시중은행의 정책금융 비중을 낮추어야 금융자율화가 될 수 있을 것입니다.

중소기업육성 성과 안 보여

박봉용 정부에서는 대기업과 중소기업의 균형발전을 위해 올해에도 여러 가지 중소기업육성책을 발표했습니다.

그러나 중소기업계에서는 그것이 실효를 거두지 못하고 있다고 말하고 있습니다.

변형윤 중소기업의 육성을 강조하지 않을 수 없는 단계에 와 있는 것은 부정할 수 없습니다. 그것은 수출부문에서 중소기업의 역할을 무시할 수 없는 단계에 와 있고 중화학공업 분야의 소재, 부품부문을 육성해야 하는데 바로 그 부분을 중소기업이 담당해야 하기 때문입니다.

정부에서도 대략 이러한 두 가지 요인을 감안하여 금융부문에서 대출규모를 확대시켜준다든가 혹은 대기업과의 형평을 유지해야 한다는 생각으로 중소기업지원을 늘려나가는 모양인데 사실 크게 눈에 띄지는 않는 것으로 보입니다.

자금편재현상에 대해서는 아까도 말했지만 한쪽으로 치우쳐 있는 자금을 중소기업부문에서도 이용할 수 있도록 조치해야 할텐데 말만 그렇게 해 놓고는 긴축정책을 펴 정작 이용하지 못하게 한다면 중소기업은 살길이 없지 않겠느냐 이렇게 생각합니다.

또한 대부분의 중소기업이 대기업과 하청관계를 맺고 있으므로 대기업이 직접 중소기업의 활로를 열어줄 수 있는 방향에서 본다면 중소기업문제는 충분히 개선될 수 있다고 봅니다.

농촌경제 개선이 시급한 과제

박봉용 농가부채문제 등 농업문제가 심각한 것으로 보이고 있습니다. 도농 간 격차문제와 농가소득향상 방안에 대해 말씀해 주시지요.

변형윤 농촌고리채 탕감문제라든지 안보적 차원에서의 농업문제 대처라는 면에서 볼 때 농업문제의 심각성은 더 말할 나위가 없습니다. 농업을 적극적으로 육성하여야 할 것은 분명한 사실임에도 불구하고 과연 그러한 정책이 얼마나 효과를 가져올 것인지 기대하기 어렵다고 하겠습니다.

나는 농촌문제에 대해서는 비관적인 입장인데 때가 늦지 않았느냐고 생각합니다. 그렇다고 하더라도 농업육성은 적극적으로 해나가야겠지요. 중요한 것은 농민의 소득원천인 농산물가격의 인상률을 높은 수준으로 유지시켜줌으로써 적정한 소득보상을 해주어야 한다는 것입니다.

미국, 일본에서는 농산물가격 지지정책을 쓰고 있는데 우리의 경우는 한때 고미가정책을 쓰다가는 제정적자가 는다는 이유로 그만두었습니다. 사람은 경우에 따라서 얼마든지 구실을 만들 수 있지요.

진정으로 농업을 육성하겠다는 의지만 있다면 그런 문제는 다른 차원에서 얼마든지 해결할 수 있는 것입니다.

박봉용 농촌문제에서 농외소득이라는 것이 농민들에게 실질적으로 얼마나 도움이 되는지 모르겠습니다.

변형윤 중소기업들이 농촌에 들어가면 농촌공업이 된다고 할 수 있는데 근본적인 문제는 그 원료를 농촌에서 공급받을 수 있느냐 하는 데 있으며 이러한 문제들이 해결되어야 할 것으로 생각합니다. 노동력의 공급만 받아서 임시직처럼 임금을 받는 형식만을 취해서는 안 되는 것이고 그 공장에서 쓰는 원료를 그 농촌에서 공급받을 수 있도록 연계를 시키지 않는 한 큰 효과를 거두지 못할 것입니다.

박봉용 경제력집중 완화가 큰 과제가 되고 있고 정부도 이를 위해 계열기업 간 상호출자규제 등 조치를 발표한 바 있으나 아직 큰 성과가 없는 것으로 보입니다. 이 문제를 어떻게 생각하시는지요?

변형윤 경제민주화의 주된 과제의 하나가 독과점 규제와 경제력집중 방지라고 하겠는데, 새 정부는 이 두 가지 문제의 해결을 위해 많은 노력을 경주해야 합니다.

그 간접적인 해결방법의 하나로 나는 중소기업의 적절한 육성이 필요하며 공정거래 위반사례는 단호히 척결해야 한다고 생각합니다. 그러기 위해서는 정부와 기업이 유착되어서는 안 되겠지요.

최저임금제가 임금상승 제약요인 돼선 안 돼

박봉용 소득불균형문제는 세제 면에서도 시정할 수 있다고 봅니다.

변형윤 당연히 소득재분배정책을 써야 합니다. 제산세 등의 세율을 높여 나가고 준조세를 없애는 것도 한 방법일 것입니다.

박봉용 최저임금제를 내년부터 도입한다고 하는데…….

변형윤 최저임금제가 필요한 것은 사실이지만 자칫 잘못하여 임금인상을 제약하는 결과를 낳을 수도 있기 때문에 그러한 부정적인 측면에서의 가능성을 제거하면서 적절하게 실시되는 것이 중요합니다.

박봉용 우리나라 저축률이 30퍼센트 이상이 되어 투자재원의 자립조달이 가능해졌다고 하지만 내용 면에서 보면 기업저축과 정부의 강제저축이 많고 아직도 가계저축률은 낮은 것으로 나타나고 있는데 이런 현상을 어떻게 보십니까?

변형윤 가계저축이 낮은 것은 당연한 현상이 아니겠습니까? 저축여력을 가진 사람이 그리 많지 않고 1인당 국민소득 수준이 아직은 높지 않기 때문이라고 보입니다. 더욱이 사회 분위기가 과소비 현상으로 흐르고 있고 그런 의미에서는 매스컴에서 큰 잘못을 저지르고 있다고 생각합니다. 또 한 사회의 지도자들 역시 생활자세가 좋지 않다고도 할 수 있습니다.

매스컴에서는 선진국의 생활상을 그대로 보도하고 있어 부유층들의 소비성향을 부채질하고 있다고 하겠는데 이것은 일반 서민들이나 농촌에까지 악영향을 미치고 있습니다. 또한 자꾸 선진국으로 들어서고

있다고 부추기는 정부의 자세도 실상을 제대로 알리는 방향으로 시정
되어야 한다고 생각합니다.

내년엔 올해보다 어려워진다

박봉용 88년의 전망에 대해 말씀해 주시기 바랍니다. 정부에서는 내
년에도 8~9퍼센트의 성장률을 보일 것이고 경상수지도 50~60억 달
러 흑자를 유지할 계획이라고 하는데…….

변형윤 내년은 금년보다 나빠질 것은 사실입니다. 작년에 올해를 전
망할 때는 3저의 여진이 금년까지는 유지될 것이라고 했는데 이것이
내년에는 상당히 약화될 것으로 예상되고 있습니다.

그 밖에 수출전망은 미국경기의 침체현상을 감안할 때 밝지 않으며
보호무역이 강화되고 있어 다른 시장으로의 수출확대를 꾀하기 전에
는 어둡다고 해야 할 것입니다.

또한 정부에서도 내년에는 물가가 많이 뛸 것으로 예상하고 있고
투자도 위축될 것이라고 전망하고 있습니다.

KDI의 통계를 보아도 역시 꽤 좋지 않을 것으로 나타나고 있습니
다. 올해의 경제성장률을 11~12퍼센트로 보았는데 내년에는 7퍼센트
정도, 내후년에는 조금 더 낮아져서 6.5퍼센트 정도로 예상하고 있으
며, 경상수지도 금년에는 70억 달러를 웃돈다고 했으나 내년에는 50억
달러를 밑돌아 48억 달러 정도로 예상하고 있습니다.

이 모든 것이 석유값이나 원자재값의 동향 등을 반영했다고 볼 수
있는데 석유값이 오르면 우리의 경우 수입이 늘어나게 되지요.

여하튼 성장률이 7퍼센트 정도로 낮아진다고 해도 계획대로라고 할
수 있으며 중요한 것은 물가문제라고 하겠습니다. 일단 금년 말부터

내년까지 정부가 가장 심각히 대처해야 할 문제는 물가라고 볼 때 물가를 안정시키는 데 최대의 역점을 두어야 할 것입니다.

물가가 오른다면 가장 심한 타격을 받을 사람들은 일반서민계층입니다. 때문에 일반물가 전체를 잡으려 하기보다는 우선 서민생활에 필요한 품목과 서비스의 가격안정을 도모하는 것이 필요하며 그 후에 일반물가를 안정시키는 조정책이 요구된다고 하겠습니다.

결론적으로 내년의 전망은 매우 어렵다고 할 수 있습니다. 다만 이것은 현 정부가 유지될 때에 그렇다는 얘기가 되는 것이고 민주정부가 들어선다면 여러 가지 개혁정책에 따라서 형편이 달라질 수도 있으리라고 예상됩니다.

내수확대로 수출타격 흡수해야

박봉용 지금 미국의 무역수지가 개선되지 않고 내년에 더욱 보호무역이 강화될 것으로 예상되는데 이런 관점에서 볼 때 우리나라 수출의 어려움을 타개할 방법은 어떤 것이 있다고 보십니까?

변형윤 사실 수출시장을 다변화하는 데도 어려움은 많습니다.

그런 의미에서 이 어려움은 궁극적으로 국내시장에서 해결할 수밖에 없는 것입니다.

결국은 내수를 확대시켜야 하는데 이것은 농업과 중소기업을 적극 육성해야 한다는 것입니다. 이는 소득분배의 개선효과를 가져오게 되는 것입니다. 수출에의 어려움을 내수로 상쇄시키는 정책이 필요하다는 얘기가 되겠습니다.

결론적으로 말하면 종합적이고 전면적인 경제정책의 수립이 요청된다고 하겠는데 더군다나 새 정부가 출범하는 내년에는 정책의 부분적인 수정이나 전환보다는 경제 전반에 걸쳐 일관성 있는 정책을 재정립할 필요가 있으며 지금까지의 정책에 대한 정리와 재평가를 밑받침으로 하여 새로운 마스터플랜을 구상하고 실행해 나가는 것이 무엇보다도 중요하다고 하겠습니다.

박봉용 바쁘신데도 오랜 시간 인터뷰에 응해 주셔서 감사합니다.

《재정》(1987. 1. 16~25)

대담

21세기 향한 '90년대 새아침 변형윤 교수에게 듣는다[*]

김도현 1990년대, 21세기라는 새로운 세기를 준비하는 20세기의 마지막 10년대를 맞으면서, 지난 80년대 10년 동안 한국의 대표적 지성인, 지식인으로서 살아오신 변 교수님을 뵙고 우리들의 삶과 우리 공동체의 삶에 대한 좋은 말씀을 듣고자 합니다. 선생께서는 지난 80년 민주화의 봄 때 대학의 자율과 사회의 민주화를 애쓰시다가 대학강단에서 물러나시기도 했고 4·13조치 철회와 민주개헌을 주장하시다가 여러 가지 박해와 시련도 받으셨던 것으로 압니다.

변형윤 우리 모두가 함께 당한 고통이지요. 80년 7월 해직되고 나서 저는 새로운 경험과 새로운 의식을 갖게 되었습니다. 우리 사회의 약한 사람을 강하게 의식하게 되었지요. 그래서 다시 복직을 하고 나서는 학생들에게도 꼭 말합니다. 선진국을 배우고 알아야 한다. 그러나 우리 현실과 우리 이웃을 더 잘 알아야 한다. 달동네도, 공돌이 공순이도, 그리고 농촌도 알아야 하고 우리가 해주어야 할 것이 무엇인가를 배워야 한다고 강조하지요. 물론 나는 교수니까 표현방법은 교수다운

---

* 《영남일보》 김도현(金道鉉) 논설위원과의 대담 내용(1990. 1. 1).

길을 택해야겠지요. 그리고 어려움을 이겨내는 많은 사람들을 보고 그들을 높이 평가하게 되었습니다. 김 선생도 어려움이 많으셨죠?

김도현 개인적으로도 일하던 신문사가 문을 닫고 해직을 강요당하고 민주개헌운동에 직접 가담하면서 정부당국의 탄압을 받는 등 시대의 고통을 직접 체험하기도 했습니다.

80년대 한국사가 우리 민족사에 강요했던 온갖 부정적 측면, 군사독재·부패·독점·언론통제·고문과 최루탄가스와 끊일 줄 모르는 소모적 저항, 여기에 투기와 사치·낭비, 그리고 남북분단과 세계적 조류를 거역하는 동족 사이의 군사적 대결 등 이 모든 것의 의미를 정리하고, 새롭게 90년대를 건설하는 토대로 어떻게 전환시켜야 할 것인가라는 공통의 과제 앞에 우리 사회가 함께 서 있습니다.

변형윤 사회경제적으로 본다면 80년대에 한국자본주의는 근대적 산업사회의 '모습'을 띠었다고 할 수 있습니다. 가장 기본적인 것은 취업자인구에서 고용계약을 통해 일자리를 가지는 피고용자가 50퍼센트를 넘는다는 것과 중화학공업과 경공업의 비중이 달라지고 제조업을 중심으로 한 수출산업의 성장 등등이 고도산업사회의 '모습'을 띠었습니다. 다른 한편으로는 물질만능사상이 더욱 창궐하고 빈부의 격차가 너무 커져 소득분배의 문제가 강하게 제기되고 사회 구석구석에 초(超)개인주의라고 할 이기주의자들이 너무 많아지고 있습니다.

김도현 정치적으로는 건국 이후 계속 강화되었던 권위주의가 80년대에 마지막 불꽃을 보이고 국민의 힘에 의해 극복되는 과정에 있습니다. 그러나 변 교수께서 지적하신 초개인주의, 초이기주의는 당리당략으로, 지역감정으로, 계층갈등으로, 새로운 관료주의와 무책임 무사안일주의로 정치사회적으로 표출하고 있습니다. 역시 '모습'은 민주화를 갖추어 가는 것 같은데 그 내용은 아직은 아닙니다. 절차적 민주주의를 확보하는 것은 그 어려운 고통과 투쟁으로 겨우 얻은 것 같은데 실질적·내용적 민주주의는 정반대의 것으로 가득 차 있습니다. 결국 90년대의 과제는 80년대에 그토록 힘겹게 이루어낸 민주산업사회의 '모습'에 '내용'을 채우는 것입니다.

변형윤 선진국도 한때는 천민자본주의 시대를 겪었으나 기독교국가 같은 경우는 기독교적 삶의 방식이 이러한 것을 극복하게 만들었지요. 우리나라에는 기독교가 날로 번창하고 유·불교의 전통도 유난히 강한데 지금은 다 어디가고 이러한 사회가 되었는지 정말 개탄스럽습니다. 지도자들, 여론을 만드는 사람들의 생활자세가 중요합니다. 행동의 규범을 만들고 이 규범을 지키는 데서부터 시작해야 합니다.

김도현 그런 의미에서 보면 80년대는 정치·경제·사회 모든 부문에서 무규범의 성장논리가 관철된 사회였습니다. 이기적 욕망이 권력과 재력을 향해 돌진일변도로만 나아간 결과가 정치권력과 경제적 부의 독점·집중·과잉과 부도덕·부정을 낳고 다른 한편으로는 억압받고 빼앗기고 소외된 민중을 양산했습니다. 몇 가지 구체적 이야기를 해주십시오.

변형윤 경제적으로 보면 경제력의 집중현상은 매우 심화되었습니다. 갈등과 격차가 심각하여 이제 시급히 해결해야 할 현실적 과제가 되었습니다. 입법·조세·의식 등 이것을 해소할 다방면의 노력이 필요하고 이를 위해서는 언론매체의 사명이 매우 큰데, 언론매체도 대기업에 조종받거나 야합하지 않아야 하는데 경험으로 보아 매우 걱정됩니다. 토지·주택문제도 매우 심각합니다. 토지는 한사람이 전유할 수 없는 공유해야 할 자연입니다. 오늘날 토지문제의 근원은 정책의 과오와 부재 탓입니다. 공공기관소유 토지를 원칙없이 마구 민간에 팔았고, 독립채산제라는 명분으로 주택공사 등 공공기관도 토지투기에 한몫을 했으며, 주택도 잘 팔리는 것만 지어서 서민의 주택난 해소라는 근본 문제를 주택문제 해결을 맡아야 할 공공기관이 외면하고 있습니다. 땅과 집이 생활공간과 환경이 아니라 재산증식수단이 되었습니다. 교육도 한국인인지 미국인인지 모를 가치부재의 교육목표를 갖고 입시경쟁에만 열중하도록 했습니다. 이제 체제를 혁명으로 바꾸지 않겠다면 대개혁이 필요한 때에 왔습니다.

김도현 변혁·개혁·개선·개량 무엇이라고 이름을 붙이든 현실적으로 가능하고, 그렇게 하지 않고는 이 사회가 버티어 갈 수가 없고, 그렇게 하는 것이 가치 있는 그러한 대실천을 90년대에 하지 못한다면 21세기는 매우 절망적인 것입니다. 그러나 이에 우리가 성공한다면 20세기는 빛나는 21세기를 위한 기초가 될 것입니다. 90년대는 실로 이러한 역사적 선택의 연대라고 하겠습니다.

변형윤 우리는 이제까지 '파이를 키워놓고 먹자'라고 하여 성장만 하면 분배문제는 저절로 해결될 것으로 믿는 정책을 써 왔습니다. 오늘날 중남미의 실패를 교훈으로 말하는 것이 유행이 되었는데 중남미가 바로 성장이 분배를 저절로 가져온다는 말이 거짓말임을 증명해준 것입니다. 여기서 종속이론이 나왔습니다. 분배를 개선함으로써 성장을 끌어가는 시대가 된 것입니다.

김도현 오늘날 심각한 노사갈등에서 노동자의 욕구수준이 너무 높고 임금상승규모와 속도가 너무 빠르다. 일본은 임금인상률이 4~5퍼센트가 고작인데 우리는 20~30퍼센트라고 하는 논리가 한창입니다. 이것은 지난날 너무 억눌려 온 결과이고 앞으로는 노동자들의 요구와 행동양식도 더 세련될 것입니다. 하지만 성장의 잠재력을 회의하는 위기감과 불안감도 심각합니다. 위기와 불안감을 말하는데 이것도 이해관계에 따라 달리 말하고 있습니다. 기업가나 관리들은 없는 사람과 근로자들이 너무 내놓으라고 아우성친다고 불평하고, 근로자나 없는 사람들은 정부의 개혁이 지지부진하고 다시 억압과 강권의 시대가 오지 않을까 불만과 불안을 가집니다.

　　변형윤 중요한 것은 위기에 대한 인식―위기의식에 대한 국민적 합의가 없다는 것입니다. 정말로 위기는 이것이 더 큰 것입니다. 경제는 나쁠 때도 있는 법입니다. 수술을 필요로 할 때는 수술도 해야 합니다. 불황을 겪으면서 군살도 빼고 합리화도 하게 되는 것입니다. 그런데 있는 자의 사치와 낭비, 그리고 투기와 변칙적 방법에 의한 거대한 자산증식이 계속되는 가운데 임금만 억제하고 근로자의 자제만 강권으로 요구하니 협조를 얻기 어렵습니다. 노동자도 인간인데 감정적으로 그들을 자극하기를 서슴지 않습니다.

　　김도현 올해는 1929년의 세계대공황 60주년입니다. 사실 자본주의는 대공황을 극복하면서 오늘까지의 자생력을 갖게 된 것이 아닐까요. 근본적 모순을 안고 있다고 해도 국가의 정책적 개입과 기업 자신의 변신능력은 모두 불황을 극복하는 과정에서 얻어지는 것 아닙니까?

　　변형윤 우리 경제의 가장 심각한 어려움은 제조업의 공동화현상이 나타나고 있는 것과 농업이 제구실을 못하고 있는 것입니다. 제조업으로 가야 할 투자가 향락산업 등 불건전 서비스산업으로 흘러가서, 때 이르게 서비스산업의 비중이 높아가고 있는데, 이것은 선진국화가 아니라 망국병입니다. 지하경제규모를 크게 만들고 불로소득을 키웁니다. 제조업이 기술혁신이 부진하고 해외로 빠져나가서 꽃을 못 피우고 시들고 만다면 정말로 큰일입니다. 또 농업이 제구실을 했다면 오늘의 많은 경제문제와 사회문제―주택·교통·공해―의 해소가 어렵지 않을 것입니다. 거듭 말하지만 제조업이 꽃 피우지 못하고 시들어가는 일은 소름끼치도록 무서운 일입니다. 주력산업인 전자와 자동차가 시들고 있는 진정한 이유를 생각하고 대책을 세워야 합니다. 당면한 우리 경제 최대의 과제라고 하겠습니다.

김도현 90년대의 세계는 80년대에 진행되어 오다가 89년에 극적으로 나타나기 시작한 변화가 계속 전개될 것으로 일단은 보입니다. 정치적으로는 신(新)데탕트, 신(新)다극구조 아래서 미·소 초강대국의 압도적 우위가 퇴조하는 가운데 화해가 이루어지고 통합으로 가는 유럽과 중국·일본 등 대국들이 협조를 계속하고 전 지구적으로 민주화가 진행된 것이 90년을 맞는 시점의 세계입니다. 동구공산국가의 정치적 민주화, 경제적 개방, 국제적 독자노선은 놀라운 혁명적 변화인데 앞으로의 방향에 대해서는 이론이 많을 것 같습니다.

변형윤 세계경제는 블록화 하고 자본주의의 세계는 미국과 함께 일본이 견인차 역할을 하며, 사회주의는 효율을 중시하고 무역에 새로운 역할을 부여하는 개혁을 지속할 것입니다. 블록화에 대응하는 우리 경제의 방향도 다듬어야 합니다. 소련은 군비산업투자 우선에서 군축을 통해 소비재생산으로 전환할 수 있을 것이며, 이러한 추세는 북한에도 영향을 줄 것입니다.

김도현 남북통일문제는 국제적 여건으로 보면 미·소의 화해와 협력·공산권의 개혁, 미국의 군축 등 매우 개선되고 있습니다. 또 90년은 한국전쟁 40주년이고 95년은 해방 50주년으로 통일열기도 매우 높아갈 것입니다. 독일의 베를린장벽이 허물어지던 날, 외지(外紙)의 해설기사가 "독일은 그것을 말하지 않았다. 그러나 늘 생각해왔다"고 시작한 것을 보았습니다. 그것은 독일통일이지요. 우리는 생각하고 행하기보다는 말을 앞세웠던 것 같습니다. 90년대에는 진지한 생각이 행동으로 옮겨져 획기적 진전이 있길 기대합니다.

변형윤 나는 통일문제에 신중론자입니다. 월남하면서 부모님 생존을 확인조차 못한 채 한 해 한 해 넘기다 지금까지 흘러왔습니다. 해외에 나가서 알아볼 수는 있었지만 그러지 못했습니다. 그러나 경제교류는 상당히 진전될 것으로 봅니다. 남북의 합작사업도 있겠지요.

김도현 최근 환경문제는 우리가 일반적으로 생각하는 것보다는 매우 심각한 것 같습니다. 지구의 불안한 운명에 대하여 전문가들이나 사려 깊은 세계적 지도자들은 일반인이 아직도 모르고 있는 심각한 위기를 현실로 느끼고 있는 것이 틀림없습니다. 영국의 대처 총리는 환경문제에 대한 별도의 개인강의를 받고 있답니다.

변형윤 그렇습니다. 우리의 경우도 60년대와 70년대 그리고 80년대까지도 분배와 마찬가지로 환경은 뒷전, 사치스러운 것으로 취급해왔습니다. 지금 우리의 환경문제를 보면 도대체 경제계획을 비롯한 각종 계획들이 왜 있었나를 생각하게 됩니다. 계획이란 잘한 것을 배우고 잘못을 예방하자는 것으로, 선진사회의 시행착오를 되풀이하지 말자는 것인데 우리는 그냥 답습하고 있습니다. 이제 공해문제를 해결하려면 막대한 투자가 필요합니다. 그러나 생명과 직결된 것으로 위기의식을 갖고 지금부터라도 매우 중시하지 않는다면 더 큰 어리석음에 빠지게 됩니다.

김도현 스위지(P. Sweezy) 같은 학자도 환경문제 때문에 자본주의의 장래를 비관하더군요. 최근 서구 진보정당의 기본 관심이 환경문제로 옮아가고 사회주의의 계획적 요소가 환경문제를 해결하고 지구파괴를 방지할 찬스가 더 많은 것이 아닌가에 주목하는 견해도 많습니다. 또 환경과 관련하여 지방자치·지방화를 말하기도 합니다.

변형윤 오늘날 거대도시로 변한 서울을 보면 지방자치가 더욱 절실해집니다. 결국 서울은 선진국 도시의 실패를 그대로 답습했는데 불행하게도 한국의 대도시들이 서울의 실패를 또 그대로 본받고 있습니다.

서울과 똑같은 모습으로 닮아가는 한국의 대도시를 보고 계획의 중요
성과 지방자치의 필요성을 절감합니다. 지방자치로 지방이 살기 좋은
곳이 된다면 오늘 한국사회의 심각한 문제들이 대부분 치료될 것입니
다. 주택·교통·교육문제 등 우리의 현실생활의 고통이 사실은 실패하
고 뒤늦은 지방화에 그 이유가 있다고도 할 수 있습니다.

김도현 지방화, 지방의 시대란 말은 올해부터 실시하기로 한 지방의
원선거를 시작으로 한 지방자치제와 함께 유행어처럼 쓰이고 있습니
다. 사실 지방화, 지방의 시대는 바로 우리가 살고 있는 삶의 터전·거
주공간을 중심으로 생각하는 하나의 세계관입니다. 이것은 중앙집권
과 거대도시집중에 대한 민주적 저항이기도 하고 황폐한 비인간적 도
시화에 대한 인간화를 주장하는 새로운 이념이며, 환경파괴로 지구의
운명이 위기에 처한 시대에서 지구를 지키는 새로운 문명관이며, 세계
가 하나의 마을이 된 현대에서 국가 단위를 초월한 국제적 감각을 지
닌 지구인의 인생관이기도 합니다. 지방화, 지방의 시대는 21세기의
이미지입니다. 지방화의 이념과 그 실현프로그램을 만드는 데 지방 언
론이 주역이 되어야겠습니다.

변형윤 우리 사회는 이상주의적 삶을 어렵게 하고 있는데, 나잇값을
하는 사람, 깨끗하게 나이를 먹어가는 삶을 살겠습니다. 정치민주화·
경제민주화·사회민주화를 위해서, 민주주의는 주어지는 것이 아니라
실현해 나가는 것이라고 믿으면서 나에게 주어진 몫을 하는 것입니다.

김도현 최근 소련의 사하로프(A. Sakharov)가 서거하자 온 소련사람
이 '조국의 양심', '모럴의 결정', '심원한 인도주의적 확신', '페레스트
로이카의 성인', '예수가 인간의 죗값으로 보내어졌다면 사하로프는
우리체제의 죗값으로 왔다' 등등 수많은 찬사를 보냈습니다. 교수님
말씀처럼 21세기 우리의 개인적, 공동체적 삶을 인도해줄 신념의 반

석, 통합의 구심이 아쉽습니다. 60년대·70년대·80년대는 모두 희망으로 시작하였으나 좌절되고 말았습니다만 90년대는 찬란한 승리가 우리개인과 겨레의 삶에 충만하기를 빕니다.

《영남일보》(1990. 1. 1)

'93년 한국경제 현주소와 21세기를 향한 과제[*]
: 기술향상과 경제정의로 국민경제 살리자

'신경제'는 경제개혁을 할 것인가

강철규 선생님께서는 지난해 서울대학교를 정년퇴임하신 뒤 현재 서울대학교 명예교수이시면서 경실련의 공동대표로 계시고 올해 새로 사단법인으로 독립하는 서울사회경제연구소의 이사장 겸 소장을 맡고 계신데, 오늘의 한국경제를 평소에 어떻게 보고 계시는지 그리고 앞으로 21세기를 내다보며 한국경제가 무엇을 해야 되는지에 대해 여쭤보도록 하겠습니다. 우선 김영삼 정부의 개혁정책을 어떻게 보십니까. 김영삼 정부가 들어서면서 '신경제'라는 말을 만들어 우리 경제의 어려움을 극복하기 위해서는 신경제를 해야 한다, 그래서 재임 5년 동안 경제부문에서도 신경제의 개혁정책을 통해 우리 경제를 다시 도약시키겠다고 말하고 있습니다. 현재는 1백일 계획만 나와 있고 5개년계획이 다 알려져 있는 것은 아닙니다만, 계획을 강력하게 수립한다는 것

---

[*] 강철규(서울시립대, 경제학) 교수와의 대담 내용. 월간 《말》지 안영배 기자가 정리함.

그 자체가 문민정부로서 할 일이 아니고 1백일 계획에 나오는 내용들이 개혁정책과 전혀 거리가 멀다는 견해들도 있습니다. 그런가 하면 한편에서는 이제 경기가 회복이 돼서 잘될 것 아니냐, 이런 기대를 가지고 있는 사람들도 있는 것 같습니다.

변형윤 현재까지 거론되는 바로는 신경제는 경기 활성화를 위한 것이고 개혁은 뒷전으로 가 있는 것 아니냐, 다시 말하면 기업 하는 측에서 말하는 이렇게 하면 경제가 잘될 거라는 요구를 받아주면서 경기가 활기를 띠게 하려는 데 중점을 뒀고 개혁을 내세웠으니까 약간이라도 개혁을 하려고 하는 것을 내비치는 정도 아니냐 하는 생각이 듭니다. 그리고 고통분담을 통해 경기 활성화로 끌어가면 개혁이 되지 않겠느냐 하는 건데 그것도 놓여 있는 처지에 따라 노동자나 가난한 사람들 입장에서 봐서는 충분히 불만을 가질 수 있습니다. 1백일 계획 자체가 신경제 5개년계획의 일환인지 아니면 전 단계인지도 잘 모르겠고요.

강철규 현재까지 나온 것으로만 봐서는 사실 정확히 평가하기 어려운 상황입니다. 다만 신경제팀에서 하는 얘기를 들어보면, 개혁을 하려고 하다 보니까 경제가 너무 허약해서 보약을 먼저 먹인다는 뜻에서 활성화를 하고, 그러고 나서 개혁을 내년까지 마무리 짓겠다고 하고 있습니다. 하지만 그것이 조금 경기가 회복된 다음에는 오히려 경기가 모처럼 회복되려고 하는데 개혁을 해서 경기가 침체되지 않을까 하는 우려 때문에 결국 개혁은 잘 안 되는 것이 아니냐 이렇게 보는 견해도 상당히 강합니다.

변형윤 그동안의 경험으로 보면 무슨 조치를 취하려고 할 때 정부 쪽에서 꼭 해야겠다고 한다면 무슨 반대를 해도 해왔어요. 그 대신 이것은 꼭 해야 하지 않겠느냐고 정부에 반대되는 입장에서 말할 때는 반드시 경기가 좋을 때 해야지 경기가 나쁠 때 하면 안 된다, 아니면 경기가 한창 좋아지고 있는데 나빠진다, 이런 식으로 자꾸 구실을 대가며 안해 왔다 이거예요. 정부가 새 정부고 하니까 앞으로 어떨지 모르겠지만 그런 불신감이 있다, 그런 불신감을 가진 사람이 볼 때는 똑같은 얘기를 할 수밖에 없지 않느냐 그런 얘기죠.

93년 한국경제 현주소와 선진국 진입의 조건

강철규 그러면 다른 말씀을 드려보겠습니다. 1993년 현재로 봐서 한국경제를 어떻게 평가하는가 하는 질문인데요. 어떤 사람들은 이제 한국경제가 선진국 문턱에 거의 들어섰다, 이렇게 보는 사람도 있고요. 다른 견해는 전혀 그렇지 않다, 한국경제는 세계경제 규모로 봐서 1퍼센트 남짓한 GNP 규모밖에 안 되고 기술수준으로 봐도 조립가공기술만 있지 설계라든가 좀더 고급기술이나 기초과학으로 가면 황무지이기 때문에 우리는 아직도 후진국의 상태에서 벗어나지 못하고 있다, 갈길이 멀고 걱정된다, 이런 견해로 엇갈리고 있습니다.

변형윤 어느 측면에 초점을 맞추느냐에 따라 선진국 문턱에 들어오지 않았느냐, 그런 얘기를 할 수도 있고, 또 반대로 안 그렇다, 이렇게 얘기할 수도 있어요. 얼마든지 다른 서로의 근거를 댈 수 있지요. 하지만 우리로 봐서는 선진국 문턱에 들어섰다고 하는 것은 우습다, 그렇게 생각해요. 한때 1990년대 후반, 2000년대 초반에는 선진국 문턱에 들어가지 않겠느냐 하는 얘기가 많았는데, 당시 나는 점쟁이가 아니니까 예측은 못하겠고 다만 적어도 몇 가지 조건은 충족해야 되지 않겠는가 하고 말한 적이 있습니다. 그 가운데 하나가 산업공동화 현상이 진행되어서는 곤란하다는 겁니다.

선진국이 산업공동화 현상을 일으키고 있으니까 우리도 선진국을 그대로 방불케 하는 것 아니냐, 그렇게 봐서는 안 된다는 겁니다. 선진국이 오늘날 그런 현상을 가져오기까지는 적어도 수십 년 또는 1백년 넘게 제조업이 활력을 띠었고 계속해서 경제의 동력 역할을 해왔다는 거죠. 이와 달리 우리는 겨우 20~30년밖에 안 되는 사이에 이렇게 됐고, 제조업이 부가가치나 취업자 인구에서 차지하는 비중이나 부가가치 혹은 경쟁력 측면에서 정말 걱정스러울 정도가 됐습니다. 오늘날의 선진국은 적어도 한국과 같은 처지에 있을 때는 제조업도 씽씽하고 농어업도 제 역할을 하면서 온 건데, 우리는 이미 선진국의 현재 모습을 보이지 않느냐, 따라서 산업공동화 현상을 방지하지 않고서는 선진국 문턱에 왔다고 보기는 어렵다 이거죠. 그러면서 한편으로는 소위 3D 기피현상이 일어나고……. 이런 상태가 선진국의 모습이라고 할 수 있습니까.

그 다음에 노사관계가 어떻게 되느냐가 중요한 문제인데 적어도 원만한 노사관계가 확립됐다는 얘기는 들어야 하지 않겠느냐고 봐요. 그리고 교통난, 주택난 이런 것이 해결되지 않은 상태에서 1인당 GNP가 1만 달러가 됐다거나 2만 달러가 됐다고 해서 선진국의 문턱에 들어섰다고 할 수 있는가, 동시에 또 하나 경제정의 실현이 강조되고 대부분의 국민들에게 받아들여지고 있는데 경제정의와 건전한 사회기풍이 실현될 때 선진국의 문턱에 가까이 갔다고 할 수 있다는 겁니다.

강철규 작년 하반기 이후에 경제가 급속히 나빠져서 현재도 어렵다고 하는 것은 일반적으로 느끼는 겁니다만, 최근의 한국경제의 문제점은 무엇인지에 대해 여러 견해가 있습니다. 기업 하는 사람들은 임금이 많이 올라가고 3D 기피와 같이 열심히 일하려고 하지 않는 경향이 근로자들에게 생겨 국제경쟁력이 크게 약화됐다, 또 과소비가 생겼다

해서 근로자나 일반국민에게 책임이 있는 것처럼 보는 견해가 있고요. 한쪽에서는 우리 사회에 불로소득자들이 너무 많다, 낭비는 그들에게서 나오는 거고 오히려 기업 자체나 정부의 정책에 잘못이 많기 때문에 이것을 고쳐야 한다고 보고 있습니다. 현재 우리 경제가 안고 있는 더욱 근본적인 문제점은 뭐라고 보시는지요.

변형윤 결과적으로 경제정의가 실현되지 않은 면이나 불건전한 사회기풍 이런 것이 잘못됐다고 봅니다. 그리고 기술개발을 소홀히 해 기술수준이 낮은 것이 문제죠. 임금이 올라서 경쟁력이 낮아졌다는 말을 했지만, 지나고 보면 그때 임금이 높아지리라는 것은 당연하다는 생각을 하고 그것을 상쇄할 수 있는 기술 향상 노력을 했어야 하는데, 그것을 하지 않았다는 겁니다. 이제는 가격경쟁력에만 의존해서는 안 되는 것이고 앞으로는 품질경쟁력을 강화해야 하는데 그것이 안 되는 데 문제가 있다고 보죠. 다음에 임금상승이 높아서 문제가 있었다고 하는데 그러면 그동안 물가는 어땠습니까. 사실 결과적으로 물가가 안정이 돼 있고 집값이 안정돼 있었다고 한다면 근로자가 무턱대고 올려달라고 그러겠습니까. 한국경제의 문제는 기본적으로 이런 문제들과 앞서 말한 산업공동화와 불로소득, 부정부패 등에서 왔고 그런 것이 해결돼야 된다고 봅니다.

금융실명제가 전제되지 않고 무슨 개혁인가

강철규 지금 김영삼 정부가 추진하고 있는 신경제 1백일 계획을 보면 말씀하신 근본적인 개혁을 실현하는 데는 역부족이라는 생각이 듭니다. 경제정의 실현만 해도 부정부패나 불로소득을 척결해야 하는데 그게 1백일 계획을 가지고는 전혀 해결이 안 되는 문제고 낙후된 기술을 올리려는 문제도 약간은 경기부양에서 성과가 있을지 몰라도 경기부양을 잘못해 놓으면 한계기업까지 시설을 늘리는 그런 잘못을 범할 수도 있고 게다가 통화를 신축적으로 운용한다고 했는데 결국 물가를 더 불안하게 할 우려도 있고요. 여러 가지 점에서 신경제 1백일 계획이 역부족이 아닌가 하는 거죠.

변형윤 신경제 1백일 계획이 가지고 있는 한계가 아니겠습니까. 따져보면 1백일 동안에 경기를 활성화시키겠다는 데 초점이 있는 것 아니냐 생각됩니다. 6월에 나올 5개년계획이 그런 문제를 어떤 식으로 다룰지 밝혀져야 확실하게 말할 수 있겠지만 지금으로 봐서는 상당히 한계가 있는 것 같다고 할 수 있죠.

강철규 그렇다면 한국경제가 안고 있는 구조적인 문제들을 풀려면 어떤 개혁들이 시급하게 이루어져야 된다고 보십니까.

변형윤 강조하고 싶은 것은 금융실명제가 전제되지 않은 제도개혁이 무슨 개혁인가, 거의 의미가 없다는 것입니다. 금융·세제개혁 그리고 과표현실화도 실시하고 그래야겠지요.

강철규 김영삼 정부가 들어서면서 고위공직자와 정치인들에 대한 재산공개로 국민들로부터 상당한 환영을 받기도 했고, 그런가 하면 여러 가지 문제점들이 있는 것으로 보는 시각도 있는데 이 문제는 어떻게 보십니까.

변형윤 국회에서 재산공개법을 제정한다든가 하는 얘기를 하는데, 그 이전에 재산공개를 하는데 이러이러한 식으로, 예를 들면 공시가격으로 하느냐 실제가격으로 하느냐 이런 것이 명시됐어야 하고, 금융실명제가 실시돼서 돈의 흐름 등 모든 것이 파악될 수 있다고 했을 때 재산공개가 의미를 갖는 것 아닙니까. 따라서 개혁의 효과를 거둘 수 있을지 의문입니다. 그런 생각에서 정치적인 쇼라는 말까지도 할 수 있을 것 같다, 그렇게 생각합니다.

  강철규 재산공개로 국민이 깜짝 놀라기도 했지만 사실은 그것이 전체의 5분의 1밖에 안 된다고 보는 사람도 있습니다. 가명구좌나 차명구좌 등 금융자산은 전혀 밝혀지지 않고 있다, 더군다나 몇 사람 공직에서 물러나게 하고 끝이 나면 이게 별 게 아니다, 이렇게 보는 사람도 있습니다. 이것을 제도적으로 만들어서 누구든지 고위공직자가 되려면 재산공개를 하고 부당하게 축재를 하는 등 문제가 있을 경우에는 어떻게 처벌을 받는다 하는 구체적인 규정이 있어야만 재산공개제도가 의미를 가질 수 있다는 겁니다. 앞으로 공직자 윤리법을 고친다고 하는데 역시 그것도 금융실명제가 걸립니다.

  변형윤 어항의 물이 매우 흐려지면 고기가 어떤 상태인지 잘 안 보이잖아요. 물이 맑아서 누가 봐도 안을 들여다볼 수 있도록 돼야 합니다. 사실 개인적인 양심에 맡긴다는 것은 말이 안 되는 얘기 아닙니까. 금융실명제가 그런 의미를 갖는 것 아니냐, 그런 점에서 금융실명제 같은 기본적인 것들을 마련해 놓고 했어야죠. 그리고 공직자를 임명할 때 미국식으로 했으면 좋겠어요. 재산공개뿐만 아니라 윤리적인 면에서 그동안의 부도덕한 행위도 다 공개해 허용선을 넘으면 임명하지 말아야죠. 재산공개를 한다고 다 해결되는 것은 아니지 않습니까.

국제경제질서 급변과 사회주의경제권 몰락의 함의

  강철규 90년대를 전후로 해서 세계경제질서가 크게 변화하고 있습니다. 사회주의 경제권의 종주국이었던 소련을 비롯해서 동구권이 무너졌고 냉전구도가 바뀐 것은 분명한 현실로 나타나는 것 같습니다. 국제 간의 경쟁은 이데올로기 경쟁이 아니라 순수하게 경제전쟁 시대로 가고 있지 않느냐, 이렇게 보는 시각이 많습니다. 경제전쟁으로 가는 과정에서도 많은 변화가 일어나고 있습니다.

예를 들면 글로벌라이제이션(globalization), 다시 말해 범세계화 되어 경제에 관한 한 국경이 없어지는 추세로 가고 있지 않느냐 하는 거죠. 그것과 정반대로 금년에 유럽 통합이 이루어졌고 다음에 미국, 캐나다, 멕시코가 합쳐서 북미자유무역지대를 결성했으며 그에 대항해서 아시아도 블록화가 돼야 하지 않겠느냐 하는 움직임들이 있어서, 오히려 세계경제는 점차 블록 간의 장벽이 더 높아지고 좋게 보면 치열한 경쟁이, 나쁘게 보면 무역전쟁이 벌어질 가능성도 있지 않느냐 이렇게 보는 견해도 있습니다. 선생님께서는 세계경제질서가 어느 방향으로 흘러가고 있다고 보십니까.

변형윤 과거와는 질이 다르고 블록화되는 건 틀림없죠. 그러면서 글로벌화하는 것도 사실이고. 어떻게 봐야 할지 곤혹스러운 측면이 있죠. 한 가지 얘기할 수 있는 건 유엔이 그런대로 자기 역할을 잘해준다면 블록화 경향으로 가지만 서로 간의 치열한 무역전쟁으로 인해 물리적인 충돌로까지 가는 것은 막아볼 수 있지 않겠는가 이렇게 봅니다. 그리고 사회주의권이 무너지고 이데올로기 경쟁 시대가 지나 경제전쟁으로 간다는 데 대해 그대로 받아줘도 좋다고 생각하지만, 다만 그런 얘기를 하는 데 대해 경계를 게을리 하지 않으면 안 된다고 생각합니다. '자, 봐라. 사회주의 나라들은 망했다.' 이렇게 얘기를 하는데, 그 얘기가 맞을는지 모르겠지만 사회주의권이 있었기 때문에 자본주의 사회에서 사회보장제도와 같은 형평의 문제가 결국 해결돼 왔다는 점이 제대로 평가되지 않는 측면이 있는 것 같습니다. 이런 소용돌이 속에서 효율만 따지고 형평은 자칫 소홀히 될 수 있겠는데, 한국에서 기업을 하는 사람들 가운데 또는 그들과 같은 생각을 하는 사람들 가운데 '무슨 사회주의냐' 하면서 '형평은 뒤다'며 아전인수 격으로 얘기하는 사람들이 있어 경계를 해야 한다는 거죠. 결국은 사회주의권이 몰락했는지 몰라도, 사회주의가 왜 등장을 했고 이때까지 어떻게 존재했느냐와 그것이 형평의 문제에 큰 관심을 가질 수 있는 계기를 마련해 주었다는 데 큰 의의가 있다는 점에 유의할 필요가 있습니다.

강철규 최근 중국이 특히 급속도로 부상을 하고 있는데 동남아·동북아 경제권 속에서 한국의 위상은 어떻게 변화할 것이라고 생각하십니까.

변형윤 한국경제에서 걱정되는 면인데요. 중국이 부상을 하는데, 가격경쟁으로는 도저히 못 당하니까 적어도 중국의 기술수준보다는 앞선 기술격차를 계속 유지해 나가야만 되는데, 지금에 와서는 따라잡힐 가능성이 많아 걱정입니다. 따라서 경제를 어떻게 끌어갈 것인가에 대해 빨리 국민적 합의를 이끌어내서 경제의 중심을 잡아야 하는 상황이라고 할 수 있습니다.

경제민주화의 '핵'은 강력한 견제세력이다

강철규 여하튼 지구 전체가 서로 가까워진 것만은 틀림없는 것 같습니다. 정보통신기술이 발전하다 보니까 국제적인 현상들이 그 순간순간에 세계인들의 안방으로 전달되고, 사실 경제문제만 하더라도 거래 자체가 24시간 계속되고 있고요. 결국 국경이 없어지는 현상이 빨라지고 이것은 거역할 수 없는 대세가 아닌가 생각됩니다. 그런 가운데 어떻게 하면 한국경제가 21세기를 향해 빠르게 낭비 없이 선진화할 수 있다고 생각하시는지요.

변형윤 이런 얘기를 하고 싶습니다. 기본적인 자세는 코스모폴리탄

적이어서는 안 되고 내셔널적이어야 하면서 세계가 변하는 것을 알고 대처해 나가야 한다는 것입니다. 일본이 이랬으니까, 대만이 이랬으니까, 어디가 이랬으니까 이래서는 안 되고 우리는 우리대로 어떤 식으로 경제를 끌어갈 것인가에 대한 국민적 합의가 있어야 합니다. 홍콩이면 홍콩, 싱가포르면 싱가포르 각 나라가 서로 처해 있는 조건에 따라 경제를 끌어가는 방법 내지 길이 다르지 않습니까.

우리는 나름대로 농업과 제조업이 균형을 맞춰가면서 활성화되고, 특히 제조업이 생동력을 가지고 나아가야 되지 않겠어요. 그들이 산업의 핵이 되고 서비스부문에서 수출을 할 수 있는 부분들이 힘을 주고 이렇게 끌어가면서 한국경제가 나아가지 않으면 안 된다는 거죠. 기술향상을 토대로 수출을 하고, 이를 통해 산업공동화를 방지하고 성장을 하면서 경제정의를 실현하는 방향으로 나가야 된다고 봅니다. 그러면서 열려진 사회니까 쇄국적으로 우리만이 아니라 다른 나라들도 생각해야 합니다. 여기서 제일 중요한 것은 국민들의 합의 도출이라는 사실입니다.

강철규 이런 과정에서 정부의 역할은 어떻게 돼야 한다고 생각하십니까.

변형윤 정부에서 행정규제를 완화한다고 하는데 완화를 해야겠죠. 그러나 정부는 운동경기에서 심판자 역할을 해야 한다고 봅니다. 일단 심판을 하기 위한 룰을 정해놓고 룰에 따라 심판하고 룰을 위반했을 때는 가차 없이 처벌하도록 해야지요. 또 경제적인 약자를 소홀히 해서는 안 됩니다. 그런 문제는 사기업에 맡길 수 없습니다. 소득분배, 경제력 집중, 사회보장 같은 문제는 정부가 할 일입니다. 정부가 그런 것조차도 하지 않는다는 것은 직무유기입니다. 정부가 할 일은 하고 안 할 일은 안 하고 그래야 되는데 안 할 일은 하고 할 일은 안 하는 식으로 돼서는 안 된다는 거죠.

강철규 정부가 혹시 어느 한편에 서서 규칙을 만들어 룰 자체가 불공정해지면 또 문제가 되지 않겠습니까.

변형윤 그렇죠. 전제는 경제민주화가 이루어져야 한다는 것이고, 경제민주화는 굳건하고 견실한 견제세력이 형성되도록 하는 것이 첫째 조건이고 핵이라고 생각합니다. 이를 위해서는 민주적인 노동조합, 농민조직의 결성과 활동 강화, 소비자들의 참여가 필수적입니다. 왜 민주적이라고 하냐 하면 구성원들의 생각을 굴절 없이 반영시켜 그들이 적극적으로 참여할 수 있게 해야 하니까요. 그중에서 제일 중요한 것은 민주적인 노동조합입니다. 남들이 대신해주는 것은 아니에요. 각자가 자기 권익을 찾기 위해 힘을 키워 강한 견제세력의 역할을 해야 합니다. 그렇게 됐을 때 기업 하는 사람하고 대등한 입장에 서서 원만한 노사협조 체제를 확립할 수 있습니다. 기업과 대등한 입장에서 서로간에 받아줄 것은 받아주고, 이렇게 계속해서 가야 하는 거죠. 그러고 나서 정부는 국민들의 합의를 얻은 룰을 정하고 이에 따라야 합니다.

산업구조 조정의 한계와 대안

강철규 강하고 건실한 노동조합이 존재하게 되면 견제뿐만 아니라 그것 자체가 경제발전의 원동력이 될 수 있다고 생각되는데요. 그런데 우리는 지난 30년 동안 공업화 과정에서 여러 공정 중 마지막 조립단계에 주로 특화되었습니다. 이 부문의 근로자들만 가지고 건강하고 힘있는 노동조합이 계속될 수 있겠는가 하는 의문이 들면서, 노동력의 질이 계속 향상되어야 하지 않겠느냐 그런 생각입니다. 그래야만 노사가 대등한 관계로 발전하는 데 도움이 되지 않겠는가 하는 거죠. 독일

지멘스사의 이사회 구성을 보니까 20명 정원 중에 꼭 절반인 10명이 종업원 대표예요. 예를 들면 회장 밑에 부회장이 4명 있는데 3명이 근로자 대표입니다. 이와 같이 부회장급까지도 기술자들이 올라와 있다고 봤을 때 그런 토대 위에서 노사 공동의사결정이라고 하는 독일식의 노동자 경영참여의 선까지 발전한 것이 아닌가 하는 거죠. 이것은 제조업의 기술이 발전하고 이를 다룰 수 있는 노동력의 질이 향상될 때 비로소 가능해지는 것이 아닌가 생각합니다.

변형윤 한국의 경우 중화학공업에 종사하는 사람들이 제조업 전체에서 차지하는 비중이 50퍼센트가 넘어요. 이것은 상당히 힘이 있다고 봐야죠. 다만 여성노동자와 임시직, 서비스직에 종사하는 사람이 많아지는 경향이 나타나고 있어서 노동조합의 힘이 약해질 것 같은 점은 있어요. 하지만 산업공동화를 방지한다면 그런 것은 상당히 배제가 될 것 같습니다. 독일 같은 경우도 자체적으로 노동자들이 그런 것을 위해 싸워왔기 때문이고 누구에 의해서 주어진 것은 아니에요. 우리도 숙련노동자 또는 확고한 실력을 가진 노동자가 많고 그들이 제대로 소리를 낼 때 비로소 그렇게 될 것입니다. 기업 하는 사람들이 대등한 입장에서 저 사람들의 의사를 무시해서는 안 되겠구나 하는 정도는 돼야 하지 않느냐 하는 거죠.

강철규 그러면 우리 경제의 산업구조는 어떤 방향으로 조정되어 나가야 한다고 생각하십니까.

변형윤 한국에서는 산업구조 조정에 한계가 있다고 봅니다. 산업구조 조정은 중소기업의 폭이 두터운 나라에서 효과가 크고 실현 가능성이 높은데, 한국의 경우는 중소기업이 수는 많은지 몰라도 실제로는 대기업이 힘을 가지고 있어요. 그런데 중소기업은 망하더라도 대기업에 비하면 파급효과는 상당히 작죠. 20명 정도 규모의 중소기업이 1천

개가 무너진다면 실업자는 2만 명 아니에요. 그런데 대기업 하나가 2만 명인 경우도 있지 않습니까.

결국 대기업 하나가 무너지면 중소기업 1천 개가 무너지는 것과 같습니다. 2만 명이 근무하는 대기업이 하나 무너진다고 할 때 가족까지 합하면 어려움을 겪는 사람은 10만 명이 되고 연관된 부분까지 합치면 20~30만 명은 되겠죠. 그러기에 이 회사가 아무리 산업경쟁력이 없어 다른 쪽으로 전업을 시켜야 할 필요가 있다 하더라도 그렇게 하기가 힘들지 않겠어요. 이런 상황에서 대기업이 중심이 된 한국에서 어떻게 구조조정이 되겠습니까.

중소기업은 신축적으로 대응할 수 있습니다. 당장 필요하다고 하면 바로 그 부문으로 유도할 수 있고, 망해도 피해를 덜 받습니다. 그런 중소기업을 육성해 기술개발 쪽으로 유도해야죠. 중소기업의 또 하나의 강점은 노동집약적이라는 점입니다. 따라서 고용흡수 효과를 살릴 수 있습니다. 어쨌든 이제는 수출을 안하면 안되게 되었는데 가격경쟁 가지고는 안 되니까 높은 수준의 기술에 의존하는 수출을 통한 경제성장을 추구할 수밖에 없다고 생각합니다.

국제화시대의 생존조건과 남북경험의 향방

강철규 글로벌화 시대에 우리 대기업의 문제는 무엇이라고 생각하십니까.

변형윤 금융비용이 너무 커요. 원래 재투자해서 확대시켰어야 하는 건데. 애당초부터 타인자본인 외자, 은행자본, 사채에 의존하면서 공장규모를 대형화해서 외국에 비해 금융비용이 너무 높습니다. 자기자본비율이 높아서 금융비용이 적어야 경쟁력이 생기지 않겠습니까. 지금이라도 경영합리화에 박차를 가해라 이겁니다. 낭비를 제거해 조금이라도 자기자본비율을 높여가는 방향으로 가라는 거죠.

강철규 지금같이 부채가 많아서는 과거와 같이 인플레가 계속되지 않으면 견뎌내기 어렵죠.

변형윤 임금이 너무 올라간다고 하면서, 한편으론 기술개발은 하지 않고 부동산투자와 재테크를 함으로써 부동산값이 뛰고 증권값이 뛰니까 수출 채산성은 나빠졌지만 기업 자체는 커진 것 아닙니까.

강철규 남북 간의 경협문제는 앞으로 어떤 방향으로 풀려야 할까요.

변형윤 어려운 문제인데요. 남북한이 서로 보완적인 방향으로 협력을 많이 해야 하는데, 과거에는 북한은 공업국이고 남한은 농업국이라고 할 수 있었지만 지금은 남한의 중화학공업이 엄청나게 발전했지 않아요. 지금은 서로 경쟁적인 측면이 있습니다. 그럼에도 보완적인 면을 찾아서 협력을 해가야 된다는 것은 두말할 필요가 없겠죠. 둘이 합쳐서 제3국으로 진출하는 방안도 있고요.

강철규 바쁘신데도 시간을 내주셔서 대단히 감사합니다.

《말》(1993. 5)

한국경제 진단과 전망[*]

장명국 한국경제 위기를 순환적인 것으로 볼 것인가 아니면 구조적인 것으로 볼 것인가 의견이 분분합니다.

변형윤 결국은 양시론적인 결론을 낼 수밖에 없어요. 구조적인 것과 순환적인 것 두 개를 합친 것입니다. 순환적인 것이라고만 본다면 그렇게 걱정할 게 없어요. 순환적인 요인은 안됐지만 내버려 두어야 합니다. 정부에서는 고비용 저효율 운운하는데, 그것 자체가 구조적인 것입니다. 구조적인 원인에서 경제위기가 기인한다는 말은 안 하고 자꾸 고비용 저효율 운운하는 것은 말이 안 됩니다.

장명국 고비용 저효율 구조에 대한 치유 방법은…….

변형윤 안된 얘기지만 고비용 구조를 전제하면서 결국은 생산성을 높이는 수밖에 없어요. 설사 임금이 올라가는 한이 있더라도 사람의 마음이 중요합니다. (임금을) 올려준 것보다 마음이 "해야겠다"는 식으로 되어 주면 10개 만들던 것을 20개 만드는 것이 사람이란 말이에요. 시간이 걸려도 생산성을 올리는 수밖에 없습니다. 그동안 재벌들이 기

---

[*] 《내일신문》 장명국(張明國) 운영위원장과의 인터뷰 내용. 김기수 기자가 정리.

술개발을 위해서 얼마나 투자했느냐, 별로 없잖아요.

장명국 미국에서 진행된 리엔지니어링은 어떻게 보아야 합니까.

변형윤 2년 전 미국 휴렛팩커드사를 가 보았더니 정말 오싹하더라고. 군더더기라는 것은 전혀 없어요. 기술개발비는 매출액의 10퍼센트로 무조건 투자하고, 새 물건을 내놓아 실패하면 즉시 끝내고 그 대신 새로운 제품을 내놓는 겁니다. 그렇게 가지 않으면 별수가 없다는 것이지요. 그러나 그것은 사람을 기계로 만드는 것과 같기 때문에 나는 극단까지 가는 것을 경계합니다.

장명국 한국경제가 언제부터 좀더 나아질 것이냐가 관심사입니다.

변형윤 시장 규모가 가장 큰 미국 등 선진국에서 밀렸다는 것 자체를 거울로 삼아야 합니다. 거기서 밀리고 중국, 소련에 가서 승부를 걸고 있는데 그 나라들이 우리나라와 같은 수준이 되면 우리가 갈 데는 어디겠어요.

장명국 지금 경제난을 소유·경영 문제 해결을 통해 극복……(변 명예교수는 이 대목에서 잘라 말했다)

변형윤 그것은 손댈 수가 없지요.

장명국 손대야 하는 것 아닌가요.

변형윤 아니, (현 정권 아래서는) 손댈 수가 없지요.

장명국 손을 대야지 문제가 해결되는 것 아닌가요.

변형윤 (당연히) 손을 대야 하지요. 내가 볼 때 지금은 손댈 수가 없어요. 공정거래위원회에 힘을 실어 주어야 하는데, 공정거래위원회가 뭐 했다 하면 결국은 용두사미가 되잖습니까.

장명국 그 문제가 해결돼야 빨리 변화가 오는 것 아닌가요.

변형윤 그게 되어야 하는데, 그걸 할 수 있겠느냐. 김영삼 정부가 출범 할 때는 개혁이다 뭐다 했지만 지금은 아무것도 아니지 않아요. 말로는 개혁한다고 했고, 그런 걸로 알고 있었는데 실제로는 그렇지 않잖아요. 그러니까 지금은 손댈 수가 없지요. 손댄다고 한다면 새 정부에 기대할 수밖에 없는데 새 정부가 어떤 것이 될는지 그것도 알 수 없는 거고……

장명국 정치적으로 소유·경영 문제에 대한 결단……(이 대목에서 변 명예교수는 다시 말을 잘랐다.)

변형윤 경제민주화의 핵심 중 하나가 그거 아닙니까. 그리고 기업 내 민주화지요. 종업원들이 자유롭게 자기 의사를 반영하고 그 사람들 생각이 모아져서 기업이 나아가도록 해야 하는데 그것이 아니잖아요. 일부 재벌들은 자기 손자들에게 소유를 세습하고 있어요. 그래 가지고서야……

장명국 김영삼 정부가 남은 임기 동안 해야 할 역할 중 가장 중요한 것은 무엇입니까.

변형윤 개혁했다고들 하는데 5년쯤 되면 얘기한 결과가 나올 것 아닙니까. 결과가 제대로 나오도록 했으면 좋겠어요. 새로운 것을 하려고 하지 말고 이때까지 얘기한 개혁의 가을걷이를 충실히 해주었으면 좋겠어요.

장명국 나름대로 많은 노력과 새로운 시도를 한 것은 사실 아닌가요.

변형윤 노력을 많이 했다는 것과 결과가 별것 아닌 것과는 구별했으면 좋겠어요. 내가 별것 아니라고 하니까 노력을 안 했다는 것은 아니지요. 노력을 하느라고 했지만 기득권을 가진 사람이 음으로 양으로 계속 자기 이익을 지키기 위해 (반대를 하니까) 시간이 흐름에 따라 내세웠던 것이 자꾸 후퇴하고 있는 것 아니냐는 거지요.

장명국 다음 정부가 해결해야 할 경제 과제에 대해 어떻게 생각하시는지요.

변형윤 덮어 놓고 규제를 풀어라 풀어라 하는데 나는 반대에요.

정부가 그대로 내버려 두어서는 안 되는 부분은 손 대주어야 합니다. 공정거래위원회를 대폭 강화하고 규제를 풀어라, 그러니까, 공정거래법을 강화하는 것과 규제완화는 같이 가야 합니다.

그렇지 않을 경우 초등학생을 대학생과 경쟁시키는 것과 마찬가지라는 얘기지요.

장명국 OECD(경제협력개발기구) 가입에 대한 논쟁이 정치권까지 비화되고 있습니다.

변형윤 OECD 가입이 곧 선진국이라는 사고방식이 문제입니다. 기존 가입국 가운데 우리보다 소득 수준이 떨어지는 나라도 있어요. 더구나 가입 조건이 3~4년 전부터 바뀌었어요. 한국, 멕시코 등 신흥국과 헝가리, 폴란드 같은 사회주의체제에서 시장경제로 바뀌는 나라들에게 문호를 개방한 것입니다.

그러니까 OECD에 가입했다고 해서 선진국이 되는 것은 아니라는 생각을 갖게 된다면 상황은 달라집니다. 그러나 집권자가 OECD에 가입하면 선진국이라고 밀어붙이면 얘기는 달라지는 거지요.

장명국 요즘 기존 이론을 가지고 해명할 수 없는 경우가 많습니다. 새롭게 구상 중인 경제이론이 있습니까.

변형윤 미국에서 교육을 받은 사람은 기본적으로 신고전학파 입장에서 모든 것을 봅니다. 이 이론은 원래 경제외적 요인을 고려하지 않은 것이라고 할 수 있어요. 그러나 기득권층은 기득권을 옹호하기 위해 별의별 작용을 하는 것 아닙니까. 그렇다면 한국의 경우 그것이 한계가 있다는 것을 알아야 할 것입니다. 경제외적 요인을 강조하는 정치경제학 이론에도 관심을 가져야 합니다.

《내일신문》(1996. 10. 16)

'박정희 경제' 환상을 깨라[*]

경제위기와 대선이 맞물린 1997년 유난히 '박정희(朴正熙) 시대'에 대한 향수가 짙은 것 같다. 이것은 주로 경제개발계획의 성과에 대한 높은 평가와 최근 특별히 어려움을 겪고 있는 한국경제에 대한 정부 대응능력의 불신 등에 기인한다고 볼 수 있다.

박정희 시대 경제개발계획의 성과는 실업률의 대폭저하를 비롯해 고용구조의 근대화, 수출의 폭발적 증가와 수출구조의 고도화, 산업과 공업구조의 고도화, 그리고 투자재원 국내조달의 대폭증가 등을 들 수 있다.

그러나 이러한 성과와 더불어 부작용도 많이 발생했다. 우선 계획 추진에 필요한 투자를 인플레이션과 외자에 의존한 결과 인플레이션을 지속시켰다.

급속한 공업화는 농업과 연관이 이루어지지 않은 채 진행됐고 수출은 저임금에 기초해 추진됐다. 조립가공형 수출산업은 수입유발형 수출구조를 만들어 결국 수출증대는 수입증대로 이어지고 무역수지·경

---

* 이 글은 1997년 12월 5일 한국외국어대에서 열린 한국경제발전학회 주최 〈박정희 시대 개발주의에 대한 역사적 평가〉 학술대회의 발표 내용을 정리한 것이다.

상수지의 만성적 적자와 외채증가를 초래했다.

양산(量産)체제의존형 수출과 수출산업에 대한 각종 특혜 등에 기인한 경제력 집중은 중소기업의 상대적 부진과 소득분배의 약화로 이어졌다. 타인자본의존형 투자재원 조달로 저(低)자기자본비율의 지속은 기업의 재무구조를 악화시켰다. 그리고 외국기술도입의 증가로 국내 기술개발의 부진과 저(低)국내기술수준을 지속시켰다.

이와 같이 박정희시대의 계획경제는 많은 부작용 또는 해결해야 할 과제를 야기했다. 이 가운데 인플레이션의 지속을 제외하고는 대부분이 현재도 그대로 부작용으로 지속되고 있다 해도 과언이 아니다. 도리어 확대·심화돼 왔다고 할 수 있다.

결국 현재의 한국경제의 어려움은 박정희 시대에 싹텄다고 해도 무리는 아닐 것이다. 게다가 박정희 시대를 말할 때 필수적으로 평가되는 '고성장'은 정치적 측면에서 보면 장기집권욕의 산물이었다.

개헌과 대통령 당선이 박정희의 장기집권욕의 발로라 할 때 고성장은 장기집권욕의 산물 또는 반영물이라고 할 수 있다. 1차 계획이 5·16쿠데타의 합리화 수단이었다면 2~4차 계획은 박정희 장기집권의 합리화 수단이었다고 말할 수 있다.

계획경제의 부작용은 투자 위주 재원 조달방식, 공업화방식, 수출진흥방식, 계획집행방식 등에 말미암는다.

그런데 2~4차 계획에서 경제체제를 선진국의 경제체제인 자본주의적 시장경제로 삼고 있음에도, 계획추진과정에서의 경제체제는 전전(戰前)의 일본이나 독일의 통제경제에 버금가는 것으로 되어 버렸다. 다시 말하면 경제체제는 정부가 강하게 간섭하는 자본주의적 계획경제가 된 셈이다.

그런가 하면 경제계획은 1차 석유파동 등의 불황을 겪으면서 정지

(整地)작업도 없이 군대식 돌진을 계속했다는 것이다.

불황은 기업체질, 경제체질을 강화시킨다는 장점을 가지고 있다. 그런데 때때로의 정지작업 없이 불황을 제대로 활용하지 못한 채 계획을 추진하다 보니 기업도 경제도 덩치만 커져 버렸다. 현재의 타인자본 또는 차입의존형 대기업은 이렇게 해서 존립하게 된 것이다.

국가부도 사태를 맞은 이제 우리 국민은 국민소득(GNP)의 대폭 증가를 말하는 고성장의 허구성을 제대로 이해할 필요가 있다.

따라서 현재 한국경제의 어려움을 계기로 박정희 시대에 향수를 느낄 것이 아니라 도리어 그 시대의 한국경제에 철저한 메스를 들이대 어떤 교훈을 얻어내려고 하는 것이 우리 경제학자의 진정한 과제의 하나라고 할 수 있다.

더욱이 현재 한국경제의 어려움이 계획시대가 낳은 부작용이 확대·심화된 데서 비롯되었다는 점을 상기해 볼 때, 고성장시대에 대한 향수는 그 어려움의 근본원인을 그대로 덮어둔 채 덩치만을 부풀리는 잘못을 반복하도록 부추길 가능성이 크다.

《경향신문》(1997. 12. 12)

제2편
인플레이션: 고도성장의 모순

경제규모 확대와 안정의 논리

1. 고도성장 불황의 메커니즘

그동안 한국경제의 고도성장을 초래한 요인에는 여러 가지가 있겠지만 수출산업, 수입대체산업, 사회간접자본부문 등의 주도부문에 대한 투자를 이끈 고투자가 주된 것임은 말할 나위도 없다. 그런데 이들 주도부문이란 것은 해외의존형인 동시에 국내시장에 견주어 항상 시설과잉형이다. 즉 그것은 해외자본과 해외자본재 또는 시설재에 크게 의존하고 있으며 또 그 중의 수출산업, 수입대체산업은 대체로 해외원자재에 크게 의존하고 있을 뿐 아니라 국내시장에 견주어 시설과잉형의 것들이고 그들을 지원하는 사회간접자본부문도 시설과잉형이라 할 수 있다.

따라서 원리금상환이 이루어지게 되면 기업자금 나아가서 통화량, 그리고 국제수지가 압박을 받게 되어 있으며 자본재 또는 시설재의 수입이 증가하게 되면 국제수지가 압박을 받게 되어 있고 원자재의 수입이 증가하게 되면 또한 국제수지가 압박을 받게 되어 있다. 또 원자재의 가격이 상승하게 되면 국내물가가 상승하게 되어 있으며 국내시장의 구매력이 상대적으로 감퇴하게 되면 시설과잉의 정도는 더욱 더 커지게 되어 있다. 또 환율이 인상되면 원리금상환 부담이 증가하게 되고 수입원자재의 가격상승을 통해서 국내물가의 상승을 초래하게 되어 있다.

그런데 고도성장의 과정에서 나타난 부실 기업가에 의한 기업운영은 기업자금에서 압박을 가중시키고 또 나아가서 부실기업을 발생시키고 있으며, 그동안의 중화학공업의 미발달은 원자재 및 자본재 또는 시설재의 해외의존을 조장함으로써 국제수지와 물가에 대한 압박을 가중시키고 있으며, 그동안의 농업부문의 낙후는 식량수입을 통해서 국제수지에 대한 압박을 가중시키고 또 구매력의 상대적 감퇴를 통해서 시설과잉의 정도를 더욱 크게 하고 있다.

이에 더해 외자도입도 국제적 전시효과를 통해서 국내 소비수준, 특히 도시 소비수준을 높이는 동시에 외자도입에 의해서 세워진 외자기업으로 하여금 국내시장에서 독과점적 지위를 누리게 함으로써 물가상승을 초래하고 있다. 그리고 기업가 대부분의 경영합리화 노력의 부족도 기업자금, 국제수지 및 물가에 대한 압박을 가중시키고 있다.

그뿐 아니라 현재 원리금상환 부담은 매우 크며 환율은 점진적으로 인상되고 있다. 그리하여 기업자금, 나아가서 통화량에 대한 압박이 가중되고 있으며 그 결과 조업단축 등에 말미암는 실업, 정부의 세수결함 등이 발생하고 있으며 또 공판(工販) 카르텔이 형성되고 있다.

2. 시모무라 씨의 확대론

최근 한국에 다녀간 일본인 시모무라(下村) 씨는 한국경제에 대해서 다음과 같은 의견과 주장을 제시하였는데 이는 한국 정부 내 일각의 의견을 대변하는 것으로도 볼 수 있기 때문에 주목된다.

우선 그는 우리나라의 현재의 경제수준을 1955년 또는 1956년의 일본의 경제수준과 같은 것으로 보고 있다.

다음에 그는 우리나라 기업가의 이노베이션(기술혁신)과 은행의 신용창조를 적극적으로 주장하고 있다. 슘페터에 따르면 경제발전의 기동력은 기업가의 이노베이션과 그것을 실현시키는 데 필요한 자금의 은행신용창조에 의한 공급이라고 한다.

여기서 이노베이션은 신상품의 제조, 신생산 방법의 도입, 신판로 또는 신시장의 개척, 신자원의 획득, 신조직의 달성(조직상의 개선 포함)을 말한다. 한마디로 말해서 경영합리화 노력을 의미한다고 할 수 있다. 그런데 2차 대전 후에 이와 같은 슘페터형의 경제발전 과정을 전형적으로 밟아온 나라는 일본이라 할 수 있다.

사실 '일본은행 대출증가→시중은행의 오버론→민간설비투자의 증가'라는 경로는 일본 경제발전의 특징적인 모습이었다고 할 수 있다.

셋째로 그는 우리나라의 고도성장의 지속과 GNP의 30퍼센트 수준까지 수출비율 제고를 주장하고 있다.

넷째로 그는 슘페터의 입장을 취하고 있는지 케인지언의 입장을 취하고 있는지는 분명치 않지만 투자가 저축에 선행한다는 것을 주장하고 있다. '투자증가→강제저축→저축증가'를 염두에 두고 있는 것이 슘페터의 입장이고 '투자증가→소득증가→저축증가'를 염두에 두고 있는 것이 케인지언의 입장이다.

다섯째로 그는 우리나라가 고정환율제를 채택할 것을 주장하고 있다. 이것은 그가 기업가의 이노베이션과 한 나라의 국내적인 노력을 중시하고 있고 또 확대론자의 입장을 취하고 있는 데서 나온 주장이라고 할 수 있다.

그러나 이와 같은 그의 주장 가운데서 두 번째의 기업가의 이노베이션에 관한 부분과 맨 끝의 환율에 관한 주장을 제외하고서는 검토의 여지가 있다고 할 수 있다. 먼저 그는 현재의 우리나라 경제가 ① 외자도입을 바탕으로 한 설비과잉의 상태에 있다. ② 국제적 전시효과의 경향을 강하게 받음으로써 소비성향이 매우 높다. ③ 농업개발이 덜 되어 있다. ④ 중화학공업이 제대로 육성되어 있지 않다. ⑤ 다른 저개발국과 치열한 수출경쟁을 하고 있다. ⑥ 사회간접자본의 형성과 확충을 병행하지 않으면 안 된다. ⑦ 우리 기업인은 일본의 기업인보다 훨씬 경험이 적다는 등의 점에서 1955년 내지 1956년의 일본경제와 커다란 차이를 갖고 있다는 사실을 외면하고 있는 것 같다.

둘째로 우리나라도 그간 슘페터형의 경제발전 과정을 밟아 왔다고 할 수 있다. 다만 기업가의 경영합리화 노력, 즉 이노베이션의 수행이 부족한 가운데 그것이 이루어졌다는 점에서 다를 뿐이다.

그리고 이론적으로 슘페터형의 경제발전이 가능한 것은 설비부족의 상태 아래서라고 할 수 있다. 왜냐하면 초과수요의 상태 아래서 기업은 비록 재무비율이 악화해도 설비투자를 하는 편이 유리하기 때문이다. 설비과잉의 상태 아래서는 대출이 증가해도 그것은 설비투자 증가와 결부되지 않고 도리어 증대하는 기업 간 신용의 뒷받침에 사용될 가능성이 많다. 그리고 또 산출효과계수가 반드시 1이라고는 말할 수 없다.

셋째로 그동안의 고도성장과 수출증대는 여러 가지 부작용을 일으키고 있다. 그 과정에서 적극적인 기업가의 이노베이션이 뒤따르지 않았기 때문에 부작용이 더 커졌을는지도 모른다.

넷째로 투자선행설은 슘페터형의 경우라면 물가등귀를 전제로 하고 있으며 케인지언형의 경우라면 소비증가가 저축증가를 상당한 정도로 상쇄시킬 가능성을 내포하고 있다. 또 국내 저축성향이 높지 않으면 해외저축률을 높일 가능성을 크게 갖고 있으며 따라서 국내저축의 증가보다도 해외저축의 증가를 먼저 생각하기 쉽게 만들 가능성을 갖고 있다.

그리고 또 고저축률은 결코 고투자율의 그림자가 아니라 고저축률을 초래하는 요인은 따로 있다. 즉 고저축률을 위한 별도의 노력이 필요하다.

3. 안정기조 위의 당면 경제정책의 방향

한국경제의 성장 매커니즘에 비추어 볼 때, 이상에서 본 시모무라씨의 주장 가운데는 기업가의 혁신을 강조한 것이라든지, 소비수준을 억제해야 한다든지, 국제수지 개선은 변동환율제의 채택에 의해서 이루어질 수 없다는 등의 주장에는 동의를 나타내면서도 그의 팽창적 확대론에는 반대하지 않을 수 없다. 우리의 과거 10년 동안의 경험이 그의 이와 같은 확대론의 추구가 불가함을 말해주고 있다. 따라서 다음과 같은 종합적인 안정기조 위에서의 정책방향을 제시하는 바이다.

(1) 안정기조는 계속 유지·추구되어야 한다. 고도성장의 과도한 추구는 지금까지 누적되어 온 우리나라 경제의 각종 비리의 궁극적인 원인이라고 볼 수 있다. 오버론 정책은 현 시점에서 재현되어서는 안된다.

(2) 기업에 의한 경영합리화 노력은 철저히 실천되어야 한다. 기업가는 환상적인 이익에 기초한 경영을 지양해야 한다. 차관은 얻으면 무조건 이익이 되고 은행대출은 많을수록 좋고 부동산은 사두면 값이 오르게 마련이며 상품은 생산하면 팔린다는 생각은 통하지 않는다는

것을 알아야 한다. 그리고 경영합리화란 해고나 노임인하로 달성되는 것이 아님을 알아야 한다. 경영합리화를 위해서는 뚜렷한 근거와 전망에서 합리적인 계산에 기초하여 경영 내부의 비리와 낭비요소를 제거하는 것이어야 한다.

정부도 기업의 경영합리화 노력에 커다란 책임을 가져야 된다. 중요한 결정이 거의 정부의 주도하에 이루어지고 합리적인 계산이 아니라 정책 결정 당국의 선호에 의하여 각종 특혜가 남발된 과거의 제도 아래서는 기업의 불합리한 경영은 어느 정도 정부에 의해 조장되었다고도 볼 수 있다. 정부는 적극적으로는 기업으로 하여금 창의적인 결정을 내릴 수 있게 하는 정책적인 뒷받침을 해줄 뿐 아니라 소극적으로는 기업의 합리적 행동에 대한 감독을 철저히 함으로써 합리화 노력에 자극을 주고 지원을 해야 할 것이다. 특히 외자기업이 독과점적인 지위를 누리고 있으면서도 원리금상환에 크게 허덕이고 있는 것은 그것에 대한 대비를 소홀히 하였거나 별로 경영합리화 노력을 하지 않았음을 나타낸다고 생각할 때, 경영합리화 노력은 강조되어야 한다.

(3) 부실기업가는 배제되어야 하며 부실기업은 정리되어야 한다. 그리고 이때 부실기업가에게 채무의 무한책임을 지울 수 있도록 되어야 한다. 기업의 부실화는 우연적이 아니라 필연적인 결과인 경우가 많다. 처음부터 그러한 부실화의 전망이 확실함에도 법의 미비를 악용하여 기업은 부실화하고 기업가는 치부하고 기업부실화의 부담은 국민이 져야 하는 비리는 단연코 근절되어야 한다.

(4) 외자도입은 정선주의의 원칙에서 이루어져야 한다. 외자도입은 장기저리의 것으로 한정시키도록 함은 물론 국내 소비수준을 크게 높이는 외자도입은 금지하며 또 외자기업에 대해서는 반드시 원리금상환을 위한 기금의 마련 등 원리금상환에 대한 대비를 하도록 철저히

규제하여야 한다. 우리나라는 아직도 자본이 부족하고 따라서 외자도 입이 당장 중단될 수는 없을 것으로 본다.

그러나 종전까지의 외자도입은 장기적으로 외자도입을 줄이는 방향 으로 이루어지지 못하고 더욱더 외자의 필요를 가중시키는 방향으로 이루어졌다. 불요불급한 외자가 중소기업 분야에까지 침투함으로써 중소기업을 몰락시키고 이런 기반 위에서 외자기업은 소비수준을 높 임으로써 더욱 많은 원자재의 도입을 유발하고 이는 또 외자의 도입 에 의해 메워졌던 것이다. 그리고 원리금 상환기가 도래하면 이러한 기업이 미처 대비하지 못한 원리금상환의 부담은 국민 부담으로 넘어 가는 일이 적지 않았다. 이러한 사태가 다시는 발생하지 않도록 외자 도입의 사전적인 감독은 더욱 철저하고 신중해야 한다.

(5) 중화학공업은 육성되어야 한다. 수입대체산업이나 수출산업을 막론하고 경공업 중심의 공업구조는 내수산업의 생산이 늘면 늘수록 또 수출이 늘면 늘수록 그보다 더 빠른 속도로 수입이 증가하지 않으 면 안 되고 이 수입은 차관에 의해 도입되지 않으면 안 되고 따라서 경제는 더욱더 대외의존, 나아가서는 대외종속적인 구조를 띨 수밖에 없다. 또 이러한 경공업생산을 위한 사회간접자본부문도 해외로부터 의 자본재 내지 시설재에 의존함으로써 또한 대외의존도를 높이는 방 향으로 작용한다. 이러한 경제구조에서는 국제수지의 개선과 자립경 제의 달성은 불가능하다. 중화학공업을 일으켜 원자재부문, 자본재 내 지 시설재부문의 균형적인 발전을 이룩함으로써만 현재의 구조적인 불황은 시정될 수 있다.

(6) 농업부문은 개발되어야 한다. 농업부문의 발달 없이 추진되는 공업화가 허구라는 것은 이제 만천하에 드러났다. 고미가정책을 견지 함으로써 식량의 자급화를 초래하게 하는 한편 농촌의 구매력을 증가

시켜야 한다. 식량 자급화를 달성하지 못하는 상태에서 수출의 확대란 전혀 무의미하다는 것이 외화가득액의 절반이나 되는 금액을 식량수입에 충당해야 했던 몇 년 동안의 경험으로 실증되고 있고 농촌 구매력의 개발 없이 공업화를 향해 얼마나 전진할 수 있는가를 최근의 제조업의 시설과잉 사태에서 똑똑히 볼 수 있다. 농촌 구매력의 증대 등이야 말로 농촌도 살고 도시도 사는 유일한 길이다.

(7) 수출은 증대되어야 한다. 물론 여기서의 수출확대는 정부지원에 주도된 수출확대가 아니고 어디까지나 기업의 경영합리화 노력을 통한 국제경쟁력의 강화에 주도된 수출확대이어야 한다. 수출확대는 시설과잉의 해소책이 되며 또 국제수지의 궁극적 해결책이 된다.

(8) 수입은 억제되어야 하며 소비수준 특히 도시 소비수준은 억제되어야 한다. 수입의 궁극적인 억제를 위해서는 수입품의 국내조달을 위한 중화학공업의 건설, 농업개발도 있어야 하겠지만 절대적인 수요를 억제하는 것도 또한 필요하기 때문이다. 수입억제를 위한 조치로는 그 재원인 차관도입의 정선(精選)과 수입 조장적인 역할을 해온 관세감면의 대폭 축소가 있어야 할 것이다.

(9) 환율은 안정되어야 한다. 그동안의 환율인상에 의한 국제수지 개선노력은 별로 효과를 거두지 못했다고 할 수 있다. 사실 환율인상만으로는 국제수지 개선을 기대하기 어렵다. 앞에서 말한 직접적인 국제수지 개선노력과 결부될 때, 비로소 그것은 의의를 갖게 된다. 그러나 여기서 환율 안정화라는 것은 과거와 같이 외자도입을 통해서 외환공급을 증대시킴으로써 초래되는 그런 것은 결코 아니고 어디까지나 국내적 온갖 노력의 결과로서 안정화를 말함을 잊어서는 안 된다.

(10) 독과점거래는 규제되어야한다. 물론 PVC업계 등에서 보는 바와 같은 기업의 난립은 금지되어야 한다. 그리고 공판 카르텔 형식은

소비자를 보호하는 범위에서 허용되어야 한다.

(11) 현시점에서는 중소기업에 대한 투자와 케인스적 경기대책 즉 공공지출에 의한 공공사업의 추진은 적극적으로 이루어져야 한다. 이것은 실업의 방지를 위해서 필요하다. 그러나 이것은 안정기조를 유지하는 범위 내에서 추진되어야 한다. 이의 추진을 위한 정부투융자의 증가는 전반적인 예산운용의 합리화 및 불요불급한 부문에 배분된 예산의 전용을 통해서도 가능하다고 본다. 또 관세 감면 폭의 축소를 통해서도 가능할 것이다.

(12) 금리와 세율은 탄력적으로 운용되어야 한다. 즉, 현시점에서는 금리는 인하하도록 하고 세율도 경우에 따라서는 인하하도록 한다. 그리고 정부는 기업으로 하여금 채권발행을 통해서 자본을 조달할 수 있도록 지원하며 세율인하에 기인하는 세수결함은 공채발행 등 되도록 인플레를 유발하지 않는 방법으로 충당하도록 해야 할 것이다.

이들 중에서 (1) 안정기조 유지, (2) 기업의 경영합리화 노력, (5) 중화학공업의 육성, (6) 농업개발, (9) 환율안정, (10) 독과점거래 규제는 물가대책에 속하는 것이고, (5) 중화학공업의 육성, (6) 농업개발, (7) 수출확대 (8) 수입억제는 국제수지 개선책에 속하는 것이고 (2) 기업의 경영합리화 노력, (3) 부실기업 배제, (4) 외자도입의 정선, (5) 중화학공업의 육성, (6) 농업개발, (7) 수출확대, (11) 중소기업에 대한 투자와 (12) 금리와 세율의 탄력적 운용은 경기부양책에 속하는 것이라 할 수 있다.

요컨대 현재 한국경제는 경기부양을 소홀히 할 수 없으면서도 확대정책을 재연함으로써 물가안정, 국제수지 개선 등의 목표를 희생할 수도 없고 물가를 안정시키기 위해서 다른 목표를 희생할 수도 없고 국제수지를 개선하기 위해서 모든 희생을 감수할 수도 없는, 딱한 처지에 놓여 있다. 위에서 제시한 12개의 정책방향은 동시적으로 조화를 이루면서 추구되어야만 현재의 불황을 타개하는 동시에 장래의 자주적인 방향으로 경제성장의 잠재력을 기를 수 있는 것이다.

《국회보》(1972. 7)

숨가쁜 성장, 위협받는 안정

1. 머리말

물가문제를 다루면서 우리는 물가안정의 의미와 그 역할을 올바르게 이해할 필요가 있다. 왜냐하면 흔히 물가문제를 다루는 논자 가운데 이에 대한 그릇된 이해에 서 있는 경우를 보게 되기 때문이다.

물가란 개별 상품 및 서비스의 가격을 종합한 것이다. 따라서 물가안정이란 개별 가격의 고정이 아니라 개별 가격이 끊임없이 변동되면서도 총체로서의 물가수준이 안정되는 것을 뜻한다. 또 가격의 바로미터 기능을 고유의 메커니즘으로 삼는 자유경제체제에서는 수급의 변동에 따른 개별 가격의 변동을 제도적으로 인정하는 한 그 총체로서의 물가수준도 어느 정도 단기변동을 거듭할 것은 명백하다. 이렇게 볼 때 물가안정이란 개별 가격은 물론 일반 물가수준이 언제나 같은 수준에 머무른다는 것으로 해석할 것이 아니라, 단기적으로는 약간의 변동을 거듭하면서도 추세로서의 안정성을 유지하는 것으로 봐야 할 것이다.

따라서 가격 바로미터 기능을 무시하고 표면적인 물가안정을 기하기 위하여 통제적인 가격고정(固定)책을 쓴다면 암가격(暗價格)의 발생이나 유통의 원활하지 못함 등으로 경제순환에 혼란과 부작용을 초래하게 될 것이다. 또 경제성장에 따르는 경제구조의 변화를 고려할 때, 자본집약적 산업 부문의 생산성은 급속히 상승하는 데 반하여 노동집약적 부문의 그것은 완만한 경향을 보이며, 이에 따라 생산성 상승률이 전 산업 평균보다 낮은 산업의 생산물 가격은 상대적으로 높아지는 반면, 반대 경우의 산업의 생산물 가격은 상대적으로 떨어지는 경향을 나타내는 상대가격의 변동을 가져오게 된다.

위에서 본 바와 같이 장기적으로 물가수준이 안정적인 추세를 보이는 속에서도 단기적으로는 끊임없는 물가수준의 변동이 일어날 뿐 아니라 경제성장 과정에서 개별 상품가격의 상대적 변화가 일어난다는 두 가지 사실을 고려하면서 물가안정을 이해할 때 물가정책은 장기단기적으로 개별 가격을 특정한 수준에 고정시키는 데에 주안을 둘 것이 아니라 물가 구조의 합리적인 재편성을 언제나 염두에 두어야 할 것이다. 또 한 가지 지적해 두어야 할 것은 급속한 인플레의 진전은 국민경제 안의 자원 및 소득 배분을 왜곡시켜 경제구조의 왜곡과 건전성장의 저해를 가져온다는 점이다. 오늘날 한국경제에서 고질이 되어 있는 기초산업 부문의 취약성, 투자의 투기화, 높은 소비성향, 국내저축 빈약 등의 현상은 장기적인 인플레의 소산이기도 한 것이다. 물론 물가안정만이 경제정책의 일의적인 목표로 될 수는 없지만 그것이 기업에 타당한 행동원리를 부여하고 경제성장의 원천인 국내저축과 투자를 확보함으로써 국민경제의 성장잠재력을 키워나가는 데 불가결한 이상 경제정책의 중요한 고려 대상이 되지 않을 수 없는 것이다. 따라서 건전한 경제성장과 물가안정이라는 정책목표는 양자택일적 또는 이율배반적인 것이 아니라 상호보완적인 관계에 있는 것이다.

2. 물가변동의 양상

1961~1968년간의 연평균 도매물가 상승률은 13.9퍼센트, 서울 소비자물가 상승률은 13.8퍼센트에 각각 이르고 있다. 그러나 이 기간 중 1963년과 1964년은 이례적인 인플레 격화기였으며, 1965년 이후에는 물가가 비교적 안정세를 되찾게 되었다.

이제 1961~1968년의 전 기간을 1961~1964년 전반기와 1965~1968년의 후반기로 나누면, 전반기보다는 후반기의 물가상승이 완만한 것으로 나타난다. 즉, 도매물가의 경우 전반기의 연평균 상승률이 19.5퍼센트인데 비하여 후반기는 8.3퍼센트로 크게 낮아졌으며, 서울 소비자물가의 연평균 상승률도 전반기의 15.6퍼센트에서 후반기에는 11.9퍼센트로 낮아졌다.

여기서 발견되는 또 하나의 사실은 전반기에는 도매물가 상승률이 소비자물가 상승률을 상회했던 것이 후반기에 들어와서는 반대로 소비자물가 상승률이 도매물가 상승률을 상회하는 경향을 보이고 있다는 점이다.

최근의 물가변동의 특징을 찾아내기 위하여 1966~1968년 사이의 전국 도매물가지수를 상품별로 나누어 보기로 하자. 먼저 총지수의 연평균 상승률은 7.8퍼센트인데 곡물의 그것은 9.2퍼센트, 곡물 이외 상품의 그것은 7.6퍼센트로서 곡물가격의 상승률이 높게 나타나 있는바, 이것은 1967~1968년에 걸친 미곡의 흉작과 1968년의 쌀 수매가격 인상(17%)에 기인하는 것 같다. 한편 생산재와 소비재의 가격변동을 보면 같은 기간 중 생산재 가격의 연평균 상승률은 5.3퍼센트인 데 견주어 소비재의 그것은 9.9퍼센트에 이르고 있는바 이것은 그간의 수입상품 가격의 안정과 원자재 수급의 원활 및 식료품 가격등귀 등을 반영하고 있는 것이다.

한편 상품류별로 볼 때 연평균 상승률이 비교적 높은 것으로는 식료품(8.9%), 음료 및 연초(10.4%), 요업 및 시멘트 제품(10.5%), 기계 및 그 부분품(11.9%), 연료 및 전력(11.0%) 잡품(9.6%) 등을 들 수 있으며 비교적 가격안정을 보이고 있는 것으로는 목재(4.1%), 지류(4.5%), 고무 및 그 제품(1.9%), 화학제품(0.6%) 등을 들 수 있다. 식료품 가격의 급상승은 축산물의 수급 불균형과 우육 및 돈육가격 자유화, 그리고 수산물의 흉어와 수출수요 증대에 크게 기인하며 음료 및 연초는 주세와 물품세의 인상과 1967년 10월의 연초가격 14~40퍼센트 인상에, 요업 및 시멘트 제품은 과열된 건축 붐에, 기계 및 그 부분품은 제조원가 상승과 물품 세율인상에, 연료 및 전력은 석탄값 인상(1967년 석공탄 13%, 민영탄 26%, 1968년 25%, 전기요금 인상 15%), 석유류 세율인상 등에서 직접 파급된 것으로 보인다.

한편 가격등귀가 비교적 적은 상품류들은 한결같이 대부분을 수입에 의존하는 상품인 것으로 보아 가격안정의 주 원인은 수입상품 가격의 안정과 무역자유화 확대에 따른 수입개방 정책에 힘입은 결과로 보인다. 위에서는 1966~1968년 기간의 연평균 상승률을 기준으로 비교적 상승률이 높은 상품류와 낮은 상품류로 나누어보았지만, 각 상품류의 매년의 가격 변동 폭은 크게 기복을 나타내고 있으며 안정된 상승률을 보이고 있는 예가 거의 없다. 이러한 사실은 총체적인 초과수요형 경제 아래에서 개개 상품에 대한 물가 억제책이 강행되는 상품류는 일시적인 가격안정을 보이다가 정책의 중점이 다른 품목에로 이행하면 숨어 있던 가격상승 요인이 다시 현재화하는 현상이 전 상품에 걸쳐 반복되는 것을 가리키는 것 같다.

1968년에 들어 그동안 안정을 유지해 오던 수입물가가 급속한 상승을 보임에 따라 근년에 비교적 안정을 보여 오던 상품류들도 오름세를 보이고 있어 목재가격 상승이 1968년의 0.5퍼센트에서 1969년 11월에는 1968년 11월 대비 5.4퍼센트의 상승을 보이고 있으며, 지류도 1968년의 3.6퍼센트에서 5.5퍼센트, 고무 및 그 제품은 4.4퍼센트에서 17.9퍼센트로 (물론 제조원가의 상승요인도 있지만) 각각 높아졌다. 한편 근년에 높은 가격상승률을 보였던 다른 상품류들은 1969년에 들어 상당한 안정세를 되찾고 있어 예컨대 음료 및 연초가 1968년의 19.3퍼센트에서 1969년에는 4.2퍼센트, 요업 및 시멘트 제품이 12.9퍼센트에서 6.4퍼센트로, 기계 및 그 부분품이 9.4퍼센트에서 0.8퍼센트로 각각 크게 낮아지고 있다.

이 중 음료 및 연초와 연료 및 전력의 가격은 정부의 관리가격 또는 공공요금에 연중 변동이 없었기 때문에 가격상승률이 크게 낮아졌다. 한편 1966~1968년 사이의 전국 소비자물가는 연평균 11.0퍼센트의 상승을 보이고 있으며 이를 종류별로 나누어보면 식료품이 연평균 8.6퍼센트, 주거가 16.0퍼센트, 광열이 15.5퍼센트, 피복이 10.2퍼센트, 잡비 13.3퍼센트의 상승률을 각각 보이고 있어 주거, 광열, 잡비 등이 높은 상승률을 보이고 있는 반면, 식료품과 피복이 비교적 낮은 상승률을 보이고 있다. 주거비의 상승률이 가장 높은 것은 부동산투기의 성행에 따라 1966~1967년에 걸쳐 지불한 집세의 급등으로 주거비가 연 20퍼센트의 상승을 보인 데에 기인하며, 이러한 현상은 1968년의 〈부동산투기 억제 세법〉의 발효 이후 대지나 가옥 가격이 상태적인 안정세를 찾음으로써 크게 완화되었다.

광열비의 급상승은 석탄 값과 전기요금의 인상에 크게 영향을 받았으나 1968~1969년에 들어서는 비교적 안정되고 있으며 잡비는 1967년 이후 교과서대, 연초가격, 철도요금, 버스요금, 전화 가설료, 학교

납입금 등 정부의 관리가격 및 공공요금의 연이은 인상과 미용 위생, 보건 의료, 교양 오락 등 민간 서비스의 가격이 급속한 상승 추세를 보이고 있는 데에 기인한다.

이렇게 볼 때 소비자물가 상승도 어느 특정 상품류가 지속적으로 선도적 역할을 하는 것이 아니라 해마다 상이한 요인의 계기(繼起)에 따라 각 상품류의 가격 상승폭이 달라지는 점에서 도매물가 변동과 비슷한 양상을 나타내고 있다. 다만 소비자 물가에서는 공공요금과 민간 서비스가격의 계기적인 인상에 따라 잡비 항목이 지속적으로 높은 상승률을 보이고 있는 점이 다르다.

3. 물가변동의 요인

위에서 근간의 물가변동의 양상을 개괄적으로 살펴보았지만 물가변동의 요인은 상품에 따라 또는 그때그때의 시장 사정에 따라 여러 가지가 되며, 더욱이 모든 상품을 종합한 물가변동의 요인은 한층 복잡하여 어느 것이 가장 기본적인 요인으로 작용하는 것인지를 알기가 어려워진다. 그러므로 국민경제에서 진행되는 인플레의 성격이 기본적으로 어떤 요인에서 발생하는 것인가를 올바르게 파악하는 것이 그 해결책을 모색하는 데 반드시 필요한 일이다.

이론적으로 볼 때, 물가상승의 요인은 총공급에 대한 총수요의 상대적 초과 즉 디맨드 풀과 시장 지배력을 갖는 경제주체에 의한 가격 또는 임금의 결정, 가격과 임금의 하방 경직성, 노동의 비이동성 등 공급 측의 불완전 경쟁요인 즉 코스트 푸시의 두 가지로 나눌 수 있다. 그러나 현실의 물가상승에서는 두 가지 요인이 결합된 경우가 보통이다.

바꾸어 말하면 디맨드 풀에서 시작하는 물가상승도 디맨드 풀이 불

완전경쟁의 온상을 이룸으로써 도중에 코스트 푸시의 요인에 의하여 가중되는 경우가 많으며, 코스트 푸시에 기인하는 물가상승도 장기간 계속되면 생산감퇴 및 경기후퇴가 일어남으로써 정책적인 수요증대가 요청되어 결국 디맨드 풀의 요인에 의하여 가중되는 것이 보통이다.

그러면 한국 물가상승은 어떠한 요인에서 시발된 것일까. 결론부터 말하면 한국의 물가상승은 기본적으로는 일반적 수요과잉에서 오는 디맨드 풀에 말미암은 것이며, 부분적으로 코스트 푸시 요인이 가세한 결과로 볼 수 있다. 한국에서 물가상승의 기본적인 요인은 거의 모든 상품의 공급이 절대적으로 부족하여 만성적인 초과수요 상태에 놓여 있다는 사실에 있으며, 그 밖의 자유시장적 가격형성을 저해하는 독과점 업체의 관리가격의 설정, 중간상인의 가격조작 등 코스트 푸시의 요인을 부수적으로 들 수 있다. 물가상승의 가장 중요한 요인으로 꼽히는 해외부문에서의 통화증발, 소비성투자의 확대, 정부의 공공시설투자 증대, 수출증대에 따른 국내공급의 부족 등의 사실은 모두가 초과수요의 노출 형태에 지나지 않는다.

이 밖에 물가상승 요인으로서 임금비용의 상승을 드는 견해가 있으나 그것은 그릇된 견해임을 지적하지 않을 수 없다. 이러한 논자들은 최근의 임금상승이 노동생산성의 상승보다 빨라 코스트 푸시 인플레를 유발하여 경제의 안정적 성장을 위협하고 수출상품의 국제경쟁력을 약화시키므로 임금상승이 노동생산성의 상승을 초과하지 않도록 해야 한다고 주장한다.

그러나 그들의 주장은 실물 개념인 생산성지수와 화폐 개념인 명목임금지수를 잘못 대비한 결과에서 나온 것일 뿐 생산성지수와 실질임금지수를 대비할 때에는 결코 임금 상승률이 생산성 상승률을 초과하고 있지 않다. 즉 1965년을 100으로 한 제조업의 임금비용지수는 1966

년 90.5, 1967년에 104.0 1968년에 94.4로서 임금 상승이 생산성 상승을 초과하고 있지 않음이 명백하다. 따라서 현재로서는 임금압력을 주요한 물가상승 요인으로 보는 것은 온당한 견해가 못된다고 하겠다. 또 곡가가 물가상승을 선도하므로 곡가를 억제해야 한다는 견해가 있으나 이 역시 그릇된 생각이다. 왜냐하면 곡가는 종래 물가안정책의 희생물로서 지나치게 억제되어 옴으로써 증산유인이 저해되어 공급부족을 심화함으로써 곡가앙등의 잠재적 가능성을 심어놓았으며, 또 경제성장 과정에 있어 생산성 상승률이 낮은 산업의 생산물 가격은 상대적으로 상승하게 되므로 농산물의 상대가격 상승은 당연한 귀결에 속하는 일일 뿐 아니라 이것은 물가구조의 개선을 뜻하는 데 지나지 않는다.

지금까지의 분석을 통하여 볼 때 한국의 물가상승은 부분적으로는 독과점업체의 관리가격이나 유통과정의 가격조작 등 코스트 푸시요인이 작용하는 것이지만, 기본적으로는 초과수요의 존재에 기인하는 디맨드 풀의 성격을 지니고 있음을 보았다. 따라서 정책 면에서 효율적으로 물가상승에 대처하기 위해서는 경제 전반에 걸친 초과수요의 억제에 주안을 두어야 할 것이다.

4. 물가정책의 검토

종래의 물가정책은 고도성장을 뒷받침할 수 있는 안정기조의 확보에 그 기본적 목표를 설정하고 도매물가 6퍼센트, 소비자물가 10퍼센트 이하로 물가상승을 억제하기 위하여 곡가안정을 위한 양곡 도입, 곡가 조절미 방출, 주요 원자재 및 생필품에 대한 물자예산과 수급계획에 의한 수급조절, 무역자유화의 계속 추진을 통한 수입원활화와 수입물가 안정 도모, 재정안정계획을 통한 유동성팽창 억제, 서비스 요금 등에 대한 행정적 지도와 억제 등을 주요 정책 내용으로 삼아왔다.

그리고 구체적인 시책은 쌀, 보리, 밀가루, 무연탄 등 필수품과 면사, 시멘트, 목재, 철강재, 전기동(電氣銅), 합성수지 등 주요 원자재에 대한 수입개방과 관세면제, 수입촉진 등 주로 수입에 의하여 공급부족을 완화하며, 수송지원 등을 통하여 확대일로에 있는 국내수요에 충당하려는 것이 정책 방향이었다고 할 수 있다.

그러나 위의 물가변동의 양상에서 본 바와 같이 이러한 임기응변적 수단은 만성적인 공급부족형 경제 아래서 장기적인 해결에 기여하지 못한 채 정책의 중점이 두어진 상품류에서 일시적으로 물가상승을 억제하는 효과를 낼 뿐 물가의 계기적인 상승을 막지는 못하였다.

그 결과 정부가 지적하듯이 금년 들어 해외부문으로부터 통화량 급증, 빌딩 건축 등 소비성 투자의 증대, 수입물가의 등귀 등 물가안정 저해요인이 가중됨으로써 지난 11월 종합물가안정대책을 수립하지 않을 수 없게 되었다.

그 내용은 당면대책과 항구대책으로 나뉘어 있는바, 당면대책으로는 통화환수를 위한 현금차관의 현금인출 연기, 여신(與信) 억제, 영농자금·비료대금 회수 촉진, 정부보유 외자에 의한 가격앙등 품목의 긴급 수입, 월동물자의 충분한 확보 등을 제시하고 있다. 한편 항구대책으로는 주요 물자 비축제 확대, 고층건물 억제, 관세율 조정을 통한 수입물 가격 상승 완화, 종합수송 대책의 계속 추진, 소비절약을 위한 세제조정 등 10개 항목을 들고 있다.

이러한 정책수단들은 수요억제를 위한 몇 가지 시책에 포함되어 있으나 종래부터 그때그때의 필요성에 따라 간헐적으로 제시되어 왔던 것들을 집대성한 것 같은 느낌이며 수입확대를 통한 공급원활로 초과

수요에 대처하겠다는 정책기조에는 근본적인 수정이 가해지지 않은 것으로 보인다.

5. 맺는말

위에서 우리는 한국의 물가변동 양상에 대한 특징적인 몇 가지 점을 지적하고 물가변동의 기본적인 요인이 초과수요형 경제 아래 일반적 수요과잉에서 오는 디맨드 풀에 주로 말미암은 것이며, 부분적으로는 자유시장가격의 형성을 저해하는 독과점업체의 관리가격과 중간상인의 가격조작 등의 코스트 푸시 요인의 가세에 있음을 보았다. 따라서 물가상승을 억제하기 위한 기본적인 정책방향은 초과수요의 억제에 두어야 할 것이다.

그러나 종래의 물가정책은 물가상승의 근원적인 요인인 초과수요의 억제라기보다는 자유화 폭 확대와 관세면제 등에 의한 수입촉진과 수송지원 등을 통하여 공급부족을 임기응변적으로 완화시키는 정책방향에서 이루어져 왔다. 이러한 정책은 가중되어 가는 무역역조폭의 확대 추세 아래서 명백한 한계를 나타낼 뿐 문제의 본질적인 해결에는 기여할 수 없는 것이다.

따라서 물가정책의 기본방향은 종래의 주로 수입을 통한 공급확대로부터 과감히 탈피하여 초과수요의 억제로 전환하는 데서 모색되어야 하며, 이를 위해서는 성장 위주의 정책에서 안정적 성장으로 정책기조의 전환이 동시에 이루어져야 할 것이다.

아울러 물가정책도 종래의 임기응변적 사후대책 위주의 성격으로 다룰 것이 아니라 정책수단의 중요한 일환으로 사전에 충분히 계획된 '예방책' 위주로 다루어야 할 것이다. 이렇게 함으로써만 장기적인 인플레의 진행 속에서 왜곡된 경제구조를 바로잡고 국내자원의 효율적 이용을 기할 수 있는 건전성장을 이룩할 수 있게 될 것이다.

《서울경제신문》(1970. 1. 1)

불황 속의 물가상승, 그 특징과 대책

1. 불황 속의 물가상승

우리는 현재 불황(경기침체) 속의 물가상승을 겪고 있다. 작년 하반기에 경제활동이 크게 둔화한 데다가 금년 들어 생산과 출하는 각각 전월에 비해 1월에는 6.7퍼센트, 11.6퍼센트, 2월에는 5.9퍼센트, 1.1퍼센트씩 감소함으로써 둔화추세를 계속 보여주고 있으며, 2월 말까지의 건축허가 실적 또한 작년 같은 기간에 비해서 21.8퍼센트 감소하고 있다. 그러나 이와 같은 경제 활동의 둔화에도 불구하고 물가는 작년 하반기에 이어서 금년 들어 크게 상승하고 있다. 3월 말 현재, 작년 말에 견주어 이미 도매물가는 5.2퍼센트, 소비자물가는 7.0퍼센트 상승했다. 연율로 따지면 20.8퍼센트, 28퍼센트나 된다. 그러기에 앞서 정부는 당면 경제정책의 일환으로서 경기대책과 물가대책을 발표한 바 있고 또 경기회복을 위해서 여러 가지로 부심하고 있는 한편, 물가상승을 억제하기 위해서 3.6퍼센트 선으로 쌀값을 제외한 공산품 및 협정료 등 모든 물가를 억제하는 조치를 취한 바 있다.

보통 불황 아래서는 물가가 하락하는 것으로 간주되어 왔다. 그러나 선진국에서는 1950년대 후반부터 평시에서도 경기변동에 그다지 좌우되지 않고, 물가가 완만한 상승추세를 보이게 되었다. 그리하여 이제까지 경험하지 못했던 새로운 인플레이션을 에워싸고 특히 미국에서 이제까지의 인플레이션과 동일한 초과수요의 존재를 강조하는 디맨드 풀 설(說)과 생산비용(특히 임금)의 인상을 중시하는 코스트 푸시 설(說)의 논쟁이 전개되어 왔으며, 이와 같은 불황하의 물가상승은 스태그플레이션(stagflation), 인플레이셔너리 리세션(inflationary recession), 인플레그네이션(inflagnation) 등으로 불리게 되었다.

2. 불황 속의 물가상승 요인

우리나라에서도 현재 스태그플레이션이 진행되고 있는 셈이다. 그러나 선진국의 물가상승률은 연율로 5퍼센트 안팎의 매우 완만한 것임을 잊어서는 안 된다. 그런데 이와 같은 불황 속의 물가상승에서 대체로 다음과 같은 세 가지 특징이 나타나고 있는 것 같이 생각된다.

첫째는 미가(米價)가 물가상승을 주도하고 있는 점이다. 미가는 구정(설날)을 전후하여 10.5퍼센트 상승했고 3월 중에는 6.6퍼센트 상승했다.

둘째는 수입상품 가격이 물가상승을 주도하고 있는 점이다. 수입상품 도매물가는 금년 들어 3개월 사이에 5.9퍼센트 상승했다. 즉, 그 상승률이 도매물가의 그것보다 높다. 따라서 수입 원자재에 크게 의존하고 있는 공산품의 가격은 대폭 상승하고 있다. 그 예는 면제품, 목재류, 철강재 등에서 찾아볼 수 있다. 그런데 우리나라의 원자재 수입의 존도는 매우 높다.

셋째는 독과점 상품가격 특히 공판 카르텔 내지 불황 카르텔을 형성하고 있는 상품가격이 물가상승을 주도하거나 보합세를 유지하고 있는 점이다. 현재 공판 카르텔을 형성하고 있는 시멘트나 PVC 등의 가격은 상승률이 크다.

　결국 고(高)미가정책과 높은 원자재의 수출입의존도 및 나아가서 그것을 가능케 해주고 있는 공업구조와 독과점형 시장구조가 불황 속에서도 물가상승을 초래하는 요인으로서 작용하고 있는 셈이다. 물론 이에 요금정책과 세율정책 등이 가세한 것도 사실이다. 그러나 농업부문의 개발을 위해서는 고미가정책은 계속 추구할 필요가 있으며, 또 곡가는 이제까지 물가안정책의 희생물로서 지나치게 억제되어 왔을 뿐 아니라, 곡가가 다른 상품가격에 견주어 상대적으로 상승하는 것은 물가구조의 개선을 의미하는 것에 지나지 않는다.

따라서 쌀값을 물가상승의 주도요인으로 보는 것은 옳지 않다고 할 수 있다. 이렇게 보면 불황 속에서 물가상승을 초래하고 있는 주된 요인은 어디까지나 높은 원자재의 수입의존도 및 나아가서 그것을 가능케 하는 공업구조와 독과점형 시장구조에서 찾을 수밖에 없게 되는 셈이다.

〈표 1〉에서 대체로 짐작할 수 있는 바와 같이 원

〈표 1〉 주요 수출상품별 원자재 수입의존도(1971. 9)

(단위: %)

	가득률	수입의존도
의　　　　　류	30	70
메 리 야 스	30	70
스　웨　터	70	30
직 물 및 원사	40	60
가　　　　발	50	50
철 강 제 품	20	80
금 속 양 식 기	55	45
신　　발　　류	40	60
합 성 수 지	30	70
통　조　림	85	15
합　　　　판	20	80
원 자 제 품		
부　　　　품	40	60
기　　　　기	50	50

자료: 상공부.

자재 수입의존도는 매우 높다. 만약 중화학공업 부문이 제대로 육성되었더라면 그동안 고도성장을 주도하고 있는 수출산업, 수입대체산업, 사회간접자본 부문은 원자재(1차 및 중간 생산재)와 최종생산재를 해외에 의존하는, 그야말로 해외의존형이 안 되었을 것이다. 물론 그동안 중화학공업 부문의 비중은 높아졌다(〈표 2〉). 즉 공업구조는 상당히 개선되었다. 그러나 아직도 그 비중은 낮은 편이다. 그리고 〈표 3〉에서 알 수 있는 바와 같이 중화학공업 부문에서 원자재(1차 및 중간 생산재) 생산 부문의 비중이 매우 낮다. 따라서 경공업 부문은 말할 것도 없고, 최종생산재를 생산하는 중화학공업 부문조차 외국의 원자재를 생산하는 중화학공업 부문에 의존하게 되어 자연히 환율인상과 해외원자재 가격상승 등의 국제적 요인에 기인하는 수입 원자재가격 상승→제품가격 상승→국내물가 상승을 초래한다. 이 밖에 수입확대를

〈표 2〉 공업구조(부가가치구성)

(단위: %)

	1960	1963	1966	1969
경 공 업	68.3	66.5	58.6	52.3
중 화 학 공 업	30.0	31.8	38.7	44.4
기 타 제 조 업	1.7	1.7	2.7	3.3
합 계	100.0	100.0	100.0	100.0

자료: 경제기획원, 《광공업통계조사보고서》, 1969.

〈표 3〉 중화학공업의 제품별 세 분류(부가가치구성)

(단위: %)

	1963	1969
1 차 생 산 재	2.2	1.0
제 철 및 제 강	2.0	0.0
동제련 및 정련 등	0.2	1.0
중 간 생 산 재	23.0	13.8
기 타 1차 철 강 제품	7.2	7.9
기타 1차 비철강제품	1.6	0.4
공 업 용 기 초 화 학	6.4	0.8
원 동 기 공 작 기 계	2.1	1.0
산 업 용 기 계	3.5	2.0
전동기 산업용 전기기기	2.1	1.7
최 종 생 산 재	74.8	85.2
기타 화학 및 화학제품	23.8	27.4
석 유 석 탄 제품	7.5	18.1
토 석 유 리	19.0	13.2
금 속 제 품	7.3	4.5
기 타 기 계	1.5	1.0
기 타 전 기 기 기	5.4	6.5
수 송 용 기 기	10.2	14.6
합 계	100.0	100.0

자료: 《광공업센서스보고서》에서 작성.

통한 원자재 및 생필품의 공급 원활이 기조를 이루고 있던 이제까지의 물가대책도 원자재의 수입의존도를 높이는 역할을 해왔다.

다음에 우리나라의 경우에는 외자도입에 의해서 세워진 기업은 대부분 대기업이고 이들은 국내시장의 협소, 국내산업의 보호 육성 정책, 자본시장의 미발달, 기술독점 등을 통해 독과점적 지위를 차지하게 되었다. 그리하여 주요 20개 산업에서 상위 4개사의 단순평균 집중도는 83퍼센트나 된다(〈표 4〉). 말하자면 우리나라의 시장구조는 매우 강한 독과점형인 셈이다.

그런데 존슨 대통령 당시에 설치된 '가격안정에 관한 위원회'의 연구진에 의해서 작성된 보고서에 따르면 독과점적 성격이 강할수록 자유재량권이 크고, 자유재량권이 클수록 인플레이션을 촉진하기 쉽다고 한다. 즉, 첫째로 자유재량권이 클수록 생산비용의 증가를 곧 가격으로 전가할 수 있을 뿐 아니라 수요가 감퇴하고 있을 때조차 가격 인상을 행할 수 있다(철강업의 경우). 1956년에서 1959년 사이에 미국의 철강가격은 36퍼센트 상승했는데, 이 기간의 전국 도매물가는 8.5퍼센트밖에 상승하지 않았다.

〈표 4〉 생산집중도의 국제 비교

	상위 4개사의 생산집중도		
	한 국 (1968)	일 본 (1962)	미 국 (1958)
설　　　　　탕	100	43	69
맥　　　　　주	100	100	29
면　　　　　사	69	11	23
광　　　　　목	44	7	18
소　　모　　사	56	25	19
합　　　　　판	86	12	16
신　문　용　지	100	71	62
크 라 프 트 지	79	51	45
도　　　　　료	89	28	25
화　　　　　약	100	90	73
자 동 차 타 이 어	83	86	71
판　　유　　리	100	100	90
시　　멘　　트	84	56	32
종 합 비 타 민 정	85	55	25
강　　　　　판	84	68	43
양　　　　　정	46	25	44
변　　압　　기	83	54	80
Ｔ Ｖ 수 상 기	79	63	55
승　　용　　차	100	82	99
트　　　　　럭	100	67	73
단순평균 집중도	83	55	50

자료: 한국은행, 《조사월보》, 1971. 8, p. 22.

또 1954년에는 과잉능력으로 인해서 가동률은 1953년의 95퍼센트에서 71퍼센트로 하락했는데 철강 가격은 오히려 4.3퍼센트 상승했다. 그리고 또 가동률은 1958년에는 1957년의 85퍼센트에서 61퍼센트로 하락했는데도 철강 가격은 1958년에는 4.5퍼센트 상승했다. 둘째로 자유재량권이 큰 경우에는 비록 가격인상을 하지 않는다고 해도 그것을 일정하게 유지할 수 있다. 보통 한편에 성장산업이 있으면 다른 한편에 사양산업이 있기 마련이다. 자원의 최적배분을 위해서는 다른 조건에 변화가 없으면 성장산업에서는 가격이 상승하고 사양산업에서는 하락하도록 되어 있다. 그러나 사양산업의 경우라도 그 산업 안의 기업이 자유재량권을 갖고 있는 경우에는 가격인하를 하지 않고 옛 수준을 유지하여 일종의 부문인플레이션을 야기시킬 가능성이 있다. 셋째로 광고 및 판매촉진비의 지출은 한편에서는 생산비용을 상승시키고, 다른 한편에서는 제품 차별화의 촉진을 통해서 자유재량적인 마크업(markup)력을 증대시켜 가격인상과 그 유지의 원인이 된다.

〈표 5〉에서 보는 바와 같이 우리나라의 독과점상품은 1966년과 1970년 사이에 상방 운동형 내지 안정형의 가격변동을 했다. 즉 독과점상품 가격은 하방 경직적이었다. 그리고 1967년 1월에서 1971년 6월 사이에 주요 독과점상품 가격은 대부분 10~30퍼센트 상승했으며, 30퍼센트 이상 상승한 것도 상당수 있다(〈표 6〉).

이 밖에 최근에 와서는 독과점 대기업이 유통과정에 참여하고 카르텔 형성을 시도하여 중간상인의 유통마진을 흡수하는 한편 가격조작을 할 수 있는 유리한 입장을 강화하고 있으며, 또 협회와 〈중소기업협동조합법〉에 의거하여 설립된 협동조합이 본연의 기능 외에, 가격협의, 가격담합, 출고량 조절, 공동판매, 시장분할 등 가격조작을 가능케 하는 기능을 함으로써 가격형성에 상당한 영향력을 주고 있다.

〈표 5〉 가격변동 유형별 상품분류(1966~1970년)

	품목 수	구성비 (%)	특 징	품목 예
상 방 운 동 형 (계속 상승형)	264 (105)	55.8 (22.2)	독과점 품목	판유리 시멘트 슬레이트 선철 화약 맥주
상 하 운 동 형	69	14.6	농수산품 또는 계절상품	쌀 보리쌀 달걀 피혁류
하 방 운 동 형 (계속 하락형)	52 (5)	11.0 (1.0)	수입대체 또는 생산 과잉	인견사 나일론사 PVC 수지 인산 유산
불 규 칙 운 동 형	52	11.0	수출입품	구충제 수은 산화지단 철광석 우골 탄잉엑스
안 정 형 (무 변 동 형)	36 (7)	7.6 (2.0)	독과점상품	밀가루 스프사 볼펜 피아노 백조(연초)
계	473	100.0		

자료: 한국은행, 《조사월보》, 1971. 8, p. 24.

〈표 6〉 제품가격 변동폭과 생산집중도 유형(1967. 1~1971. 6)

	독점·복점	극고위 과점형 5개사(100%)	고위 과점형 상위 1개사(20%) 상위 5개사(80%)	저위 과점형
50% 이상	맥주 석유류	염료	강판 피스톤 내화벽돌	흑철선 시멘트벽돌 한천
30~50%	알루미늄	분유설탕	전선 철근 종합 비타민 비렛트 모빌유	얼음 양정 형강 소주 유선하 도롱지 광목 주정 운동화
10~30%	중후강판 판유리 화약 소다 회인견사 자전거 라면	신문용지 버스 전화기 마가린 크 라 프 트 지 선철 건전지	자 동 차 타 이 어 합판 복지 항생제 밀가루 시멘트	아연도철판 면사 탁주 육송 제재 라왕제재 배합사료 메리야스 주스 포플린 옥양목 포도당 보드지
10% 이하	삼륜차 나일론사 글루타민소다	PVC 수지 치약	전동기	모조지
품 목 수	13	12	15	

주: 1) 생산집중도는 1968년 센서스를 기준으로 하고 1967년 집중도로 보완.
  2) 가격은 당행조사 도매가격.
자료: 한국은행, 《조사월보》, 1971. 8, p. 26.

3. 불황 속의 물가상승에 대한 대책

물가상승에 대한 대책으로 앞으로는 우선 원자재 수입의존도를 낮추기 위해서 중화학공업화(중화학공업의 발달), 특히 1차 및 중간재 생산부문의 육성을 더욱더 추진하여야 할 것이다. 우리나라의 자원 잔존상태를 고려에 넣었던들 원자재 국산화는 주로 1차 및 중간재 생산부문의 육성을 통한 국산 원자재의 생산이어야 한다는 것쯤은 명백했을 것이다. 그러나 이제까지 그것을 간과했기 때문에 중화학공업, 특히 1차 및 중간재 생산부문이 낙후하게 되었다. 만약 이 부문이 발달되었더라면 대부분 싼 원료를 해외에서 수입하는 것으로 그치게 되어 원자재 수입의존도가 낮아졌을 것이고, 따라서 국제적 요인에 기인하는 물가상승을 상당히 막을 수 있었을 것이다.

다음에 독과점금지 정책과 합병규제 정책 등의 경쟁촉진 정책을 추구하여야 할 것이다. 물가정책을 개별 물가대책과 일반 물가대책으로 나눈다면 경쟁촉진 정책은 개개 산업의 시장구조라든가 시장행동을 규제하는 것을 통해서 시장성과로서 각각의 제품가격에 중요한 영향을 미친다는 의미에서 본질적으로 개별 물가대책의 성격을 띠고 있다. 따라서 물가수준의 결정이 거시적인 여러 조건들에 의존하는 일이 많음을 생각하면 경쟁촉진 정책이 물가대책으로서 행하는 기능은 한정적인 것이라고 할 수 있을 것이다. 그러나 개별가격 결정의 주도권이 기업에 의해서 장악되어 있다고 해도 과언이 아닌 한에서는 제품가격에 중요한 영향을 미치는 것으로서 이 정책의 역할은 매우 중요하다고 아니할 수 없다. 이 정책은 소비자를 보호하는 의미에서도 반드시 추구되어야 한다.

그러나 이에 대해서 앞으로 상당한 기간 동안 계속해서 안정기조 내지 긴축기조를 유지하여야 할 것이다. 아직도 개발인플레이션 요인이 존재하고 있기 때문이다. 즉 아직도 성장률이 높은 편이며, 또 현금차관이나 수출선수금 등이 통화팽창의 커다란 요인을 이루고 있다.

그리고 양곡의 증산을 위해서 더욱더 노력하여야 할 것이다. 곡가는 물가상승의 주도요인으로 볼 수는 없지만 우리 살림에 미치는 영향이 크고 다른 상품의 가격인상에 구실이 된다. 물론 이제까지 양곡의 증산을 위해서 많은 노력을 해왔다. 그러나 곡가의 안정을 주로 양곡의 도입, 즉 수입에 의존했고 많은 외화를 유출시킨 것이 사실이다.

그리고 또 경영합리화를 적극 추진하여야 할 것이다. 양산체제는 생산비용의 절감, 나아가서 국제경쟁력의 강화를 가능케 해준다. 따라서 우리나라에서도 생산규모(혹은 공장규모)의 확대를 위해서 노력하여왔다. 생산규모가 커지면 대량생산(양산)이 가능하기 때문에 생산비용이 저하될 것이다. 그러나 생산규모의 확대는 어디까지나 필요조건이지 결코 필요충분조건이 아님을 알아야 한다. 소기의 생산비용 저하효과를 거두기 위해서는 꼭 경영합리화가 따라야 하는 것이다. 또 사실 우리나라에서 현재 무엇보다도 절실히 요청되고 있는 것은 경영합리화이다. 결코 기업들이 경영합리화 노력을 하지 않고 있는 것은 아니지만 더욱더 경영합리화를 할 필요가 있다는 말이다. 생산규모의 확대와 경영합리화가 합세될 때 비로소 진정한 생산비용의 절감은 가능하게 되고 또 그럼으로써 국내 물가의 안정과 국제경쟁력의 강화가 가능하게 된다.

끝으로 높은 경제성장, 즉 급격한 구조변화에 대한 적응 능력을 적극 육성하여야 할 것이다. 다시 말하면 소비구조의 근대화, 소비생활의 건전화, 생산성의 상승률이 낮은 중소기업부문에 투자를 하는 바와 같은 산업구조정책, 유통기구의 합리화, 서비스 부문의 근대화 등을 서둘러야 할 것이다. 우리나라의 물가상승, 특히 소비자 물가상승을 촉진하고 있는 것은 경제성장 그 자체가 높은 것뿐만 아니고 그 높은 경제성장에 대한 적응 능력이 여러 가지 측면에서 충분하지 못한 것에 있다. 경제성장은 반드시 경제구조의 변화를 야기시킨다. 즉 소비구조·수요구조의 변화, 생산구조·산업구조의 변화, 유통구조의 변화 등을 야기시킨다. 만약 한 나라 경제가 이와 같은 변화에 충분히 적응할 수 있으면 물가의 전반적인 등귀가 나타나는 일은 드물 것이다. 그런데 우리나라의 경우에는 그동안 높은 경제성장이 있었지만, 그에 대한 적응능력이 소비구조, 중소기업 및 서비스산업, 유통기구 등에 있어서 결코 충분하지는 못했다.

《금융》(1972. 4)

전환기 한국경제의 평가와 전망

제4차 경제개발 5개년계획서를 살펴보면 우선 그간 수출 주도형 성장정책이 추구되어 왔고, 앞으로도 그럴 것임을 알 수 있다. 다음에 내자동원의 극대화, 수입자유화, 자본자유화의 추진, 중화학공업화의 추진, 개발성과의 균점화, 생활환경의 개선, 기술개발, 경제운용체제의 간소화와 합리화 등이 제4차 계획기간 중의 주된 과제로 되어 있음을 알 수 있다.

제4차 계획의 제2차년도인 금년에 들어와서 수출 논의, 국내시장 중시 논의, 성장 대 안정 논의 등이 재연된 감이 있다. 물론 현재로서는 수출 논의와 국내시장 중시 논의는 일단 주춤해졌다고 할 수 있다. 그러나 수출 논의는 국내시장 중시 논의와 표리의 관계에 있는 것이 사실이지만 또한 성장 대 안정 논의와도 무관하지 않음은 말할 나위도 없다. 왜냐하면 성장 대 안정 논의를 일단 경제성장 우선이냐 물가안정 우선이냐의 논의로 정의한다면 수출은 우리나라의 경우에는 경제성장의 견인차의 역할을 하고 있으며 수출의 경제성장에 대한 기여도는 1975년에는 48.9퍼센트, 1976년에는 33.5퍼센트, 1977년에는 38.8퍼센트나 된다. 또 수출에 역점을 두다 보면 과대한 수출이나 수입을 하지 않을 수 없는 관계로 공급부족을 초래하여 품목에 따라서는 그 국내가격을 상승시키기도 하기 때문이다.

1. 성장 대 안정 논의

이번 성장 대 안정 논의는 금년 들어서부터 심해진 물가상승에 주로 기인함은 두말할 나위도 없다. 사실 금년 들어서 도매물가와 소비자물가는 작년 말에 견주어 2월 말 현재로 4.1퍼센트, 5.0퍼센트, 5월 말 현재로 5.8퍼센트, 7.3퍼센트, 7월 말 현재로 7.8퍼센트, 11.2퍼센트나 상승함으로써 이미 소비자물가의 경우에는 7월 말 현재로 금년 상승률 억제선인 10퍼센트를 1.2퍼센트포인트나 상회하고 있으며 또 10월 말 현재로 11.2퍼센트, 15.3퍼센트나 상승함으로써 8월에 수정한 상승률 억제선인 12퍼센트, 14퍼센트도 실현 불가능한 것이 되었다. 물가 당국에 따르면 소비자물가의 경우에는 그 상승률이 금년 말까지는 대체로 17퍼센트나 되리라고 한다.

앞에서 성장 대 안정 논의를 경제성장 우선이냐 물가안정 우선이냐의 논의로 정의하였다. 그러나 안정 즉, 경제안정은 물가안정 외에 완만한 경기변동과 무역수지 또는 국제수지 균형 등도 내포하고 있음을 잊어서는 안 된다. 그리고 경제안정은 결코 경제성장을 배제하는 것이 아니라는 점을 잊어서는 안 될 것이다. 경제안정은 어디까지나 물가안정, 완만한 경기변동, 무역수지 내지 국제수지 균형 등과 양립되는 극대경제성장을 의미한다고 할 수 있다(M. W. Lee, *Macroeconomics*, 1967, p. 462 참조). 따라서 물가안정으로 한정시킨다면 경제안정은 물가안정과 양립되는 극대경제성장이라고 정의할 수 있을 것이다.

그렇다면 성장 대 안정 논의는 물가안정과 양립되지 않는 고율의 경제성장이냐 그것과 양립되는 고율의 극대경제성장이냐의 논의라고 할 수 있을 것이다. 다시 말하면 그것은 높은 경제성장률과 높은 물가상승률이냐 높은 극대경제성장률과 낮은 물가상승률이냐의 논의를 의미한다고 할 수 있을 것이다. 즉 경제성장 우선은 높은 경제성장률의 실현을 위해서는 높은 물가상승률은 불가피하다거나 그것을 감수하여 한다는 것을, 물가안정 우선은 낮은 물가상승률과 그것이 허용하는 높은 경제성장률을 추구하여야 한다는 것을 의미한다고 할 수 있을 것이다. 여기서 극대경제성장률이나 낮은 물가상승률이 허용하는 경제성장률이 반드시 작은 것을 의미하는 것이 아님은 물론이다. 경우에 따라서 그것은 매우 큰 것일 수도 있다. 우리는 높은 경제성장률과 낮은 물가상승률의 양립을 1950년대 후반의 서독, 1960년대 후반의 일본, 1970년대 초반 혹은 1970년대 후반의 대만 등에서 찾아볼 수 있다(〈표 1〉 참조).

경제성장률과 물가상승률과의 관계를 (1) 높은 경제성장률과 높은 물가상승률, (2) 높은 경제성장률과 낮은 물가상승률, (3) 낮은 경제성장률과 높은 물가상승률의 셋으로 나눈다면 우리나라에서는 대체로 (1)이 성립되고 있다고 할 수 있다(〈표 1〉 참조).

그러나 경제성장은 목적이 아니고 수단이라고 한다면, 그리고 물가안정은 국민생활의 안정을 유지하기 위해서 우선하여야 할 목표라고 할 수 있고 또 고율의 경제성장을 위한 반드시 필요한 전제조건이라고 한다면 (1)은 바람직스러운 것이 못 된다고 할 수 있다. (2)의 성립이 바로 바람직스러운 것이다. 서독, 일본, 대만 등은 이미 이 (2)를 성립시킨 일이 있거나 시키고 있다고 할 수 있다.

이 바람직스러운 (2)의 성립을 실현시키기 위해서는 현시점에서는 낮은 물가상승률과 그것이 허용하는 높은 경제성장률을 추구하여야

〈표 1〉 주요 경제지표

(1)서독의 경우

	경제 성장률 (%)	물가상승률(%)		실업률 (%)	무역수지(백만 달러)		
		도 매	소비자		수 출 (FOB)	수 입 (CIF)	수 지
1950	–	−2.4	−6.3	10.2	–	–	–
1951	10.5	18.6	7.8	9.0	3,463	3,491	△28
1952	8.3	2.4	2.1	8.4	4,002	3,814	188
1953	7.5	2.6	−1.8	7.5	4,389	3,771	618
1954	7.4	−1.5	0.2	7.0	5,248	4,571	677
1955	11.5	1.7	1.6	5.1	6,520	6,100	420
1956	6.9	1.5	2.6	4.0	7,780	6,970	810
1957	5.4	1.7	2.0	3.4	9,010	7,890	1,120
1958	7.3	−0.4	2.2	3.5	9,220	7,730	1,490
1959	6.7	−0.7	1.0	2.4	9,980	8,580	1,400
1960	10.5	1.1	1.4	1.2	11,415	10,104	1,311

(2)일본의 경우

	경제 성장률 (%)	물가상승률(%)		실업률 (%)	무역수지(백만 달러)		
		도 매	소비자		수 출 (FOB)	수 입 (CIF)	수 지
1960	13.4	1.0	3.6	1.7	4,055	4,491	△436
1961	14.4	1.0	5.3	1.4	4,236	5,810	△1,574
1962	7.0	−1.7	6.9	1.3	4,916	9,637	△721
1963	10.4	1.8	7.5	1.3	5,452	6,736	△1,284
1964	13.2	0.2	4.0	1.2	6,673	7,938	△1,265
1965	5.1	0.7	6.6	1.2	8,452	8,169	283
1966	9.8	2.4	5.1	1.3	9,776	9,523	253
1967	12.9	1.8	4.0	1.3	10,442	11,663	△1,221
1968	13.4	0.9	5.3	1.2	12,972	12,987	△15
1969	10.8	2.1	5.2	1.1	15,990	15,204	786
1970	10.9	3.6	7.7	1.1	19,318	18,881	437

할 필요가 있다는 것이 안정론자의 주장인 것이다. 안정론자는 안정적 성장 또는 안정성장을 이런 의미로 받아들이지, 결코 그와 반대인 높은 경제성장률과 그것이 허용하는 낮은 물가상승률의 추구의 의미로는 받아들이지 않는다. 그리고 진정으로 안정기조가 정착될 때까지는

(3)대만의 경우

	경제 성장률 (%)	물가상승률(%)		실업률 (%)	무역수지(백만 달러)		
		도매	소비자		수출 (FOB)	수입 (CIF)	수지
1970	10.8	2.7	3.6	1.8	1,428	1,524	△96
1971	11.7	0.1	2.8	1.8	1,998	1,844	154
1972	12.0	4.6	3.0	1.6	2,916	2,514	402
1973	11.9	22.9	8.2	1.4	4,396	3,792	604
1974	0.6	40.6	47.5	1.5	5,532	6,966	△1,434
1975	2.4	−5.1	5.2	2.4	5,309	5,952	△643
1976	11.5	2.8	2.5	1.5	8,166	7,599	567
1977	8.1	2.8	7.0	−	9,361	8,511	850

(4)한국의 경우

	경제 성장률 (%)	물가상승률(%)		실업률 (%)	무역수지(백만 달러)		
		도매	소비자		수출 (FOB)	수입 (CIF)	수지
1970	7.9	9.1	16.1	4.5	835.2	1,984.0	△1,148.8
1971	9.2	8.8	13.5	4.5	1,067.6	2,394.3	△1,326.7
1972	7.0	13.8	11.7	4.5	1,624.1	2,522.0	△897.9
1973	16.7	6.9	3.2	4.0	3,225.0	4,240.3	△1,015.3
1974	8.7	42.1	24.3	4.1	4,460.4	6,851.6	△2,391.2
1975	8.3	26.6	25.3	4.1	5,081.0	7,274.4	△2,193.4
1976	15.5	12.1	15.3	3.9	7,715.1	8,773.6	△998.5
1977	10.3	9.0	10.1	3.8	10,046.5	10,810.5	△764.0

필요에 따라서는 일시적 혹은 일정 기간 동안 경제성장률의 계획치의 하향조정도 주저할 필요가 없다는 입장을 취하고 있기도 하다. 적극적으로 고용흡수정책만 편다면 그것을 하향조정해도 무방할 것이다.

2. 물가상승의 요인

금년 들어서의 심한 물가상승은 기본적으로는 경제성장에 따른 수요의 급속한 증대에 기인한다고 할 수 있다. 그것은 경제성장에 따른 부분적인 노동력 부족과 농수축산물 등 일부 품목의 수요구조 변화에 대한 공급의 적응불능에, 또 유통부문의 낙후 등에 기인하는 것도 사실이다. 그것은 또 작년에 있은 통화팽창, 부가가치세의 실시, 주로 금년 초부터 일기 시작했다고 할 수 있는 왕성한 건축 활동과 부동산 붐, 물가상승 예상 및 환물심리의 작용, 통화팽창 예상 등에 기인하기도 한다.

그러나 수요의 급속한 증대나 수요구조의 변화는 경제성장만에 기인하는 것이 아니라는 점을 간과해서는 안 될 것이다. 그간 우리나라의 소득수준보다 높은 선진국 국민들의 소비수준을 모방하도록 하는 유혹, 즉 국제적 전시효과를 우리가 부단히 받아오고 있는 것이 사실이라고 한다면 수요의 급속한 증대나 수요구조의 변화는 다른 한편으로는 국제적 전시효과의 결과이기도 하다고 할 수 있다. 이 효과는 이렇게 소비의 조장을 통해서 물가상승을 자극할 뿐 아니라 저축증대를 제약하기도 한다는 사실에 특별히 유의할 필요가 있을 것이다. 따라서 이 효과의 방지는 물가안정, 즉 인플레이션의 억제와 함께 현시점에서 강조되어야 할 과제의 하나라고 해도 무방할 것이다.

정부가 밝힌 1979년 경제운용계획의 주요한 것을 보면 다음과 같다.

(1) 경제성장률의 9퍼센트 안팎으로의 조정

(2) 물가상승률 10퍼센트 이내로의 억제

(3) 통화증가율의 25퍼센트 유지

(4) 재정수지의 균형화

(5) 수입자유화의 추진 및 경상수지 적자확대 감수(〈표 2〉 참조)

(6) 소득정책의 채택 등

이에서 새해에는 물가안정에 주력할 것이라는 것을 알 수 있을 것이다. 그러나 경제성장률의 경우를 제외하고서는 계획의 실현은 역시

<표 2> 경상수지 목표

	1978년	1979년
경 상 수 지(1억 달러)	△4.45	△13.0~△16.0
무 역 수 지(1억 달러)	△14.0	△23.0~△26.0
수 출(1억 달러)	125.0	150.0~156.0
수 입(1억 달러)	139.0	173.0~176.0

어렵지 않을까 하는 생각이 든다. 특히 물가상승률 10퍼센트 이내로의 억제는 거의 불가능한 것이라고 할 수 있을 것같이 생각된다.

그 어려운 이유로서는 여러 가지를 들 수 있을 것이다. 그러나 중요한 것만 든다고 하면 금년 말까지 예상되는 각종 통화증발요인, 예산의 규모와 내용, 중동 붐의 지속, 유가인상, 공공요금 등의 서비스요금 인상 예상, 선진국 수입제한구조의 강화, 중공과의 경쟁 등에서 알 수 있는 수출 환경의 악화, 수출 경쟁력의 약화 등이라고 할 수 있다. 다만 수출과 관련해서 생각할 때 수출을 위하여 온갖 노력을 하기로 되어 있으므로 경제성장률은 10퍼센트를 약간 웃돌게 될는지 모른다.

3. 한국경제의 당면과제

새해에도 물가안정은 최대의 과제라고 할 수 있을 것이다. 그러나 국제적 전시효과의 방지를 통한 건전한 소비풍토의 조성도 역시 커다란 과제가 아닌가 생각된다. 앞에서 본 것처럼 그것은 소비억제와 수요억제를 통해서 물가상승의 억제를 가능케 할 뿐 아니라 저축여력을 확대시킴으로써 적극적인 저축유인의 제공과 저축유치 노력만 있으면 저축의 제고도 가능케 하기 때문이다. 우선 물가안정을 위해서는 다음과 같은 점이 특별히 강조되어야 할 것이다.

(1) 경제성장률의 하향조정

(2) 노동력 부족의 해소 및 농수축산물 등의 일부 품목의 공급 확대

(3) 원천적인 조치에 의한 해외부문에서의 철저한 통화관리, 여기
서 원천적인 조치란 외화의 필요 원자재 수입에의 활용, 외화
의 산업에의 연계, 차관도입의 억제 등을 말한다.

(4) 소비억제 및 수요억제

(5) 경영합리화

(6) 신중한 수입활용, 철저한 수급점검을 전제로 한 수입활용

(7) 유통마진의 감소 및 유통기구의 개선 등

그리고 이 밖에, (8) 인플레이션에 대한 관용적인 풍조를 없애기 위
한 지속적인 노력도 필요할 것이다. 말하자면 물가상승은 고율의 경제
성장의 필연적인 수반물이라든가, 고율의 경제성장 아래서는 어느 정
도의 물가상승은 감수하여야 한다는 등의 이른바 인플레이션 불가피
론 및 인플레이션 감수론으로부터 벗어나려는 노력이 필요할 것이다.

다음에 국제적 전시효과의 방지를 위해서는 다음과 같은 점이 강조
되어야 할 것이다.

(1) 조세정책의 활용

(2) 각 개인의 개성발휘의 장려

(3) 사회지도층 인사의 건전한 소비생활에서의 솔선수범

(4) 외자도입정책, 수입정책, 수입대체산업 육성정책, 매스컴정책,
출판정책, 문교정책 등에서의 이 효과방지를 위한 특별배려 등

앞으로는 미래의 제4차 계획의 목표를 달성하기 위한 과제를 해결
해가는 외에 물가안정과 국제적 전시효과의 방지를 위해서 특별히 진
력해가야 할 것이다. 그러나 물가안정이 무엇보다도 우선하는 과제임
은 두말할 나위가 없다. 우리가 바라는 바는 바로 이 물가안정과 양립

되는 고율의 경제성장이기 때문이다. 물론 그것은 급격한 무역수지 또는 국제수지적자 확대를 초래하지 않는 것이어야 하지만, 이 물가안정과 관련해서는 특히 우리가 바라는 바의 실현을 위해서 필요할 때에는 언제나 일시적 혹은 일정 기간 동안 경제성장률은 조정할 수 있다는 것과 인플레이션에 대한 관용적인 풍조의 불식을 위한 노력의 지속은 중시되어야 한다는 것을 강조할 필요가 있을 것이다.

〈경제인연합회 세미나〉(1978. 11)

오늘의 물가문제

1. 물가상승의 여러 측면들

물가는 '개별 가격의 평균'을 말한다. 이 물가에는 도매물가, 소비자물가, 수출입물가 등이 있다. 그리고 또 이에는 현실물가(피부로 느끼는 물가)와 지수물가(물가지수에 반영되는 물가)가 있다. 그러나 물가는 보통 도매물가와 소비자물가를 뜻하며 또 지수물가의 뜻으로 해석된다. 간단히 도매물가는 기업의 단계에서 본 물가를, 그리고 소비자물가는 소비자의 단계에서 본 물가를 말한다고 할 수 있다. 물론 물가지수에는 한 나라 물가를 종합적으로 측정해주는 것으로 간주되는 것으로서 GNP 디플레이터가 있다.

물가상승 요인으로서는 우선 수급, 즉 초과수요의 존재를 들 수 있다. 그리고 비용상승도 물가상승 요인으로 꼽힌다. 전자를 내세우는 설이 디맨드 풀설(說)이고 후자를 내세우는 설이 코스트 푸시설이다. 그러나 통화론자는 통화증발을 물가상승 요인으로 들고 있다. 또 심리적 요인이 물가상승 요인으로 거론되기도 한다.

물가안정 대책으로서는 재정정책, 금융정책, 환율정책, 직접통제제

〈표 1〉 물가안정 대책

구분	정책수단	내용
재정	재정수지	흑자증가(적자감소)
	세출	감액
	세입	증세
금융	금리	인상
	신용통제	강화
	환율	평균인상
직접통제	수입통제	완화
	수출통제	제한
	가격통제	인상제한
	임금통제	인상제한
	투자통제	제한
	조세제도	간접세 사용권한의 확대

도변동 등이 꼽힌다. 이들의 구체적인 내용의 중요한 것을 표시한 것이 〈표 1〉이다.

이들이 초과수요, 비용상승, 통화증발에 대처하기 위한 것들임은 말할 나위도 없을 것이다. 그러나 이외에 심리적 요인에 대한 대책 즉 인플레 예상의 제거를 위한 대책이 더 필요할 것이다.

물가상승률이 클 때에는 경제성장률은 낮으며, 반대로 물가상승률이 작을 때에는 경제성장률은 높다고 할 수 있다. 말하자면 물가상승률과 경제성장률 사이에는 역(逆)병행관계, 즉 마이너스의 상관관계가 성립한다. 전자는 최근에 일본이 겪은 스태그플레이션에 의해서, 그리고 후자는 1953~1960년의 미국, 영국, 서독, 일본, 이탈리아의 예에 의해서 각각 잘 실증되었다고 할 수 있다(〈표 2〉 참조).

그렇다면 물가안정은 고도경제성장을 위해 반드시 필요한 전제조건이라고 할 수 있을 것이다.

1962년 이후 우리는 1963~1964년에 첫 번째의 심한 물가상승 시대를 맞이했다. 이때의 인플레는 디맨드 풀 인플레였다고 할 수 있다. 즉 초과수요에 기인해서 인플레가 야기되었다고 할 수 있다.

두 번째의 심한 물가상승 시대는 석유파동 후의 1974~1975년에 맞이했다. 이때의 인플레는 제조원가의 상승에 기인하는 코스트 푸시 인플레였다고 할 수 있다. 그리고 이때 물가 면에서 기업의 과독점화의 폐해가 나타났다고 할 수 있다. 그리하여 1975년에 〈물가안정과 공정

〈표 2〉 경제성장률·물가상승률

(1) 일본의 경우 (단위: %)

	경제성장률		물가상승률	
	명 목	실 질	도 매	소 비
1970	17.3	10.4	3.6	7.2
1971	11.7	7.3	−0.8	6.3
1972	16.1	9.8	0.8	4.4
1973	22.1	6.4	15.8	11.8
1974	17.9	−0.2	31.4	24.3
1975	9.7	3.4	3.0	11.9
1976	13.1	5.7	5.1	9.3
1977	11.3	5.4	1.8	8.1
1978	12.0	7.0	−	−

(2) 미국, 영국, 서독, 일본, 이탈리아의 경우(1953~1960)

	1인당 경제성장률	도매물가 상승률
미 국	6	6
영 국	18	13
서 독	48	7
일 본	68	1
이 탈 리 아	44	−1

거래법〉이 제정되어 1976년부터 실시되기에 이르렀다. 그 결과 일단 독과점상품의 가격은 규제되었다고 할 수 있다. 우리는 현재 세 번째의 심한 물가상승 시대를 맞이하고 있는 셈이다.

대체로 이것은 1977년 후반기부터 시작되었다고 할 수 있다(〈표 3〉 참조).

작년에는 연말 기준으로 도매물가는 12.2퍼센트, 소비자물가는 16.4 퍼센트 상승했으며 금년에는 6월 말 현재로 작년 말에 견주어 이미 도매물가가 11.1퍼센트, 소비자물가는 13.2퍼센트나 상승했다. 그러면 우리가 현재 겪고 있는 심한 물가상승은 무엇에 기인하는가. 그것은 여러 가지 요인에 말미암는다고 할 수 있을 것이다. 그러나 그간의 고도 성장의 추구, 수출 드라이브 정책, 중화학공업화의 추구, 높은 해외 원

〈표 3-1〉 GNP 디플레이터 상승률 물가상승률 및 무역수지

(단위: %, 억 달러)

	도매물가 상승률	소비자 물가상승률		GNP 디플레이터 상승률	수입물가 상승비	수출상품 도매물가 상승비	무역 수지
		전 도시	서 울				
1962	9.5		6.5	18.4		6.6	
1963	21.1		20.2	29.3		45.9	
1964	35.4		29.6	30.0		31.9	
1965	9.1		13.8	6.2		3.8	
1966	9.0	11.6		14.5		4.4	
1967	6.4	10.4		15.6	3.8		
1968	8.4	10.9		16.1	13.6		
1969	6.4	12.5		14.8	15.8		
1970	9.1	16.1		15.3	5.0		−11.5
1971	8.8	13.4		12.6	9.1		−13.3
1972	13.8(8.4)	11.7(9.1)		15.6	8.2(8.7)		−9.0
1973	6.9(15.1)	3.2(8.5)		13.3	31.3(54.5)		−10.2
1974	42.1(44.6)	24.3(26.6)		30.1	43.8(17.0)		−23.9
1975	26.5(19.6)	25.3(26.4)		23.8	−4.8(−5.4)		−21.9
1976	12.1(9.4)	15.3(9.6)		18.5	3.0(6.3)		−10.0
1977	9.0(10.1)	10.1(11.0)		15.4	0.9(−1.7)		−7.6
1978	11.7(12.2)	14.4(16.4)		18.8	−(10.4)		−22.6

주: ( ) 안은 연말 기준을 표시함.

〈표 3-2〉 물가상승률

(1) 도매물가 상승률(1972~1978)　　　　　　　　　　　(연말 기준, %)

	총지수	식료품	식료품 이외	원자재	자본재	소비재
1972	8.4	10.4	7.3	11.3	2.3	6.7
1973	15.1	8.7	18.5	25.1	9.2	7.5
1974	44.6	48.0	43.2	55.4	20.1	37.3
1975	19.6	25.5	16.5	16.5	17.2	22.8
1976	19.4	14.2	7.4	8.4	1.7	11.2
1977	10.1[*]	15.5[*]	6.3[*]	6.3[*]	44.8[*]	12.4[*]
1978	12.1	21.2	7.7	6.7	2.7	18.3

* 연중 기준.

(2) 소비자물가 상승률(1973~1978)　　　　　　　　　　　　(연중 기준: %)

	총지수	식료품	식료품 이외	주거비	광열비	피복비	잡비
1973	3.2	2.6	4.0	4.4	5.7	12.2	0.4
1974	24.3	27.6	21.1	15.0	37.9	22.2	19.4
1975	25.3	31.9	18.6	15.1	14.9	14.4	22.4
1976	15.3	17.8	13.2	11.2	4.2	13.1	15.8
1977	10.1	11.6	8.7	8.6	17.2	10.9	6.6
1978	16.4*	19.5*	13.5*	14.5*	15.9*	15.5*	12.1*

* 연말 기준.

자재 의존, 기업의 독과점화, 경제정책 운용의 경직화, 인플레 감수론 등에서 그 주된 원인을 찾을 수 있지 않을까 생각한다.

사실 우리나라에서는 그간 고도성장과 수출 드라이브 정책, 중화학공업화는 지상명령으로 간주되어 온 감이 있다. 그리고 그 결과 인플레 감수론이 지배해 왔다고 할 수 있다. 또 경제정책의 운용에 있어서 경직성을 보여 왔다고 할 수 있다. 우리는 그 경직성이 야기시킨 좋은 예로서 1977년에 있은 40.7퍼센트의 통화팽창을 들 수 있다. 기업의 독과점화도 어떻게 보면 수출 드라이브 정책, 중화학공업화의 추구가 빚어낸 부수적인 산물의 하나라고 할 수 있을 것이다.

수출의 국제경쟁력을 강화시키기 위해서는 공장을 국제적인 단위규모로 할 필요가 있고, 또 중화학공업 공장의 경우에는 원래가 대규모이므로 자연히 기업은 대규모화하지 않을 수 없어 독과점화 되었다고 할 수 있다. 거기에다 수출 드라이브 정책, 중화학공업화의 추구는 중화학공업의 가공원자재 생산부문을 적극적으로 육성하면서 이루어지지 않은 탓으로 더욱더 해외원자재 의존을 높였다고 할 수 있다.

이러한 원인들이 빚어낸 것이 다름 아닌 우리가 현재 겪고 있는 디맨드 풀 인플레와 코스트 푸시 인플레의 합작형이라고 할 수 있는 큰 물가상승인 셈이다. 당초에는 디맨드 풀 인플레였다고 할 수 있으나 작년 후반기부터 석유가격 상승이 있자 코스트 푸시 인플레의 양상도 띠게 되기 시작했다고 할 수 있다. 그리고 가격 현실화 조치는 바로 코스트 푸시 인플레의 면을 부각시킨 것이며, 또 물가상승을 더 크게 하는 역할을 했다고 볼 수 있을 것이다.

수출 드라이브 정책, 중화학공업화 추구의 결과 투자배분을 보면 제조업에서 중화학공업의 비중은 1975년 가격 기준으로 1977년에는 71.9퍼센트, 1978년에는 72.9퍼센트이다(경상가격 기준으로는 각각 75.0%, 82.8%인 것 같다(〈표 4〉 참조). 회임기간이 길어 물가상승을 야기시킬 가능성이 매우 큰 중화학공업에 투자의 많은 부분을 배분한다는 것은 생필품과 관련이 있는 경공업에 대한 배분을 그만큼 작게 한다는 것을 뜻함은 불을 보듯 뻔한 일이다. 또 정책금융의 비중이 크기 때문에 경공업은 일반금융으로부터 자금지원도 받기가 힘들다. 따라서 공급부족으로 생필품의 가격상승, 나아가서 물가상승이 야기됨은 당연하다고 할 수 있다. 그리고 수출과다의 경우에는 내수부족이 야기되지 않을 수 없어 물가상승이 일어나게 된다.

그뿐 아니다. 금년에 중화학공업에서 필요한 운전자금은 전체 민간대출 한도의 10퍼센트를 웃도는 3천억 원이나 되고 계획대로 추진한다면 1981년에는 그것이 2조 원을 넘을 것으로 예상된다고 한다.

그렇다면 투자재원의 조달도 문제가 되겠지만 계속해서 경공업에 대한 배분의 비중을 낮게 유지할 때 생필품의 가격상승, 나아가서 물가상승이 야기되는 일이 없을 것인지의 문제도 있다고 할 수 있다. 따라서 중화학공업화의 추진은 이 면에서도 심각하게 검토될 필요가 있다고 할 수 있다.

경제안정화 종합대책을 보면 정부는 수출 드라이브 정책, 중화학공

〈표 4〉 제조업부문별 투자배분

(단위: %)

	1976	1977	1978	1979
1975년 가격 기 준				
국내총고정 자 본 형 성	100.0	100.0	100.0	100.0
제 조 업	31.1(100)	32.0(100)	32.5(100)	32.7(100)
경 공 업	9.1(29.3)	9.0(28.1)	8.8(27.1)	8.6(26.0)
중화학공업	22.0(70.7)	23.0(71.9)	23.7(72.9)	24.2(74.0)
경 상 가 격 기 준				
국내총고정 가 본 형 성	100.0	100.0	100.0	100.0
제 조 업	29.4	30.1	30.3	30.2
경 공 업	−	−	−	−
중화학공업	−	−	−	−

자료: 경제기획원, 《1978~1979 경제운용계획》, 1978. 3, pp. 102~103.

업화의 추구에 일단 신축성을 보여 수출목표치에 집착하지 않는 한편, 금년 제조업에 대한 투자의 82.0퍼센트(경상가격 기준)를 중화학공업에 배분하려던 당초 계획을 수정하여 78.0퍼센트를 배분하도록 한다고 한다. 바꾸어 말하면 경공업에 대한 투자배분의 비율을 4.0퍼센트포인트 높인다고 한다. 또 장기적으로 보아 국제경쟁력이 약한 사업과 시설과잉 혹은 중복투자로 부실화될 가능성이 큰 사업, 자기자본 투입비중이 낮은 사업에 대한 투자는 연기하며, 5백만 달러 이상의 차관 및 외화대출, 신규사업은 철저히 타당성을 검토하며, 구체적인 대상품목 및 연기에 따른 추가비용 분담방안 등은 부총리를 위원장으로 하는 투자사업조정위원회를 설치하여 심의하도록 하고 있다. 이 위원회는 정책금융의 운용도 관리하도록 되어 있다.

그러나 우리나라의 해외원자재 의존도는 높다. 수입에 있어서 원자

〈표 5〉 수입구조

(단위: %)

	1977	1978		1977	1978
수 입 총 액	100.0	100.0	수 입 총 액	100.0	100.0
수 출 용	34.2	26.2			
내 수 용	65.8	73.8	식료 및 직접소비재	7.1	6.7
소 비 재	12.5	10.4	비 내 구 소 비 재	0.3	0.4
			내 구 소 비 재	3.0	3.1
원 자 재	55.2	55.7	공업용원료 및 연료	61.5	55.6
수 출 용	21.4	19.8	연 료	20.1	16.3
내 수 용	33.8	35.9	광 물	3.9	3.4
			경 공 업 원 료	13.3	11.9
			유 지	0.7	0.5
			화 공 품	6.8	6.1
			직 물	3.0	2.4
			철 강 재	5.6	6.5
			비 철 금 속	1.7	1.8
			기 타	6.0	6.3
원 자 재	32.3	33.9	자 본 재	27.8	33.9
수 출 용	9.5	3.6	기 계 류	13.2	15.4
내 수 용	22.8	30.3	전 기 전 자 기 기	7.9	8.1
			수 송 장 비	3.8	5.8
			정 밀 기 기	0.9	1.0
			기 타	1.8	3.3
			간이세율적용품목	0.0	0.0

자료: 한국은행.

재의 비중은 1977년에도 55.2퍼센트, 1978년에는 55.7퍼센트나 되고 또 분류를 달리해서 공업용 원료 및 연료로 할 때에 이 비중은 1977년에는 61.5퍼센트, 1978년에는 55.6퍼센트나 된다(〈표 5〉 참조). 이 가운데서 연료(주로 원유)는 1977년에는 20.1퍼센트, 1978년에는 16.3퍼센트로서 가장 큰 수치를 나타내고 있지만 원유 같은 천연자원이 아닌 가공원자재가 적어도 30.0퍼센트 이상의 수치를 나타내고 있음을 간과해서는 안 될 것이다. 만약 이 비중이 상당히 낮다고 하면 자원파동의 영향을 덜 받을 수 있다고 할 수 있을 것이다. 이에 경영합리화가 가세된다면 더욱이 그러할 것이다. 국제상품가격지수의 하나인 로이터 지수는 1978년 3월 1일에 1,388.5이던 것이 금년 6월 21일에는 1,632.7 이 되고 우리나라의 수입물가는 금년 6월 말 현재로 작년 말에 비해서 18.5퍼센트나 상승하고 있다. 이것은 도매물가와 소비자물가의 상승률 보다 큰 수치이다. 이 높은 해외원자재 의존은 무역수지의 적자 특히 대일무역수지의 적자를 초래하는 주된 요인의 하나이기도 하다.

따라서 물가안정과 관련해서 생각할 때 투자조정에 있어서는 상술 한 점들을 감안하여 현재로서는 경공업에 대한 투자 비중을 높이고, 아울러 중화학공업에서는 가공원자재 생산부문에 대한 투자 비중을 높이도록 하여야 할 것이다. 물론 경제기획원의 금년 주요 시책에 따 르면 공급이 부족한 정유나 철강 등의 부문에 대한 신규투자를 계속 확충하기로 되어 있고, 또 철강, 석유화학, 비철금속 등의 소재공업부 문의 운전자금을 지원하기로 되어 있기는 하다.

2. 물가안정과 경제성장

우리나라의 물가안정을 위해서는 현재로서는 고도성장과 수출 드라 이브 정책, 중화학공업화(단 가공원자재 생산부문은 제외)의 추구로부터 의 탈피, 경제정책 운용의 경직화로부터의 탈피, 인플레 감수론으로부 터의 탈피가 우선 필요하다고 할 수 있다. 필요할 때에는 적어도 일정 기간 동안 이러한 탈피는 가능하며, 또 불가피하다고 할 수 있다. 그리 고 경제계획은 원래가 인위적으로 이루어지는 슬기로운 경제활동의 조정기능을 전제로 하기에 바로 경제정책 운용의 신축성을 요구한다 고 할 수 있고, 또 고도성장과 물가안정은 양립할 수 있을 뿐 아니라 물가안정은 고도성장의 전제라고 할 수도 있다.

경제안정화 종합대책을 보면, 현재로서는 정부는 여러 가지 면에서 신축성을 보이고 있는 것 같다. "경제성장률이나 수출목표치에 집착하지 않을 것이다. 경제안정 기반은 꼭 이룩할 것이다. 투자배분에 있어서 중화학공업의 비중을 금년의 당초 계획치인 82.0퍼센트를 78.0퍼센트로 낮출 것이다" 등에서 미루어 보아 그렇게 말할 수 있을 것이다. 그러나 물가안정을 위해서 적어도 앞으로 일정 기간 동안을 조정기간으로 삼고 여러 가지 면에서 계속적으로 대처해 갈 필요가 있다는 것을 다시 강조하지 않을 수 없다. 그리고 이와 관련해서 만약 우리나라의 경제개발계획이 성공적이었다고 자부한다면 경제계획의 전제를 상기할 필요가 있다는 것을 강조하지 않을 수 없다.

이와 아울러 물가안정을 위해서는 앞으로도 중화학공업의 가공원자재 생산부문의 적극적인 육성의 재중시, 경영합리화의 강화, 독과점 규제의 강화 등이 필요하다고 할 수 있다.

그러면서 앞으로도 원유가격, 자원가격 등 물가를 상승시킬 복병이 많음을 감안할 때, 그 일정 기간 동안 서민의 의, 식, 주, 행(行)과 관련있는 기초적인 필수품목과 서비스의 가격을 거의 고정시켰다고 할 수 있을 정도로 안정시키기 위해서 온갖 노력을 기울일 것을 강조하지 않을 수 없다. 그 노력에는 이들 업체에 대한 보조금이나 조세경감 등의 조치가 포함된다고 할 수 있을 것이다. 현재로서는 서민의 생활안정을 위한 길은 기본적으로는 이것밖에 없다고 할 수 있을 것이기 때문이다. 이때 그들은 품목과 서비스만으로 작성되는 지수를 별도로 만들고 이것의 상승률을 절대 안정시키는 일은 재론의 여지가 없다.

끝으로 물가안정은 어디까지나 무역수지의 적자폭의 지나친 확대 없이 이룩될 때 바람직스러운 것임은 말할 나위도 없다.

대체로 우리가 바라는 바의 상태에 가깝다고 볼 수 있는 것은 1955

~1960년의 서독, 1966~1970년의 일본, 1976년 이후의 대만에서 찾아볼 수 있을 것이다(〈표 6〉 참조).

〈표 6〉 한국·대만·일본의 주요 경제지표

(단위: %)

		1968~1977 연평균	유류 파동기간 제외 연평균
한 국	도 매 물 가 상 승 률	14.3	9.3
	〈GNP 디플레이터 상승률〉	15.6	13.2
	경 제 성 장 률	11.1	11.8
	통 화 증 가 율	33.6	35.2
대 만	도 매 물 가 상 승 률	7.5	1.5
	〈GNP 디플레이터 상승률〉	8.7	5.0
	경 제 성 장 률	8.7	9.3
	통 화 증 가 율	23.4	22.4
일 본	도 매 물 가 상 승 률	6.5	2.3
	〈GNP 디플레이터 상승률〉	8.1	5.8
	경 제 성 장 률	7.2	8.2
	통 화 증 가 율	16.5	17.1

자료: 한국은행, 《조사월보》, 1972. 2, p. 24.

부주(附註)

1. 1979년 경제운용계획

		1978년	1979년(계획)
경제성장률(%)		12.5	9.0
물가상승률(%)	도매	12.2	41.0
	소비자	16.4	10~12.0
통화증가율(%)	총통화	34.7	25.0
	통화	24.9	23.5
무역수지(억 달러)		-22.6	-25.0
	수출	127.1	155.0
	수입	149.7	180.0
외환보유액(억 달러)		49.4	59.45

주: 석유가격 재차인상 이전의 당초 계획치임.

2. 경제안정화 종합시책(1979. 4. 17)

  (1) 생필품 수급원활화와 가격안정

  (2) 재정긴축의 견지

  (3) 중화학공업 투자의 조정

  (4) 금융운용의 개선

  (5) 부동산투기 억제

    ① 인력 및 기술개발의 촉진

    ② 소비건전화와 저축증대: 당초계획을 꾸준히 추진

3. 25개 특별관리대상품목

  (1) 식료품: 쌀, 밀가루, 콩, 쇠고기, 돼지고기, 분유, 고등어, 명태, 김, 고추, 마늘, 참깨, 옥수수(이상 13)

  (2) 공산품: 설탕, 세탁비누, 합성세제, 치약, 운동화, 형광등, 중질지, 화장지, 메리야스내의, 작업복, 선풍기, 연탄(이상 12)

《상의》(1976. 6)

우리나라 물가구조의 개편방향

1. 머리말

한국의 도매물가는 연말대비로 지난 한 해 동안에 44.6퍼센트나 상승하였다. 지속적인 인플레는 해방 후 한국경제의 한 특성이긴 하지만 73년 말부터의 인플레는 해방 직후의 혼란기와 6·25의 전시를 제외하고는 가장 심한 인플레이다. 요즈음의 인플레의 요인은 물론 석유파동을 중심으로 한 국제원자재 파동으로 인한 세계적인 인플레의 수입에 있지만 이처럼 국내물가가 해외물가, 즉 수입물가에 의해 좌우되는 것은 한국 물가구조의 돌연한 변화로 인한 것이 아니다. 60년 이후부터 한국 물가는 수입물가에 의해 그 상승폭이 결정되어 왔다.

그리고 물가보다 다른 경제요인, 예컨대 국제수지나 경기대책에 더 정책적인 우선순위를 두고 물가를 희생시키는 정책도 지난 12·7 조치에 처음 취해진 것이 아니라 해방 후 일관된 정책이었다고 볼 수 있다.

〈표 1〉 한국의 물가상승률(연중대비)

(단위: %)

연 도	GNP 디플레이터[1]	전국 도매물가[2]	서울 소비자물가[3]
1946	–	310.1	–
1947	–	81.8	78.9
1948	–	62.9	58.3
1949	–	36.8	25.0
1950	–	56.2	168.7
1951	–	530.5	300.5
1952	–	116.5	146.4
1953	–	25.3	52.5
1954	30.7	28.1	37.3
1955	64.4	81.9	68.0
1956	29.4	31.4	24.0
1957	19.2	16.3	23.2
1958	−0.5	−6.5	3.8
1959	2.1	2.6	3.5
1960	9.1	10.7	9.9
1961	15.5	13.2	8.0
1962	13.4	9.4	6.5
1963	28.2	20.6	20.7
1964	32.0	34.6	29.7
1965	7.6	10.0	13.4
1966	12.9	8.9	12.0
1967	10.5	6.4	10.9
1968	12.0	8.1	11.2
1969	12.1	6.8	10.1
1970	14.3	9.2	12.7
1971	10.4	8.6	12.3
1972	14.5	14.0	10.6
1973	9.6	6.9	3.0
1974	30.2	42.1	23.6

주: 1) 1954년 이후 부터만 이용 가능.
　　2) 1946~1953까지는 서울도매물가임.
　　3) 1947~1952까지는 서비스부문 불포함.
출처: 한국은행, 《경제통계연보》; 《경제연감》; 《동아일보》(1973. 1. 1).

2. 한국의 인플레요인

끊임없는 물가상승은 해방 후 한국경제의 일관된 특징이었다. 전국 도매물가를 기준으로 할 때, 물가상승률이 5퍼센트 이하였던 해는 58년과 59년의 단 두 해에 불과하였고 그 나머지 해는 항상 6퍼센트 이상의 높은 물가상승률을 기록하였다(〈표 1〉).

이처럼 매년 높은 상승을 지속해 온 한국의 물가는 60년대 초를 기준으로 하여 그 변동구조를 시기적으로 둘로 나눌 수 있다. 그 이전은 통화량이 물가변동의 결정요인이었으나 그 이후는 수입물가가 물가변동의 결정요인으로 작용하여 왔다. 먼저 60년대 초 이전의 한국의 물가변동구조를 살펴보자.

1) 해방 후에서 60년까지

이 시기는 통화량의 팽창이 물가상승의 정도를 결정하였던 시기로서 다시 통화량 팽창요인을 기준으로 하여 해방 후에서 55년까지와 56년에서 60년까지의 두 기간으로 나눌 수 있다(〈표 2〉).

해방 후에서 55년까지의 기간은 적자재정으로 인한 급속한 통화량 팽창이 연평균 도매물가 상승률이 139퍼센트에 달하는 하이퍼 인플레

〈표 2〉 통화량 증감요인의 시기별 분석

(단위: %)

연 도	통화량 평균 증가율	공공부문	민간부문	해외부문	기 타	도매물가 평균 상승률
46~55	92.0	80.3	32.9	−11.1	−2.1	139
56~60	21.6	−42.8	119.9	28.9	−6.1	10.9
61~73	29.5	12.3	44.3	39.3	4.0	14.7

출처: 한국은행, 《경제연감》 및 《경제통계연보》에서 산출.

(hyper inflation)를 초래하였던 시기이다. 이 기간 동안에 통화량은 연평균 92퍼센트나 증가하였는데 증가된 통화량의 평균 80.3퍼센트가 공공부문, 곧 적자재정으로 인한 것이었다. 해방 후와 6·25전시 중에 사회가 혼란스럽고 생산수준이 지극히 낮은 상태에서 정부는 필요한 재원을 주로 통화증발을 통해 조달하였으며 이로 인해 악성 하이퍼 인플레가 발생하였던 것이다. 이 기간의 인플레는 강제조세였었다.

그러나 56년부터 정부는 엄청난 인플레를 수습하기 위해 재정적자를 억제하고 통화량의 연평균 증가율을 20퍼센트 수준으로 인하시킴으로써 물가상승률도 연평균 10퍼센트대의 수준으로 안정시킬 수 있게 되었다. 이 기간에는 정부의 원조물자의 판매 등을 통해 공공부문은 오히려 통화의 환수부문으로 되었고 전후복구자금은 주로 은행대출을 통해 이루어짐으로써 민간부문이 통화팽창의 주 부문이 되었다.

이처럼 60년대 이전에는 통화량의 팽창 정도가 물가상승의 정도를 결정하였다. 그러나 60년대 이후에는 통화량의 팽창 정도만으로는 물가상승의 정도를 설명할 수 없게 된다.

2) 60년대 이후—수입물가 주도형 물가 변동구조

경제개발계획이 시작된 62년부터 석유파동이 발생하기 전년인 72년까지의 기간을 66년을 기준으로 하여 전후기로 나눌 때, 한국의 물가는 전기에선 연평균 상승률이 16.9퍼센트(전국도매물가 기준)로서 비교적 심한 등귀상태에 있었으나 후기에는 연평균 상승률이 8.8퍼센트(전국도매물가 기준)로서 전기에 견주어 상당히 안정적이었다. 그러나 통화량 연평균 증가율은 후기가 35.4퍼센트로서 전기의 20.1퍼센트보다 훨씬 높다(〈표 3〉). 즉 60년대부터는 통화량 증가율의 변동방향과 물가상승률의 변동방향이 일치하지 않고 있는 것이다.

〈표 3〉 60년대 이후 한국의 물가, 통화량 및 성장률 추이

(단위: %)

연 도	통화량 증가율	GNP 성장률	전국도매물가 상승률
1962	18.6	3.1	11.0
1963	1.5	8.8	30.0
1964	17.4	8.6	27.2
1965	33.1	6.1	7.7
1966	30.1	12.4	8.7
1967	42.5	7.8	7.5
1968	24.8	12.6	7.1
1969	45.5	15.0	7.5
1970	40.7	7.9	9.2
1971	17.7	9.2	13.0
1972	41.2	7.0	8.5
1962~1966	20.1	7.8	16.9
1967~1972	35.4	9.9	8.8

출처: 한국은행, 《경제통계연보》.

　따라서 60년대 이후부터는 통화량 증가만으로는 한국의 물가변동을 설명할 수 없다. 다른 설명이 필요하다. 흔히 이 다른 설명요인으로 경제개발계획에 따른 사회의 총공급의 급속한 증대가 후기의 급속한 통화량 증가로 인한 사회의 총수요의 증가효과를 상쇄시켜 같은 기간의 물가의 상대적 안정을 초래하였다고 설명한다. 그러나 후기의 GNP 평균성장률은 9.9퍼센트로서 전기의 GNP 평균성장률인 7.8퍼센트보다 겨우 2퍼센트포인트 밖에 높지 못하다. 이 2퍼센트로서는 평균통화량 증가율의 차이인 15퍼센트와 평균 전국도매물가 상승률의 차이인 8퍼센트를 합한 23퍼센트를 도저히 설명할 수 없다. GNP의 성장 말고 다른 설명요인이 필요하다. 그것이 바로 수입물가이다.

　전기가 후기에 견주어 통화량의 증가가 적었음에도 불구하고 물가가 더 높이 상승했던 것은 수입물가가 계속 높이 상승했기 때문이요,

<표 4> 60년대 이후 한국 물가동향(연말대비)

(단위: %)

구분 연도	전국도매물가 상승률	수입도매물가 상승률	서울소비자물가 상승률
1962	11.0	6.7	17.0
1963	30.0	45.8	28.5
1964	27.2	31.9	20.8
1965	7.7	10.2	9.9
1966	8.7	4.4	16.7
1962~1966 평균	16.9	19.8	18.6
1967	7.5	−2.2	11.2
1968	7.1	1.6	9.8
1969	7.5	7.5	13.3
1970	9.2	7.5	13.0
1971	13.0	9.1	8.8
1972	8.5	11.7	9.0
1967~1972 평균	8.8	6.0	10.9
1973	15.1	35.8	7.3
1974	44.6	31.2	26.0
1972~1974 평균	27.4	26.2	14.1

출처: 한국은행, 《경제통계연보》.

후기가 전기에 견주어 더 높은 통화량 증가율에도 불구하고 물가가 전기에 견주어 안정적일 수 있었던 것은 후기에는 수입물가가 전기에 비해 안정적이었기 때문이다. 수입도매물가 평균상승률이 전기에는 19.8퍼센트였던 것이 후기에는 6.0퍼센트에 불과하였던 것이다(<표 4>). 이처럼 60년대부터는 수입물가가 국내물가를 좌우하게 된 것이다. 63년과 64년에 국내물가가 크게 상승했던 것도 동년에 수입도매물가가 각각 45.8, 31.9퍼센트씩 크게 상승했었기 때문이요, 67년과 68년에 국내물가 상승률이 대폭 낮아진 것도 같은 해에 수입도매물가 상승률이 각각 2.2와 1.6퍼센트에 그쳤기 때문이었다.

해외물가에 의해 좌우되는 수입도매물가가 전체 국내물가의 상승폭을 결정한다고 해도 수입도매물가가 국내 인플레의 유일한 요인은 아니다.

60년대 이후도 사회 총공급의 증가보다도 더 빨리 증가하는 통화량의 증가로 인한 초과수요가 60년대 이전과 마찬가지로 여전히 한국 인플레의 기본요인이다. 경제개발계획의 실시로 인한 이와 같은 초과수요의 압력을 어느 정도로 공급부문이 커버해 주느냐에 따라 인플레의 정도가 결정되는데 60년대 이후 한국경제에서는 수입이 이 공급부문에서 중대한 역할을 차지하게 됨에 따라 수입도매물가가 물가상승의 정도를 결정하게 된 것이다. 이런 의미에서 60년대 이후 한국의 물가변동구조는 수입물가 주도형 물가변동구조라고 말할 수 있는 것이다. 따라서 73년의 석유파동을 중심으로 한 국제자원 파동으로 인해 수입물가가 등귀하게 됨에 따라 국내물가가 올라가고 있는 것은 우리나라 물가구조가 갑자기 변하여 수입물가가 전체 국내물가를 좌우하게 되었기 때문이 아니라 60년대 이후 고정된 한국의 수입물가 주도형 가격변동구조에 기인한 것이다.

3. 한국경제의 대외의존성

1) 높은 수입의존도

한국의 국내물가가 수입물가 곧 해외물가에 의해 좌우하게 된 것은 한국 사회의 총공급이 수입에 의해 좌우되기 때문이다. 이는 한국의 수입의존도를 통해 알 수 있다.

한국의 수입의존도는 60년대에 들어와서 급속히 높아지기 시작했다. 60년에 12.6퍼센트에 불과하던 한국의 수입의존도는 66년에는 20.4퍼센트, 그리고 70년에는 26.2퍼센트, 73년에는 38.2퍼센트로 급속히 증가하였다. 더욱이 그 수입가격이 국내물가에 직접적인 영향을 주는 상업 및 차관수입에 대한 의존도(즉 원조 수입과 구호 및 기타 수입을 제외)를 보면 60년대 이후 원조가 급감함에 따라 60년의 3.6퍼센트에서 66년의 14.5퍼센트, 70년의 21.9퍼센트 그리고 73년의 32.2퍼센트로 수입의존도보다도 더 빠른 속도로 증가하였다(〈표 5〉). 이와 같은 한국의 수입의존도는 한국과 같은 경제성장 패턴을 밟아 온 일본의 수입의존도가 9.6퍼센트(70년 기준)에 불과한 것과 비교해 볼 때 과도함을 알 수 있다.

〈표 5〉 한국의 수입의존도

(단위: %)

연 도	수입의존도	상업 및 차관수입 의존도
1960	12.6	3.6
1961	14.8	4.8
1962	17.0	7.4
1963	16.3	8.3
1964	13.9	7.5
1965	16.0	9.7
1966	20.4	14.5
1967	22.6	19.1
1968	26.8	23.2
1969	26.9	22.9
1970	26.2	21.9
1971	29.1	26.2
1972	28.2	26.1
1973	38.2	32.2

출처: 한국은행, 《경제통계연보》.

2) 산업구조의 비자립성

이처럼 한국의 수입의존도가 높게 된 것은 한국의 산업구조의 비자립성에 기인하는 것인데 이는 우선 한국의 상품별 수입구조를 살펴봄으로써 알 수 있다. 73년에 한국의 수입의 구성은 자본재가 27.8퍼센트, 원자재가 66.5퍼센트 그리고 소비재가 5.7퍼센트이어서 수입은 거의가 원자재 및 자본재로 구성되어 있다. 그리하여 73년에 약 12억 달러어치의 자본재와 약 29억 달러어치의 원자재를 수입하였다(〈표 6〉). 이처럼 막대한 자본재와 원자재를 수입하여야 했던 것은 한국의 산업구조가 비자립적이기 때문이다. 즉 한국은 자본재 및 원자재를 생산하는 산업부문이 취약하기 때문이다.

〈표 6〉 한국의 상품별 수입구성

구 분	금 액 (백만 달러)	구성비
1. 자 본 재	1,199	27.8
2. 주 요 원 자 재	1,602	37.1
9 개 품 목	1,309	30.3
원 유	310	7.2
원 견	119	2.8
원 모	37	0.9
원 목	292	6.8
원 당	55	1.3
화 학 펄 프	70	1.6
고 철	91	2.1
미 곡	113	2.6
소 맥	221	5.1
3. 기 타 원 자 재	1,268	29.4
4. 소 비 재	251	5.7
합 계	4,320	100

출처: 한국은행, 《주간내외경제》, 74. 3. 11.

4. 물가구조의 개편방향

앞서 살펴보았듯이 한국의 물가구조는 60년대 이후 수입물가주도형 변동구조로 되어 급속한 경제개발로 인한 초과수요의 압력 아래서 국내물가의 상승폭이 해외물가의 상승폭에 의해 결정되고 있다. 따라서 한국 물가구조의 개편의 기본방향은 개발 인플레의 압력의 제거와 자립적 산업구조의 확립일 것이다.

1) 적정 통화량의 공급

개발 인플레의 압력이 한국 인플레의 기본요인이다. 이를 제거하기 위해서는 사후적 긴축정책을 쓸 것이 아니라 합리적인 재정안정계획의 수립 및 실시를 통해 적정 통화량을 사전적으로 공급하여야 할 것이다. 이를 위해서는 무리한 고도성장정책을 지양하여야 할 것이다. 현재처럼 물가가 하방경직화한 상태 아래서의 사후적 긴축정책은 불황과 인플레의 동시적 진행현상인 스태그플레이션을 발생시킨다.

2) 자립적 산업구조의 확립

한국의 물가구조가 해외물가에 좌우되는 수입물가 주도형 물가변동구조로 된 것은 한국의 수입의존도가 높기 때문이요, 한국의 수입의존도가 높은 것은 한국의 산업구조가 취약하여 원자재 및 자본재의 국내생산이 부족하기 때문이다. 그런데 자본재를 생산하는 산업은 중화학공업 중에서도 주로 중간생산부문 중화학공업이요, 원자재를 생산하는 부문은 농림수산업의 1차 산업과 광업, 그리고 중화학공업 중에서도 1차 생산부문의 중화학공업이다. 한국은 이와 같은 원자재 및 자본재를 생산하는 산업들이 취약하기 때문에 원자재 및 자본재의 막대한 수입이 불가피한 것이다.

물론 한국은 부존자원이 빈약한 국가이다. 그러나 현재 한국이 원자재 및 자본재 생산의 부족을 겪고 있는 것은 부존자원이 빈약하기 때문만은 아니다. 한국도 원자재 및 자본재의 국내생산을 관련산업의 육

<표 7> 1ha당 쌀 생산량

(단위: kg)

국가＼연도	1968	1969	1970	1971
그 리 스	48.4	46.3	51.6	50.0
이 탈 리 아	41.1	51.0	47.3	51.0
스 페 인	59.9	62.2	59.5	58.9
일 본	57.2	55.5	56.4	52.5
미 국	49.6	47.9	51.2	52.0
한 국	27.5	33.3	32.5	33.0

출처: 농수산부, 《농림통계연보》, 1973에서 산출.

성을 통해 상당히 증가시킬 수 있는 것이다. 이를 위해서는 다음의 세 가지 방법을 생각할 수 있다.

첫째는 농업의 개발이다. 한국의 73년의 식량자급률은 68.6퍼센트에 불과하며 같은 해의 양곡도입액은 6억 7천만 달러에 이르렀다. 이는 한국의 농업이 발전하지 못했기 때문이다. 일례로 각국의 1ha당 쌀 생산량을 비교해보면 그리스, 이탈리아, 일본, 미국 등은 모두 50kg 이상이며 스페인은 60kg에 가까운데 견주어 한국은 겨우 30kg 안팎에 불과한 것이다(<표 7>). 이처럼 한국은 농업의 발전이 외국에 견주어 매우 낙후되어 그 생산수준이 매운 낮은 것이다. 쌀의 단위당 생산량을 외국수준으로만 올려놓아도 한국의 식량자급은 어렵지 않을 것이고 나아가서 그만큼 국제수지도 개선되고 수입의존도도 낮아질 것이다. 농업은 부존자원과는 무관한 산업이므로 이의 육성은 우리로서도 얼마든지 가능한 것이다.

둘째는 국내부존자원의 개발이다. 예컨대 탄광업의 육성을 통해 73년에는 7억 달러, 74년 1월에서 10월까지는 7억 7천만 달러에 달한 원유의 수입을 상당히 감소시킬 수 있을 것이다.

셋째는 기초중화학공업(일차 및 중간생산부문 중화학공업)의 육성이

<표 8> 공업구조(경상가격, 생산액 기준)

(단위: %)

구별＼연도	1961	1962	1966	1969	1970	1971	1972
중 화 학 공 업	29.3	30.7	35.8	39.0	38.6	37.3	33.8
경　　공　　업	70.7	69.3	64.2	61.0	61.4	62.7	66.2
합　　　　계	100.0	100.0	100.0	100.0	100.0	100.0	100.0

출처: 경제기획원, 《한국경제편람》, 1973.

다. 자본재는 앞서 말했듯이 주로 중간생산부문에서 생산된다. 그런데 원자재는 자연에서 채취된 천연원자재와 이를 가공한 제조된 원자재〔예컨대 동괴(銅塊), 펄프, 화학사원료 등〕로 나눌 수 있다. 이는 일차 및 중간생산부문의 중화학공업에서 생산된다. 따라서 국내부존자원이 없다면 천연원자재의 국내생산의 증가는 불가능하겠지만 제조된 원자재는 기초중화학공업의 육성을 통해 국내생산의 증가가 가능하여 수입을 줄일 수 있을 것이다. 물론 기초중화학공업의 원료인 천연원자재의 수입은 불가피하겠지만 제조된 원자재로 수입하는 것보다는 수입액을 감소시킬 수 있을 것이다.

한국의 공업구조는 경제개발 과정에서 그동안 많이 고도화되었다. 경공업과 중화학공업이 전 공업에서 차지하는 비중이 61년에는 각각 70.7과 29.3퍼센트이던 것이 72년에는 각각 66.2와 33.8퍼센트로 변하여 중화학공업이 경공업보다 빠른 속도로 성장하여 왔다. 그러나 69년도 이후 중화학공업의 비중은 69년의 39.0퍼센트에서 다시 조금씩 낮아지고 있다(<표 8>).

뿐만 아니라 중화학공업의 내부구성의 변동을 볼 때, 기초중화학공업의 비중은 63년의 25.2퍼센트에서 69년에는 14.8퍼센트, 그리고 71년에는 14.6퍼센트로 오히려 낮아지고 있는데(<표 9>) 이 기초중화학공업의 육성이 한국의 비자립적 산업구조의 탈피를 위해 필요적인 요

〈표 9〉 한국 중화학공업의 구조

(단위: %)

	1963	1969	1971
1차 생산부문	2.2	1.0	1.4
제철 및 제강	2.0	0.0	0.7
동제련 및 정련 등	0.2	1.0	0.7
중간생산부문	23.0	13.8	13.2
기타 1차 철강제품	7.2	7.9	6.8
기타 1차 비철강제품	1.6	0.4	1.1
공업용 기초화학	6.4	0.8	1.6
원동기·공작기계	2.1	1.0	1.0
산업용 기계	3.5	2.0	1.5
전동기 산업용 전기기기	2.1	1.7	1.4
최종생산부문	74.8	85.2	85.4
기타 화학 및 화학제품	23.8	27.4	17.9
석유 석탄제품	7.5	18.1	25.2
토석 유리	19.0	13.2	15.2
금속제품	7.3	4.5	5.5
기타 기계	1.5	1.0	1.9
기타 전기기기	5.4	6.5	8.7
수송용기기	10.2	14.6	11.0
합　　　　　　계	100.0	100.0	100.0

자료: 경제기획원, 《광공업센서스보고서》.

소 중의 하나인 것이다.

이상에서 본 바와 같이 농업의 육성, 부존자원의 개발, 그리고 기초 중화학공업의 육성이 한국의 산업구조의 비자립성을 시정하고 나아가 수입의존도를 낮추고 물가의 해외의존성을 낮추는 길임을 보았다.

그러나 위와 같은 산업구조의 개편을 생각할 때 반드시 고려되어야 할 것이 두 가지 있다. 우선 하나는 소비지향적 산업구조가 되어서는 안 되겠다는 것이다. 산업구조 전반이 소비지향적이면 위와 같은 수입 대체산업의 육성은 원자재의 수입을 증가시켜 수입총액을 더욱 증가 시킬 것이다.

둘은 투자재원은 내자로 조달되는 것이 바람직하다는 것이다. 만일 기초중화학공업이 충분히 발전하여 산업 간 균형이 이루어졌다고 할지라도 그것이 모두 외자로 조달되었다면 지금까지 우리의 외자도입의 경험으로 보아 많은 문제가 발생할 것이다. 투자재원조달의 한 방법으로서는 바로 앞서 말한 소비지향 산업에 낭비되는 자본의 활용을 들 수 있을 것이다.

3) 기 타

이상에서 든 적정 통화량의 사전적 공급과 자립적 산업구조의 확립 외에 물가구조의 개편 방안으로 들 수 있는 것은 독과점의 관리가격의 규제이다. 한국도 주요 공업제품들의 생산이 점차 독과점화 되어가고 이미 상당히 독과점화 되었다.

독과점화품목은 자유경쟁품목과 달라서 가격이 공급자들에 의해 결정되기 쉽다. 그동안 정부에 의해 가장 많이 취해졌던 물가대책수단인 개별 가격의 직접통제정책이 가격의 수급매개변수적인 기능을 마비시킴으로써 공급부족, 즉 초과수요의 차이를 더욱 확대시켜 온 것도 사실이지만 독과점화된 상태 아래서 가격을 자율화시킨다고 해서 가격의 수급매개변수적인 기능이 살아나는 것도 아니다. 독과점된 상품은 생산자들이 가격카르텔을 형성함으로써 가격 조작이 가능한 것이다. 지난 12월 17일 정부는 38개 품목의 가격을 자율화시켰는데 그 후 카르텔이 강력하게 형성된 면사품목 등은 재고가 상당히 쌓였는데도 카르텔을 통해 가격을 대폭 인상시켰던 것이다. 경제기획원은 독과점상품의 관리가격을 규제하고 이를 위해서 금년 중에 공정거래법을 제정하리라고 하는데 이는 반드시 필요한 작업인 것이다. 기업은 가격 카르텔을 통해 가격을 인상시켜 이윤을 증가시키기보다는 경영의 합리화 노력을 통해 자체의 이윤도 증가시키고 가격도 인하시켜 소비자에게도 이익이 되도록 하여야 할 것이다.

그리고 농산물이나 중소기업제품 등 자유경쟁품목은 가격을 자율화시켜 가격의 수급매개변수적 기능을 통해 초과수요 압력을 해소시켜야 할 것이다. 단 이때, 인플레로 인한 실질임금의 하락을 보상할 수 있도록 명목임금의 상승을 정부가 정책적으로 적극 유도하여야 할 것이다.

《상의》(1975. 1)

고성장과 안정화 기반의 추구

1. 개 관

물가문제를 다룰 때 40년간을 시기 구분하는 방법에는 여러 가지가 있을 수 있다. 그러나 이 글에서는 경제개발 5개년계획이 실시되기 시작한 1962년을 기준으로 해서 1962년 이전과 이후로 크게 2분(分)하고 1962년 이전을 1945~1953년과 1954~1961년으로 구분하는 방법을 택하기로 한다.

1945~1953년은 해방과 남북분단 후의 혼란과 6·25를 포함하는 시기이기에 '혼란기'로, 또 1954~1961년은 전반부에 전화복구와 재건기를 포함하고 있기에 '재건기'로 불리기도 할 것이다.

아래에서는 우선 물가변동의 추이가 다루어진다. 그리고 물가변동의 용인, 물가정책이 차례로 다루어진다. 물론 물가정책의 기본방향에 대한 제언이 뒤따름은 말할 나위도 없다. 그러나 편의상 1945~1953년은 제외하기로 하고, 다만 그 기간에 물가가 얼마나 심하게 상승했는가를 알리는 뜻에서 〈표 1〉을 들어 보기로 한다.

<표 1> 물가상승률 · 통화량 증가율

(단위: %)

구 분	물가상승률		통화량 증가율
	도 매	소 매	
1946	530.6	332.1	127.3
1947	91.4	104.2	100.0
1948	29.9	18.6	40.0
1949	56.7	54.6	72.9
1950	186.7	221.0	133.9
1951	212.8	221.4	158.0
1952	102.3	108.8	96.3
1953	26.2	64.1	111.6
(1946~1953)	(154.6)	(140.6)	(105.0)

주: 연말대비임.
자료: 한국은행, 《물가총람》, 1982, p. 2.

2. 물가변동의 추이

<표 2>에서 알 수 있듯이 1954년 이후 가장 물가가 등귀한 기간은 1954~1961년의 기간이고, 가장 물가가 안정된 기간은 1982년 이후이다. 그리고 그 다음으로 안정된 기간은 제2차 경제개발계획기간(1967~1972)이다.

다음에 물가가 크게 등귀한 해는 대체로 1954년에서 1957년까지, 1963년과 1964년, 1974년과 1975(제1차 오일쇼크 기간 중), 1980년(제2차 오일쇼크 기간 중)이고 물가가 크게 안정된 해는 대체로 1958년, 1959년, 1982년에서 1984년까지이다. 물론 소비자물가만을 볼 때에는 1973년도 크게 안정된 해라고 할 수 있다. 그리고 가장 물가가 등귀한 해는 1955년이고 가장 물가가 안정된 해는 1983년이다.

그리고 가장 물가가 안정된 기간인 제2차 경제개발계획기간을 제외하고서는 도매물가 상승률이 소비자물가 상승률을 앞지르고 있다.

〈표 2〉 GNP 디플레이터 변동률 · 물가변동률 · 통화량 증가율

(단위: %)

구 분	GNP 디플레이터[1]	물 가(연중대비, 1980＝100)			통화량
		도 매	소비자		
		전 국	서 울	전 도시	
1954	31.8	28.2	37.1		91.6
1955	62.1	81.1	68.5		61.0
1956	34.0	31.6	22.9		29.3
1957	22.2	16.2	23.1		36.6
1958	−1.3	−6.3	−3.0		32.4
1959	1.3	2.6	4.2		21.1
1960	11.7	1.8	8.3		5.3
1961	14.0	13.3	8.1		40.4
(1954~1961)	(22.0)	(22.2)	(21.2)		(39.7)
1962	18.4	9.3	6.6		10.1
1963	29.3	20.5	20.7		6.3
1964	30.0	34.8	29.5		16.7
1965	6.2	10.0	13.6		34.2
1966	14.5	8.8	12.1	11.2	29.7
(1962~1966)	(19.7)	(16.7)	(16.5)		(19.4)
1967	15.6	6.4	10.8	10.9	44.5
1968	16.1	8.1	11.2	10.8	44.6
1969	14.8	6.7	10.1	12.3	41.7
1970	15.6	9.2	12.7	15.9	22.1
1971	13.9	8.6	12.4	13.5	16.4
(1967~1971)	(14.8)	(7.8)	(11.4)	(12.7)	(33.9)
1972	16.1	14.0	11.8	11.7	45.1
1973	13.4	6.9	3.0	3.1	40.6
1974	29.5	42.1	23.7	24.3	29.5
1975	25.7	26.5	26.3	25.3	25.0
1976	20.7	12.1	15.4	15.3	30.7
(1972~1976)	(21.1)	(20.3)	(16.0)	(15.9)	(34.2)
1977	15.7	9.0	10.2	10.1	40.7
1978	21.9	11.7	14.4	14.4	24.9
1979	21.2	18.8	18.1	18.3	20.7
1980	25.6	38.9	28.6	28.7	16.3
1981	15.9	20.4	21.3	21.3	4.6
(1977~1981)	(20.1)	(19.8)	(18.5)	(18.6)[*]	(21.5)
(1962~1981)	(20.6)	(16.2)	(15.5)	(15.7)[**]	(27.2)
1982	7.1	4.7		7.3	45.6
1983	3.0	0.2		3.4	17.0
1984	4.0	0.7		2.3	0.5

주: 1) 1980년 이전은 1975＝100, 1970년 이후는 1980＝100임.
　　*) 1972~1981년 평균임.
　　**) 1967~1981년 평균임.
자료: 한국은행.

즉 도매물가가 더 등귀하고 있다.

또한 〈표 3〉에서 보듯이 1972년 이후만을 볼 때 비경쟁상품 물가상승률이 경쟁상품 가격상승률보다 크다. 이것은 정부관리상품 가격상승률이 특히 큰 데 기인한다. 독과점상품 가격상승률은 도리어 경쟁상품 가격상승률보다 작다. 그러나 〈물가안정 및 공정거래에 관한 법률〉이 실시되기 전 해인 1975년까지를 보면 독과점상품 가격상승률이 경쟁상품 가격상승률보다 크다. 1972년에서 1975년까지의 평균상승률은 경쟁상품 가격의 경우에는 17.1퍼센트이고 독과점상품 가격의 경우에는 19.5퍼센트이다. 또 특히 제1차 오일쇼크 기간과 제2차 오일쇼크 기간에 속하는 1974~1975년과 1979~1980년에는 독과점상품 가격상승률이 경쟁상품 가격상승률보다 훨씬 크다.

〈표 3〉 경쟁상품과 비경쟁상품 가격변동률(1975=100)

(단위: %)

경쟁상품		비경쟁상품		
		평 균	정부관리상품	독과점상품
1972	9.7	18.0	22.3	11.4
1973	9.3	15.1	11.4	6.1
1974	31.5	51.4	60.9	35.3
1975	18.1	33.2	37.2	25.0
1976	13.3	11.2	17.4	5.2
(1972~1976)	(16.4)	(23.8)	(29.8)	(16.6)
1977	14.9	6.7	8.1	5.1
1978	23.3	6.4	9.5	3.0
1979	13.3	21.5	23.8	18.7
1980	27.2	44.5	52.0	35.3
1981	19.1	24.0	31.8	13.0
(1977~1981)	(19.7)	(20.6)	(25.0)	(15.0)
(1972~1981)	(18.0)	(22.2)	(27.4)	(15.8)

자료: 한국은행.

3. 물가변동의 요인

1) 1954~1961년

이 기간에는 국내산업 전반의 생산수준이 낮아 물자 공급이 절대적으로 부족했으며, 통화량 증가율이 주된 물가변동의 요인이었다(〈표 2〉 참조).

이 기간의 주요 인플레정책은 양곡과 소비재 중심의 미국 원조물자의 방출을 뒷받침으로 한 저곡가(低穀價)·저환율·저금리의 정책과 1957년부터는 재정안정계획이었다. 1958년과 1959년의 물가안정은 바로 이러한 물가안정정책의 결과로 볼 수 있다.

사실 미국 원조물자의 판매대금인 대충자금(對充資金)이 정부의 재정적자를 억제할 수 있게 했으며, 미국의 잉여농산물 도입은 저곡가정책을 가능케 했고, 한국의 수입자금의 70퍼센트 이상을 공급한 원조자금인 달러화(貨)의 판매와 원조수입으로 인한 일반수입의 감소로 달러화의 수요 감소가 있었기에 저환율정책이 가능했었다. 그리고 저금리정책은 정부의 은행에 대한 거액의 대출이 있었기에 가능했는데 이 정부 재원의 바탕은 미국원조였던 것이다. 당시 대충자금은 정부 재정수입의 25~40퍼센트를 담당하고 있었다.

2) 1962년 이후

1954~1961년의 기간에서는 주된 물가변동의 요인은 통화량이었다. 그러나 1962년 이후에는 그렇지 못함을 알 수 있다. 〈표 2〉에서 보듯이 평균통화량 증가율은 1962~1966년의 기간에 19.4퍼센트로서 1967~1971년의 기간의 33.9퍼센트보다 훨씬 작은 데에도 불구하고 도리어 평균도매물가 상승률은 16.7퍼센트로서 1967~1971년 기간의

<표 4> 물가변동률과 수입물가변동률(연말대비)

연 도	물 가		수입물가	수입상품
	도 매	소비자		
1962	10.9	16.7		6.6
1963	30.1	26.6		45.9
1964	27.4	19.8		31.9
1965	7.7	10.2		3.8
1966	8.8	16.8		4.4
(1962~1966)	(17.0)	(18.0)		(18.5)
1967	7.4	11.5		3.3
1968	7.1	11.0		13.6
1969	7.6	16.3		15.8
1970	9.2	14.4		5.0
1971	13.0	9.1		9.1
(1967~1971)	(8.9)	(12.5)		(9.4)
1972	8.5	9.1	6.1	
1973	15.0	8.5	39.4	
1974	44.6	26.5	8.2	
1975	19.6	26.3	−3.8	
1976	9.4	9.6	7.5	
(1972~1976)	(19.4)	(16.0)	(11.5)	
1977	10.1	11.0	−0.2	
1978	12.2	16.5	10.4	
1979	23.8	21.2	37.8	
1980	42.3	32.1	16.4	
1981	11.3	13.7	−2.5	
(1977~1981)	(19.9)	(18.9)	(12.4)	
1982	2.4	4.8	−5.3	
1983	−0.8	2.0	−1.7	
1984	1.6	2.4	−2.7	

자료: 한국은행, 《물가총람》, 1982; 동, 《조사통계월보》.

7.8퍼센트보다 훨씬 큰가 하면 1972~1976년의 기간에 34.2퍼센트이었던 평균도매물가 상승률은 각각 20.3, 19.8퍼센트로서 별로 차이가 없었다. 1982년 이후를 보아도 마찬가지라고 할 수 있다. 통화량이 주된 물가변동의 요인이라고 한다면 통화량이 크게 증가했을 때 물가도 크게 등귀했어야 할 것이다.

〈표 5〉 주요 품목별 용도별 수입

(단위: %)

	1983	1984
소　　　비　　　재	10.7	9.6
곡　　　　　　　물	4.2	3.5
직 접 소 비 재	3.1	2.6
내 구 소 비 재	3.1	3.1
비 내 구 소 비 재	0.3	0.3
상업용 원료 및 연료	59.4	57.4
원　　　　　　　유	21.3	18.9
광　　　　　　　물	3.9	3.6
경 공 업 원 료	8.1	7.9
화　　　공　　　품	5.9	6.2
섬　　　　　　　유	1.8	1.9
철　　　강　　　재	3.5	4.3
기　　　　　　　타	15.0	14.7
자　　　본　　　재	29.8	33.0
기　　　계　　　류	10.0	10.3
전 기 · 전 자 기 기	9.8	10.4
선　　　　　　　박	6.9	8.8
기　　　　　　　타	3.2	3.4
계	100.0	100.0

자료: 전경련, 《민간경제백서》, 1985, p. 63.

　1962년 이후에는 통화량 대신에 수입물가가 주된 물가변동의 요인으로 되어 있다. 그것은 특히 1967~1971년의 기간부터 두드러진다고 할 수 있다. 〈표 4〉에서 알 수 있듯이 물가가 가장 안정된 기간은 수입물가가 가장 안정된 기간이기도 하다. 그리고 1973년과 1979년의 수입물가 폭등은 1974년과 1980년의 물가폭등을 불러왔으며, 1982년 이후의 수입물가 하락은 물가안정을 초래하고 있다.

　이렇게 수입물가가 주된 물가변동의 요인이 된 것은 수입의존도가 크게 높아진 데 기인한다. 상품수입의존도는 1962년에 14.3퍼센트이던 것이 1976년에는 18.5, 1971년에는 23.3, 1976년에는 29.3, 1981년에는 36.2, 1984년에는 33.8퍼센트나 된다. 그런데 공업용 원료 및 연료, 즉

〈표 6-1〉 산업구조(1980년 불변가격표시)

(단위: %)

구 분	1964	1966	1971	1976	1981	1983	1984[p]
농 림 · 어 업	45.9	42.5	27.2	23.2	16.9	16.2	15.1
광 공 업	11.7	13.4	17.5	25.1	30.6	30.3	32.3
(제 조 업)	9.7	11.5	15.5	23.4	29.1	28.9	30.9
사회간접자본·기타	42.4	44.1	55.3	51.7	52.5	53.5	52.6
계	100.0	100.0	100.0	100.0	100.0	100.0	100.0

자료: 경제기획원, 《주요경제지표》, 1985.

해외원자재와 원유의 수입이 총수입에서 차지하는 비중은 1983년에는 59.4퍼센트(원유 21.3%), 1984년에는 57.4퍼센트(원유 18.9%)이다(〈표 5〉). 그 비중은 이미 1967년에 50.0퍼센트(원유 9.9%)이었으며, 1970년에는 50.6퍼센트(원유 6.3%), 1976년에는 60.7퍼센트(원유 18.3%), 1982년에는 64.0퍼센트(원유 25.2%)이었다. 게다가 곡물의 수입비중도 1983년, 1984년에는 4.2, 3.5퍼센트나 되며, 또 상품을 포함하는 자본재의 수입비중도 29.8, 33.0퍼센트나 된다. 사실 곡물을 포함하는 소비재의 수입비중은 1983년, 1984년에는 10.7, 9.6퍼센트에 불과하다.

1967년 이후 원자재의 가격이 도매물가를 주도했다는 사실은 원자재·자본재·소비재로 분류해서 계산한 각각의 변동률의 기간별 평균에 의해서 잘 실증되고 있다. 평균 도매물가 상승률이 1967~1971년의 기간에 7.8퍼센트, 1972~1976년의 기간에 20.3퍼센트, 1977~1981년의 기간에 19.8퍼센트인 데 대해서 원자재의 그것은 6.9, 22.3, 22.4퍼센트, 자본재의 그것은 8.4, 10.2, 11.9퍼센트, 소비재의 그것은 11.1, 17.4, 18.1퍼센트이다(한국은행, 《물가총람》, 1982 참조). 이처럼 자본재 가격상승률이 도매물가 상승률을 상회하고 있다.

원자재와 원유 수입비중이 큰 것은 우리나라의 부존자원이 빈약한

<표 6-2> 중화학공업비율(1980년 불변가격표시)

연 도	생산액 기준	부가가치 기준
1964	32.5(30.6)	31.4(30.4)
1966	36.2(32.5)	34.2(34.1)
1971	44.3(38.2)	37.3(37.5)
1976	50.1(49.0)	45.6(45.9)
1977	52.3(50.3)	48.0(48.3)
1978	54.9(51.9)	51.2(49.9)
1979	56.3(54.5)	52.6(52.3)
1980	55.5(55.5)	51.0(51.0)
1981	56.2(56.1)	51.8(51.1)
1982	56.9(56.6)	52.5(51.2)
1983	57.9(57.1)	54.0(51.8)
1984	60.1(58.2)	57.0(53.6)

주: ( ) 안은 경상가격 표시임.
자료: 경제기획원, 《주요경제지표》, 1985.

데 기인하는 것도 사실이다. 그러나 더욱 근본적인 원인은 국내의 원자재의 생산부문인 농업·광업·기초중화학공업이 취약하다는 것에 있다. 양곡의 수입비중이 높은 것도 농업의 취약에, 또 자본재의 수입비중이 큰 것도 기초중화학 공업의 취약에 기인함은 말할 나위도 없다.

<표 6-1>과 <표 6-2>에서 보듯이 농·임·어업의 GNP에서의 비중은 계속해서 작아지고 있는 데 반해서 제조업의 비중은 계속해서 커지고 있다. 농·임·어업은 1964년에 45.9퍼센트이던 것이 1984년에는 15.1퍼센트로 된 것과 달리, 제조업은 1964년에 9.7퍼센트이던 것이 1984년에는 30.9퍼센트로 되었다. 이것은 경제개발전략이 공업화를 통한 고도성장의 현실이라는 데 기인한다. 제조업의 비중이 커지고 있을 뿐 아니라 중화학공업의 제조업에서의 비중도 커지고 있다. 중화학공업화 비율은 부가가치 기준으로 1974년에 31.4퍼센트(1980년 불변가격표시)이던 것이 1984년에는 57.0퍼센트로 되었고, 생산액 기준으로는 32.5퍼센트이던 것이 60.1퍼센트로 되었다. 이것은 크게 중화학공업화

〈표 6-3〉 중화학제품의 재화 성질별 구성[*](부가가치 기준)

구 분	1963	1973	1981
가. 기 초 생 산 재	9.7	4.6	5.2
1차 제선(製船)·제강(製鋼)	1.8	0.4	0.5
1 차 비 철 제 련	0.2	1.2	1.2
공 업 용 기 본 화 학	5.8	2.9	3.4
공 작 기 계	1.9	1.1	0.1
나. 중 간 생 산 재	42.5	43.0	41.9
기 타 1 차 철 강	6.5	13.3	12.2
기 타 1 차 비 철	1.4	0.5	1.0
원 료 화 학 품	5.8	6.5	14.2
유 리·토 석 (土 石)	17.1[**]	10.5[**]	8.0
중 간 금 속 제 품	2.0	2.7	2.0
산 업 용 기 계	3.2	3.2	2.4
산 업 용 전 기 기 계	4.7	5.1	1.4
산 업 용 광 학 기 계	0.6	0.4	0.3
철 도 차 량	1.2	0.8	0.4
다. 최 종 생 산 재 (2 소 비 재)	47.8	52.3	53.2
기 타 화 학 품	31.8	31.5	17.7
기 타 비 금 속 광 물	–	–	0.8
기 타 금 속 제 품	4.6	2.0	4.4
기 타 일 반 기 계	1.3	1.3	3.5
기 타 전 기 기 계	2.0	8.5	13.7
기 타 운 송 용 기 계	7.9	8.2	11.9
기 타 광 학 기 계	0.2	0.8	1.2
합계(중화학공업)	100.0	100.0	100.0

주: *) 연도별 업종분류에는 차이가 있음.
　　**) 기타 비금속광물과 미분되고 있음.
자료: 성균관대학교 한국산업연구소, 《한국경제》, 1984. 6, p. 159.

가 진전되었음을 말해준다.

　그러나 같은 〈표 6-3〉은 기초중화학공업, 즉 중화학공업의 기초생
산재 및 중간생산재 부문의 비중이 상대적으로 낮음을 말해 주고 있

<표 6-4> 자급자족도가 낮은 부문(100% 미만)

구 분	1970	1975	1980
일 반 기 계	20.6	25.8	36.4
임 산 물 (林 産 物)	63.9	56.8	45.8
제 당 (製 糖)	42.7	44.5	46.9
비 철 금 속 광 물 및 1 차 제 품	36.9	36.9	52.3
공 예 작 물	78.3	79.4	64.0
정 밀 기 계	40.2	61.4	67.7
제 철 및 제 강	13.7	35.5	69.3
기 초 화 학 제 품	23.7	46.2	70.0
전 기 기 계	59.1	68.9	76.3
펄 프 및 지 류	59.1	71.1	78.2
운 송 용 기 계	53.5	64.2	78.4
석 탄 제 품	87.6	83.2	83.2
석 유 제 품	98.1	85.3	87.5
제 분 (製 粉)	89.0	92.0	97.2

자료: 한국은행,《1980년 산업관련작성보고》, 1983.

다. 특히 기초생산재의 비중이 낮음을 알 수 있다. 1981년에는 기초생산재 부문의 비중은 5.2퍼센트, 중간재생산 부문의 비중은 41.9퍼센트이다. 이들이 자급자족도가 낮은 부문이라는 것은 같은 <표 6-4>에 의해서 뒷받침되고 있다.

이처럼 농업과 기초중화학공업이 취약하니 원자재·부품·기계류 수입의 비중이 클 수밖에 없으며 따라서 수입의존도도 커질 것이고, 또 이들의 국제가격의 등귀는 수입물가의 상승을 초래하게 되어 있으며, 그리고 나아가서 도매물가·소비자물가의 상승도 불러오게 되어 있다. 1982년 이후의 물가안정은 해외원자재 가격의 하락 또는 보합과 원유 가격의 하락 등의 해외요인에 기인하는 수입물가 하락의 결과라고 할 수 있다.

<표 7> 제조업 30대 기업집단의 규모(1982년)

(단위: %, 개)

상위집단	출하액	고 용	부가가치	자 산	계열기업 수
5대	22.6	8.4	17.4	16.3	89
10대	30.2	12.2	23.1	23.8	153
15대	33.9	14.5	26.6	27.8	187
20대	36.6	16.0	29.4	31.5	223
25대	38.8	17.1	31.2	34.3	241
30대	40.7	18.6	33.2	37.2	271

자료: 경제기획원.

결국 이렇게 보면, 1962년 이후 특히 1967~1971년의 기간 이후 수입물가가 주된 물가변동의 요인으로 등장하게 된 것은 공업화의 추진 과정에서 농업·기초중화학공업이 취약하여 형성된 해외의존형의 공업구조를 통해서 해외의존형의 물가구조가 초래됨으로써 코스트 푸시 인플레가 안착화된 데 주로 기인한다고 할 수 있을 것이다.

그러나 수입물가와 함께 1975년까지는 독과점상품가격도 물가변동 요인의 또 하나임을 간과해서는 안 될 것이다.

이미 앞에서 1972년 이후만을 볼 때 정부관리상품 가격상승률이 특히 큰 데 기인해서 비경쟁상품 가격상승률이 경쟁상품 가격상승률보다 크지만 독과점상품 가격상승률은 도리어 경쟁상품 가격상승률보다 작다는 것을 보았다. 그러나 <물가안정 및 공정거래에 관한 법률>이 실시되기 전 해인 1975년까지를 보면 독과점상품 가격상승률이 경쟁상품 가격상승률보다 크다. 그리고 특히 제1차 오일쇼크 기간과 제2차 오일쇼크 기간인 1974~1975년과 1979~1980년에는 독과점상품 가격상승률이 경쟁상품 가격상승률보다 훨씬 크다.

이렇게 독과점가격이 1962년 이후 물가변동의 요인의 하나가 된 것은 말할 것도 없이 공업화의 추진 과정에서 형성된 독과점화 내지 경제력의 집중에 기인한다. <표 7>은 경쟁력 집중현상을 잘 말해 주고 있다. 1982년 현재 제조업 30대 기업집단의 규모를 보면 제조업 3만 5,971개 기업 중 0.75퍼센트에 지나지 않는 30개 집단에 속하는 271개 기업이 제조업 전체의 출하액, 부가가치, 그리고 자산의 3분의 1 이상을 차지하고 있으며, 고용에 있어서도 거의 20퍼센트나 차지하고 있고, 5대 기업집단의 규모가 특히 큰 데 놀라지 않을 수 없다.

4. 물가정책

정부의 물가안정정책으로서는 가격관리, 총수요관리, 주요 물자 비축제, 그리고 탄력적 수입정책 등을 들 수 있다.

가격관리는 물가행정이라고도 하는데 이에는 정부가 직접 상품의 가격결정에 개입하여 가격수준을 결정해 주는 직접규제방안과 가격결정을 기업의 자율에 맡기되 경쟁촉진이나 수급조절 등을 통해서 가격을 관리하는 간접규제방식이 있다. 그런데 우리나라는 물가정책으로서 주로 행정통제에 의한 지정관리제, 협정가격제, 가격고시제 등의 직접규제방식을 취해 왔다.

그러나 1976년에는 이런 직접규제방식을 지양하고 포괄적인 물가관리체계를 확립시키기 위해서 〈물가안정 및 공정거래에 관한 법률〉을 제정하여 4월 1일부터 실시했으며, 또 1981년 4월 1일에는 기업 간의 경쟁을 촉진하고 시장기능의 활성화와 독과점업체 및 그 가격에 대한 효율적 관리를 기하기 위해서 가격관리를 원칙적으로 사후적 간접규제방식으로 전환하고 경쟁제한행위를 규제하기 위한 〈독점규제 및 공정거래에 관한 법률〉을 실시했다.

총수요관리 또는 총수요관리정책 실시의 좋은 예로는 1954~1961년의 기간에 활용되던 재정안정계획을 들 수 있다. 말하자면 통화량조절

정책의 실시라고 할 수 있다. 따라서 그동안 있은 각종의 종합적 물가안정정책은 총수요관리를 늘 포함하고 있었다고 해도 무방하다. 이 정책은 오늘날 선·후진국을 막론하고 물가안정정책으로써 가장 많이 활용되고 있다.

비축제는 시장의 불안정과 장래가격에 대한 불확실성을 제거하여 가격기능을 보완하고 시장교란을 방지하기 위한 물가안정정책이다. 우리나라에서는 〈조달기금법〉에 의한 주요 물자 비축과 〈농수산물 유통 및 가격안정에 관한 법률〉에 의한 주요 농산물 비축이 물가안정을 위해서 활용되고 있다.

그리고 물자공급의 확대는 인플레에 대한 단기대책으로는 가장 효과적이다. 이 중에서도 수입확대는 가장 빠른 시일 내에 물자를 공급할 수 있게 해준다. 그러기에 우리나라에서는 그동안 탄력적 수입정책, 즉 수입확대를 통한 물자공급 확대가 자주 활용되어 왔다.

5. 맺는말—물가정책의 기본방향

물가안정은 생활안정, 물질소득의 향상, 국제경쟁력의 강화를 초래한다. 그것은 또 경제개발계획과 사회개발의 전제가 된다. 그리고 인플레는 소득분배의 악화를 초래하므로 물가안정은 소득분배의 개선 내지 소득격차의 완화를 위해서도 필요하다. 그런가 하면 인플레는 부동산 투기 등 불건전한 투자에 자원이 배분되게 함으로써 산업구조를 불건전하게도 하므로 물가안정은 산업구조의 불건전화를 방지하기 위해서 필요하다. 그러기에 그동안 물가안정이 강조되어 왔다. 그러나 1967~1971년의 기간과 1982년 이후를 제외하고는 계속해서 만성적인 인플레에 시달려 온 것이 사실이다. 그런데 사실은 이 두 기간의 물가

안정도 따지고 보면 앞에서 보았듯이 1962년 이후부터 1975년까지는 독과점가격도 물가변동 요인의 하나였기는 해도 수입물가가 주된 물가변동의 요인으로 되어 있는 데 기인한다고 할 수 있다. 사실 수입물가는 연말대비로 1982년에는 5.3퍼센트, 1983년에는 1.7퍼센트, 1984년에는 2.7퍼센트 하락하고 있다.

따라서 앞으로의 물가는 어떻게 〈독점규제 및 공정거래에 관한 법률〉을 잘 운용해 가는 것과 어떻게 수입물가에 대한 대비를 잘하는 가에 달려 있다고 할 수 있다. 그렇다면 물가안정의 지속을 위해서는 해외의존형의 물가구조에서 벗어나는 노력이 무엇보다도 우선하는 일이라고 할 수 있다. 그리고 해외의존형의 물가구조로부터 벗어나기 위해서는 수입구조의 개선, 다시 말하면 공업용 원료 및 연료·식량·부품·기계류 등의 자본재의 수입비중을 낮추는 일이 못지않게 필요한 일임은 말할 나위도 없다. 그런 의미에서 농업·기초중화학공업의 적극적인 육성은 물론 광업 등의 적극적인 육성이 강조되지 않을 수 없다. 이들은 국내원자재의 활용과 원자재·부품·기계류 등의 국산화를 가능케 하기 때문이다.

다른 한편 〈독점규제 및 공정거래에 관한 법률〉의 적용을 강화해 가야 함은 두 말을 필요로 하지 않는다. 독과점업체는 해외요인에 기인하는 수입물가의 등귀를 그대로 국내물가 상승으로 전가시킬 수 있는 힘을 갖고 있기 때문이다. 그러나 물가안정과 관련해서는 상술한 바 외에 적어도 다음의 세 가지 점에 대해서도 특별히 유의하여 앞으로 물가정책의 기본방향 속에 꼭 포함시켜야 할 것이다.

우선 만약 해외원자재 가격과 원유 가격이 상승하게 되면 수입물가가 등귀하게 되고, 따라서 도매물가, 나아가서 소비자물가가 등귀하게 되어 있다. 따라서 해외원자재 가격과 원유 가격의 동향에 대해서 지나치게 낙관적인 전망을 내리고서 물가억제선을 지나치게 낮게 정하는 일이 없도록 할 필요가 있다. 무리를 하다가는 자칫 정책운용이 경직화될 가능성이 크기 때문이다.

다음에 물가안정을 위해서는 기업에서 경영합리화, 생산성 향상, 기술진보를 위한 지속적인 노력이 꼭 필요하다. 이러한 노력은 상품의 제조원가를 낮추어 줄 수 있기 때문이다.

끝으로 제4차 경제개발계획(1977~1981)의 계획서가 그리고 있는 최종연도인 1981년의 한국경제의 모습은 일단 받아들여야 할 바람직스러운 것이라고 할 수 있다. 물론 소득분배에 대한 의문은 있지만 대체로 그렇게 말할 수 있을 것 같이 생각된다.

같은 계획서에 따르면 1981년에는 GNP 성장률은 9.0퍼센트, 실업률은 3.8퍼센트, 도매물가 상승률(연중대비)은 8.0~9.0퍼센트, 국민저축률은 26.1퍼센트, 해외저축률은 -0.1퍼센트, 무역수지흑자는 13.7억 달러, 경상수지흑자는 11.72억 달러, 외채잔액은 136.48억 달러, 통화량 증가율은 19.6퍼센트가 되는 것으로 되어 있다. 바꾸어 말하면, 1981년에는 고성장, 고비용(저실업), 비교적 안정된 물가, 국제수지흑자, 투자재원의 국내완전조달, 그런대로 적정규모라고 할 수 있는 외채잔액, 비교적 낮은 통화공급이 실현되는 것으로 되어 있다. 1979년 이후 겪고 있는 한국경제의 어려움에 비추어 볼 때 만약 1981년의 한국경제가 이런 모습이었다면 성공적인 것으로 말하여지는 오늘날의 대만(台灣)경제도 결코 부러워할 것이 못 된다고 할 수 있을 것이다.

따라서 현재로서는 이런 바람직스러운 모습으로 끌어가는 가운데에 실현되는 물가안정이 바로 우리에게 절실하게 요청되는 것이라고 아니할 수 없다. 그런데 1984년에는 GNP 성장률은 7.6퍼센트, 실업률은 3.8퍼센트, 도매물가 상승률은 4.0퍼센트, 무역수지적자는 10.34억 달러, 경상수지적자는 13.71억 달러, 국민저축률은 27.4퍼센트, 해외저축률은 2.3퍼센트, 외채잔액은 431억 달러, 통화량 증가율은 0.5퍼센트이다. 특히 외채잔액은 1981년의 계획치의 3배가 넘는 규모가 되었다. 따라서 아직은 한국경제는 실업물가, 통화량 등을 제외하고서는 이런 바람직스러운 모습과 상당한 거리를 갖고 있다고 할 수 있다.

모름지기 물가안정과 관련해서는 상술한 기본방향을 살리면서 종래의 기본적인 물가정책을 실시해 갈 때 비로소 바람직한 결과를 기대할 수 있고, 또 실현시킬 수 있는 것이다.

《한국경제정책40년사》(1986)

한국 인플레이션 경제의 회고

1945~53년은 해방과 더불어 남북분단과 6·25를 포함하는 시기는 혼란기로 볼 수 있으므로 일단 제외하고, 한국경제의 재건기가 시작된 54년 이후를 다루기로 한다(이 시기의 물가상승률에 대해서는 한국은행, 《물가총람》, 1982, p. 2를 참조하기 바람).

그러할 때 〈표 1〉에서 알 수 있듯이 물가가 가장 상승한 시기는 54~56년이고, 그 다음이 각각 제1차 오일쇼크 기간과 제2차 오일쇼크 기간을 포함하는 72~76년과 77~81년의 기간이다. 54~56년의 물가상승률은 도매의 경우 42.6퍼센트, 소매(소비자의 전신)의 경우 42.8퍼센트나 되며 72~76년과 77~81년에는 각각 20.3, 16.0퍼센트와

〈표 1〉 물가상승률(연중대비 1980=100)

(단위: %)

연 도	도 매	소 비 자
54~56	42.6	(42.8)
57~61	9.6	(8.1)
(54~61)	(22.2)	(21.2)
62~66	16.7	(16.5)
67~71	7.8	12.7(11.4)
72~76	20.3	15.9(16.0)
77~81	19.8	18.6(18.5)
82~86	0.9	3.6
87. 1~9		

주:( ) 안은 서울 소비자물가를 표시.
출처: 한국은행.

19.8, 18.5퍼센트나 된다.

물가가 가장 안정된 시기는 82~86년이고, 그 다음이 각각 57~61년과 제2차 5개년계획기간이기도 한 67~71년의 기간이다.

82~86년 물가상승률은 도매 0.9퍼센트, 소비자 3.6퍼센트이며, 57~61년에는 도매 9.6퍼센트, 소매 8.1퍼센트, 67~71년에는 도매 7.8퍼센트, 소비자 12.7퍼센트이다.

가장 많이 오른 해는 55년

다음에 물가가 크게 상승한 해는 대체로 54년에서 57년까지, 63년과 64년, 74년과 75년, 79년에서 81년까지이고, 물가가 크게 안정된 해는 대체로 58년, 59년, 83년 이후다.

물론 소비자물가만을 놓고 볼 때에는 73년도 크게 안정된 해라고 할 수 있다(〈표 2〉). 가장 물가가 상승한 해는 55년이고, 도매의 경우 74년, 80년, 64년, 56년, 54년의 순, 소비자의 경우는 54년, 64년, 80년, 75년, 74년의 순으로 되어 있다.

그런가 하면 가장 물가가 안정된 해는 58년이고 그 다음이 86년이며, 도매의 경우는 83년, 84년, 85년, 59년, 73년 순, 소비자의 경우는 84년, 85년, 73년, 83년, 59년 순으로 되어 있다.

셋째로 67~71년과 82~86년을 제외하고서는 도매물가 상승률이 소비자 물가상승률을 앞지르고 있다. 즉 도매물가가 더 상승했다(〈표 1〉). 67~71년에는 도매물가 상승률이 7.8퍼센트인 데 대해, 소비자물가 상승률은 12.7퍼센트이고, 82~86년에는 도매물가 상승률이 0.9퍼센트인 데 대해 소비자물가 상승률은 3.6퍼센트다.

넷째로 72년 이후만 놓고 볼 때, 비경쟁상품 가격상승률이 경쟁상품

〈표 2〉 물가상승률, 기타 주요 경제지표

(단위: %, 억 달러)

연 도[a]	물가상승률		경제 성장률[c]	국민 저축률[c]	해외 저축률[c]	실질임금 상승률[d]	무역 수지[e]
	도 매	소비자[b]					
◆54	28.2	(37.7)	(5.1)	(6.6)	(5.3)		−2.19
◆55	81.1	(68.5)	(4.5)	(5.2)	(7.1)		−3.23
◆56	31.6	(22.9)	(−1.4)	(−1.9)	(10.9)		−3.62
◆57	16.2	(23.1)	(7.6)	(5.5)	(9.8)		−4.20
*58	−6.3	(−3.0)	(5.5)	(4.9)	(8.0)		−3.62
*59	2.6	(4.2)	(3.8)	(4.2)	(6.9)		−2.84
60	10.8	(8.3)	(1.1)	(0.8)	(8.6)		−3.11
62	9.3	(6.6)	2.2	3.2	10.7	(−0.1)	−3.67
◆63	20.5	(20.7)	9.1	8.7	10.4	(−5.1)	−4.74
◆64	34.8	(29.5)	9.6	8.7	6.9	(−5.8)	−2.85
65	10.0	(13.6)	5.8	7.4	6.4	(4.4)	−2.88
72	14.0	11.7	5.3	15.7	5.0	5.2	−8.98
*73	6.9	3.1	14.0	21.4	3.7	8.1	−10.15
◆74	42.1	24.3	8.5	19.3	11.9	6.1	−23.92
◆75	26.5	25.3	6.8	16.8	10.3	3.4	−21.93
76	12.1	15.3	13.4	22.9	2.6	17.5	−10.59
78	11.7	14.4	11.0	27.3	4.3	18.0	−22.61
◆79	18.8	18.3	7.0	26.5	8.9	8.4	−52.83
◆80	38.9	28.7	−4.8	20.8	11.5	−4.2	−47.87
◆81	20.4	21.3	6.6	20.5	9.8	−0.5	−48.77
82	4.7	7.3	5.4	20.9	7.0	8.0	−23.98
*83	0.2	3.4	11.9	20.3	4.8	7.4	−17.47
*84	0.7	2.3	8.6	27.9	4.0	6.3	−13.86
*85	0.9	2.5	5.4	28.6	3.1	6.6	−8.53
*86	−2.2	2.3	12.5	32.8	−2.7	5.8	31.31

주:a) * 물가가 안정된 해, ◆는 물가가 크게 상승한 해를 표시.
  b) ( ) 안은 서울 소비자물가를 표시.
  c) 1969년 이전은 구 SNA 기준.
  d) ( ) 안은 한국은행, 《경제통계연보》, 1971에서 계산한 수치를 표시.
  e) 통관기준 표시.
출처: 한국은행.

가격상승률보다 크다. 이것은 정부관리가격 상승률이 특히 큰 까닭이
다. 독과점상품 가격상승률은 도리어 경쟁상품 가격상승률보다 작다.
72~81년에는 경쟁상품 가격상승률은 18.0퍼센트인 데 대해, 비경쟁

상품 가격상승률은 22.2퍼센트이고, 특히 정부 관리상품 가격상승률은 27.4퍼센트나 된다.

독과점상품 가격상승률은 15.8퍼센트로 경쟁상품 가격상승률보다 도리어 작다(〈표 3〉).

〈표 3〉 경쟁상품, 비경쟁상품 가격상승률(1975=100)

(단위: %)

연 도	경쟁상품	평균	비경쟁상품 정부관리상품	독과점상품
71	7.2	9.9	15.3	2.5
72	9.7	18.0	22.3	11.4
73	9.3	5.1	11.4	6.1
74	31.5	51.4	60.9	35.4
75	18.1	33.2	37.2	25.0
76	13.3	11.2	17.4	5.2
72~76	(16.4)	(23.8)	(29.8)	(16.6)
77	14.9	6.7	8.1	5.1
78	23.8	6.4	9.5	3.0
79	13.3	21.5	23.8	18.7
80	27.2	44.5	52.0	35.3
81	19.1	24.0	31.8	13.0
77~81	(19.7)	(20.6)	(25.0)	(15.0)
72~81	18.0	22.2	27.4	15.8

출처: 한국은행.

그러나 〈물가안정 및 공정거래에 관한 법률〉이 실시되기 전 해인 75년까지를 보면, 독과점상품 가격상승률이 경쟁상품 가격상승률보다 크다.

72~75년의 상승률은 경쟁상품가격의 경우에는 17.2퍼센트고 독과점상품가격의 경우에는 19.5퍼센트다. 또 특히 제1차 오일쇼크 기간과 제2차 오일쇼크 기간에 속하는 74~75년과 79~80년에는 독과점상품 가격상승률이 경쟁상품 가격상승률보다 훨씬 높다.

경쟁상품 가격상승률이 각각 24.8, 20.3퍼센트인데 대해 독과점상품 가격상승률은 30.2, 27.0퍼센트이다.

끝으로 역시 71년 이후만을 놓고 볼 때, 대한상의 자료에 따르면 공공서비스요금 상승률이 물가상승률보다 크다. 공공서비스요금 상승률은 71~80년에는 21.1퍼센트, 80~86년에는 10.5퍼센트이고, 물가상승률은 도매 18.9, 7.7퍼센트, 소비자 16.5, 8.5퍼센트이다(〈표 4〉).

<표 4〉 물가상승률 · 공공서비스요금 상승률(연말대비)

(단위: %)

연 도	물가상승률		공공서비스 요금상승률[a]
	도 매	소 비 자	
71~80	18.9[b]	16.5[b]	21.1[b]
80	42.3	32.2	30.0
81	11.3	13.7	20.9
82	2.4	4.8	10.8
83	−0.8	2.0	1.8
84	1.6	2.4	3.3
85	1.0	3.2	3.1
86	−3.7	1.3	4.8
80~86	7.7	8.5	10.5

주: a) 단순산술평균법에 의한 계산치 표시.
　　b) 연중 평균상승률을 표시.
출처: 한국은행, 대한상공회의소.

원자재가격이 물가 주도

54~61년, 62~66년까지에서는 주된 물가변동 요인은 통화량이었다. 그러나 67년 이후에는 수입물가가 주된 물가변동 요인이 되었다.

〈표 5〉에서 알 수 있듯이 분명히 62~66년까지는 통화량 증가율이

〈표 5〉 물가상승률 · 통화량 증가율 · 수입물가 상승률

(단위: %)

| 연 도 | 물가상승률 | | 통화량(M_1) | 총통화(M_2) | 수입물가 |
	도 매	소비자[a]	증가율[b]	증가율[c]	상승률[d]
54~61	22.2	(21.2)	39.7		
62~66	16.7	(16.5)	19.4	32.3	(18.5)
67~71	7.8	12.7	33.9	48.7	(9.4)
72~76	20.3	15.9	34.2	31.2	10.6
77~81	19.8	18.6	21.5	30.2	12.7
82~86	0.9	3.6	18.1	16.8	−5.5

주:a) ( ) 안은 서울 소비자물가를 표시.
　　b) 말 잔액 기준.
　　c) 말 잔액 기준.
　　d) ( ) 안은 서울 소비자물가를 표시.
출처: 한국은행.

클 때 물가상승률도 커지는, 이른바 순상관관계를 양자 사이에서 찾아볼 수 있지만, 67년 이후에는 그런 순상관관계를 찾아볼 수 없다. 즉 67~71년에는 통화량 증가율이 33.9, 48.7퍼센트로서 가장 큰 데도, 그보다 작은 34.2, 31.2퍼센트인 72~76년에 더욱 물가상승률이 작다. 즉 72~76년에 물가상승률이 도매 20.3퍼센트, 소비자 15.9퍼센트인 데 대해서 67~71년에는 각각 7.8, 12.7퍼센트이다.

그 대신 수입물가 상승률이 클 때 물가상승률도 커지는 순상관관계를 수입물가와 물가에서 찾아볼 수 있다. 분명히 수입물가 상승률이 12.7퍼센트로서 가장 큰 77~81년에 물가상승률은 도매 19.8퍼센트, 소비자 18.6퍼센트로서 가장 크며, 도리어 5.5퍼센트 하락한 82~86년에는 물가상승률이 도매 0.9퍼센트, 소비자 3.6퍼센트로서 가장 작다. 이것은 수입의존도가 크게 높아진 데 기인한다.

상품수입의존도는 62년에 14.3, 67년 19.2, 72년 22.0, 74년 35.6, 80년 38.4, 81년 39.1, 83년 32.9, 85년 31.6, 86년 31.2퍼센트나 된다.

〈표 6〉 수입구조

(단위: %)

연　도	총수입[a]	곡물[b]	소비재	원　유	원자재	자본재
71	100.0	12.4	8.4	7.3	43.4	28.6
73	100.0	9.4	8.3	6.5	48.5	27.3
74	100.0	7.8	7.6	14.0	43.6	27.0
75	100.0	8.1	8.4	17.5	39.8	26.2
78	100.0	3.9	6.5	14.6	41.1	33.9
79	100.0	4.7	6.8	15.2	42.2	31.0
80	100.0	5.7	6.4	25.3	39.7	23.0
81	100.0	8.2	6.2	24.4	37.7	23.6
82	100.0	4.5	5.8	25.1	38.8	25.7
83	100.0	4.9	5.9	21.2	38.1	29.8
85	100.0	3.8	4.7	17.9	38.0	35.6
86	100.0	3.6	6.1	10.6	43.8	35.9

주: a) 1986년 이후는 선박수리 제외.
　　b) 1977년 이후는 쌀, 보리, 밀, 콩, 옥수수 이외에 사료와 기타 곡물을 포함.
출처: 경제기획원, 《한국경제지표》, 1987 2/4.

그런데 해외원자재 수입과 원유수입이 총수입에서 차지하는 비중은 71년 43.4와 7.3퍼센트, 73년 48.5와 6.5퍼센트, 74년 43.6과 14.0퍼센트, 75년 39.8과 17.5퍼센트, 80년 39.7과 25.3퍼센트, 81년 37.7과 24.4퍼센트, 83년 38.1과 21.2퍼센트, 85년 38.0과 17.9퍼센트, 86년 43.8과 10.6퍼센트다(〈표 6〉). 이 둘을 합치면 50.0~65.0퍼센트가 된다.

게다가 곡물의 수입비중도 83년 4.9, 85년 3.8, 86년 3.6퍼센트나 되며, 또 부품을 포함하는 자본재의 수입비중도 29.3, 35.6, 35.9퍼센트나 된다. 사실은 곡물을 포함하는 소비재의 수입비중은 10.8, 8.5, 9.7퍼센트에 불과하다.

67년 이후 원자재(원유 포함)의 가격이 도매물가를 주도했다는 사실은 원자재, 자본재, 소비재로 분류해서 계산한 각각의 상승률의 기간별 평균에 의해서 잘 실증되고 있다.

도매물가 상승률이 67~71년에 7.8, 72~76년에 20.3, 77~81년에 19.8퍼센트인 데 대해서 원자재가격 상승률은 6.9, 22.3, 22.4퍼센트, 자본재가격 상승률은 8.4, 10.2, 11.9퍼센트, 소비재가격 상승률은 11.1, 17.4, 18.1퍼센트다(한국은행, 《물가총람》, 1982 참조). 이처럼 77년 이후 원자재가격 상승률이 도매물가 상승률을 웃돌고 있다.

사실 그동안 공업화와 중화학공업화가 크게 진전되었다. 즉 GNP에서 제조업 비중과 제조업에서 중화학공업 비중이 크게 높아졌다.

제조업의 비중(불변가격표시)은 64년에 9.7퍼센트였다가 86년에는 33.3퍼센트가 되었고 또 중화학공업의 비중, 즉 중화학공업 비율도 부가가치 기준(불변가격표시)으로 64년에 31.4퍼센트였다가 86년에는 58.8퍼센트가 되었다.

수입가에 의존한 메커니즘

그러나 중화학공업의 기초생산재 및 중간생산재 부문의 비중은 상대적으로 낮다. 81년에는 기초생산재 부문의 비중은 5.2, 중간생산재 부문의 비중은 41.9퍼센트다. 이들은 자급자족도가 낮은 부문이기도 하다. 그런가 하면 수출주도적 공업화를 통한 고성장의 실현이라는 경제개발전략의 추진 과정에서 국내원자재의 생산부문인 농업과 광업이 상대적으로 취약해진 것도 사실이다.

이러한 농업, 광업, 중화학공업의 기초생산재 및 중간재 부문 등의 취약은 수입의존도를 높였고, 나아가서 원자재의 국제가격의 상승 또는 하락→수입물가의 상승 또는 하락→도매물가, 소비자물가의 상승 또는 하락의 메커니즘을 정착시켰다. 82년 이후의 물가안정은 이 메커니즘의 작동에 기인한다.

즉 원자재의 국제가격의 하락 또는 보합과 원유가격의 하락 등에 기인하는 수입물가의 하락의 결과다. 결국 이렇게 보면, 67년 이후 수입물가가 주된 물가변동 요인으로 된 것은 농업, 광업, 중화학공업의 기초생산재 및 중간생산재 부문 등의 취약으로 인해 형성된 해외의존형의 공업구조를 통해 해외의존형 물가구조가 초래된 데 기인한다고 할 수 있다.

62년 이후를 볼 때 〈표 2〉에서 알 수 있는 바와 같이 물가가 크게 상승한 해에는 대체로 경제성장률은 낮아지거나 마이너스로 되고, 국민서축률도 낮아지고, 해외저축률은 커지고, 실질임금 상승률은 낮아지거나 마이너스로 되고, 무역수지적자는 커진다고 할 수 있고, 반대로 물가가 안정된 해에는 대체로 경제성장률, 국민저축률은 높아지고, 해외저축률은 낮아지거나 마이너스로 되고 실질임금 상승률은 높아지고 무역수지적자가 작아지거나 흑자로 된다고 할 수 있다.

한마디로 말해서 경제나 근로소득층은 물가가 크게 상승할 때는 큰 어려움을 겪게 되고 물가가 안정된 해에는 유리해진다고 할 수 있다. 이것은 우리가 겪은 두 차례의 오일쇼크와 86년의 경험을 통해서 충분히 실증됐다.

그러기에 물가안정은 강조되게 되어 있다. 그러나 이에 그치지 않고 물가안정은 소득분배의 개선, 산업구조의 왜곡 방지 등을 위해서도 강조되지 않을 수 없다.

왜냐하면 인플레는 소득분배의 악화를 초래하며, 부동산투기 등 불건전한 투자에 자원이 배분되게 함으로써 산업구조를 왜곡시키기 때문이다.

통화량 증발 우려돼

그런데 앞에서 보았듯이 67년 이후에는 해외의존형 물가구조로 인해서 수입물가가 주된 물가변동 요인으로 되어 있다. 따라서 물가안정을 위해서는 해외의존형 물가구조로부터 탈피가 무엇보다도 우선하는 일이라고 아니할 수 없다.

그런 의미에서 해외의존형의 공업구조로부터의 탈피, 즉 농업, 광업, 중화학공업의 기초생산재 및 중간생산재 부문 등의 적극적인 육성이 강조되지 않을 수 없다.

그러나 다른 한편 단기적으로는 원자재와 원유의 국제가격 동향을 예의 주시하면서, 그것에 대한 적절한 대비를 강구해가야 함은 말할 나위도 없다. 이때 국제가격의 동향에 대해서 지나치게 낙관적인 전망을 내리는 것은 절대 금물임을 잊어서는 안 될 것이다.

67년 이후에는 수입물가가 주된 물가변동 요인으로 되어 있다. 그러나 그렇다 해도 통화량이 부차적·가세적 요인임은 분명하다. 매년 통화량 증가율의 목표를 정하는 것도 이에 기인한다고 할 수 있다.

그렇다면 통화량의 동향에 대해서도 특별히 유의할 필요가 있음은 말할 나위도 없다.

그런데 금년 들어 수입물가가 급등하고 있다. 지난 8월은 작년 8월에 비해서 20.6퍼센트, 9월은 작년 9월에 견주어 17.3퍼센트, 작년 말에 비해 13.3퍼센트나 상승했다. 이것은 원자재와 원유의 국제가격의 상승을 반영하는 것이다. 그런가 하면 통화량 증가율도 현재 금년 목표인 18.0퍼센트를 지키기가 어렵게 되어 있는 데다가 금년 안에 국민투표와 대통령 선거가 있을 뿐 아니라, 내년에도 국회의원 선거와 지방의원 선거가 있으며, 올림픽이 개최될 예정이다.

그렇지 않아도 내년의 예산은 크게 늘겠지만 이런 요인들이 통화량 증발요인이라고 한다면 앞으로의 물가동향은 이런 면에서도 우려가 된다. 현재도 통화인플레라는 말이 나오고 있지 않은가.

아닌 게 아니라, 지난 9월 발 현재 도매물가는 1.8퍼센트, 소비자물가는 4.4퍼센트나 상승하여, 소비자물가의 경우 금년 말 억제선인 2.0~3.0퍼센트를 이미 크게 넘어섰다. 작년의 물가상승률(연중 대비)이 도매의 경우 −2.2퍼센트, 소비자의 경우 2.3퍼센트임을 감안할 때는 말할 것도 없고, 8월 말 현재로 일본과 대만의 물가상승률이 도매의 경우 0.3, −4.4퍼센트, 소비자의 경우 0.5, 0.9퍼센트인 점에서 볼 때, 지금 그리고 앞으로 당분간은 물가에 심각하게 대처해야 할 때임을 분명히 알 수 있다.

국내 유가의 평균 10.2퍼센트 인하에서부터 전기요금 인하, 부동산 투기 규제시책에 이르기까지 그 내용이 광범위한 종합물가안정대책이 지난 10월 16일부터 실시되고 있지만 어쨌든 앞으로 물가안정의 고삐를 늦추어서는 안 될 것이다.

《상의주보》(1987. 11. 2)

Economic Development and Inflation
: Lessons from the Korean Experience

Inflation in Korea is cost-push inflation originating from the economic growth strategy. This rapid growth-oriented, industrialization-oriented, export-driven, and big firm-oriented strategy has formed both an industrial structure which is dependent on foreign factors and a market structure which is monopolistic. It has, at the same time, caused the slowdown of agriculture.

The external dependency of the industrial structure has in turn generated a price structure in which domestic prices are sensitive to foreign price movements. The monopolistic structure has additionally given rise to a price structure where a cost increase is easily linked to a price increase. In sum, induced by the korea experience the argument that the inflation must be tolerated for rapid economic growth cannot be justified.(JEL 011. 053)

1. Introduction

Since korea had entered an era of rapid economic growth in the early 1960s, its GNP grew rapidly at the annual average rate of 8.7 percent between 1962 and 1991. At the same time, the socio-economic structure in korea changed greatly. However, many problems occurred in the pursuit of rapid economic growth. One of them was the persistent inflation, which subsequently resulted in the inequality of income distribution, the financial speculation, and the economic instability.

Some economists argue that inflation is an inevitable by-product of rapid economic growth. They seem to believe that inflation is the unavoidable cost of rapid economic growth. No matter how one agrees or disagrees with this view. This argument is based on the assumption that the economic development strategy has some significant influence on inflation.

The strategy of Korea economic development can be characterized by four aspects. i.e. rapid growth-orientation, industrialization, export-drive, and high dependency in big firms. In order to implement rapid growth, the government on one hand invested resources in some specific sectors and on the other hand tried to promote export. Industrialization was also achieved by promoting big firms. Although the Korea economy was able to achieve a rapid growth as a consequence of this development strategy, it simultaneously suffered from several structural problems ensued precisely by this rapid growth-high dependency on foreign or external factors, the deepening imbalance between agriculture and manufacturing sector and the concentration of economic power. These problems became major factors in forming the inflationary economic structure in Korea. When the industrial structure was heavily dependent in foreign factors and the monopolistic market structure incurred the cost-push inflation, a cost increase was instantly shifted to a price increase. The slowdown of agriculture often induced an increase in price of agricultural products. Since inflation problem was regarded as a secondary issue, inflation was believed to be inevitable so far as rapid growth strategy was to be maintained.

This paper is organized as follows. Section Ⅱ presents a brief history of price changes in the process of economic development since 1962. Section Ⅲ examines main issues with respect to inflation. A brief conclusion follows in section Ⅳ.

2. The Records of Inflation

The period from 1962 to 1991 can be divided into the following five sub-periods in light of trend and feature of price movements[1]

    i) 1962~64: high inflation period

    ii) 1965~69: relatively low inflation period: formation of inflationary structure

    iii) 1982~87: high inflation period: deepening of inflation

    iv) 1988~91: recurrence of inflation

---

1) For the values which is not specifically mentioned, see tables in the appendix.

A. Inflation at the Outset of Development Planning(1962~64)

Since 1962, the government launched a series of five-year economic plans. The first five-year economic plan started in 1962. As a consequence of the rapid growth-oriented strategy, the annual average GNP growth rate in this period reached 8.3 percent which was above the target rate. This high GNP growth, however, caused high inflation. For example, the wholesale price index(WPI) rose at the annual average rate of 27.5 percent in 1963 and 1964. This high inflation can be explained in the following.

First, the ratio of fiscal investment and loans was high(see Table 1), which led to excessive liquidity. Second, because the supply capacity of the real sector was inadequate to absorb the demand, the inflation occurred due to the shortage of goods. Especially, the low productivity of agriculture induced an increase in agricultural product prices. Third, the 1964 devaluation of Korea won, in the face of the deficit in balance of payments after 1962, increased the prices of imported goods.[2] These respects considered, the period between 1962 and 1964 may be termed as the era of growth-derived inflation. An inflationary structure caused by the rapid growth-oriented and unbalanced development strategy began to appear in this period.

B. Formation of Inflationary Structure(1965~69)

During the period of 1965~69 prices were stable in comparison with

---

2) Government exercised devaluation from 130 won th 256 won per dollar in May 1964.

Table 1. Trend of Fiscal Investment and Loans in The 1960s

Year	Fiscal Investment and Loans(A)	Domestic Credit(B)	A/B
1962	27.2	54.8	0.49
1963	27.3	65.6	0.41
1964	23.6	71.4	0.33
1965	29.5	100.0	0.30
1966	62.5	130.5	0.47
1967	79.0	231.5	0.34
1968	117.6	429.7	0.27
1969	175.5	684.0	0.25
1970	184.3	866.6	0.21

Source: KDI, *Four Decades of public Finance in Korea*.
The Bank of Korea, *Economic Statistics Yearbook*, each issue.

those of the early stage of economic development. Consumer price index(CPI) and wholesale price index(WPI) increased at the annual rate of 11.4 percent and 7.5 percent, respectively, between 1965 and 1969. There figures were relatively low with respect to the comparable records of other period, although they were higher than those of other advanced countries. Such a relatively stable price level can be explained by the following factors: Mitigation of excess demand by the development of manufacturing, increase of imports, and low foreign price disturbance due to the stable international raw material prices and exchange rate.

Although during this period prices increased at a lower rate than in the early stage of development, price level maintained an upward movement. As the rapid growth oriented strategy continued, high growth rates of money and investment fuelled inflationary pressure. Domestically the relative price structure between agricultural and manufactored products changed, whereas the price structure remained vulnerable to foreign shocks. Moreover, the industrial structure dependent on external factors, coupled with oligopolistic firms in an unsound financial position, formed a cost-push inflation structure. In short, the period of 1965~69 can be considered as the time when inflationary structure was formed.

C. Deepening of Inflation(1970~81)

It was in the 1970s the Korea economy entered the stage of full-scale economic growth. At the sane time, however, the Korean economy experienced high inflation. The WPI and CPI surged to 18.5 percent and 16.7 percent, respectively, on the annual average during the period of 1970~81.

The inflation throughout the 1970s was characterized by cost-push inflation. In contrast to the 1960s, when inflation was mainly caused by demand-pull factors, cost-push factors, such as the two oil shocks and other important domestic supply conditions, primarily contributed to the inflation in the 1970s. Rapid growth strategy brought about the structural problem, such as the dependency on foreign factors and the monopolistic market structure.

A recession in the beginning of the 1970s made firms more vulnerable to the cost-push factors that had remained latent up to then. These factors were excessive investment in equipment, inefficient business management, high financial costs[3] incurred by excessive borrowing in the credit market, and the increase in prices of imported raw materials due to

---

3) The adjustment of official interest rates to the market rates in 1965 contributed to lowering inflation rate and promoting savings. This measure, however, because responsible for not only the unhealthiness of financial institutions by the provision of negative spread of frequency, but also the increase of financial cost.

the develuation intended to reduce deficit in balance of payments.

Especially, a sharp increase in prices of international raw materials including crude oil led to the general price surge in the 1970s. Figure 1 clearly shows that the price of raw materials increased a lot faster than those of capital goods and consumer goods. However, if it had not been for the export-driven industrialization strategy and the rapid growth strategy adopted by the government, the influence of the oil growth shocks on the general price level would have been much smaller.

Table 2. Balance of Payments and Exchange Rate

(Unit: millons US $, won/US $)

Year	Current Balance	Trade Blance	Exchange Rate
1970	−622.5	−922.0	316.70
1971	−845.7	−1,045.9	373.20
1972	−371.2	−573.9	398.90
1973	−308.8	−566.0	397.50
1974	−2,022.7	−1,936.8	484.00
1975	−1,886.9	−1,671.4	484.00
1976	−313.6	−590.5	484.00
1977	12.3	−476.6	484.00
1978	−1,085.2	−1,780.8	484.00
1979	−4,151.1	−4,395.5	484.00
1980	−5,320.7	−4,384.1	659.90

Note: Exchange rate is the Bank of Korea concentration base rate at the end of year
Source: The Bank of Korea, *Economic Statistics Yearbook*, each issue.

The oil shock had a much greater impact, because it brought about a bigger deficit in the balance of payments which, in turn, prompted two major devaluations, one in 1974 and another in 1980(see Table 2). These devaluations first pushed up import prices and then general price level.

The prices of agricultural and marine products also showed a steep

Figure 1. Wholesale Prices Changes

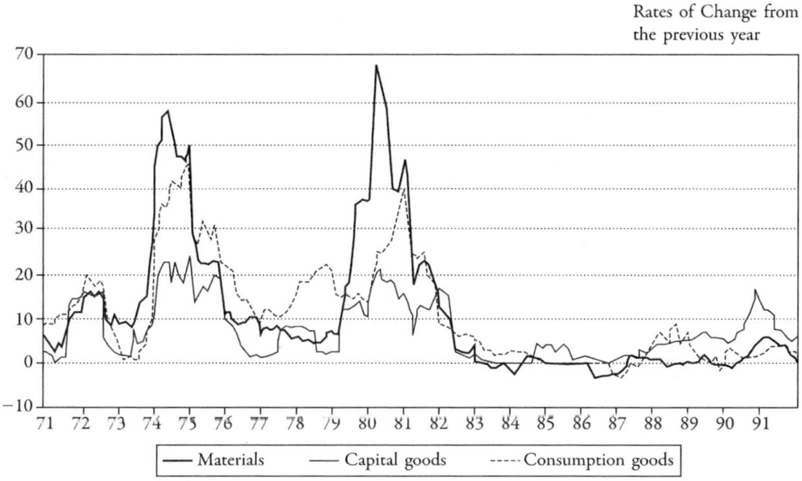

upward trend from the beginning of this period. At the turn of the
decade of the 1960s, the share of manufactured products in the total
GNP became larger than that of agricultural products, and at the same
time, the agricultural output fell short of the demand due to increased
income and urbanization. These conditions explain why the increase of
agricultural prices led to the increase of general prices during the period
of 1971~80(see Table 3).

Table 3. Comparison of Prices of Agricultural
and Non-Agricultural Products

(Unit: %)

	1972	1973	1974	1975	1976
Agricultural	9.1	9.0	47.9	28.0	19.2
Non-agricultural	8.3	16.6	44.0	18.1	6.3

Source: Economic Planning Board, *Price level and Living Conditions*, 1982.

D. Stabilization of Inflation(1982~87)

After the second oil shock, the price level in Korea became exceptionally stable from 1982 to 1987. During this period, the annual increase rates of WPI and CPI were only 0.2 percent and 2.8 percent on average, respectively. Some argue that this stabilization was achieved mainly by the government's anti-inflation policies such as tightened money supply and direct price control. However, the matter of fact was that these policies could not have been the major cause of stabilization, since the inflation rate of Korea was not lower than that of other counties(see Table 4).

Table 4. International Comparison of Inflation Rates
(The Average of 1982~87)

(Unit: %)

	Korea	U.S	Japan	Taiwan	Singapore
WPI	0.2	0.6	−3.3	−2.0	−3.1
CPI	2.8	3.3	1.4	0.5	0.7

Note: The base year is 1985(i.e., 1985=100). except for Taiwan(i.e., 1986=100)
Source: Nation Statistical Office, *Major Economic Indicators Abroad*, each issue.

The primary factor that led to stabilization was the stabilization of international raw material prices, rather than the government's policy. This external factor significantly helped to keep the prices of manufactured products low and consequently the general price level. The analysis of the price stabilization of this period clearly supports the argument that the Korean economy had high dependency on foreign factors.

Another noticeable change can be traced in the relative price of light and heavy industrial products. During the period of 1971~79, except between 1974 and 1975 when impact of the first oil shock was severe, price increased at the annual rate of 2.3 percent for light industrial products and 4.9% for heavy industrial product. During the period of 1982~87, the pattern of price variation changed as the price increased at the annual rate of 1.2 percent and −0.8 percent, respectively.

As cost-push factors disappeared, the price of non-competitive goods became also stable. While the inflation rate of competitive goods was 1.1 percent, that of non-competitive goods was −0.8 percent. These relatively low rates were attributed largely to the favorable conditions of non-competitive market that the heavy industrial sector with high capital intensity and high dependency on international raw material market enjoyed. In sum, the drop of foreign cost-push factors accounts for the stabilization of inflation during these six years.

E. Recurrence of Inflation(1988~91)

From 1988 onward, prices started to rise very sharply. The CPI increased at the rate of 8.6 percent and 9.3 percent in 1990 and 1991, respectively. The recent inflation shows different features from the previous inflation. First of all, the gap between WPI and CPI widened. Both of these indices had previously moved in the same direction, although there had been a persistent difference in their increase rates. Recently, however, the difference between CPI and WPI grew larger as a result of the rapid rise in the CPI as compared to the relative stability in the WPI. Second, the prices of the service goods have risen higher than the prices of manufactured products.[4] Additionally, the relative prices within the manufactured products changed remarkably. The inflation in this period was mainly led by the price increase of manufactured products which belong to light industrial, consumption and labor-intensive sector, whereas the previous inflation was led by heavy industrial, capital-intensive, and intermediate goods.[5]

Table 5. Composition of Household Consumption Expenditure

(Unit: %, constant price)

Year	Durable Goods	Semi-durable Goods	Non-durable Goods	Services
1986	6.8	9.7	47.8	35.7
1987	8.2	9.6	46.9	35.3
1988	8.8	9.7	46.1	35.4
1989	9.1	9.6	45.6	35.7
1990	9.6	9.5	45.0	35.9

Source: The Bank of Korea, *Nation Accounts*, 1986~90.

It is especially remarkable that the recent inflation was unaffected by foreign factors. Inflation is mainly due to the increase in money supply and the speculative flow of funds caused by the influx of foreign exchange holdings, the rise of wages and service prices, and the increase in construction investment.

---

4) The Prices of service goods and the prices of manufactured products increased at the annual average rate of 8.3% and 4.6%, respectively, during the period of 1988~91.

5) The annual price increase rates by sector during 1988~91 are as follows:
 ⅰ) Light industrial products: 2.9% vs. heavy industrial products: 2.1%
 ⅱ) Intermediate goods: 1.3% vs. consumption goods: 6.0%
 ⅲ) Labor-intensive products: 7.7% vs. capital-intensive products: 1.4%

Above all, both the expansion of the domestic market and the changes in consumption expenditure account for inflation The same of expenditure on durable goods in household consumption increased sharply from 3 percent at the end of the 1970s to 9.6 percent in 1990(see Table 5). The change in the pattern of consumption also led to the price rise by the expanded aggregate effective demand.

It can be concluded that both the wage increase and the changes in consumption pattern accompanied by rising income are the important factors in the recent inflation, a fact which reflects the change in demand structure. However, one should note that the cost-push inflation structure still exists, because the prise stability of non-competitive and heavy industrial products is mainly due to the stability in the prices of international raw materials.

3. Main Issues with Respect to Inflation

Major issues connected with inflation will be analyzed in this section, First, the relationships between inflation and money supply as well as cost-push factors are examined. Second, the question whether inflation is unavoidable in the process of rapid growth is reconsidered. Lastly, the relationship between inflation and income distribution is investigated.

A. Money Supply and Inflation

There have been numerous studies on the relationship between money supply and inflation although most of the empirical findings report that

Figure 2. Money Supply(M_2) and Wholesale Price Changes

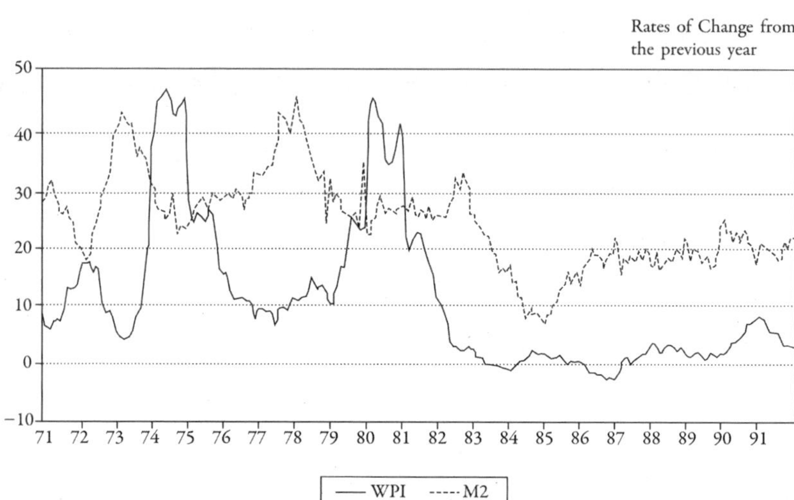

money supply and inflation have a positive relation, economists disagree as to weather money supply is the most important determinant of the inflation. In other words, the strict monetarist view that monetary expansion is necessarily the main cause of inflation is not verified in Korea. Looking at the movements of inflation rate and money growth rate during the period of 1971~91(see Figure 2). one finds that the two indicators do not show a close correlation, even if lagged effects are taken into consideration. The reason for the scant support for the monetarist view is largely is largely due to peculiar characteristics of the Korean economy.

First, the extent of monetization has deepened, as the economy has been growing. As a result of monetization, income velocity of money has decreased since 1975(see Figure 3).

Figure 3. Income Velocity of Money

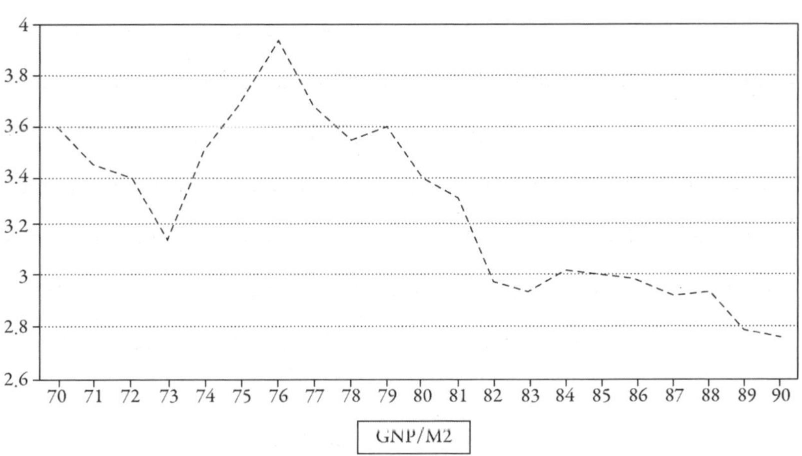

Second, more importantly, there exist price rigidities in the Korean economy. The government has pursued a direct price control policy. It has preferred a direct control of prices at the micro level, rather than an adjustment of macro variables via the operation of demand management.

In other words, demand changes due to the increase in money supply could not affect prices, because government directly controlled the price of major items including necessities and public utilities. Especially in the 1970s, the prices of major manufactured products and necessities were under the control of the government. Accordingly, price changes were implemented by the so-called 'price realization' at the time. Thus, prices moved in an irregular pattern rather than smoothly. Another factor attributable to the price rigidity was the oligopolistic nature of the market. By monopolistic pricing, some big firms tended to stick to the previous prices, even when cost decreased.

Third, the main objective of monetary policy was not price stabilization. In the 1970s, monetary policy focused on the efficient allocation of the limited funds to promote some selected sectors. Monetary control was carried out in a limited scope to absorb the excessive liquidity by credit increase. Thus, the target variable of monetary policy was the level of domestic credit in the 1970s, because government wanted to effectively supply funds to the domestic sector in order to finance the enormous investment fund without being affected by foreign factors. Furthermore, it did not need to worry about the growth of M_1 or M_2, as long as the monetary target was domestic credit, while guaranteeing a constant amount of credit to domestic firms. This implied that price stability was not the main objective of monetary policy at that time.

Despite all these arguments against the monetarist view, money should be regarded as one of the important factors of inflation on the demand side. However, even in the 1970s and in the early 1980s, when the monetarist view was supported by basic guidelines of monetary policy, economic circumstances frequently induced the monetary authorities to change the target rate of money growth. Moreover, actual growth rates also deviated significantly from the target rates(see Table 6).

In sum, it can be asserted that money supply did not directly affect inflation in Korea, but had only an indirect effect on inflation by increasing demand pressure, such as government investment, domestic credit for firms, and foreign currency loans.

Table 6. Target and Actual Increase Rates of Monetary Aggregates

(Unit: millions US $, won/US $)

	Monetary Aggregate	Target Increase Rate	Actual Rate
1970	Domestic Credit(M_1)	27.0	28.0
1971	"	28.0	31.1
1972	"	24^1	30.4
1973	"	24.0 → 28.0	31.7
1974	"	33.7	54.2
1975	"	35.3	32.2
1976	"	26.1 → 23.8(20 → 28)	21.7(30.7)
1977	"	24.1~24.7(23~25)	23.6(40.7)
1978	"	34.2(30.3)	45.9(34.9)
1979	M_2(M_1)	25.0(23.6)	24.6(20.7)
1980	"	20.0 → 25.0(15 → 20)	26.9(16.3)
1981	"	25.0(23.0)	25.0(4.6)
1982	"	20~22 → 25.0(18~20)	27.0(45.6)
1983	"	18~20 → 15	15.2
1984	"	11~13	7.7
1985	"	9.5	15.6
1986	"	12~14 → 16~18	18.4
1987	"	15~18	19.1
1988	"	15~18	21.5

Note: Exchange rate is the Bank of Korea concentration base rate at the end of year.
Source: The Bank of Korea, *Economic Statistics Yearbook*, each issue.

B. Cost-push Factors and Inflation

A major determinant of inflation in the past two decades in Korea was cost increase. The cost-push was originated from high corporate financial costs and the devaluation of the currency in the 1970s, price increases of imported raw materials including crude oil in 1974 and 1980, and increase in wages since 1988.

The distinctive feature of cost-push inflation in Korea is clearly illustrated when the WPI increase rates in Korea during the two oil shocks are compared with those in other countries(see Table 7). This table

Table 7. Increase Rates of WPI During Oil Shocks

(Unit:%)

	Korea	U. S	Japan	W. Germany	Taiwan	Singapore
1974	42.0	18.8	32.1	13.6	40.8	—
1980	39.0	18.3	14.9	7.5	21.6	20.0

makes it evident that the price in Korea responded more sensitively than that in other countries to the cost increase, as was indicated by a rapid rise in WPI. Then, the question arises as to what the structural feature was in prompting cost-push inflation in Korea.

In the first place, it was the high dependency on the foreign factors. This high dependency contributed to the evolution of inflationary structure in two aspects. One is that domestic prices were immediately influenced by foreign price changes due to the deepened import-dependency. The average degree of import-dependency marked 12.9 percent across all industries in 1985, specially 21.7 percent in the case of manufacturing and 28.2% in heavy industry(see Table 8)

Table 8. Import-Dependency by Industry

(Unit:%)

	1975	1980	1985
Agriculture, Forestry & Fishing	2.4	2.2	1.8
Mining	4.0	0.6	0.7
Manufacturing	21.9	22.7	21.7
Light Industry	13.6	13.7	13.2
Heavy Industry	33.8	31.1	28.2
Services	3.3	7.0	4.7
All Industries	12.8	14.2	12.9

Note: 1. Import-dependency
        =(Input of intermediates imported/Total output × 100
Source: The Bank of Korea, *1985 Input-output Tables*, 1988.

Table 9. Composition of Imported Goods

(Unit:%)

	Intermediate Goods	Capital Goods	Consumption Goods
1975	74.3	20.2	5.5
1980	82.1	13.9	4.0
1985	84.5	11.6	3.9

Source: The Bank of Korea, *1985 Input-Output Table*, 1988.

Export-driven industrialization, which prompted the importation of raw materials and intermediate goods for exporting manufactured goods, rendered the industrial structure with a relatively high dependency on the foreign factors(see Table 9).

At the same time, the import increase resulted both in the external deficit and the decrease of foreign currency holdings. To cure this problem, the government adopted devaluation and import restrictions, which brought about inflation.[6] In this sense, export-driven growth could be achieved only at the expense of price stability. The co-movements between WPI and import price index over the past two decades reflect this fact, as Figure 4 indicates.

In the second place, the establishment of oligopolistic structure and the unbalanced growth in industry caused cost-push inflation. The industrialization-oriented development strategy not only caused severe imbalance between agriculture and manufacturing[7] but also altered the

---

6) In the 1970s, under a direct exchange control scheme, the government used devaluation as a tool for achieving export promotion and the improvements in the external deficits. Each devaluation in 1970, 1974 and 1980 produced a rapid rise in domestic prices during the respective period(see Table 3).

Figure 4. Wholesale Prices and Import Price Changes

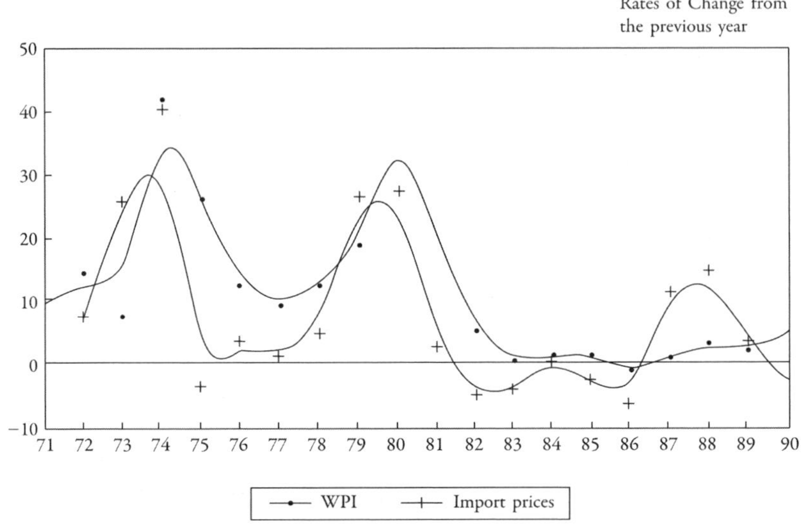

structure of relative prices between the agricultural and non-agricultural products.[8] As manufacturing became relatively important, changes in the price of manufactured products gradually dominated in determining the movements in general price level.[9]

Since the mid-1970s, the prices of heavy and chemical industrial products led general price increase, and this had mainly been due to the

---

7) Note that while the average growth rate of agriculture and fishing was 2.32% during the period of 1965~90, that of manufacturing was 15.58% during the same period.

8) The price indices for agricultural and manufactured products were 9.0 and 16.5 respectively, at the end of April 1970. But they were 108.3 and 157.8, respectively, at the end of December 1991.

9) From 1970 to 1990, 72% of the general price changes can be explained by changes in the price of manufactured products, while 20.3% in the price of agricultural products.

Figure 5. Competitive and Non-Competitive Commodity Prices

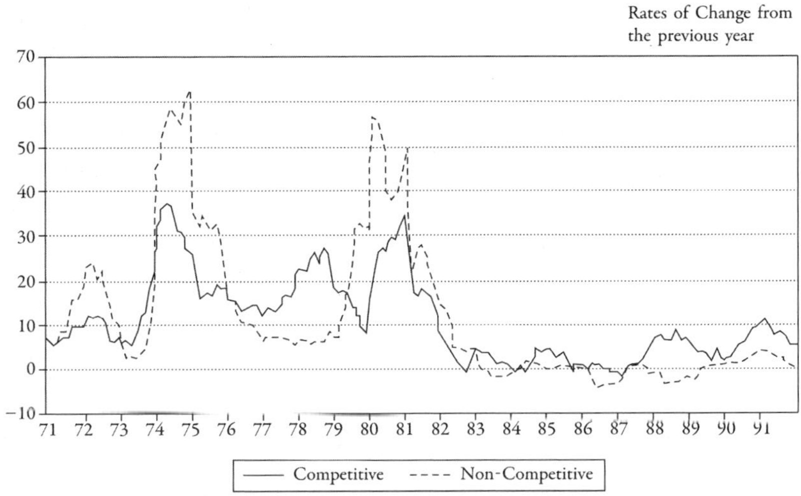

price setting of few big firms with oligopolistic power. The mark—up pricing of big firms significantly contributed to the price increase, because the price had downward-rigidity, whereas cost increases raised not only their own prices but also the prices of other products sequentially. The evidence for the two reasons mentioned above are the following. First of all, the ratio of sales costs to total sales exhibits more stability in big firms than in small and medium firms.[10] It can be shown that the mark -up ratio in the big firms stayed at a constant level. Another evident fact is, considering the different pricing rule between the competitive and the non-competitive commodities as illustrate in Figure 5, one can easily see that the price increase in a noncompetitive commodity was higher than

---

10) Note that the variance of sales costs to total sales rations in the big firms and the small and medium firms were 0.38 and 0.58, respectively, during the period of 1975~90.

that in a competitive commodity precisely in 1972, 1974~75 and 1980 when the international price of raw materials and the corporate financial costs rose.

In addition to the firms' behavior, the government's price policy contributed to the continuation of mark-up pricing. In 1975, the government adopted 'Fair Trade Act' under which some producers were permitted to raise their prices in accordance with the rate of increase determined by the government. Under this scheme, the government approved the rate of increase for the pre-determined items by just adding some fixed mark-up ratio to cose data offered by the firms. This kind of direct price control accordingly made it possible that firms transfer cost increases to the consumers. The resulting effects were evident whenever firms faced difficult situations throughout the 1970s, during which the Korean economy experienced the two oil shocks.[11]

C. Inevitability of Growth-derived Inflation

Some economists think that inflation was inevitable for the rapid economic growth of Korea. That is, inflation in Korea was a necessary evil to achieve the rapid growth. It is a general phenomenon in underdeveloped countries that economic growth is accompanied by increases in investment demand due to the need to enhance production capacity which is financed through fiscal and financial expansion. Economic growth is also accompanied by increases in consumption

---

11) For example, government raised the prices of oil and other products around 30% in Dec. 1974 and 31.3% in Dec. 1975.

Figure 6. Economic Growth and Price Change

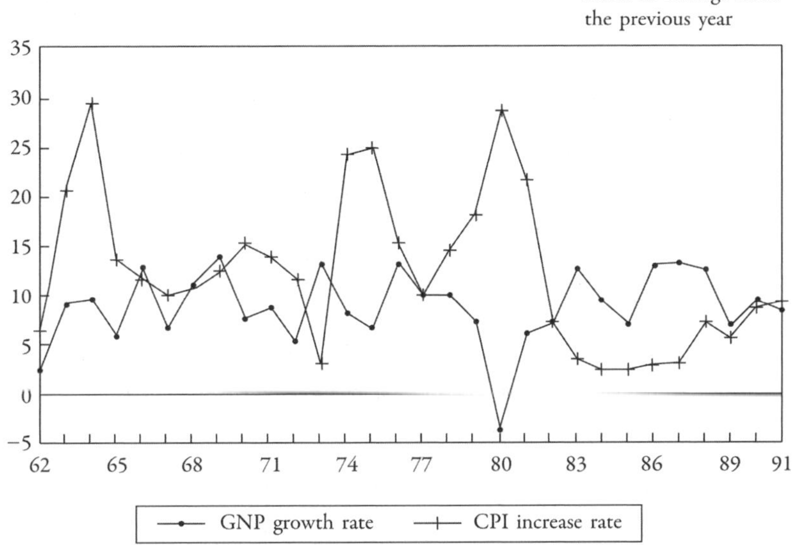

demand which is a result of higher employment. However, as the productivity of industry can not meet the demand, inflationary pressure increases. Some economists have argued to justfy inflation in Korea that underdeveloped countries necessarily have to endure inflation, unless they want to abandon rapid growth.

However, it is too doubtful to argue that inflation is an indispensible part in the process of rapid growth. On the contrary, inflation can actually impede the economic growth.[12] As a matter of fact, there were several periods in the Korean economic history during which economic growth and inflation did not move in the same direction(see Figure 6). Apart from the periods of the oil shocks which showed severe stagflation,

---

12) See Meter(1976, p. 321, pp. 311~5).

Figure 7. Phillips Curve(1971~90)

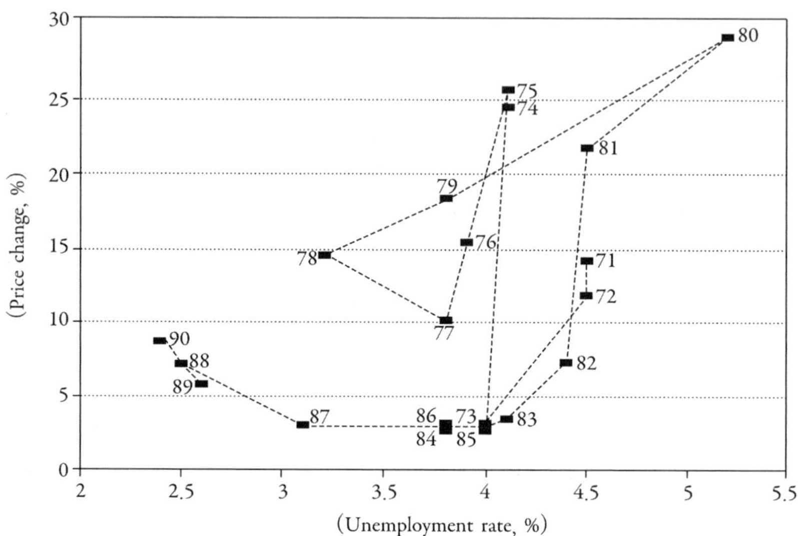

there were also periods when recession went hand-in-hand with inflation, while price remained stable during some periods of rapid growth such as in 1986 and 1987.[13]

One way of analyzing the relationship between economic growth and inflation is by looking at Phillips curve. The coexistence of inflation and economic growth can be justified by what can be termed as the Phillips-curve theory. However, once a Phillips curve is drawn for the Korean

---

13) The relationship between GNP growth rate and price increase rate is very suggestive. Calculating the cross correlation coefficients between annual GNP growth rate and annual GNP deflator growth rate during the period of 1971~91, the correlation between them does not exist at the significance level of 5%. When GNP deflator growth rate is replaced with CPI growth rate or WPI growth rate, the result is the same. Causality test also suggests the same. Analyzing quarterly GNP and GNP deflator data, we can not find the causality between economic growth rate and inflation rate.

economy, it is hard to see that the Phillips curve is downward to the right[14] (see Figure 7).

The assertion that inflation is an inevitable consequence of rapid growth can be refuted by the comparison between the inflation rate of Korea and that of Taiwan which, like Korea, witnessed a rapid economic growth. During the period of 1971~90, the price level in Taiwan was relatively stable, with an annual average increase rate of 6.9 percent for CPI and 4.8 percent for WPI, in contrast to their Korea counterparts, 11.0 percent and 10.5 percent, respectively. Moreover, after 1974, the annual average growth rate of money(M_2, period-end basis) was 22.2 percent in Taiwan, whereas in Korea 23.1 percent. It is indeed remarkable that the gap of inflation rates between the two countries was in spite of the small difference in money supply growth rates quite big. This implies that inflation in a country does not only depend upon economic growth and money supply, but is also strongly influenced by the economy's industrial structure and development strategy.[15]

In Korea, the government's policy accelerated inflation under rapid economic growth. Throughout the 1960s and the 1970s, the government did not actively exercise the restraint over aggregate demand to curb

---

14) There has been no clear conclusion on the debate over the downwardness of the Phillips curve. But a recent study claims to demonstrate that the long run Phillips curve does not have a downward slope. See Jun(1991).

15) According to one study, despite high monetary growth, Taiwan was able to maintain a lower rate of inflation, because the increase in demand for money in Taiwan resulted from the difference in industrial structure and increased desire of people to hold money as an instrument of savings. See Korea Economic Research Institute(1986).

Table 10. Trends in Government Price Control

(Unit: %)

Time	Number of Items	Number of Firms	Time	Number of Items	Number of Firms
1976. 3	148	247	1983	58	74
1977. 5	157	272	1984	52	73
1978. 7	148	257	1985	47	64
1979. 2	74	124	1986	43	61
1979. 4	46	81	1987	42	59
1979. 12	35	58	1988	38	51
1980. 12	35	58	1989	36	47
1981	97	152	1990	33	45
1982	67	87			

Source: Economic Planning Board, *Economic White paper*, each issue.

inflation. The basic attitude of the government was, to a certain degree, to accept inflation, while alleviating its bad side-effects. That is to say, government adopted a micro-level price policy, such as price controls over specific goods or products of a specific sector, rather than a macro-level anti-inflation policy for restraining aggregate demand. This was largely because government would not abandon the rapid growth strategy(see Table 10).

Even in the 1980s, price stability was placed not in higher priority in government's policy consideration than rapid growth strategy. During the period of stagflation in the early 1980s, the government put emphasis on overcoming the stagflation and enhancing exports. When the firms were in difficulties and the economy was in recession, the government took action to 'realize' the prices of commodities, which enabled the firms to shift the increased costs to commodity prices. Accordingly, direct control over price was major device of the government's price policy.

Consequently, inflation has been secondary in policy agenda to carry out the economic growth strategy, and the government in implementing its policies has tacitly accepted inflation

D. Inflation and Income Distribution

Inflation, which caused a discrepancy between nominal and real values, provided firms with favorable conditions for rapid growth by lessening real financial cost and real wage. In the first place, inflation alleviated the financial costs for firms which were mostly dependent on the loans from the financial institutions by reducing real interest rates. Real interest rates are reported in Table 11, which demonstrates that interest rates were kept low over the whole period under consideration.[16] For some years when real interest rates were negative, firms could increase their real incomes by getting loans from the financial institutions. In particular, considering the fact that the interest rates on preferential loans were kept lower than those on general loans and the proportion of the preferential loan was very high,[17] one can easily recognize that low interest rates greatly reduced the financial costs of firms. Low interest rate was a barrier to increasing domestic savings. Since the domestic investment ratio

---

16) Owing to the regulation, bank interest rate is very different from the market interest rate as is represented by the curb market interest rate. See Table 11.

17) The gap between interest rates on preferential loans and those of general loans widened as much as 18% points, and the proportion of preferential loans among new loans extended generally remained at about 50%.

was higher than the domestic savings ratio, the monetary authorities were forced to increase money supply by borrowing from the Bank of Korea, a process which resulted in the inflationary pressure. Under financial structure, the accelerated inflation stimulated firms to shift their financial costs to others.[18]

In the second place, Inflation also provided firms with favorable conditions for overcoming the recession as production costs were reduced by lowering the real wage rate. With regard to the relationship between wages and prices, the main issue of discussion is the causality between the two variables. The wage-control policy during the early 1980s could be justified by the argument that wages are one of the most important factors of inflation. But it has not been empirically proved yet.[19]

Due to inflation, firms could enjoy rapid growth rates by reducing production costs through the reduction of wage and financial costs, and shifting costs to other agents. In other words, inflation worsened income distribution by redistributing income in favor of firms.[20]

We should note that inflation had more serious influence on income distribution than the estimated values suggest. Because inflation was more

---

18) There is counter argument that it is a high interest rate policy that cause inflation. According to Taylor, an increase in the interest rate is a source of inflation due to the fact that it reduces aggregate supply rather than aggregate demand in underdereloped countries, and hence low interest rate policy is more appreciate for price stabilization in the case of underdeveloped countries. See Taylor(1991).

19) Most researchers conclude that the causality between wages and prices goes either way.

20) Gini's coefficients and multiples increased when prices rose high. See Appendix Table A4.

Table 11. Real Interest Rates, Increase Rate of Real Wage,
and Real Estate Prices

(Unit:%)

Year	Real Interest Rate	Curb Market Real Interest Rate	Increase Rate of Real Wage	Increase Rate of House Rice	Increase Rate of Land Price
1971	8.0	36.4	8.6	36.7	−
1972	3.8	27.3	4.2	14.6	−
1973	12.3	30.3	8.1	14.9	−
1974	−8.8	16.3	11.0	17.6	−
1975	−9.9	26.0	1.6	38.6	27.0
1976	2.7	25.2	19.4	27.3	26.6
1977	6.0	28.1	24.7	24.6	33.5
1978	4.5	26.7	19.0	30.8	49.0
1979	0.8	24.2	10.4	37.8	16.6
1980	−8.7	16.2	−6.0	26.8	11.1
1981	−5.6	13.7	−1.5	21.2	7.5
1982	2.9	23.5	7.6	2.3	5.3
1983	6.6	22.4	8.8	22.6	18.5
1984	7.7~9.2	22.5	5.8	3.1	13.2
1985	7.5~9.0	21.5	7.4	0.0	7.0
1986	7.2~8.7	20.8	6.4	−3.0	7.3
1987	7.0~8.5	20.0	8.6	5.3	11.2
1988	2.9~5.9	15.6	12.6	15.6	27.2
1989	4.3~6.8	13.4	19.4	17.5	32.8
1990	1.4~3.9	10.1	11.6	16.7	20.0

Note: 1. Real interest rate = Interest rate on other bills − CPI growth rate
    2. Increase rate of real wage = Increase rate of monthly average nominal wage in manufacturing − CPI growth rate
    3. Curb market real interest rate = Curb market interest rate − CPI growth rate
Source: The Bank of Korea, *Economic statistics Yearbook*, each issue.
    National Statistical Offices, *Annual Report on the Family Income and Expenditure Survey*, each issue.
    Ministry of construction, *Trends in Land prices*, each issue.

beneficial to real asset holders, the accelerated inflation led to speculation in real assets as a good hedge against inflation. The popular assets for speculation in Korea were land and houses. Real estate price that soared reflect heavy speculation in these assets(see Table 11). As a result, the wealth inequality widened between asset holders and non-holders. Futhermore, if we take into consideration the fact that the price of lands and houses is barely included in calculating the price index, the real effects of inflation on income distribution should be much greater than expected.

4. Conclusion

Inflation has been closely associated with the economic development strategy in Korea. This rapid growth-oriented, industrialization-oriented, export-driven, and big firm-oriented strategy has formed both the industrial structure which is dependent on foreign factors and the market structure which is monopolistic. It has, at the same time, caused the slowdown of agriculture.

The external dependency of the industrial structure has in turn generated a price structure in which domestic priced are sensitive to foreign price movements. In addition, the external deficits had induced the government to adopt devaluation and import restrictions, which spurted inflation. The monopolistic and oligopolistic structure gave rise to a price structure where cost increase were easily linked to price increases which raised other products sequentially. The slowdown of agriculture was another factor that provoked inflation.

It can be concluded that inflation in Korea is cost-push inflation originating from the economic growth strategy. Hence the argument that the inflation must be tolerated for rapid economic growth cannot be justified in the case of the Korean experience.

In fact, the government gave a top priority to rapid growth and took price stability as its secondary policy target. That is the reason why the government always preferred th economic growth to the price stability as a policy target, whenever it had to make a choice between the two, and why it depended mainly on direct price control as its economic stabilization policies, although the effectiveness of the control was limited. Inflation in Korea did not originate from economic growth itself. It is unacceptable that inflation must be tolerated for rapid growth. This can be supported by the fact that in Korea a correlation between GNP growth rate and inflation rate does not exist.

Inflation in Korea worsened the income distribution by redistributing incomes in favor of firms and stimulating speculations in land and house. In particular, the expansion of speculations due to inflation aggravated the inequality in income distribution.

Appendix

Table A1. Trend in Prices and Major Economic Indicators

(Unit: %)

	CPI growth rate	WPI growth rate	GNP deflator growth rate	Import price growth rate	GNP growth rate	Consumption growth rate	M_2 growth rate
1962	6.6	9.8	8.6	8.3	2.2	7.1	24.9
1963	20.7	19.6	29.3	19.8	9.1	3.7	7.4
1964	29.5	35.8	30.0	40.0	9.6	6.5	14.8
1965	13.6	9.6	6.2	20.0	5.8	6.8	52.7
1966	11.6	8.8	14.5	2.3	12.7	6.8	61.7
1967	10.2	5.5	15.6	1.6	6.6	8.9	61.7
1968	11.0	8.7	16.1	−0.1	11.3	10.6	72.0
1969	12.4	6.4	14.8	4.3	13.8	10.3	61.4
1970	15.4	9.0	16.4	8.0	7.6	10.5	27.4
1971	14.0	9.0	12.5	7.1	8.6	8.9	20.8
1972	11.7	13.9	16.7	6.9	5.1	4.8	33.8
1973	3.0	7.2	13.6	25.9	13.2	7.63	36.4
1974	24.3	42.0	30.5	40.3	8.1	8.2	24.0
1975	25.4	26.3	25.2	−4.0	6.4	5.9	29.2
1976	15.3	12.1	21.2	3.0	13.1	7.5	33.5
1977	10.0	9.0	16.6	0.9	9.8	6.0	39.7
1978	14.5	11.8	22.8	4.4	9.8	9.5	35.0
1979	18.2	18.6	19.6	26.6	7.2	7.6	24.6
1980	28.7	39.0	24.0	27.5	−3.7	0.3	26.9
1981	21.6	20.4	16.9	2.4	5.9	4.9	25.0
1982	7.1	4.6	7.1	−5.3	7.2	5.6	27.0
1983	3.4	0.2	5.0	−4.2	12.6	8.2	15.2
1984	2.3	0.7	3.9	0.3	9.3	6.6	7.7
1985	2.5	0.9	4.2	−2.7	7.0	6.3	15.6
1986	2.8	−1.5	2.8	−6.7	12.9	8.4	18.4
1987	3.0	0.5	3.5	10.9	13.0	8.1	19.1
1988	7.1	2.7	5.9	14.2	12.4	9.7	21.5
1989	5.7	1.5	5.2	3.3	6.8	10.7	19.8
1990	8.6	4.2	10.6	−3.1	9.3	10.1	17.2
1991	9.3	5.4	10.9	−3.2	8.4	9.2	21.9

Note:

1. CPI, WPI, GNP deflator, and import prices is based on 1985.
2. CPI's from 1962 to 1965 are the CPI in Seoul. GNP deflator is based on 1975 during 1962~70, and on 1985 after 1971, Import prices is based on 1970 during 1962~71.
3. M_2 is a stork as of end year.

Source: The Bank of Korea, *Economic Statistics Yearbook*, each issue.

Table A2. WPI Increase Rate by Sectors

(Unit: %)

	Agricultural & marine product	Manufactured products	Light industrial procduct	Heavy industrial products	Competitive goods	Non competitive goods
1971	16.7	4.9	3.2	5.8	6.7	7.4
1972	23.8	11.0	9.9	11.7	9.7	17.7
1973	10.8	7.3	8.2	6.8	6.8	9.8
1974	14.6	22.8	14.7	30.1	22.4	17.9
1975	41.2	45.9	26.3	60.4	26.3	63.1
1976	28.8	13.0	15.6	11.6	17.4	15.5
1977	16.0	4.6	8.1	2.5	11.6	5.9
1978	30.2	4.6	4.4	4.8	21.7	7.1
1979	22.7	6.1	8.0	4.9	17.6	6.9
1980	9.9	34.9	27.2	39.7	17.5	30.1
1981	39.9	36.8	27.6	42.3	25.9	50.0
1982	4.2	11.2	8.4	12.6	6.6	13.7
1983	9.3	0.8	2.1	0.1	4.2	0.5
1984	−6.5	−0.1	2.5	−1.3	−1.3	−0.9
1985	10.3	−0.1	0.2	−0.4	4.1	−0.3
1986	2.7	0.1	0.4	−0.1	0.7	0.5
1987	−10.3	−1.3	1.9	−3.1	−2.2	−3.4
1988	17.5	1.2	1.3	1.3	6.4	−1.2
1989	7.6	0.5	1.8	−0.1	4.6	−2.8
1990	4.7	1.4	3.4	0.3	2.2	1.0
1991	20.6	5.1	3.8	5.9	10.1	3.6

Source: The Bank of Korea, *Economic Statistics Yearbook*, each issue.

Table A3. Change in Industrial Structure

(Unit: %)

	Base on Nominal GDP					Base on Labor Power		
	Agriculture, foresty & fishing	Manufac- turing	Light industry	Heavy industry	Services	Agriculture, foresty & fishing	Manufac- turing	Services
1962	37.0	14.4	71.4	28.6	42.1			
1963	43.4	14.7	70.3	29.7	36.3			
1964	46.8	15.6	69.6	30.4	32.1	61.9	8.2	29.3
1965	38.0	18.0	68.6	31.4	37.2	58.6	9.4	31.0
1966	34.8	18.6	65.9	34.1	39.6	57.9	9.9	31.3
1967	30.6	19.1	65.3	34.7	43.0	55.2	11.7	32.0
1968	28.7	20.1	62.0	38.0	43.5	52.4	12.8	33.6
1969	27.9	20.3	62.4	37.6	43.2	51.3	13.1	34.4
1970	26.7	20.9	61.9	38.1	44.2	50.4	12.1	35.2
1971	27.2	21.3	60.7	39.3	44.3	48.4	13.3	37.4
1972	26.8	21.3	63.9	36.1	44.0	50.6	13.7	35.2
1973	25.0	22.4	60.1	39.9	42.9	50.0	15.9	33.7
1974	24.8	25.1	51.9	48.1	42.5	48.2	17.5	34.1
1975	25.0	26.0	54.1	45.9	41.5	45.9	18.6	35.0
1976	23.6	27.6	53.0	47.0	41.8	44.6	21.3	33.5
1977	22.4	27.5	50.8	49.2	41.6	41.8	21.6	35.8
1978	20.6	28.1	49.5	50.5	40.9	38.4	22.4	38.4
1979	19.2	28.8	47.9	52.1	40.7	35.8	22.9	40.5
1980	14.9	29.7	48.8	51.2	43.7	34.0	21.7	43.4
1981	15.6	29.9	47.9	52.1	43.7	34.2	20.4	44.5
1982	14.7	29.2	47.2	52.8	45.0	32.1	21.1	46.1
1983	13.6	29.9	44.9	55.1	44.8	29.7	22.5	47.0
1984	12.9	30.8	43.9	56.1	44.6	27.1	23.2	48.7
1985	12.8	30.3	43.3	56.7	45.4	24.9	23.4	50.6
1986	11.5	31.7	42.6	57.4	45.7	23.6	24.7	50.5
1987	10.5	32.2	43.0	57.0	46.1	21.9	27.0	50.0
1988	10.5	32.5	39.5	60.5	45.5	20.7	27.7	50.9
1989	10.1	31.2	38.7	61.3	45.9	19.5	27.6	52.3
1990	9.0	28.9	37.6	62.4	46.2	18.3	26.9	54.4
1991	8.1	27.5	35.1	64.9	46.7	16.7	26.6	56.4

Source: The Bank of Korea, *Economic Statistics Yearbook*, each issue.

Table A4. Inflation and Income Distribution

(Unit: %)

	1965	1970	1976	1978	1980	1985	1988
Change in GNP deflator	6.2	15.6	21.2	22.8	24.0	4.2	5.9
WPI(1985=100)	10.3	9.0	12.1	11.8	39.0	0.9	2.7
(1980=100)	10.3	9.4	12.1	11.7	38.9	0.9	–
CPI(1985=100)	–	15.2	15.8	14.5	28.7	2.5	7.1
(1986=100)	(13.6)	12.7	15.3	14.4	28.7	2.5	–
Top 20 percent(A)	41.81	41.62	45.34	46.70	45.39	43.71	
						42.72	42.24
Bottom 40 percent(B)	19.34	19.63	16.85	–	16.06	17.71	
						18.91	19.68
Bottom 20 percent(C)	5.810	–	5.70	5.18	5.09	6.08	
						6.96	7.39
Multiples							
A/B	2,166	2,122	2,691	–	−2,827	2,468	
						2,259	2.146
A/C	7,2.7	–	7,954	9,015	8,917	7,189	
						6,138	5.716
Gini's Coefficient	0.344	0.332	0,391	0.400	0389	0.363	
						0.3449	0.3355

Note:
1. Value in parenthesis indicates change in Seoul CPI
2. A, B and C indicate percentages of income going to the top 20 percent, to the bottom 40 percent, 40 percent, and to the bottom 20 percent, of population, respectively.
3. Upper and lower columns indicate values shown in 1988 edition and 1989 edition, of Social Indicators in Korea, respectively.

Source: The Bank of Korea, *Economic statistics Yearbook*, each issue.

Reference

Jun, Sung-In, "Comparative Study on Models for Estimating Nominal Wage," *The Korea Development Review*, Korea Development Institute, 1991.

Korea Economic Research Institute, "Monetary Policies and Prices of Korea and Taiwan," 1986.

Meier, G. M. (ed.) *Leading Issues in Economic Development*, 1976.

Taylor, L. *Income Distribution, Inflation and Growth*, MIT Press, 1991.

경제안정화

물가와 경제성장의 결합 형태로서는 고(高)물가·고(高)성장, 저(低)물가·극대(極大)성장, 저물가·고성장의 세 가지를 생각할 수 있다. 이 가운데에서 바람직스러운 것은 저물가·고성장임은 말할 나위도 없다. 그러나 이 결합 형태는 고물가·고성장의 결합 형태에서 바로 실현되는 것은 아니고 일단 저물가·극대성장의 결합 형태를 거쳐서 실현되는 것이 상례(常例)인 것 같다.

다시 말하면 대체로 고물가·고성장의 진행은 고물가·저성장 또는 고물가·마이너스 성장(보통은 이 경우를 스태그플레이션이라고 한다)으로 귀결되고 고물가·저성장 내지 고물가·마이너스 성장을 저물가·고성장으로 전환시키는 과도기적인 결합 형태가 저물가·극대성장인 것으로 받아들여지고 있는 것 같다. 1976년에 발간된 매크라켄 보고서에는 분명히 "정책의 기본적인 목표는 적정한 성장률로 돌아가 고(高)고용을 달성하는 것이지만 이 목표는 고물가를 제압할 수 없는 한 달성할 수 없다"는 한 구절이 있다. 이 보고서는 선진국에서 1970년대에 두드러지게 된 스태그플레이션의 원인을 분석하여 불황으로부터 벗어나서 다시 완전고용과 물가안정으로 되돌아가기 위한 경제정책의 목표를 논하고 있는 것이다.

이 저물가·극대성장의 결합 형태가 바로 안정성장 또는 안정이라고 할 수 있다. 따라서 안정하면 마치 성장이 전혀 이루어지지 않는 것으로, 혹은 실은 고성장을 추구하면서 그 가운데서 얻어지는 상대적 물가안정으로 해결하려고 하고 또 그렇게 강조하려고 하는 사람들이 있지만 그것은 잘못이라고 할 수 있다. 아니 어떤 경우에는 고의 또는 악의에 찬 일이라고 해도 과언이 아니다. 안정은 단지 저물가가 허용하는 범위 내에서 극대성장을 뜻하는 것일 뿐이다. 이 경우의 극대성장률은 고성장률은 아니지만 반드시 저성장률만을 의미하는 것은 아니다. 고성장률보다 낮은 것뿐이다.

물론 경기후퇴 혹은 불황에는 경제성장률이 매우 낮으면서도 플러스인 경우와 경제성장률이 마이너스인 경우의 두 가지가 있다. 전자의 경우가 이른바 성장후퇴이다. 이 가운데에서 우리가 진정으로 심각하게 받아들여야 할 불황은 마이너스 성장의 경우의 그것이다. 그것이 이제까지 심각하게 다루어 온 통상의 불황이다. 우리나라는 이런 불황을 1956년에 처음 경험한 바 있고 1980년에 두 번째로 경험했다.

두 번 다 고물가와 결합된 그것, 따라서 이른바 스태그플레이션이었다. 1956년에는 경제성장률은 −1.4퍼센트, 물가상승률은 연말 기준으로 도매의 경우 37.8퍼센트, 서울 소비자의 경우 40.8퍼센트이었고 1980년에는 경제성장률은 −5.2퍼센트, 물가상승률은 도매의 경우 42.3퍼센트, 전 도시소비자의 경우 32.1퍼센트이었다.

우리나라는 제1차 오일쇼크 때인 1974년에는 이런 불황을 경험하지 않고 제2차 오일쇼크 때인 1980년에 두 번째의 이런 불황을 경험했지만, 이미 1974년 대만은 이것에 매우 가까운 것을 경험했으며, 구미 선진국은 말할 것도 없고 일본도 이것을 경험한 일이 있다. 1970년대에 들어서서 계속 10퍼센트를 웃도는 경제성장률을 보이던 대만은 1974년에 경제성장률 1.1퍼센트에 도매물가 상승률 40.6퍼센트, 소비자물가 상승률 47.6퍼센트를 경험했으며 고도성장기에는 5퍼센트의 경제성장률을 경기후퇴로 보던 일본은 1974년에 경제성장률 -1.2퍼센트에 도매물가상승률 31.4퍼센트, 소비자물가상승률 24.3퍼센트를 경험했다.

경제안정화는 우선 안정의 실현을 촉진하는 것에 불과하다고 할 수 있다. 그러나 그것은 무역수지 또는 경상수지 균형을 전제로 하는 것이기도 하다는 것을 간과해서는 안 될 것이다. 경제안정화는 어디까지나 물가안정·무역수지 또는 경상수지 균형과 양립되는 극대성장, 다시 말하면 물가안정·무역수지 또는 경상수지 균형이 허용되는 범위 내에서 극대성장의 실현을 촉진하는 것이다. 따라서 경제안정화는 일반적으로 널리 채택되는 완전고용, 물가안정, 무역수지 또는 경상수지 균형, 생산 확대 등 경제정책의 목표 중에서 물가안정과 무역수지 또는 경상수지 균형을 목표로 한다. 그런데 경제정책의 목표를 이렇게 물가안정과 무역수지 또는 경상수지 균형으로 하는 경우와 완전고용과 생산 확대로 하는 경우 사이에는 동원되는 경제정책의 수단에 차이가 있다. 아니 대부분의 경우 상충관계가 있다고 할 수 있다. 예컨대 원칙적으로 말하면 정부의 세출은 물가안정과 무역수지 또는 경상수지 균형을 목표로 하는 경우에는 감액되는 것과 달리, 완전고용과 생산 확대를 목표로 하는 경우에는 증액되게 되어 있으며, 또 금리는 전자의 경우에는 인상되는 것과 달리 후자의 경우에는 인하되게 되어 있다.

그렇다면 경제안정화를 추구하는 데 있어서는 물가안정과 무역수지 또는 경상수지 균형이라는 목표를 위해서 필요한 수단이 주된 것이 되고 이 수단의 실시로 인해 발생하게 되는 부작용을 해결하기 위한 수단은 부차적인 것으로 돌려야 한다고 할 수 있다. 만약 주된 수단과 부차적인 수단이 엇바뀌는 경우에는 결과가 매우 불만족스러운 것이 될 것이다. 또 안정 또는 안정성장을, 실은 고성장을 추구하면서 그 가운데에서 얻어지는 상대적 물가안정·상대적 무역수지 또는 경상수지 균형으로 착각하는 경우도 마찬가지이다. 이러한 사실은 우리가 이미 1960년대 이후 특히 1970년대에 경험한 바 있다. 그리고 그것은 어떻게 보면 우리에게 준 1970년대의 교훈 중에서 가장 중요한 것일지도 모른다.

이미 앞에서 밝힌 바와 같이 경제안정화는 물가안정·무역수지 또는 경상수지 균형과 양립되는 극대성장의 실현을 촉진하는 것이다. 따라서 물가안정과 극대성장이 성립되었다고 해서 경제안정화가 성과를 거두었다고 말할 수 없음은 불을 보듯 뻔한 일이라고 할 수 있다. 무역수지 또는 경상수지 균형이 아울러 실현되었을 때 비로소 그것이 성과를 거두었다고 할 수 있는 것이다. 사실 대만은 1970년 후반 이후 현재까지 저물가·고성장을 유지하며 대채로 무역수지 또는 경상수지 균형을 실현시켜 오고 있다.

그런데 우리나라는 겨우 1983년부터 저물가·고성장을 실현시키고 있지만 1984년만 해도 경상수지적자가 15억 달러를 웃돌 것으로 예상되고 있다. 따라서 이렇게 보면 우리나라가 경제안정화의 성과를 완전히 거두려면 하루빨리 무역수지 또는 경상수지 균형도 실현시켜야 한다고 할 수 있을 것이다. 사실은 저물가·고성장·무역수지 또는 경상수지 균형이 실현되고 있는 경제 상태, 바로 이것이 진정으로 바람직스러운 경제 상태에 가까운 것이다.

현재로서는 무역수지 또는 경상수지 균형의 실현은 경제안정화의 성과를 온전히 거두기 위해서뿐 아니라, 나아가서 우리 경제를 진정으로 바람직스러운 상태에 근접시키기 위해서 반드시 필요하고 또 매우 중요한 과제인 것이다. 그것은 또 외채누증을 방지해 주기도 하며 나아가서 외채감축을 실현시키기도 한다. 대만은 1983년에는 −1.2퍼센트의 도매물가 상승률, 1.4퍼센트의 소비자물가 상승률, 7.1퍼센트의 경제성장률, 2.7퍼센트의 실업률, 48.3억 달러의 무역수지흑자, 44.5억 달러의 경상수지흑자를 기록했다. 말하자면 바람직스러운 경제 상태인 저물가, 고성장, 고고용, 국제수지흑자를 보인 셈이다. 우리나라도 하루빨리 이런 경제 상태를 실현했으면 한다.

《재정》(1985. 1)

초과수요적 인플레 압력은 상존

일반적으로 저개발국에서 물가수준 변동에 영향을 주는 요인들로서는 생산물시장 요인, 금융시장 요인, 생산요소시장 요인, 해외시장 요인, 그리고 경제외적 요인들로 구분할 수 있다. 그러나 이 중에서도 대체로 생산시장 요인과 해외시장 요인이 지배적인 것으로 여겨지고 있다.

정책변수요인이 크게 좌우

금년 하반기 우리나라의 물가는 무엇보다도 생산물시장 요인에 직접적인 영향을 받아 변화할 것이다. 왜냐하면 부가가치세의 실시로 모든 상품 및 서비스의 공급가격이 변화·조정될 것이기 때문이다. 10퍼센트의 탄력세율 적용이 물가수준에 어느 정도의 영향을 미칠 것인가 하는 문제는 해외시장 요인, 생산요소시장 요인에서 커다란 변화가 없다고 보는 한 경제외적 요인, 즉 그 중에서도 정책변수요인의 성패에 크게 좌우되리라고 보여진다. 따라서 새로운 세제도입으로 인한 물가체계의 혼란을 방지하고 안정기조를 유지하기 위해 설정된 보완책, 즉 물가관리의 강화, 무역자유화, 금리인하 등이 얼마만큼의 효과를 가져오느냐 하는 관점에서 하반기 물가추이를 전망해 본다.

첫째, 물가관리의 강화내용을 살펴보면 올해 물가억제선 10퍼센트를 최대한 유지하기 위해 모든 기업의 개별제품 제조가격 조정내용을 작성·배포하고, 157개 독과점품목 지정과 95개 주요품목(공장도가격) 및 45개 소비자품목(서울 지역)에 대한 최고가격 지정 등으로 모든 가격 및 요금을 부가가치세 시행에 따른 간접세부담 변동만을 반영하여 인상·인하토록 유도하는 기준을 설정해 놓고 있다. 또 77년 5월 31일 가격을 기준으로 부가가치세 실시에 의한 품목별 가격변동표와 현행 마진액을 기준으로 한 품목별·거래단계별 표준유통 마진에 대한 품목별·거래단계별 표준 유통마진율표를 작성·배부하여 가격변동 지도를 도모하고, 백화점, 연쇄점, 대형소매점 등 3만 8,524개 업체에 120개 품목을 지정하여 가격표시제를 시행토록 하고 대중서비스 요금의 가격표시제를 확대 실시하기로 되어 있다.

또한 가격 및 거래동향 강화, 물가행정책임체계 강화, 물가단속 강화 등을 내용으로 하는 물가행정을 강화하기로 하고 있다.

결국 이러한 대책은 새로운 세제의 실시로 가속화될 것으로 예상되는 거래단계에서 빚어질 부당한 가격인상을 행정력으로 억제·단속하여 종래의 물가대책을 더욱 광범위하게 강화한 것이라 할 수 있다. 이러한 대책은 지금까지의 경험에 비추어 충분한 실효를 거둘 수 있다고 보기는 힘들다. 그것은 행정단속의 기술적 한계(물가관리의 인력적 한계, 무수한 재화와 서비스를 동시적으로 완전히 효율적으로 통괄할 수 있는 경험과 기술의 부족)가 적지 않게 현실적 규제과정에서 작용한 것으로 보이기 때문이다.

초과수요적 인플레 압력 상존

한편 경제성장률 10퍼센트 선 유지와 수출 1백억 달러 달성이라는 고도성장의 기조를 전제하고 있으므로 재정안정과 금융긴축을 위한 각종 조치에도 불구하고 정부지출 및 민간투자가 하반기 중에도 상당히 높은 수준에서 유지될 것으로 보여 생산물시장에서 초과수요적 인플레 압력은 상존할 것으로 판단돼 물가수준 10퍼센트 선 달성은 쉽지 않으리라고 보인다.

나아가 행정력에 의한 거래단계별 마진 규제가 비교적 효율적으로 이루어진다 하더라도 부가가치세 실시로 인한 단기적 이윤저하 또는 보합현상은 제조업 및 상업 부문에서 유통마진을 확보하기 위해 소비자 가격에 부담을 전가하는 형태로 나타날 가능성이 많다고 하겠다.

이렇게 볼 때 생산제품의 구조적인 가격체계의 적정화를 전면적으로 확립해 놓지 않은 상태에서 물가관리 강화는 8·3 조치와 비슷한 형태의 전철을 되풀이할 가능성을 전혀 배제할 수는 없는 것이다.

둘째, 최근에 실시될 예정으로 있는 무역자유화 조치 즉 수입한도제 철폐, 수입담보금 적립률의 인하, 자유화품목의 확대 등은 물가와 어떻게 관련되는 것인가?

이 무역자유화 방안은 외환사정의 호전과 물량공급량의 확대에 따른 인플레 압력의 감소 등에 명분을 두고 있는데, 기존 22개의 수입자유화 품목에서 새로 20개 품목을 추가하여 자유화의 폭을 확대하고, 정책적으로 수입제한이 필요하다고 인정되는 일부 품목을 제외하고는 수입허가 한도제를 원칙적으로 철폐한다는 것이다. 또 수입담보금 완화는 10월 1일까지 단계적으로 인하하되 급격한 유동성 증가의 충격을 완화하고 연지급 수입은 현행 적립률을 유지하되 관세율 조정과 연결하여 부분적으로 인하한다는 것이며 최저 적립률을 10퍼센트로 설정, 수입대체를 촉진하고 은행의 대금결제를 확보한다는 것이다. 그런데 수입자유화 품목은 수입제한 완화의 원칙, 즉 국산품 품질향상에 기여하는 품목, 국제경쟁력이 있다고 인정되는 품목, 국산이 가능하지만 과잉보호되고 있는 품목, 수입제한의 실효성이 없는 품목, 관세 면에서 보호되고 있는 품목 등으로 되어 있으나 실제의 22개 자유화 품목이나 20개 추가된 자유화 품목을 보면 화공약품의 원료, 일부 단순 화학제품, 또는 소형 기계제품 등으로 국내수요 면에서 큰 비중을 차지하고 있지 않으며 물가 구조에서도 별로 크지 않은 가중치를 가진 제품이어서 이것이 직접적으로 물가 인하에 기여하기를 기대하기는 어려워 보인다.

기업의 자금부담은 경감

또 일람불수입을 유도하여 통화증발 압력을 완화하고 수입담보금 적립률의 인하에 따라 기업의 자금 부담을 경감하고 원·부자재의 수입한도 철폐 등으로 수입상품의 물량공급을 다소 증대시킨다는 기대를 하고 있으나 종래의 기업 활동 패턴에 비추어 볼 때 기업(특히 대기업)의 수입규모가 이루어지지 않은 것이 자금부족에 기인한 것이 아니라 더 높은 단기적 수익성에 주안점을 둔 경영정책에 기인한 것임을 감안한다면, 이번 무역자유화 조치로 인한 자금부담 경감이 바로 자유화품목의 수입 확대와 물량공급 확대로 연결되리라고 기대하기는 어렵다.

따라서 수출기별 공고에 반영된 1천3백여 개 전 품목을 대상으로 수입개방 시기를 예시하는 수입자유화의 사전예시제가 전면적으로 시행되기 이전에 물가조정의 파급효과를 기대한다는 것은 비현실적인 것이라 생각된다.

그러나 이러한 무역자유화는 국제적인 자유화 조류에의 적응과 선진 그룹에의 접근, 대한 수입규제 완화, 또 물가안정에의 기여(유동성 흡수, 공급 증대, 가격경쟁 촉진), 국내산업의 합리화 촉진(경쟁에의 대응노력) 등 긍정적 측면에도 불구하고 기존 국내산업의 위축, 신규 수입대체산업 개발 저해, 국내 산업질서의 교란(기업 도산 및 실업 발생 등), 급격한 수입증대, 국제수지악화, 국내자원 활용저해 및 대외의존도 심화, 대외의존적 수요패턴 조장 등 부정적 측면이 강하게 나타날 것으로 예측되는바, 품목별·업종별로 품질과 가격 면에서 충분한 국제경쟁력을 확보하게끔 하는 산업정책과 관련하여 진행되어야 할 것이다.

따라서 무역자유화의 방향은 점진적·단계적으로 추진되어야 할 것이고 자유화에 대응하는 보완조치의 청구와 동시에 이루어져야 할 것이다.

금리인하 파급효과는 의문

이러한 관점에서 볼 때 무역자유화가 물가에 미칠 영향은 현재 검토·계획되고 있는 수입자유화가 본격화된다 하더라도 국내산업의 생산물시장 동향, 국내수요패턴 및 임금 등의 요소가격 변화 등 복합적인 요인에 의해 규정될 것이다.

요컨대 외환보유고 증대에 의한 통화증발 요인을 무역자유화에 의해 억제함으로써 물가에 안정적 영향을 미치려는 시도는 기업 측의 실제적인 호응 즉 한계수입성향 및 평균수입성향의 제고로 기대될 수 있는데 이러한 수입성향 변화는 여타의 가변요소에 의해 규정될 것이므로 단기적인 물가인하는 기대하기 어려울 것으로 보인다.

셋째로 금리인하가 물가에 미칠 영향을 살펴보면 정부 당국에서는 일반대출과 적금대출 당좌대월, 상업어음 할인, 시설자금 대출금리가 낮아질 경우 기업은 금년 하반기 내에 162억 원의 자금부담이 경감될 것이며, 이는 1.1퍼센트의 물가하락 요인으로 작용할 것으로 기대하고 있다. 이는 부가가치세 실시와 함께 금리를 인하함으로써 기업의 금리부담을 덜어주어 물량공급을 늘리도록 하고 물가안정을 이룩하기 위한 것으로 종전보다 낮은 금리로 기업의 투자를 유인하여 공급능력을 확대시키자는 것이다. 그러나 이러한 규모의 기업부담 경감이 기업의 제품판매가격 인하에 어느 정도 직접적인 영향을 미칠 것인지는 의문이다. 왜냐하면 제조업에서 총비용에 대한 금융비용 비율은 4~5퍼센트를 나타내고 있는데 금융비용 발생원천의 큰 비중을 차지하고 있는 외자에 대한 금리부담이 그대로 계속되고 있는 상태에서 상대적으로 적은 국내금융의 이자부담이 다소 경감된다고 해서 즉각적인 판매가격 인하효과가 나타난다고 할 수 없다. 더구나 기업 측에서 그러한 이자부담 경감을 그대로 판매가 인하로 반영시킬 것이라고 기대하기 어려운 실정에 있으므로 그러한 인하효과는 불투명하다고 하겠다.

해외원자재가는 하락할 듯

이상에서 부가가치세 실시에 따른 정책변수를 중심으로 하반기 물가를 종합적으로 전망해보면 그러한 모든 보완조치가 순조롭게 기대되는 효과를 가져온다 하더라도 10퍼센트 탄력세율 적용으로 인한 추가적인 물가상승폭은 적지 않을 것으로 보이며 하반기 내에 추경예산 집행으로 경기부양적인 효과가 예견되고 추곡수매에 의한 통화증가도 무시할 수 없는 인플레 작용을 할 것이라 보인다. 이러한 견지에서 물가억제선 10퍼센트는 낙관할 수만은 없다고 보인다. 다만 3/4분기 중 주요 해외원자재가격 동향은 대체로 보합 또는 약한 하락세를 보일 것으로 전망되어 다소 안정적 요인으로 작용할 것으로 내다보인다.

어쨌든 하반기 물가의 안정에는 적지 않은 불안요인이 잠재해 있는 것으로 보이는데 이러한 물가문제에 대해 이미 제시된 보완조치들을 중심으로 좀더 적절한 대책이 강구·실시되어 물가억제목표 10퍼센트가 무난히 달성되기를 기대하는 바이다.

《상의》(1977. 7)

물가안정의 지속을

현재 실업문제는 심각하다. 이것은 물론 주로 불황(불경기)에 기인한다고 할 수 있다. 그런데 3/4분기까지의 실적에 비추어 볼 때 금년에는 경제성장률이 계획치인 7.5퍼센트를 크게 밑도는 5퍼센트 내지 5퍼센트보다 적은 수치가 될 것으로 전망되며, KDI에 따르면 내년에도 6.5퍼센트에 불과할 것이라고 한다.

다시 말하면 내년에도 불황에서 크게 벗어날 것 같지 않다는 것이 현재의 전망이다. 따라서 실업문제의 심각성은 더하다고 하지 않을 수 없을 것이다. 그러다 보니 자연히 물가를 희생시키는 한이 있더라도 확대정책을 펴야 한다는 주장이 고개를 들게 되는 것은 당연한 일이라고 할 수 있다.

그러나 올해에는 그런대로 계획치대로 물가안정이 실현된다고 해도 올해 들어서 그동안 수출촉진과 경기대책의 일환으로 환율이 크게 올랐고 총통화 역시 크게 증가했다. 게다가 내년 예산안에 따르면 내년에는 주요 공공요금이 비교적 크게 인상되게 되어 있어 내년의 물가는 상당한 불안요인을 안고 있는 것이 사실이다.

환율은 이미 10퍼센트 이상 인상되었고 총통화는 말잔액(末殘額)의 경우 그 증가율이 작년에는 7.7퍼센트이었는데 9월 말 현재로 작년 말에 견주어 11.2퍼센트나 증가했고 앞으로도 그 증가율이 클 것으로 예상된다. 그런가 하면 철도요금 중 보통여객은 10퍼센트, 화물은 3퍼센트, 우편요금은 7퍼센트, 지하철요금은 5퍼센트, 중고교 수업료는 5퍼센트, 의료보험수가 중 입원은 3.8퍼센트, 외래는 12.5퍼센트 인상하게 되어 있다. 사실 최근 KDI도 내년의 도매물가 상승률을 2.5퍼센트, 소비자물가 상승률을 4.1퍼센트로 전망하고 있다.

올해의 물가상승률 예상치는 도매의 경우 1~2퍼센트, 소비자의 경우에는 3퍼센트이다.

따라서 현재의 전망으로는 내년 물가는 1981년의 도매물가 상승률 20.4퍼센트, 소비자물가 상승률 21.3퍼센트에서 각각 4.7퍼센트, 7.3퍼센트로 극적으로 낮아졌던 82년의 상태에 가깝게 되돌아가게 될 것으로 예상된다.

내년 물가 상당히 불안

도매물가 상승률과 소비자물가 상승률은 83년에는 0.2와 3.4퍼센트, 1984년에는 0.7과 2.3퍼센트이었다.

따라서 현재로서는 확대정책을 펼 여지가 없으며 또 설사 확대정책을 편다고 해도 가령 10퍼센트 이내로 물가상승률을 억제한다는 전제를 둔다면 그 효과는 자연히 제한적일 수밖에 없다고 할 수 있다.

또 심각한 실업문제도 그것에는 81년부터 1.3배나 정원을 대폭 늘림으로써 내년 2월부터 크게 늘어난 대학졸업자로 인한 실업문제가 포함되어 있고 이 문제는 적절한 중장기의 종합대책을 통해서 비로소 해결될 수 있는 성질의 것이라는 점에 일단 유의해야 한다. 아울러 물가안정은 생활안정과 국제경쟁력의 강화 등을 초래하는 것 외에 인플레이션은 물가등귀분만큼 일정 임금 또는 급여를 받는 근로소득계층의 실질소득을 감소시키고 그것을 재산소득계층으로 이전시킴으로써 근로소득계층의 실질소득의 감소와 소득격차의 확대 또는 소득분배의 악화를 초래한다는 점도 역시 유의해야 한다. 그렇다면 현재로서는 실업문제의 해결을 위해서 커다란 물가의 희생을 전제하는 확대정책은 생각할 수 없다는 주장에 일단 수긍이 가리라고 생각한다.

현재로서는 여전히 물가안정을 추구하면서 그 범위 안에서 실업문제를 해결해 가도록 해야 할 것이다. 이렇게 결론지을 때, 일단 생각할 수 있는 실업대책으로서는 우선 국제경쟁력의 강화, 수출시장의 다변화 및 관민의 통상외교 강화 등을 통한 수출부진의 타개·수출확대를 들 수 있을 것이다. 다음에 고용흡수적인 산업인 농업과 중소기업 등의 적극적인 육성을 들 수 있을 것이다.

또 근로시간의 단축이라든가 공공건설사업·주택건설사업·취로사업 등의 확대 등 전통적인 케인스적 대책을 들 수 있을 것이다.

물론 수입개방의 신중하고도 신중한 추진 등도 이 문제와 관련해서 들어질 수 있는 것이라고 할 수 있을 것이다.

안정 속에 실업 해결해야

그러면 물가안정을 위해서 앞으로 특별히 유의할 필요가 있는 점은 무엇이라고 할 수 있는가. 우리나라의 물가구조는 60년대, 특히 제2차 계획기간(67~71) 이후부터 해외의존형이며 또 70년대 이후 공공요금을 비롯한 정부관리가격 주도형이라고 할 수 있다. 이것은 그동안 상품수입의존도가 크게 높아진 점, 특히 공업용 원료 및 연료수입이 총

수입에서 차지하는 비중이 매우 큰 점, 70년대 이후에 공공요금을 비롯한 정부관리가격 상승률이 경쟁상품 가격상승률, 독과점상품 가격상승률, 정부관리가격 상승률의 세 가지 가운데 가장 큰 점 등에서 알 수 있다.

1960년대 이후에는 통화량 증가는 어디까지나 부차적인 물가변동 요인이라고 할 수 있다. 따라서 원자재·원유 등의 국제가격이 상승하면 '수입물가의 상승→제조원가의 제고(提高)→도매물가의 상승→소비자물가의 상승'을, 그리고 그 반대의 경우에는 반대의 현상을 초래하게 되어 있다. 82년 이후의 물가안정은 바로 원자재·원유 등의 국제가격의 하락 또는 보합에 주로 기인한다. 공공요금의 인상도 '제조원가의 제고→도매물가의 상승→소비자물가의 상승'을 초래하게 되어 있다. 그러나 환율도 물가에 커다란 영향을 미친다는 점을 간과해서는 안 된다. 국제가격이 하락 또는 보합 상태에 있다고 해도 일정 수준 이상의 환율인상은 제조원가의 제고를 통해 물가를 상승시키게 되어 있다.

그런데 공공요금은 이미 인상되었고 내년에 또 인상되게 되어 있으며 환율도 이미 10퍼센트 이상 인상되었을 뿐 아니라 앞으로도 더 인상될 것이 예상되니 이들이 각각 물가상승의 주요인으로서 작용할 것은 뻔한 일이 아니겠는가. 이에 더해서 비록 부차적인 물가변동 요인이라고는 해도 총통화가 크게 증가했고 또 계속 증가할 가능성이 크니 물가상승의 가세요인으로서 작용 할 것이다. 앞에서 내년의 물가가 상당한 불안요인을 안고 있다고 한 까닭은 바로 여기에 있다.

따라서 앞으로는 원자재·원유 등의 국제가격의 동향파악을 항시 게을리하지 않으면서 국내 원자재·부품의 활용 및 국산화를 위한 노력, 또 기업들의 경영합리화, 생산성 향상, 기술혁신을 위한 노력, 특히 공기업의 이러한 노력을 지속할 필요가 절실하다고 아니할 수 없다.

그리고 정부의 신중한 환율관리, 공공요금의 인상 억제 또는 소폭 인상이 강조되어야 할 것이다.

서민생계 위협해선 곤란

앞에서 보았듯이 환율인상은 제조원가의 제고를 통해서 물가상승을 초래하며 공공요금의 인상은 제조원가의 제고를 통해서 물가를 상승시킬 뿐 아니라 직접적으로 혹은 다른 서비스요금의 인상을 불러일으켜 결국 서민층의 생계를 위협하기도 할 것이기 때문이다. 사실은 물가등귀의 위협을 가장 크게 받는 것이 이들 서민층이라는 것을 생각한다면 정부는 물가안정을 위한 노력을 기울일 때, 어디까지나 이런 공공요금 즉 공공서비스 가격의 안정은 물론 다른 서민층의 일상생활에 기본적이고 필수적인 상품과 서비스 가격의 안정에 전력투구하는 것이 바람직하다고 할 수 있을 것이다. 이 점은 아무리 강조해도 남음이 있다고 할 수 있다. 이렇게 소수 품목의 가격안정에 정부가 혼신의 노력을 기울일 때 비로소 가격의 안정이 초래될 것이고, 따라서 서민층이 생계의 위협이 덜어질 것이 아니겠는가. 그러기에 물가안정과 관련해서 끝으로 이 점이 강조되지 않을 수 없다.

《이코노미스트》(1985. 12. 20)

고도성장은 만병통치 아니다

올해가 제5차 경제계획의 최종연도이다. 따라서 자연히 내년부터 시작되는 제6차 계획안을 확정짓는 일을 서두르지 않을 수 없을 것이다. 어떻든 최근에 부문별 계획이 발표되어 왔고 또 극히 최근에는 총량계획안이 발표되었다. 그러나 웬일인지 씁쓰레한 느낌이 드는 것이 사실이다. 그것은 아마 제4차 계획(1977~1981)과 올해로 끝나는 제5차 계획을 작성할 때 느낀 일, 제4차 계획의 최종연도인 1981년의 계획치와 실적치 사이에 엄청난 차이가 있었던 점 등이 회상된 데다가 3저(低) 운운하지만 여전히 올해의 전망이 불투명한 것 같아서이다.

1981년의 계획치는 경제성장률 9.0퍼센트, 실업률 3.8퍼센트, 물가상승률 8.0~9.0퍼센트, 경상수지 11억 7천2백만 달러 흑자, 무역수지 13억 7천만 달러 흑자, 해외저축률 −0.1퍼센트, 외채잔액 136억 4천8백만 달러(대GNP 비율 23.3%)이었는데 실적치는 각각 6.2, 4.5퍼센트, 20퍼센트를 약간 상회, 46억 4천6백만 달러 적자, 48억 7천8백만 달러 적자, 7.7퍼센트, 325억 달러(51.3%)로 엄청난 차이를 보였다. 또 어떻게 보면 똑같은 수법으로 계획이 작성되어 보도되고 하는 데에 대한 싫증 같은 것이 작용했을는지도 모른다.

그뿐 아니다. 아직도 해외건설업계·해운업계·조선업계는 심한 불황의 늪에서 헤어나지 못하고 있으며 부실기업의 정리도 힘겹기 짝이 없는 일임에 틀림없다. 그러기에 나는 계획치에 반영되지 않은 이들 난제의 해결을 위한 시간적 여유를 갖기 위해서, 또 다시 계획의 조정기의 설정을 제창하고자 한다. 그러면서 나는 앞으로의 참고를 위해서 제3차 계획이 시작된 1972년에서 제4차 계획이 끝난 1981년까지의 10년 동안에 우리 경제에 어떤 일이 일어났으며, 그 기간은 우리 경제에 어떤 과제를 남겼고 어떤 질문을 제기하였으며, 어떤 교훈을 주고 있는가를 다시 한 번 생각해 보기로 한다.

그 10년 동안에는 두 번, 즉 1974~1975년과 1979~1981년에 오일쇼크에 직면했고, 따라서 두 번의 심한 스태그플레이션 혹은 심한 인플레적 경기후퇴, 경상수지적자·무역수지적자 등을 겪었다.

사실 1980년에는 경제개발계획이 실시된 이후 처음으로 경제성장률이 -5.2퍼센트나 되었다. 그런가 하면 농공 사이의 불균형, 소득격차의 확대 등이 매우 어렵고 심각한 문제를 안게 된 것도 사실이다.

그리고 그 기간에는 우리 경제는 1972년의 8·3조치, 1976~1977년의 중동 붐, 1977~1978년의 과열된 부동산투기 붐 등을 겪기도 했다. 또 그 기간에는 '전환기', 혹은 '전환점'이라는 말이 운위되기도 했고, 수출 드라이브 정책, 중화학공업화가 외쳐지기도 했으며 고도성장이 구가되거나 슬로건으로 내걸리기도 했다.

경제성장률은 1976년에는 14.1퍼센트, 1977년에는 12.7퍼센트, 1978년에는 9.7퍼센트나 되었고, 1인당 GNP는 1978년에 1천 달러를 웃돌게 되었고, 1977년에는 수출이 1백억 달러를 넘어서게 되었으며, 중화학공업의 비중이 경공업을 앞지르게 되었고, 경상수지가 1천2백만 달러의 흑자를 보였을 뿐 아니라 노동력 부족현상이 일어난 것 같은 착각을 준 일이 있었다. 또 그 기간에는 대재벌이 형성되기도 했다.

이에서 1972~1981년의 기간은 우리 경제에 명암이 엇갈린 10년이라고 해도 지나친 말이 아닐 것 같이 생각된다. 그러면서 한편에서는 경제성장, 1인당 GNP, 공업화 등에 대한 회의, 경제성장과 공업화의 속도에 대한 회의, 수출 드라이브 정책 및 중화학공업화의 추구에 대한 회의, 진정으로 긴축의 경험을 가진 일이 있었는지에 대한 회의, 실업이냐, 안정이냐의 선택에서 진정으로 안정을 선택할 일이 있었는지에 대한 회의, 농업혁명을 제대로 추진했는지에 대한 회의, 산업 간의 연관도의 제고를 제대로 추구했는지에 대한 회의, 1년 또는 단기의 수치 혹은 지표로 희비를 나타내는 일에 대한 회의, 고도성장정책의 추구를 촉구했다고 볼 수 있는 선 성장·후 분배의 주장이나 성장 초기에는 소득분배의 불평등은 불가피하다는 주장, 고도성장은 높은 고용이라는 주장 등에 대한 회의 등 많은 의문을 제기했다고 할 수 있다.

그리고 다른 한편에서는 경제성장은 어디까지나 수단이지 목적이 아닐 뿐 아니라 결과라는 것, 경장성장은 서두를 것이 못 된다는 것, GNP는 구성을 은폐하는 것이기 때문에 1인당 GNP는 반드시 각 개인에게 실감이 나는 것이 못 된다는 것, 공업화도 역시 수단이며 서두를 것이 못 될 뿐 아니라 시간을 요한다는 것, 수출 드라이브 정책과 중화학공업화는 강행할 것이 못 된다는 것, 1960년대 이후 처음 겪는 경제성장률 −5.2퍼센트라는 심한 불황에 처했어도(1980) 얼마든지 기업과 가계가 버텨 낼 수 있으며 도리어 불황이 기업, 가계, 나아가서 경제의 체질을 강화시킨다는 것, 긴축의 경험이 절실하다는 것, 농업의 역할을 새삼 중시하는 일과 진정한 농업혁명이 필요하다는 것, 진정한 산업 사이의 연관도의 제고가 필요하다는 것, 중소기업의 역할을 중시하는 일이 필요하다는 것, 1년이나 단기의 수치 혹은 지표로 희비를 나타내는 일은 금물이라는 것 등 많은 교훈을 주었다고 할 수 있다.

이와 아울러 고도성장정책의 추구를 촉구했다고 볼 수 있는 갖가지 주장이나 고도성장 아래서 인플레이션은 불가피하다는 주장 등이 시대착오적인 것이거나 잘못된 것이라는 교훈을 남겨 주었다고 할 수 있음은 말할 나위도 없다. 즉 선 성장·후 분배의 주장은 복지사상이 팽배하고 있는 시대에는 시대착오적인 것이라고 할 수 있으며, 성장과 더불어 그 과정에서 분배문제도 적극적으로 배려하지 않는 한 성장이 실현되었다고 해서 소득분배가 평등화하는 것은 결코 아니며, 적극적인 고용흡수정책을 펴 나가기만 하면 고도성장이 아니라도 고고용은 실현될 수 있으며 고도성장은 저물가 아래서도 가능하다는 교훈을 남겨주었다고 할 수 있다.

따라서 1972~1981년의 10년이 준 이러한 교훈을 거울로 삼아서 앞으로는 안정 또는 긴축이 절실히 요청될 때 성장만 하면 만사가 해결된다는 성장만능론이나 고도성장 아래서는 인플레이션이 불가피하다는 인플레이션 감수론은 말할 것도 없고, 고도성장은 곧 고고용이라는 주장 등으로 실업이냐 안정이냐의 선택에서 실업을 물가보다도 우선함으로써 확대정책으로 기우는 일, 즉 불황을 지나치게 두려워하거나 과장하는 일 등은 결코 있어서는 안 된다고 할 수 있다.

불황은 기업과 가계, 나아가서 경제의 체질강화라는 긍정적인 면을 갖고 있는 것이다. 그리고 적극적인 고용흡수정책을 펴 나가기만 하면 저성장 아래서도 높은 고용은 실현될 수 있다. 어떻든 현재로서는, 아니 앞으로 상당 기간 심한 불황의 늪에 빠져 있는 해외건설업체·해운업계·조선업계의 짐을 더는 일과 부실기업의 정리가 더욱더 시급을 요하는 문제라는 것을 간과해서는 안 될 것이다.

《재정》(1986. 6)

물가는 잡아야 한다

현재 한국경제는 많은 난제에 직면하고 있다. 예를 들면 해외건설·조선·해운업체의 부실화, 미국의 강한 원화절상·수입개방 압력, 노사분규, 물가불안 등이 그것이다.

그러나 현재로서는 이들 가운데에서 우선해서 서둘러 대처해야 할 것은 물가불안이 아닌가 생각된다.

9월 말 현재로 연말대비로, 즉 작년 말에 견주어 도매물가는 1.8퍼센트, 소비자물가는 4.4퍼센트나 상승했을 뿐 아니라 정부도 금년의 물가상승률을 도매 1.0퍼센트(연말대비로는 1.5%), 소비자 3.0퍼센트(연말대비로는 4.5%)로 전망하고 있다.

물가가 잡히기 시작한 1982년 이후를 볼 때, 물가상승률이 1982년, 1983년, 1984년, 1985년, 1986년에 도매 4.7, 0.2, 0.7, 0.9, -2.2퍼센트, 소비자 7.3, 3.4, 2.3, 2.5, 2.3퍼센트임을 감안한다면 그러한 상승률은 물가가 심상치 않음을 나타낸다고 할 수 있다.

게다가 8월 말 현재로 일본과 대만의 물가상승률은 도매 0.3, -4.4퍼센트, 소비자 0.5, 0.9퍼센트이다. 그렇다면 물가불안에 우선 대처해가야 한다는 말에 수긍이 갈 것이다.

물론 정부도 올해 들어 물가안정 대책을 계속 취해오고 있고 특히 지난 10월 16일부터 국내 유가의 평균 10.2퍼센트 인하에서부터 전기요금 인하, 부동산투기 규제에 이르기까지 그 내용이 광범위한 종합물가안정 대책을 실시하고 있다.

그러나 물가와 관련해서는 대체로 1967년 이후에는 '수출' 주도적 공업화를 통한 '고성장'의 실현이라는 경제개발전략을 추진한 결과, 해외의존형 공업구조→해외의존형 물가구조가 형성됨으로써 수입물가가 주된 물가변동 요인이 되었다는 사실에 특히 유의할 필요가 있다.

사실 1차 오일쇼크 기간인 1974~1975년과 2차 오일쇼크 기간인 1979~1982년에서 보듯이 수입물가가 크게 상승한 해 또는 그 다음 해에는 도매물가, 소비자물가가 크게 상승했으며 반대로 1982년 이후에서 보듯이 수입물가가 크게 하락한 해 또는 다음 해에는 도매물가, 소비자물가가 크게 안정했거나 하락했다.

수입물가가 인플레 주도

1974년은 도매물가 상승률이 42.1퍼센트로서 그 상승률에서 1962년 이후 가장 크고, 소비자 물가상승률이 24.5퍼센트로서 그 상승률에서 1962년 이후 셋째로 큰 해이다.

1980년은 도매물가 상승률이 38.9퍼센트로서 그 상승률에서 1962년 이후 두 번째로 크고, 소비자물가 상승률이 27.6퍼센트로서 그 상승률에서 1962년 이후 가장 큰 해이다.

과연 예상대로 수입물가 상승률은 1973년, 1974년에는 23.8, 26.8퍼센트(1972년에는 5.5%), 1979년, 1980년에는 26.7, 27.6퍼센트(1978년 4.4%)이고 반대로 1986년은 도매물가 상승률이 −2.2퍼센트로서 그 상승률에서 1962년 이후 가장 작고, 소비자물가 상승률이 2.3퍼센트로서 그 상승률에서 1962년 이후 둘째로 작은 해인데, 수입물가 상승률은 1985년 −3.9퍼센트, 1986 −14.3퍼센트(1984년 0.0%)이다.

그런데 올해 들어 수입물가는 급등하고 있다. 8월에는 작년 8월에 견주어 20.6퍼센트, 9월에는 작년 9월에 견주어 17.3퍼센트, 작년 말에 견주어 13.3퍼센트나 상승했다. 이것은 원자재와 원유의 국제가격의 상승을 반영하는 것이다. 이처럼 수입물가가 크게 상승하니 도매물가 소비자물가가 크게 상승할 수밖에 없지 않은가.

따라서 물가안정을 위해서는 원자재와 원유의 국제가격동향을 예의 주시하면서 그것에 대한 적절한 대비를 강구해 가야 할 것이다. 이때 국제가격동향이나 필요량 확보에 대해서 지나치게 낙관적인 전망을 내리는 것은 절대 금물임은 말할 나위도 없다.

그러나 해외의존형의 공업구조 때문에 수입물가가 주된 물가변동 요인으로 된 이상 물가안정을 위해서는 장기적으로 해외의존형 공업 구조에서 탈피하는 것이 무엇보다도 긴급한 일임은 분명하다고 할 수 있다.

그런 의미에서 그 탈피를 가능케 해주는 농업, 광업, 중화학공업의 소재·부품생산부문 등의 적극적인 육성이 강조되지 않을 수 없다. 이러한 노력은 한국경제의 장기적인 과제의 하나인 해외의존도의 저하(혹은 자립도의 제고)를 위해서도 꼭 필요한 일이기도 하다.

그러나 물가와 관련해서는 통화량의 동향도 경시할 수 없는 것이 사실이다. 대체로 1967년 이후에는 통화량이 주된 물가변동 요인은 아니라고 하더라도 가세(加勢)적인 요인임에는 틀림없다. 다시 말하면 물가가 상승할 때나 하락할 때에 그것을 부채질하는 역할을 한다. 매년 통화량 증가율의 목표를 정하는 것도 이에 기인한다고 할 수 있다.

서민층 인플레 피해 커

그런데 현재로서는 올해의 통화량 증가율 목표인 18.0퍼센트를 지키기가 어려운 것으로 알려져 있는 데다가 올해 안에 국민투표와 대통령 선거가 있을 뿐 아니라 내년에는 국회의원·지방의원 선거가 있고 또 올림픽이 열리게 되어 있다.

그렇지 않아도 내년의 예산이 크게 증가되게 되어 있지만 이런 요인들이 통화량 증발요인이라고 한다면 앞으로의 물가 동향은 이런 면에서도 우려가 된다. 따라서 물가안정을 위해서는 통화관리에도 크게 힘써야 할 것이다. 신중한 통화관리 말이다.

그러나 물가안정과 관련해서는 다음의 두 가지에 대해서도 특별히 유의할 필요가 있다. 하나는 서민층에 역점을 두어야 한다는 점이다. 물가상승의 피해를 가장 많이 입는 층이 서민층이라고 한다면 이것은 당연한 일이라고 할 수 있다. 서민층에게 필수적인 품목과 서비스의 가격을 우선해서 안정시키는 일이 바로 그 주내용을 이룬다.

1970년 이후를 볼 때 공공서비스요금 상승률이 물가상승률보다 큰 것이 사실일진데 이 점은 강조될 필요가 있을 것이다. 대한상의 자료에 따르면 1971~1980년에는 물가상승률이 도매 18.9퍼센트, 소비자 16.5퍼센트인데 공공서비스요금 상승률은 21.1퍼센트이고, 1980~1986년에는 물가상승률이 도매 7.7퍼센트, 소비자 8.5퍼센트인데 공공서비스요금 상승률은 10.5퍼센트이다.

임금인상은 불가피하다

다른 하나는 임금인상은 곧 제조원가 인상·가격인상·물가상승이 아니라는 점이다. 한국에서는 아직도 임금인상은 대부분의 경우 생산성 향상을 비롯한 경영합리화의 강화로 흡수될 수 있다고 할 수 있다.

그런데 임금은 비용의 측면만이 아니고 소득원천의 측면도 갖고 있다. 기업에서 볼 때에는 그것은 비용이지만 근로자 또는 노동자에게는 틀림없이 소득원천이다. 따라서 물가안정을 도모한다고 해서 임금인상률이 낮은 수준으로 억제되는 일은 결코 있어서는 안 된다.

그리고 임금인상률은 언제나 임금절대액과 관련지어서 이야기가 되어야 한다. 임금절대액이 10만 원일 때 50퍼센트 인상하는 경우의 임금인상액과 50만 원일 때 10퍼센트 인상하는 경우의 그것은 다 같이 5만 원이 되어 같은 액수인데도 불구하고 50퍼센트 인상하면 대단한 것으로 받아들여지는 것이 상례이기 때문이다.

어떻든 지금 그리고 앞으로 당분간은 물가에 심각하게 대처해 가야 할 때이다.

《Challenger》(삼성물산, 1987. 11)

유가(油價)의 방향

3저(低)의 호기를 맞고 있다고 야단들이다. 특히 저유가 또는 유가 하락과 관련해서 그러하다. 그러기에 유가의 전망에 대해서 매우 민감한 것은 사실이다.

현재 유가전망으로서는 여러 가지가 있지만 그 가운데에서 당분간은 17~19달러를 유지하다가 결국에는 20달러 정도로 낙찰될 것이라는 전망이 가장 유력한 것으로 여겨지고 있는 것 같다.

이 전망이 내세우는 근거는 주로 다음과 같다고 할 수 있다.

우선 신규 유전개발에서 볼 때 20달러가 안정적인 수준이다. 다음에 사우디아라비아의 야마니 석유상이 말하고 있는 것처럼 제2차 오일쇼크 당시 13달러에서 그동안의 OECD의 인플레와 같은 정도로 상승했다면 유가는 현재의 20달러 정도가 된다.

그러면 유가는 90년대에 들어서도 이 20달러 정도를 계속해서 유지한다는 말인가. 세계의 전문가들은 결코 그렇게 보는 것 같지는 않다.

그들이 장기적으로 본 유가를 평균해서 볼 때 1990년에는 23.80달러(명목), 1995년에는 30.80달러, 2000년에는 40.30달러가 되는 것으로 되어 있다.

그러나 그들의 이 장기전망은 OPEC의 저비용 원유의 공급여력이 크다는 것과 어디까지나 현재의 유가가 20달러 정도로 낙착된다는 것을 전제로 하고 있다는 사실에 유의할 필요가 있다.

만약 현재의 최저가격이 5년이나 10년 지속된다면 유가가 이 전망치보다 더 상승할 가능성은 얼마든지 있다.

또 그런가 하면 국제에너지기구(IEA)는 90년대 중반에는 수급이 균형되어 다시 OPEC에 의존이 강해지며 제3차 오일쇼크가 일어날 가능성도 있다고 경고하고 있다.

이 기관은 유가를 28달러로 전제하고 있으며 그 시기가 수년 앞당겨질 가능성이 강하다고 보고 있다. 물론 어느 누구도 정확하게 유가를 전망 할 수는 없다. 또 어떻게 보면 전망은 안 맞는 것이 정상일는지도 모른다. 따라서 낙관적인 전망을 택할 수도 있고 비관적인 전망을 택할 수도 있다.

그러나 장기적인 관점에 서서 비록 그것이 현실화되지 않을 수도 있고 또 현실화되지 않기를 바란다고 하더라도 일단 제3차 오일쇼크를 예상하고 그것의 사전방지를 위한 노력을 지속해 나가는 일은 더욱이 중시되어야 한다고 말할 수 있지 않을까.

《매일경제신문》(1986. 7. 30)

소비자 물가지수

소비자물가의 등락을 나타내는 지표인 소비자 물가지수가 4월부터는 새로이 개편될 신 지수에 의해서 측정되게 되었다. 우리나라에서는 물가지수의 기준년을 5년마다 바꾸게 되어 있는데, 이번 개편으로 기준년이 1985년에서 1990년으로 바뀌게 되었고 그에 따라 조사대상 품목수도 411개에서 470개로, 그리고 조사대상 장소도 11개 시, 42개 시장에서 32개 시, 64개 시장으로 확대되었다.

기준년을 5년마다 바꾸는 이유는 말할 것도 없이 가능한 한 현재의 물가구조를 근사적으로 산출하려는 것이다. 또한 이번 개편에서는 종래의 유별지수 외에 새로이 '신선식품지수'와 '구입빈도별지수'를 추가로 작성, 발표하기로 했다고 한다.

이번 개편을 통해서 구 지수에 대한 사람들의 불만, 즉 피부물가(실제 구매를 통해서 느끼는 물가)와 지수물가 사이의 괴리가 너무 크다는 불만이 크게 완화되었으면 하는 바람이다. 그리고 앞으로도 계속해서 지수물가와 피부물가 사이의 괴리가 좁혀지도록 노력해야 할 것이라고 생각한다.

덧붙여 다음의 두 가지를 특별히 강조하고자 한다. 하나는 으레 그러리라고 생각하지만 올해와 내년에는 구 지수에서 산출된 등귀율 내지는 상승률을 신 지수에서 산출된 그것과 함께 발표해야 한다는 것이다. 신 지수에서 산출된 등귀율이 구 지수에서 산출된 그것보다 낮은 것이 통례이고 보면, 지수의 신뢰도를 높이기 위해서나 정부가 목표로 내건 올해의 상승률이 구 지수에서 산출된 것이라는 점을 감안할 때, 반드시 그럴 필요가 있는 셈이다.

다른 하나는 이제까지와 마찬가지로 특수유별지수(特殊類別指數)인, 20여 개의 기본생필품(서비스요금·집세 포함) 물가지수를 작성하되 반드시 언론매체를 통해서 국민에게 널리 알려야 한다는 것이다. 이때 가중지수만이 아니고 단순지수도 작성할 필요가 있다. 오히려 후자가 때로는 피부물가를 더 잘 반영하는 것으로 받아들여질 수도 있기 때문이다.

물론 정부는 이 지수의 동향을 항상 주시하면서 이들 품목의 가격관리에 주력해야 함은 말할 나위도 없다. 사실 많은 국민들은 이들 품목의 가격등락에 가장 민감한 반응을 보이며, 또 어떻게 보면 지수물가와 피부물가 사이의 괴리가 떠들썩하게 이야기되는 것도 주로 이들 품목을 중심으로 한다고 할 수 있을 것이다.

《서울경제신문》(1992. 4. 14)

물가안정 우선을

최근 나는 나로서는 매우 흥미 있는 신문기사 두 가지를 접했다. 하나는 대만이 작년 말 현재로 세계 제1위의 외환보유고를 기록했다는 기사이고, 다른 하나는 한국이 지나친 비관론에 빠져 있다는 《월스트리트 저널》지의 한 칼럼에 관한 기사이다. 사실이 이러하다면, 1980년대에 아시아의 4마리 용으로 불리던 나라 가운데 한국은 여러 가지로 어려움을 겪고 있는데 반하여 대만은 여전히 용으로 남아 있다고 볼 수도 있겠다.

대만경제는 한국경제와 좋은 대조를 이루고 있다. 다시 말하면 대만은 한국과는 달리 여러 가지 면에서 여유를 보이고 있는 것이다. 외환보유고가 작년 말 현재로 세계 제1위일 뿐 아니라 경제성장률도 비교적 높은 데다가, 실업률이 낮고 물가는 안정되어 있으며 무역수지·경상수지 흑자는 계속되고 있다. 올해 상반기에 무역수지 흑자는 세계 2위라고 한다.

그러면 대만이 이렇게 좋은 경제실적을 가질 수 있는 이유는 무엇인가. 물론 여러 가지를 들 수 있을 것이다. 그러나 나는 그것을 일단 신축적으로 운용되는 물가안정 우선의 경제정책에서 찾을 수 있다고 본다. 사실 대만은 대개의 선진국과 마찬가지로 물가안정을 경제정책의 최우선의 목표로 삼아 오고 있다. 그렇기에 제1차 석유파동 때(1973~74년)나 제2차 석유파동(1979~81년) 때나 우선 물가안정을 기하고 다음에 경제성장을 기하는 경제정책의 운용방안을 채택하였다. 그것도 매우 신축적으로. 물론 그렇다고 해서 선진국을 모방하여 그런 것은 결코 아니다. 일반적으로는, 대만의 경제개발계획을 뒷받침하고 있는 철학인 손문의 삼민주의가 민생안정에 우선을 두고 있기 때문에 그런 것으로 해석되고 있다.

그러나 그와 함께 1949년에 대만으로 밀려올 때까지 중국 본토에서 심한 인플레이션을 겪으면서 그것이 얼마나 해악이 많고 무서운 것인가를 똑똑히 체험했기에, 다시는 그 쓰라린 인플레이션의 경험을 되풀이하지 않겠다는 정부와 중앙은행에 있는 올드 가드(old guard)의 외고집에 기인하는 면도 있음을 간과해서는 안 될 것이다.

그러면 한국은 어떠한가. 그동안 경제성장 우선의 경제정책을 경직적으로 운용해왔고 현재도 여전히 그 여운이 상당히 남아 있는 편이라고 보는 것이 옳을 것이다. 여기에 경직적이라는 말이 무엇을 의미하는지는 GNP 증가율(경제성장률)이나 수출액의 계획치 또는 목표치는 상황의 변화가 있어도 아랑곳하지 않고 어떠한 무리를 해서라도 달성하는 것, 그것도 초과달성하는 것으로 여기던 유신 당시를 상기하면 짐작할 수 있다.

그런가 하면 대만의 올드 가드와 같은 역할을 하는 세력이 있어 경제정책에 대한 견제를 할 수 있는 형편도 아니었고, 아직도 그러한 견제세력이 제대로 그 힘을 발휘하지 못하고 있다.

이처럼 한국과 대만 사이에는 경제정책과 관련해서 매우 주요한 차이점이 존재한다. 나는 이 차이점을 한국경제와 대만경제의 차이를 야기한 주요한 원인의 하나로서 중시한다. 따라서 나는 한국도 앞으로는 실질적으로 물가안정 우선의 경제정책을 신축적으로 운용해갈 것과 경제정책에 대한 강력한 견제세력의 존재와 자유로운 비판의 허용을 필요로 한다는 것을 강조하지 않을 수 없다.

사실은 지난 30년 동안(1962~91년)에 경제성장률이 8퍼센트를 밑돈 해가 12번이나 되고 7퍼센트를 밑돈 해가 8번이나 된다. 그리고 1980년에는 경제성장률이 마이너스 3.7퍼센트였다. 이렇게 보면 경제성장률에 너무 집착할 필요는 없을 것이다. 오히려 물가안정을 우선으로 하는 신축적인 경제정책의 운용이 요청된다고 할 수 있다.

그리고 정부는 견제세력의 광범위하고 자유로운 비판을 허용해, 그것을 수렴해서 적극적으로 정책에 반영하는 노력을 강력히 추구해 가야 할 필요가 있다. 이때 여러 가지 비판 또는 요구를 수렴하여 되도록 그것을 받아들이려는 자세를 취하도록 노력하고, 또 과거의 경험을 잘 살리도록 노력하되 특히 쓰라린 경험을 교훈으로 삼아서 또 다시 겪는 일이 없도록 해야 함은 말할 나위도 없다.

《서울경제신문》(1992. 7. 26)

제3편
경제위기와 불황

경제위기의 근원적 대책

1. 불황 중병의 뿌리

정부의 추계에 따르면 1985년의 경제성장률은 5퍼센트가 될 것이라고 한다. 1984년부터 해외 건설업·해운업·조선업·기타 많은 중화학공업이 불황(불경기)을 겪고 있는데, 그것이 1985년에 전면화했다고 보면 이러한 낮은 경제 성장률은 당연하다고 할 수 있을지 모른다. 이 5퍼센트라는 수치는 당초 계획치 7.5퍼센트를 크게 밑도는 수치이다.

그러나 문제는 이처럼 낮은 수치라는 데에도 있지만, 그것이 환율 인상 등의 수출촉진책을 통해서 경기를 자극한 결과를 반영하는 것이라는 점에, 그리고 그것이 제조업과 기계설비 투자 중 민간투자에 주도된 것이 아니고 농림·어업과 정부 투자 등에 주도된 것이라는 점에 문제가 있다.

또 실업문제가 훨씬 심각하다는 데에도 문제가 있다고 하겠다. 보도에 따르면 1985년 들어 9월 말까지 8만 2천여 명이 해고되었고, 주 18시간 미만의 취업자가 16만 2천여 명으로 늘었으며, 대학 졸업자 11만 8천여 명이 아직 취직을 못했다는데 금년 2월 졸업자가 13만 5천여 명에 이른다고 한다. 그런데 현재의 전망으로는 금년의 경제성장률도 7퍼센트이거나 그것을 밑도는 수치가 될 것이라고 한다. 말하자면 올해도 불황에서 크게 벗어날 것 같지 않다는 것이다.

그러면 불황의 원인은 무엇이라고 할 수 있는가? 해외 건설업의 경우는 원유가격의 하락에 따른 수입 감소로 중동 산유국의 왕성한 건설 붐이 냉각된 데에서 주된 원인을 찾을 수 있을 것이다. 해운업·조선업의 불황도 이러한 중동 산유국의 건설 붐 냉각에 기인함은 말할 나위도 없다.

그러나 그 주된 원인은 어디까지나 미국과 일본을 비롯한 선진국의 불황에 있다고 할 수 있다. 그리고 자국의 산업과 노동자 보호의 필요성에 기인하는 보호주의의 강화, 즉 수입규제의 강화도 그 원인의 일익을 담당하고 있는 것이 사실이다. 기타 많은 중화학공업과 경공업의 경우도 선진국의 불황과 보호주의 무역의 강화로 불황을 겪고 있다고 할 수 있다.

그런데 우리 기업은 외자를 포함해서 타인 자본(부채)에 크게 의존하고 있는 것 또한 사실이다. 제조업 기업의 경우 자기자본비율은 1980년 17, 1983년 21.7퍼센트이다. 사회간접자본 부문 기업도 외자에 크게 의존하고 있다. 그러니 우리나라의 외채 규모는 크지 않을 수 없다. 1985년 7월 말 현재 60억 5천2백만 달러나 된다고 한다. 이처럼 기업이 타인 자본에 크게 의존하고 있으니 그 어려움은 더욱 클 수밖에 없지 않은가. 대규모 경공업기업의 경우도 마찬가지이다.

2. 불황 심화시킨 국내 경제구조의 불균형

그러나 우리 경제의 불황은 국내시장의 상대적 위축에도 기인한다는 사실에 특히 유의할 필요가 있다. 다시 말하면 국내시장이 상대적으로 위축되지 않았더라면, 즉 국내시장이 튼튼하였더라면 수출부진에 따른 쇼크를 어느 정도 완충시킬 수 있었을 것인데, 그렇지 못한 데에도 그 원인이 있다는 사실을 중시해야 한다. 국내시장은 국내 구매력에 의해서, 그리고 구매력은 소득에 의해서 규제되므로 국내시장의 상대적 위축은 국민다수의 상대적 위축을 의미한다고 할 수 있다. 따라서 국내시장의 상대적 위축은 농가소득, 중소기업 등의 종업원의 소득, 저소득층 소득의 상대적 위축 등으로 표현될 수 있다고 할 수 있다.

농업과 농촌이 그동안의 공업화 추진 과정에서 상대적으로 위축된 것은 사실이다. 물론 그것은 공업화의 추진 과정에서 농업 본래의 역할을 제대로 수행할 수 없었던 데 기인하지만 어떻든 실질소득으로 따질 때 농가소득은 1981년에는 도시근로자 가계소득의 91.2퍼센트, 1983년에는 90.1퍼센트에 불과하고, 농가부채는 1981년에는 그러한 농가소득의 25.1퍼센트, 1984년에는 32.1퍼센트나 된다. 그런가 하면 농산물의 판매가격지수를 공산품의 구입가격지수로 나눈 수치(패리티율)는 1983년에 89.8퍼센트에 불과하다. 보통 농업의 역할로서는 식량과 공업용 원료의 공급원, 투자재원 및 외화의 공급원, 시장으로서의 역할 등을 든다. 그런데 그동안 농업은 노동력 공급원으로서의 역할만을 제대로 수행했다고 볼 수 있다.

한편 중소기업도 그동안의 기업 대규모화 추진 탓으로 상대적으로 위축되어 있다. 이것을 반영하는 것이 그동안의 경제적 집중 현상이라고 할 수 있는데, 1982년 현재로 중소기업은 생산액에 있어서는 28.9퍼센트(제조업의 경우 34.4퍼센트)를 차지하고 있는 데 불과하다. 제조업에 한해서 볼 때 중소기업의 종업원 1인당 임금은 1982년에는 대기업의 그것의 77.7퍼센트 그리고 1970~1982년 평균으로는 75.9퍼센트에 지나지 않는다(제조업은 1983년에는 총취업인구의 22.6%를 차지하고 있다).

소득계층별로 소득점유율을 보아도 국민 다수를 차지하는 하위 40퍼센트 소득계층의 소득점유율은 그동안의 상위 20퍼센트 소득계층의 증대에 비하여 감소했다. 즉 그동안 소득격차의 확대 내지 소득분배의 악화가 일어난 것이다. 물론 이것은 앞에서 밝힌 농가소득, 중소기업 종업원의 소득 등이 상대적으로 위축된 것을 반영하는 것이다. 그러나 그동안 인플레이션의 지속도 영향을 끼쳤음을 잊어서는 안 된다.

사실 1981년까지 심한 인플레이션이 지속되었다. 인플레이션율, 즉 소비자물가 상승률은 1970년~1981년 평균으로 16.8퍼센트이고, 1981년에는 21.3퍼센트나 된다. 이러한 인플레이션의 지속은 고도성장의 추구에 기인한다. 다시 말하면 실업의 해소 내지 고용 증대를 위해서는 고도성장이 추구되어야 하며, 따라서 물가는 희생되지 않을 수 없다는 논리에 기인한다.

그러나 인플레이션으로 인해 그 해를 보는 근로소득계층과 그 득을 보는 재산소득계층 간의 소득격차가 확대되게 되었다. 물가상승분 만큼 일정 임금 내지 급여를 받는 근로소득계층은 실질소득의 감소를 보고 그것이 재산소득계층으로 이전된다고 할 수 있기 때문이다. 물론 1982년 이후에는 물가안정이 실현되고 있다. 그러나 물가안정을 명분으로 해서 임금 동결 내지 소폭의 임금 인상이 추구되고 있는 데에 문제가 있다고 할 수 있다.

결국 이렇게 보면 우리 경제의 불황은 중동 산유국 및 미·일을 비롯한 선진국의 불황, 선진국의 수입 규제 강화 등의 해외 요인과 농업·중소기업 등의 상대적 위축, 소득분배의 악화 등으로 인한 국민 다수의 소득의 상대적 위축 등으로 표현되는 국내시장의 상대적 위축이라는 국내 요인에 주로 기인한다고 할 수 있다. 그리고 과중한 외채 부담 등이 가세하고 있다고 볼 수 있다.

3. 실업문제 해결과 물가안정

중동 산유국, 선진국의 불황에 기인하는 우리 경제의 불황은 그들 나라의 경기가 회복되면 해결될 가능성이 얼마든지 있다. 그러나 수입규제 강화와 국내 요인으로 인한 불황은 적절한 정책적인 노력 없이는 해결될 수 없다. 가세 요인의 경우도 마찬가지이다. 그렇기 때문에 물가안정의 지속, 농업·중소기업의 적극적 육성, 외채 감축 등, 기업의 타인자본비율을 낮추기 위한 노력 기타 고용증대정책 내지 실업해소정책 등이 특히 강조되지 않을 수 없다.

물론 현재 실업문제는 심각하다. 그렇다 보니 자연히 물가를 희생시키는 한이 있더라도 확대정책을 펴야 한다는 주장이 고개를 들게 되는 것은 당연한 일이라고 할 수 있다. 그러나 현재 전망으로는 금년의 물가는 상당히 불안하다. 최근에 한국개발원의 전망에 따르면 금년에는 도매물가 상승률은 2.5퍼센트, 소비자물가 상승률은 4.1퍼센트라고 한다. 1985년의 물가상승률은 도매의 경우 1.0퍼센트, 소비자의 경우 3.2퍼센트였다.

또 심각한 실업문제도 1981년부터 1.3배나 정원을 대폭 늘림으로써 금년 2월부터 크게 늘어나 대학졸업자의 실업문제가 포함되어 있고, 이 문제는 중장기의 적절한 종합대책을 통해서 비로소 해결될 수 있는 성질의 것이다.

그리고 물가안정은 소득격차의 확대 내지 소득분배의 악화를 방지할 뿐 아니라 생활 안정과 국제경쟁력의 강화 등을 불러온다. 게다가

'고(高)성장은 곧 고(高)고용'이라는 단순 논리는 반드시 성립되지 않는다. 어디까지나 고고용을 위해서는 적극적인 고용흡수정책이 필요하다고 할 수 있다. 그렇다면 현재로서는 여전히 물가안정을 추구하면서 그 범위 안에서 실업문제를 해결하도록 해야 할 것이다. 그러면 물가안정을 위해서 앞으로 특별히 유의할 필요가 있는 점은 무엇일까? 우리나라의 물가 구조는 1960년대 특히 제2차 경제계획기간(1967~1971) 이후부터 원자재·원유 등의 국제가격 변동에 의존하는 형이다. 이것은 그동안의 상품수입 의존보다 크게 높아진 점, 특히 공업용 원자재 및 연료 수입이 총수입에서 차지하는 비중이 매우 큰 점 등에서 알 수 있다. 사실 1982년 이후의 물가안정은 바로 원자재·원유 등의 국제가격의 하락 내지 보합에 주로 기인한다.

또 우리나라의 물가 구조는 1970년대 이후 공공요금을 비롯한 정부관리 가격이 주도하는 형이라고 할 수 있다. 이것은 1970년대 이후에 공공요금을 비롯한 정부관리 가격상승률이 경쟁상품 가격상승률, 독과점상품 가격상승률에 비해서 큰 점 등에서 알 수 있다.

그러나 환율도 물가에 커다란 영향을 미친다는 점을 간과해서는 안 된다. 국제가격이 하락 내지 보합상태에 있다고 해도 일정 수준 이상의 환율 인상은 물가를 상승시키게 되어 있다. 통화량은 1960년대 이후에는 어디까지나 부차적인 물가변동 요인이라고 할 수 있다. 그러나 그렇더라도 통화량이 지속적으로 크게 증가할 때에는 물가에 커다란 영향을 미치게 됨은 말할 나위도 없다. 그리고 통화가 편재되어 있는 경우에 문제가 된다.

따라서 앞으로는 원자재·원유 등 국제가격의 동향 파악을 항상 게을리하지 않으면서 국내 원자재의 활용 및 소재·부품의 국산화를 위한 노력, 또 기업들의 경영합리화·생산성 향상·기술혁신을 위한 노력,

특히 공기업의 이러한 노력이 지속될 필요가 절실하다. 그리고 정부의 신중한 환율관리, 공공요금의 인상 억제 내지 소폭 인상, 신중한 통화관리 및 자금편재의 시정 등이 강조되어야 한다.

4. 농업과 중소기업 육성에 참된 노력 있어야

아직도 농업의 총취업인구에서의 비중과 농촌의 총인구에서의 비중은 큰 편이다. 1983년에는 각각 25.8과 23.7퍼센트나 된다. 게다가 서울 및 기타 대도시에서의 과다한 인구 집중과 그에 따른 갖가지 부작용을 감안할 때 현재 도시로의 농업 내지 농촌의 인구 유출방지의 필요성은 매우 절실하다.

또 쌀의 경우는 자급 상태에 가깝고 보리의 경우에는 자급 상태를 넘어서고 있다고는 해도 식량 자급률은 현재 50퍼센트 안팎이다. 이것은 주곡 이외의 양곡 자급률 즉 주로 사료용 곡물의 자급률이 낮은 데에 기인한다. 그런데 육식 장려로 인해 사료용 곡물의 수입이 계속 증가하고 있다. 그렇다면 적어도 사료용 곡물의 수입을 감소시키기 위해서는 자급률을 제고시킬 필요는 얼마든지 있는 셈이다.

농업의 육성을 위해서는 높은 곡가의 유지가 무엇보다도 필요하다. 그리고 농업의 과감한 투자도 못지않게 필요하다. 또 중소기업의 농촌으로의 적극적인 유치가 필요하다. 이러한 농촌공업의 육성은 농외소득을 증대시키는 주된 원천이라고 할 수 있다. 어떻든 농업이 본래의 역할을 제대로 할 수 있도록 뒷받침을 계속해 간다면 농가의 실질소득의 증대는 말할 것도 없고 농업 내지 농촌으로의 인구 유입현상도 얼마든지 일어날 수 있다.

중소기업은 1982년 현재 종업원 수에서 전 산업의 63.4퍼센트(제조업의 경우 53.8%)를 차지하고 있다. 그런가 하면 중소기업은 고용흡수적 내지 노동집약적인 산업이다. 사실 중소기업의 노동 장비율은 1970~1983년 평균으로 볼 때 대기업의 2.6분의 1이다. 그리고 역시 1970~1983년 평균으로 설비투자 효율은 대기업의 1.63배이다.

중소기업의 육성을 위해서는 중소기업에 대한 과감한 투자가 무엇보다도 필요하다. 그리고 농촌공업으로의 진출, 소재·부품생산 부문뿐만 아니라 기계공업 등으로의 진출의 적극적인 추진도 못지않게 필요하다. 또 수출기업으로의 적극적인 유도도 마찬가지이다. 그동안 대기업체를 중심으로 수출이 추진된 탓에 1980년대에 들어서서부터 중소기업제품의 수출비중이 차츰 낮아지는 경향을 나타내고 있지만 앞으로는 이 비중을 차츰 높여가야 할 것이다. 수출 총액과 공산품 수출에서의 중소기업의 비중은 1983년에는 20.2와 21.4퍼센트에 불과하다.

이처럼 농업의 적극적인 육성, 중소기업의 적극적인 육성이 고용증대정책 내지 실업해소정책이기도 함을 알 수 있다.

5. 수입유발적 산업구조 개선해야

기업의 타인자본비율을 낮추기 위한 노력이 절실히 요청되는 것은 분명한 일이지만 이미 앞에서 본 바와 같이 오차잔액이 1985년 말 현재로 465억 달러나 되고 현지 금융액이 1985년 7월 말 현재로 60억 5천2백만 달러나 되므로 외채감축을 위한 노력이 무엇보다 우선해야 한다고 할 수 있다.

외채감축을 위해서는 국내저축의 증대와 경상수지 및 종합수지의 개선이 절실하게 요청됨은 두말할 필요가 없다. 필요한 투자재원을 국내저축으로 완전히 충당하지 못하면 부족분은 해외저축(외채)에 의존하지 않을 수 없으므로 국내저축을 증대시키지 않으면 안 되며, 그런 의미에서 소비절약이 강력하게 요청된다. 우리나라가 일본과 대만에 비해서 국민저축률, 특히 가계저축률이 매우 낮다는 것은 이미 잘 알려진 사실이다.

외채감축을 위해서 경상수지의 개선이 절대적으로 필요하다는 것은 아무리 강조해도 부족하지 않다. 경상수지는 무역수지(상품의 수출입 차), 무역외수지(서비스의 수출입 차), 순이전거래 내지 이전수지의 합계를 말한다. 따라서 경상수지의 개선을 위해서는 이들 세 가지 수지의 개선이 필요한 셈이다. 그러나 한 나라의 국제거래에 상품의 수출입이 가장 큰 비중을 차지하므로 그 중에서도 무역수지의 개선이 무엇보다도 중요함은 말할 나위도 없다. 그러기에 경상수지의 개선을 위해서는 우선 상품의 수출확대와 상품의 수입절감이 필요하다.

그런데 우리나라의 경우에는 중화학공업의 소재·부품 생산부문의 육성이 제대로 안 되어 있는 탓으로 수출의 증대는 곧 필요한 소재·부품의 수입증대를 초래하게 되어 있다. 즉 수출은 수입 유발적이다. 따라서 무역수지의 개선은 매우 어려우며, 또 환율 인상은 수입하는 소재·부품의 원화 가격의 상승→제조원가의 제고→가격 인상으로 이어지게 되어 있으므로 일정 기간 뒤에는 도리어 가격경쟁력을 약화시키는 효과를 갖게 되어 있다.

그동안 중화학공업의 수입계수가 작아진 것은 사실이지만 여전히 매우 크다. 특히 기초 화학제품, 일반기계, 정밀기계, 전자통신기계, 수송기계 등이 그러하다. 또 사실 이들 제품의 생산부문은 자급자족이 매우 낮은 부문이기도 하다. 이들 제품은 주로 일본에서 수입한다. 그러기에 일본의 엔고는 가격 인상을 통해서 우리 상품의 가격경쟁력을 약화시킬 가능성을 갖고 있다. 따라서 무역수지의 개선, 나아가서 경상수지의 개선을 위해서는 국내 원자재의 활용과 소재·부품의 국산화를 적극 추진해야 한다.

중화학공업의 제조업에서의 비중 즉 중화학공업 비율은 부가가치 기준으로 보나, 생산액 기준으로 보나, 또 경상가격 표시로 보나, 불변가격 표시로 보나 1978년경부터 50퍼센트를 웃돌고 있다. 그러나 중화학공업을 기초생산재 생산부문, 중간생산재 생산부문, 최종생산재(소비재) 생산부문으로 구분하여 그 구성을 보면 1981년에는 최종생산재 생산부문이 53.1퍼센트를 차지하고 있고, 기초생산재 생산부문은 5.1퍼센트, 중간생산재 생산부문은 41.8퍼센트를 차지하고 있다. 다시 말해 소재·부품 생산부문이 속하는 기초생산재 및 중간생산재 생산부문은 4.69퍼센트를 차지하고 있는 셈이다.

6. 정부·산업·가계의 동시적 외자절약 유도해야

소재·부품 생산부문의 육성에 있어서는 중소기업의 적극적인 참여를 유도하도록 해야 할 것이다. 선진국에서는 이 부문에서의 중소기업의 비중이 큰 것이 사실이다. 이에 더해서 수출증대를 위해서는 수출시장의 다변화를 계속 추진하는 한편 경영합리화, 생산성 향상, 기술개발을 통한 제품의 고급화, 관·민의 통상외교의 강화, 통상정보망의 강화 등을 적극적으로 추구해 가야 한다. 경영합리화, 생산성 향상은 국제경쟁력을 강화시키며, 제품의 고급화는 후발국의 세찬 추격을 뿌리칠 수 있게 할 뿐만 아니라 시장 다변화에도 도움을 주며, 관과 민의 통상외교의 강화는 수입규제의 예방과 아직 수입규제를 받지 않는 제품의 수출을 증대시키며, 통상정보망의 강화는 조속하고 정확한 대응을 가능하게 하기 때문이다.

그러나 우리나라의 경우 1982년 이후에 경상수지가 개선되었다고 해서 반드시 외채 감축을 의미하는 것이 아니라고 할 수 있을 것 같다. 1981년까지만 해도 오차 및 누락이 마이너스 3~4억 달러에 불과했던 것이 1982년에는 무려 4배 내지 3배나 되는 마이너스 12억 9천6백만 달러에 이르고 있다. 따라서 경상수지적자는 1981년에 견주어 20억 달러나 감소되었지만 오차 및 누락이 9억 달러나 증가했으므로 종래식으로 따지면 실제에 있어서는 약 10억 달러밖에 감소되지 않았다고 볼 수 있다.

사실 종합수지적자는 도리어 4억 달러나 증가했다. 종합수지는 경상수지에 장단기자본수지와 오차 및 누락을 합친 것을 말한다. 이 종합수지적자는 곧 금융기관의 외채를 나타낸다. 따라서 외채감축을 위해서는 경상수지의 개선이 가장 중요하지만, 종합수지 개선도 못지않게 중요하다. 경상수지의 개선과 함께 종합수지의 개선이 실현될 때 비로소 외채 감축은 실현된다고 할 수 있다. 종합수지적자를 증가시키는 경상수지만의 개선은 별로 의미가 없는 것이다. 전반적인 외자 절약 즉 기업과 산업, 가계, 정부의 동시적인 외자절약의 필요성은 바로 여기에서 찾을 수 있다고 할 수 있다. 그러나 무엇보다도 기업과 산업의 외자 절약, 특히 한전을 비롯한 공기업의 그것이 가장 강조되어야 하지 않을까 생각된다. 이들 공기업의 외채는 우리나라 외채의 약 36퍼센트를 차지하고 있다고 한다. 그리고 정부의 솔선수범 역시 우선해서 강조되어야 함은 물론이다.

어떻든 최근 몇 년간에서 국제수지의 경험에 비추어 볼 때, 외채 감축과 관련해서는 적어도 경상수지의 개선만을 중시할 것이 아니라 그와 아울러 종합수지의 개선도 중시할 필요가 있다. 경상수지가 개선되었다고 해서 외채가 감축된다는 단순 논리는 버려야 할 것으로 생각된다. 경상수지가 개선되면서도 종합수지가 악화되는 경우도 얼마든지 있기 때문이다.

7. 새 경제팀이 해야 할 일

앞에서 말한 농업 및 중소기업의 적극적인 육성, 수출확대의 추구는 실업문제를 해결하기 위한 정책이 되기도 한다. 이 밖에 실업문제와 관련해서 수입개방의 신중하고 점진적인 추진도 들 수 있다.

그리고 단기적으로는 근로시간의 단축이라든가 물가안정과 경상수지를 악화시키지 않는 범위 안에서이기는 하지만 공공건설사업·취로사업 등의 확대 등 전통적인 케인스적 정책이 적극적으로 추구되어야 할 것이다. 1985년의 경상수지적자는 불황 속에서도 계획치를 웃돌고 있음을 고려할 때 경상수지를 악화시키지 않는 범위 안에서 그런 정책이 추구되어야 할 필요는 절실하다.

이상으로 경제체질을 강화하는 시각에서 그리고 경제자립도의 제고를 염두에 두고서 우리 경제가 현재 직면하고 있는 불황의 문제를 다루었다.

마침 새로운 경제팀이 출범했다. 머지않아 구상한 정책이 밝혀지겠지만 일단 기대를 걸어보고자 한다. 그러나 그러면서도 몇 가지 제언을 하면 다음과 같다.

첫째로 물가안정은 지속되어야 한다. 둘째로 지나친 비관론도 금물이지만 낙관론도 금물이라는 사실을 명심해야 한다. 셋째로 경제지표보다는 경제 현실을 더 중시해야 한다. 넷째로 정책이 성공을 거두기 위해서는 정책에 대한 국민들의 신뢰회복과 지지가 무엇보다도 중요하다는 사실을 유의해야 한다. 특히 민주화된 최근의 알폰신 정권하의 아르헨티나에서의 성공적 경험은 새삼 우리에게 시사해 주는 바가 크다는 생각이 든다. 국민들의 지지를 얻기 위해서는 일방적으로 정책의 홍보만을 하려고 하지 말고 자유로운 비판을 허용하고 그것을 잘 수렴해서 국민적인 합의를 얻도록 할 필요가 있을 것이다.

《신동아》(1986. 2, 원제 〈경제위기의 뿌리부터 바로잡아야〉)

한국 경제개발의 허와 실

1. 경제개발전략의 내용

한국은 1962년부터 제1차 경제개발 5개년계획을 실시한 이래 현재 제5차 계획기간 중에 있다. 1986년은 마침 그 계획의 최종연도에 해당한다.

그동안 채택된 경제개발 전략은 무엇이라고 할 수 있는가. 계획의 기조·목표 등과 그동안의 실적을 나타내는 주요 경제지표에 비추어서 그것은 한마디로 수출확대→공업 생산 증대→고도성장, 바꾸어 말하면 급속한 수출 증대에 의해서 주도되는 급속한 공업 성장을 통한 고도성장, 즉 '수출 주도적' 공업화를 통한 고도성장의 실현이라고 할 수 있다.

그리고 공업화에서는 제2차 계획까지는 경공업 중심이었고, 제3차 계획부터는 중화학공업 중심이었다. 즉 제3차 계획부터는 중화학공업 중심의 수출 주도적 공업화를 통한 고도성장의 실현이라는 경제개발 전략이 추진되어 왔다.

결국 '성장이냐 혹은 안정이냐 분배냐'에 있어서는 성장 그것도 고도성장이, '농업개발이냐 공업화냐'에 있어서는 공업화가, '수출(혹은 외향적)이냐 내수(혹은 내포적)냐'에 있어서는 수출이, '경공업이냐 중화학공업이냐'에 있어서는 제2차 계획까지는 경공업이, 제3차 계획부터는 중화학공업이 우선적으로 채택된 셈이다.

2. 경제개발 전략의 귀결(Ⅰ)—긍정적 귀결

앞에서 밝힌 경제개발 전략을 추진한 결과 1인당 GNP의 증가, 실업률 저하(고용 증대)가 실현되었다. 1인당 GNP는 1962년에 87달러였던 것이 1984년에는 2,044달러(구 국민계정으로는 1,999달러), 1985년에는 2,032달러(잠정)가 되었고, 실업률은 1963년에 8.2퍼센트였던 것이 1984년에는 3.8, 1985년에는 3.9퍼센트가 되었다.

그리고 산업구조의 고도화(GNP 내지 GDP에서 제조업 비중의 증대), 공업구조의 고도화(제조업 부가가치에서의 중화학공업 비중의 증대), 수출상품 구조의 고도화(총수출에서의 공산품 수출의 비중 및 공산품 수출에서의 중화학공업제품 수출의 비중의 증대), 고용 구조 내지 취업 구조의 고도화(총취업인구에서의 제조업 취업인구 비중의 증대)가 실현되었다.

제조업의 GDP(국내총생산)에서의 비중은 1981년에 13.6퍼센트였던 것이 1984년에는 29.1퍼센트(구 국민계정 기준으로는 28.4%), 1985년에는 28.1퍼센트(잠정)이고, 중화학공업의 제조업 부가가치에서의 비중은 1961년에 26.3퍼센트이던 것이 1984년에는 53.6퍼센트(구 국민계정 기준으로는 53.6%), 1985년에는 54.4퍼센트(잠정)이고, 공산품 수출의 총수출에서의 비중은 1965년에 65.4퍼센트였던 것이 1984년에는 91.2, 1985년에는 92.0퍼센트, 중화학공업제품 수출의 공산품 수출에서의 비중은 1965년에 20.9퍼센트였던 것이 1984년에는 53.3, 1985년에는

57.7퍼센트이다.

또 제조업 취업인구의 총취업인구에서의 비중은 1963년에 8.0퍼센트이던 것이 1984년에는 23.2, 1985년에는 23.1퍼센트이다.

이 밖에 투자 재원의 국내 조달률도 높아졌다. 국내 저축률의 총투자율에서의 비중은 1962년에 25.0퍼센트이던 것이 1984년에는 87.5퍼센트(구 국민 계정 기준으로는 91.6%), 1985년에는 91.0퍼센트(잠정)이다.

3. 경제개발전략의 귀결(Ⅱ)—부정적 귀결

그러나 경제개발전략의 추진은 한국경제에 해외의존성, 외채 누증, 농업·중소기업의 상대적 위축, 경제력 집중, 소득 분배의 악화 등을 초래했다.

첫째, 고도성장의 추진은 고투자율을 통해서 국내 저축에 의한 투자 재원의 충족을 어렵게 함으로써 해외 저축률을 제고시켜 외채 누증을 초래한 한 요인이 되었다.

둘째, 급속한 공업화를 추진하다 보니 농업과의 연계성의 강화 내지 농공(農工) 간의 산업연관도의 제고를 제대로 실현시키지 못했다. 이 결과 식량 자급률의 저하, 중간재 내지 소재·부품의 수입의존도의 제고 등을 통해서 수입유발적인 수출 구조를 초래하여 수출증대의 추진은 무역수지, 나아가서 경상수지 적자폭의 축소 즉 국제수지 개선을 어렵게 만들었다. 그런가 하면 수출 증대의 추진은 양산 체제의 확립을 통해서 경제력 집중 내지 독과점화를 초래하였다. 바꾸어 말하면 중소기업의 상대적 위축을 촉진했을 뿐 아니라 국내 기술의 지원을 제대로 받지 못하게 함으로써 해외 기술 의존도를 제고시켰던 것이다.

식량, 중간재 또는 소재 및 부품, 기술의 해외의존도의 제고는 곧 수입 증대를 통해서 무역수지·경상수지(국제수지) 적자폭의 확대→외채 누증을 초래하는 것을 의미한다. 아울러 농업·중소기업의 상대적 위축은 농공 간, 규모 간, 소득계층 간의 소득 격차의 확대 즉, 소득 분배의 악화를 의미함은 말할 나위도 없다.

1) 해외의존성

사실 제4차 계획(1997~1981)은 국제수지 균형, 투자 재원의 완전 국내 조달 등을 목표의 하나로 하는 계획이기에 그 기간의 최종연도인 1981년에는 해외 저축률이 −0.1퍼센트, 무역수지는 13.7억 달러의 흑자, 경상수지는 11.72억 달러, 외채잔액은 136.48억 달러가 되는 것으로 계획했다.

그러나 비록 1979년 이후에 제2차 오일쇼크가 있었다고는 해도 실적치는 계획치와 큰 거리가 있었다. 해외 저축률 7.7퍼센트, 무역수지 36.28억 달러의 적자, 경상수지 46.46억 달러의 적자, 외채잔액 324억 달러가 이 기간의 주요 경제지표이다. 1984년, 1985년에 해외 저축률은 4.0퍼센트(구 국민 계정 기준으로는 2.3%), 3.1퍼센트(잠정), 무역 수지는 10.36억 달러의 적자(0.3억 달러의 적자), 경상수지는 13.73억 달러의 적자(8.62억 달러의 적자), 외채잔액은 431억 달러(467억 달러)이다.

제5차 계획의 수정계획(1984~1986), 즉 현행 계획에 의하면 최종연도인 1986년의 해외 저축률은 0.2퍼센트, 무역수지는 6.0억 달러의 흑자, 경상수지는 4억 달러의 흑자, 외채잔액은 474억 달러가 된다고 한다.

수입의존도는 1972년에 26.2퍼센트이던 것이 1984년에는 42.8퍼센트(구 국민계정 기준으로는 43.8%), 1985년에는 41.0퍼센트(잠정)이다. 이것은 절대적으로 높을 뿐 아니라 대만에 비해서는 낮지만 필리핀, 태국 등에 비해서는 높다. 상품수입의존도만 보아도 1984년에는 33.2

퍼센트(구 국민계정 기준으로는 33.8%), 1985년에는 31.8퍼센트나 된다.

그런가 하면 식량 자급률은 1970년에 80.5퍼센트였다가 1984년에는 48.9, 1985년에는 49.9퍼센트로 저하되었다(1981년 43.2%). 그리하여 양곡 도입액은 1984년에 13.11억 달러, 1985년에는 11.83억 달러나 된다(1981년 21.76억 달러).

자급자족도가 낮은 부문은 주로 중화학공업의 기초재 및 중간재 생산부문이다. 1981년에 기초재 생산부문은 중화학공업에서 5.2퍼센트, 중간재 생산부문은 41.9퍼센트를 차지하고 있다. 그 결과 원자재 중 광물성 연료를 제외한 원자재의 수입은 1984년에는 103.23억 달러로 총수입의 33.7퍼센트, 1985년에는 100.58억 달러로 32.3퍼센트를 기록했다. 그리고 일반 기계 및 동 부품과 전기·전자기기 및 동 부품의 수입은 1984년에는 64.96억 달러로 총수입의 21.2퍼센트, 1985년에는 66.15억 달러로 21.2퍼센트를 차지하고 있다.

선진국의 기술을 도입·활용하는 데 힘을 쓰고 있기 때문에 1985년까지 기술도입의 건수는 3,527건에 달했으며 그 결과 로열티 즉 대가 지급액도 1,296억 달러나 되었다. 게다가 1982년부터는 1억 달러, 1984년부터는 2억 달러가 넘는 규모가 되었다.

2) 농업의 상대적 위축

명목상으로 볼 때 농가 소득은 1970년에 도시근로자 가계소득의 67.1퍼센트였다가 1983년에는 102.8퍼센트가 되었다. 그러나 각각 농가 구입가격 지수와 전 도시소비자 물가지수로 나눈 실질 농가소득과 실질 도시근로자 가계소득을 비교할 때에는 1970년 114.4퍼센트, 1983년 90.1퍼센트가 되어 오히려 농가 소득은 근로자 가계소득을 밑돌고 있다.

그런가 하면 농가 소득은 재고 농산물을 높게 평가하여 실제보다 높게 계산된 반면, 도시근로자 가계소득은 일정 수준 이상의 고소득 가구를 제외했다는 점을 간과해서는 안 된다. 또 농가 부채의 농가 소득에서의 비중은 증대되고 있는데, 1982년에 18.6퍼센트였다가 1984년에는 32.1퍼센트가 되었다. 그리고 이에 더해서 농가 가구구성원 수는 평균적으로 도시근로자 가구구성원 수보다 많은 데다가 도시근로자 가구의 경우에는 가구주 한 사람만이 취업하는 것이 일반적이지만 농가 가구의 경우에는 구성원의 거의 모두가 일에 종사한다. 따라서 비교에 있어서는 이 두 가지 점도 아울러 고려할 필요가 있다.

그리고 패리티율(농가 판매가격지수/농가 구입가격지수×100)도 그동안 개선된 적이 있지만 1984년에는 92.7퍼센트, 1985년에는 94.4퍼센트이다(1983년 89.8%). 또 이미 앞에서 본 것처럼 식량 자급률도 50퍼센트 이하로 낮아졌다.

3) 수입유발적인 수출 구조

수출의 수입유발계수는 1970년에 0.26퍼센트였다가 1983년에는 0.36퍼센트가 되었다. 이 수준은 앞으로 당분간 유지될 것으로 전망된다. 이것은 일본의 수치(1975년 0.17)에 비추어 볼 때 매우 높다. 산업별로는 제조업의 수입유발계수가 가장 큰데 이것은 중화학공업이 특히 큰 데 기인한다.

4) 중소기업의 상대적 위축—경제력 집중 내지 독과점화

종업원 수 299인 이하의 중소기업은 광공업의 경우, 1963년에 사업체에서는 99.0퍼센트였다가 1983년에는 97.3퍼센트로, 부가가치에서는 50.1퍼센트였다가 37.1퍼센트로, 생산액에서는 53.9퍼센트였다가 34.8

퍼센트로 낮아졌다. 이것은 곧 대기업의 비중이 그만큼 높아졌음을 의미한다. 특히 종업원 수 5백 명 이상의 대기업의 비중은 현저히 증가하고 있다. 대기업은 1983년 사업체 수에서는 1.5퍼센트라는 미미한 비중을 차지하고 있으면서도 부가가치에서는 54.1퍼센트, 생산액에서는 56.4퍼센트를 차지하고 있다. 여기에서 그동안 경제력이 얼마만큼 집중되었는지를 짐작할 수 있을 것이다.

이러한 경제력 집중으로 대기업의 시장 지배력은 강화되었으며 그리하여 시장의 독과점 구조가 형성되었다. 국내 30대 대기업군 내지 복합기업군의 시장점유율은 출하액에서는 1977년에 32.0퍼센트였다가 1983년에는 40.4퍼센트가 되었다. 그리고 그것은 1983년에는 잔산액에서는 37.6퍼센트, 부가가치에서는 32.1퍼센트를 차지하고 있다.

5) 소득 분배의 악화

도·농간 내지 농·공간의 소득 격차 파악을 위한 방법의 하나가 앞에서 나온 농가소득과 도시근로자 가계소득의 비교이다. 명목상으로는 농가가 소득 분배에 있어서 유리한 것 같지만 실질적인 면에서나 몇 가지 점을 고려할 때에는 그 반대라고 할 수 있음을 알 수 있다.

그러나 일반적으로는 소득 계층별로 소득 분배를 파악한다. 물론 이 때에도 여러 가지 계수가 이용된다. 그러나 보통은 지니집중계수가 이용되거나 소득 계층의 하위 20~40퍼센트에 대한 상위 20퍼센트의 비율이 이용된다. 이 지니집중계수는 그 성격상 소득 분배가 균등할수록 작아지게 되어 있다. 그리고 후자의 경우도 마찬가지이다.

그런데 1970년 이후 이 두 가지는 다 같이 커졌다. 1970년에 각각 0.30, 2.12퍼센트였다가 1980년에는 0.36, 2.29퍼센트가 되었다. 따라서 그동안의 소득 분배는 일단 악화되었다고 할 수 있다. 국제적으로 비

정책 과제	귀 결
→① 국제수지 개선	→ 외채 감축 → 해외의존도의 저하 (경제 자립도의 제고)
→② 내자 동원의 극대화	
④ 중화학공업(소재·부품 생산부문)의 육성	→ 〃
⑥ 기술 개발	→ 〃
③ 농업의 육성	→ 〃
③ 농업의 육성	→ 소득 분배의 개선
⑤ 중소기업의 육성·경제력 집중 방지	→ 〃
⑦ 소득 분배의 개선·사회 개발의 추진	→ 〃
→ * 물가 안정	→ 〃

교하면 대만보다는 소득 분배가 불균등하시반 인노네시아, 멕시고 등
보다는 균등한 편임을 알 수 있다.

4. 정책 과제

　앞에서 경제개발전략의 부정적인 귀결이 무엇인지 밝혀졌다. 따라
서 앞으로 요청되는 정책 과제는 ① 국제수지 개선 ② 내자 동원의 극
대화 ③ 농업의 육성 ④ 중화학공업의 기초재 및 중간재 생산부문 내
지 소재·부품 생산부문의 육성 ⑤ 기술 개발 ⑥ 중소기업의 육성·경
제력 집중 방지 ⑦ 소득 분배의 개선·사회 개발의 추진 등이라고 할
수 있다. 이 밖에 물가 안정, 경영 합리화 등이 전제로서 필요함은 말
할 나위도 없다. 이에 대한 정책 과제와 그 귀결을 표시하면 다음과
같다.
　그러나 조세 감면법의 제정, 한국은행 특별 금융 등을 필요케 만든
부실기업, 장기 불황에 직면한 해외 건설업·조선업·해운업 등의 발생
도 결국은 경제개발전략의 부정적 귀결로 볼 수 있다. 따라서 부실기

업의 정리, 해외 건설업·해운업 등의 활성화도 긴급을 요하는 정책 과제라고 할 수 있을 것이다.

《한국사회발전과 민주화운동》(한국기독교사회개발원 편, 1986)

불황탈출은 가능한가

1차 5개년계획의 실시 이후 한국경제가 고도성장과 산업구조의 비교적 현저한 개선, 획기적인 수출확대 등을 이룩한 것은 사실이다. 1962~1973년에 걸쳐 GNP(국내총생산)는 불변가격으로 연평균 96퍼센트라는 높은 성장률로 증가했으며, 따라서 1962년에 87달러였던 1인당 GNP가 1973년에는 376달러가 되었고, 산업구조(불변가격 기준)는 제조업과 사회간접자본 부문의 현저한 성장으로 1962년에 농림수산업 40.3퍼센트, 광공업 13.3퍼센트(제조업 11.7%), 사회간접자본·기타 서비스 46.4퍼센트(사회간접자본 6.7%)였다가 1973년에는 농림수산업 22.7퍼센트, 광공업 29.4퍼센트(제조업 28.4%), 사회간접자본·기타 서비스 47.8퍼센트(사회간접자본 13.7%)가 되었으며, 수출은 1962년에 5,480만 달러였다가 1973년에는 32억 2천5백만 달러가 되었다.

그러나 한국경제는 이미 지난 1971~1972년에 한 차례 물가, 경기, 국제지수의 어려움을 겪었고, 1973년 10월 이후부터 1974년에 걸쳐서 또다시 1971~1972년에 비해서 훨씬 심한 물가, 경기, 국제수지의 어려움, 즉 심한 스태그플레이션과 국제수지의 악화를 겪고 있다. 전국 도매물가는 1974년 11월 말 현재, 1973년 말에 비해서 37.0퍼센트나 상승하였으며, 지난 12월 7일에 단행한 환율인상과 물가현실화 정책 등의 조치(12·7 조치)로 연말까지 45~50퍼센트나 상승한 것으로 예상되고 있다. 12·7 조치는 경기회복과 국제수지 개선을 위해서 물가안정을 희생시킨 조치로 볼 수 있다. 그리고 1974년의 GNP 성장률(불변가격표시)은 9.5퍼센트(상반기 15.3%, 하반기 5.5%)로 예측되고 있다.

9.5퍼센트는 높은 수준이지만 1973년의 GNP 성장률인 16.5퍼센트에 비해서 크게 저하된 것이며, 또한 상반기에 비해서 하반기에는 그 성장률이 약 3분의 1로 급락한 것을 알 수 있다. 재고지수 상승률 또한 1974년 10월 말 현재로 1973년 같은 달에 비해서 49.5퍼센트나 된다. 그뿐 아니라 조업단축 및 휴업 등으로 현재 실업문제가 심각한 문제로 대두되고 있다. 또한 무역적자는 1974년 11월 현재로 21억 6천8백만 달러에 달함으로써 1973년 한 해 동안의 무역적자 10억 1천5백만 달러의 2배나 된다.

위에서 보듯 국제수지는 1973년에 비해서 크게 악화되고 있다. 그러면 이와 같은 한국경제가 겪고 있는 심한 물가와 경기 및 국제수지의 어려움은 무엇에 기인하는가. 물론 그 어려움은 직접적으로는 유류파동, 국제자원파동, 국제통화제도의 불안 등에, 그리고 간접적으로는 유류파동 국제자원파동 국제통화제도의 불안 등에 기인하는 선진국, 특히 미국과 일본의 스태그플레이션에 따른 해외수요의 감퇴에 말미암는다고 할 수 있다.

현재 선후진국을 막론하고 많은 나라가 스태크플레이션에 국제수지 악화마저 겪고 있다. 그러나 어려움의 정도는 나라에 따라 차이가 있는 것 같다. 그런데 한국경제가 겪고 있는 어려움의 정도는 매우 크다. 한국경제가 지니고 있는 고민은 바로 여기에 있다. 그리고 바로 이것이 한국경제가 그동안 많은 성과를 거두어오고 있으면서도 깊이 반성해야 할 점인 것이다.

그러면 왜 한국경제가 겪고 있는 어려움의 정도는 큰가. 그것은 다음에서 보는 바와 같이 우리나라의 높은 수출입의존도와 취약한 수출입상품구조에 기인한다고 할 수 있다.

우선 우리나라 수입의존도가 1973년에 있어 38.2퍼센트에 달하고 있다는 점을 지적할 수 있다. 이것은 일본의 9.6퍼센트(1970년 기준), 서독의 16.0퍼센트(1970년 기준), 프랑스의 13.0퍼센트(1970년 기준)는 말할 것도 없고, 대만의 27.9퍼센트(1970년 기준)나 태국의 19.8퍼센트(1969년 기준)보다도 훨씬 높은 것이다. 이와 같이 수입의존도가 높기 때문에 수입물가가 국내물가에 미치는 영향이 크며, 따라서 우리나라의 인플레의 정도는 커지지 않을 수 없다. 우리나라에서는 1960년 이후 물가는 수입물가에 의해서 주도되어 왔다. 물론 정부의 확대 재정·금융정책으로 인한 초과수요가 인플레의 기본요인이었으나 인플레의 정도를 결정하는 것은 수입물가였다. 1960년대 전반기에 심한 인플레가 발생한 것은 이 기간에 수입물가의 상승률이 매우 높았던 때문이며, 1960년대 후반기에 국내물가가 안정적인 것은 수입물가가 안정적인 때문이었다. 이와 같이 1960년대 초부터 수입물가가 국내물가를 주도하게 된 것은 1960년대 초부터 우리나라의 수입의존도가 15퍼센트를 웃도는 높은 수준이 된 까닭이다.

다음으로 지적되는 것은 1973년의 수출의존도가 33.2퍼센트라는 점이다. 이와 같은 높은 수출의존에 따라 같은 해의 GNP 성장률에 대한 수출기여도는 55.0퍼센트나 된다. 수출의존도는 1차산품과 용역까지 포함한 것이므로 2차산품, 즉 공산품의 경우만 본다면 그것은 더욱 높아질 것이다. 이와 같이 수출의존도가 높기 때문에 해외수요의 감퇴에 따른 수출수요의 감소는 국내경기에 큰 영향을 미쳐 불황을 초래하게 되는 것이다. 수출수요는 국내경기에 불황을 초래시킬 뿐 아니라 국제수지마저 악화시킨다. 왜냐하면 우리나라의 수출입상품구조는 원자재와 자본재를 주로 수입하고 소비재인 경공업제품을 주로 수출하는 취약한 형태이기 때문이다. 물량 베이스로 볼 때 수출은 해외경기에 탄력적이어서 세계적인 스태그플레이션 과정에서 급속히 감소하는 데 반해서 수입은 국내경기에 비탄력적이어서 별로 감소하지 않기 때문이다. 더욱이 소비재의 가격조건은 국제자원파동 과정에서 원자재에 비해 악화하여 우리나라의 국제수지를 더욱 악화시키고 있다.

상술한 바와 같이 한국경제는 높은 수출의존도와 취약한 수출입상품 구조로 해서 세계적인 스태그플레이션과 무역전쟁 과정에서 매우 심한 어려움을 겪고 있다. 그런데 이와 같은 높은 수입의존도와 취약한 수출입상품구조는 모두 우리나라의 대외적으로 취약한, 즉 비자립적 내지 해외의존적인 산업구조에 기인하는 것이다. 우리나라의 산업구조의 비자립성 내지 해외의존성은 두 가지 측면, 즉 그것이 '소비지향적'인 것이라는 점과 '불균형적인' 것이라는 점에 의해서 지적될 수 있다. 전자는 소비적 산업인 호화주택 건설업, 사치성 내구소비재 제조업, 오락산업 등이 과도하게 발달되었음을 말하고 후자는 농림수산업, 특히 농업, 광업 및 기초중화학공업(1차 및 중간 생산부문의 중화학공업)의 상대적인 낙후를 말한다.

소비적 산업은 선진국 모방형이어서 주로 자원다소비(資源多消費)적이므로 그와 같은 산업의 번창은 원자재와 자본재의 부족을 가중시키며 나아가서 수입을 가중시킨다. 그리고 농림수산업, 광업 및 기타 중화학공업은 식량 원자재 및 자본재를 생산하는 산업이기 때문에 이들의 상대적 낙후는 식량 원자재 및 자본재의 수입을 가중시킨다. 1962~1971년 기간에 앞에서 이미 언급한 바와 같이 제조업과 사회간접자본 부문은 계획치를 크게 웃도는 현저한 성장을 했지만 농림수산업은 연평균 5.4퍼센트의 계획치를 크게 밑도는 3.9퍼센트의 실적치를 나타냈다.

사실 1973년의 식량자급률은 68.6퍼센트에 불과하다. 한편 탄광업도 오히려 퇴보했다. 이와 같은 농림수산업, 광업의 상대적인 낙후는 국내시장의 협소를 초래하여 우리나라의 해외의존도를 높이는 결과를 야기시키기도 한다. 물론 제조업의 현저한 성장은 공업구조의 개선을 가져오기도 했다. 즉 중화학공업의 발달을 지적할 수 있다.

그리고 공업구조를 보면 경상가격 생산액 기준으로 1962년에 중화학공업 30.7퍼센트, 경공업 67.3퍼센트, 1963년에 중화학공업 32.9퍼센트, 경공업 63.1퍼센트였다가 1972년에는 중화학공업 33.8퍼센트, 경공업 66.2퍼센트가 되었다. 그러나 발달한 중화학공업은 원자재나 자본재를 생산하는 기초중화학공업이 아니고, 원자재나 자본재를 사용하여 조립하거나 최종 손질을 가하는 최종생산 부문의 중화학공업이다.

기초중화학공업이 전 중화학공업에서 차지하는 비중은 부가가치 기준으로 1963년의 25.2퍼센트에서 1971년에는 14.6퍼센트로 오히려 하락하였다. 원자재에는 천연원자재와 이를 가공한 제조된 원자재가 있다. 천연원자재는 원유, 생고무, 원당, 광석 등의 부존자원에서 채취하므로 부존자원이 존재하지 않는 경우에는 국내 생산대체가 불가능하다. 따라서 수입을 줄이는 길은 국내 소비를 줄이는 것밖에 없다.

그러나 선철강괴(銑鐵鋼塊), 화학사(化學絲), 원료, 색소 등의 제조된 원자재는 이를 생산하는 산업, 즉 1차 생산부문의 중화학공업의 육성을 통해서만 국내 자급할 수 있다. 그리고 중간 생산부문의 중화학공업 중 자본재—주로 기계—를 생산하는 부문은 중화학공업의 여러 부문들 가운데서 가장 기술집약적인 부문이므로 우리나라와 같은 저개발국이 이 부문을 제대로 육성하는 데에는 한계가 있다. 따라서 고도의 생산성을 갖는 기계 등의 수입은 불가피하다. 그러나 물론 중간 생산부문의 중화학공업 육성을 통해서 자본재의 국내 자급도 상당한 정도로 이루어질 수 있을 것이다. 이렇게 보면 중화학공업 가운데서도 주로 1차 생산부문의 중화학공업이 우리나라가 시급히 육성시켜야 하고 또한, 그 육성이 가능한 부문이 아닌가 생각된다.

결국 농림수산업 광업 및 기초중화학공업이 상대적으로 낙후되어 있기 때문에 원자재와 자본재의 국내공급이 부족하여, 그 결과 해외에서 원자재와 자본재를 수입하지 않을 수 없어 수입의존도가 높아졌으며, 또한 원자재와 자본재를 주로 수입하고 소비재인 경공업 제품을 주로 수출하는 취약한 수출입상품구조가 형성된 셈이다. 1973년의 우리나라 상품별 수입구조를 보면 27.8퍼센트가 자본재, 66.4퍼센트가 원자재이며, 소비재는 5.8퍼센트에 불과하다. 반면 상품별 수출 구조를 보면 72.2퍼센트가 소비재인 경공업 제품이며, 15.2퍼센트가 자본재, 12.6퍼센트가 1차산품 즉 원자재이다.

우리나라의 산업구조가 이와 같이 비자립적, 해외의존적인 성격을 가지게 된 것은 투자재원의 많은 부분을 외자로 조달한 까닭이다. 즉 국내 총투자재원에서 해외저축이 차지하는 비중은 1960~1965년 기간에는 평균 62.5퍼센트, 1966~1970년 기간에는 평균 38.9퍼센트, 1971~1973년 기간에는 평균 29.7퍼센트에 이르고 있다.

1959~1973년 기간에 도입된 차관누계는 확정 기준으로 33억 9천만 달러, 도착 기준으로 42억 9천만 달러(외채잔고는 33억 2천만 달러)나 된다. 그리고 우리나라에 도입된 외자의 투자업종을 보면 농림수산업과 광업은 거의 없고 대부분이 제조업이다. 제조업 가운데서도 주로 섬유, 석유화학, 금속, 운송기계, 전자기기, 기계, 목재, 제지 등 원자재

나 자본재를 거의 해외에서 도입해야 하는 업종들이다. 외자로서는 국산 원자재나 자본재에 의한 업종보다는 자기들의 원자재나 자본재를 구입하는 업종에 투자하는 것은 당연한 일일 것이다.

그러면 1975년에는 1974년에 겪고 있는 심한 물가와 경기 및 국제수지의 어려움에서 벗어날 수 있을 것인가. 한마디로 1975년에도 1974년과 마찬가지로 심한 물가와 경기 및 국제수지의 어려움을 겪을 것이라고 할 수 있다. 왜냐하면 우리나라의 산업구조가 비자립적 내지 해외의존적이기 때문에 우리나라의 물가와 경기 및 국제수지는 해외, 특히 우리나라의 수출입에서 70퍼센트를 차지하고 있는 미국과 일본의 불가와 경기에 좌우된다고 할 수 있는데, 자립적인 산업구조의 확립은 1~2년 내에 달성될 수 있는 성질의 것이 아닌 데다가 해외, 특히 미국과 일본의 스태그플레이션은 1975년에야 해소될 가능성이 있다고 볼 수 있기 때문이다.

미국의 경우, 경기는 1975년 하반기부터 회복되기 시작하고 인플레는 1975년 중에 잡힐 것으로 예측되고 있다. 일본의 경우도 대체로 같을 것으로 예측되고 있다. 다만 1975년의 GNP성장률이 미국의 그것보다 크다는 점이 다를 따름이다. 대체로 한국 경기와 미국 경기 사이에는 약 6개월, 한국 경기와 일본 경기 사이에는 약 3~4개월의 시차가 있는 것으로 알려져 있는 이상, 특별한 일이 없는 한 1976년에 가서야 우리나라는 심한 물가와 경기 및 국제수지의 어려움에서 일단 벗어날 수 있을 것 같이 생각된다.

따라서 우선 경기가 회복될 때까지 불황으로 인해 발생하는 실업을 흡수하고자 이미 12·7 조치에서 밝혀진 바 있는 취로사업의 확대, 중소기업에 대한 투자의 증가 등 이른바 케인스적인 실업대책이 추구되어야 할 것이다.

다음에 현재 우리나라의 수출대상국인 미국, 일본, 유럽의 선진국들은 세계적인 스태그플레이션 과정에서 종래의 성장과 고용위주의 고압경제에서 안정을 더 중요시하는 저압경제로 이행해 가고 있다.

따라서 이제까지와 같은 수출 드라이브 정책을 통한 고도성장을 앞으로는 기대하기가 어렵다. 그러므로 고도성장 정책을 지양하고, 지속적으로 안정기조를 견지해 가면서 독과점업체의 가격조작의 규제, 경영합리화 노력을 통한 생산비의 절감 등을 추구할 필요가 있다.

이번의 스태그플레이션 과정을 통해서 우리나라의 비자립적인 산업구조가 얼마나 국민경제를 불안정하게 하는지가 완전히 드러났다. 이것을 계기로 하여 우리는 깊이 반성하는 바 있어야 할 줄 안다. 그런 의미에서 국내재원의 동원을 극대화하고, 또한 소비지향적인 산업에 투자되는 자본을 절약함으로써 투자재원화하여 외자의존도를 줄이고 농림수산업, 광업 및 기초중화학공업을 육성하여 국내시장을 확대시키는 동시에 자립적인 산업구조를 확립해 가야 할 것이다.

《경향신문》(1975. 1)

물가안정 여신관리가 긴요하다

현재 경제 전체로서는 성장 둔화, 실업 증가 등의 현상이 일어나고 있고 기업으로서는 자금난 등의 현상에 직면하고 있는 것이 사실이다. 따라서 이런 상태를 가리켜 현재 국내경기는 불황 국면에 처해 있다고 말하는 것 같다. 불황은 이처럼 단순히 불경기와 같은 뜻으로 사용될 수 있다.

그러나 불경기의 정도를 문제로 삼아 심하지 않는 경우와 심한 경우로 나누어서 불황을 심한 경우만을 뜻하는 것으로 사용하는 수도 있다. 다시 말하면 불경기를 경기후퇴 혹은 리세션과 경기침체 즉 스태그네이션 혹은 슬럼프로 나눌 때 경기침체의 뜻으로 불황을 사용하는 수도 있다.

나는 여기서 단순히 불경기를 불황이라는 말로 표현하지 않고 경기침체를 불황이라는 말로 표현하는 입장을 취하고 싶다. 따라서 현재 국내경기는 경기후퇴 국면에 처해 있다고 말하고자 한다. 그 이유는 다음과 같다.

첫째로는 금년 상반기의 경제성장률은 11.4퍼센트인데 이것은 지난 77년 상반기의 6.6퍼센트를 크게 웃돌고 있을 뿐만 아니라 3/4분기까지는 경제성장률의 급격한 하락이 예상되지 않는다고 할 수 있기 때문이다. 제조업의 경우를 보아도 마찬가지이다. 게다가 경제기획원이 전망하고 있는 금년의 경제성장률 8.0~9.0퍼센트는 72년의 6, 7퍼센트를 웃돌고 있음은 말할 것도 없고 74년의 7.5, 75년의 7.0퍼센트보다 높다.

둘째로는 경제기획원이 전망하는 올해 실업률 3.8~4.2퍼센트는 77년의 3.8, 75년의 4.1퍼센트에서 크게 벗어나는 것이 아니기 때문이다. 셋째로는 어떻게 보면 불황이라는 말은 자금난에 말미암는다고 할 수 있을 정도이지만 경제기획원이 전망하는 금년의 총통화와 통화의 증가율 25.0, 23.5퍼센트는 77년과 78년의 증가율보다 훨씬 작으므로 통화 면만을 보면 그렇게 말할 수 있을는지 모르지만, 경제기획원이 계획하고 있다고 볼 수 있는 금년의 국내여신과 민간여신의 증가율 28.4와 31.6퍼센트는 도리어 77년과 78년의 그것보다 훨씬 크므로 여신 면에서 보면 반드시 그렇게 말할 수 없으며, 또 자금난은 총량보다 자금의 편중배분에 기인하는 면이 크다고 할 수 있기 때문이다.

넷째로는 78년은 비정상적인 해라고 할 수 있기 때문이다. 그리고 이런 성장 둔화, 실업 증가 현상 등에 더해서 현재 심한 고물가 현상에 직면하고 있는 것도 사실이다. 8월 말 현재로 78년의 도매물가상승률과 소비자물가 상승률이 각각 연말대비로 12.2와 16.4퍼센트인 데 대해서 이미 20.4와 14.2퍼센트를 나타내고 있다. 따라서 현재 우리 경제는 이른바 스태그플레이션에 직면하고 있다고 할 수 있을 것이다.

그러나 나는 현재의 국내경기의 국면을 경기후퇴의 국면으로 보고 있으므로 같은 내용이라 해도 인플레적 경기후퇴 즉 인플레이셔너리 리세션이라는 말을 사용해서 현재 우리 경제는 인플레적 경기후퇴에 직면하고 있다고 말하고자 한다.

현재로서는 경제기획원이 전망하는 경제성장률, 소비자물가 상승률, 총통화 및 통화 증가율은 실현 가능하다고 할 수 있을 것 같이 생각된다. 그러나 도매물가 상승률은 전망치인 24.0~25.0퍼센트를, 그리고 국내 및 민간여신 증가율이 그 목표치를 각각 웃돌 가능성이 크다고 할 수 있을 것이다. 도매물가 상승률은 8월 말 현재 이미 20.4퍼센트나 되는 데다가 유가 등의 여러 상승요인이 복병으로 존재하고 있으며 9월 이후가 자금 성수기인 데다가 심한 무역수지 불균형 등이 예상되고 있기 때문이다. 따라서 앞으로는 도매물가의 안정과 국내 및 민간여신의 철저한 관리자금의 편중배분의 시정 등이 요청된다고 할 수 있을 것이다. 그리고 무역수지 내지 경상수지의 개선노력도 그러하다고 할 수 있다.

《내외경제》(1979. 9. 29)

좌담

오늘의 경제현실과 경제학[*]

임재경 창작과비평사에서 경제좌담을 준비한 것이 별로 좋은 현상은 아닌 것 같습니다. (웃음) 왜냐하면 순수 문학잡지라고는 할 수 없지만 문학 중심의 잡지이며 경제관계 논문을 간혹 싣기는 했었으나 딱딱한 경제문제를 좌담의 주제로 삼는 것은 이번이 처음이 아닌가 해요. 경제문제를 좌담의 주제로 삼는 것은 경제가 잘 안 돌아간다는 것이 아니냐, 한편으로는 이렇게 생각할 수 있겠구요. 다른 한편으로는 경제에 관한 관심이 높아졌다, 요즈음 유행하는 말로 표현하면 경제에 대한 의식이 계발됐다고 할까요, 그런 이야기가 되겠습니다. GNP가 늘어나면서 경제에 대한 관심이 높아지는 것은 당연한 추세겠지만 지난 일이 년 사이에 갑자기 경제에 대한 의식이 높아진 것은 객관적인 변화에 대응한 결과가 아니냐, 저는 그렇게 보고 싶어요. 모든 것이 잘 돼 나가다가 정말 잘 돼 나간 것인지는 뒤에 다시 검토해 보아야겠습니다만, 잘 안 되니까 이제는 전문가들이란 사람들한테만 일을 맡겨 놓을 수 없다고 생각한 것인지도 모르겠습니다. 경제전문가들

---

* 이 좌담회는 1979년 10월 2일 한국일본 논설위원인 임재경 씨의 사회로 변형윤 서울대 경제학 교수와 전철환 충남대 경제학과 교수가 참석하였다.

이란 다름 아닌 경제관료·기업경영자·대학교수 혹은 KDI 연구원·은 행중역 들을 뜻하는 것입니다. 이제는 이들에게만 맡겨서는 도저히 안 되겠다는 생각이 강하게 들었기 때문에 《창비》도 경제문제 좌담을 기획하게 된 것이 아닌가 합니다. 그런데 또 이곳에 대학교수라는 전문가들이 모이게 됐군요.(웃음)

그동안의 구체적인 변화를 또 몇 가지로 생각해보았습니다. 제일 중요한 것은 물가겠지요. 그 다음은 취직이 어려워졌다는 것, 곧 실업의 위기 문제입니다. 그리고 신문도 그렇게 보도하고 정부에서도 발표했듯이 수출이 어려워졌다는 것이며 다른 하나는 국민들의 생활과 밀접한 관련이 있는 것인데 주택사정이 어려워졌다는 것입니다. 통계를 하나 인용하면 금년(79년 2/4분기) 중에 도시근로자 가계에서 주거비가 차지하는 비중이 25.8퍼센트예요. 10만 원 지출하는 사람이 주거비로 2만 5천8백 원을 쓴다는 겁니다. 몇 해 전만 해도 15.6퍼센트 정도였다고 기억됩니다. 그러니까 못사는 사람들이 주거비로 가계비의 4분의 1을 지출하게 되었다는 얘기지요. 생활에 큰 위협입니다. 이렇게 커다랗게 네 가지 특징을 최근의 변화로 정리해 보았는데 변 선생님은 어떻게 생각하십니까?

경제성장·GNP의 허와 실

변형윤 이제 임 선생님께서 잘 지적해 주셨어요. 그런데 임 선생이 지적하신 것은 대체로 작년과 금년에 일어난 특징들이라고 봅니다. 사실은 60년대에 들어와서부터 GNP니 경제성장이니 하여 경제에 관한 것이 계속해서 강조되어 왔다고 할 수 있습니다. 그러나 작년 특히 금년 들어서 나타난 그동안의 경제성장의 여러 부작용이 경제에 대한 관심을 높여주는 직접적 동기가 되었다고 할 수 있을 것입니다.

전철환 좋은 말씀들 해주셨습니다. 저는 먼저 창비사에서 이렇게 경제 일반에 대한 이야기를 할 수 있도록 자리를 만들어 주신 것에 감사드립니다. 좀 전에 임 선생님께서 한국경제의 변화를 네 가지 점을 들어 이야기하셨는데 제 생각에는 그뿐만 아니라 순수 경제학적인 것을 넘어서 '빈부격차'의 문제도 다루어야 한다고 생각합니다. 그동안 우리는 실증주의(positivism)의 영향이랄까 경제철학의 빈곤 탓이랄까 아니면 한국의 여건 탓으로 이런 점에 소홀해 왔어요. 이 자리에선 이 문제도 포함해서 포괄적으로 한국경제의 문제를 다뤄봤으면 좋겠다고 생각합니다. 실증적인 자료에 근거한 논의는 여러 사람들, 특히 구미에서 공부하고 돌아오신 분들이 하고 계신데 경제철학의 문제는 다루고 있지를 않아요. 생산은 누가 하느냐, 어떻게 배분하는 것이 정의로우냐 하는 경제철학적인 문제를 같이 논의했으면 합니다.

임재경 아주 좋은 말씀이십니다. 전 선생님은 도입부를 생략하고 바로 문제의 핵심에 돌입하시는데 훌륭한 지적입니다. 그러니까 물가다 고용이다 수출이다 이런 것을 가릴 필요도 없이 말하자면 '정의'의 문제가 국민 의식의 전면에 떠올라야 한다는 말씀인 것 같군요.

전철환 저는 이 문제를 꼭 다루고 넘어갔으면 합니다.

임재경 알겠습니다. 당연한 말씀입니다.

변형윤 60년대 후반부터 '빈익빈 부익부'란 말이 나오지 않았습니까? 이것 자체가 정의를 희구하는 표현으로 받아들일 수 있겠지요.

임재경 그렇지요. 제가 도입부로써 꺼낸 물가다 뭐다 하는 이야기도 그것과 관련이 있다고 봅니다. 물가상승이란 것은 정의의 후퇴라고 할 수 있지 않겠습니까? 물가의 피해는 저소득층이 집중적으로 받고 있으니까요.

변형윤 그렇지요. 물가 문제의 저변에는 정의의 문제가 깔려 있다고 할 수 있지요.

임재경 그런데 이런 문제를 통계숫자나 전문가들이 즐겨하는 전문용어를 사용하지 않고 직접 이야기하려면 여간 어렵지가 않아요. 편의상, 방법적으로 GNP라든가 평균 소득이라든지 하는 용어를 사용하지 않을 수 없군요. 저는 별로 이런 용어들을 좋아하진 않습니다만, 편의상 이런 용어 가운데는 수십 수백 가지가 있겠지만 처음에 말한 전문가들이 제일 많이 사용하는 GNP라는 것입니다. 우리말로 하면 국민총생산고가 되겠지요. 이것이 연간 10퍼센트 증가다, 1인당 GNP가 얼마 하는 섯이 국민의 실생활에서 느끼는 것과는 차이가 있다고들 하는데 이 문제를 통계학을 전공하신 변 선생님께서 먼저 말씀해 주시지요.

변형윤 GNP가 무엇이냐 하는 정의를 먼저 하면 되겠지요. GNP란 것은 한마디로 말해서 일정 기간(보통은 1년) 동안에 한 나라에서 생산된 순생산물을 시장가격으로 평가하여 합계한 것이라고 보통 정의되지요. 이때 생산물에는 유형재와 서비스가 포함됩니다. 따라서 GNP와 관련해서는 주로 다음의 세 가지 점에 유의할 필요가 있을 것입니다. 하나는 GNP는 합계개념이라는 것입니다. 그러기에 구성의 문제가 은폐되고 있지요. 예를 들면 한 명이 100을 생산하고 나머지 9명은 아무 것도 생산하지 않아도 GNP는 100이 되는 것이지요. 그리고 모든 사람이 10씩 생산해도 GNP는 100이지요. 이처럼 구성의 문제가 은폐되고 있다는 데에 문제가 있습니다. 또 하나는 GNP는 순계개념이라는 것입니다. 예를 들어 노동을 투입해서 생산된 10의 밀을 원료로 생산된 20의 밀가루를, 또 그것을 원료로 30의 빵을 생산했다고 하면, GNP는 60(=10+20+30)이 아니고 중복된 부분인 30(=10+20)을 60에서 공제한 30(=10+10+10)이 됩니다. 또 하나 유의할 점은 GNP는 시장가격으로 평가된 개념인데, 이 시장가격에는 그해 그해의 시장가격과 어떤 기준이 되는 해의 시장가격이 있다는 것입니다. 전자를 경상시장가격이라 하고 후자를 불변시장가격이라고 하지요. 비교를 할 때는 불변시장가격으로 평가된 GNP가 사용되는 것이 상례지요. 그리고 다른 나라와의 비교에 있어서는 보통 미 달러로 환산된 GNP가 사용됩니다. GNP에 경상시장가격으로 평가된 것(명목 GNP)과 불변시장가격으로 평가된 것(실질 GNP)이 있으므로 자연히 달러가 표시된 GNP에도 두 가지가 있게 되는 셈이지요. 그러나 우리는 흔히 명목 GNP를 미국 달러로 환산한 것을 사용하고 있습니다. 1978년의 우리나라 1인당 GNP(GNP를 인구수로 나눈 것)가 1,279달러라는 것이 바로 그 예입니다. 이 1,279달러는 1978년도의 1인당 경상 GNP를 대미환율로 환산한 것입니다. 이것은 인플레를 감안하지 않은 것이므로 우리는 실제 느낌과는 거리가 있는 것이라고 할 수 있지요.

임재경 헛배만 부르다는 얘기군요.

변형윤 그렇지요. 1978년의 1인당 경상 GNP는 이렇게 1,279달러지만 1인당 실질 GNP는 750달러 내외라는 점에 주의할 필요가 있어요. 그리고 1인당 GNP는 GNP를 인구로 나눈 것이기 때문에 역시 구성의 문제를 은폐한 개념입니다. 다시 말하면 그 평균치에 가까운 소득을 올린 국민이 얼마나 되느냐라는 분배의 문제를 은폐하고 있는 것입니다. 이 정도 얘기하면 되겠습니까?

GNP와 국민복지

임재경 네, 좋습니다. 좀더 구체적으로 얘기를 진행시키기 위해서

제가 문제를 정리해 보겠습니다. 변 선생님께서는 GNP가 갖고 있는 합계개념의 문제, 1인당 GNP의 평균개념의 문제, 그리고 달러로 평가할 때의 문제 등 세 가지를 지적해 주셨는데 저는 GNP에 계상된 서비스가 과대평가되는 경향이 있다는 것을 짚고 넘어가야 한다고 봅니다. 통계상으로 잘 확인되지 않지만 과거에는 GNP에 계상 안 되던 새로운 3차산업 부문이 점점 늘어나지 않습니까. 이것이 미국 등 선진공업국에서 말하는 3차산업의 비중이 우리나라에서도 커지는 것인지 아니면 우리나라에서만 특별히 과대평가되는 것인지, 이 문제를 전 선생님께서 좀 말씀해 주십시오.

　　전철환 두 가지 측면으로 나눠 볼 수 있겠습니다. 첫째는 경제가 성장함에 따라 서비스부문이 GNP에서 차지하는 비중이 커지는 것이냐는 문제고, 둘째는 서비스부문의 증대가 국민복지와 어떤 관련이 있는가 하는 문제입니다. 먼저 서비스부문의 비중 문제를 말씀드리면, 국민소득계정에서 3차산업은 서비스업으로 우리나라는 50퍼센트 전후일 것입니다. 이 추세는 다른 자본주의국가들과 비슷합니다. 그들도 경제가 성장함에 따라 서비스부문이 커져 극단적으로는 60퍼센트까지 갑니다. 농업은 10퍼센트 미만이 되고 광공업 등 2차산업은 30퍼센트가 되어 10: 20: 60의 비율을 보이지요. 따라서 우리나라도 숫자상으로는 그리 높은 편이 아닙니다. 문제는 이것이 아니고, 서비스부문이 국민복지와 관련이 있느냐하는 서비스부문의 구성의 문제하고, 또 하나는 서비스부문의 본질의 문제를 나눠서 봐야 할 것 같습니다.

　　원래 서비스부문은 잘 아시다시피 국민복지와의 관련이란 점에서 볼 때는 좀 문제가 있습니다. 서비스부문은 최종목적이 아니기 때문입니다. 예를 들면 다방이 많이 늘고 찻값을 많이 내면 국민소득은 증가되는데 이것이 과연 국민복지와 어떻게 이어지는가 하는 문제입니다.

이런 것들은 선진국도 안고 있는 문제점이지만, 후진국의 서비스부문은 대외거래가 커지면서 상업·금융이 커진다는 특수성을 가지고 있습니다. 우리나라의 경우 50년대까지만 해도 1인당 GNP가 70달러에서 80달러였는데 그 중 서비스부문이 50퍼센트나 차지했습니다. 이것은 대외원조를 중심으로 이상적으로 비대해진 상업부문의 탓이었습니다. 이 점은 문제가 많지요. 그 다음 우리나라 서비스부문의 또 다른 특수성은 국방비의 증대입니다. 국방비는 서비스거든요.

임재경 군인들 봉급 주는 것도 서비스분야의 생산으로 포착되는 것이지요.

전철환 예, 그렇습니다. GNP의 60퍼센트라는 건 적은 것이 아니죠. 지금 말씀드린 대외원조를 중심한 상업부문의 비대와 국방비 증대가 우리나라 서비스부문 증대의 두 가지 특수성입니다.

임재경 국방비 문제는 나중으로 미루기로 하고…… 자본주의경제가 발전하면서 서비스부문이 커지는 것은 당연한 추세이겠으나 우리나라에서는 과대하게 커지는 것 같아요. 예를 들면 경주 보문관광단지 꾸미는 데 수백억이 들었다는데 이것도 서비스업에 포함되는 것 아니겠어요? 이것이 국민복지와 어떤 관련이 있는지요? 관광달러를 벌어들인다는 효과는 부분적으로 인정해야 할지 모르지만 과대한 투자가 분명합니다. 이를테면 중국의 만리장성 같은 것이 대표적인 예인데, 요즈음 관광객들에겐 좋은 구경거리이고 또 당시에는 방위효과가 있었는지는 모르겠으나 당시의 민중에겐 큰 고통이었을 것입니다.

변형윤 두 분께서 좋은 말씀해주셨습니다. 결국 GNP라는 것이 후생개념과는 관련이 적다는 말씀을 서비스부문을 예로 들어 해주신 것 아니겠어요? 그래서 GNP란 개념 대신에 GNW(국민총복지)라는 것도 나오지 않았습니까? 여기서 덧붙여서 확실히 하고 싶은 이야기는 우리나라의 서비스부문의 이상비대는 최근의 경향이 아니고 해방 직후부터 죽 이어져 내려온 것이라는 점입니다. 해방 직후 미국 원조를 중심으로 커진 상업의 비중은 그대로 남아 있는 가운데 농업과 공업 간의 비중의 변화만이 있었습니다. 원래 영국 같은 데서는 1차산업(농업)에서 2차산업(공업)으로, 그리고 3차산업(상업)으로 자연스런 비중의 변화가 있는 발전을 했지 않습니까? 그런데 우리나라는 기형적으로 해방 직후 갑자기 3차산업이 비대해졌습니다.

그리고 GNP나 그것의 산술평균인 1인당 GNP는 분배문제를 은폐하고 있는데, 이 GNP나 1인당 GNP의 증가가 곧 경제성장으로 받아들여집니다. 따라서 경제성장이 실현된다고 해서 반드시 분배문제가 해결된다고는 말할 수 없습니다. 앞으로는 경제성장을 하면서도 아울러 분배문제도 고려되어야 할 것입니다. 이것이 국민들의 바람 아니겠어요?

임재경 제가 보기에는 평균개념이 사회적으로 의미 있는 통계개념이 되려면 그 사회가 추구하는 기본이념이 사회정의나 평등이어야 할 텐데, 자본주의 사회에선 사회정의나 평등보다는 이윤추구의 자유가 더 중요시되잖아요. 이윤추구의 자유와 서로 모순되는 면이 있지 않을까요?

변형윤 재미있는 얘긴데요. 그러니까 공공부문·정부부문이 점차 커지는 것 아닙니까? 기업가의 경제활동의 자유가 소득불균등을 확대하니까 이를 교정하기 위해 '계획'이 필요해진 것이지요. 계획은 원래 그런 맥락에서 나온 것이지요.

경제성장과 사회정의는 양립할 수 있는가

임재경 어차피 정치·제도의 이야기가 나왔으니까 전 선생님께서 좀 더 말씀해 주시지요.

전철환 흔히들 경제적 문제와 정치·사회·문화가 취급하는 문제가 서로 떨어져 있는 것처럼 생각하는데……

임재경 이른바 전문가라는 사람들이 그렇게 생각하는 것 아닙니까.

전철환 예, 그렇지요. 그런데 그 원류를 따져보면 벤담의 공리주의, 막스 베버류의 사회과학의 몰가치론적 방법론, 사회적 진화론(social darwinism) 등이 전수되어 근대의 과학적 방법론이 도입되었거든요. 경제학이 하나의 과학으로 정립되는 과정에서 모든 사회적 문제를 통합하는 인식이 약화되었는데, 그 결과 GNP만 하더라도 모든 사회적 문제와 관련이 없는 것처럼 되어 버렸지요. 학문 자체의 이러한 문제도 있습니다. 그리고 GNP 성장이 분배의 문제와 관련이 적다고 할 때, 그리고 적다면 왜 그런가 하는 문제를 생각해 보면 두 가지로 이야기할 수 있겠습니다.

첫째는 임 선생님께서 말씀하신 대로 분배의 문제, 평등의 문제를 강조하면 자유의 문제와 상충된다는 점이고, 그러나 변 선생님 말씀하신 대로 사회적 자유를 추구하다 보면 결국은 조화될 수 있는 것 아니냐 하는 점의 두 가지인데, 이 점도 이미 논의되었던 것으로 알고 있습니다. 이른바 개인적 자유를 확보하는 입장에서 보면 임 선생님 말씀처럼 자본주의의 전통적 윤리인 경제활동의 자유가 인정되는 것이기 때문에 분배의 면에서는 정의의 문제가 소홀히 되는 것입니다. 일한 만큼만 받으면 되지 많든 적든 관계가 없다, 이것이 보편적 가치로 받아들여지게 되는 것이지요. 그런데 이와 같이 하다 보니 사회적 불평등이 심화되고 저항이 커지고 GNP의 성장이 행복의 크기와 비례되지 않는다고 국민들이 느끼게 되는 것이지요. 그래서 사회적 자유의 확보 문제가 대두된 것이지요.

　임재경　그때에도 개인적 자유란 것이 개인 모두의 자유는 아니지 않습니까? 기존 이익이 확보되어 있는 소수의 자유가 아닙니까?

　전철환　좀더 설명하지요. 이를테면 제 자유하고 임 선생님 자유하고 변 선생님 자유가 있다고 할 때 처음엔 같았더라도 사회적 진화론에 의하면 곧 불균등해져 제 자유는 커졌지만, 임 선생님의 자유가 종전 수준대로 머물고 있다면 상대적 불평등을 느끼실 것입니다. 이때 세 사람의 자유를 합친 선제의 자유는 커졌냐 하면 그렇지 않다는 것입니다. 그래서 변 선생님 말씀처럼 사회적 자유를 강조해 전체적 자유를 크게 하자는 논의가 생긴 것입니다. 그런데 이렇게 볼 때 GNP는 어느 쪽을 반영하느냐면 사실 GNP는 어느 쪽도 반영하지를 않습니다. 그래서 국민들이 느끼는 행복의 개념과는 전혀 관계가 없습니다.

물가통계의 정확성과 성실성

　임재경　GNP에 대한 이야기는 그쯤하지요. 우리가 관심 갖는 통계는 GNP뿐만 아닌데 물가통계에 대해 이야기 좀 할까요. 물가가 현실하고 많이 떨어져 있다는 것은 국민 누구나 느끼는 것인데요. 작년에 노총이 발표한 통계(30%)는 정부의 공식통계(14.6%)와 두 배의 차이가 있습니다. 금년 봄의 전(全) 도시근로자 가계소득 상승률이 38퍼센트 (작년 6월 대비 금년 6월)인데 같은 기간에 전 도시소비자 물가지수 상승률은 19.4퍼센트인가 됐지요. 완전히 두 배의 차이예요. 기술적으로 이렇게 될 수밖에 없는 요인도 있을지 모르겠지만 통계가 당연히 추구해야 할 정확성은 아예 포기하자는 것이 아닌가 하고 의문을 품는 사람들이 적지 않은 것 같습니다.

변형윤 그렇습니까? 아주 어려운 문제인데요. 그러나 그와 같은 커다란 차이는 일차적으로 통계작성기관이 다른 데에 기인하는 것으로 볼 수 있지 않을까요? 물론 가격현실화는 가격을 올리는 것으로 받아들여지고 있고 또 경제기획원이 발표하는 수치는 항상 실제보다 낮은 것으로 여겨지는 경향이 농후하기 때문에 많은 사람들이 노총 쪽에서 제시한 통계를 더 신뢰할는지는 모르지만요. 그리고 순기술적인 면에서 볼 때에는 물가지수에 반영된 물가와 현실생활 속의 물가 사이에는 선진국의 경우도 마찬가지지만 차이가 있기 마련입니다. 같은 곳에서 조사하더라도 방법의 차이, 조사대상 품목 선정의 차이 등에 따라 서로 달라지지요.

임재경 저도 기술적 제약은 인정합니다. 노총에서 발표한 것과 정부 물가는 다를 수밖에 없는 것이지요. 그런데 같은 정부에서 발표한 전 도시소비자 물가지수와 전 도시근로자 가계통계를 비교하며 증거를 하나 잡았습니다. 주거비의 가중치입니다. 전 도시소비자 물가지수의 주거비 가중치는 1,000분의 110, 곧 11퍼센트인데, 전 도시근로자 가계에 실제 주거비 지출은 25.8퍼센트를 차지하는 것입니다. 이것은 어떻게 된 것입니까?

전철환 두 배나 차이가 나는군요.

임재경 그 말은 도시소비자 물가지수 주거비 가중치는 몇 년 전에 작성된 것이고 도시근로자 주거비 지출은 작년의 것이라 시간상의 차이가 난다고 할 수 있겠는데, 그러면 왜 기민하게 현실에 대응하지 못하느냐고 반문할 수 있습니다. 여기에서 통계는 경제정책 입안에 반영(feed-back)되지 않는다는 문제가 제기됩니다. 통계의 공공적 관리에 큰 문제가 있다고 하겠습니다.

변형윤 그것은 현실로서 받아들여야 하지만 실제 작성자로서는 어려울 것 같습니다. 소비자 물가지수의 가중치는 기준해(1975년)의 가계지출을 반영한 것인데, 선진국에서는 몇 년 사이에 가계지출에 큰 변화가 일어나지 않는다고 할 수 있지만 우리나라에서는 어떻게 보면 매년 가중치를 바꾸어야 할 정도로 가계지출이 급변하고 있다고 할 수 있습니다. 그러나 매년 가중치를 바꾸는 일은 인원동원·예산지출 등으로 해서 쉬운 일이 아니거든요. 적어도 2년마다 그것을 바꾸어가야 하지 않을까 하는 생각은 있습니다만. 이 밖에도 두 물가 사이의 거리를 느끼게 만드는 또 다른 이유가 있어요. 그것은 조사되는 품목의 가격에서 찾을 수 있습니다. 대상품목의 가격 가운데에 묶인 가격(독과점가격·행정지도가격)이 상당수 있을 때에는 어떤 품목의 실제가격이 4백 원이라고 해도, 묶인 가격이 2백 원이면 지수 작성에 있어서는 2백 원이 쓰이기 때문에 거리가 발생할 수 있다는 말입니다. 실제가격과 동떨어진 묶인 가격이 많이 사용될수록 물가지수에 반영된 물가는 현실물가에서 유리될 수밖에 없지 않겠어요. 물론 이를 극복하기 위해서 묶인 가격과 현실가격의 합성가격인 유효가격이란 것이 사용될 수도 있지만, 여기에도 문제가 없는 것은 아니에요. 그리고 가격이 묶인 품목이 아닌 경우라고 해도 가격조사 대상처가 정해져 있어서 5백 원 하는 품목이 조사대상처에서 3백 원에 팔리는 식으로 보고가 되는 경우에는 이런 가격이 지수에 잡히게 되어 있습니다. 어떤 사정 또는 어떤 목적에 맞추어서 조사되는 가격이 실제보다 낮은 것이 될 수 있다는 데에도 문제가 있다고 할 수 있습니다.

임재경 행정부의 성실성뿐만 아니라 일반국민의 공공이익에 대한 성실성에도 관련이 있다는 얘기인가요?

전철환 제가 변 선생님 말씀하신 것에 추가를 좀 해보겠습니다. 결국 공식적인 통계와 현실생활 속에서 피부로 느끼는 것과의 차이는 두 가지 측면에서 볼 수 있겠습니다. 하나는 아까 말씀하신 통계 자체가 안고 있는 기술적인 문제, 예를 들면 기준년도 변경이나 가중치 변동이 어렵다는 것인데 이 점은 저도 어느 정도 인정합니다. 그런데 다른 하나는 성실하지 못한 자의적인 통계조사라는 것입니다. 이 점도 말씀해주셨는데, 제가 여기다 덧붙일 것은 산업구조의 급속한 변화에 따른 신종 상품의 출현입니다. 서구산업사회에도 어느 정도 있겠지만 우리나라는 아주 심합니다. 제가 재작년 그러니까 1977년 겨울 한일 스토브 하나를 2만 8천 원에 샀습니다. 그게 28평형인가였는데 한 달 후에 가보니 없어요. 대신 신종이 나왔는데 4만 2천 원이랍니다. 신종이라 훨씬 좋으냐 하면 별로 그렇지도 않아요.

임재경 정부에서 새로운 담배를 만들어서 사실상 값 올리는 것도 그런 식 아닙니까?(웃음)

전철환 그런데 그 2만 8천 원짜리는 물가통계의 조사대상품목이란 말예요. 그러니까 출하를 하지 않는 것 같아요. 비슷한 예로써 짜장면 값이 안 오르니까 새로운 종류의 짜장면이 나오지 않습니까?

임재경 설렁탕이 양지탕으로 바뀌는 것도 그런 예지요.

전철환 이런 일은 정부 고위층에서 의도적으로 시키는 일은 아니겠지만 밑에서 과잉 충성하느라 그러는 것 같고 또 기업가들이 통계조사 대상품목을 피해서 교묘히 물가인상을 조장하는 경향도 있지요. 이것들이 물가통계의 커다란 문제입니다.

변형윤 그게 예를 들면 물가인상률을 10퍼센트로 억제하라는 지시에 맞추려는 데서 나온 것이 아니겠어요? 내가 꼭 한 가지만 덧붙이고 싶은 것은 현실 그대로를 반영한 통계를 정책에 이용하려는 정책

당국의 자세입니다. 이것을 꼭 강조하고 싶습니다.

임재경 통계 자체의 문제는 아니겠지만 저는 숫자의 남용을 지적하고 싶습니다. 신문·방송은 물론 초등학교 애들까지 GNP 얼마라고 외우는 정도입니다. 제 자신도 숫자에 놀란 적이 있어요. 이를테면 78년 중에 근로자의 명목임금이 평균 30퍼센트 올랐다고 하면 그것은 2만 원 내지 3만 원에 지나지 못하는 겁니다. 그러나 국민의 조세부담이 0.3퍼센트가 늘었다고 하면 그것은 1천억 원이 넘는 것이에요. 이렇게 백분율로 표현하는 통계는 그 뒤에 있는 절대치의 엄청난 차이를 감추어버리고 맙니다. 그 때문에 저는 이런 숫자놀음을 새로운 형태의 몽매주의라고 부르고 싶어요.

변형윤 서양식의 교육이 그런 결과를 가져왔다고 봅니다. 서양 사람들은 모든 것을 정량화하잖아요? 과학화는 숫자화를 전제로 한다고 볼 수 있잖아요? 그리고 증가율을 말할 때에는 항상 절대숫자를 함께 생각해야 할 것입니다. 내가 1960년 초에 인도에 다녀온 적이 있는데 거기의 경제 기획가들을 만났더니 우리나라의 인구증가율을 물어봐요. 그러면서 동시에 인구수는 얼마냐고 물어봐요. 그럴 수밖에 없는 것이 인구증가율이 2퍼센트라고 해도 3천만이 넘는 우리나라의 경우에는 증가인구수가 60만을 넘는데 불과하지만 4억 5천만이 넘는 인도의 경우에는 8백만이나 되니까요. 그곳에서는 철두철미하게 증가율과 함께 인구수와 같은 절대숫자를 따지더군요.

임재경 기업 이윤증가율과 근로자 임금증가율의 비교도 그런 경우 아니겠습니까?

이제 물가통계의 문제 말고 물가상승에 대해 이야기해 볼까요? 70년대 들어와서 제일 저항이 큰 것이 물가문제인데, 그 인상요인에 대해서 여러 가지로 설명할 수 있을 테지만 문제의 접근을 위해 편의상

수출과 관련해서 이야기해 보았으면 합니다. 왜냐하면 기업들은 적자 보면서 수출한다고 하는데 실상은 쓰러지지 않고 오히려 성장하거든요. 그렇다면 누군가가 보전해준다는 얘기인데요, 수출금융일 수도 있고 투기사업일 수도 있겠지만…….

수출과 물가등귀의 관계

변형윤 수출주도정책이 물가인상의 주요한 요인이기는 하지요. 제조원가에 영향을 미친다든가, 수출을 위해 물량을 그 쪽으로 돌리므로 내수에 대한 공급이 딸려서 물가가 오르는 경우가 그것이지요. 인플레는 불가피하다는 인플레 불가피론 혹은 인플레 감수론이 용납되다시피 하는 분위기도 무시할 수 없을 것 같아요.

전철환 물가상승에 수출부문이 미치는 영향을 구체적으로 이야기하기는 쉽지 않습니다. 그러나 수출부문이 직접적이든 간접적이든 영향을 미치는 것은 사실입니다. 첫째가 수요환기(demand-pull)의 문제입니다. 이를테면 환율이 5백이라면 유효환율이 얼마냐 하는 것인데 유효환율을 계산하려면 조세감면비중, 정부지원비중, 금융지원비중을 다 합쳐야 하거든요. 어쨌든 7백 원은 되리라고 봐요. 2백 원 정도가 덧붙여지는 셈인가요.

변형윤 6백 원 정도라고 보는 사람도 있습니다. 무역협회 같은 데선 7백 원으로 합니다만, 나로서는 6백에서 7백 사이라고 봅니다. 20퍼센트에서 30퍼센트 사이이지요.

전철환 숫자야 어쨌든 최소한 6백 원이 넘는다면 20에서 30퍼센트의 간접통화 증발요인이 되는 것이지요. 말하자면 수출지원금이 없다면 그만큼 통화증발이 줄어들 것입니다. 두 번째는 원자재 수입입니다. 수출부문만을 위해서 원자재 수입을 하는 것은 아니고 내수용도 있지만 수출증대로 인한 원자재 수입증대의 영향은 틀림없거든요.

임재경 수입유발효과라고 하는 것인가요?

전철환 수출을 위한 원자재 수입가격의 인상이 국내 물가에 미치는 영향은 고려돼야겠지요. 이렇게 두 가지 측면에 수출부문이 물가에 미치는 영향을 생각해 볼 수 있겠습니다.

임재경 한 가지 덧붙일 게 있습니다. 자동차 등 내구소비재는 덤핑수출인데도 계속 수출하는데, 이것을 누가 보전하느냐는 문제는 어떻게 설명해야 합니까?

변형윤 국내에서 보전해가도록 하겠지요. 다시 말하면 그 적자를 국내시장에 전가시키도록 하겠지요.

임재경 저는 대기업의 덤핑수출이 나라 안의 물가를 치솟게 하는 데 결정적인 작용을 하였다고 보고 싶습니다. 특정 기업, 특정 상품의 덤핑행위를 예로 들 필요도 없습니다. 덤핑수출은 나라 안의 가격경쟁을 전반적으로 파괴하여 가격형성의 시장기능은 저하할 대로 저하했습니다. 공정거래법을 강력하게 시행하는 것은 고사하고 금년 들어서는 오히려 후퇴하는 경향이 더 짙어지고 있어요.

변형윤 자율적인 시장기능에 맡긴다는 것이지요.

임재경 시장기능에 맡길 만한 여건이 돼 있을 때 가능한 것 아닌가요? 기본적으로 합리적인 가격형성이 불가능한 상태에서 가격형성을 자율적으로 놔둔다는 것은 사실상 독점을 조장하는 결과밖에 안 된다는 생각입니다.

변형윤 그렇지요. 수출적자를 메우기 위해 독과점가격을 통해서 물가인상을 유도한다는 말입니다.

수출의 토대는 저임금인가

임재경 수출을 인플레와 관련해서만 이야기했는데, 그동안의 추이를 보면 수출이 연간 50퍼센트 가까이 증가했습니다. 이것은 일본을 빼놓고는 전례 없는 놀라운 성장률인데 이것을 뒷받침한 것은 저임금이 아닐까 해요. 수출이 과거와 같은 속도로 계속 성장하려면, 불행한 일이지만 임금은 앞으로도 계속 억제돼야 한다는 결론을 내릴 수밖에 없을 것 같아요. 물론 기술혁신이다 뭐다 있겠지만. 지금과 같은 수출구조하에서 원료를 우리 힘으로 어쩔 수 없다는 비관론이 아주 강합니다.

변형윤 그렇게 단정적으로는 이야기할 수 없겠지요. 원래가 저임금이었지요. 모르기는 하지만 노동공급이 수요보다 커서 저임금이 가능했는데 수출이 이 저임금 상태를 지속시키는 역할을 해오고 있다고 보아야 하지 않을까요?

임재경 제가 말씀드리고 싶은 것은 저임금의 구조적 원인을 수출과 관련해서 규명해 보자는 것입니다. 실질적으로는 수출산업에 임금이 차지하는 비중이 크지는 않아요. 78년에 제조업 부문에서 인건비가 차지하는 비중은 9퍼센트를 약간 넘는 정도이니까요. 이처럼 임금이 상대적으로 적은 부분밖에 차지하지 않는데도 기업경영자들은 임금상승 때문에 수출이 어려워졌다고 하니 문제입니다. 물론 잘못된 이야기임에는 틀림없습니다. 그러면 다른 원가부문에서 이것을 어떻게 타개해 나가느냐가 문제입니다. 먼저 국내의 인플레를 억제한다 해도 해외인플레는 어찌할 도리가 없잖아요? 제조원가 구성을 항목별로 보면 원료 및 부자재가 74.6퍼센트이고, 그 다음이 감가상각비, 전력비 등의 순인데 감가상각비도 긴 안목에서 어쩔 수 없다면 남는 것은 결국 인건비죠. 따라서 앞으로 계속 수출증대를 꾀하려면 임금 상승을 억제할 수밖에 없다는 것이 기업경영자들의 논리예요. 수출증대는 바로 임금 상승 억제의 전제가 되는 것인 양 제시되고 있어요. 제가 하고 싶은 이야기는 전처럼 40, 50퍼센트씩 수출을 증대하지 않고 증가율을 25퍼센트 정도로 낮추더라도 노동자의 희생은 계속 요구되는 것이 아니냐 하는 의문입니다.

이제 여기서 이야기를 한 걸음 진전시켜 사회정의와 수출을 어떻게 연결시킬 것인가에 대해서 전 선생님께서 좀……

성장률은 낮춰야 한다

전철환 경제적 정의라는 말 자체가 갖고 있는 가치 판단적 성격이 문제가 되겠지요. 다시 말씀드리면 정책을 시행하는 당국자 입장에서 볼 때 경제적 정의라 하면, 자원도 없고 하니 수출을 통한 GNP 성장이 정의라고 할 것입니다. 그리고 임금상승률이 노동생산성을 앞지르게 되고 해외원자재 인상의 압박이 심하므로 이를 상쇄해가며 계속 수출을 증대하고 GNP를 성장시키기 위해서 실질임금 상승을 억제하는 것은 이런 여건 속에서 경제성장이 정의라는 입장에 설 때 정당할 것입니다. 그러니 여기에 대해 정당하지 않다고 이의를 제기하면 상당히 문제가 될 것입니다. 그런데 저는 이런 생각을 갖고 있습니다. 결국 GNP가 문제가 있다고는 하더라도 성장을 말자는 것은 아니다, 그러나 조금 낮추더라도 제로 성장으로 가면 곤란하니까…….

임재경 '조금'입니까 '많이'입니까, 분명히 해주십시오.(웃음)

전철환 조금 낮추더라도 입니다. 과거 평균 10퍼센트 정도 성장이었으니까 여기에서 2~3퍼센트 정도 낮추는 것은 큰 문제가 아니지 않느냐 하는 것입니다. 어느 정도 수출을 증대시키고 성장을 지속시키는 것은 긍정하나, 과거와 같이 부작용을 야기시키면서 해야 하는가에 이의를 제기한다는 것입니다. 안정이라고 해도 좋고 뭐라 해도 좋은데 부작용을 수습해 가면서 성장하자는 얘기지요.

임재경 좀더 분명히 해두고 싶어요. 사회정의를 위해서 GNP로 표시되는 성장을 늦춘다고는 할 수 없을까요?

전철환 그 얘기와 마찬가지입니다.

변형윤 수출도 성장도 다 수단이라는 것입니다. 성장을 좀 늦추자는 데는 공감입니다. 그러면 어디까지 낮출 수 있느냐 하면 이론적으로는 인구증가율을 약간 웃도는 데까지 낮출 수 있다고 할 수 있을 것입니다. 즉 1인당 실질 GNP의 성장률이 제로를 약간 웃도는 데까지 말입니다. 이것은 인구증가율을 감안한 것이기 때문입니다. 우리나라의 1인당 실질 GNP의 성장률을 보면 1967년 이후에는 1967년의 4.2퍼센트, 1972년의 3.8퍼센트를 제외하고는 5퍼센트를 웃돌고 있어요. 그러나 1960년 이후에는 1960년과 1962년에 그것이 각각 마이너스가 된 적도 있습니다. 어떻든 이론적으로는 1인당 실질 GNP의 성장률이 제로만 안 되면 된다고 할 수 있어요. 그것이 최소한의 기준이에요. 그것이 5퍼센트 정도 된다 해도 아무런 지장이 없어요.

'고도성장'은 정치 과정의 산물

임재경 변 선생님 말씀은 누가 들어도 합리적이라고 생각하리라 봅니다만 정책입안자, 기업가, 이른바 전문가들은 그렇게 생각하지 않는데 이것은 어떤 이유 때문일까요? 경제외적인 문제, 예를 들어 정치·사회·문화와도 관련이 있는 것은 아닐까요?

변형윤 그것은 입장의 차이에 기인한다고 할 수 있지요. 고도성장·수출증대를 지상목표로 삼고 있다는 인상을 주는 사람들이 있지 않습니까.

임재경 그렇게 설명은 되지만 그것이 심층분석은 아니겠지요. 제가 보충설명을 하자면 자본주의경제의 역동성을 유지한다는 면에서도 합리주의가 우리나라에서 점차 후퇴하고 있는 듯한 인상을 주는 것은 새로운 관심의 대상이 아닐까 하는 점입니다. 선생님 말씀을 읽는 이라면 누구나가 합리적이라고 수긍할 터인데, 정책 결정에 참여하는 사람들이 그렇게 생각하지 않는다면, 그것은 비합리주의·신비주의이고 극단적으로 표현하면 파시즘에 물든 사람들의 사고방식이라고까지 말할 수 있을지 모르겠습니다. 이러한 도착된 사고방식을 분석해 볼 필요가 있지 않을까 합니다. 경제적인 문제는 아닐지 모르겠지만.

전철환 아니지요. 경제적인 문제지요. 이것을 경제적인 문제와 관련 없다고 보는 것이 앞에 말씀드린 대로 실증주의의 영향 탓이지요. 실증주의를 들고 나오니까 심층의식 문제라든지 집단의 문제라든지 사고방식의 문제가 도외시되는 것인데, 저는 그렇게 생각하지 않아요. 그러면 왜 비합리적인 고도성장을 추구하고 있냐 할 때 정책입안자들의 입장을 명시적으로 밝힌 적은 없지만, 해석을 해보면 정치 과정의 산물이라고 봅니다.

정치 과정이라고 하는 것은 국민들을 통치하기 위해 항상 새로운 미란다(miranda)를 만들어 내야 하는 것이지요. 그렇지 않으면 안 따라오니까요. 그런데 우리나라에서는 새로운 미란다가 윤리·정치·문화 같은 분야에서는 제시되기 어렵고 간혹 제시되더라도 국민에게 어필할 것이 없지요. 결국 경제 문제밖에 국민에게 비전을 제시해 줄 게 없어요. 오늘 천 달러 하던 것이 내일 이천 달러가 된다면 국민들에게 굉장히 어필하는 것이지요.

임재경 역사적으로 전례가 없는……(웃음)

전철환 이게 20년 동안 계속되어 왔거든요.

임재경 5·16 이후에 그렇지요. 제가 보충해서 말씀드리자면 자유당 때는 이승만 씨가 욕은 많이 먹었지만 일단 항일운동의 정통성은 가졌거든요. 그가 과거에 항일 독립운동 했다는 것은 아무도 부인하지 않았습니다. 그런데 5·16 이후 항일투쟁 경력 같은 것은 큰 관심거리가 되지 않더군요.

전철환 20년 동안 근대화(이것이 반드시 GNP 성장하고 같은 이야기는 아니지만)·성장·수출증대를 내세워 국민을 통치해왔는데, 요즈음 국내외 여건이 안 좋다고 이 방법을 포기하고 다른 대안을 찾을 리가 있을까 저는 의심스럽습니다. 이래서 여러 가지 부작용이 있는데도 할 수 없이 이 길로 가는 것이 아니겠느냐 하고 생각합니다. 두 번째 이유는 정책 결정에 참여하는 개인들의 집단적 속성을 들고 싶습니다. 이를테면 과거에 5퍼센트 성장을 계획했더니 7퍼센트 달성하고, 10퍼센트 계획했더니 15퍼센트 달성하는 식으로 잘 되어왔으니 앞으로도 잘 될 것이다. 그러니 그것이 가져오는 부작용은 생각도 못하고, 환상만 커진 셈이지요. 그리고 세 번째는 설사 생각할 수 있는 계층이 생성된다고 하더라도 최종 결정층이 계속적으로 이와 같은 고도성장을 추구하려고 하는 의도를 고수하는 한 다른 길을 찾기는 어렵다는 것입니다. 이를테면 고도성장을 둔화시켜 실업률이 증가하면 이것이 정치문제가 될 테니까 눈에 보이지 않는 대중빈곤화의 길을 찾는 것입니다. 이와 같은 기조가 바뀌지 않는 한 정책전환은 어렵지요.

잘못 가르친 경제학

변형윤 내가 보기에는 잘산다는 것을 GNP나 1인당 GNP가 느는 것으로 착각한 것 같습니다. 잘산다는 것의 참뜻을 옳게 이해하지 못하고 그것을 합리화만 했다고 할까요. 처음에는 일반국민들도 GNP가 늘고 달러로 표시된 1인당 GNP가 느는 것을 잘사는 것으로 알았지만 이제는 많이 깨친 것 같아요.

임재경 제가 보기에는 최근에 와서는 자본주의경제 나름의 합리성을 부정하려는 사고방식이 정책 결정의 핵심뿐만 아니라 교육받은 국민의 평균적인 성향으로 조성되는 것 같아요. 그러니까 GNP 10퍼센트면 최고지 그 이상 무엇을 바라느냐 이렇게 되는 것 같아요. 이것은 임금격차의 반영인 듯해요. 미국의 어느 경제학자가 정의한 대로 '신중간층'이 이 땅에도 형성된 것인지 모르겠어요. 일본에서도 신중간층이 형성되어 비합리주의를 조장한다는 거지요.

변형윤 내 생각으로는 교육을 잘못한 것 같아요. 대학에서 GNP뿐 아니라 모든 것을 옳게 가르쳐 주었다면 이렇게는 안 됐을 거예요. 그 점 상당히 염려스러워요.

전철환 그것을 이렇게 표현할 수 있지 않을까요? 말하자면 경제학이 사회과학의 한 분야를 이루다 보니 윤리니 가치의 문제와 별개의 문제로 오해하는 경향이 상당히 강한 것 같아요. 학교에서 강의 속에도 경제철학이니 윤리 같은 것은 포함돼 있지 않거든요.

변형윤 그것도 관련이 있겠지요. 그러나 좁혀서 GNP만을 이야기해도 GNP가 성장해서 1인당 GNP가 천 달러만 되면 마이카 시대가 올 것처럼 말한 사람도 있지 않습니까? 결코 그런 것은 아닌데……. 사실은 근원적으로 따지면 현대경제학 자체에도 문제가 있는지 모르지요.

현대경제학은 분배문제의 해결을 시장기능에다 다 맡기고 있는 것이라고 할 수 있잖아요?

임재경 경제학이 과학으로 지위를 굳히는 것에 반비례해서 경제학이 국민의 생활에는 나쁜 영향력을 끼쳤다는…….

변형윤 경제학이 엄밀성을 추구하다 보니 비경제적 요인을 버려 버린 셈이지요.

임재경 그런 의미에서 엄밀과학으로서의 경제학에 종사하는 분들도 신중간층의 대표적인…….

변형윤 물론 경제학자들의 책임도 크지요. 결과적으로 봐서 선진국, 특히 미국 등에서 공부하거나 그쪽에서 쓴 책으로 읽고 가르쳤다는 데서 그렇게 말할 수 있는데, 그것에 대한 거부반응이 점차로 학생들 또는 생각하는 사람들 쪽에서 나오고 있지 않습니까? 아마도 앞으로는 상당히 좋아지리라 낙관합니다.

임재경 결국 자본주의적 합리성이 추구되기 위해선 자본주의체제의 기초적인 요건들, 즉 집회·결사의 자유, 민주주의적 정책참여 등이 이뤄지지 않으면 전혀 얘기가 안 되리라고 봅니다.

무엇을 위한 경제학인가

전철환 제 생각엔 그런 문제들을 경제학에서 포함해야 합니다. 그리고 경제학이 무엇을 목적으로 하는지, 어디로 가야 하는지를 이야기해야 한다고 생각합니다. 우리나라의 경제학은 이제 이런 물음을 던져야 할 심각한 단계에 이르렀습니다. 한동안 도외시되었던 경제철학의 문제를 다뤄야 합니다. 경제철학이란 다름 아닌 무엇이 가치냐 하는 물음입니다. 가치는 노동입니다. 자본이 아니에요. 자본이란 노동생산물의 집적일 뿐이며 원천은 노동이지요. 이 점이 다시 논의되기 시작해야 분배문제도 해결됩니다. 어떤 사람들은 흔히 이렇게 이야기합니다. 돈을 벌어가지고 그만한 이윤도 안 보고 어떤 놈이 장사하느냐, 그 말 참 맞죠. 모순이 하나도 없는 것 같아요. 그렇다면 일하는 놈은 개평으로 하는 것입니까? 이래서 가치의 문제가 다시 중요시되는 것입니다.

두 번째 문제는 경제학은 과연 무엇을 위해 하는 것이냐, 그냥 물질적 부만 증대시키기 위한 것이냐, 아니면 다른 문제까지 포함하느냐 하는 것인데 역시 철학의 문제지요. 이러한 경제철학의 관심이 서울대학교 경제학 강의에서 다뤄지고 있는지 궁금합니다. 이 문제에 어떤 합일점을 찾기란 쉽지 않겠지만 우선 논의는 해야 합니다. 이 이야기를 좀더 단적으로 표현하면 민주주의 국가에서 만장일치는 무효입니다. 그렇다고 해서 오늘날 과학으로 굳어진 경제학을 무시하자는 말은 아닙니다. 서구경제학의 문제점을 검토하자는 얘기지요. 정책입안자들뿐 아니라 국민들의 의식에도 깊은 영향을 미치기에 중요한 것입니다. 사실 저나 변 선생님이나 모두 수학선생인 현실 아닙니까?

변형윤 우리 학교에는 그런 문제를 다루는 강좌가 따로 없습니다. 교수 각자가 강의 중에 그런 문제를 다루도록 되어 있지요.

임재경 얘기를 듣다 보니까 이것은 경제학 하시는 분들의 성실성 결여의 문제가 아니라 우리나라가 처한 역사적 조건의 문제, 다시 말하면 냉전적 사고방식의 탓이란 생각이 드는군요. 왜 그동안 경제학에서 논의돼야 할 것이 논의되지 못했고, 미국의 특정한 역사적 시대에서 통용하던 경제학 방법론이 우리나라에 그대로 묵수되었느냐 하는 것이 활발히 토의되어야겠지요. 그런데 어떤 서양학자가 인류의 과학을 수학의 영역(continent of mathematics), 물리학의 영역(continent of physics), 역사의 영역(continent of history), 이렇게 셋으로 분류한 일이 생각나는데, 그렇다면 경제학은 어디에 속하게 될까요? 경제학이 엄밀성을 추구하고 있다 하더라도 수학이나 물리학의 영역에는 들어갈 수 없는 것이겠지요. 경제학이 인간을 대상으로 삼는 것이므로 역사의 영역이 아닐까요? 변 선생님 어떻게 생각하세요.

변형윤 나누는 사람에 따라 달라지겠지요. 경제학은 사회과학이니까 역사의 영역이라고도 할 수 있습니다. 일단 경제학이 서양사회를 배경으로 하는 한, 또 엄밀성을 추구하는 정량화(quantification)의 방향으로 가지 않을 수 없겠지요. 그리고 그러다 보니 정량화할 수없는 요인들이 배제되게 됨으로써 그것에 대한 비판이 나오게 된 것이지요.

수출과 농산물 가격

임재경 얘기를 전개하는 데 수출이 자주 매개 역할을 하게 되는군요. 수출정책을 통해서 농업을 얘기했으면 어떨까 합니다. 수출주도정책 추진 과정에서 임금상승이 억제되었고 또 앞으로 수출을 무리하게 한다고 가정하면, 이 과정에서 농민들이 제조업부문의 근로자들하고 동반관계에 서게 되는 것 같아요. 임금인상을 일단 억제하려면 주식물은 싸게 공급해 주어야 한다, 그러니까 농민들은 농산물 거래조건에서 불리한 입장에 서게 되고 또 정책도 그쪽으로 가게 되는 것 같아요. 그래서 수출과 농업문제라는 것이 밀접한 관계에 있는 것입니다. 최근에는 농지상한을 확대한다는 얘기도 나왔고 또 실질적인 소작제인 농지임대를 합법화한다고 하는 법안이 나왔는데, 이 문제는 사실상 농업문제에만 국한되지 않고 전체 경제정책하고 관계가 있는 것입니다. 전 선생님이 지방에 계시니까 농업문제에 얘기 좀 해주시지요.

전철환 그것도 역시 기본정책 방향이라고 할까요, 차원을 높이면 정책기조라고 할까요, 이런 것과 농업문제가 밀접한 관계가 있는 것으로 이해가 됩니다. 우선 산업화 내지 공업화, 더 나가서 근대화와 공업화를 같은 것으로 이해를 하고, 거의 동일개념으로 쓰고 있습니다. 이와 같은 상태에서 볼 때에는 농업부문의 상대적인 쇠퇴는 불가피한 것인데, 두 가지 측면에서 고찰할 수 있습니다. 하나는 지금 임 선생님이 지적하신 것처럼 임금수준을 낮추기 위해서 식료품비를 비롯한 생계비 수준을 떨어뜨려주어야 한다, 이를 위해서는 농산물 가격을 떨어뜨리지 않을 수 없다, 바로 이것 때문에 농업부문과 공업부문의 교역조건이 악화되는 성향을 나타내는 것 같습니다.

변형윤 떨어뜨리는 것이 아니고 농산물 가격의 상승률을 상대적으로 낮춘다는 뜻이겠지요…….

전철환 제가 '상대적'이란 말을 안 했던가요? 상대적으로 떨어뜨리는 결과를 가져왔다는 것을 하나 지적할 수 있고, 두 번째로는 농업부문의 소득을, 주요 소득의 원천이 농산물 판매가격이니까 공산물에 비하여 상대적으로 가격을 떨어뜨림으로써 상대소득을 감소시켜 이농을 촉진시켰다는 것은 이른바 도시부문으로의 인구집중 현상을 일으켜서 유휴실업 또는 산업예비군을 창출하거든요. 이렇게 되면 제조부문에 종사하는 임금수준이 상대적으로 떨어뜨릴 수 있는 계기가 마련됩니다. 작년·금년도만 하더라도 농업부문 종사자가 30퍼센트 선일 거예요. 그런데 선진국, 미국이나 구라파 대부분의 나라들을 보면 10퍼센트대입니다. 그래서 더 떨어뜨려도 좋다고 생각하고 있을 거예요.

임재경 솔직하게 말하면 지난 10여 년 동안 농업은 도시와 공업의 부속물 비슷한 존재였다고나 할까요, 여하튼 이러한 결과는 정책의 잘못이 큰 이유겠지만 농민들 스스로가 그들의 처지를 개선하고 향상시키기 위해 단결할 수 없었던 데도 큰 원인이 있지 않을까 합니다. 농민들의 여론이 정책결정에 영향을 주지 못했다는 뜻입니다.

전철환 농업부문의 임금상승률이 도시의 임금상승률보다 너무 높다, 그래서 채산성이 안 맞는다. 그러니 폐농 내지 기농(棄農) 현상이 심한 데도 불구하고 농산물 수요는 자꾸 늘어나니 생산은 해야 할 텐데 그걸 막기 위한 것은 기업농밖에 없다. 그래서 최근 '농지상한선 철폐', '기업농 육성' 등의 방안이 추진되는 것이 아닌가 합니다. 물론 산업화하는 과정에서 어느 정도 이농 현상을 막을 수는 없을 겁니다. 불가피하게 공업부문의 노동수요가 증대되니까 소득격차 등의 이유로 이농이 발생하겠죠. 그러나 문제는 이걸 너무 급격히 하다 보니까 농업생산력을 떨어뜨릴 우려가 있어요. 이런 점을 같이 고려하며 기업농 같은 것이 바람직하냐, 가능하냐, 그런 방법 외엔 다른 것이 없겠는가 할 때 전통적인 자본주의 방식에 의하면 이 방법밖에 없다고 생각하기가 쉽죠.

그런데 지난 9월 25일 제가 근무하는 학교에서 교수와 학생들이 모여 심포지엄을 했는데 그 얘기 과정에서 들어 보니까 우리나라 인구는 절대인구가 상대적으로 과밀한, 즉 인구밀도가 높은 나라이고 특히 농업인구를 외국처럼 10퍼센트 수준으로 떨어뜨리려면 도시화 비율이 거의 90퍼센트로 올라가지 않으면 안 되는 상태입니다. 이런 점을 종합해 볼 때 농업인구를 선진국형으로 계속 떨어뜨릴 수 있는가 하는 데는 큰 문제가 있다는 겁니다. 지금도 도시가 과밀한 상태인데 어느 정도 더 과밀화하자는 얘기냐, 하는 문제와 관련지어 어렵다 하는 것입니다. 그렇게까지 인구가 빠져도 논농사가 유지될 것이냐, 농업생산력을 떨어뜨리지 않으면서도 이렇게까지 인구를 뺄 수 있는가, 이래서 기계화문제가 나온 것으로 알고 있는데, 이 두 문제는 겹치는 것 같습니다. 그 학생들 얘기를 들어보면, 저도 상당히 동의하는 편입니다만,

기업농 아니고도 할 수 있는 방법이 있지 않느냐 하는데 이것이 바로 농업경영제도 개혁이죠.

　임재경 그것은 전망에 관한 것이니 나중에 다시 하기로 하고 다른 측면에서 변 선생님 애길 좀 해주시죠.

논두렁과 농업기계화의 한계

　변형윤 수출을 위해서는 저임금을 유지해야 하고 저임금을 유지하기 위해서는 주식물의 값을, 다시 말하면 농산물의 값을 덜 올려야 한다고 할 수 있을 것입니다. 즉 농업부문은 피해를 입지 않을 수 없다는 소리죠. 그러나 이것은 잘못이 아니라고 할 수 없어요. 임금만이 수출경쟁력을 구성하는 것은 아닙니다. 품질, 디자인, 마케팅활동 등도 이것을 구성합니다. 그리고 쌀 등의 농산물이 가계지출이나 소비자물가의 가중치에서 차지하는 비중은 현재로서는 낮은 편이에요. 게다가 농산물의 가격은 농가의 주 소득원천일 뿐 아니라 현재와 같이 농산물의 농가로부터의 수매가격과 소비자에 대한 판매가격에는 차이를 둘 수 있어요. 다시 말하면 수매가격을 올리면서도 소비자에 대한 판매가격은 올리지 않을 수도 있다는 말이에요. 다음에 농지상한제 철폐에 대해서는 이렇게 보아야 할 것 같아요. 생산량의 증대만을 생각한다고 하면 일단 농지상한제를 철폐하는 이야기가 나올 수 있겠지요. 땅이 누구 것이든 상관없을 것입니다. 그러나 농지상한제의 철폐는 사회정의의 문제·소득분배의 문제와도 연결지어 생각해 보아야 할 것 같아요. 그리고 농지상한제의 철폐는 기계화를 전제로 하고 있다고 볼 수 있는데 현재로서는 기계화에 한계가 있다고 봐요. 기계화를 한다고 한다면 적어도 논두렁이 없어져야 한다 그 말이에요. 그런데 논두렁이란 자본주의 사유재산제도의 기능을 그대로 나타내는 거예요. 안 그렇습니까? 그렇다면 최소한 사유재산제도를 그대로 둔다고 한다면 상호간의 협의를 통해서 우리 논두렁을 없애자, 협업농을 하자는 방향으로 가야 할 텐데, 이것이 쉬운 일이 아니지 않느냐는 것입니다.

임재경 지금과 같은 형태의 토지사유를 그대로 인정하고 영농기계화의 효율을 극대화하려면 농촌의 자생적인 협업조직이 불가결의 전제가 되어야 합니다. 그런데 지금의 현실로 보아서는 농촌의 조직을 기대하기 곤란한 점이 한두 가지가 아닙니다. 농협을 제외한 조직은 모두 색안경을 쓰고 보니까요.

변형윤 아까 취업인구의 문제를 다룰 때 경제성장이 이루어짐에 따라서 취업인구가 1차산업(농업)에서 2차산업(공업)으로, 거기서 다시 3차산업(상업)으로 이동한다는 점, 즉 3차산업의 취업인구의 비중이 가장 커지고 1차산업의 취업인구의 비중이 가장 작아진다는 점과 선진국의 경우에는 1차산업 취업인구의 비중이 매우 낮다는 점이 이야기된 줄 압니다. 그러나 농업에 녹색혁명이 일어나서 농업에서 인구를 밀어내는 힘이 작용하는 가운데에 1차산업 취업인구가 감소될 때 비로소 의의가 있는 것이라는 점에 유의할 필요가 있을 것입니다. 이 점과 관련해서는 서독의 예가 좋은 참고가 될 것이에요. 서독에서는 2차산업 취업인구의 비중이 가장 높았으나 요 2, 3년 전부터 3차산업 취업인구의 비중이 가장 높아지게 되었다고 해요. 2, 3년 전부터 비로소 영국, 미국과 비슷해진 셈이지요. 그러나 누가 서독을 선진국이 아니라고 말할 수 있습니까. 나라에 따라서 산업별 취업인구 비중의 순서는 다를 수 있는 것입니다. 다만 장기적인 추세로서 영국식, 미국식으로 한다는 것뿐이에요. 그러니 경우에 따라서 가능할 때에는 1차산업 취업인구의 비중이 국제 비교치보다 높아도 무방한 것입니다.

임재경 변 선생님은 농업의 기계화·기업화를 실시하고 상한제를 없애는 경우에 농업생산량은 향상될지 모른다는 표현을 하셨고, 전 선생님은 농업생산력이 후퇴할지도 모른다고 하셨는데 저는 그것을 이런 식으로 받아들이고 싶어요. 농사짓는 사람 쪽으로는 기업농으로 수지맞는 장사가 될 수도 있겠죠. 물론 한계가 있고 어느 정도 기계화할 수 있느냐 하는 문제도 있지만요. 전체적으로 볼 때는 농업생산량이 떨어질지도 모른다고 보고 싶어요.

변형윤 채산성 말고 생산량만 볼 때도 그렇게 말할 수 있을까요?

임재경 전 조금 생각을 달리 하는데요. 왜 그러냐면 우리나라 농업의 득수성인시노 모르지만 농지소유 규모가 작을수록 토지생산성이 높았다는 통계가 있거든요. 그러면 조방농업을 한다는 얘기는, 노동생산성 즉 토지에 투입되는 사람에 비해서는 생산성이 높아지지만 그 대신 총체적인 토지이용도로 봐서는 생산성이 떨어질 수 있다는 뜻입니다. 만약 오스트레일리아나 캐나다처럼 미경작지가 많다면 기계화해서 총체적인 생산량을 높일 수 있겠지만 우리나라처럼 미경지·휴경지가 거의 없는 상태에서는 도리어 생산량이 떨어지면 떨어졌지……

변형윤 무엇을 보느냐에 차이가 있는 것 같군요. 나는 한 나라의 전체의 쌀생산량은 기계화된 농가가 늘어남으로써 증가될 수도 있지 않을까 생각해요. 다만 사회정의의 문제·소득분배의 문제와 관련지어서, 기계화의 한계를 내세워서 농지상한제의 철폐에 반대하는 입장을 취할 뿐입니다.

임재경 정부 쪽에선 일단 농업을 기계화·기업화하면 농업생산력도 늘 것이라는 전제하에서 농지제도 변경을 추진하고 있는데, 최근의 정부정책을 보면, 경우에 따라선 외국에서 농산물, 공업원료로서의 농산물이 아니고 쌀을 포함한 주요 식료품을 수입할 수도 있다, 그러니까 소위 비교우위에 입각해서 농업을 끌고 가야 한다고 하는 겁니다. 그런데 자원민족주의, 경제 내셔널리즘으로 봐서 과연 주식품을 국제 비교우위에 의존해서 싸게 들여올 수 있을지 의심스럽습니다.

변형윤 예, 바로 그것이 미국 같은 데서 경제학을 배워온 사람들이 하는 일이죠. 우리가 홍콩이나 싱가포르 같이 되겠다는 이야기냐 묻고 싶어요. 홍콩이나 싱가포르는 애당초부터 농업이 보잘것없었어요. 우리의 경우는 그래도 농본지국이잖아요? 그러니 농업을 육성하며 또 쓸 만한 사람들을 농촌에 머무르게 하면서 새로이 일어나는 문제들을 아울러 해결해가는 방향으로 갈 생각을 하지 않고……. 물론 요즘 농촌에 일손이 모자라서 기계화한다는 얘기도 나오긴 나올 거예요. 그러나 그것도 또 잘못이라고 할 수 있어요. 농촌의 농업노동력의 구성이라는 걸 보면 뭐가 잘못인지 알 수 있지요. 그동안 농업인구의 공업으로의 급격한 이동이 이뤄졌다고 볼 수 있는데 이것은 공업화만 되면 뭐든지 다 된다고 하는 공업화 만능론의 착각에서 기인한다고 봅니다.

임재경 착각이라는 것은 정책입안 참여층의 착각이죠. 국민들이 그 착각을 시정하지 못하는 책임도 있다고 하면 있을지 모르겠지만…….

변형윤 그렇지요. 선진국의 공업화는 오랜 시일에 걸쳐서 실현된 것 아닙니까? 취업인구의 1차산업에서 2차산업, 3차산업으로의 이동도 마찬가지지요. 그런데 우리나라의 경우에는 공업화를 서두른 결과 쓸 만한 많은 농촌인구가 도시로 유입되었다고 할 수 있지요. 반반한 여자에서부터…… 농촌에 남아서 완전히 한 몫을 할 수 있는 사람들의 대부분은 늙은이·여자·어린애입니다. 사실 완전히 한 몫을 할 수 있는 농업인구가 농촌에 얼마 있는지 따져보면 얼마 안 됩니다. 이렇게 1/3이나 1/2밖에 노동력을 발휘할 수 없는 사람들이 농촌에 많다고 한다면, 완전한 노동력을 1로 하고 1을 가지고 있는 사람으로 그들을 환산

해버릴 때 농사에 실제로 완전히 공헌할 수 있는 사람은 모자랄 수도 있죠. 바로 이것을 왜 가볍게 여기느냐 하는 겁니다.

전철환 그렇습니다. 아주 중요한 것을 지금 숫자로만 따지고 있다는 점입니다. 농업부문의 종사인구와 공업부문, 사회간접자본 및 기타부문을 숫자로만 보면 분명히 아직도 농업부문에서 빼낼 수 있는 여력이 있습니다. 그러나 변 선생님이 정확하게 지적하신 것처럼 우리나라 농업노동력 구성을 보면 노인·여자·어린애밖에 없어요. 어떤 의미에선 1/3 힘도 못 낼 겁니다. 이렇게 볼 때 1/3이라고 하면 10퍼센트로 떨어진다는 얘기에요. 정확한 숫자는 아니겠지만. 사실상 이 상태에선 디 빼내기가 불가능합니다. 물론 선혀 불가능하진 않겠죠. 그러나 힘든 여건인데도 더 빼내야 한다고만 생각하고 저런 상태로 둔다든가, 기업농화 한다는 식으로 안이하게만 생각한다는 것을 비판하고 재검토해야 할 충분한 소지가 있다고 생각합니다.

근로조건을 제약하는 요인들

임재경 다시 이야기가 도시 쪽으로 돌아오겠군요. 지난 여름 시골에 갈 기회가 있어서 물어 보았더니 힘은 많이 들었지만 소출은 그 전의 두 배에 가까워졌다는 대답이었어요. 통계에서 볼 수 있듯이 총체적인 농업생산량이 늘어난 것은 틀림없다는 겁니다. 다수확 품종이 보급되고 영농방법이 과학적으로 되고 비료와 농약을 많이 투입했다는 뜻이겠지요. 농민들 말대로 농사짓는 데 품이 더 많이 든 것도 부인할 수 없는 일이지요. 그런데 그 다음 이야기가 중요합니다. 소출이 두 배면 무얼 하느냐, 남는 것은 마찬가지인데, 이것이 농민들의 결론입니다. 왜냐하면 비닐, 비료, 농약, 농기구 값은 자꾸 올라가는데 쌀값은 그것을 따라가지 못한다는 겁니다.

그래서 결국 농민들은 도시로 오게 되는데 도시에 온 사람들은 어떻게 취업하게 되느냐. 아까 변 선생님도 말씀하셨듯이 심지어는 아가씨들은 공장에 갔다가, 공장에서 일자리를 구하지 못하면 최악의 경우에는 3차산업인 사창가로 가는 수도 생깁니다……. 농촌을 떠난 사람들이 이미 도시에 먼저 온 근로자들의 입장을 돕게 되는 건 없는 것 같아요. 왜냐면 산업예비군이 그만큼 놀고 마는 것이니까요. 먼저 도시에 들어온 근로자들의 근로조건 향상을 위한 교섭력(bargaining power)만을 약화시킨다는 겁니다. 제가 통계에서 보니까 한국의 노동시간이 사회주의국·후진국을 포함해서 세계에서 가장 긴 축에 들어요. 또 노동재해에 의한 사망률이 세계에서 두 번째고, 1970~1976년까지 노동생산성 향상은 1위입니다. 이것이 바로 한국 노동조건의 숨김없는 실상입니다. 이번에 YH사건을 통해 극적으로 드러났지만, 이렇게까지 노동조건이 나빠진 것이 순전히 취업대기군의 증가에 의한 교섭력의 약화의 결과인지 아니면 경제외적인 제도의 변경이 가져온 결과인지 한번쯤 토론해 볼 일이 아닌가 합니다. 특히 70년대에 들어와서 여러 형태의 제도적인 변화가 있었는데요…… 변 선생님께서 먼저 말씀해 주시겠어요?

변형윤 글쎄요, 그 문젠 잘 모르겠지만 이치적으로 따지면 그렇게 되겠죠. 그러나 역시 아까로 돌아가서 국제경쟁력 강화가 저임금을 기반으로 하는 것이 교섭력을 약화시키는 데 큰 역할을 하지 않았나 합니다.

임재경 물론 변 선생님이나 전 선생님은 대학에 계시고 사회활동가가 아니니까 무엇보다 경제적인 측면에서 근로조건의 악화 원인을 찾는 것이 당연하겠습니다. 수출경쟁력을 무턱대고 높여야 한다는 주장이 비합리적으로 팽배해 있다고 이미 잘 지적해 주셨어요. 그러나 그런 사고방식이 잘못돼 있다고 얘기해 주는 것도 중요하지만, 교섭력을 약화시키는 구체적인 제도장치에도 문제가 있지 않았느냐……, 약화시키는 제약 말입니다.

전철환 GNP가 복지지표로서의 기능을 하느냐 안 하느냐의 문제, 수출이 어떤 역할을 하느냐 하는 문제는 이미 논의가 됐으니까 다시 논의할 필요가 없고, 아무튼 성장을 하기 위해서 기업의 채산성을 맞추기 위해서 임금을 낮춰야 한다, 그리고 기업가의 입장에서 볼 때 임금이 파괴적인 작용을 하는데 이걸 약화시켜야 한다는 것이 우리나라 정책입안자나 기업가 계층 속에 만연돼 있지 않느냐 하는 생각을 갖게 됩니다. 그럴 때 이 사람들이 의식적이든 무의식적이든 노동자의 교섭력을 약화시킨 측면은 두 가지가 있습니다. 흔히 조직적 교섭력의 약화문제에만 논의되고 있어요. 이를테면 노동3권 중에서 단결권은 있는데 단체교섭권·단체행동권이 제한돼 있다거나 하는 것을 지적합니다. 이건 조직적인 교섭력의 약화예요. 헌데 설사 조직적인 교섭력이 있다 하더라도 문제가 되는 경우가 있습니다. 우선 그걸 비조직적 교섭력이라고 잠정적으로 정의를 하고 싶습니다.

그 대표적인 예가 산업예비군이에요. 산업예비군의 수가 많으면 많을수록 노동자가 기업가와 임금조건·근로조건을 교섭할 수 있는 힘이 약화되거든요. 이것이 첫째입니다. 그 다음은 근로의 성격입니다. 흔히 농업부문에서의 근로가 공업부문의 근로보다 상당히 나쁘다, 더 고되다는 인식이 있다고 봐요. 이런 사고방식이 아니라면 뭔가 도시로 몰림으로써 무지개나 오아시스 같은 장래를 내다볼 수 있다고 생각을 하는 경향이 있어요. 이것은 개인적인 측면이 기업가에게 작용하여 비조직적 교섭력을 약화시키는 두 번째 요인인 시간연장을 가능케 합니다. 즉 사람을 하나 더 고용하는 대신에 시간을 연장하면 1.5인의 고용 효과를 낼 수가 있거든요. 잔업 수당이라고 해서 주기는 줍니다만, 아무튼 이렇게 함으로써…….

임재경 퇴직금 문제도 없어지고…….

전철환 네, 그런 문제도 없어지니까 기업가 입장에서 대항하기가 편하죠. 거기다 법률 외적인 회유방법을 써서 교섭력을 약화시키거든요. 노동조합을 조직도 못하게 하고, 이렇게 세 가지로 분류될 수 있을 것 같아요. 이런 것들이 종합이 돼 가지고 바로 근대화 과정에 있어서 공업부문의 이윤을 높일 수 있는 노동교섭력의 약화는 끊임없이 지속되지 않겠느냐, 앞으로도 상당한 기간 지속이 될 겁니다.

임재경 지속이 될 수밖에 없다고 한다면 그것은 어두운 면이 분명한데요. 그러면 이러한 근로자 교섭력의 약화를 막는 길은 무어냐는 것은 물론 정치하는 사람들이 바로 선택해야 할 문제지만, 이곳에서 우리가 얘기해 주어야 할 것은 이농을 방지하는 것이 중요하냐, 아니면 도시에서 노동3권을 행사하는 데 가해지는 제약을 깨는 것이 중요하냐 하는 것을 다루어야 할 것 같아요. 동시에 두 가지 문제가 다 같이 해소되면 더없이 좋겠지요. 이농을 방지하는 적극적인 농업정책이 나오는 것도 중요하겠지만 도시에서 근로자의 기본권 행사를 제약하는 여러 제도적인 법률적인 혹은 정치적인 문제는 어떻게 할 것이냐. 물론 어떤 것이 선행되어야 하는가를 기어코 따지려는 것이 우스꽝스럽게 들릴지는 모르지만 실제로 도시근로자들의 주장은 이농문제도 이농문제고, 농업정책도 농업정책이지만, 근로자들의 자구권 행사가 더 시급하다고 하는 거예요. 또 근로자들의 자구권 행사는 비단 직접적인 근로조건의 개선뿐만 아니라 경제정책의 합리성을 추구하는 계기가 된다는 견해도 있을 수 있지 않을까 합니다.

중화학공업, 방위산업, 조세부담

이젠 이야기를 중화학공업 쪽으로 바꾸어 보았으면 합니다. 근로조건 개선을 위해서 자구권을 행사해야 한다는 여론이 고개를 들기만 하면 중화학공업을 일으킬 때까지 그 얘기는 보류하자는 주장이 나오는 판국 아닙니까.

전철환 중화학공업화의 세 가지 기조를 다시 한번 검토해야 할 것 같습니다. 첫째는 최종 가공물의 조립을 통해서 수출을 촉진하자고 하는 것을 조금 재검토해봐야겠다는 것, 둘째는 소재산업 분야를 너무 이런 상태로 방지해선 안 되겠다는 것, 세 번째는 두 가지에 모두 관련이 됩니다만 방위산업 문제도 다시 검토를 해봐야 하지 않겠느냐 하는 겁니다. 특히 방위산업 문제에 대해서 이야기하자면, 상용성 물자는 방위를 위한 군수물자라 하더라도 국제시장에서 굉장히 쌉니다. 극단적으로는 5배 차이가 나지요. 그러니까 비상용성 물자를 국제시장에서 구입하려고 하면 5배를 주어야 하는 반면에 상용성 물자는 국제시장에서 구입할 때 그 5분의 1을 주고 똑같은 경우에 사들일 수 있습니다. 그렇다면 방위산업을 전부 국내 공급화·내수화하려고 하는 것은 문제가 있지 않느냐. 그러나 이것은 경제적인 합리성이고 그럼에도 불구하고 방위산업을 추진하는 것은 다른 이유가 있기 때문에 어쩔 수 없지 않느냐……

임재경 방위산업과 중화학공업을 단시일 내에 완수하려면 무리가 생겨 다른 산업에 상당한 위축을 초래하는 것이 외국의 선례였습니다. 방위산업 분야에서 공급되는 재화는 일단 국가가 구매하여야 하므로 정부가 그만큼 세금을 더 많이 거둬들여야 합니다. 우리나라의 방위비가 GNP에서 차지하는 비율이 5.7퍼센트에서 6퍼센트가 되어 0.3퍼센

트가 늘었는데 이것을 따져보면 굉장해요. 수천억 원이 넘는 금액이에
요. 방위비 증대를 주축으로 한 조세증대는 자칫 잘못하면 조세형평을
지금보다 더 악화하는 결과를 낳을지도 모르지요. 경험적으로 조세규
모가 커지면 커질수록 조세 불공평은 더욱 심화되었습니다. 왜냐하면
조세를 많이 걷어들이려고 할 때는, 첫째 조세에 대한 저항을 가능한
회피하고, 둘째 세금 걷는 일에 능률을 올려야 한다는 요청에 봉착합
니다. 그래서 착안한 것이 부가가치세라는 간접세라고 해요.

　　변형윤 네, 그러니까 어떤 식으로 조세를 징수하느냐에 달려 있겠
죠. 징수방법 여하에 따라서 조세부담이 늘 수도 있고, 또 임 선생님이
말씀하신 것처럼 형평이 해쳐질 수도 있겠죠. 그건 그렇고 중화학공업
에 관한 얘기 좀 해도 되겠습니까?

　　임재경 네, 좋습니다.

　　변형윤 현재 조세 면에서도 문제가 되지만 그 밖에도 세 가지 면에
서 문제가 되지 않나 합니다. 하나는 인플레와 관련된 것이에요. 금년
에 들어 중화학공업에 대한 투자규모 3천7백억 원 중에서 경공업에
추가해서 투자하기로 한 것도 생활필수품의 가격안정, 나아가서 인플
레의 진정을 위한 것이 아닙니까. 그런데 원래가 중화학공업에 대한
투자는 공장을 지어서 생산물이 나올 때까지의 기간(회임기간)이 길기
때문에 인플레를 유발할 가능성이 많은 것으로 알려져 있습니다. 또
하나는 자금조달과 관련된 것이지요. 현재의 계획이 완전히 실현되었
을 때 과연 그것에 대한 자금지원을 금융부문과 재정부문에서 감당해
낼 수 있겠는지 현재로서는 의문이지요.

　　셋째는 운영이 제대로 안 되었을 때와 관련된 것입니다. 예를 들면
수출을 하려고 했던 것이 안 된다든가—제품의 질이 나쁠 수도 있고
국제경기가 나빠서—할 때 기업이 부실기업화할 우려가 많습니다. 이

런 세 가지 점에서 봐서 중화학공업에 대해선 재검토를 해야 되지 않나 하는 얘기를 할 수 있습니다.

주택난의 원인

임재경 아까도 얘기가 나왔습니다만 중화학공업이 농업투자에의 배분을 억제하고 또 하나는 비단 농업뿐만 아니라 주택이라든가 의료·교육 등 시급한 투자를 억제하는 점은 분명합니다. 그 가운데서 주택한 가지를 예로 들어보지요. 정부가 주택투자에 대해서는 몇 년 전부터 굉장히 선전을 많이 했어요.

어쨌든 민간부문의 주택투자가 70년 이후 상당히 증대한 것만은 사실인데, 내용 면에서 고급주택과 고급아파트에 대한 투자가 집중적으로 이루어진 점을 무시하면 안 된다고 생각합니다. 그렇다면 이것이 과연 집 없는 사람들에게 어떤 기여를 했느냐고 할 때 아이들의 말대로 별로예요.

예를 들어 강남에 아파트가 1만 채 들어서도 서울의 슬럼에 사는 사람들에겐 그다지 주거개선의 기회를 안 주었다는 겁니다. 민간부문에서 주택투자액의 규모와 주택건설평면의 규모가 주택 입주자 수와 정비례 관계를 형성하지 못한다는 겁니다. 심지어는 반비례 관계에 있었다고 볼 수 있지요. 민간주택 투자의 금액을 기준으로 하여 무허가 판잣집을 때려 부수면 그러한 결과가 나타날 수도 있습니다. 무허가 건물 이야기가 나왔으니 하는 말인데, 선거 직후에 막 때려 부수는 바람에 데모도 있었다고 하지 않아요?

좌담회가 시작할 무렵에 말씀드린 근로자 가계의 주거비 문제와도 관련이 있습니다마는 불행한 현상이 벌어집니다. 무허가 건물이 철거

되면 그곳에 살던 사람은 열이면 아홉, 남의 집 셋방살이로 전락합니다. 셋방의 수요가 늘어나면 전세금이 50만 원에서 1백만 원이 되고 1백만 원이 2백만 원이 되는 거예요. 이건 말하자면 인플레하에서 실질소득을 박탈당하고 설상가상으로 집세는 1백만 원에서 2백만 원이 되는 것이니 악순환도 이만저만한 악순환이 아닙니다. 정부의 책임 있는 자리에 앉아 있는 사람들이 과연 얼마나 뼈아프게 느끼고 있는지 궁금한 일이에요. 말하자면 무허가 주택 같은 문제는 경제문제가 아닌 것으로 생각하고 마치 범죄집단에 대한 교정을 가한다는 식으로 하는 것 같아요.

전철환 주거문제까지 온다고 하면 수출·중화학공업화·농업문제에서 다시 환원해서 문제를 종합적으로 봐야지요. 흔히 이런 얘기가 나옵니다. 우리나라 경제는 《이코노미스트》(*The Economist*)지에서 정확하게 지적한 것처럼 '아코디언 경제'입니다. 누르면 꽉 눌리고 잡아당기면 확 늘어나면서 누를 때 나오는 소리가 요란하거든요. 그래서 하나하나 보면 다 옳게 느껴지지만 이걸 종합해보면 재검토해볼 만한 가치가 있는 겁니다. 이렇게 볼 때 다시 경제·사회적인 문제로 환원이 되는데 결국은 수출·중화학공업·농업의 문제가 연결이 된다고 봅니다. 그래서 정책의 기조를 바꾸어야 되지 않느냐는 겁니다. 그럴 때 우리 경제가 당면하고 있는 과제가 우선 거시경제적인 측면에서 보면 역시 안정을 저해하는 물가일 거예요. 중화학공업화가 안정을 저해했다는 건 당연한 겁니다. 우선 투자 면에서 막대한 자금이 소요되어 그것 때문에 개발 인플레를 야기했다는 것, 또 원자재를 많이 수입하는 결과를 야기했죠. 그 다음으로 자금의 압박을 받으니 통화증발을 유발하고 금융을 확대해야 하니까 그렇습니다. 또 국제시장에서 국제경기 하강에 따른 판로가 악화되니까 할 수 없이 국내에서 보조를 해주는 경우가 있어요. 이를테면 현대조선에서 만든 35만 톤 유조선 같은 것이 2년이나 안 나간 일이 있었지 않았습니까. 그럴 때 망하게 생겼으니 돈을 대주고 통화증발을 유발해서 결국은 안정을 저해하지 않을 수 없게 되었습니다. 그러면 이와 같은 문제; 이것이 수출·농업과도 관련이 되는데, 이와 같은 정책을 계속 추구한다고 하면 주거문제 같은 게 급하게 느껴질 리가 없습니다. 그건 어쩔 수 없죠. 그런데 주거문제에 관해 한 가지 말씀드리고 싶은 것이, 흔히들 집을 지어주는 것만 강조를 해요. 그러나 집을 지어도—물론 물량적인 집도 지어야 합니다만, 저소득층이 집을 살 수 있을 만큼 소득이 증가돼야죠. 즉 아무리 물량적인 집을 지어야 아무 소용이 없다는 거예요. 실례를 들어 지금 총가옥수를 보면 숫자는 기억을 못합니다만 20퍼센트가 부족하다던가요? 그러나 20퍼센트밖에 부족하지 않다고 하는데 실제 우리나라 전 가구 중에서 자기 집을 안 가지고 있는 사람이 20퍼센트만 되겠는가, 이게 조사가 돼 있는지 안 돼 있는지 모르겠지만……

변형윤 거기다가 도시, 특히 서울과 농촌을 구별해야 해요. 농촌사람들이야 뭐 오막살이라도 갖고 있는 거니까.

전철환 그렇게 볼 때 20퍼센트라는 것은—

변형윤 도시에서만 본다면 훨씬 넘죠.

전철환 제가 보기에는 자기 집을 갖고 있는 게 80퍼센트가 아니라는 거예요. 그럼 결국은 돈을 많이 가지고 있는 사람이 두세 채 갖고 있고 나머지는 셋방 들어 산다는 얘기죠.

임재경 그게 바로 평균치의 허구성이죠. 그런 경우가 많죠. 예를 들면 텔레비전 보급률 같은 것도 그렇지요. 서울에 잘사는 집에는 세 대, 넉 대 있는 집도 많습니다.

전철환 네, 그래서 그것 가지고는 평균적으로 몇 퍼센트라고 얘기할 수가 없죠. 주택의 문제에 있어서는 물량적인 공급도 중요하지만, 일단 주택문제의 해결은 곧 물량 공급이라는 사고방식에서 탈피해야 되겠다는 점을 강조하고 싶습니다. 그리고 저소득층으로 하여금 어떻게 자기 집을 갖도록 배려를 하느냐, 이것이 일차적으로 소득의 문제로 다시 돌아온다는 것을 잊지 말아야 되고, 또 일단 소득이 낮더라도 자기 집을 갖도록 지원을 해주자는, 이 두 가지 측면으로 문제를 집약해야지 자꾸 주택이 부족하다고 아우성만 칠 게 아닙니다. 어떤 집에서는 한 채에 몇 세대가 세 들어 살고 있는 실정이에요.

임재경 그러니까 주택문제는 무주택자들이 들어갈 수 있는 소규모의 위생적인 주택을 많이 공급하는 것도 중요하지만, 그 주택에 들어갈 수 있는 소득이 발생해야 된다, 이게 가장 적극적인 면이죠.

전철환 네, 소득하고, 만약 소득이 못 따라가면 적어도 어떤 방식으로든지…….

부동산투기와 부동자금

임재경 재정에서 급부의 형식으로, 예를 들어서 1백만 원짜리 집인데 80만 원에 들어가게 해준다든지, 임대료를 싸게 해준다든지, 상환기간을 15년에서 30년으로 늘려준다든지 하는 것이 그 방법입니다. 그런데 변 선생님이 말씀하셨듯이 중화학공업 투자나 방위산업 투자 때문에 주택 투자가 압박을 받는 것이 아니냐 하는 겁니다. 전 거기다 한 가지를 더 얘기하고 싶은데, 주택 투자라고 하면 고층화하는 것도 중요하지만 집을 지으려면 땅이 있어야 되지 않겠습니까. 그런데 땅이라는 것이 부동산투기 때문에 값이 올라갈 대로 올라가서 집을 짓는 것보다 땅 구하기가 더 어려워진 게 현실입니다. 땅을 확보하는 데 꽹

장한 재원이 필요하다는 실정을 그쪽 전문가가 실토하고 있어요. 그러면 땅값을 올린 장본인이 누구냐 하면, 결국 돈 많은 사람들입니다. 수출금융의 상당 부분이 부동산투기로 몰려갔다고 하면 수출과 부동산 가격의 폭등은 맥락이 닿는 이야기가 될지도 모르겠어요. 부동산투기를 한 사람이 수출금융 받은 사람들 뿐만은 아니지만 수출 분야의 적자를 부동산투기와 같은 방법으로 보상했거나 경우에 따라서는 조장했다는 이야기를 하는 사람들도 없지 않아요.

변형윤 그러니까 그 주택문제·토지문제를 한데 묶어서 보는 게 좋을 것 같습니다. 중화학공업에 대한 투자가 주택분야에 대한 투자를 상대적으로 감소시키는 역할을 했다는 점에서 얘기가 될 수 있을 것 같기도 합니다. 그런데 아까 전 교수께서 소득증대를 통해서 해결한다 했는데 그 이상 구체적인 얘기는 안 했고, 임 선생께서는 보조를 한다든가 혹은 그 밖의—

임재경 네, 그건 소극적인 방법입니다. 적극적인 방법은—

변형윤 그런데 내가 볼 때엔 역시 주택가격 안정이 우선이에요. 그리고 물량의 공급도 늘려야지요. 다만 물량공급만 늘리면 그만이라고 생각하고 그것이 누구에게 가는가를 생각지 않는다면 잘못이죠. 물론 이때 단계적으로 접근하도록 하되, 현재로서는 무주택자나 셋방살이하는 사람들의 문제를 먼저 해결해 가도록 해야 합니다. 즉 먼저 시, 도, 주택공사 등에서 짓는 소규모 임대아파트를 늘려가도록 해야지요. 이러할 때 임대료의 관리가 용이하기 때문입니다. 물론 이들 공공단체 내지 기관에 의한 소규모의 개인소유 아파트도 늘려야지요. 그 대신 대규모의 임대 내지 개인소유 아파트의 공급은 아파트업자에게 맡기고 그 가격은 시장기구에 맡기면 됩니다. 그리고 아파트업자들의 부당한 이득은 세금으로 거둬들여서 시, 도, 주택공사 등에 투자재원으로 보조하도록 하면 됩니다. 시, 도, 주택공사 등은 토지가격도 오르지 못하도록 하는 저지적인 역할을 했어야 되는데 그 반대의 역할을 했다고 많은 사람들이 알고 있지 않습니까. 앞으로는 저지적인 역할을 하도록 해야 할 것입니다.

임재경 지가상승을 억제하는 정책을 써야 하는데 과연 그게 될까요? 극단적인 사람은 이런 얘기도 하고 있어요. 즉 주택은 그 사람이 살고 있는 집을 빼고는 소유를 법적으로 허용하지 않는 정책을 써야 하고, 토지도 생산적으로 이용되지 않고 투기의 대상이 될 수 없다는 주장입니다. 토지의 공개념을 확대하자는 주장은 1976년의 캐나다의 인간주거회의에서도 나온 것처럼 토지는 공공재이므로 사유의 무한정한 전횡대상이 되어서는 안 된다는 얘기가 되겠습니다. 이것은 사회주의 색채가 있는 국가가 아니라 캐나다·북구 등의 서방진영의 선진공업국에서 나온 얘기입니다. 우리나라에서 토지가 무차별 투기의 대상이 되고 있다는 것은 사회정의라는 면에서도 다시 한 번 음미해 볼 일이 아닌가 생각합니다.

전철환 저도 그 문제는 심각하게 검토를 해야 한다고 생각하는데 두 가지 측면에서입니다. 하나는 토지에 대한 사유의 개념을 수정해서 '공'개념으로 돌린다는 방향도 연구를 해야겠지만 그 다음으로는 어쨌든 그것이 바람직하든 않든 우리나라 신중산층의 비대로 인해 돈을 가지고 있는 사람은 가지고 있거든요. 얼마나 가지고 있는지 모르지만 2, 3년 전인가 얘기를 들으니까 부동자금이 3천억 내지 4천억이다, 금년에 들어선 1조를 가지고 있다고 한다면 이 돈을 어느 방향으로든 나가게끔 터줘야 합니다. 경제정책을 하나로만 생각하니까 자꾸 구멍이 생기는데요. 나갈 길이 없어요. 그 사람들은 기업을 경영해 본 경험이 없거든요. 기업경영은 못한다 그겁니다. 그러니 어디로 가겠어요? 한

참 증권으로 가다가 길이 탁 막히니까 부동산투기로 갔죠. 그러다 길이 탁 막히니까 또 갈 데가 없어요. 요즈음은 귀금속·골동품으로 가거든요. 그럼 결국 이 돈을 어디로 끌어들이느냐. 토지문제의 해결로서 투기를 억제해야 한다는 점엔 이론의 여지가 없습니다만, 그걸 어떻게 어떤 방향으로 해소시키느냐에 있어선 물론 공개념의 도입도 고려를 해보아야겠습니다만, 그에 더해서 이와 같은 신중간층에 형성된 자금을 어떤 방향으로 끌고 갈 것인가도 깊이 연구돼야죠. 그렇지 않으면 어떤 방향으로든 터지고 말테니까요.

부동자금의 정체

임재경 이제까지의 논의는 근로자 대 수출대기업으로 대상을 설정했었는데 사채나 부동산 소유자들이 문제의 핵심으로 등장했습니다. 변 선생께서…….

변형윤 헌데 전 교수, 토지공개념은 무엇을 말하는지요?

전철환 사유권의 제한이겠죠.

변형윤 사유권을 제한할 수 있다는 뜻에서 나온 것 같은데 이 문제야말로 국민적 합의를 얻어야 합니다. 국민적 합의를 전제로 하는 거예요. 섣불리 공개념을 쓰는 건 곤란하고요. 두 번째, 부동자금 문제를 토지문제와 관련시킬 순 없다고 봅니다. 부동자금은 유리한 곳을 찾아서 금융시장, 증권시장, 부동산시장, 골동품·귀금속시장 등을 떠돌면서 눈덩이처럼 불어나게 되어가는 자금이 아닙니까. 따라서 이 자금을 금융자금·증권시장으로 흡수하기 위해서는 금융시장·증권시장을 제외한 다른 시장에서의 투기를 동시에 억제할 필요가 있다고 할 수 있습니다. 그렇게 보면 부동산투기 억제는 당연하다고 할 수밖에 없겠죠.

부동산시장에서의 투기는 계속해서 억제해 가야 할 것입니다. 토지는 주택과 밀접한 관련이 있고, 우리나라에서는 돈을 좀 벌었다 하면 큰 집을 사고, 또 집을 고치는 것이 관례이다시피 되어 있으니 부의 상징으로서의 역할을 한다고 할 수 있는데, 작년을 계기로 해서 있는 자와 없는 자를 갈라놓는 척도로서의 역할도 하게 되었다고 할 수 있으므로 이들에 대한 투기의 억제는 사회정의에도 합치되는 셈이지요.

전철환 투기의 대상이 될 수 있는 자산소유를 억제한다는 방향에 대해서는 대전제로 전적으로 동의합니다만, 그러면 아까 말씀드린 대로 나머지 부동산 자금이 어디로 갈 거냐가 문제죠.

임재경 그것에 대해 변 선생님은 아무데도 갈 수 없고 오로지 정책 조정의 영향하에 들어올 수 있게 하는 것이 바람직하다, 그러니 동시에 모든 투기 방향을 막아야 한다는 겁니다. 그러나 동시에 막는다고 해도 돈이 정책 자장권(磁場圈)에 들어오는 데는 상당한 시간이 걸립니다. 그동안에 사채가 안 돌아 기업들이 아우성을 친다는 겁니다. 그러면 현 정책을 지지하는 기업하는 사람들이 반년이나 일 년 동안 견딜 수 없어 정부에 압력을 넣어 다시 사채의 길을 터놓지 않을 수 없을 텐데요? 이제까지 번갈아가면서 숨구멍을 터준 것도 다 그런 까닭에서가 아닌지 모르겠습니다.

변형윤 그거야말로 정책 당국이 역량을 발휘해야 할 영역이 아닌가 생각해요. 재무구조가 건전하다고 알려진 기업부터 자금공급을 해주면서 해결할 수 있지 않느냐 말입니다.

임재경 변 선생님이 아까 말씀하신 대로 국민적 합의의 문제인 것 같아요. 기업하는 사람들이 반년이나 일 년 고통스럽더라도 국민 대다수가 그 정책에 합의한다면 할 수 있는 것인데, 국민적 합의가 있느냐 없느냐가 참 중요한 것이죠.

변형윤 어떻게 보면 토지하고 주택문제에 있어선 공공단체 혹은 기관의 책임이 절대적으로 크다고 봅니다. 할 일을 못한 점도 많고 앞뒤가 안 맞은 점도 많아요.

전철환 그걸 굳이 들춰내자면 첫째로 토지 값이 비싸다고 하는데 역사적으로 보면 변명이 안 돼요. 우선 정부소유의 토지가 얼마나 많았습니까, 잘 아시다시피. 그걸 뭐 지방자치제다 뭐다 해 다 팔아먹고 이제 와서—

임재경 서울시에서 공유지를 팔아 시 재정을 유지한 것도 그 예죠.

전철환 이미 때가 늦어진 감이 있고, 두 번째로 부동자금이라고 표현을 해야 할지 투기성 자금이라고 해야 할지 모르겠습니다만…….

임재경 부동자금이거나 투기성 자금이거나 간에 모두 세금을 안 낸 자금이라는 거죠. 그 돈의 성격을…….

전철환 이게 어떤 성격의 자본인가를 구분할 필요가 있어요. 사실은 신중간층이라고 임 선생님께서 표현을 하셨습니다만 진짜 이 사람들 돈이냐, 아니면 거꾸로 갖은 혜택을 다 받아서 자본을 형성한 기업주의 자금인지, 돈에 꼬리표가 안 달려서 우린 알 도리가 없습니다.

임재경 어떻습니까. 앞에서 간간이 나온 이야기에 비추어 볼 때 미국식 경제학에는 어떤 결함이 있는 것 같이 느껴지는데 여기서 한 번 그 점을 짚고 넘어가기로 할까요? 그것에 대해서 변 선생님께서 특히 사회정의의 문제와 관련지어서 말씀해 주시지요.

변형윤 미국의 경제학이라고 하지만 일단 그것을 현대의 주류경제학으로 한정하는 것이 좋을 것 같습니다. 물론 간단히 현대경제학이라고 하는 수도 있지만. 이 경제학은 모든 경제주체는 합리적으로 행동한다는 것을 전제로 하고 있으며 또 모든 경제문제의 해결을 자유경쟁을 기본으로 하는 시장기구에 맡기고 있다고 할 수 있습니다. 자원

배분·소득분배의 문제의 해결도 그렇게 하고 있습니다. 그리고 비인간적인 시장기구에 맡기고 있기 때문인지는 모르지만 합리성·효율성을 강조하고 있다고 할 수 있습니다. 이렇게 합리성·효율성을 강조하다 보면 합리적·효율적이기만 하면 된다는 식이라, 거기에서 사회정의니 공정성·공평성·평등성이라는 말이 나올 여지가 없게 되지요.

이 경제학에 분배이론이 결여되어 있다거나 그것이 사회정의라든가 공정성·공평성·평등성을 무시하고 있다는 말은 여기서 나온 것이라고 할 수 있을 것입니다. 그러나 현실은 이 경제학의 이런 입장을 허용하고 있지 않다고 할 수 있지 않습니까? 바로 이 경제학의 이런 결함을 강하게 부각시키면서 분배이론을 강조하고 있는 것이 다름 아닌 존 로빈슨 등 영국의 케임브리지 대학의 교수그룹이라고 할 수 있지요. 우리는 경제학의 이런 결함에 특별히 유의할 필요가 있을 것입니다.

분단의 경제적 성격

임재경 지금 당장 겪고 있는 구체적 경제문제를 제외하면 국민의 염원은 민주주의적 여러 제도들의 발전에 있으리라고 생각됩니다. 또 이보다 더 절박한 것을 들라고 한다면 통일문제를 드는 사람도 있을 수 있으리라고 봅니다. 그동안 통일에 대한 관심은 감정적·정서적인 것이었으며, 기껏해야 전쟁방지에 대해 이야기하는 정도였지 경제적인 측면에서 이야기되지는 않았습니다. 그런데 제가 보기에는 통일문제가 우리 경제의 합리적 발전의 길과도 관련이 있다고 할 수 있는데, 우리가 지금 힘겨운 국방비 부담을 하고 있다든지, 이 국방비 때문에 시급한 농업 투자나 사회개발 투자 등에 제약을 받고 있다는 점도 그렇고, 자원문제나 인구배치, 산업입지라는 측면에서도 통일문제에 접근할 수 있겠습니다. 국민의 통일 염원과 경제의 합리적 발전과의 관련에 대해서 좀 이야기했으면 합니다.

전철환 민족의 단일성이라든가 역사적 전통, 민족의 염원으로 봐서 통일논의는 꼭 되어야겠지요. 그런데 경제적 합리성과 관련해서 이야기하자면 먼저 통일이 안 되었기 때문에 커다란 경제적 부담을 지고 있다는 것입니다. 우리 쪽만도 국방비로 GNP의 6퍼센트나 부담지고 있으며 사회간접비용(over-head cost)을 합해서 따지면 12퍼센트나 되지 않습니까. 더욱이 통일이 되면 양쪽에서 줄일 수 있겠으니 얼마나 바람직한 일입니까. 두 번째로 규모의 경제를 이야기할 수 있습니다. 하나의 경제권이 제대로 발전하려면 3억의 인구가 있어야 된다고 하지 않습니까. EEC(구주경제공동체) 규모를 말하는 것이지요. 그렇다면 통일이 되어 인구가 5천만이 될 때 더 규모 있는 경제가 되겠지요. 셋째로는 자원문제인데 남·북한 다 합쳐야 얼마 되진 않겠지만 그래도 미약하나마 아오지 오일(oil)이 있고 철광, 동광, 무연탄을 이용한 에너지 자원은 커다란 도움이 되겠지요. 또 북쪽에는 임산자원이 풍부합니다. 자원의 면에서만 봐도 통일이 돼야 하는 건 자명한 일이지요. 네 번째가 산업입지의 문제지요. 지금 남한 국토는 거의 공업입지화되었는데, 통일이 되면 아무래도 공업입지가 북으로 좀 올라가겠지요. 인구 배치도 그렇습니다. 여하튼 경제적인 측면에서만 봐도 통일이 꼭 되기는 되어야 합니다.

변형윤 덧붙인다면 국방비가 국민복지에 이용되어 굉장한 기여를 하게 될 것입니다. 그리고 지금은 남·북한이 서로 경쟁하느라고 산업에 중복투자가 없어지게 되죠.

임재경 통일 이후의 한반도 모습을 그려보기는 쉽지 않지만 통일 이전의 상태 곧 분단상태가 자원이용, 인구 및 산업입지, 투자효율 등 여러 분야에서 경제적으로 소망스럽지 못하다는 점만은 분명하군요. 그렇다면 통일을 지향하는 국민들의 염원이 구체화되어 가는 과정에서 나타나는 노력들이 경제합리성과 상호 모순되지 않고 가능한가 하는 이야기가 제기되리라 믿습니다.

변형윤 모순되는 때도 있지요.

임재경 그러니까 무력으로 통일한다고 할 때는 큰 모순임에 틀림없지만 평화적인 방법으로 통일하려는 노력은 우리 사회의 경제합리성하고 충돌하지 않을 수도 있는 것인가요?

변형윤 내년의 국방비는 GNP의 6퍼센트로 되어 있는데 이건 군사적 균형을 유지하기 위해서 그러는 것 아니에요? 어느 한 쪽이 증강한다면 다른 한 쪽도 가만있지를 않거든요. 이러니까 군비경쟁이 가열화 되는 거죠. 이건 경제합리성하고 관련이 없지요.

임재경 그렇지요. 균형이론에 의한 평화유지는 미·소 간 게임에서 흔히 보는 것인데, 에스컬레이션 형식에 의한 무력균형이며 따라서 위태로운 평화유지방법이 아닐까 해요. 저는 이러한 방법으로는 진정한 통일접근이 이루어지지 않는다고 보고 싶습니다.

변형윤 예, 도움이 되질 않습니다. 한쪽이 기울어질 때까지 계속하는 것이니까요. 문제는 통일하겠다는 의지가 양쪽에서 강렬해져야 한다는 것입니다.

시장기능과 사회정의

임재경 통일 이야기는 이쯤으로 해두지요. 이제까지 논의한 것을 종합해보면 한마디로 해서 사회정의와 경제합리성이 우리에겐 결여되어 있다는 점이 부각되는군요. 변 선생님 말씀은 미국의 주류경제학에는 애초부터 사회정의라는 것이 배제되어 있었다는 이야기입니다. 그렇다면 미국의 주류경제학이 한국경제에 꼭 적용되어야 한다는 주장은 반드시 타당한 것은 아닐지도 모르겠습니다.

전철환 저는 사회정의에 대해서 좀더 논의했으면 합니다. 변 선생님께서 정확하게 지적하신 대로 주류경제학의 기본적인 철학이 시장경제의 자율적인 기능에 맡긴다는 것이었는데 요즈음 들어서 시장의 실패라 해서 비시장재가 많이 나타나게 되었죠. 예를 들면 행정서비스, 국방비를 비롯한 공공재와 공해 같은 비시장재가 증가하게 되니 시장기능이 주류경제학에서 기대했던 만큼 작동되지 않는다는 것이죠. 그래서 정부의 식섭적 개입이 초래되었는데 이 자체가 바로 사회정의에 관한 논의의 요청 아니겠어요? 사회정의를 말하자면 윤리·가치판단의 문제도 따르게 되지요. 그런데 사회정의를 거론하면 합리성과 배치되는 게 아니냐 하는데 저는 그렇게 생각하지 않습니다. 전통적인 시장경제의 합리성이라면 배치될 수도 있겠지요. 그러나 시장경제가 어차피 합리적으로 작동하지 않는다면 사회정의를 추구하는 것이 반드시 합리성과 배치되지는 않습니다. 가진 자가 계속 많이 갖는 것이 반드시 경제적일 수는 없죠. 이를테면 기업 내부의 자본축적이 비용체감·기술개발 등의 외부경제로 작용한다면 합리적일 수 있으나 사유재산이 곧 생산성을 높인다고는 말할 수 없죠. 이 때 꼭 지적하고 싶은 것은 노동의 효율입니다. 부의 격차가 심화되는 것이 노동의 효율을 저하시킨다는 것입니다. 전통적인 경제학에서 후방굴절노동곡선(backward bending supply curve)이라 해서 소득이 높아지면 노동공급량이 줄어든다고 하는데 저는 그렇게 생각하지 않습니다. 왜냐하면 노동공급이 줄어드는 것은 개인의 소득이 상대적으로 남보다 높아서 여가를 즐기려 할 때이지 사회 전체의 소득이 높아질 경우는 그렇지 않습니다. 따라서 부의 불균등 해소와 경제합리성이 서로 배치되는 것은 아닙니다.

임재경 한 가지 의문을 제기하겠습니다. 시장기능의 자율성 혹은 자유방임주의가 이전에는 사회정의를 향해 스스로 수렴하는 기능을 발휘했는지는 모르지만, 오늘날에 이르러서는 시장기능의 자율성이 독점의 진행으로 말미암아 사회정의와는 아무 관련도 없다고 봅니다. 그렇다면 개입이 불가피한 것인데, 그러면 누가 어떻게 개입하느냐는 문제가 중요합니다. 전 선생께서는 마음속에 모델을 그리고 말씀하셨는지 모르나 현재 자본주의 국가 중 어느 것이 모델이 될 수 있겠느냐는 의문이고, 다른 하나는 이를테면 부분적인 경영참여나 혹은 사업장에서 직접 근로자들의 자주관리 형태로 할 것인지, 아니면 민주주의적인 공권력의 개입폭을 넓힐 것인지가 의문입니다. 모델이 있으면 모델을, 아니면 희망을 한 번 얘기해 주시지요.

전철환 모델이나 희망이나 같은 이야기겠지요.

변형윤 나로서는 사회주의체제와 자본주의체제의 중간형태, 그러니까 실패는 했지만 2차 5개년계획에 그려진 인도를 모델로 들어보고 싶은데요……

임재경 실패했다면 모델로서는 문제가 있지 않을까요?

전철환 구체적 모델의 제시는 국민적 합의 여하에 따라 달라질 테니까 저는 방법만을 제시하겠습니다. 즉 국민적 합의를 얻은 민주주의적 공권력이 개입하여 시행착오를 계속하다 보면 무엇인가 나오겠지요.

변형윤 경제계획도 그래서 도입되게 되었지요. 그런데 경제계획은 정의감에 불타고 부패하지 않고 유능한 정부를 전제로 하고 있는 것입니다.

임재경 그러니까 경제정책 수립 작업이나 경제학은 가치를 추구해야 하며 드높은 이상을 지녀야지, 돈벌이가 아니라는 말이 되겠군요.

불평등 심화시킨 인플레

변형윤 그렇지요. 그것은 합리성·공평성을 동시에 강조 내지 추구하는 것입니다. 밀(J. S. Mill) 때 이미 분배이론이 강조되지 않았습니까. 다만 현대의 주류경제학의 이론적 틀을 형성하고 있는 신고전파 경제학부터 그것이 이론에서 배제된 셈이지요. 그런데 소득분배의 불평등화는 인플레에 의해서 촉진된다고 할 수 있어요. 지난해에 그러니까 1978년의 경험에서 우리는 어느 정도 이 점을 이해할 수 있었으리라고 생각합니다. 게다가 물가안정은 경제계획의 전제가 되기도 합니다. 따라서 인플레의 억제책에 대해서도 끝으로 이야기할 필요가 있다고 생각합니다.

임재경 인플레 억제를 위해서는 통화공급을 적절히 조절하고, 투기적 루트를 봉쇄하며, 지엽적인 문제일지 모르지만 과시적인 소비를 제거하고 정치적 위신을 위한 투자나 행정을 중지해야 한다고 생각합니다. 단기적인 처방이긴 합니다마는…….

전철환 다 말씀하셨는데 저는 최근의 인플레 원인에 대해 얘기하겠습니다. 첫째는 해외원자재 값 앙등, 둘째 재정금융의 방만한 운용, 셋째 이것은 흔히들 거론하는 것으로 임금인상입니다. 그런데 임금인상은 인플레의 결과이지 결코 그 원인이 될 수 없습니다. 따라서 해결책은 해외원자재는 우리가 어쩔 수 없는 원가상승(cost push) 요인이니 여신감소 등을 통한 철저한 재정관리를 들 수 있겠습니다. 그러나 이보다 더 중요한 것이 있습니다. 경제이론을 보면 총매출액에서 차지하는 장기적인 기업이윤의 몫은 안정되어 있다고 합니다. 그렇다면 지금 하고 있듯이 해외원자재값 인상요인을 인플레 요인이라고 해서 임금부문에 흡수시키지 말고, 이윤의 몫을 줄일 수 없겠느냐 하는 것입니다. 인플레가 계속되더라도 이윤의 절대액은 커질 테니까요. 이 점이 경제학이나 경제정책에 관여하는 분들에게 거의 무시되어 있습니다. 인플레가 높고 경기가 하락할 때마다 으레 기업가가 망한다, 망한다고 하는데, 그러나 장기적인 이윤의 축적은 줄지 않았습니다.

임재경 이윤의 몫을 줄이고 근로자 임금의 몫을 크게 해서 근로자 가계에 흑자를 가져와 저축을 하게 하자는 얘기인가요? 그렇게만 된다면 인플레도 잡고 사회정의에도 기여하는 것이겠군요.

전철환 서로 통하는 얘기지요. 총매출액에서 10퍼센트밖에 차지하지 못하는 임금부문을 줄이느니 아마도 10퍼센트를 넘는 이윤부문을 줄이는 것이 인플레 억제에 훨씬 효과적이라고 봅니다. 이런 논의는 별로 들어보진 못했어요.

변형윤 인플레를 진정시키기 위해 수출드라이브정책·고도성장정책의 지양이라든가 인플레 감수론으로부터의 탈피 등이 필요하다는 것은 이미 앞에서 이야기되었으므로 여기서는 먼저 인플레냐 실업이냐의 선택에 있어서 위정자의 자세를 강조하려고 해요. 지금 단계로선 인플레의 진정 쪽을 선택하는 것이 바람직하다고 할 수 있을 것입니다. 이 자리에 오기 전에 본 어느 작은 글에 따르면 대만에서는 수출둔화와 인플레 진정을 놓고 고민하다 결국 수출이 좀 둔화되더라도 인플레 진정을 택했다고 합니다. 이럴 때에는 선진국도 마찬가지죠. 역시 그래야지요. 인플레의 해는 대부분의 국민에게 적용되는 거예요. 실업자에게도 마찬가지로 적용되지요. 사회정의와도 관련이 있습니다. 다음에 강조해야 할 것은 인플레란 게 하루아침에 잡아지지 않는다는 점입니다. 인플레는 여러 가지 원인에 기인해서 일어나는 증세입니다. 따라서 인플레를 진정시키려고 할 때에는 단계적으로 접근할 필요가 있지 않나 생각합니다. 먼저 우리가 생활하는 데 없어서는 안 될 상품과 서비스의 가격을 안정시키고 다음에 나머지 상품과 서비스의 가격을 안정시키는 식으로 말입니다. 이때 그 품목과 서비스의 수는 정부가 관리하기에 편리할 정도로 할 필요가 있습니다. 대체로 30개 안팎으로 그 수를 묶을 수 있지 않을까 해요. 어때요, 이 정도면 되지 않겠어요?

임재경 인플레로 시작해서 한 바퀴 돌다 보니 다시 제자리로 돌아왔군요. 중소기업 문제를 비롯하여 외국자본 문제, 국제경제 문제는 운도 떼보지 못하고 시간이 다 된 것 같습니다. 오늘 말씀을 들어보니 한국경제는 정책기술의 빈곤이 아니라 건전한 상식과 초보적인 합리성을 외면하는 데서 어려운 문제에 부딪히고 있음을 알게 되었습니다. 건전한 상식과 초보적인 합리성은 비단 경제정책에만 필요한 것이 아니라고 생각합니다. 미진한 문제들을 다시 토론할 기회가 있기를 희망하면서 이만 끝을 맺기로 하지요. 장시간 수고 많으셨습니다. 감사합니다.

《창작과비평》(1979년 겨울호)

대담

1970년대 결산[*]
: 오일파동과 인플레의 시련

김성두 70년대는 경제적으로도 격동의 연대였습니다. 70년으로 넘어오면서 경기는 침체되었고 부실기업 문제는 큰 경제―사회 문제로 등장했어요. 72년 가을에는 세계적인 식량위기가 엄습했습니다. 73년의 식량위기에 이어져 국제적인 자원파동이 거세게 일면서 해외자원 의존도가 높은 우리나라는 심각한 격동과 시련을 감수해야 했잖아요. 74년 11월 석유값이 한꺼번에 4배 이상 껑충 뛰면서 인플레는 최악의 상태로 번졌고, 75년 내내 이 오일쇼크로 비틀거리다가 그 후 2년여 다행히 회복기미를 보였습니다.

그렇지만 인플레는 종전보다 더 과열화되기 시작했습니다. 특히 78년에는 내내 인플레가 극성을 부렸고, 세계적인 경기침체 현상까지 겹쳐 79년 한 해 동안 스태그플레이션에 시달리면서 안정화 시책은 정착화되지 않았던 것 같습니다. 70년대를 개관하면 대충 이렇습니다.

변형윤 김 위원께서 70년대를 개관해 주셨는데 저는 이렇게 보고

---

* 이 글은 《조선일보》 김성두 논설위원과의 대담 내용이다.

싶어요. 71, 72년에는 스태그플레이션까지는 아니지만 인플레와 불경기가 함께 진행되었고, 72년의 '8·3 조치'는 안정과 확대라는 정책 선택의 갈림길에서 확대 쪽으로 기운 신호탄이었습니다. 또 이 해는 기업들의 자금난, 세계의 자원파동이 예고된 해이기도 합니다. 74년 오일쇼크 이후 극심한 인플레와 불경기가 합쳐 또 우리 경제를 괴롭혔고 76년 회복되었다가 77년에 중동건설 진출이 두드러지면서 해외부문의 통화량이 팽창되었습니다. 해외건설 진출은 경제적으로 각광을 받을만한 일임에 틀림없으나 인플레 문제를 함께 가져왔어요.

78년 초 부동산 붐이 절정을 이루면서 '8·8 억제책'이 나왔습니다. 인플레는 심각하고…… 이런 상태로는 안 되겠다 해서 이를 억제, 진정시키려는 대응정책이 대두한 것입니다. 확대만을 추구했던 정부가 안정으로 정책방향을 바꾸게 된 것이지요. 10퍼센트 이상 성장은 모든 것을 희생시킨다 하더라도 달성하겠다, 그리고 고도성장이 아니면 바로 죽는 것이라고 극단적으로 성장에 의미를 부여하던 정부가 79년에는 성장률을 9퍼센트 정도까지 낮춰야겠다고 생각하고 실제로 목표도 낮게 잡았습니다. 강력한 안정화 시책이 나온 것입니다. 79년에는 인플레, 불경기가 합해졌고 부동산 투기는 사그라졌습니다.

김성두 60년대와 70년대를 수치와 지수로 비교하여 60, 70년대의 특징과 문제를 비교해보지요.

변형윤 지난 62년부터 69년까지를 60년대라 하고, 70년부터 78년까지를 잡고 따져 보지요. 60년대를 62년부터 기산하는 것은 62년부터 1차 경제개발 5개년계획이 시작되었기 때문입니다. 경제성장률은 60년대가 8.9퍼센트, 70년대가 9.7퍼센트로 성장률은 커다란 차이가 없이 꾸준히 성장해왔다는 것을 보여주고 있습니다. 도매물가 상승률은 60년대 평균 13퍼센트, 70년대 15.6퍼센트, 전 도시소비자물가 상승률은

11.4와 14.9퍼센트로 나타났어요. 물가는 70년대가 60년대에 비해 더 많이 뛰었다는 얘기지요. GNP 상승률은 60년대 18.1퍼센트, 70년대 18.4퍼센트를 시현하고 있으며, 실업률은 6.6퍼센트에서 4.1퍼센트로 떨어졌습니다. 주요 지표를 놓고 볼 때 70년대는 60년대보다 성장률은 약간 높아졌지만 물가상승률은 더욱 높아진 반면 실업률은 조금 떨어졌다고 비교할 수 있겠지요.

김성두 정부는 격동하는 70년대에 경제정책을 안정적으로 밀고 나가기보다는 격동을 기회로 고도성장을 더욱 추진하여 물가혼란의 원인을 제공한 것 같습니다. 즉 이러한 혼란 속에서 고도성장을 추구하다 보니 병폐, 부작용이 누적되지 않겠어요? 77, 78년의 인플레가 그렇고 77년부터 79년까지 토지, 아파트, 증권에 대한 투기 붐이 일어난 것도 그러한 바탕 위에서 빚어졌던 일들입니다. 78년 초 서울 근교의 쓸 만한 땅은 최고 5배까지 뛴 예가 있어요. 78년 내구소비재의 소비 증가율은 2~3백 퍼센트나 격증했어요. 이에 공급은 달리고 이러한 현상은 일반 소비재에도 옮겨 불붙어 전반적인 공급부족 현상을 가져왔어요. 요컨대 70년대에 계속된 통화증발에 의한 고도성장은 이제 한계에 도달한 것입니다. 현재 어쩔 수 없이 증발된 통화를 흡수하고 또 증발한도를 최대한도로 억제하고 있는데 제3분기에 성장률은 4퍼센트 선으로 떨어졌고 또 경기후퇴를 안겨줬어요.

변형윤 그렇겠지요. 70년대는 한마디로 수출드라이브와 중화학공업 정책을 바탕으로 고도성장을 추구하다 보니 그 부산물로 인플레와 40억 달러가 넘는 무역수지 불균형을 가져왔습니다. 70년대에는 특히 현저한 소득격차 현상이 나타나기 시작한 것도 꼭 짚고 넘어가야 할 문제죠.

김성두 인플레정책에 의한 고도성장은 바로 대중의 희생을 대가로 한 '축적'이라고 할 수 있어요. 뒤집어 말하면 경제성장률이 높을수록 그만큼 대중의 희생이 컸다는 얘기입니다.

정부의 성장정책은 양지에서는 더욱 부의 축적을 가져왔고 반대로 음지에서는 대중의 빈궁화를 더욱 가속시켰지요. '가진 자'와 '가지지 못한 자' 사이의 격차가 더욱 심화된 것은 큰 문제입니다.

변형윤 금년 제3분기의 경제성장률 4.8퍼센트는 안정화 시책의 결과로 볼 수도 있겠지요. 일면 불경기 상태를 나타내는 수치이기도 해요. 경기후퇴(recession)인 것만은 확실합니다. 70년대의 두드러진 특징의 하나는 재벌이 급격하게 형성되고 대규모화되었다는 것도 들 수 있어요. '77년인가요, 1백억 달러 수출목표가 달성되고 경상수지가 1,230만 달러의 흑자를 기록하자 이를 계기로 노동력 부족 현상이 빚어지고 이농이 뒤따르면서 고급인력의 스카우트 현상이 과열되어 한국경제는 이제 전환기에 처했다고 하는 이들이 많았습니다.

한 해만 놓고 보니까 그런데 좀 웃기는, 단견적인 얘기였어요. 루이스(A. Lewis) 교수도 얘기했고 페이-라니스(Fei-Ranis)의 모델에서의 전환점(터닝 포인트) 이론을 원용한 것 같은데 실제는 전혀 다른 얘기입니다. 2~3년 뒤를 안 내다본 탓입니다.

73년 오일쇼크가 강타하자 한 달 정도는 심각하다고 받아들인 것 같아요. 조금 시간이 흐르자 공급이 문제이지 값은 얼마라도 좋다, 이렇게 바뀌어 버리더군요. 그동안 오히려 경제구조가 석유다소비형으로 굳어져 버렸습니다. 최근에 어떤 에너지 관계 모임이 있어 참석한 적이 있었지요. 이제 원유의 공급은 달리고 값은 터무니없이 오를 것으로 보고 비상대책(emergency plan)을 마련했다는 것이었습니다. 입안자들은 외국 사정도 살펴보고 이를 참고자료로 삼았다는 겁니다. 많은 나라의 경우 73년 10월 이후 원유소비량은 오히려 줄어들었거나 제자리걸음이었는데, 우리나라는 계속 늘어난 극소수 나라 가운데 하나인 것을 뒤늦게 발견했다는 것입니다. 70년대는 다른 나라와는 달리 계속 유류소비를 늘렸다는 점에서 특기해야 할 것입니다.

김성두 오일쇼크 때 그렇게 충격을 받고도 유류 사용은 확대일로를 걸었다는 것은 문제입니다. 경제성장률이 10퍼센트 선일 때 석유소비량은 12~16퍼센트로 격증했어요. 하기야 어디 유류뿐입니까. 73년 이래 자원파동으로 국제 주요 원자재값은 3백 퍼센트 이상 상승했는데, 이에 대응하여 자원절약적 개발정책을 전개해야 마땅했을 것입니다. 그러나 정책은 정반대였어요. 더 한층 자원낭비적, 자원소비형으로 진행됐습니다. 국내자원은 도외시되었고 정책철학은 국내자원이 보잘것 없는 만큼 국내자원 개발은 비능률적이다, 따라서 해외자원 소비형 정책으로 고착된 것 같아요. 이러한 자원 다소비형 정책은 끝내 자원의 대외의존을 심화, 가속화함으로써 해외자원파동이 있을 때마다 우리나라가 받는 충격은 유달리 컸습니다.

해외시장에 대한 국민경제의 지나친 의존은 해외경제가 한창 긍정적으로 전개될 때에도 우리나라에 부정적인 영향을 몰아오기 마련이었어요. 77년에 경상수지가 흑자로 기록되면서 국내통화교란 요인이 되었습니다. 그런데 외자도입이 더 많이 또 계속되었으니 국내통화 증발을 억제할 수 없었던 거지요. 73년 통화량은 23에서 42퍼센트로 늘어 경제 불안의 결정적 요인으로 작용했습니다.

변형윤 국제수지가 호전되었을 때는 중동 등지에서 번 외국돈을 가져 들어오는 대신 자원 확보나 도입 등 정책적으로 신축성 있게 대응만 했더라도 해외부문에서 통화팽창이 안 됐을 겁니다. 명실상부하게 정책적으로 흑자 낼 수 있는 것을 적자만 내게 된 거지요. 해외건설공사 등의 계약도 1년 단위가 아니라 몇 년 단위 아닙니까. 그러니까 그

해 국내로 들어올 돈은 플러스 알파하면 외환수급전망을 내릴 수 있습니다. 국내로 기업이 외화를 덜 가져오게 하고 자원 확보를 하면서 국내산업과 연결 지어 외자도입 규모도 축소하여야 했지요. 그러나 외환정책은 엉뚱하게 빗나갔죠. 이러한 정책 미스는 중동 등지의 노무자, 기술자들을 욕되게 한 것입니다. 긍정적인 통화흡수정책을 안 세운 거죠.

김성두 건설수출로 들어오는 외화뿐이 아닙니다. 77년의 경우 수출선도금만도 10억 달러를 넘어서서, 다른 측에서 억제해야 했는데 성의 있는 대책이 없었고 휘어잡을 수 있는 통화정책도 마련 못했어요.

변형윤 70년대의 현상은 바로 80년대에 대한 교훈이며 과제입니다. 현재 겪고 있는 인플레와 무역수지 불균형이 바로 그것입니다. 저는 국제수지 적자라는 용어는 안 쓰려고 해요. 무역수지 적자는 외화도입으로 메울 수도 있으니까요. 안정화 시책을 쓰면서 수입이 늘었는데 꼭 안 해도 될 수입 탓에 무역수지 불균형이 확대되고 있어요.

이 두 가지 과제, 즉 인플레와 무역수지 악화를 수습하기 위해서 안정이냐 확대냐 하는 선택에서 당연히 안정을 택할 수밖에 없겠지요. 그러자면 수출드라이브나 중화학산업을 대폭 수정해야겠지요.

김성두 소득격차를 줄여나가는 것도 80년대 과제가 되겠지요.

변형윤 물론입니다. 우리는 70년대가 남겨준 교훈을 되새길 필요가 있다고 봅니다. 첫째는 경제성장이 목적 그 자체가 아니라 수단이라는 겁니다. 둘째는 불황도 국민경제에 긍정적인 의미를 갖는다는 사실을 터득해야 합니다. 이 얘기는 불경기, 불황 속에서 기업체질이 더욱 튼튼해지고 국민경제나 개인생활도 단련된다는 말이지요. 셋째는 1년 내지 단기간의 통계숫자에 기뻐하거나 슬퍼하지 말라는 거지요. 77년 때도 그랬지만 특히 경제 관료들은 1년간의 성과만을 PR하는 습성을 버려야 합니다. 공업화, 경제성장을 조급히 서두르는 것도 금물입니다. 시간의 길이가 그 나라 경제체질의 강도를 결정하기 때문입니다. 확대냐 안정이냐는 문제에서 확대정책에 뜨겁게 데인 것도 교훈으로 삼을 수 있겠지요.

김성두 모두들 당면 과제는 안정화 시책이라고 쉽게 말하고 있지만 그렇게 쉬운 일이 아닙니다. 62년부터 78년까지 인플레가 연 14퍼센트에 달하고 있는 사실은 우리 경제가 높은 인플레를 전제로 성장해왔다는 애기가 될 수 있습니다. 이러한 관성이 붙은 우리 경제에 성장을 감속시킬 때 안정보다는 뒤뚱거릴 가능성이 충분히 있지요. 대단한 각오 없이는 안정화 시책이 성공하기 어렵지 않을까요? 불황이 나타난다고 해서 또 다시 후퇴해서는 안 될 거예요.

변형윤 안정화의 내용이 어떠냐가 문제지요. 일반적으로 안정화란 어느 경우를 막론하고 물가안정을 위해 필수적이어야 합니다. 여기 무역수지 불균형이 상당한 수준으로 시정되어 가고 있는 상태라고도 규정할 수 있겠지요. 물론 우리나라는 흑자를 바라보기 어렵겠지만……

김성두 우리 경제는 대외균형의 파괴로 대내안정을 꾀했다고도 말할 수 있겠지요. 지금은 통화흡수를 위해 수입을 늘리지만 이 같은 임기응변적 수입증대는 얼마 후에 더 큰 불안을 준비해 나가는 것에 지나지 않지요. 앞으로의 안정화 방향은 수출, 중화학부문의 비중을 줄이면서 중소기업과 같은 저성장부문에 더 많은 정책적 배려가 있어야 되겠습니다. 이는 곧 소득격차를 줄이는 방법도 될 것이니까요.

변형윤 안정정책은 우선 인플레를 잡는 데 주력하고 다음에 무역수지의 불균형을 시정하는 데 손대야 하지요. 이런 식의 안정화 시책 때문에 올해 들어 성장이 낮아지고 실업률이 올라갔다, 그러니까 이제부터 돈을 풀어야 한다는 생각은 잘못된 거예요. 고성장은 저실업이고,

저성장은 고실업이라고 단정 짓는 것은 잘못된 생각입니다. 저성장이라도 고용을 흡수하는 구조로 투자방향을 바꾸어 나가면 실업문제가 해결될 수 있습니다. 노동집약적인 중소기업 및 경공업 쪽에 투자의 비중을 높이면 고용도 해결되고 산업 간, 공업 간, 기업 간 균형도 이루어질 수 있을 겁니다.

김성두 관리들은 성장률이 1퍼센트 낮아지면 실업이 얼마 늘어난다고 하고 설명하고 있지만 그것은 어디까지나 지금의 경제체제를 전제로 했기 때문이지요.

변형윤 어느 나라든지 저물가, 고성장, 저실업, 국제수지 안정, 분배 균등화가 경제정책의 목표이지요. 우선 단기적으로라도 저물가, 고성장, 국제수지안정을 이루자면 일단 안정화 시책을 밀고 나갈 수밖에 없습니다. 서독이 좋은 예가 되겠지요. 80년대 전반은 안정에 중점을 두고 후반은 안정에서 성장으로 정책비중을 옮겨야 할 것 같습니다.

김성두 안정과 성장을 따로 분리해서 생각해서는 안 되겠지요. 안정 바탕 위에 성장을 이룩하는 메커니즘을 갖는 게 중요해요.

변형윤 80년대는 안정적 성장을 가져왔다는 얘기를 들어야 합니다. 물론 안정적 성장이라는 말은 사후적 개념이에요. 사전적으로는 가공적인 개념입니다. 이 얘기는 곧 안정에 신경을 쓰라는 뜻이겠지요.

김성두 대만의 예를 보아도 안정은 대외경쟁력을 높이는 데 저력이 됩니다. 62년부터 78년까지 대만의 인플레는 연 4.8퍼센트에 불과했습니다. 우리나라의 14퍼센트보다는 월등히 낮지요. 우리의 경우는 국내 물가가 극성을 부려 수출상품의 경쟁력이 떨어졌습니다.

변형윤 대만은 70년대 성장률이 9퍼센트였고, 80년대에는 8퍼센트 정도 잡고 있는 것 같아요. 물가도 5~6퍼센트로 전망하고 있지요. 이 정도면 저물가, 고성장을 한다고 볼 수 있겠지요. 우리와 성장률은 비

숫한데 물가가 낮은 것은 그동안 안정에 힘을 쏟았기 때문이에요.

김성두 끝으로 80년대 경제를 전망해 볼까요.

변형윤 전반기까지 안정을 추구한다면 성장률은 60년대보다 더 떨어질 것으로 예상됩니다. 8퍼센트 정도가 되지 않을까요? 그 이상이면 곤란하겠지요. 물가는 원유가가 복병이 되겠지만 10~15퍼센트 오르면 다행이라고 봅니다.

김성두 지금까지는 해외조건이 우리 수출을 촉진하는 데 도움이 됐지만 앞으로는 기대하기 힘들어요. 산유국들은 기름 값을 자꾸 올리려 할 것이고 선진국들은 다투어 저성장을 하려고 안간힘을 쓰고 있으니까요. OECD 국가들의 내년도 성장률이 당초 4에서 2.5퍼센트로 줄어들 것으로 전망되는 것도 비관적이지요. 미국은 내년 말에 선거가 있으니까 어떻게 될지 모르지만, 제로 아니면 마이너스 성장 아닙니까? 게다가 선진국의 보호무역주의가 더 강화될 것도 예상되지요.

변형윤 일본은 연간 수출실적이 1천억 달러 가까이 되는데 수출의존도는 10퍼센트에 불과해요. 문제해결을 여기서 찾아볼 수 있지 않느냐 하는 겁니다. 우리도 수출의존도를 낮추기 위해 국내시장을 육성해 나가면 되지 않겠어요? 다시 강조하자면 우리 경제는 물가 잡는 데 모든 노력을 쏟아 부어야 할 겁니다.

《조선일보》(1979. 12. 23)

불황 속 살림살이 어떻게 헤쳐 나가나[*]

— 물가 변동이 심한 70년대를 살아왔습니다. '제3의 오일쇼크', 전 세계적인 경기후퇴 등으로 국내외적으로 더욱 어려운 여건에 직면한 것 같습니다. 금년의 경기를 전망할 수 있을까요?

"여러 면으로 어려움에 처한 것은 사실입니다. 작년의 도매물가 상승률이 23.8퍼센트를 웃돌 것만은 틀림없습니다. 더욱이 가격현실화 조치가 잇따르다 보면 예년에 없는 초긴축이 예상됩니다.

작년 연말 KDI(한국개발원)의 경제협의회에서 전문가 20명이 모인 가운데 거론된 얘기로는 올해 성장률은 1~4퍼센트로 전망했습니다. 1퍼센트일 경우 15퍼센트의 물가상승률이 예상되고 4퍼센트일 경우엔 20~30퍼센트로 상승폭이 높아진다고 진단했지만 문제는 생필품 값을 어떻게 안정시키느냐에 있습니다. 다른 품목의 가격 앙등은 2차로 두고, 생필품 가격을 5~7퍼센트 선에서 묶겠다는 당국자들의 얘기가 가장 중요할 것 같습니다. 최악의 경우에는 60~62년 경제개발 1차 때와 같은 낮은 성장률을 기록할 수도 있습니다."

— 그런 가운데 우려되는 점은 실업률이 높아지는 것이 아니겠습니

---

* 이 글은 《주간중앙》의 이용석 기자와 변형윤 교수의 대담 내용이다.

까? 당국에서도 이에 대한 대책으로 소형 주택건설 촉진, 중소기업 융자 확대. 사회간접부문과 농업부문 투자 등을 계획하는 모양인데……

"대체로 실업 흡수 대안으로 상당한 효과를 거둘 것으로 보입니다. 더 많은 유휴 노동력을 흡수해 저소득 계층의 최저생활 대책 보장도 잇따라야 합니다. 소외 계층의 불만 요인 제거가 국민의 단합된 결속력의 구심점이 되도록 하는 지름길이라고 생각합니다."

— '소비가 미덕'인 때가 있었는가 하면, '근검절약이 미덕'으로 바뀌는 혼돈을 70년대를 통해 겪어 왔습니다. 이런 와중에서 국민들은 생활의 지혜를 터득해 온 것으로 압니다. 앞으로 더 어려운 생활을 감수해야 한다면 어떤 자세가 필요합니까?

"소득 수준을 무시하고 생활의 지혜를 일률적으로 제시하거나 강요할 수는 없는 문제입니다. 특히 고소득층이나 사회 지도층에서 자제하며 씀씀이를 줄이는 등 솔선수범해야 한다는 점은 상식론입니다. 영세 서민이나 저소득층에게 절약을 강요하는 것은 무리가 뒤따를 수 있습니다. 알뜰히 살 수밖에 없는 이들에게 생활의 지혜를 제시하느니보다 무절제한 일부 고소득층의 낭비나 소비풍조를 지양하는 것이 바람직합니다."

— 흔히들 불경기를 도산, 파산, 실업 확대 등 부정적인 측면으로만 보거나 몰아간 견해가 지배적인 것 같습니다. 따라서 전반적인 국민들의 심리적인 압박감도 현실 이상으로 과장 파급되는 분위기가 팽배하는 것 같은데 이에 대한 대책 같은 것은?

"부정적인 측면만을 확대하거나 강조할 필요는 없습니다. 현실을 냉정하게 사실대로 보는 혜안이 중요하겠지요.

다시 말해 적극적인 면과 긍정적인 면이 있음을 간과하지 말자는 뜻이지요. 적극적인 면과 긍정적인 면이란 다름 아닌 불경기가 가져다

주는 좋은 효과, 극복할 수 있다는 선진국의 좋은 선례들을 본받자는 것입니다. 비 온 뒤에 땅이 굳어지듯이 불경기를 겪다 보면 '국민경제'나 '기업', '가계'의 체질이 더욱 강인해져 훨씬 탄탄한 경제성장의 밑받침이 된다는 사실을 이 시점에서 예견하고 버텨 나가야 합니다."

— 물가앙등을 전제로 할 때 가장 민감한 반응을 보일 품목은 어떤 것인지, 그에 따른 가계의 주름살은……

"생필품 가격이 들먹일 것은 빤하지만 정부가 내 건 5~7퍼센트 선만을 유지한다면 여타 품목이야 별 문제가 없다고 봅니다. 또한 서비스 가격의 대종인 대중교통 수단의 요금 인상도 최대한으로 억제해야 할 줄 압니다. 대중교통 수단은 강압적인 억제책보다 세금 감면이나 정부 보조금 등의 방법으로 보완책을 강구하는 길도 모색해야 할 것입니다. 의식주에 관계된 기본 상품의 가격안정이 불황이나 '인플레' 극복의 핵심이라고 봐도 과장된 이야기는 아닙니다. 극단적인 예를 들면 중남미의 경우 의식주에 따르는 생필품의 경우를 제외하고는 한 해에 5~10배나 물가가 뛰어도 경제파탄을 일으키지 않고 있습니다."

— 과거의 투기 붐은 어떻게 변형되어 등장할 것인지, 선거를 전후해 부동산 투기 붐 같은 것이 재연될 소지는 없겠습니까?

"70년대 투기 붐을 주도한 것이 부동산 투기였음은 분명합니다. 또한 이 붐은 있는 사람과 없는 사람을 극단적으로 확연하게 구분했습니다. 그러나 문제는 서민용 주택인 소형 아파트에까지 투기가 파급되었다는 사실입니다. 오늘의 당국자들은 이 같은 점을 깊이 명심해야 할 것입니다. 호화 주택이나 대형 아파트야 설사 50~20배 뛴들 안타까워할 사람은 극소수에 불과할 뿐입니다. 어떤 형태로 탈바꿈하여 또 다른 부동산 투기가 일어날는지는 예측하기 힘들지만 무차별 투기 억제라는 편법을 지양, 서민용 아파트와 그에 소요될 아파트 부지는 당국이 적극 개입, 영세 무주택 서민의 주택난 해소에 '중점'을 두어야만 할 것입니다. 이 기회에 꼭 짚고 넘어가야 할 문제는 서울시나 지방자치단체, 주택공사 등이 체비지(替費地)를 터무니없는 고가로 일반 업체에 팔아치워 결국 무주택 서민의 주택매입에 간접적인 자금 압박을 가하는 어리석음을 재연하지 말아야 한다는 것입니다. 또한 선거철이면 무분별한 자금 살포로 이 기회를 악용, 으레 부동산 투기 붐이 일어왔던 전례도 80년대에는 철저히 봉쇄해야 하겠습니다."

— 증권 투자도 기복이 심해 작년 하반기부터 침체된 것 같습니다. 증권에 대한 전망은?

"경제 외적인 요인에 가장 민감한 반응을 보이는 것이 증권이라고 할 수 있습니다. 그런 측면에서 볼 때 올해는 전반적으로 증권 시장은 한산할 것이라고 풀이할 수 있겠지요. 혹시 정책 당국이 적극적인 육성책이라도 강구한다면 모르지만 과거와 같이 노골적으로 투기성이 강조되는 육성책은 바람직하지 못합니다. 또한 투기성이 배제된 투자적인 성향의 증권시장을 육성하는 장기적인 대책을 강구할 시점에 이르렀다고 할 수 있습니다."

— 관 주도하의 노사문제도 지양될 시점이 아닐까요? 이상적인 노사문제의 방향은 어떤 것일까요?

"원칙적인 문제이겠지만 관의 개입 없는 노사 간의 폭넓은 대화가 마련되어야 합니다. 그러나 현실적인 문제로 대립관계에 있는 노사가 '공존의 관계'를 인식, 원만한 합의점에 이르는 게 우리의 현실로는 더욱 절실합니다. 국제경쟁력 약화를 구실로 저임금의 타성을 밀고 나가는 기업주도, 단지 외형적인 고이익만을 내세워 임금 인상을 고집하는 노조도 아집을 털고 생산적인 타협으로 불황을 타개하도록 노력해야 합니다."

― 올해 공무원 봉급 인상을 10~15퍼센트 수준으로 묶고 있습니다. 일반 기업체도 덩달아 이 수준을 고집하는 일이 있을 것 같은데…….

"그것은 염려할 필요가 없을 것입니다. 10~15퍼센트 선은 공무원 봉급 인상 수준을 시사하는 일종의 가이드라인일 뿐이지 그게 곧바로 일반 업체의 봉급 인상을 억제하는 부작용을 야기하지는 않으리라고 봅니다. 다만 예년에 없이 수출 악화로 수출업체들이 연례적인 인상폭에 못 이르는 경우는 상정할 수 있겠지요. 오히려 현재와 같은 불경기에도 보너스나 봉급 인상률을 예년보다 높이거나 동일 수준으로 하려는 기업주도 있는데 그것은 바로 생산 의욕을 높인다는 좋은 열매를 맺을 수노 있습니다."

― 제5, 7광구의 석유 탐사 결과 다행히 석유 매장이 확인되면 그 결과 국내경제에 미치는 영향도 적지 않을 것 같은데……

"석유 매장이 확인되더라도 들뜰 필요는 없습니다. 5~6년 뒤에나 본격적인 시추가 가능하기 때문에 갑자기 들뜬다거나 소비 성향이 높아지는 것은 위험합니다. 다면적인 파급 효과를 생각할 수 있겠으나 우선은 외국의 장기 차관 등이 용이해져 간접적인 경제 효과가 두드러진다고 예상할 수 있습니다."

― 극성의 도를 넘는 과외수업이 가계를 압박하는 경우도 국민경제의 차원에서 심각하게 다루어야 할 현안 문제의 하나로 보는데……

"좋은 지적입니다. 과외가 만성화된 사회 풍토는 문교 당국, 학부모 다 함께 책임이 있습니다. 근본적으로 교육 풍토의 재검토가 시급히 이루어져 고질적인 병폐를 지양해야 하겠습니다. 이중으로 학교를 다님으로써 발생하는 불필요한 과외 수업비가 삭감된다면 서민 가계에도 적잖은 도움이 될 것은 말할 필요도 없겠지요."

《주간중앙》(1980. 1. 13)

IMF의 평가를 보고

1. 서 언

지난 3월 12일에 IMF 연례협의단의 한국경제 전반에 관한 잠정 평가의 개략적인 내용이 보도된 바 있다. 그 보도에 따르면 그들은 대체로 한국경제의 운용정책에 대해서 긍정적인 평가를 내렸다고 한다. 그러나 그러면서도 그들은 물가안정의 지속, 민간저축의 증대, 수입규제에 대한 적절한 대응, 외채 특히 단기외채의 축소 등을 앞으로의 과제로서 제시했다고 한다.

물론 따지고 보면 그들이 제시한 이러한 과제는 전혀 새로운 것이 못 된다. 이미 국내 전문가들에 의해서도 제시된 것이기 때문이다. 그러나 그렇더라도 IMF 협의단도 국내 전문가들과 의견을 같이 하고 있다는 것은 커다란 의의를 갖는 것이라고 아니할 수 없다. 그런 뜻에서 아래에서는 두 과제를 다루기로 한다.

2. 물가안정의 지속

작년에는 도매물가는 0.2퍼센트 그리고 소비자물가는 3.4퍼센트의 상승에 그쳤다(전년대비로는 각각 0.8% 하락, 2.0% 상승). 수입물가도 4.4퍼센트 하락했다(전년말 대비로는 1.8% 하락). 다시 말하면 작년에는 분명히 물가가 크게 안정되었다.

그러나 이러한 물가안정은 주로 국제원유가격의 보합과 수입원자재가격의 안정에 기인했다고 해도 과언이 아니다. 우리나라는 1970년대 중반부터 코스트 푸시형 물가구조를 갖게 되었기 때문이다. 사실 수입물가가 안정되었을 때에는 도매물가, 소비자물가도 안정되었다고 할 수 있다. 앞에서 본 것처럼 작년에는 수입물가는 하락했던 것이다.

그런데 로이터지수는 작년에 이어 상승을 계속하여 올해 2월 10일 현재로 1,983.0을 가리키고 있다. 또 수입물가도 수입원자재가격의 상승을 반영하여 작년 5월부터 상승세를 나타내고 있다. 사실 올해 2월까지 전년말대비로 도매물가는 0.3퍼센트 상승하고 소비자물가는 1.5퍼센트 상승함으로써 이미 금년의 물가상승률 억제목표를 위협하고 있다. 그 목표는 각각 1.0퍼센트 내외, 2.0~3.0퍼센트이다. 따라서 앞으로는 수입원자재가격 상승에 따른 원(原)물가상승 압력을 최대한 흡수하기 위한 노력이 절실하다고 할 수 있다.

그런가 하면 작년에는 물가지수에 반영되지 않는 부동산가격, 임대료, 레저품목이나 새로운 개발품목의 가격 등이 크게 등귀했으며 물가지수에 반영된다고 해도 그 비중이 작은 품목의 가격도 크게 올랐다고 한다. 또 한 민간단체의 조사에 따르면 지난 1년 동안(작년 2월부터 금년 2월까지)에 장바구니 물가는 큰 폭으로 올랐다고 한다(《조선일보》 1984. 3. 5).

그렇다면 앞으로는 단순히 물가안정이 실현되었다는 말만 할 것이 아니라 서민용 주택의 월세·전세 등의 임대료, 서민의 장바구니 물가, 대중교통수단의 요금 등의 안정에 역점을 두면서 일반물가의 안정을 실현시켜갈 필요가 있을 것이다.

3. 민간저축의 증대

국내저축의 증대는 투자와 국내저축 사이의 차이를 줄임으로써 외자의 소요를 축소시키는가 하면 초과수요의 축소를 통해서 물가안정을 실현시키기도 한다. 다시 말하면 국내저축의 증대는 외채증가의 억제, 나아가서 투자재원의 자립화와 물가안정의 실현을 위해서 필수적인 요건이라고 할 수 있다. 그러기에 국내저축의 증대는 어느 나라에서나 강조된다.

〈표 1〉 국내저축률

	한 국					대 만	일 본
	1976	1981	1982	1983[1]	1984[1]	1981	1980
국 내 저 축 률	23.9	21.7	22.4	24.2	25.9	30.9	31.8
가 계 저 축 률	8.1	6.4	6.6	7.0	7.7	12.7	13.9
기 업 저 축 률	9.9	9.1	9.6	10.1	10.7	10.9	9.7
정 부 저 축 률	5.8	6.2	6.2	7.1	7.5	7.3	2.8

주: 1) 1984년 경제운용 계획.
출처: 한국은행, 《조사통계월보》, 1984. 1., p. 16.

그런데 우리나라의 국내저축률은 대만이나 일본의 그것에 비해서 상당히 낮다(〈표 1〉). 우리나라는 1981년에는 21.7퍼센트이었고 1984년에는 25.9퍼센트로 계획되어 있다. 이에 대해서 대만은 1981년에

30.9퍼센트나 되고, 일본은 1980년에 31.8퍼센트나 된다.

그러나 문제는 이렇게 국내저축률의 수준 자체가 상대적으로 낮은 데 그치지 않는다. 기업저축률과 함께 민간저축률을 구성하는 가계저축률이 대만이나 일본의 가계저축률에 비해서 월등히 낮은 데에도 문제가 있다. 우리나라의 가계저축률이 일본의 가계저축률에 미달된다는 것은 자명한 일이다. 따라서 앞으로 국내저축률의 제고를 위해서는 예산절약 등으로 정부저축률을 높이도록 해야 하겠지만 무엇보다도 가계저축률의 제고가 절실하다고 할 수 있다. 그런 의미에서 사치성 및 전시용 소비를 자제토록 유도하고 저축운동 등을 적극적으로 전개하는 동시에 가계 저축금리의 상향조정 등의 유리한 저축유인을 마련해 갈 필요가 있을 것이다. 그리고 이와 병행해서 많은 자금이 부동산시장이나 사채시장이나 귀금속시장 등으로 흘러 들어가지 않도록 각종의 제도적 장치를 강구하는 한편, 단속도 게을리하지 않아야 함은 말할 나위도 없다.

4. 외채의 축소

우리나라의 외채잔액은 1983년 말 현재로 401.0억 달러나 된다. 이것은 GNP의 53.5퍼센트임을 말해준다(〈표 2〉).

그리고 이 401.0억 달러 가운데서 단기외채는 139.7억 달러로서 전체의 34.8퍼센트를 차지하고 있다. 그 결과 원리금상환액은 GNP의 6.2퍼센트인 46.6억 달러 원리금상환부담률(DSR)은 15.4퍼센트로 되어 있다. 그러나 이 비율은 단기외채를 포함시킬 때에는 19.2퍼센트나 된다고 한다.

물론 정부에 따르면 현재 원리금상환 부담은 감당할 수 있는 규모

<표 2> 외채잔액 및 외채원리금 상환액과 대 GNP 비율

	1971	1975	1978	1980	1981	1982	1983
외 채 잔 액 (억 달러, A)	29.2	84.6	148.7	273.7	324.9	373.0	401.0
외채원리금상환액 (억 달러, B)	3.2	7.3	21.2	30.1	37.7	44.2	46.6
GNP(억 달러, C)	93.7	208.5	519.6	612.0	671.9	708.0	749.0
A / C (%)	31.2	40.6	28.6	44.7	48.4	52.7	53.5
B / C (%)	3.4	3.5	4.1	4.9	5.6	6.2	6.2
원리금상환부담률 (D S R)	19.7	12.5	12.3	13.3	13.8	15.5	15.4

출처: 한국은행, 《조사통계월보》, 1984. 1, p. 15.

의 것이며 또 추가외자의 조달에 어려움이 없다고 한다. 그러나 그렇더라도 외채잔액의 규모에서 미루어 볼 때 외채증가의 억제 내지 외채의 축소는 시급히 해결되어야 할 중요한 과제임에 틀림없다.

투자는 국내저축과 수출입차, 즉 무역수지 내지 경상수지의 합계로 정의된다. 따라서 외채증가의 억제 내지 외채의 축소를 위해서는 국내저축의 증대 외에 국제수지의 개선이 요청된다.

이미 잘 알려져 있는 것처럼 1978년에 148.7억 달러였던 외채잔액이 1983년에 401.0억 달러로 급격히 증가된 것은 1979년의 오일쇼크의 여파인 무역수지 내지 경상수지적자의 급격한 증가에 기인한다. 사실 무역수지적자(통관 기준)는 1978년에 22.61억 달러였던 것이 1979년에는 52.83억 달러, 1980년에는 47.87억 달러, 1981년에는 48.78억 달러, 1982년에는 23.97억 달러로 그리고 경상수지적자는 10.85억 달러였던 것이 각각 41.51억 달러, 53.21억 달러, 46.46억 달러, 26.50억 달러가 되었다(단 1983년에는 무역수지적자는 17.47억 달러, 경상수지적자는 16.20억 달러이다).(<표 3>)

외채증가의 억제 내지 외채의 축소와 관련지어서 수출증대와 수입

<표 3> 국제수지

(단위: 억 달러)

	1978	1979	1980	1981	1982	1983
무 역 수 지 (통 관 기 준)	−22.61	−52.83	−47.87	48.78	−23.97	−17.47
무 역 수 지 (국제수지 기준)	−17.81	−43.96	−43.84	−36.28	−25.94	−16.55
경 상 수 지	−10.85	−41.51	−53.21	−46.46	−26.50	−16.20

출처: 한국은행,《조사통계월보》및 주요 경제지표(속보).

감소가 새삼 강조되는 까닭은 바로 여기에 있는 것이다. 그런데 금년 2월까지의 무역수지(통관 기준)는 4.45억 달러 적자이다. 이것은 금년의 계획된 무역수지적자를 5.0~6.0억 달러로 잡는다면 거의 그것에 접근한 액수를, 또 10.0억 달러로 잡는다면 거의 그것의 반에 가까운 액수이다.

게다가 우리나라는 이미 미국으로부터 컬러TV에 대한 덤핑판정, 즉 수입규제를 받았을 뿐 아니라 동관 등의 9월 품목에 대해서도 곧 덤핑판정을 받을 것으로 알려져 있는데 최근의 상공부 교섭 대책위원들의 집계에 의하면 이들 품목을 포함해서 미국 등 19개 선진국으로부터 수입규제를 받고 있는 품목은 섬유류, 철강제품 등 165개에 달하고 있으며 덤핑혐의 등으로 수출상대국 정부 당국의 조사를 받고 있는 품목도 22개나 된다고 한다(한국은행,《주간내외경제》, 1984. 3. 3, p. 13). 다시 말하면 우리나라는 현재 강화되는 선진국의 수입규제장벽에 직면하고 있다.

따라서 우리나라의 수출증대를 위해서는 우리산업의 수출경쟁력의 강화가 반드시 필요한 전제이지만 이 장벽을 뚫고 나아가는 것이 급선무라고 할 수 있다. 선진국의 경기회복에 기대를 거는 일은 이제는 그만하고 냉혹한 현실을 직시하고 이 장벽을 어떻게 뚫고 나아가는가에 역점을 두면서 수출증대를 실현해가야 한다. 그러려면 역시 우리 기업의 해외투자를 통한 현지진출, 상품의 고급화, 새로운 상품의 개발 등이 지속적으로 추진되어야 할 것이다. 이때 중소기업을 크게 활용할 수도 있을 것이다. 그러나 더 나아가서 국내가격과 수출가격차의 축소, 소나기식 수출의 사전규제, 수출업자 간의 과다경쟁의 방지, 수출업자들의 합동적인 대응조치 등이 있어야 할 것이다.

여기서 합동적인 대응조치란 예를 들면 부단한 친선·홍보활동 등을 통해서 상대국 수입업계의 이해를 획득하고 나아가서 그들을 매개로 해서 정부와 의회에 대한 로비활동을 전개함으로써 상대국 정부의 수입규제조치를 사전에 방지해가는 조치 등을 말한다. 이러한 수출업자들의 합동적인 대응조치에는 정부의 경제외교, 정부의 민간외교와 정보수입에 대한 지원 등이 뒤따라야 함은 말할 나위도 없다.

이렇게 보면 국제수지의 개선을 위해서는 현재로서는 수입의 감소 내지 소폭의 수입증가가 중대한 의의를 지니고 있다고 할 수 있다. 그런 뜻에서 에너지·원자재의 절약, 원자재의 국산화 촉진, 소비절약 등이 강조되지 않을 수 없다.

그리고 수출증대를 위한 조치인 면도 있지만 수입자유화는 어디까지나 단계적·점진적으로 추진되어야 할 것이다. 수입자유화율이 선진국 수준에 달했다고 해서 반드시 선진국이 되는 것은 아닌 것이다. 일단은 그 조치를 국제수지의 개선 내지 국제수지의 조기균형의 실현이라는 관점에서도 볼 필요가 있을 것이다.

이외에 국제수지의 개선을 위해서는 수출가득(稼得)액·수출채산성의 제고, 무역외수지의 개선 등도 추구되어야 한다. 그리고 외채증가의 억제 내지 외채의 축소를 위해서는 이러한 국제수지의 개선을 위한 노력과 함께 외채관리의 강화, 외화절약, 단기외채의 장기외채로의 전환 또는 변동금리외채의 고정금리외채로의 전환 등이 추진되어야 할 것이다.

5. 덧붙이는 말

이상 IMF 협의단의 지적과 관련해서 한국경제가 해결해야 할 과제 가운데 중요한 것을 다루었다. 어떻든 경제현실을 중시하는 입장에서 볼 때에는 우리 경제, 우리 기업, 우리 가계의 체질이 얼마만큼 실질적으로 강화될 것인가가 더 중요하다는 사실을 강조해 둔다.

《재정》(1984. 4)

국내경기 불황 시비

정부와 업계의 이견

현재 국내경기가 좋지 않다고들 한다. 그리고 이를 에워싸고 정부 당국과 업계 사이에 이견이 있는 것 같다. 사실은 이 경기가 좋지 않다는 말이 나타내는 바가 모두 다르다는 점에 혼동이 일어날 여지가 많다. 그 말은 어떤 경우에는 실질 GNP 등으로 표현되는 생산동향 그리고 고용동향을 기준으로 해서 그 생산, 고용 등의 증가율이 감소 내지 둔화한 것으로 받아들여지는가 하면, 어떤 경우에는 수익 내지 이윤의 동향을 기준으로 삼거나 단순한 수입의 동향을 기준으로 해서 역시 그 증가율이 감소 내지 둔화한 것으로 받아들여진다. 물론 이때 마이너스 증가율의 의미로도 받아들여진다. 대체로 전자는 거시적으로 보는 경우의 해석이라고 할 수 있다.

또 그 말은 어떤 경우에는 계절(이에는 자연적 계절과 사회적 계절 즉 신정, 구정과 같은 사회관습에 기인하는 계절이 포함된다)의 바뀜에 따라서 발생한 것, 혹은 극히 단기적이거나 일시적으로 발생한 것까지도 나타내는 경우가 있는가 하면, 심지어는 단순한 흥청거림이나 들뜬 상태가

가라앉은 것도 나타내는 경우가 있는 것 같다. 그러나 원칙적으로 전자는 경기현상으로 보지 않는 것이 상례이며 또 후자는 도리어 바람직스러운 일이라고 할 수 있다.

문제는 이에 그치지 않는다. 경기가 좋지 않다고 해서 모든 업종이나 부문이 일률적으로 좋지 않은 것은 아니고, 경기나 나쁠 때에도 경기가 좋은 업종이나 부문은 있기 마련이다.

또 GNP는 하나로 뭉뚱그려진, 다시 말하면 구성을 은폐하고 있는 집계개념이기 때문에, 작은 비중을 갖는 구성요소의 증가율은 마이너스이면서도 큰 비중을 차지하는 구성요소의 증가에 의해서 증가될 수 있다. 바로 이런 이치에서 경기가 좋은 업종이나 부분이 비중이 글 경우에는 GNP는 증가할 수 있다.

요인분석을 철저히

그런가 하면 부동산 투자 촉진, 소비 촉진, 수출 촉진이 일반적으로 경기를 부추기는 대책, 즉 경기부양책으로 사용되지만, 경우에 따라서는 부동산 투기로 직결되는 부동산 투자 촉진이나, 예컨대 컬러TV, 에어컨, 냉장고 등의 내구소비재 구입의 촉진, 이른바 향락산업의 육성 등을 주 골자로 하는 소비촉진에 주로 의존하는 수가 있다는 데에도 문제가 있다.

말할 것도 없이 이때에도 GNP는 증가한다. 그러나 이때 부동산 투자를 억제하거나 내구소비자재 구입을 위한 소비자신용의 규제 내지 중단이 있거나 향락산업 등의 규제가 있거나 하면 자연히 부동산 투자 둔화, 내수 부진이 초래되어 경기는 위축되게 되어 있다. 또 국내산업 간의 연관도가 그다지 크지 못한 경우에는 경기부양책의 실시만으로도 수입은 증가하게 되어 있다.

이에서 우선 정부 당국과 업계 간에 이견이 있을 수 있음을 알 수 있을 것이다. 그리고 현재의 경기에 대한 처방을 제대로 내리기 위해서는 적어도 무엇을 기준으로 경기가 좋지 않다고 했는지, 계절적인 요인 등에 기인하는 현상을 경기현상으로 오인한 것은 아닌지, 비정상적인 흥청거림을 경기가 좋은 것으로 착각한 것은 아닌지, GNP와 같은 집계개념을 지나치게 중시한 것은 아닌지, 어느 특정의 업종 내지 부문을 지나치게 부각시켜서 본 것은 아닌지, 부분적인 과열현상을 마치 전반적인 과열현상인 것처럼 잘못 해석한 것은 아닌지, 경기부양책은 비정상적인 것이 아니었는지 등을 검토해 볼 필요가 있음을 알 수 있을 것이다.

분명한 것은 우리나라에서는 국내산업의 연관도가 낮은 편이기 때문에, 경기부양책인 부동산 투자 촉진, 소비 촉진, 수출 촉진이 설비투자로 이어져서 경기가 전면적으로 확산하기 전의 상태에서도 급격한 수입증가를 초래하게 되어 있다는 사실이다. 그리고 급격한 수입증가는 수출입차 즉 무역수지의 적자, 나아가서 경상수지의 적자를 확대시키기 때문에 국제수지의 방어의 필요에서 긴축을 불가결한 것으로 만들게 되었다. 현재 수입증가로 경상수지적자가 계획치를 크게 웃돌고 있기에 긴축정책을 쓰지 않을 수 없다. 그렇기에 업계는 현재의 경기를 냉각현상이라고 주장하면서, 자금을 풀라고 요청하고 있는 것이다. 물론 수출 둔화도 경기를 좋지 않게 만든 요인이라고 할 수 있다.

편중대출 없어야

그러나 현재의 경기상태가 업계의 주장대로 냉각현상이든 또 정부

당국의 주장대로 과열의 진정이든 그것은 문제가 안 된다. 문제는 어떻게 하면 우리의 경제, 기업, 가계의 체질을 강화시키면서 경제성장을 지속해 갈 수 있느냐에 있다고 할 수 있다. 그렇다면 설사 실제로 경기가 좋지 않다고 하더라도 섣불리 확대정책을 펴려고(혹은 확대정책으로 돌아가려고)할 것이 아니라, 체질개선을 촉진시킨다고 하는 불황 내지 불경기의 긍정적인 측면을 되도록 살리는 좋은 기회로 삼으려는 노력이 무엇보다도 중요하다고 할 수 있지 않을까. 이때 자금배분이 어느 특정 업종이나 대기업에 편중되는 일이 없도록 해야 함은 말할 나위도 없다.

우리는 1980년대에 −5.2퍼센트의 경제성장률(실질GNP 증가율)을 경험했다. 즉 험한 불황을 겪었다. 그때까지만 해도 많은 사람들이 경제성장률이 마이너스가 되면 큰일이 나는 것으로 여기고 있었다. 그러나 매우 어렵기는 했지만 그런대로 경제도, 기업도, 가계도 이겨내지 않았는가.

또 결코 고도성장(높은 경제성장률)만이 능사는 아니다. 그것은 어디까지나 우리의 경제·기업·가계의 실질적인 체질개선을 전제로 할 때, 비로소 진정으로 의의 있는 것이 될 수 있기 때문이다.

《조선일보》(1984. 11. 13)

유가 하락과 우리 경제의 전망

3저의 호기를 맞고 있다고 야단들이다. 저유가·저달러·저국제금리의 시대를 맞고 있다는 말이다. 그러나 그 가운데서도 제1차, 제2차 오일쇼크로 심한 어려움을 겪은 탓인지 특히 저유가가 강조되는 것 같다. 따라서 이하에서는 유가하락에 초점을 맞추어서 그것이 우리 경제에 어떤 영향을 끼치는가를 생각할 수 있는 범위 내에서 생각해 보고, 그 영향과 저달러 내지 엔고, 국제금리 하락의 영향도 아울러 고려한 것이라고 볼 수 있는 하나의 예측 사례를 들어 우리 경제의 금년 모습을 그려 보기로 한다.

우리나라는 원유의 전량을 수입에 의존하고 있으므로 유가하락은 우리 경제에 커다란 영향을 끼치게 되어 있다. 우선 유가하락은 국제수지 개선에 크게 기여할 것이다. 1985년의 원유도입 규모는 약 2억 배럴에 56억 달러이다. 따라서 원유가격이 배럴당 1달러만 하락해도 수입은 약 2억 달러 감소하게 된다. 그리고 수출도 유가하락에 기인하는 미국, 일본을 비롯한 선진국의 경기회복으로 증가될 것이 기대된다. 이 수출증대는 경기회복→경제성장의 촉진→고용증대를 초래하게 되어 있다. 그런가 하면 국제금리의 하락으로 외채이자부담도 감소하게 될 것이다. 이러한 국제수지 개선은 말할 것도 없이 외자 도입규모의 축소, 외채잔액 증가의 둔화 등을 초래하게 된다.

다음으로 유가하락은 물가를 더욱더 안정시킬 것이다. 우리나라 총에너지 소비 중에서 원유가 차지하는 비중은 그동안 낮아지기는 했어도 아직도 50퍼센트 이상이나 된다. 따라서 원유가격 하락은 기업의 제조원가 내지 생산원가를 크게 하락시키게 되어 있다. 1983년 산업연관표를 기준으로 할 때 원유가격의 10퍼센트의 하락은 원유를 원료로 사용하는 나프타 연료유 등의 석유류 제품 가격을 약 7.6퍼센트 하락시키게 되어 있다. 이 석유류 제품 가격의 하락은 도매물가를 직접적으로 하락시킬 뿐 아니라 석유류 제품을 중간투입재로 사용하는 각종 화학제품 가격 및 전력요금 등의 하락→전 공산품 가격의 하락을 통해서 간접적으로 하락시키기도 한다. 이 직접 및 간접효과는 1983년 산업연관표를 기준으로 할 때 약 27.5퍼센트라고 한다. 따라서 원유가격이 10퍼센트 하락하면 도매물가는 약 2퍼센트 하락하게 된다. 도매물가의 하락은 곧 소비자물가의 하락을 의미함은 말할 나위도 없다.

이 소비자물가의 하락은 실질소득의 증대를, 그리고 실질소득의 증대는 수출증대와 마찬가지로 경기회복→경제성장의 촉진→고용증대를 초래하게 되어 있다.

그러나 유가하락은 상술한 것처럼 긍정적 또는 플러스 효과만을 갖는 것은 아니다. 중동 산유국들의 석유수입 감소로 경제개발계획을 축소 조정하지 않을 수 없으므로 해외 건설업계는 더욱더 큰 어려움에 직면하게 될 것이다. 사실 지난 6월 25일 현재 해외 건설업체의 신규 수주액은 11.63억 달러이며, 그 결과 해외건설 근로자 수는 1만 2천 명이나 감소했다. 그리고 현재의 전망으로는 연간 수주액은 작년 실적 47억 달러의 절반쯤인 25억 달러에 불과할 것이라고 한다. 어떻든 해외 건설업계는 현재 여러 가지로 어려움을 겪고 있는 것이 사실이다.

〈표 2〉의 전망은 앞에서 본 바와 같은 유가하락의 효과를, 그리고 그와 아울러 저달러 내지 엔고, 저국제금리 등의 효과도 반영시킨 추정치라고 보면 무방할 것이다. 엔고는 국제수지 개선의 효과를 갖지만 대일 무역수지적자의 확대, 일본으로부터 수입되는 소재·부품가격의 상승을 통한 제조원가 상승→물가 상승 등을 초래하게 되어 있다.

〈표 1〉 원유가격(평균도입가격)

단위: 달러/배럴

1985	1986					
	1월	2월	3월	4월	5월	6월
26.7	26.4	23.7	17.2	13.0	11.8	11.2

〈표 2〉 주요 경제지표

	1985	1986	
		계 획	전 망
경 제 성 장 률 (%)	5.1	7.0[*]	8.0[**]
실 업 률 (%)	4.0	4.0	4.0
물 가 상 승 률 (%)			
도 매	1.0	2.0~3.0	−2.0
소 비 자	3.2	3.0[**]	2.5
수 출 (억 달 러)	302.83	330.0	335.0
(수 리 선 박 제 외)	(271.04)	(310.0)	(320.0)
수 입 (억 달 러)	311.36	325.0	325.0
(수 리 선 박 제 외)	(278.39)	(305.0)	(310.0)
경 상 수 지 (억 달 러)	−8.82	0.0	5.0
무 역 수 지 (억 달 러)	−0.3	9.0	16.0
무 역 외 수 지 (억 달 러)	−8.52	−9.0	11.0
(해 외 건 설 수 입)	(9.74)	(8.0)	(4.5)

주: * 유가하락효과 외에 달러하락효과, 국제금리 하락효과도 고려한 경우를 나타냄.
　　** 8% 수준 3% 수준을 나타냄.
출처: 전국경제인연합회, 《전경련》, 1986. 6, p. 11.

유가하락의 부정적 또는 마이너스 효과는 해외 건설수입의 감소에 그치지 않는다. 막대한 외채를 안고 있는 멕시코를 비롯한 산유 채무국의 외채사정 악화를 통해서 국제금융시장의 자금경색→외자조달의 어려움을 발생시킬 가능성을 크게 갖고 있다.

따라서 앞으로는 유가하락 또는 저유가의 긍정적인 효과 못지않게 그 부정적인 효과도 중시하여 이 효과의 극소화를 위해서 전력을 다해가야 할 것이다. 그리고 저유가로 인한 유류의 과소비가 일어나지 않도록 유류소비억제책을 강화하고 그것을 지속해가야 할 것이다. 물론 현재 유가가 10달러 선이며, 또 지난 6월 25일부터 6일간 유고슬라비아의 브리오니에서 개최된 산유국 석유상 회의가 아무런 결론 없이 끝난 것을 계기로 많은 석유 전문가들이 저유가의 장기화를 예고하고 있다. 그러나 유가의 중·장기 전망에는 유가가 내년 후반 혹은 내후년 무렵부터 20~25달러로 회복된다는 V자형 변동설이 있음을 간과해서는 안 될 것이다. 심지어는 1990년 중반에는 제3차 석유위기가 있을 것이라는 주장도 있다.

〈대한변호사협회 세미나 발표 내용〉(1986. 8. 18~19)

폭풍전야의 유가 언젠가 불붙는다

지난 6월 25일부터 6일간 유고슬라비아의 브리오니에서 개최된 13개 OPEC 회원국 석유상 회의는 3~4월에 이어 또다시 아무런 실질적인 결론 없이 끝났다. 그리하여 많은 석유 전문가들은 저유가의 장기화를 예고하기 시작하고 있다.

사실 지난 9개월 동안에 1배럴당 30달러 선에서 25, 20, 15달러 선으로 하락한 데다가 10달러 선을 밑돌며 심지어는 5.5달러까지 떨어졌으니 그럴 만하다.

그러나 그러한 유가폭락의 이면에 중대한 문제가 숨어 있다는 사실을 지적하는 사람들이 있음에 특별히 유의할 필요가 있지 않나 생각된다. 단기적으로 볼 때에는 몰라도 중·장기적으로 볼 때에는 저유가는 지속될 수 없으며 도리어 제3차 석유위기가 발생할 가능성이 있다는 지적 말이다. 유가에 대한 중·장기 전망으로서는 크게 두 가지 시나리오가 있다고 할 수 있다.

하나는 앞으로 4~5년간은 15달러 전후를 유지하다가 1990년대에 들어서부터 상승으로 전환하게 된다는 U자형 변동설이고, 다른 하나는 87년 후반이나 88년경부터 20~25달러로 회복된다는 V자형 변동설이다. 그 가운데 후자의 내용을 보면 대체로 다음과 같다.

조업비용에 감가상각이라든가, 세금과 배당금을 합친 장기 생산비용은 미국산이 15달러 정도이며 북해의 개발·탐광 중의 원유도 상당히 높다. 이 장기 생산비용이 원유가격을 웃도는 유전에서는 개발투자가 중지되며 탐광투자도 높은 비용의 것은 연기되게 된다. 물론 전부가 중지되는 것은 아니고 원유가격이 좀더 떨어져도 생산을 계속하는 유전은 있을 수 있다.

그러나 1배럴당 10달러가 10년간 지속된다고 하면 원유공급 능력은 미국만으로도 5백만 배럴, OPEC 비회원국 전체로는 1천만 배럴 가깝세 감소한나. 한변 수요는 느리게 증가하며 그 차이는 상낭히 크게 확대된다.

예컨대 현재 미국의 다수 의견에 따르면 유가는 앞으로 5년간은 15~20달러를 유지하며, 미국에서의 수요는 5년 후에 2백만 배럴 증가하여 1,850만 배럴이 되며 한편 공급능력은 2백만 배럴 감소한다. 즉 4백만 배럴의 차이가 발생하며 그것은 수입으로 메우게 된다고 한다.

현재 미국은 액화천연가스(LNG)를 포함하면 1천만 배럴을 국내에서 생산하고 있으며 제품수입을 포함하여 550만 배럴을 수입하고 있다. 따라서 5년 후에는 수입이 950만 배럴에 가까워진다는 전망이 서는 셈이다.

15달러 이하가 되면 유전의 감소가 진행될 것이므로 수입은 더욱더 증가한다. 10달러까지 하락하면 공급능력은 5백만 배럴 이상 감소하며 수요는 3백만 배럴 이상 증가할 것이므로 8백만 배럴의 차이가 발생하여 1천3백만~1천4백만 배럴이나 되는 대량의 원유를 수입하지 않으면 안 된다.

북해나 OPEC의 비회원국에서도 이와 비슷한 일이 일어나게 된다.

이 차이는 결국 OPEC에서 메울 수밖에 없다. 비회원국에는 이미 여력이 없다. OPEC 각국의 조업비용은 높아도 5달러 이하이며 장기 생산비용도 대부분의 나라에서 10달러 이하이다. 따라서 10달러까지 가격이 하락해도 공급능력은 있는 셈이다. 그러나 현재 자유세계의 수요는 1일 4천5백만 배럴이며 그 가운데 1,600만~1,700만 배럴은 OPEC에서, 나머지는 비회원국이나 소련 등 공산권에서 수입하고 있다.

유가 10달러가 10년 지속되면 가격효과로 수요는 6천만 배럴 정도로 증가하지만 비회원국이라든가 소련의 공급능력은 감소한다. 그렇게 되면 자유세계의 보충분을 포함한 OPEC의 소요생산량은 유가 20달러가 10년 지속되면 2천5백만~2천8백만 배럴로 증가한다.

15달러로 되면 현재 생산능력의 2천9백만 배럴에 더해서 1천만 배럴의 능력개발이 필요하게 된다. 10달러에서는 그것이 2천만 배럴로 증가한다. 5백만~6백만 배럴 정도라면 가능할는지 모르지만 1천만 배럴, 2천만 배럴이면 무리라고 할 수 있다.

이 밖에 유가가 10달러, 15달러가 되면 석탄이나 천연가스의 공급도 상당히 제약받게 된다. 그러나 그만큼을 석유로 바꿔 OPEC가 공급하는, 말하자면 새로이 방대한 공급능력을 개발하는 것은 비현실적이므로 그 이전에 수급 메커니즘이 작용하여 조정되지 않을 수 없다.

중·장기적으로 보면 유가 20달러 이하의 수준에서는 우선 공급에 상당한 제약이 발생하며 누적외채 문제도 포함하여 석유수출국의 파탄이 발생하게 된다. 그리고 현재와 같은 상태가 1년 이상 지속되면 석유회사에서도 경영위기가 야기되게 된다. 미국에서는 엑슨이라든가 셸을 제외하고서는 유가 18달러 정도의 수준이 지속되면 적자까지는 몰라도 현재까지의 이익의 70~90퍼센트가 소멸된다는 계산도 있다.

현재는 아직 제품가격보다도 원유의 스포트 가격의 하락이 크며, 네

트백 방식으로 계약하거나 스포트보다 높은 장기 제품계약을 이용하여 이익을 올리고 있다. 그러나 15달러를 밑도는 수준이 앞으로 반년이나, 1년간 지속되면 자금순환 면에서도 곤란해지며 자칫 잘못하면 적자를 보는 회사도 나오게 된다. 그러나 그렇게 되면 메이저를 중심으로 반드시 위기 타개를 위한 움직임이 나올 것이다.

앞으로의 유가는 어떤 요인을 계기로 주기적으로 상하 변동하면서 빠르면 87년 후반, 늦어도 88년에는 25~26달러로 낙착하는 V자형 변동으로 될 것이다. 그 후 1990년대에 들어서면 수급이 균형적으로 되어 상승기를 맞게 될 것이다.

그런 의미에서 국제에너지기관(IEA)의 "1990년대 중반에는 수급의 균형이 잡혀 다시 OPEC에의 의존이 강화되며 제3차 석유파동이 일어날 가능성이 있다"는 경고에 귀를 기울여야 할 것이다.

그러한 경고는 유가를 현재보다 높은 28달러를 전제로 하고 있으며, 그 시기가 수년 앞당겨질 가능성이 강하다고 하고 있다. 굉장히 강력한 국제질서가 새로이 형성되지 않는 한 그 위험은 현실적인 의미를 갖게 된다.

이상이 V자형 변동설의 개요이다. 현재로서는 유가가 앞으로 어떻게 되는지 분명치 않다. 그러기에 낙관적으로 볼 수도 있고 비관적으로 볼 수도 있다. 그러나 비록 그것이 현실화되지 않을 수도 있고, 또 현실화되지 않기를 바란다고 하더라도 일단 제3차 석유위기를 예상하고 그것의 방지를 위한 사전 노력을 강조하는 주장을 긍정적으로 받아들인다고 한다면 제3차 석유위기의 방지를 위한 강력한 국제질서의 확립을 역설하는 이 설을 주장하는 학자들의 의견은 매우 높이 평가할 만한 것이라고 할 수 있지 않을까.

《재정》(1986. 8)

나라의 빚

극히 최근에 보도된 바에 따르면 국가채무, 즉 나라의 빚은 1985년 말 현재로 21조 5,233억 원이라고 한다. 이 액수는 동년의 GNP의 29.8퍼센트에 해당된다. 그리고 1984년 말에 비해서 9.4퍼센트의 증가를 나타낸다. 1985년의 GNP증가율(경제성장률)이 5.1퍼센트이므로 국가채무는 GNP보다 훨씬 크게 증가한 셈이다. 그러나 더욱 놀라운 것은 국가채무가 1980년에 1975년의 3.6배나 되었는데 1985년에는 그 1980년의 2.2배가 되었다는 사실이다(이것은 1975년의 7.9배나 되었음을 나타낸다). 그렇다면 국가채무의 이러한 급증의 원인은 무엇이라고 할 수 있는가. 한마디로 그것은 정부보증의 급증에 주로 기인한다고 말할 수 있다.

사실 국가채무를 정부차입금, 국채, 국고 채무부담, 정부차관, 정부보증으로 나눌 때 정부보증은 1985년에 가장 비중이 큰 정부차관(34.0%)보다 약간 낮은 33.7퍼센트의 비중을 차지하고 있지만 1980년에는 정부차관(39.0%)보다 훨씬 낮은 24.2퍼센트였을 뿐 아니라 정부차관이 1980년의 1.9배로 증가한 데 비해서 3배로 증가했다. 다른 정부차입금, 국채, 정부의 외상 물품 구입 내지 외상 공사 발주를 뜻하는 국고 채무부담은 이 정부보증에 못 미치는 증가배수를 보여주고 있음은 말할 나위도 없다.

그런데 정부보증은 다름 아닌 산업은행, 중소기업은행, 한국전력 등의 25개 정부투자기관의 빚보증이 아닌가. 그렇다면 과연 이런 정부보증이 급증해도 되는 것인가. 게다가 아직도 정부차관이 가장 큰 비중을 차지하고 있지 않은가. 이 정부차관과 정부보증의 비중은 합쳐서 1980년에는 64.2퍼센트, 1985년에는 67.7퍼센트나 된다.

국가채무는 현 세대가 갚지 못하면 다음 세대가 갚아야 한다. 따라서 국가채무의 누적은 곧 현 세대의 다음 세대로의 세 부담의 전가를 의미한나고 할 수 있나. 만약 이것이 사실이라면 현 세대로서의 책임을 다하기 위해서라도 혹은 조상으로서 자손들에게 떳떳하기 위해서는 말할 것도 없고 그들로부터 비난을 덜 받기 위해서라도 국가채무의 급증은 방지해가야 할 것이 아닌가.

그런 의미에서 정부차관과 정부보증, 특히 정부보증의 급증 방지를 위한 전력투구는 강조되지 않을 수 없다. 아니 욕심을 부려서 그의 축소를 위한 노력까지 강조하고 싶다.

《매일경제신문》(1986. 7. 22)

경제위기를 우려한다

고물가, 큰 폭의 국제수지 적자, 과소비, 대형비리—이들은 최근 우리나라에서 실제로 일어나고 있고, 또 매스컴에 자주 그리고 대대적으로 보도되고 있는 매우 걱정스러운 경제적·사회적 문제 중의 몇 가지이다.

사실 소비자물가는 9월말 현재로 작년 말에 비하여 8.9퍼센트나 올랐다. 그런데 중앙저축위원회가 전국 11개 도시에 살고 있는 주부 1천명을 대상으로 최근에 실시한 〈주부경제의식 및 저축환경조사〉 결과에 따르면 이들 주부들이 지난 4월을 기준으로 1년 전에 비해 피부로 느낀 물가상승률은 평균 49.8퍼센트로 나타나고 있다.

이처럼 주부들이 피부로 느끼는 장바구니물가(체감물가) 상승률은 지난 1년 동안 정부가 발표한 물가(지수물가) 상승률의 5배나 되는 셈이니, 설사 지수물가가 한 자리 상승하는 데 그쳤다고 해도 누가 믿겠는가.

국제수지 적자폭은 어떠한가. 국제수지는 보통 경상수지를 말하며, 경상수지의 중심은 무역수지이다. 그런데 무역수지도 8월말 현재로 국제수지 기준으로 67억 8천4백만 달러의 적자를 보이고 있다. 게다가 무역외수지와 이전수지도 각각 적자를 보임으로써 무역수지에 이들을 합친 경상수지도 무역수지의 적자폭보다 큰 78억 8천8백만 달러의 적자를 보이고 있다. 그런데 통관 기준으로 본 무역수지는 9월말 현재 96.41억 달러의 적자를 보이고 있다고 한다.

과소비를 나타내는 지표들은 수없이 많다. 그 가운데 몇 가지를 들면 다음과 같다. 지난 7, 8월을 볼 때 작년에 비하여 30퍼센트 증가한 우리가 해외에서 뿌린 돈 7.83억 달러(외국인이 국내에서 쓴 돈은 도리어 6% 감소하였다), 작년 1년 동안의 실적의 2배나 되는 지난 5월까지의 서울에서 건축 허가된 80평형 이상의 호화빌라 259곳, 경기도 내 호화별장 6백 곳, 앞으로 증가될 골프장 118곳—현재 60곳, 지난 4월초 현재로 작년 1월부터 심야영업이 금지되어있는 특별소비세 부과대상인 대형 유흥업소의 증가 678개, 40퍼센트 할인가격으로 690만 원을 호가하는 우단모피, 3백만 원을 호가하는 일제 투피스, 지난 8월 말까지의 외제차 판매액 1천7백억 원, 1천만 원짜리 상품권 등.

대형비리의 예도 일일이 열거하기 힘들 정도이다. 역시 그 중의 몇 가지를 들면 다음과 같다. 한보, 수서사건, 세모사건, 골프장허가사건, 부동산투기와 관련된 유명 병원장·병원 이사장 구속사건, 대학입시 부정사건, 탈세와 결부된 세무공무원 비리사건 유명 33개사가 관련된 청와대를 사칭한 대규모 사기사건 등.

이들 문제는 현재 국민이 해결과 수습을 강력히 바라고 있는 것들임에 틀림없다. 따라서 이들에 대한 대책을 강구해야 할 것이다. 그러나 이때 물가안정은 국제수지 개선의 전제인 동시에 대책의 하나이지만 거꾸로 국제수지 개선은 물가안정에 기여하기도 한다는 점에 유의할 필요가 있다. 또 과소비가 물가상승을 조장하고 국제수지적자를 확대시키는가 하면 호화주택에 살거나 호화별장을 갖고 있는 공직자, 직업이 불분명한 자가 대개의 경우 과소비 생활자라는 데에서 알 수 있듯이 과소비는 대학입시 부정 등과 같은 일부의 경우를 제외하고는 음성적으로 대형비리를 조장하기도 한다는 점에 유의할 필요가 있다. 그렇다면 과소비에 대한 대책은 과소비 자제에 대한 대책인 동시에 나머지 세 가지에 대한 하나의 대책이 된다고도 할 수 있다.

물가안정을 위해서는 현재로서는 돈의 팽창을 억제하는 것이 무엇보다도 필요하다. 물론 이때 돈의 편재를 시정하는 것이 전제가 되는 것은 더 언급할 필요가 없다. 국제수지 개선을 위해서는 무엇보다도 수출확대에 주력해야 한다. 그렇다고 과거식의 수출 드라이브 정책의 재현을 말하는 것이 아님은 말할 나위도 없다. 각종 비리, 특히 대형비리의 척결에 있어서는 엄정성을 유지하면서 일벌백계주의로 나가야 한다. 그리고 의원윤리위원회의 설치와 같은 대책도 필요하지만 비리 없는 사회분위기를 조성하는 것이 더욱 필요한데 이 경우에도 집권층·사회지도층의 솔선수범이 전제가 됨은 두말할 필요도 없다.

그러면 특별한 의의를 갖는 과소비 대책은 무엇이어야 하는가. 물론 대책을 논할 때에는 정부의 솔직한 정책과 잘못에 대한 시인, 강력한 의지와 능력의 소유 등을 전제로 하고 있다. 우선 들뜬 분위기를 진정시켜야 한다. 그러기 위해서는 과소비의 주된 원인이 불로소득에 있는 이상, 이 불로소득을 철저히 규명하여 불로소득계층에 대해 중과세해야 할 것이다. 그런데 불로소득의 주원인이 부동산투기, 증권투기 등에 있으므로 이 말은 이들 투기자들에 대한 중과세를 의미한다고 해도 무방하다. 돈이 불로소득층에 편재되어 있는 것도 사실이므로 불로소득층에 대한 이런 조치는 돈의 편재를 시정하는 효과를 갖는다고 할 수 있다. 더욱이 돈의 편재는 그 자체로써 과소비를 조장시킬 것이므로 세제·금융상의 불이익을 주는 등, 이에 대한 별도조치를 취할 필요가 있다. 이때 불로소득의 규명을 위해서는 금융실명제가 전제가 되므로 그 제도적 실시가 반드시 필요하다. 그리고 들뜬 분위기를 진정시키기 위해서는 과열된 건설경기를 진정시켜야 한다.

또 건전한 소비생활을 하지 않고서는 버틸 수 없는 분위기를 조성해야 한다. 이때 집권층·사회지도층의 솔선수범이 전제가 됨은 말할 필요도 없다. 그런 의미에서 각종 대형 국내외 행사, 호화 외유(外遊) 등은 강력히 절제해야 한다. 다음으로 과소비의 진정을 위해서는 이른바 국제적 전시효과를 슬기롭게 방지하는 노력이 필요하다. 이 효과는 선진국 국민의 소비패턴을 모방하게 만드는 일종의 유혹이라고 할 수 있다. 우리보다 소득수준이 높은 사람들의 소비생활, 그것도 일부 특수층의 것을 따르다 보면 자연히 과소비가 될 수밖에 없지 않은가. 이 노력의 일환으로서는 매스컴의 보도 절제, 현명한 학교 교육 등을 들 수 있다. 그러나 이때 무엇보다도 중요한 것은 집권층·사회지도층의 솔선수범이라고 할 수 있다. 그리고 현재 수입개방 압력 아래 있으므로 말없이 조용하게 이번 노력을 진행시켜야 한다.

셋째로 과소비의 진정을 위해서는 국민소득(GNP)의 허구성을 분명히 할 필요가 있다. 사실 GNP는 그 구성(내용)을 은폐하고 있는 합계 개념이다. 지금 다음과 같은 세 가지 가정을 해보자. 75.0.0(Ⅰ):50.25.0(Ⅱ):25.25.25(Ⅲ). 분명히 구성에는 차이가 있지만 세 가지 경우 모두 합계치가 75이다. 그리고 75를 3으로 나눈 산술평균치는 25이다. GNP는 이 경우의 75와 같은 합계이고 1인당 GNP는 25와 같은 산술평균치라고 할 수 있다. (Ⅰ)의 경우 25는 전혀 존재하지 않는 것이다. 또 GNP의 성장 내지 증가는 반드시 소득의 공평한 분배를 보장하지 않는다. 또 (1) 21, (2) 29, (3) 41, (4) 56—ⓐ, (1) 20, (2) 26, (3) 36, (4) 47—ⓑ, (1) 19, (2) 20, (3) 25, (4) 32—ⓒ의 경우를 생각해보자

(여기서 (1), (2), (3), (4)는 1년도, 2년도, 3년도, 4년도를 나타낸다). 분명히 해마다 증가해서 ⓐ, ⓑ, ⓒ의 합계치는 1년도에는 60, 2년도에는 75, 3년도에는 102, 4년도에는 135로, 그리고 그 산술평균치는 1년도에는 20, 2년도에는 25, 3년도에는 34, 4년도에는 45로 증가하고 있다.

그러나 A와 C의 격차는 1년도에는 2, 2년도에는 9, 3년도에는 16, 4년도에는 24와 같이 커져가고 있음을 간과해서는 안 된다. GNP는 합계치에 해당하고 1인당 GNP는 산술평균치에 각각 해당하는 것이다. 사실 지배자에게 돌아가는 막대한 석유조광료 등으로 1인당 GNP가 매우 큰 중동 산유국의 경우처럼 국민은 매우 빈곤하면서도 GNP, 나아가 1인당 GNP가 증가하는 경우는 얼마든지 가능하다.

그렇다면 가령 1인당 GNP가 5천 달러라고 할 때 그것을 훨씬 웃도는 사람들은 자연히 선진국 국민으로 착각하여 주위를 아랑곳하지 않고 선진국 국민과 같은 소비생활을 하려고 할 것 아니겠는가.

물론 이 밖에도 과소비를 진정시키기 위해 필요한 일이 많다. 그러나 적어도 이상의 세 가지만으로도 과소비는 상당히 진정될 수 있지 않을까 하는 생각이 든다. 어떻든 하루속히 과소비가 진정되고 동시에 물가안정, 국제수지 개선, 대형비리의 척결이 이루어져 우리 경제·우리 사회 분위기가 안정을 찾고 또 1인당 GNP를 밑도는 사람들이 장래에 대한 희망을 가질 수 있었으면 한다.

《서울대학교동창회보》(1991. 11. 1)

한국경제의 위기와 기회

한국경제가 위기냐 아니냐 하는 논의는 이미 무의미하게 되었다. 현재 많은 사람들이 위기라는 데 공감을 표시하고 있기 때문이다. 그러나 위기로 보는 근거를 놓고서는 이견이 적지 않은 것 같다. 여기서는 그동안의 한국경제의 문제점들을 면밀히 검토한 결과를 토대로, 그 근거를 최소한으로 줄여서 ① 차입의존형 재벌의 비대화, ② 제조업의 조로현상, ③ 국민의 선진국병 등 세 가지에서 찾기로 한다.

공정거래위원회 자료에 따르면 30대 그룹의 매출액은 1993년에는 국내총생산의 38.1퍼센트, 1995년에는 40.7퍼센트를 차지하고 있다. 그리고 현대그룹 하나만 보더라도 1996년에는 매출액이 그해의 정부예산 85조 3천억 원에 가까운 80조 원이나 된다. 이를 통해 재벌이 비대해졌음을 알 수 있다.

그런데 이런 재벌의 국제경쟁력이 낮다는 것은 잘 알려진 사실이다. 그리고 그것이 특히 차입경영 체질에 기인한다는 것도 그러하다. 30대 그룹의 자기자본비율은 1996년에는 20.6퍼센트다. 이것은 제조업 전체의 비율인 24.0퍼센트보다 낮다. 그리고 당연한 결과이기는 하지만 30대 그룹 부채비율은 386.5퍼센트로 제조업 전체의 비율인 333.5퍼센트

보다 높다. 이 부채비율은 국제적으로 비교적 높은 편인 일본의 206.3
퍼센트보다 훨씬 높다.

제조업은 국민생산 기준으로 보나 노동력(취업자) 기준으로 보나
1988년을 정점으로 그 비중이 감소하고 있다. 제조업의 비중은 국민생
산 기준으로는 1988년 32.1, 1993년 27.0, 1994년 25.8퍼센트이다. 일
본의 경우 제조업의 비중은 국민생산 기준으로 1993년 26.8, 1994년
24.5퍼센트, 노동력 기준으로 1993년 23.7, 1994년 23.2퍼센트이다.

그리고 노동력 기준으로 하면 제조업의 비중이 1993년부터는 서비
스산업의 한 부문인 도·소매, 음식·숙박업보다 낮다. 1993년 제조업의
비중은 24.2퍼센트이고 도·소매, 음식·숙박업의 25.1퍼센트이다. 그리
고 1996년에는 각각 24.2와 27.1퍼센트이다. 이것은 1993년부터 도·소
매, 음식·숙박업 종사자가 제조업 종사자보다 많아지기 시작했으며 그
것도 그 차가 벌어지고 있음을 말해준다. 여기에서 제조업이 조로현상
을 나타내고 있음을 알 수 있다.

미국과 독일은 1978년에, 일본은 1984년에 각각 1인당 GNP 1만 달
러를 돌파했고, 한국은 1995년에 마침내 1만 달러를 돌파했다. 그리하
여 한국이 선진국이 된 것처럼 생각하는 사람들이 많아졌다. 그런데
1977~1978년과 1987~1988년 두 차례의 부동산투기와 증권투기를 통
해서 불로소득층이 상당히 늘었다. 또 매스컴을 통해서 혹은 직접 해
외관광을 통해서 선진국의 문물에 접할 수 있는 기회도 많아졌다.

이런 것들이 선진국병을 만들었다고 볼 수 있다. 이 선진국병은 사
치, 과소비 등의 조장을 통해서 수입을 촉진하고 사회를 들뜨게 하는
등 많은 문제점을 낳았다.

최소한 이 세 가지의 해결이 곧 위기극복이 된다. 따라서 차입의존
형 재벌 비대화 방지, 제조업 조로현상 방지, 선진국병 퇴치를 위해서

노력할 필요가 있다.

차입의존형 재벌 비대화 방지를 위해서는 우선 증권시장의 정상화가 필요할 것이다. 이 증권시장의 정상화를 위해서는 정부의 일관된 증시정책, 투기억제 등이 요청된다. 증권시장이 안정되어 있는 경우에는 상대적으로 자기자본비율이 낮고 부채비율이 높은 재벌이 직접금융의 형태로 필요한 자본을 조달할 수 있을 것이다.

그리고 비대화 방지를 위해서는 금융자율화 등도 필요할 것이다. 금융자율화는 주로 한국은행의 독립과 금융기관의 인사권의 독립을 내용으로 하므로 금융자율화 아래서는 재벌은 대출의 제한을 받게 될 것이다.

다음으로 실질적인 기업공개와 주식분산이 이루어지도록 할 필요가 있을 것이다. 여기서 '실질적'이란 단순히 공개 및 분산의 양적 또는 형식적인 요건의 충족뿐만 아니라 질적 또는 실제 내용으로 보아도 요건이 갖추어지는 것을 의미한다. 따라서 실질적으로 기업공개와 주식분산이 이루어질 때 비로소 진정한 소유와 경영의 분리가 이루어질 수 있고, 또 나아가서 기업의 민주적 관리(기업민주주의)가 가능하게 될 것이다.

그리고 독과점법의 강화와 공정거래위원회의 기능 강화가 필요할 것이다. 또 견제세력 또는 압력단체로서의 민주적인 노동조합과 소비자 조직의 강화가 필요할 것이다. 더 나아가 중소기업의 육성 또는 강화도 필요하다. 이것도 따지고 보면 견제세력이 될 수 있기 때문이다.

제조업의 조로현상 방지를 위해서는 수출촉진이 무엇보다 필요하다. 수출의 주력산업은 제조업이므로 기술개발과 고부가가치화를 통해서 이른바 수출상품의 샌드위치 상황을 타파함으로써 제조업의 수출을 증진시키도록 해야 할 것이다. 샌드위치 상황이란 한국 상품이 고급시장에서는 선진국 상품에, 중저가시장에서는 중국 등 후발 저개발국 상품에 밀리는 현상을 말한다. 한국 상품의 대미·대일·대EU 시장점유율이 낮아지는 것이나 이들 시장에 대한 무역적자가 커지는 것이 샌드위치 상황을 반영해 준다고 보면 된다.

또 수출에 필요한 소재·부품의 국산화를 적극적으로 추진하도록 해야 할 것이다. 즉 수출이 수입을 유발하는 이른바 수출의 수입유발구조를 개선할 필요가 있다. 국내에서 수출에 필요한 소재·부품의 국산화가 제조업을 활성화시킬 것은 말할 나위도 없다. 이때 중소기업을 참여시키도록 하면 중소기업 활성화에도 도움이 될 것이다.

UN자료에 따르면 1980~1990년 평균으로 볼 때 제조업의 비중은 한국이 국민생산 기준으로 29.8퍼센트, 노동력 기준으로 24.2퍼센트인데 비해서 일본은 29.0, 27.22퍼센트, 독일은 31.4, 34.7퍼센트이다. 이것 또한 한국 제조업의 조로현상을 잘 보여주는 것이라고 할 수 있는데, 한국도 독일이나 일본처럼 '제조업론'을 고수해야 한다. 결코 미국의 '서비스 산업론'을 본받아서는 안 될 것이다.

신문보도에 따르면 일본에서는 1996년 회계연도에 제조업이 산업계를 주도했다고 한다. 771개 기업(금융업 제외) 중에서 비제조업 기업이 2.6퍼센트의 이익을 낸 데 비해서 제조업 기업은 무려 21퍼센트의 이익을 올렸다고 한다.

선진국병의 타파를 위해서는 우선 GNP 미신의 타파가 필요할 것이다. 1인당 GNP가 1만 달러를 넘어섰다고 해서 한국을 마치 서방 선진국인 것처럼 생각하는 것은 옳지 않다. 1인당 GNP 1만 달러는 환율의 변동에 따라서 그 이하로 될 수도 있다. 따라서 한국이 1인당 GNP 1만 달러를 넘어섰다고 해서 결코 들뜰 일은 못 된다고 할 수 있다.

다음에 건전한 사회기풍의 확립이 필요할 것이다. 이때 사회지도층의 솔선수범이 전제가 됨은 말할 나위도 없다. 그리고 견제세력으로서의 시민조직의 활동도 기대해 볼 만하다. 또 각종 투기억제도 필요할 것이다.

어떻든 한국경제의 위기극복 여하는 적어도 위기의 근거로 본 세 가지의 해결 여하에 달려 있다고 보아야 할 것이다. 이 세 가지를 슬기롭게 대처해서 잘 해결해 나가기만 하면 한국경제의 앞날은 밝다고 아니할 수 없다. 지나친 낙관도 지나친 비관도 금물이다. 기회는 얼마든지 있다. 냉정을 잃지 않고 위기를, 한국경제를 한 단계 높이는 계기로 삼아야 할 것이다.

《경제를 되새기며》(1997. 10)

한국경제 무엇이 문제인가?[*]

안녕하세요. 이런 자리에 불러주셔서 감사합니다.

최근의 경제 위기 상황과 맞물려서 일반의 관심이 국제통화기금 (IMF)[1]과 정부 사이의 합의에 많이 쏠려 있을 줄 압니다. 오늘은 그와 관련해 우리 한국경제의 문제점이 무엇인지 논의해보는 자리로 준비해보았습니다. 우선 시작은 아무래도 최근 정부와 IMF의 합의 내용부터 시작해봐야 할 듯합니다.

정부와 IMF 사이의 합의는 얼른 파악이 되지 않을 수 있겠지만 그 저변에 깔려있는 것이 무엇인지 살펴보기 위해서는 먼저 미셸 캉드쉬 (Michel Camdessus) IMF 총재의 말을 통해 찾아볼 수 있습니다. 이 가

---

* 새얼문화재단이 1997년 12월 9일에 개최한 제139회 아침대화에서 강연한 내용임.
1) 국제통화기금(國際通貨基金, International Monetary Fund): 세계무역 안정을 목적으로 설립한 국제금융기구로 1944년 체결된 브레턴우즈협정에 따라 1945년에 설립되었다. IBRD(International Bank for Reconstruction and Development: 세계은행)와 함께 1947년 3월부터 업무를 개시한 국제금융기구다. 이 두 기구를 총칭하여 브레턴우즈기구라고도 하며, 약칭은 IMF(International monetary Fund: 국제통화기금)이다. 2004년 현재 가맹국은 184개국이며, 본부는 미국 워싱턴에 있다. 총회·이사회·사무국과 그 밖에 20개국 재무장관위원회, 잠정위원회, 개발위원회 등이 있다.

운데 여러분이 유의해서 보아야 할 것 하나는, 제가 직접 본문을 본 것이 아니라 저 역시 우리나라 언론에 보도된 것만을 보았기 때문에 정확하게 이것이라고는 말하지 못해도 대략적인 윤곽은 잡을 수 있을 듯합니다. 그 가운데 하나는 우리가 멕시코와 다른 점은, 한국의 경우 변화와 위기의 차원을 넘어 근본적인 문제를 치료할 필요가 있다는 겁니다. 이는 곧 재벌에 바탕을 둔 한국의 경제체제, 국가와 은행, 기업 간의 유착, 시장의 폐쇄성 등을 개혁하는 것이라고 캉드쉬 총재는 말했습니다. 결과적으로 보면 이것은 캉드쉬 총재가 IMF 쪽에서 바라본 한국경제의 문제가 무엇인가를 단적으로 표현한 것이라고 볼 수 있습니다.

한국경제의 첫 번째 위기,
재벌에 지나치게 의존하는 경제

사전에 밝혀드릴 것은 제가 여기서 말씀 드리는 것은 저 자신은 재벌에 대해 전적으로 나쁘게 보고 있는 것은 아니란 겁니다. 문제는 IMF 쪽에서 한국경제를 바라볼 때 가장 큰 문제점이 여기에 있기 때문에 그것을 먼저 해결해야겠다는 것입니다. 이와 같은 관점에서 보자면 IMF의 관점과 저의 생각은 결국 비슷합니다. 한국경제의 첫 번째 문제점은 비대해진, 차익금에 의존하는, 다시 말해 타인자본에 의존하는 재벌입니다. 미국의 세계적인 경제학자 폴 새뮤얼슨[2]이라는 사람

---

2) 새뮤얼슨(P. A. Samuelson): MIT 경영학과 대학원의 창립자인 폴 새뮤얼슨은 시카고 대학교와 하버드 대학교에서 교육받았다. 미국인으로서는 처음으로 경제학 분야에서 노벨상을 수상했다(1970년). 존 F. 케네디의 경제보좌관을 지냈으며, 연방준비은행, 미국무성 그리고 많은 사설 및 비영리기구에 학술적인 조언을 해주고 있다.

이 있는데, 이 사람이 《서울경제신문》에 기고한 것을 보면 한국경제의 문제가 무엇인지를 이야기한 것 중 재벌문제가 역시 들어가 있습니다. 이 밖에도 많은 경제학자들이 재벌문제에 대해 그동안 언급해 왔습니다. 재벌이 한국경제에 이바지해 온 부분을 인정하더라도 현재 한국경제에 재벌문제는 어떻게든 처리해야 할 문제라고 할 수 있습니다.

정부와 IMF의 합의 내용을 보면 기업의 지배구조라는 말이 나옵니다. 지배구조란 말은 다시 말해 기업의 소유구조라고 볼 수 있는데, 이 부분이 합의 항목에 들어 있으며 매우 자세한 사안들을 조목조목 요구하고 있습니다. 따라서 제가 볼 땐 우선적으로 재벌의 지배구조, 소유구조가 문제를 일으켰다고 보셔야 한다는 겁니다. 그러니까 지금의 경제위기를 외환위기다, 외환위기가 뭐냐, 외환이 부족해서 발생한 문제라고 간단히 생각하지 마시고, 무엇 때문에 IMF 관리에 들어서게 되었나, 그 한 꺼풀을 벗겨보시면 이와 같은 문제가 도사리고 있었다고 생각해 주셨으면 합니다. 결국 이번에 여러분도 아시다시피 210억 달러를 긴급하게 공급받게 되었죠. 3년 만기 상환으로 공급받게 되었는데, 이자는 연 4.25~5퍼센트 정도라고 보시면 되겠습니다. 지금 제가 말하고자 하는 것이 무엇이냐 하면 55억 달러 가져왔지요, 경제 수석부총재의 이야기에 의하면 왜 새 대통령후보에게 이걸 받았냐 하니까 210억 달러 가운데 한 달 사이에 110억 달러가 들어오게 되어 있다, 그렇기 때문에 결과적으로 그렇게 할 수밖에 없지 않느냐고 이야기를 했습니다.

결국 금년 안에 1백억이 들어올지 90억이 들어올지는 모르겠으나 110억 달러를 우선 한 달 사이에 공급하기로 되어있습니다. 그런데 공급하기로 한 금액 중에서 52억 달러가 들어왔죠? IMF 이사회가 끝나면서 지난 6일인가 그럴 겁니다. 그런데 이번에 내려오면서 라디오를 들으니 바로 3억 달러가 더 들어왔다는 거죠. 그래서 모두 55억 달러가 들어왔습니다. 그러면 나머지 55억 달러가 더 들어와야겠죠. 지금 제가 말씀드리고자하는 것이 무엇이냐 하면 이렇게 들어오는 돈이 무슨 역할을 하는 것이냐는 겁니다. 앞으로도 210억 달러가 더 들어오겠지만 그 210억 달러란 돈은 우리가 이자를 갚아야 하는 것입니다. 2001년부터 2002년 두 해에 걸쳐서 원금을 갚아야 합니다. IMF에서 210억 달러를 구제 금융에서 준 걸로 하고, 그에 맞춰서 국제부흥개발은행(IBRD)[3]이라고 있습니다. 흔히 IBRD라고 줄여서 부르고, 흔히 월드뱅크, 세계은행이라고도 합니다. 이것은 후진국을 위한 은행인데 거기서 1백억 달러, 그리고 필리핀 마닐라에 본부가 있는 아시아개발은행(ADB)[4]에서 40억 달러, 이것을 합쳐서 350억 달러가 되었습니다.

---

3) IBRD(International Bank for Reconstruction and Development): 국제연합(UN) 산하의 국제 금융기관.. 국제부흥개발은행의 약칭으로 세계은행(World Bank) 이라고도 한다. 1944년 브레턴우즈협정(Bretton Woods Agreement)에 따라 국제연합의 전문기관으로서 제2차 세계대전 후 각국의 전쟁피해 복구와 개발을 위해 1946년에 설립되었다. IBRD를 비롯해 IBRD의 융자대상이 안 되는 개발계획에 대해 조건이 완화된 융자를 해주는 IDA(International Development Association: 국제개발협회)와 개발도상국의 민간기업을 융자대상으로 하는 IFC(International Finance Corporation: 국제금융공사), MIGA(Multilateral Investment Guarantee Agency: 다국간 투자보장기구) 등을 합하여 세계은행그룹 이라고 부르고 있다.

4) 아시아개발은행(Asian Development Bank): 아시아 지역의 경제성장과 경제협력을 증진하고, 지역 내 개발도상국의 경제개발을 촉진하기 위하여 설립되었다. 1963년 아시아극동 경제위원회(ECAFE: 아시아태평양경제사회위원회의 전신) 각료회의에서 구상이 제안, 1965년 12월 필리핀의 마닐라에서 설립 협정에 조인, 1966년 12월 활동을 개시하였다. 주요활동은 모든 회원국에 대한 대출, 기술원조, 실태 조사, 특정 프로젝트에 대한 융자 등이며, 1990년 후반에 이르러 석유 위기에 의한 회원국의 무역수지 악화를 줄이기 위한 긴급융자가 늘어가고 있다. 활동에 필요한 비용의 재원은 일반재원으로는 자본금 및 차입금이 있다. 차입금은 아시아개발은행채의 발행에 의하여 이루어진다. 그 밖에 다목적 특별기금, 기술원조 특별기금 및 1974년 6월에 발족한 아시아개발기금 (Asian Development Fund: ADF)의 3가지 특별기금이 있다. 1999년 현재 한국

IBRD와 ADB에서 공급하게 되어 있는 것은 대체로 IMF에서 공급해 주는 조건과 비슷할 겁니다. 그 밖에 2백억 달러가 더 와서 550억 달러가 될 것이라고 얘기하는데, 그 2백억 달러는 일본이 1백억 달러, 미국이 50억 달러 나머지 영국, 독일, 프랑스, 호주 등의 5개국이 나머지를 해서 2백억 달러가 되나요?

말하자면 그 2백억 달러는 전에 말씀드린 350억 달러 있잖습니까? IMF에서 210억 달러, IBRD에서 1백억 달러, ADB에서 40억 달러 해서 350억 달러 가지고 문제가 해결되면, 또 해결될 전망이 있다면 미국이나 일본에서 2백억 달러를 더 안 가져와도 되는 것이죠. 그러나 지금의 우리 상황으로 봐서는 그것도 빌려와야 될 것 같습니다. 그런데 그 조건이 IMF에서 정해주는 조건과는 달라지고, 또 각국의 이해관계가 얽혀있기 때문에 지금 현재로서는 여러 가지 협상을 해야만 해결이 될 것 같습니다. 어쨌든 이 210억 달러가 앞으로 무슨 역할을 하느냐 하는 것은 결국은 지금 우리가 외환위기 상태인데 이런 상황을 기본적으론 해결해 줄 수는 없습니다. 55억 달러부터 시작해서 대외적으로 일단 IMF, IBRD, ADB가 또 일본, 미국, 그 밖의 선진국에서 돈을 대준다고 하니까 일단은 안심하고, 그 다음 돈을 한국으로 또 얼마든지 제공해 주지 않겠느냐 그래서 우리가 결과적으로 IMF에서 벗어날 수 있지 않겠느냐 여러분이 생각하실 수도 있겠다고 생각합니다.

을 비롯한 역내 41개국, 역외 16개국이 참가하고 있다.

한국경제의 두 번째 위기,
선진국과 후진국 사이의 샌드위치 구조

두 번째 한국경제의 위기로 생각했던 것이 무엇이냐 하면 우리의 수출 주력 상품이 샌드위치와 같은 위치에 있다는 겁니다. 일본, 미국 등 선진국 제품에는 밀리고, 다시 말해 품질경쟁력에서는 선진국에 뒤지고, 가격경쟁력에서는 따라오는 중국이나 다른 후발국에까지도 밀리게 될 위협에 놓여 있고, 부분적으론 실제로 밀리고 있는 상황 속에 샌드위치처럼 끼어 있습니다. 바로 이것이 현재 우리가 처해있는 수출 증대의 한계를 말해주는 것입니다. 수출을 늘리기 위해 환율을 인상하고, 다시 말해 우리 돈의 가치가 다소 떨어진다손 치더라도 이런 기본적인 문제가 있기 때문에 이런 문제를 해결하는 방향으로 가야 된다는 겁니다. 그러면서 동시에 부품이나 원자재 같은 것을 외국에서 수입해서 특히 전자공업, 기계공업의 부품들은 일본에서 수입해 오는 게 많은데 그것은 수출을 늘리는 것이 곧 수입을 늘리는 것이기도 합니다. 이것은 보통 말하길 '수입유발적' 수출이라고 합니다. 우리나라의 수출산업이 이런 형태의 것입니다.

결과적으로 봐서 샌드위치 꼴인 데다가 또 수출을 늘리려고 하면 수입도 늘고 상품 수출과 수입의 차이가 있겠지요. 이것이 무역수지인데 이런 방식은 무역수지 개선에 근본적으로 굉장히 어려움이 있다고 해야겠지요. 하지만 그런 문제가 있더라도 수출은 해야겠지요. 사실 또 하나 문제가 과소비인데 과소비를 낳은 것이 무엇이냐. 우선 쓸 수 있는 돈이 있으니까 쓰는 것으로, 우선 그렇게 보이는 것이죠? 하지만 그 쓸 수 있는 돈을 피땀 흘려서 자기 노력으로 벌었다면 그렇게 낭비를 하지는 않을 겁니다. 여러분도 아시다시피 지난 1977년, 78년, 87

년, 88년 이런 시기마다 부동산 투기와 증권 투기가 있었습니다. 그때 투기를 통해 많은 소득을 올린 사람들이 있지요. 그러니까 결과적으로 봐선 그런 사람들이 외국에 나가서 많은 돈을 쓰고 외국 제품을 사고 이런 사람들이 있잖습니까? 그것이 무엇인가 하면 결과적으로 불건전한 불로소득의 영향이 과소비를 부추겼고, 그것의 대부분이 아마 지하자금의 형식으로 되어 있지 않을까 이렇게 보는 겁니다. 그러니까 거기에 소득 1만 달러다, 1만 달러의 소득을 가졌다 머지않아서 2만 달러가 된다. 또 우리는 얼마 안 있어 OECD[5]에 가입했고, 선진국이라고 해서 우리로서는 아직까지 갖출 것을 다 갖추지 못한 상태에서 그야말로 마치 선진국 사람이 된 것처럼 그런 착각에 빠지지 않았었나 생각해보게 됩니다.

저는 이것을 선진국 착각병, 착각증세라고 부르고 싶습니다. 다시 말씀드려 한국경제의 첫 번째 문제는 비대해진 재벌이었고, 두 번째는 수출상품, 수출산업이 처한 샌드위치적 상황, 수입유발적 수출구조, 세 번째가 선진국 착각병 그리고 불건전 불로소득이라고 진단하고 있습니다. 그런데 그 바로, 두 번째, 세 번째가 합쳐져서 현재의 경제위기를 만들어낸 것이라고 할 수 있죠. 이런 것들이 무역수지를 개선하는데 매우 큰 어려움을 줍니다. 그 다음에 또 무역외수지라는 것이 있습

---

5) OECD(經濟協力開發機構, Organization for Economic Cooperation and Development): 경제협력개발기구라고도 한다. 제2차 세계대전 뒤 유럽은 미국의 유럽부흥계획(마셜플랜)을 수용하기 위해 1948년 4월 16개 서유럽 국가를 회원으로 유럽경제협력기구(OEEC)를 발족하였고, 1950년에는 미국·캐나다를 준회원국으로 받아들였다. 1960년 12월 OEEC의 18개 회원국과 미국·캐나다 등 20개국 각료와 당시 유럽공동체(EEC: 유럽경제공동체), 유럽석탄철강공동체(ECSC), 유럽원자력공동체(EURATOM)의 대표가 모여 경제협력개발기구 조약(OECD조약)에 서명함으로써 OECD가 탄생하였다. 한국은 1996년 12월 회원으로 가입하였다. 본부는 프랑스 파리에 있다.

니다. 그런데 또 그 무역외수지에 어려움을 주는 것이 세 번째입니다. 어려움을 주는 것이 있으니까 그것을 치료해가면서 수출도 늘리고 수입도 줄이면서 가야 한다. 그렇게 어려움이 있음에도 불구하고 갚아줘야 할 210억 달러라는 것은 그냥 준 것이 아니고 이자를 붙여가고 그 다음은 서비스 비용까지 포함시켜서 대게 43~45억 달러 정도를 더 붙여 줘야 하는 겁니다. 그래서 그것을 갚아 줘야 한다, 2001부터 2002년에 걸쳐서 2년 동안에 걸쳐서 그렇지 않습니까? 그렇게 되어 있어요. 갚아야 될 돈이 그만큼 생겼죠. 또 앞으로 2백억 달러 생기죠. 앞으로 얼마나 생길지 모르죠. 그러니까 더욱이 무역수지와 무역외수지 있잖습니까? 그것을 합친 것이 경상수진데 그것을 지금은 적자폭이 크지만 그 적자폭을 줄여가면서 결국은 흑자로 전환해 가야 된다. 그래야 결국은 IMF에서 빌려온 것에서부터 시작해서 구제금융 형식으로 된 것들을 갚을 수도 있고, 거기다가 정확한 것은 말씀 못 드리지만 9월 말 현재 1천2백억 달러 정도의 부채가 있는 것 같습니다, 외채 총액이. 그리고 그 가운데 단기외채라는 것이 1년 미만이죠. 660억 달러 정도 되는 것 같습니다.

그런데 여러분들이 협의 내용을 보시면 알겠지만 IMF 쪽에서 마지막 부분에 가서 정보공개라는 것을 내세우고 있습니다. 모든 것을 공개해라. 매분기별로 매월별로. 정보공개가 덜 되었다는 것의 표현 중 하나가 현지금융이라고 쓰인 것들. 기업하시는 분들은 잘 아실 것입니다. 현지금융이라는 것이 있는데 그것은 각 해외에 나가 있는 은행지점이라든가 기업들이 말이죠. 현지에서 차입한 것들이죠. 그것이 9월 말 현재 520억 달러 정도 되는 것 같습니다. 그러면 1년 미만짜리가 어떤 기업이 물든 갚든, 결국은 합쳐서 보니까 660억 달러+550억 달러 때면 대체적으로 보면 외채잔액과 같아진다. 1년 동안 갚아주어야 할 것이. 그러면 1년이라고 해도 매달 얼마씩 갚아주어야 하면 1백억 달러를 갚아야 한다. 그것도 갚아주려고 하면 국제수지를 대폭으로 개선해야 되지 않겠습니까? 국제수지를 개선하는 데 결정적 역할을 하는 것이 앞에서 말씀드렸다시피 정품 수출을 늘리고 그 다음 수입을 줄이는 것이다. 그 다음 늘리는 것이 건설업이 대대적으로 정말 큰 역할을 해 주어야 하겠습니다. 그리고 해운업이 큰 역할을 해 주어야 하겠습니다. 그리고 관광업이 큰 역할을 해야 하겠습니다. 그래서 결국은 무역수지의 흑자가 커지도록 해서 두 개가 합쳐져서 벌어들인 외화로 갚아가야 하는 절박한 사정에 놓여 있습니다. 여러분들은 이런 것들을 감안하면서 일단은 IMF 관리 아래 있는 한국경제를 봐줬으면 합니다. 그만큼 매우 절실, 절박한 상황에 놓여있습니다.

다시 돌아가서 부도가 나고 IMF 쪽에서 보면 금융 분야 구조조정해야 되고 그 다음 무역자유·자본자유화도 해야 하고, 그 밖에 노동시장 개혁을 해야 합니다. 물론 재벌 얘기도 했습니다만 주요하게 다뤄져 있는 것이 기업지배구조 및 기업구조, 이런 것 모두 조정·개선하라고 되어 있다. 바로 이렇게 되어 있어요. 그러니까 자연히 금융부문 구조조정인데 이건 부실은행 있잖습니까? 금융기관을 조사해야 되거든요. 그러니까 결과적으로 봐서 감원, 해고 그 밖에 실업이 중요하게 되어있죠. 재정 긴축을 정부에게 요구하고 있거든요. 결과적으로 지출은 줄이고 세수는 늘리는 방향으로 해야 하지 않겠습니까? 결과적으로 세금을 올려야 될 것 같습니다. 그 밖에 공공경비도 올려야 될 것 같습니다. 결과적으로 다들 걱정하다시피 많은 실직자가 생기겠습니다. 어제 통계청 발표에 따르면 금년이 아니라 새해가 되면 실업자 숫자가 한 2~30만이 늘지 않겠느냐고 하던데 거기에 잠재 실업이라고 있지요. 이것까지 합쳐서 30만이라고 하면 전체 실업자 숫자가 120만 정도 되지 않겠나, 이런 얘기를 하고 있습니다. 심각한 얘기들이죠. 그러니까 우리가 알고 있는 실업증가, 고실업이 자연히 발생될 수밖에 없고, 또한 물가는 올라갈 수밖에 없고, 그 다음으로 금리가 뛰는데 금리가 왜 뛸까? 도리어 금리는 낮춰야 될 것 같은데 그런데 역시 단기적으론 고금리현상이 지속될 수밖에 없을 것 같습니다. 왜냐하면 외국돈이 들어와야 하거든요. 그러면 외국돈이 어떻게 하면 들어오느냐.

첫째는 IMF 구제금융이 들어오고, 그 밖의 것이 들어오기 시작하니까 일단은 돈을 꿔줘도 되겠습니다. 혹은 돈을 가지고 들어와도 되겠다 하는 생각을 하게 했지만 역시 유치하는 것이 있어야 하겠습니다. 그 중 하나가 일단은 대외 신임도를 올리는 것과 더불어 당분간은 금리를 높게 할 수밖에는 없을 것 같습니다. 그렇게 되면 기업은 점점 더 어려워지고 중소기업은 한계에 도달하여 도산할지 모르겠지만 미끼를 던져줘서 외국기업들이 들어오도록 하는데, 아마 들어오기 시작해서 정상화가 되기 시작하면 금리는 내려가지 않겠나, 정상화되지 않겠나, 부작용으로 환율이 일단 올라가겠죠. 하지만 환율이 이런 역할을 하죠. 수출을 늘리는 데 필요하죠. 제가 말씀드리는 것은 수출하고 수입하고 별로 밀접한 관계를 갖고 있지 않다면, 환율을 올리면 그야말로 수출을 촉진시키는 역할을 해서 결과적으로 수입의 확대를 가져오지만 그와 더불어 수입도 올리기 때문에 결과적으론 환율을 올린 것이 수입증가를 통해서 물가를 또 올리는 역할을 하게 되고 또 이렇게 되어 있지 않습니까? 그래서 일단은 문제는 있지만 그래도 지금으로 봐서는 환율이 왜 뛸까 하는 것은 외화공급이 부족한 상태이기 때문에 그렇지 않습니까? 이것이 단기로 1년으로 볼 것인지는 사람마다 보는 차이가 있겠지만 일단 뛸 수밖에 없고 뛰는 것이 점차 정상화하는 방향으로 앞으로 가지 않겠나, 이렇게 생각하고, 그 다음에 주가라고 하는 것은 볼 때 불안하죠. 어떻게 될지 모르죠. 그러나 외국돈이 들어오고 나서 핫머니가 아닌 한, 아주 악성 돈이 아닌 한 그야말로 들어오기 시작하면 일단은 주가 하락도 어느 정도 안정적이지 않겠나. 다시 말하면 앞으로 단기적으로 1년 정도 보고 주가가 불안한 상태로 오르내리지 않겠나, 이렇게 볼 수 있겠습니다.

결과적으로 우리가 해결해야 할 것이 많죠. 그런데 어떻게 해야 할 것인가 하는 것이 앞으로 가야 할 길인데 다시 한 번 강조해 드리고 싶은 것은 IMF하고 약속을 합의하지 않았습니까? 그런데 우리한테는 성장률이 IMF 쪽에선 2.5퍼센트다, 우리 쪽에선 4퍼센트다. 그래서 나중에 합의된 것이 3퍼센트 내외다. 그런데 IMF 쪽에서 발표하기는 성장률이 2.5퍼센트다, 아니다를 생각할 필요 없습니다. 한번 잘 뜯어보면 결국은 요구하는 것을 하다 보면 긴축도 하게 되니까 결국은 2.5~3퍼센트 안팎이 되지 않겠는가 하는 하나의 전망입니다. 그러니까 꼭 2.5~3퍼센트 안팎을 지키라는 것이 아니다. 대개 자기들이 전망해 보면, 자기들이 제시한 것을 평소 사후적으로 보면 내년에 2.5~3퍼센트 안팎이 되지 않겠나, 이런 것입니다. 그것은 별로 신경 쓰지 않아도 되고, 다만 저쪽에서 강하게 요구하고 있는 것은 아까 첨에 말씀드린 두 가지죠. 재벌에 대한 것과 국제수지 개선이죠. 국제수지 개선은 저쪽에서 요구하지 않아도 우리가 해가야 할 것입니다. 그런데 거기에 무엇이라고 돼 있는가 하면 내년하고 내후년 두 해에 걸쳐서 GDP 국민총생산에 1퍼센트 이내 유지되게 되어 있습니다. 그게 어느 정도 되느냐 하면 대개 50억 달러가 되죠. 그러니까 경상수지 적자가 50억 달러가 넘어선 안 되고 그 이내가 되도록 그 이하가 되도록 계속해서 노력해야 하는 것입니다. 2년 동안에. 그것이 강한 겁니다. 따라서 그 두 가지가 강하게 요구되고 있고, 그에 따라 정보공개도 요구되어 있습니다. 그러니까 저쪽의 요구를 잘 읽어가지고, 거기에 맞춰서 앞으로 정부가 잘 대처해 가야 한다고 생각합니다.

이런 얘기, 저런 얘기를 할 때 가장 중요한 것은 대처를 위해서 필요한 대책을 마련하는 주체가 아니겠는가. 그 주체가 누구냐, 그건 정부다, 바로 그 정부가 신뢰를 빨리 회복해야 하겠습니다. 그런데 얼마 있지 않아서 새로운 대통령이 선출될 것 같습니다. 어느 당에서 선출될지는 모르지만 지금의 정부로는 안 됩니다. 결국은 새로운 대통령이 선출되면 새로운 대통령은 우선 국민들의 신뢰를 회복하기 위해 노력해야 합니다. 그런 의미에서 저는 어떻게 생각하느냐 하면, 기회가 있긴 있는데 그 기회를 만약 놓친다고 한다면 정부가 신뢰를 못 받게 되니까, 따라서 정부가 하는 일을 국민들이 믿어 주지 않습니다. 그러면 또 외국에서 봐서도 저 정부 가지고는 안 되겠다, 이렇게 되기 시작하면 바로 어려운 문제를 해결하는 데 있어서 그야말로 결정적인 역할을 할 주체가 아예 문제가 생기지 않느냐, 그렇게 되면 결과적으로 2, 3년 우리가 참고 자시고 하겠는데 바로 그 효과가 나타날 것인가 하는 의심이 갈 수밖에 없습니다. 제가 볼 때 얘기가 달라진 것 같지만, 일단 대통령 후보들이 표를 얻기 위해 공약을 하는데 그런데 그 공약이라는 것은 임기 5년 안에는 다 안 되는 겁니다. 제가 볼 때 이상적인 얘기인지 몰라도 대통령이 선출되면 2, 3개월 사이 공약 가운데 검토를 해서 자기 임기 중에 꼭 해야겠다는 것만 추려 취임하는 날, 머리 숙여 국민들한테 절을 하는 겁니다. 죄송합니다. 대통령이 되기 위해서 이것저것 공약을 했는데 제가 임기 중에는 요것만 가지고 열심히 뛰겠습니다. 잘 봐주십시오. 여기부터 시작해야 한다는 것입니다.

두 번째는 무엇이냐면 장관들 있죠? 장관들은 인사 청문회를 통해서 철저히 가려 국민들이 저 정도 사람이면 괜찮다 하는 사람을 선택해야 한다. 그 다음 공무원 제도라는 것을 확립시켜서 다시 말해 장관이 누가 되도 국장이면 국장이 소신대로 하고 국장이 안 된다고 하면 장관이 결국은 안 된다는 식으로 공무원 시스템을 만들어 가야 합니다. 일본 같은 공무원 제도가 확립되어야 합니다. 왜냐하면 총리가 부재중에 있었을 때 자민당은 뭐하고 이렇게 저렇게 하는 동안에 누구로 할 것인지 이것이 잘 안 되어가지고, 아마 4, 5일 동안 총리가 없었던 때가 있는 걸로 알고 있습니다. 그러면 큰일 나는 것이죠. 그래도 일본은 그대로 가지 않습니까? 왜 그러냐 하면 공무원 제도가 확립되었기 때문이다. 다시 말해 소신대로 할 수 있었기 때문입니다. 국장이 책임을 가지고 할 수 있는 것 그런 거 아니겠습니까? 그런 식으로 해서 일반 국민들 생각에 공무원들도 소신대로 하고 믿을 수 있는 사람들이 장관이 되고 우리를 믿게끔 하는 그러한 노력을 하기 때문에 신뢰감이 갈 수도 있지 않겠느냐. 그런 것부터 시작해서 일단은 신뢰를 회복해줬으면 좋겠습니다. 신뢰를 회복된 정부가 하나하나 해 나가야 하는데. 우선 외국으로부터 단기적으로 돈이 들어와야 하고 해외외교 노력도 해서, 실질적인 유인책을 써서 돈이 들어오도록 해야 합니다.

대개 그런 일부터 시작하고 사회계약을 체결해 줬으면 좋겠습니다. 그게 무슨 말이냐 하면 노사정 그러니까 국민, 정부, 그 다음에 기업 있잖습니까? 소비자, 기업 그 다음에 정부 삼자가 정부 주도하에서 하나의 합의를 이끌어내서 그것을 사회계약으로 삼아서 결국은 어려움을 극복해 나가지 않겠느냐. 그런데 그때 결과적으로 봐서 실업자가 생기고, 노동시장의 유연성이라고 있는데 이것은 감원을 마음대로 할 수 있다는 것이다. 그로 인해 실직자가 많이 생긴다는 얘기도 될 수 있고 걱정을 할 수밖에 없습니다. 그런 것이 왜 필요하다는 것인지, 그 다음 감원을 가능하면 안 하거나 적게 하는 방향으로, 기업과 정부가 노력하는 모습을 보여주고, 어떤 정책과 시책을 취할 것인지를 보여주면서 납득시키고, 결과적으로 봐선 노동자도, 소비자도, 기업도, 그 다음에 정부도 모두 2년이면, 2년 동안 그런 합의에 맞춰서 실천해 나가야 됩니다. 가능한 한 실직자, 해직된 사람, 실업자에게는 최소한의 사회적 안전망을 구축해줘야 합니다. 그러기 위해선 여러분들도 아시는 경제학자 J. M. 케인스[6]의 주장을 받아서 성공했다고 보아야 할지는 모르지만 F. D. 루스벨트[7]라는 사람이 대통령 당선 되어가지고 뉴딜

------

6) 케인스(Keynes, John Maynard, 1883. 6. 5~1946. 4. 21): 영국의 경제학자. 1911~1945년 영국의 대표적 경제잡지 《이코노믹 저널》(*Economic Journal*)의 편집자로 있으면서, 제1차 세계대전 후 파리강화회의에 재무성 수서대표가 되기도 하였으나, 연합국의 다른 대표들과 의견이 맞지 않아 사퇴하였다. 케인스는 경제학자로서뿐만 아니라, 여러 방면에서 많은 활약을 하였으며, 정치적 영역에서도 장기간에 걸쳐 광범위한 활동을 하였다. 철학·고전·사상(思想) 및 수학에도 조예가 깊었다. 경제학에 관한 초기의 관심은 주로 화폐와 외환문제에 있었으나, 제1차 세계대전 후부터는 자본주의사회에 있어서의 고용 및 생산수준을 결정하는 요인에 관하여 종래의 경제이론을 재검토하게 되었다. 그 결과 대표적 저서인 《고용·이자 및 화폐의 일반이론》(*The General Theory of Employment, Interest and Money*)(1936)에서 완전고용을 실현·유지하기 위해서는 자유방임주의가 아닌 소비와 투자, 즉 유효수요를 확보하기 위한 정부의 보완책(공공지출)이 필요하다고 주장하였다. 이 이론 및 이에 입각한 정책, 그 기반을 형성하는 사상의 개혁을 케인스 혁명이라고 한다.

7) 루스벨트(Roosevelt, Franklin Delano, 1882. 1. 30~1945. 4. 12): 미국의 제32대 대통령(재임 1933~1945). 하버드 대학교를 졸업하고, 1904년 컬럼비아 대학교에서 법률을 공부하였으며, 1907년 변호사 개업을 하였다. 1910년 뉴욕 주의 민주당 상원의원으로 당선되어 정계에 진출하였고, T. W. 윌슨의 대통령선거를 지원해주고, 1913~1919년 윌슨 정부의 해군차관보로 임명되어 제1차 세계대전을 통하여 활약했다. 1921년 39세의 나이에 소아마비에 걸렸다. 1928년 뉴욕 주지사에 당선되어 2기(期)를 재임하였다. 1932년 민주당 대통령후보로 지명되자, 그 지명수락연설에서 '뉴딜'(New Deal) 정책을 선언하였다. 대통령 취임 후에는 강력한 내각을 조직하고 경제공황을 극복하기 위하여 뉴딜 정책을 추진하였다. 통화금융제도의 재건과 통제, 산업 특히 상공업의 통제, 농업의 구제와 통제, 구제사업과 공공사업의 촉진, 정부재정의 절약 및 행정의 과감한 개혁 등으로 성공, 영국과 프랑스를 원조하였다. 1941년 일본의 진주만(眞珠灣) 공격을 계기로 참전하였다. 대서양헌장의 발표를 비롯하여 카사블랑카·카이로·테헤란·얄타 등의 연합국 회의에서 전쟁의 결정적 지도권을 장악하여 영국

정책을 썼습니다. 뉴딜 정책이 무엇이냐 하면, 정부가 수요를 늘리기 위해 예산을 확대해서라도 사회적 공공지출을 늘려서 유효수요를 늘려가는 방향으로 사업을 하는 걸 말합니다. 다시 말해서 공공사업을 확대시키기 위해 또 거기서 일을 할 수 있게 해주는 정책을 말하는 겁니다. 동시에 실업보험제도를 도입, 확대해서 정부가 일단 노동자가 해고되더라도 실업수당을 통해서 정부가 어느 정도는 생존에 필요한 임금을 보전해주는 제도의 도입이 필요하다는 생각입니다.

제가 걱정하는 것은 이런 것입니다. 예를 들어 앞으로 일본 제품이 많이 들어오게 되는데, 이번에 일본이 1백억 달러를 주겠다고 약속하면서 그렇게 한 것 같다는 생각이 드는데 일본 제품이 앞으로 많이 들어올 것 같습니다. 그러면 소비문제로 또 시끄럽지 않겠습니까? 저는 그걸 반대하지는 않습니다. 그런데 지금 우리가 굉장히 어려운 것은 WTO 체제 아래 있다는 겁니다. 지금 우리가 또 OECD 회원으로 되어 있습니다. 그 다음 IMF 관리 아래 있지요. 이러한 세 가지 조건들을 감안해본다면, 우리 경제활동 전 분야에 정부가 관여하고 있다고 생각하는 경우가 많습니다. 정부의 보조금을 받고 있는 민간자금들도 많지요. 그런데 사람들이 불매운동을 한다면서 일본 제품 화형식이나 하고, 미국 국기를 불태우고, 그런 상황이 발생하게 되면 생각하기에 따라서 이것을 정부의 간섭으로 볼 수도 있습니다. 제가 볼 때는 우리의 상황이 여러 가지로 구속 받게 되어 있는 상황이니까. 진짜 슬기롭게 대처해 나가야 합니다. 슬기롭게 해야 한다는 것은 결국 조용하게 소리 없이 처리해 가야 한다는 말입니다. 그러니까 외국 제품이 들어

─────

의 총리 W. L. S. 처칠과 긴밀한 연락을 취하면서 지도적 역할을 다하고 전쟁 종결에 많은 노력을 기울였다. 1944년 대통령에 4선되고 국제연합 구상을 구체화하는 데 노력하였으나, 1945년 4월 세계대전의 종결을 보지 못하고 뇌출혈로 사망하였다.

와도 결국은 근검절약해서 살다보면 안 사게 되니까 너무 나서서 호들갑스럽게 할 필요가 없다는 거죠. 일본 사람들이 그걸 잘 합니다. 왜냐하면 개방시켜 놓고도 소비자가 선택을 해서 잘 안 팔린다는데 정부가 나서서 어떻게 할 수는 없는 일 아니냐고 말할 명분을 주어야 한다는 겁니다. 결국은 우리 사회의 지도층 인사들이 말없이 솔선수범해가야 합니다. 정부에게 강조하는 것 다음으로 우리가 강조할 수밖에 없는 사람들이 지도층에 있는 사람들입니다. 그건 어느 계통에 있는 사람들이나 다 마찬가지입니다. 결국 지도층에 있는 사람들이 절약하고, 저축하는 모습을 보이고, 이야기를 해서 말없이 실천을 하면 다른 사람들도 그것을 보고 따라하면서 파급력을 키워가야 합니다. 저는 이렇게 가야 한다고 생각합니다.

또 이런 것이 있습니다. 여러분들도 아시다시피 자본자유화, 금융자유화란 것이 있습니다. 앞으로는 외국자본이 막 들어올 수밖에 없습니다. 돈이 안 들어와도 걱정이지만 사실은 들어와도 걱정입니다. 무엇을 걱정해야 하냐면 원래 기업의 소유문제입니다. 지금까지는 주식의 소유지분 한도가 49퍼센트까지밖에 못하도록 되어 있습니다. 외국인 소유지분이 그렇습니다. 그런데 앞으로는 그 한도가 50퍼센트로, 금년 안에 그리고 내년에 55퍼센트까지 확대시키도록 되어 있습니다. 그러니까 결과적으로 앞으로는 외국인이 국내기업의 주식을 55퍼센트까지 소유할 수 있게 되었습니다. 그 이야기는 앞으로 한국기업인 줄 알았던 기업들이 외국자본에 팔려서 외국 자본가들에 의해 좌우될 수 있는 상황이 옵니다. 이 문제에 대해 제가 생각해볼 때, 그 외국 사람들이 한국에 돈을 갖고 들어와서 투자하거나 기업 주식을 구입할 때, 이제 곧 망할 회사나 은행에 돈을 투자하겠습니까? 당연한 말이지만 자기네가 돈을 투자해서 살릴 자신이 있는 기업이나 은행을 제외하고는 돈을 투자하지 않을 겁니다. 그건 다시 말해서 무슨 말이냐 하면 결국 돈을 투자하는 곳은 우리말로 우량기업이란 것입니다. 주식시장에서 우리 기업의 주식을 야금야금 사서 지분의 50퍼센트를 가져가 버리면, 물론 실제로는 50퍼센트씩 구입할 필요도 없습니다만, 그렇게 되면 우리 입장에서 보아서는 알짜 기업들이 외국인에게 팔려버릴 가능성이 많습니다. 앞으로 이런 상황을 어떻게 우리가 막을 것이냐 하는 것이 정부와 기업의 고민거리가 되어야 합니다.

아까도 정부가 WTO 체제, OECD 회원국, IMF 관리 아래 있는 문제 등으로 인해 정책을 펼쳐나가는 데 있어 여러 가지 제약사항들이 많을 거라고 했지만 이 문제야말로 정부가 정말 지혜를 보여줘야 하는 문제입니다. 정부뿐만 아니라 우리 국민들도 역시 그래야만 합니다. 다시 말해서, 정말 절약해서 시장에서 개미군단이 좋은 역할을 많이 해줘야 합니다. 일단은 기관투자자들이 정부와 상관없이 그런 역할을 해야 하겠지만, 이 기관투자자와 정부, 개미군단이 아주 슬기롭게 대처해서 이런 상황을 일단 막아주는 방향으로 갈 수밖에 없지 않나 하는 생각을 합니다. 그래서 저는 이런저런 많은 생각을 해봤습니다만, 일단은 우리가 경제위기를 당했으니까. 너무 허둥대지 말고, 앞으로 2~3년 동안 허리띠를 졸라매고, 낭비해왔던 것들은 줄여 나가야 합니다. 저는 이번 IMF 체제를 보면서, 특히 재벌문제를 생각하면서 1945년 8월 15일에 일본이 패망하면서 맥아더 사령부가 동경에 설치되었습니다. 그때 취한 일련의 조치들이 있는데 그 중 하나가 경제적 민주화였습니다. 여러분도 아시다시피 일제시대는 소작농이 다수였습니다. 그런 소작제가 없어진 것이 49년, 50년 무렵의 일이었습니다. 일본의 경우는 1946년까지는 소작제였습니다. 우선 농지 개혁을 실시하고, 그 다음엔 재벌을 해체합니다. 그 다음 노동 삼법을 입법하고, 노동조합을 결성할 수 있게 합니다. 그런 일들은 일본 사람들이 스스로 하지 못했던 것들입니다. 패전하고 나서 요새는 일본 교수들이 그걸 자기네들이 한 거라고 주장하기도 하지만 제가 볼 때 그것은 일본이 주체적으로 한 일은 못되고, 맥아더 사령부가 들어와서 그런 조치들을 취했습니다. 물론 맥아더가 그런 조치를 취한 것은 다른 목적이 있었던 것은 아니고, 전쟁에 협력한 일본 기업들, 재벌들이 있습니다. 군함을 만들고, 전차를 만들고, 전투기를 만드는 데 적극적으로 협력한 일본 군수 재벌들을 해체시킨 겁니다. 저는 그런 조치들이 일본의 경제 민주화, 선진화를 이루는 데 굉장히 큰 기여를 했다고 생각합니다. 그런데 이번에 우리가 IMF 관리 체제 아래 들어가게 되었습니다. 기왕지사 그리 되었으니 우리가 이번 기회를 살려서 우리 한국경제의 장기적 비전을 보아서 문제가 될 소지가 있는 것들을 해결하는 기회로 삼을 수 있으면 좋겠습니다.

저는 그런 문제를 정부에도 부탁하고, 또 여러분께도 부탁하고 싶습니다. 어찌됐든 이번 기회에 거품도 빼고, 기업구조도 개편해서 다시 시작할 것은 다시 시작하고, 그러다 보면 우리 경제도 회복되고, 다시금 튼튼한 기반 위에서 새 출발하게 되면 우리가 OECD 회원국이 되었다는 자긍심을 찾을 수 있지 않겠나 생각합니다. 이제 우리가 OECD 회원국이라고 하는데 그것은 과거 개발도상국이었던 시절과 달리 우리가 선진국 대열에 진입했다는 뜻입니다. 이제 우리가 이런 위기를 극복하고, 국제적인 위상에 걸맞은 대한민국으로 새롭게 탄생할 수 있어야 한다는 말씀을 드리면서 오늘의 이야기를 줄이도록 하겠습니다. 감사합니다.

〈새얼문화재단의 아침대화〉(1997. 12. 9)

'프로그램'과 IMF 과제

"IMF는 오늘 한국 정부의 경제 및 금융 프로그램을 받아들여 한국의 155억 SDR(약 210억 달러) 상당의 3년짜리 대기성 차관신청을 승인했다. 총액 중 41억 SDR(약 55억 6천만 달러)은 즉시 이용 가능하다."

이것은 IMF의 1997년 12월 4일자 보도자료의 첫머리에 있는 글이다. 이에서 IMF가 한국 정부의 경제 및 금융 프로그램을 담보로 차관을 제공했음을, 따라서 이 프로그램이 구속력을 갖는 것임을 알 수 있다. 이 경제 및 금융 프로그램이 이른바 IMF 프로그램(이하에서는 '프로그램'으로 표기하기로 한다)이다. '프로그램'은 그 후 세 번의 수정을 받았다. 그러나 이런 세 차례의 수정이 있었음에도 불구하고 그 골격은 그대로 유지되고 있다. 이와 관련해서는 "지원 프로그램은 항상 재협상되는 것이며 상황변화에 따라 프로그램의 목표를 조정한다. 그러나 주요 구조개혁 분야에 대한 재협상은 생각할 수 없다"는 피셔 IMF 수석부총재의 말이 좋은 참고가 될 것이다.

그런데 IMF는 자체자금 약 210억 달러를 차관으로 제공하고 있을 뿐 아니라 IBRD 1백억 달러, ADB 40억 달러의 차관과 미국 50억 달러, 일본 1백억 달러, 영국·프랑스·독일·이탈리아의 50억 달러 등

373.5억 달러의 차관도 주선하고 있다. 따라서 '프로그램'의 구속력은 매우 강하다고 아니할 수 없다.

'프로그램'은 외환보유고의 허용선 유지(혹은 경상수지 개선), 긴축적 금융정책 및 신축적 환율정책, 긴축적 재정정책, 금융부문 구조조정, 무역자유화·자본자유화, 기업지배구조조정 및 기업구조 개혁, 노동시장의 유연성 제고, 정보공개를 내용으로 한다. 그러나 그 핵심은 외환보유고의 허용선 유지, 금융부문 구조조정, 자본자유화, 기업지배구조 및 기업구조 개혁, 노동시장의 유연성 제고에 있다고 할 수 있다.

IMF는 이런 '프로그램'의 성실한 이행을 요구하고 있다. 따라서 IMF 관리 아래서의 과제, 즉 IMF 과제의 첫째 것은 '프로그램'을 성실히 이행하는 것이다. 이 이행은 경상수지 개선, 선진국 수준의 금융관행 확립, 외국인 직간접 투자의 증가, 선진국 수준의 기업지배구조 확립, 사실상의 재벌해체, 노동시장의 유연성 제고, 투명성 제고 등의 긍정적인 결과를 초래하게 되어 있다. 그러나 이 이행은 다른 한편에 있어서 갖가지 부작용 내지 부정적인 결과를 발생시킬 것이다.

따라서 이 이행에 따른 부작용의 해소는 IMF 과제의 둘째 것으로 들어진다. 그 부작용으로서는 고물가, 고환율, 고금리, 자금난, 고세금 부담, 고실업, 외국인소유 증가, 인수합병(M&A)에 따른 폐해 즉 외국인의 우량기업 소유 집중, 핫머니의 빈번한 유출입 등을 생각해 볼 수 있다.

이 두 가지 외에 또 그들처럼 IMF 관리 아래서 등장한 과제는 아니지만 그들과 병행해서 해결되어야 할, 이월된 과제가 있다. 차질 없는 원리금 상환, 모라토리엄의 방지, 막중한 외채부담 경감 등이다. 이 과제는 IMF 관리 후로도 이월될 성질의 것임은 말할 나위도 없다.

이 세 가지 과제 중 두 번째와 세 번째는 각 경제주체의 커다란 고통을 전제로 한다. 따라서 고통분담을 위한 각 경제주체의 동의가 무엇보다도 중요한 일이라고 할 수 있다. 그런 의미에서 노동자·사용자·정부 3자의 합의가 급선무라고 할는지 모르지만, 이 3자 외에 농민과 일반 소비자, 시민을 합친 5자의 합의 도출이 더 바람직하다고 할 수 있다는 점, 물가안정을 위해서는 농산물 가격의 안정이 매우 중요하다는 점에서 농민의 합의가 필수적이기 때문이며 또 물가안정을 위해서는 일반 소비자·시민의 참여가 중요하기 때문이다. 사실 5자 합의는 국민의 동의를 얻은 것으로 볼 수 있기도 하다.

　따라서 이러한 광의의 사회적 합의를 바탕으로 둘째 과제와 셋째 과제를 해결해가면서 첫째 과제인 프로그램의 성실한 이행을 추구해가야 한다.

　한국경제는 현재 IMF 관리 아래 있다. 이것은 우리로서는 참을 수 없을 정도로 수치스러운 일임에 틀림없다. 그러나 현재는 이것을 선진국으로의 진입을 위한 불가피한 시련으로 여기고 하루속히 IMF 관리에서 벗어나기 위해서 진력할 때이다.

《대한민국학술원회보》(1998. 3. 2)

IMF 과제를 넘어

"IMF는 오늘 한국 정부의 경제 및 금융 프로그램을 받아들여 한국에 155억 SDR(약 210억 달러) 상당의 3년짜리 대기성 차관 신청을 승인했다. 총액 중 41억 SDR(약 55억 6천만 달러)은 즉시 이용 가능하다."

이것은 IMF가 1997년 12월 4일자 보도자료(제목은 "IMF Approves SDR 15.5Billion Stand−by Credit for Korea")의 첫머리에 있는 글이다.

여기에서 IMF가 한국 정부의 경제 및 금융 프로그램을 담보로 차관을 제공했음을, 따라서 이 경제 및 금융 프로그램은 구속력을 갖는 것임을 알 수 있다. 이 경제 및 금융 프로그램이 이른바 IMF 프로그램(이하에서는 '프로그램'으로 표기하기로 한다)이다. 그런데 '프로그램'은 그 후 두 번의 수정을 받았다. 한 번은 1997년 12월 24일의 IMF에 대한 1백억 달러 조기자금 지원 요청을 통해서였고, 또 한 번은 1998년 1월 8일의 IMF 프로그램 이행 점검을 통해서였다. 첫 번째에서는 개방폭의 확대, 시행시기의 앞당기기, 추가 이행의 수정이 있었고, 두 번째에서는 1998년의 거시·금융지표의 변경, 통화·재정정책의 긴축 기조 완화, 수출산업에 대한 지원 확대 등의 수정이 있었다. 그러나 이런 두 차례의 수정이 있었음에도 불구하고 그 골격은 그대로 유지되고 있었다. 이와 관련해서는 "지원 프로그램은 항상 재협상되는 것이며, 상황변화에 따라 프로그램의 목표를 조정한다. 그러나 주요 구조개혁 분야에 대한 재협상은 생각할 수 없다("Korea-Memorandom on Economic Program," Seoul, Korea, December 3. 1997)"는 피셔 IMF 수석부총재의 말이 좋은 참고가 될 것이다.

'프로그램'의 주요 내용은 다음과 같다. 이것의 핵심은 금융부문 구조조정, 자본자유화, 기업지배구조 및 기업구조에서 찾을 수 있다.

여기에서는 매우 간단하게 기술하기로 한다(《조선일보》 1997. 12. 7).

〔성장률〕—1998년 약 3%

〔물가상승률〕—5% 안팎

〔외환보유고〕—수입의 2개월 이상 분

A. 거시경제정책·통화정책 및 환율정책

〔통화정책〕—긴축적

〔금리〕—시장안정에 필요한 수준 혹은 그 이상

〔환율정책〕—신축적

B. 재정정책

〔재정정책〕—긴축적

〔세금〕—고부담

C. 금융부문 구조조정

〔금융개혁법안(개정 한국은행법안 등)—대통령 선거 직후 국회에서
통과

〔부실금융기관〕—회생불능의 경우 정리, 회생가능의 경우 구조조정·
자본 확충

〔부실대출 정리〕—가속화

〔금융기관에 대한 모든 지원〕―투명하게 기록

〔외국 금융기관에 의한 국내 금융기관의 M&A〕―허용

〔회계기준 및 공시규칙〕―제도적 최상 관행에 따라서 강화

〔대형 금융기관의 재무제표〕―국제적 공인법인에 의해 감사받도록

〔건전성 기준〕―BIS 핵심원칙을 충족토록

〔국내은행들의 해외지점의 차입 및 대출행동〕―면밀히 감시토록

〔한국은행의 외환보유고 관리 관행〕―국제적 최선 관행에 부합토록

D. 기타 구조적 조치

·무역자유화

〔무역자유화〕―가속화 : 보조금 폐지, 수입국 다변화 계획 폐지 등

·자본 자유화

〔외국 금융기관에 의한 국내 금융기관의 M&A 참여〕―허용

〔외국 금융기관의 은행지점 및 증권중개소 설치〕―1998년 중반 허용

〔외국인 주식투자 한도〕―1997년 말까지 50%, 1998년 55%로 확대

〔개인 외국인 소유한도〕―1997년 말까지 50%로(적대적 인수 제외)

〔적대적 인수에 관한 법안〕―선진국의 기준에 부합토록 해서 첫 임
시국회에 제출

〔외국인의 직접투자 제한〕―축소

〔기업의 외국차입 제한〕―철폐

·기업지배구조 및 기업구조

〔기업의 재무제표 투명성〕―일반적으로 인정된 회계관행(독립적 외
부감사, 완전공시, 기업집단의 결합재무
제표 공개 포함)에 부합하는 회계기준
의 적용을 통해서 개선(제고)

〔은행대출의 상업성〕―존중되어야

〔개별기업에 대한 정부의 보조금 지급 혹은 조세특혜 제공〕—금지

〔금융실명제〕—계속 유지

〔기업의 높은 부채/자본 비율〕—축소

〔자본시장〕—육성

〔기업집단 내에서의 상호채무보증제도〕—폐지

·노동시장

〔노동시장의 유연성〕—제고

〔신고용보험제도의 기능〕—강화

·정보공개 및 프로그램의 감시

〔외환보유고 자료 발표〕—매월

〔금융기관에 관한 자료 발표〕(소유구조 및 자회사 관계 등 포함)

—연2회

〔단기외채 자료 발표〕—매분기

IMF 과제는 크게 세 가지로 나눌 수 있다. 첫 번째 과제는 위에서 말한 '프로그램'을 성실히 이행하는 것이다. 이 이행은 경상수지 개선, 선진국 수준의 금융관행 확립, 외국인 직간접 투자의 증가, 선진국 수준의 기업지배구조의 확립, 사실상의 재벌해체, 투명성 제고, 신고용보험 기능의 강화 등 긍정적인 결과를 불러오게 되어 있다.

그러나 이 이행은 다른 한편으로는 갖가지 부작용 또는 부정적인 결과를 발생시킨다. 따라서 이 이행에 따른 부작용의 해소는 IMF 과제의 두 번째 사항으로 받아들여진다. 그 부작용으로는 고물가, 고환율, 고금리, 자금난, 고세금 부담, 고실업, 외국인 소유 증가, M&A에 따른 폐해, 즉 외국인의 우량기업 소유 집중, 핫머니의 빈번한 유출입 등을 생각해 볼 수 있다.

그런가 하면 앞의 두 가지처럼 IMF 관리하에 등장한 과제는 아니지만 그와 병행해 해결해야 할 이월된 과제가 또 있다. 차질 없는 원리금 상환, 모라토리엄의 방지, 막중한 외채부담 경감 등이 그것이다. 이 과제는 IMF 관리가 끝난 후에도 남아 있을 수밖에 없을 것이다.

이하에서는 이 세 가지 과제 중 두 번째와 세 번째 것만을 다루기로 한다. 앞에서도 알 수 있듯이 이 두 과제는 각 경제주체의 커다란 고통을 전제로 한다. 따라서 고통분담을 위한 각 경제주체의 동의가 무엇보다도 중요한 일이라고 할 수 있다. 그들 간의 합의가 전제되어야만 이 과제들을 해결할 수 있다. 이 합의는 사회계약의 형태를 취해야 한다. 물론 현재 노사정위원회가 고통분담을 위한 노사정의 합의도출을 위해서 노력하고 있다. 그러나 이들 외에 농민과 일반 소비자·시민이 참여하는 합의여야 한다. 농민은 농촌이 실업자의 흡수처가 될 수 있다는 점과 물가안정을 위해서는 농산물 가격의 안정이 매우 중요하다는 점에서 그들의 참여가 바람직스럽기 때문이며, 또 물가안정을 위해서는 일반 소비자·시민의 참여가 역시 중요하기 때문이다.

각각 특기할 만하다고 생각되는 것으로 국한시킨다면 두 번째 과제와 관련해서는 물가안정, 실업방지대책과 실업자 대책, M&A에 따른 폐해 방지 등을 들 수 있다. 물가안정을 위해서는 농산물 가격 안정, 수입물가 안정 등을 적극적으로 도모해야 한다. 소비자의 입장에서는 농산물 유통단계의 축소, 농산물 직거래 장려 등은 전자를 위해서, 그리고 환율의 안정, 수입물가 안정 등은 후자를 위해서 필요한 일이라고 할 수 있다. 그리고 기본 생필품 가격 안정에 주력해야 함은 말할 것도 없다.

실업 방지를 위해서는 최대한 노력해야 하는데, 일단 생각해 볼 수 있는 것은 근무시간 단축, 조업 단축, 교대제 확대, 임금 동결, 임금 삭감, 직업훈련 강화, 전업 알선 등일 것이다. 그리고 실업자 대책으로는 직업 알선, 고용보험의 확대, 취로사업의 확대 등을 들 수 있다.

M&A에 따른 폐해 방지를 위해서는 우리사주제의 활용, 건전한 국내투자자의 적극 유치 등 슬기로운 대처가 필요할 것이다.

세 번째 과제와 관련해서는 우선 획기적인 수출증대, 특히 상품의 수출에 관련해 가능한 수입억제, 다음에 외국인 직간접 투자의 대폭 증가 등을 들 수 있다. 수출확대를 위해서는 수출상품의 샌드위치 상황과 수출의 수입유발규모를 감안할 때 우선 기술개발과 고부가가치를 통해서 수출 주력산업인 제조업을 활성화시키는 일이 중요하다. 여기서 샌드위치 상황이란 한국 상품이 고급시장에서는 선진국 상품에, 중저가시장에서는 중국 등 후발 저개발국 상품에 밀리는 현상을 말한다. 다음에 수출에 필요한 소재·부품의 국산화를 적극적으로 추진해야 한다. 국내에서 수출에 필요한 소재·부품을 제대로 공급하지 못함으로써 그것을 외국, 주로 일본, 미국 등에서 수입하지 않을 수 없어 수출이 수입증가로 이어지게 되는 것을 수출의 수입유발구조라고 한다. 이 소재·부품의 국산화에 중소기업을 적극적으로 참여시키면 중소기업도 활성화될 것이다.

한편 수입억제를 위해서는 선진국병 치유, 소비절약, 자원·에너지 절약 등이 필요할 것이다. 선진국병은 한국이 선진국이 된 것처럼 착각하는 병을 말하는데, 이것은 사치, 과소비 등의 조장을 통해서 수입을 촉진한다. 이 병의 치유를 위해서는 GNP 맹신의 타파가 필요하다. 즉 GNP만 높다고 해서 선진국이 되는 것은 아니라는 것을 인식해야 한다. 소비절약은 소비재 수입의 감소를 초래한다. 이 소비절약을 위해서는 높은 세금부과, 소비는 한국에서 아직까지 미덕이 아니라는 의식을 심어주는 것이 필요하다. 그리고 특히 에너지 수입이 1997년에

약 270억 달러라는 사실을 감안할 때, 에너지 절약은 큰 의미를 지닌다고 할 수 있다. 앞에서도 언급한 소재·부품의 국산화가 수입억제 수단의 하나임은 말할 나위도 없다. 외국인 직접투자의 적극적 유치를 위해서는 고급 기능인력의 양성과 확보를 한 번 생각해 볼 일이다.

그러나 위의 문제들을 해결한다고 해서 모든 과제가 해결되는 것은 아니다. 현재로서는 IMF 관리 이전부터 존재하고 있던 과제는 IMF 관리 후에도 그대로 남아 있을 수밖에 없을 것으로 보인다. 차질 없는 원리금 상환, 모라토리엄의 방지, 막중한 외채부담의 경감 등이 그것이다.

기술개발과 소재부품의 국산화, 자원·에너지 절약형 산업구조로의 전환도 역시 앞으로 지속적으로 해결해야 할 과제다.

또 하나 간과해서는 안 될 것은 소득분배의 악화를 방지하는 것이다. 사실 IMF 관리하에서는 고물가에 기인하는 실질소득 감소 외에 임금 동결, 임금 삭감, 실업에 따른 소득감소 등이 예상되는가 하면, 반대로 고금리, 고환율, 고물가 등에 기인하는 소득증가가 예상되기 때문에 소득격차가 확대될 가능성은 얼마든지 있다. 소득분배의 악화는 사회불안을 조성하므로 조세조치 등을 통해서 방지하도록 해야 할 것이다.

그런가 하면 제조업의 조로현상 방지도 결코 가볍게 볼 수 없는 과제다. 한국의 제조업은 국민생산 기준으로는 1988년을, 노동력(취업자) 기준으로는 1989년을 각각 정점으로 해서 그 비중이 감소하고 있다. 제조업의 비중은 국민생산 기준으로는 1988년 32.1, 1993년 27.0, 1994년 26.8, 1996년 25.8퍼센트이다. 그리고 노동력 기준으로는 1989년 27.8, 1993년 24.2, 1994년 23.2, 1996년 22.5퍼센트이다. 일본의 경우 제조업의 비중은 국민생산 기준으로 1993년 26.8, 1994년 24.5퍼센트,

노동력 기준으로 1993년 23.7, 1994년 23.2퍼센트다. 그리고 노동력 기준으로 제조업의 비중이 1993년부터 서비스산업의 한 부문인 도·소매, 음식·숙박업보다 낮다. 1993년의 제조업과 도·소매 숙박업의 비중은 24.2와 25.1퍼센트이고 1996년에는 각각 22.5와 27.1퍼센트이다. 이것은 1993년부터 도·소매, 음식·숙박업 종사자가 제조업 종사자보다 많아지기 시작했으며, 그것도 그 차가 벌어지고 있음을 말해준다. 여기에서 제조업이 조로현상을 나타내고 있음을 알 수 있다. 이 조로현상 방지를 위해서는 수출촉진이 무엇보다도 중요하다. 수출의 주력산업은 어디까지나 제조업이기 때문이다. 그리고 소재·부품의 국산화를 적극적으로 추진하는 것도 제조업의 조로화를 막는 한 방법이다.

한국경제는 현재 IMF 관리 아래 있다. 이것은 우리로서는 참을 수 없을 정도로 수치스러운 일임에 틀림없다. 그러나 이것을 선진국으로의 진입을 위한 불가피한 시련으로 여기면서 '프로그램'을 성실하게 이행해 가야 할 것이다. 그리고 하루속히 IMF 관리에서 벗어나고자 진력해야 한다. 또 선진국병을 치유하고 들뜸을 가라앉히며 거품을 걷어내는 좋은 기회로 삼을 필요가 있다.

《경제를 되새기며》(1998. 2)

심화되는 경제불황과 그 대책

'85년 성장률 둔화

85년 3/4분기의 경제성장률이 밝혀졌다. 5.4퍼센트라고 한다. 그리하여 85년 3/4분기까지의 경제성장률은 4퍼센트이며 만약 4/4분기에 7퍼센트의 경제성장이 있으면 85년의 경제성장률은 5퍼센트가 될 것이라고 한다. 다시 말하면 7퍼센트 미달이면 경제성장률은 5퍼센트를 밑돌게 된다.

84년부터 해외건설업, 해운업, 조선업, 기타 많은 중화학공업이 불황(불경기)을 겪고 있는데 그것이 85년에 전면화했다고 보면 이러한 낮은 경제성장률은 당연하다고 할 수 있을지 모른다. 이 5퍼센트라는 수치는 제2차 오일쇼크 기간 이후에 있어서 가장 낮은 수치이다. 그 기간 중인 1980년에 −5.2퍼센트라는, 1960년대 이후 최초의 마이너스 수치를 보였지만 경제성장률은 1981년에는 6.2, 1982년에는 5.6퍼센트, 1983년에는 9.5퍼센트, 1984년에는 7.5퍼센트였다.

물론 5퍼센트라는 예상수치는 85년의 계획치 7.5퍼센트를 크게 밑도는 것이라는 데에도 문제가 있지만 현재의 전망으로는 86년의 경제

<표 1> 국내경제전망

(단위: %, 억 달러)

구 분	1984	1985	상	하	1986
경 제 성 장 률	7.5	5.0	3.2	6.3	6.5
경 상 수 지	−13.7	−6.8	−9.9	3.1	−3.0
물 가 상 승 률 *					
도 매	0.7	1.1	1.1	1.0	2.5
소 비 자	2.3	3.0	2.2	3.8	4.1

주: 기중평균, 전년동기비.
출처: 한국개발연구원, 《분기별경제전망》 1985. 3/4.

성장률도 7퍼센트를 밑돌 것이라는 것 또한 문제가 된다(<표 1>). 그러나 문제는 이에 그치지 않는다. 85년 3/4분기의 5.4퍼센트는 84년 1/4분기부터 계속되어 온 분기별 경제성장률의 하강추세가 일단 멈춘 것이라는 희망을 주는 것이기는 해도, 그것이 환율인상 등의 수출촉진책을 통해서 경기를 자극한 결과를 반영하는 것이라는 데, 또 그것이 제조업과 기계설비투자, 건물투자 등에 주도된 것이 아니고 농림어업과 정부건설투자 등에 주도된 것이라는 데 문제가 있다고 하겠다. 분기별 경제성장률은 84년 1/4분기에는 12.7, 2/4분기에는 8.8, 3/4분기에는 6.2, 4/4분기에는 4.6퍼센트이었고, 85년 1/4분기에는 3.9, 2/4분기에는 2.7퍼센트였다. 그리고 85년 3/4분기 중에는 제조업의 성장률은 3.9퍼센트에 불과하고 기계설비투자 증가율은 1.3퍼센트, 공장·상업용 건물투자 증가율은 −5·1퍼센트인데 농림어업의 성장률은 14.7퍼센트, 정부건설투자 증가율은 15.8퍼센트나 된다.

게다가 실업문제가 훨씬 심각하다는 데에도 문제가 있다고 하겠다. 보도에 따르면 85년 들어 9월말까지 1,913개 업체가 문을 닫았고, 8만 2천여 명이 해고되었고, 주 18시간 미만의 취업자가 16만 2천여 명으로 늘었고 대학졸업자 11만 8천여 명 중 2만 7천여 명이 아직 취직을

<표 2> 세계경제전망

(단위: 연율, %)

구 분		1983	1984	1985	I	II	III	IV	1986
경제성장률	미　　　국		6.8	2.4	0.3	1.9	3.3	2.6	2.5
	일　　　본*		5.8	4.5	5.3	4.9	5.0	3.1	3.1
	서　　　구**		2.1	2.4	1.6	2.4	2.3	2.2	2.1
	선진국　전체	2.4	4.6	2.8					2.4
실업률	미　　　국		7.5	7.3					7.6
	일　　　본		2.7	2.7					2.7
	서　　　구**		10.2	10.6					10.7
	교역량 증가율								
	세　　　계	1.7	8.8	5.3					5.0

못했는데 86년도 대학졸업자가 13만 5천여 명에 이른다고 한다.

미·일 불황이 우리의 불황원인

　그러면 현재의 불황의 원인은 무엇이라고 할 수 있는가. 해외건설업의 경우에는 원유가격 하락에 기인하는 수입 감소로 중동 산유국의 왕성했던 건설 붐의 냉각에서 주된 원인을 찾을 수 있을 것이다. 해운업·조선업의 경우도 역시 이러한 중동 산유국의 건설 붐의 냉각에 기인함은 말할 나위도 없다. 그러나 그 주된 원인은 어디까지나 미국과 일본을 비롯한 선진국의 불황에 있다고 할 수 있다(<표 2>). 그리고 자국의 산업과 노동자 보호의 필요성에 기인하는 보호무역주의의 강화 즉 수입규제의 강화도 그 원인의 일익을 담당하고 있는 것이 사실이다. 다른 많은 중화학공업과 경공업의 경우도 선진국들의 불황과 보호무역주의 강화로 불황을 겪고 있다고 할 수 있다.

　그런데 그동안 우리나라에서는 국제경쟁력을 강화하는 명분하에 기업의 대규모화를 추진해 온 결과, 대부분의 기업이 과잉시설을 보유하고 있는 것 또한 사실이다. 이에 더해서 외자를 포함해서 타인자본(부채)에 크게 의존하고 있다. 제조업기업의 경우, 자기자본비율은 1980년 17.0, 1981년 18.1, 1982년 20.6, 1983년 21.7퍼센트이다. 그러니 우리나라의 외채규모는 크지 않을 수 없다. 85년 9월 말 현재로 외채잔액은 454억 달러에 이르고 또 원리금 상환액은 80억 달러를 웃돈다고 한다. 그리고 현지금융액도 85년 7월 말 현재로 60억 5천2백만 달러나 된다고 한다. 이처럼 거의 대부분의 기업이 과잉시설을 보유하고 있고 타인자본에 크게 의존하고 있으니 그 어려움은 더욱 클 수밖에 없지 않은가. 대규모 경공업기업의 경우도 마찬가지이다.

금융시장 위축에도 기인

그러나 우리 경제의 불황은 국내시장의 상대적 위축에도 기인한다는 사실에 특히 유의할 필요가 있다. 다시 말하면 국내시장이 상대적으로 위축되지 않았더라면, 즉 국내시장이 튼튼했더라면 수출부진에 따른 충격을 상당한 정도로 완충시킬 수 있었을 것인데, 그렇지 못한 데에도 그 원인이 있다는 사실을 중시해야 한다. 국내시장은 국내 구매력에 의해서, 그리고 구매력은 소득에 의해서 규제되므로 국내시장의 상대적 위축은 국민 다수의 소득의 상대적 위축을 의미한다고 할 수 있다. 따라서 국내시장의 상대적 위축은 농가소득, 중소기업·경공업 등의 종업원의 소득, 저소득 계층의 소득의 상대적 위축 등으로 표현될 수 있다고 한다.

1983년에 총취업자 인구의 25.8퍼센트를, 그리고 1983년에 총인구의 23.7퍼센트를 각각 차지하고 있는 농업과 농촌은 그동안의 공업화

〈표 3-1〉 실질농가소득과 실질도시근로자 가계소득(가구당)

(단위: 천 원, %)

구 분	1970	1976	1981	1982	1983
농 가 소 득	255.8	1,156.3	3,687.9	4,465.2	5,128.2
농 가 구 입 가 격 지 수	16.4	46.3	128.5	144.3	156.2
실 질 농 가 소 득(A)	1,639.7	2,497.4	2,870.0	3,094.4	3,283.1
도 시 근 로 자 가 계 소 득	318.2	1,151.8	3,817.2	4,326.9	4,900.6
전 도 시 소 비 자 물 가 지 수	22.2	25.1	121.3	130.1	134.5
실질도시근로자 가계소득(B)	1,433.3	2,210.7	3,146.9	3,326.8	3,643.8
A / B × 1 0 0	114.4	113.0	91.2	93.0	90.1

〈표 3-2〉 농가소득 · 부채(가구당)

(단위: 천 원, %)

	1982	1983	1984
소 득(A)	4,465	5,128	5,549
부 채(B)	830	1,285	1,784
B / A × 1 0 0	18.6	25.1	32.1

출처: 경제기획원, 《경제백서》 1984; 《중앙일보》 1985. 5. 23.

의 추진 과정에서 상대적으로 위축되어 있다.

물론 그것은 공업화의 추진 과정에서 농업이 본래의 역할을 제대로 수행할 수 없던데 기인하지만 어떻든 실질소득으로 따질 때 농가소득은 1981년에는 도시근로자 가계소득의 91.2퍼센트에 불과하고 농가부채는 1983년에는 그러한 농가소득의 25.1퍼센트, 1984년에는 32.1퍼센트나 된다(〈표 3-1, 2〉). 그런가 하면 농산물은 싸게 팔고, 공산품은 비싸게 사고 있기도 하다. 농산물의 판매가격지수를 공산품의 구입가격지수로 나눈 값(패리티율)은 1983년에는 89.8퍼센트에 불과하다. 보통 농업의 역할로서는 식량·공업용 원료의 공급원, 노동력의 공급원, 투자재원 및 외자의 공급원, 시장으로서의 역할 등이 들어간다. 그 가운데 그동안 농업은 노동력의 공급원으로서의 역할만을 제대로 수행했다고 볼 수 있다.

중소기업의 위축

한편 중소기업 또한 그동안 기업의 대규모화 추진 탓에 상대적으로 위축되어 있다. 이것을 반영하는 것이 곧 그동안의 경제력 집중현상이라고 할 수 있는데 1982년 현재 종업원 수에 있어서 전 산업의 63.4퍼센트와 제조업의 53.8퍼센트를 차지하고 있는 중소기업은 생산액에 있어서는 각각 28.9와 34.4퍼센트를 차지하고 있는 데 불과하다(〈표 4〉). 그런데 제조업에 한해서 볼 때, 중소기업의 종업원 1인당 임금은 1982년에는 대기업의 그것의 77.7퍼센트, 그리고 1970~1982년 평균으로는 75.9퍼센트에 지나지 않는다(〈표 5〉). 경공업의 경우에도 사정이 동일함을 알 수 있다. 경공업은 1982년 현재로 종업원 수에 있어서 60.7퍼센트를 차지하고 있는데 종업원 1인당 임금은 중화학공업의 그것의 74.9퍼센트, 그리고 1970~1982년 평균으로는 74.4퍼센트에 지나지 않는다. 어떻게 보든 제조업의 경우 다수 종업원의 소득이 상대적으로 낮음을 알 수 있다. 제조업은 1982년에는 총취업인구의 21.1퍼센트, 1983년에는 22.6퍼센트를 차지하고 있다.

소득계층별로 소득점유율을 보아도 국민의 다수를 차지하는 하위 40퍼센트 소득계층의 소득점유율은 그동안 상위 20퍼센트 소득계층의 그것이 커진데 비해서 작아졌다. 그것은 1980년에는 16.1퍼센트, 1982년에는 16.8퍼센트이다.

즉 그동안 소득격차의 확대 내지 소득분배의 악화가 일어났다. 물론 이것은 앞에서 밝힌 농가소득, 중소기업 종업원 소득 등이 상대적으로 위축된 것을 반영하는 것이다. 그러나 그동안의 인플레이션의 지속에

〈표 4〉 중소기업의 비중(1982)

(단위: %)

구 분	사업체 수	종업원 수	생산액	부가가치
전 산 업	99.5	63.4	28.9	32.4
제 조 업	97.3	53.8	34.4	36.2

〈표 5〉 경공업 · 중소기업의 비중(제조업)

(단위: %)

구분	경공업		중소기업	
	종업원 수	1인당임금*	종업원 수	1인당임금*
1970		72.5	49.1	65.3
1971		72.8	46.2	67.4
1972		70.7	45.3	71.2
1973	68.8	76.5	39.4	78.9
1974		74.0	44.8	76.5
1975		74.0	45.7	70.1
1976	65.4	73.9	44.1	76.6
1977		74.4	46.0	76.3
1978		73.0	47.0	78.4
1979	59.8	79.5	47.8	82.7
1980		77.1	49.6	80.5
1981		74.6	51.1	78.9
1982	60.7	74.9	53.8	77.7
1970~1982		74.4		75.9

* 경공업 1인당 임금/중화학공업 1인당 임금.
** 중소기업 1인당 임금/대기업의 1인당 임금.
출처: 중소기업진흥공단, 《중소기업경제지표》.

도 말미암았음을 잊어서는 안 된다.

사실 1981년까지 심한 인플레이션이 지속되었다. 인플레이션율, 즉 소비자물가 상승률은 1970~1981년 평균으로는 16.8퍼센트이고 1981년에는 21.3퍼센트나 된다. 이러한 인플레이션의 지속은 고도성장의 추구에 기인한다. 다시 말하면 실업의 해소 내지 높은 고용을 위해서는 고도성장은 추구되어야 하며, 따라서 물가는 희생되지 않을 수 없다는 논리에 기인한다.

소득분배의 불균형

그러나 인플레이션은 그 해(害)를 보는 근로소득계층과 그 득을 보는 재산소득계층 간의 소득격차를 확대시키게 되어 있다. 물가 상승분만큼 일정 임금 내지 급여를 받는 근로소득계층은 실질소득의 감소를 보는데 그것이 재산소득계층으로 이전된다고 할 수 있기 때문이다.

물론 1982년 이후에는 물가안정이 실현되고 있다. 그러나 물가안정을 명분으로 해서 임금동결 내지 소폭의 임금인상이 추구되고 있는데 문제가 있다고 할 수 있다. 이처럼 국민의 다수를 차지하는 계층의 소득이 상대적으로 위축되어 있는 것이다.

결국 이렇게 보면 우리 경제의 불황은 중동 산유국 및 미·일을 비롯한 선진국의 불황, 선진국의 수입규제 강화 등의 해외요인과 농업·중공업 등의 상대적 위축, 소득분배의 악화 등의 국내요인에 주로 기인한다고 할 수 있다. 그리고 과잉시설, 외채부담 과중 등이 이에 가세하고 있다고 볼 수 있다.

중동 산유국, 선진국의 불황에 기인하는 우리 경제의 불황은 그들 나라의 경기가 회복되면 해결될 가능성이 얼마든지 있다. 따라서 수출시장의 다변화 등 수출확대를 위한 노력을 계속하면서 때를 기다리도록 해야 할 것이다. 그러나 수입규제강화와 국내요인에 기인하는 불황은 적절한 정책적인 노력 없이는 해결될 수 없다. 그런데 그 해결에는 오랜 시일이 걸리며 또 큰 고통이 따르게 되어 있다. 여기에 우리 경제 불황 해결의 어려움과 고민이 있는 것이다.

보통 수입규제 강화에 기인하는 불황의 해결을 위해서는 국제경쟁력의 강화, 관민의 통상외교의 강화 등을 통한 수출부진 타개·수출확대가 요청된다. 그리고 국내요인에 기인하는 불황의 해결을 위해서는 국내시장의 적극적인 육성이 절실하다. 농업·중소기업 등의 적극적인 육성, 물가안정의 지속 등을 통한 국민 다수의 소득향상 내지 소득분배 악화방지가 강조되는 까닭은 바로 여기에 있다.

농업·중소기업 등의 적극적인 육성은 국내시장의 적극적인 육성이라는 관점에서 뿐 아니라 그들이 고용흡수적 또는 노동집약적인 산업이라는 관점에서도 강조되지 않을 수 없다.

이들 대책 외에 불황의 가세요인의 해결을 위해서, 혹은 불황에 처했을 때의 어려움을 덜기 위해서 외채감축 등 기업의 타인자본비율을 낮추기 위한 노력과 그것을 적극적으로 지원하는 정부의 대책이 강력히 추구되어야 할 것이다. 그리고 단기적으로는 근무시간의 단축이라든가 물가안정과 국제수지를 해치지 않는 범위 내에서, 공공건설사업·주택건설사업·취로사업의 확대 등 케인스적인 대책이 적극적으로 추구되어야 함은 말할 나위도 없다.

끝으로 수입자유화, 금융자유화, 자본자유화는 실업문제뿐만 아니라 고용문제를 고려해서 어디까지나 신중에 신중을 기울여 나가야 할 것이다.

1985년 하반기 발표 추정

낙관경제론과 비관경제론

심한 미·일 의존도

1960년대 중반부터 우리나라는 수출주도형으로 경제를 이끌어왔다. 다시 말하면 수출을 경제성장(GNP의 증가)의 엔진으로 삼아왔다. 그리하여 한 해 수출액이 작년에는 약 245억 달러나 된다. 물론 그동안 수출상대국의 수를 늘려 오면서 수출확대를 도모해왔다. 그러나 수출은 역시 미국과 일본에 크게 의존해온 것이 사실이다. 그러다 보니 자연히 우리나라 산업은 주로 미국과 일본시장을 겨냥해왔다. 경제성장을 추구하다보니 에너지와 원료재 내지 1차산품을 해외에 크게 의존하지 않을 수 없었다. 그런가 하면 우리나라는 작년 말 현재로 4백억 달러를 약간 넘는 외채, 즉 외국 빚을 짊어지고 있다. 내용을 보면 미국과 일본에 크게 의존하고 있고 또 국제금리 변동에 따라서 지불할 이자액이 변하는 이른바 연동금리외채가 큰 비중을 차지하고 있다.

따라서 우리나라는 자연히 해외시장, 특히 미국과 일본 시장의 동향 등에 민감하지 않을 수 없다. 정부가 연초에 밝히게 되어 있는 경제운영계획을 수립할 때 미국, 일본 시장이 주가 되는 해외시장의 동향, 에너지와 1차산품의 국제가격 동향, 미국 금리를 주도하는 국제금리의 동향 등을 반드시 감안하게 되어 있는 것은 바로 이러한 까닭이다.

이렇게 보면 미국과 일본, 그리고 이들을 포함하는 OECD(일단 선진국협력기구로 해석하면 된다) 회원국의 경제전망, 이들 나라에서의 수입규제 동향, 원유의 현물시장가격 동향 등에 관한 그때그때의 보도나 최근에 잇달아 있는 미국에서의 우리나라산 컬러TV에 대한 덤핑판정-재심판정-재심판정 착오 발견 등의 보도, 미국에서의 철강수입규제 조치 등에 관한 보도, 1차산품 국제가격 하락 등의 보도, 미 금리 하락 조짐이나 미 장단기금리 하락추세 등의 보도에 경제를 안다는 사람들이 관심을 기울이는 것은 충분히 이해할 수 있다. 그리고 그런 보도에 업자나 정부 당국이 일희일비하는 것도 이해할 수 있을 것이다.

석유파동의 교훈

그러나 어떤 것에 관한 것이든 반드시 낙관적, 긍정적인 관점과 비관적, 부정적 관점이 있는 법이다. 또 대개의 경우 업자나 정부 당국은 낙관적인 견해를 갖는 것이 상례라고는 하지만 최근의 일련의 사태에 직면해서 업자나 정부 당국이 사태를 어딘지 모르게 낙관적으로, 어떻게 보면 안이하게 보려는 것 같은 인상을 주고 있지 않는가라는 생각이 든다. 어쩌면 이런 생각은 지난 1970년대 전반에 있은 제1차 석유파동 때의 경험을 강하게 반영하는 것일지도 모른다. 다시 말하면 그 때 사태의 심각성을 제대로 파악하고 슬기롭게 대처했더라면 제2차 석유파동에 직면해서 겪은 그 심했던 경제적인 어려움을 덜 겪을 수 있었으리라는 아쉬움에서 나온 생각인지도 모른다. 또 제1차 석유파동에 직면해서 미국과 일본이 취한 태도를 대비해 볼 때, 일본이 더 현명했었다는 생각에 말미암는지도 모른다. 분명히 같은 선진국이지만 미국은 자유세계의 리더라는 위치에 있었기에 좀 안이하게 대처한 데 비해서, 일본은 사태를 심각하게 받아들이고 대처한 탓으로 제2차 석유파동에 직면해서 미국이 어떻게 보면 허둥댄 데 비해서 일본은 여유를 보였고, 현재까지도 경제적인 면에서 자유세계의 우등생 내지 모범생의 지위를 누리고 있다고 할 수 있다.

내실 있는 정책을

낙관적으로 사태를 보거나 그것에 대처하는 것은 희망을 갖기 위해서 또 희망을 주기 위해서 필요한 일임에 틀림없다. 그러나 경제윤리는 냉혹한 것이며 또 각국은 자국의 이익을 철저히 추구하게 되어 있다. 따라서 업자나 정부 당국은 현재 미국 등에서 진행되고 있는 경제적인 조치나 움직임을 낙관적으로만 받아들이려고 하지 말고 비관적인 관점에서의 지적도 살려서 낙관적도 비관적도 아닌 입장, 즉 냉정한 입장에 서서 현실을 현실대로 받아들이고 슬기롭게 대처해 가도록 해야 할 것이다. 이 때 그동안의 경험을 거울로 삼아야 함은 말할 나위도 없다. 그리고 당면 문제의 해결에 급급한 나머지 장기적인 대처를 소홀히 하는 일이 있어서는 안 된다. 말할 것도 없이 이 장기적인 대처 속에는 적어도 내실 있는 관민의 경제외교, 수출시장의 미·일에의 의존으로 벗어나기 위한 내실 있는 수출상대국 수의 증대, 즉 수출시장의 다변화와 그것을 뒷받침해주는 공장개편 내지 산업개편, 있을 수 있는 수출부진으로부터 오는 충격을 완화하기 위한 국내시장의 육성, 외채구조의 개선 등이 포함되어야 할 것이다.

《조선일보》(1984. 10. 3)

좌담

한국경제진단[*]
: "IMF 프로그램이 소득분배 불균형 확대"

정세용 각각 제2건국위 대표공동위원장과 한국은행 총재에서 물러나신 후 최근 근황에 대해 말해 달라.

변형윤 대통령자문기구인 제2건국위 대표공동위원장을 했지만 비상근을 고집했다. 이사장을 맡았던 외대에도 한 주에 한두 번만 출근했다. 지금 맡고 있는 이사장 자리만 7~8개나 된다. 현재는 주로 사회경제연구소에 있다. 학회일은 후학들에게 물려줬다. 건강을 위해 시간을 쪼개 등산을 하고 있다.

전철환 지난 3월말 퇴임 후 5월부터 한국은행 고문으로 있다. 개인적으로는 그동안 쓴 잡문을 모으는 중이다. 환갑 때는 충남대 총장선거에 입후보해 책을 못 냈고 내년 2월이 정년이지만 학교로 다시 돌아가지 않아 정년 출간도 못하게 됐다. 그래서 따로 준비해 올 11월에 5권을 묶어 내놓을 예정이다.

---

[*] 《내일신문》이 창간 두 돌을 맞이하여 변형윤 서울대 명예교수, 전철환 한국은행 고문을 모시고 좌담을 나누었다. 《내일신문》 정세용 편집국장이 진행하고, 박준규 기자가 정리한 내용.

정세용 최근 미국경제가 추락하면서 미래도 불확실하다는 전망이 나오고 있다. 내년 이후 IMF와 같은 위기가 다시 찾아올 가능성은 있는가.

전철환 우리 경제는 지난해까지 2년간 외환위기 이전 수준으로 회복했다. 그러나 우리에게 영향을 많이 주는 미국시장은 9.11 이후부터 특히 4월 주가 급락, 달러 약세 등으로 불확실성이 커졌다. 미국 성장률이 전기대비 연율로 1분기 5퍼센트, 2분기 1.1퍼센트였다. 그래서 최근 더블딥 우려가 높아졌다. 한편으로는 최근 디플레이션 가능성도 제기되고 있다. 1분기까지의 소비자물가가 1.5퍼센트 이상 올랐는데 GDP 디플에이터는 1퍼센트 미만이다.

우리나라는 대미 수출부분은 25퍼센트 정도, 주식시장 부분은 30퍼센트 이상 미국의 영향을 받는다. 이에 따라 우리 시장도 불확실성이 높아졌다. 올해 우리나라의 경제성장률은 5퍼센트, 물가상승률은 3퍼센트 정도 될 것이다. 무역수지는 40억 달러 정도 흑자가 예상된다. 유가가 우려된다. 그러나 올해는 괜찮다. 내년이 더 걱정이다.

변형윤 우리나라는 미국 등 해외경제에 영향을 상당히 받고 있다. 미국경제가 나빠지고 있고 해외경제도 좋지 않다. 저성장으로 가는 것이다. 그러나 IMF 위기 같은 것은 생각할 수 없다고 본다. 경제라는 것은 좋을 때도 있고 나쁠 때도 있다. 성장률이 높은 것이 좋은 것인지도 모르겠다. 이라크 전쟁으로 석유 값이 오르면 올해보다 내년에 더 안 좋을 것이다.

전철환 97년 외환위기 같은 경우는 오지 않을 것이다. 외환보유고가 97년 12월 39억 달러에서 1천2백억 달러로 크게 늘었다. 단기부채도 우려할 수준이 아니다.

정세용 우리 경제의 문제로 많은 사람들이 부익부빈익빈이 더욱 심해진 것을 꼽는다. 세계화시대에 빈익빈부익부는 불가피한 것인가.

변형윤 IMF 이후 소득분배 상태가 악화됐지만 이것은 당연한 결과로 봐야 할 것이다. 미국의 소득불균형은 매우 심하다. 레이건 대통령 이후 더 나빠졌다. 세계화되면서 빈익빈부익부 현상은 더 강해졌다. 형평보다 효율을 강조하기 때문이다. 이것은 신자유주의 산물이다. IMF 모델은 월스트리트와 미국 재무부 모델이라고 불리기도 한다. 월스트리트에 있었던 루빈이 미국 재무부장관이 됐다. IMF 당국이 권고하고 받아들인 게 이 모델이었고 소득분배 악화를 초래한 셈이다.

지난 97년 대통령 선거기간 중 모 후보가 IMF와 협의해서 현재 처방을 수정하겠다고 해, 표가 4~5퍼센트 떨어졌다고 한다. 우리 국민 스스로 IMF 프로그램대로 해야 한다고 생각했던 것 같다. 선거 후에야 문제제기를 했던 것이다. IMF 프로그램을 수정할 수 있는 기회가 있었는데 시도하지도 못했다.

전철환 IMF 관리체제 아래 있으면서 분배구조가 지표상으로도 악화됐다. 91년 지니계수가 0.274였는데 96년 0.290, 2000년 0.351로 높아졌다. 지금은 더 높아졌을 것이다. 0.3 이하면 분배가 대체로 좋은 편이고 0.4를 넘으면 좋지 않은 것이다.

분배문제를 거시적 지표문제로만 보지 말고 어째서 신자유주의 경제체제 운영질서를 도입할 수밖에 없었고 무엇이 나빠졌는지가 중요하다. 가장 중요한 것은 외환위기 직후에 빠른 속도로 금융시장의 국제연계성이 커지면서 금융소득 비중도 늘어났다는 것이다. 경상소득만 비교한 것보다는 자산소득을 포함시키면 더 격차를 느끼게 된다. 정책적으로 중요한 과제다.

두 번째는 고금리에 긴축으로 자영업자와 재래산업이 많이 도산했다. 또 부실기업 퇴출도 해야 한다. 정부도 분배개선을 위해서 많이 노력했는데 아직 고통이 심해서 해야 할 게 많다.

변형윤 기업이 도산하고 기업이 비용을 줄이려고 하다 보니까 실직자가 많이 생겼다. 고통분담 차원에서 임금도 크게 줄여 임금소득자의 소득이 축소됐다. 고금리(98~99년) 혜택은 있는 사람에게 돌아갔다. IMF 프로그램이 소득격차를 벌린 셈이다.

전철환 2000년 GNP 성장률은 9.3퍼센트인데 반해 GNI 성장률은 3.6퍼센트에 그쳤다. 교역조건이 악화돼서 그렇다. 수입가격은 비싸지고 수출가격은 싸진다. 성장률보다 연소득증가율이 떨어지는 것이다. 이런 격차를 야기시키는 교역조건 악화는 농업부문에서 잘 나타난다. 생산량은 늘었지만 가격이 떨어져 농가소득이 줄었다. IMF와 상관없이 시스템이 문제다. 이 부분을 고려해 분배문제를 다뤄야 한다.

변형윤 미국 소득분배 상태는 매우 나쁘다. 우리나라보다 나쁘다. 물론 다른 선진국들보다도 나쁜 수준이다. 90년대에 장기 고성장을 했는데도 그동안 소득분배가 악화됐다. 그래서 미국식을 따라가지 말아야 한다고 생각한다.

정세용 대기업으로의 집중 또한 문제다. 삼성, LG, SK, 현대차, 롯데 등 재벌이 사실상 한국경제를 좌지우지하는 것은 아니냐는 지적이 있다. 대기업 집중과 함께 중소기업은 더욱 어려움을 겪고 있다. 정책적인 배려가 필요한 게 아닌가.

변형윤 미국식으로 가기 때문에 그렇다. 효율을 중시하다보면 규모가 큰 기업이 유리하다.

전철환 몇 개의 기업집단 중심으로 성장할 수밖에 없는 것은 사실이지만 자유시장 경제체제를 유지하는 한, 이들의 자본집중을 막기는 어렵다. 따라서 정책적 지원을 통해 중소기업, 전통산업 등의 생산성을 올려서 격차를 줄여야 한다. 그것이 구조조정이다.

변형윤 대기업들이 불공정거래를 해서 커지는 것은 공정거래위에서 감독권으로 막아야 한다. 벤처캐피탈도 문제가 많지만 적극적으로 키워야 한다. 중소기업이 목소리를 내야 한다. 중소기업의 힘을 보여줘야 한다. 이런 식의 자구(自救)노력도 필요하다.

전철환 대기업과 중소기업 간 내부 부당거래는 말할 것도 없고 중소기업과 대기업 사이의 부당거래는 공정위거래 차원에서 철저히 규제해야 한다. 중소기업에서 업종별로 성장성을 잃은 부문이 많다. 빨리 시대의 흐름을 읽고 구조조정을 해야 한다. 중소기업청 등에서는 지원할 필요가 있다. 가장 중요한 것은 산업구조 변화기의 업종 선택과 빠른 전환이다. 정보의 빠른 전달, 기초 연구, 재정금융 시스템 구축 등을 정부가 도와줘야 한다.

정세용 한국경제 최대의 현안은 부동산 문제다. 강남지역 아파트 값 폭등과 수도권 주택문제를 해결할 묘안은 없는가.

변형윤 3백조에 달하는 부동자금을 어떤 식으로든 묶어야 한다. 부동자금의 성격과 움직임도 모르면서 정책을 세워서 되겠는가. 부동자금의 정체와 움직임을 확인하고 부당한 자금이 있다면 세금 등으로 거둬들여야 한다.

강남 문제는 학군문제 등에 말미암은 것이다. 그동안 강남 중심으로 개발해 왔기 때문에 강북이 상대적으로 소외됐다. 소외된 쪽을 개발하려고 하지만 시간이 걸린다. 바로 효과를 기대하면 안 된다. 많은 사람들이 주택을 투자대상으로 삼는 것도 문제다. 임대주택을 많이 만들어 주택이 주거공간으로 인식하도록 해야 한다.

전철환 상대적 과잉유동성을 구성하는 부동자금을 부동산 이외에 어느 곳으로 유도하느냐가 핵심이다. 교육여건(특히 학원), 문화공간, 교통 등에서 강남에 버금가는 혜택을 가진 경쟁적 지역을 개발해야 한다. 성남공항, 김포매립지도 대상이 될 수 있다. 성남공항은 국유지이니까 부지확보가 쉽다. 다핵도시를 만들어 줘야 한다. 강북도 다핵지역으로 개발할 지역이 있으면 해야 한다.

자금의 투기적 부동산 유입을 막기 위해서는 보유과세를 많이 해야 한다. 주택을 투자의 대상으로 삼지 못하도록 하는 방편이다. 그러나 매매가 이뤄지지 않으면, 가치실현이 안 돼 조세저항이 일어나 세금을 매기기 어려워진다. 따라서 예를 들어 부동산을 담보로 하는 유동화 채권을 발행할 수 있는 시스템을 마련하고 시장조성을 서둘러야 한다.

자산유동화 법률은 이미 있고 자산유동화 공사도 만들어졌다. 부동산을 담보로 채권을 발행하고 그 채권을 일반판매하면 자금운용처가 없는 경우 이 채권을 살 수 있다. 물론 상당한 수익성을 보장해야 한다. 부동산을 가지고 있는 사람은 부동산을 담보로 했으므로 현금수입이 생겨 과세소득원이 생기고 정부의 과세도 가능하다. 일부 부동자금을 흡수할 수 있는 정책이다.

부동산 투기, 특히 아파트 등의 주택 투기가 근본적으로 해결되지 않는 이유는 수급불균형, 중장기적으로 교육여건, 문화, 교통 등을 같이 마련하지 못했기 때문이다. 평준화를 못 풀면 핵지역별로 메리트 있는 학교를 10~20개 지으면 된다.

변형윤 지난날의 경험을 교훈으로 삼지 않는 습성이 있다. 10년, 20년 전에도 부동산 투기가 존재했다. 요즘은 10년 전보다 그 정도가 더 심해졌다. 그것을 고려하면서 정책을 수립하고 수행할 필요가 있다. 상당한 부동자금을 소수가 차지하고 있다. 쉽지 않지만 이들이 어떤 불이익을 절실히 느끼도록 해야 한다.

전철환 98년 외환위기 이후 건설경기가 나쁘고 부동산 경기가 크게 위축된 데다, 마이너스 성장으로 가니까 모든 규제를 풀었다. 그래서 부동산 투기를 제약할 수 있는 미시정책수단을 잃었다. 반면에 거시정책에서 투기를 막을 수 있는 길은 금리 정도 밖에 없으나 이것은 무차별적이다. 미국경제 불확실성, 이라크전쟁 개연성에 따른 유가 상승, 일본경제 악화로 거시정책을 쓰기 어려워졌다. 미시정책을 써야 하는데 한꺼번에 규제가 다 없어져 쓸 수가 없게 됐다.

변형윤 이제까지 국민들이 경기가 조금 나빠지면 큰일 났다고 하면서 돈을 풀어야 한다고 강하게 주장하는 듯하면 정부가 그것을 받아들여 조급히 확대정책을 펴 온 감이 있다. 신문 등 여론 쪽에서 잘 해줘야 한다. 쉽게 여론이 흔들리지 않도록 제대로 된 정보를 줘야 한다.

정세용 최근 가계대출 증가현상도 특이하다. 돈을 꿔서 고급 대형 소비재를 사는 추세다.

전철환 근본적인 원인은 IMF 프로그램에 따라서 국내금융기관들의 영업형태가 많이 달라졌기 때문이다. 주택담보가 가계대출의 위험가중치가 상당히 낮았다. 따라서 주택담보대출을 하게 되면 충당금을 기업대출을 할 때보다 덜 쌓아도 됐다. 따라서 금융기관은 BIS비율을 맞추기 위해 가계대출을 할 수밖에 없는 구조였다.

투자가 적어 기업들의 자금수요도 없었다. 98~99년 신용경색이 일어날 정도였다. 필요한 기업에는 신용이 안 좋아 대출을 못해주고 대출이 필요 없는 우량기업에는 대출을 할 수 없어, 은행으로서는 채권이나 증권시장으로 가지 않는 한 가계대출을 늘릴 수밖에 없었다. 또 실업이 생겨도 소비가 줄어들지 않는 소비관행이 가계대출 수요를 늘렸다.

지난 7월에는 4조 원, 8월에는 5조 4천억 원 수준으로 매월 증가하고 있다. 차입소비율이 98년 −4.7이었다. 차입보다 소비가 컸다. 99년에는 3.1로 돌아섰다. 2001년 6.5였다. 소비재 수입품 비중이 20퍼센트에 가깝다. 외환위기 직후보다 배나 늘어났다. 따라서 가계부채 문제가 심각해질 수 있다.

은행들도 이제는 새로운 대출처를 개발하고 신중을 기해야 한다. 금융감독기관은 가계대출 충당금비율을 더 높일 것이다. 국민들이 외환위기 이후 소비심리가 들떠 있다. 조심할 때가 됐다.

변형윤 IMF 이후 경기를 진작시켜야 했고 정부소비와 함께 민간, 가계소비를 늘려야 했다. 경기가 나빠질 것 같으니까 소비를 늘리기 위해 개인대출을 많이 늘렸다. 그러나 카드대출이 결정적이었다. 갚을 능력도 없는 사람들에게 경쟁적으로 마구 대출해줬다. 자신의 처지도 모르고 빌린 사람들을 구제해 줄 필요가 없다. 또 고객을 불법 유치한 카드사 임직원에 대해서도 가차 없이 처벌해야 한다.

정세용 공부 잘하면 의대·법대만 선호하는 현상이 두드러지고 있다. 30대 초반의 세계적인 기술자가 없을 정도다.

전철환 우리나라 유능한 기술자들은 아직 미국에 많다. 벤처 비즈니스를 개발해 나스닥에 상장, 일확천금을 기대하면 우리나라에 안 들어오고 있다. 한국 들어와도 대학교수 되기 어렵고 기업에 들어가도 메리트가 없다.

유인동기를 줘야 한다. 전체적으로 이공계가 줄고 있지만 과기대 포항공대 울산공대 서울공대 등은 예외다. 대우를 받을 수 있기 때문이다. 미국에 가서 안 들어오는 게 문제다. 남자들에게는 병역혜택이 메리트가 될 수 있다.

변형윤 정말 우수한 사람들을 정부가 지원해서 선진국에 보내 박사학위를 받게 해야 한다. 유학 간 대부분 사람들이 자기 돈으로 갔기 때문에 구태여 올 필요가 없는 것이다. 애국심에 호소해선 안된다. 메리트를 줘야 한다. 그런데 의학과, 법학과가 좋아 보이고 이곳에 집중

하는 것을 지나치다고 할 수 없다. 불경기를 타지 않는 직업이므로 자연스러운 것이다. 한때는 의학과가 의기소침하기도 했다.

정세용 우리 경제의 문제는 앞으로 무엇을 먹고 살 것인가가 아닌가 한다. 새로운 성장 동력을 어떻게 발굴해야 하고 경제주체는 무엇을 준비해야 하는가.

전철환 새로운 선도산업을 만들어가야 한다. 이미 제시된 부문이 물류산업이다. 선도적 물류산업발전을 통한 지속적 경제성장 및 동북아 중심권 확보가 절박한 것은 사실이고 또 반드시 성취하여야 한다. 그러나 과연 물류산업만으로 충분할 것인가. 장기적으로 이 사업만 가지고 갈 수 있느냐가 문제다. 결국 제조업이 있어야 한다. 바이오, 나노기술, 환경기술 등에 기대한다. 한 가지 선도산업으로는 어려울 것이다. 다핵산업으로 육성해야 할 것이다.

변형윤 반도체가 끝났다고 볼 수 없다. 그러나 반도체만으로는 할 수 없다. 반도체는 반도체대로, 제조업은 제조업대로 제대로 한다는 전제로 이와 관련해 연관 지어서 물류산업을 바라봐야 한다. 남북 간에 연결된 철도, 항공, 배 수송 등을 고려할 필요가 있을 것이다.

정세용 후배 경제인이나 경제학도에게 하고 싶은 말은?

변형윤 미국 등 선진국의 이론만이 최선이라고 생각하지 말기 바란다. 그것을 잘 소화해서 우리나라 실정을 잘 반영해 가는 노력이 절대로 필요하다.

경제학도에게는 '경제학은 자본축적에 대한 연구인 동시에 인간 연구의 일부'라고 한 마셜의 말을 들려주고 싶다. 그런데 미국의 경제학은 전자만을 강조하고 후자는 소홀히 하고 있다. 따라서 성장만을 생각하지 말고 신자유주의 세계화 등으로 소득분배가 나빠지는 것도 고민해야 한다. 노벨상을 받은 계량경제학의 권위자인 로렌스 클라인은 신문과 잡지를 보고 현지에도 가보기도 하면서 경제현실에 충실하려고 노력한다고 한다.

전철환 정부도 이제는 정부가 다 한다고 생각하지 말고 해서도 안 된다. 민간활동을 돕는 방식으로 바뀌어야 하는 등 작은 정부로 가야 한다. 기업도 정부가 무엇을 해주기를 바라서도 안 된다.

변형윤 경제인연합회에서 정부에서 너무 간섭이 많다고 하면서 정부에게는 그런 주장을 무색케 하는 요구들을 자주 하는 것은 문제다.

전철환 정부개입을 축소한다는 것에는 환경이나 분배문제 부문 등의 위험을 줄이는 것까지 포함되는 것이 아니다. 기업들이 정부개입을 줄이라고 한다면 혜택받는 것도 같이 줄여야 한다.

《내일신문》(2002. 10. 9)

학현 변형윤 약력

1927년 1월 6일 황해도 황주읍 예동리에서 출생

학 력

경기중(5년제) 졸업(1944). 서울상대 졸업(1951). 경제학 박사(서울대, 1968).

현 직

서울대 명예교수(1992~). 대한민국 학술원 회원(1993~). 서울사회경제연구소 이사장(1993~). 한국경제발전학회 이사장(2007~).

전 직

서울상대 강사·교수(1955~75); 학장(1970~75).
경제개발5개년계획 평가교수(1966~80).
UN 경제개발연수원 강사(1968).
서울대 사회과학대학 교수(1975~80, 1984~92); 해직(1980), 복직(1984).
서울대 교수협의회장(1980, 1987~89).
한국계량경제학회장(1986). 한국경제학회장(1989).
경제정의실천시민연합 공동대표(1989). 한겨레신문사 이사(1991). 포항공대 이사(1996~2005). 한겨레통일문화재단 이사장(1996). 서울시정개발연구원 이사장(1996). 통일부 통일고문(1998). 한국외대 이사장(1998~2001). 제2건국위 대표공동위원장·고문(1998~ 2003). 상지대 이사장(2004~07).

상 훈

다산경제학상(1985), 서울특별시 문화상(2001), 국민훈장 무궁화장(2000).

주요 저서

《경제수학》(1957), 《통계학》(1958), 《한국경제론》(편저, 1977), 《한국경제의 진단과 반성》(1980), 《반주류의 경제학》(편역, 1981), 《분배의 경제학》(1983), 《현대경제학연구》(1985), 《한국경제연구》(1986), 《경제를 되새기며》(2000).